An Encyclopedia of
Macroeconomics

宏观经济学
百科词典

[英]

布赖恩·斯诺登　霍华德·R.文
Brian Snowdon, Howard R. Vane

安佳 等 译
王振华 安佳 李业慧 校

江苏人民出版社

目 录*

主条目撰稿人名单 / 1

前言 / 1

1. 摩西·阿布拉莫维茨 Abramovitz, Moses(1912—2001) / 1
2. **绝对收入假说 Absolute Income Hypothesis** / 1
3. 国际收支的吸收分析法 Absorption Approach to the Balance of Payments / 5
4. 加速原理 Accelerator Principle / 6
5. 积极主义 Activism / 6
6. 积极政策原则 Activist Policy Rule / 6
7. 非周期性变量 Acyclical Variable / 7
8. **适应性预期 Adaptive Expectations** / 7
9. **AD-AS 模型 AD-AS Model** / 11
10. 可调整钉住汇率制度 Adjustable Peg System / 17
11. 逆向选择模型 Adverse Selection Model / 17
12. 总需求 Aggregate Demand / 18
13. 总需求管理 Aggregate Demand Management / 18
14. 总生产函数 Aggregate Production Function / 19
15. 总供给 Aggregate Supply / 20
16. 乔治·A. 阿克洛夫 Akerlof, George A. / 20
17. 阿尔贝托·阿莱西纳 Alesina, Alberto / 21
18. 美国经济学学会 American Economic Association / 21
19. 动物本能 Animal Spirits / 22
20. 预期通货膨胀 Anticipated Inflation / 22
21. 货币(名义)升值 Appreciation (Nominal) of a Currency / 23

---

* 注:主条目用粗体字标出。

22. 指派问题 Assignment Problem / 23

23. 非对称信息 Asymmetric Information / 23

24. 自动稳定器 Automatic Stabilizers / 24

25. 自主性支出 Autonomous Expenditure / 24

26. 平均消费倾向 Average Propensity to Consume / 24

27. 平均储蓄倾向 Average Propensity to Save / 25

28. 平均税率 Average Tax Rate / 25

29. 国际收支平衡表 Balance of Payments / 25

30. 国际收支约束型经济增长 Balance of Payments constrained Economic Growth / 26

31. 国际收支的凯恩斯学派分析法 Balance of Payments：Keynesian Approach / 32

32. 国际收支的货币学派分析法 Balance of Payment：Monetary Approach / 37

33. 平衡预算乘数 Balanced Budget Multiplier / 43

34. 罗伯特·J. 巴罗 Barro, Robert J. / 46

35. 冒牌凯恩斯主义 Bastard Keynesianism / 47

36. 奥利维耶·J. 布朗夏尔 Blanchard, Olivier J. / 47

37. 马克·布劳格 Blaug, Mark / 48

38. 艾伦·S. 布林德 Blinder, Alan S. / 48

39. 繁荣 Boom / 49

40. **布雷顿森林体系 Bretton Woods** / 49

41. 布鲁金斯研究所 Brookings Institution / 53

42. 卡尔·布伦纳 Brunner, Karl (1916—1989) / 53

43. 预算余额 Budget Balance / 54

44. **周期性与结构性的预算赤字 Budget Deficits：Cyclical and Structural** / 55

45. 内在稳定器 Built-in Stabilizers / 59

46. 阿瑟·F. 伯恩斯 Burns, Arthur F. (1904—1987) / 59

47. 经济周期 Business Cycle / 59

48. 奥地利学派的经济周期理论 Business Cycle：Austrian Approach / 60

49. 凯恩斯学派的经济周期理论 Business Cycle：Keynesian Approach / 64

50. 马克思主义的经济周期理论 Business Cycles：Marxian Approach / 68

51. 货币学派的经济周期分析法 Business Cycles:Monetarist Approach / 75

52. 新古典学派的经济周期分析法 Business Cycles: New Classical Approach / 78

53. 政治经济周期的经济周期分析法 Business Cycles: Political Business Cycle Approach / 85

54. 真实经济周期的经济周期分析法 Business Cycles:Real Business Cycle Approach / 89

55. 特定事实的经济周期 Business Cycle:Stylized Facts / 93

56. 菲利普·D.卡甘 Cagan,Philip D. / 98

57. 标准化 Calibration / 98

58. 资本账户 Capital Account / 103

59. 资本-劳动比 Capital-Labour Ratio / 104

60. 资本-产出比 Capital-Output Ratio / 104

61. 资本-存量调节法则 Capital-Stock Adjustment Principle / 104

62. 追赶与趋同 Catching Up and Convergence / 104

63. 中央银行 Central Bank / 108

64. 中央银行责任与透明度 Central Bank Accountability and Transparency / 108

65. 中央银行独立性 Central Bank Independence / 113

66. 中央平价 Central Parity / 117

67. 古典二分法 Classical Dichotomy / 117

68. 古典经济学 Classical Economics / 121

69. 古典经济模型 Classical Model / 125

70. 清洁浮动 Clean Float / 126

71. 罗伯特·W.克洛尔 Clower, Robert W. / 126

72. 艾伦·科丁顿 Coddington, Alan (1941—1982) / 127

73. 激进疗法 Cold Turkey / 127

74. 比较优势 Comparative Advantage / 127

75. 消费函数 Consumption Function / 131

76. 紧缩阶段 Contractionary Phase / 131

77. 趋同 Convergence / 132

78. 协调失灵 Coordination Failures / 132

79. 成本推动通货膨胀 Cost-push Inflation / 136

80. 经济顾问委员会 Council Economic Advisers / 136

81. 反周期政策 Countercyclical Policy / 137

82. 反周期变量 Countercyclical Variable / 137

83. 考尔斯委员会 Cowles Commission / 138

84. 蠕动钉住汇率 Crawling Peg / 138

85. **信用与声誉 Credibility and Reputation** / 138

86. **信贷渠道 Credit Channels** / 143

87. **宏观经济理论的信贷观 Credit View in Macroeconomic Theory** / 148

88. **挤出效应 Crowding Out** / 154

89. 经常账户 Current Account / 157

90. 周期性失业 Cyclical Unemployment / 158

91. 周期性调整的预算平衡 Cyclically Adjusted Budget Balance / 158

92. 保罗·戴维森 Davidson, Paul / 158

93. 通货紧缩 Deflation / 159

94. **货币需求：缓冲存货 Demand for Money: Buffer stocks** / 159

95. **弗里德曼的货币需求分析法 Demand for money: Friedman's Approach** / 163

96. **凯恩斯学派的货币需求分析法 Demand for money: Keynesian Approach** / 167

97. 需求管理 Demand Management / 172

98. 需求不足失业 Demand-deficient Unemployment / 173

99. 需求拉动通货膨胀 Demand-pull Inflation / 173

100. 爱德华·F. 丹尼森 Denison, Edward F. (1915—1992) / 173

101. 货币（名义）贬值 Depreciation (Nominal) of a Currency / 174

102. 萧条 Depression / 174

103. 货币贬值 Devaluation / 174

104. 肮脏浮动 Dirty Float / 175

105. 贴现率 Discount Rate / 175

106. 相机抉择政策 Discretionary Policy / 175

107. 通货紧缩 Disinflation / 176

108. 可支配收入 Disposable Income / 176

109. 埃维塞·D. 多马 Domar, Evsey D. (1914—1998) / 176

110. 吕迪格·多恩布什 Dornbusch, Rudiger / 177

111. 二元决策假说 Dual Decision Hypothesis / 177

112. 詹姆斯·S. 杜伊森伯里 Duesenberry, James S. / 177

113. **生态宏观经济学 Ecological Macroeconomics** / 178

114. 经济计量学会 Econometric

Society / 182

115. 经济增长 Economic Growth / 182

116. 经济增长和制度的作用 Economic Growth and the Role of Institutions / 183

117. 有效工资 Efficiency Wage / 191

118. 有效工资理论 Efficiency Wage Theory / 191

119. 国际收支弹性分析法 Elasticities Approach to the Balance of Payment / 193

120. 1946 年就业法 Employment Act of 1946 / 193

121. 内生增长理论 Endogenous Growth Theory / 193

122. 内生变量 Endogenous Variable / 203

123. 交易方程 Equation of Exchange / 203

124. 欧元 Euro / 204

125. 欧洲央行 European Central Bank / 204

126. 欧洲货币单位 European Currency Unit / 204

127. 欧洲货币体系 European Monetary System / 205

128. 欧洲货币联盟 European Monetary Union / 205

129. 欧盟 European Union / 208

130. 欧元硬化 Eurosclerosis / 208

131. 进化的宏观经济学 Evolutionary Macroeconomics / 208

132. 事前与事后 Ex Ante, Ex Post / 212

133. 事后 Ex Post / 212

134. 汇率决定的货币分析法 Exchange Rate Determination: Monetary Approach / 213

135. 汇率机制 Exchange Rate Mechanism / 216

136. 外生变量 Exogenous Variable / 216

137. 扩张阶段 Expansionary Phase / 216

138. 附加预期的菲利普斯曲线 Expectations-augmented Phillips Curve / 216

139. 支出削减政策 Expenditure Reducing Policy / 221

140. 支出转换政策 Expenditure Switching Policy / 223

141. 联邦基金利率 Federal Funds Rate / 227

142. 联邦公开市场委员会 Federal Open Market Committee / 227

143. 联邦储备体系 Federal Reserve System / 227

144. 反馈原则 Feedback Rule / 228

145. 马丁·费尔德斯坦 Feldstein, Martin / 228

146. 金融不稳定性 Financial Instability / 229

147. 微调 Fine Tuning / 233

148. 财政政策的作用 Fiscal Policy: Role of / 233

149. 斯坦利·费希尔 Fischer, Stanley / 238

150. 费雪效应 Fisher Effect / 238

151. 欧文·费雪 Fisher, Irving (1867—1947) / 239

152. 固定汇率制度 Fixed Exchange Rate System / 239

153. 弹性汇率制度 Flexible Exchange Rate System / 247

154. 浮动汇率制度 Floating Exchange Rate System / 254

155. 预测 Forecasting / 254

156. 外汇储备 Foreign Exchange Reserves / 258

157. 外贸乘数 Foreign Trade Multiplier / 258

158. 摩擦性失业 Frictional Unemployment / 258

159. 米尔顿·弗里德曼 Friedman, Milton(1912—2007) / 258

160. 拉格纳·A. K. 弗里希 Frisch, Ragna A. K.(1895—1973) / 271

161. 充分就业 Full Employment / 272

162. 充分就业预算平衡 Full Employment Budget Balance / 272

163. 充分就业产出 Full Employment Output / 273

164. 职能财政 Functional Finance / 273

165. 国内生产总值平减指数 GDP Deflator / 273

166. 现行价格国内生产总值 GDP in Current Prices / 274

167. 实际价格国内生产总值 GDP in Real Prices / 274

168. 关税及贸易总协定 General Agreement on Tariffs and Trade / 274

169. 《通论》 *General Theory* / 275

170. 全球化 Globalization / 275

171. 金本位 Gold Standard / 280

172. 黄金时代增长 Gold Age Growth / 284

173. 罗伯特·J. 戈登 Gordon, Robert J. / 285

174. 政府预算约束 Government Budget Constraint / 286

175. 渐进主义 Gradualism / 286

176. 渐进主义与激进疗法 Gradualism versus Cold Turkey / 286

177. 大萧条 Great Depression / 287

178. 大通胀 Great Inflation / 294

179. 艾伦·格林斯潘 Greenspan, Alan / 295

180. 国内生产总值（GDP）Gross Domestic Product(GDP) / 295

181. 国民生产总值（GNP）Gross National Product(GNP) / 296

182. 五国集团（G5）Group of Five (G5) / 296

183. 七国集团（G7）Group of Seven (G7) / 296

184. 增长的计算 Growth Accounting / 296

185. 阿尔文·H. 汉森 Hansen, Alvin H.(1887—1975) / 301

186. 罗伊·F. 哈罗德 Harrod, Roy F. (1900—1978) / 302

187. 哈罗德-多马增长模型 Harrod-Domar Growth Model / 302

188. 弗里德里希·A. 冯·哈耶克 Hayek, Freidrich A. von(1899—1992) / 308

189. 赫克歇尔-俄林的国际贸易分析法 Heckscher-Ohlin Approach to International Trade / 309

190. 约翰·理查德·希克斯 Hicks, John Richard / 309

191. 高能货币 High-powered Money / 314

192. 人力资本 Human Capital / 314

193. 大卫·休谟 Hume, David(1711—1776) / 314

194. 水流凯恩斯主义 Hydraulic Keynesianism / 314

195. 恶性通货膨胀 Hyperinflation / 316

196. 滞后 Hystersis / 316

197. 恒等式 Identity / 324

198. 实施滞后 Implementation Lag / 324

199. 收入政策 Incomes Policy / 324

200. 指数化 Indexation / 331

201. 通货膨胀 Inflation / 331

202. 通货膨胀的诸种理论 Inflation: Alternative Theories of / 332

203. 通货膨胀成本 Inflation: Cost of / 338

204. 降低成本的通货膨胀 Inflation: Costs of Reducing / 343

205. 通货膨胀率 Inflation Rate / 348

206. 通货膨胀目标 Inflation Targeting / 349

207. 通货膨胀税 Inflation Tax / 353

208. 内在时滞 Inside Lag / 354

209. 内在货币 Inside Money / 354

210. 内部人-外部人理论 Insider-Outsider Theory / 354

211. 国际货币基金组织 International Monetary Fund / 355

212. 劳动的跨时替代 Intertemporal Substitution of Labour / 357

213. 投资加速理论 Investment: Accelerator Theory of / 357

214. 新古典投资理论 Investment: Neoclassical Theories / 360

215. 凯恩斯《通论》中的非自愿失业 Involuntary Unemployment in Keynes's *General Theory* / 365

216. 凯恩斯学派经济学中的非自愿失业 Involuntary Unemployment in Keynesian Economics / 369

217. 封闭经济的 IS-LM 模型 IS-LM Model: Closed Economy / 374

218. 开放经济的 IS-LM 模型 IS-LM Model: Open Economy / 379

219. 约翰·贝茨·克拉克奖 John Bates Clark Medal / 383

220. 哈里·G. 约翰逊 Johnson, Harry G. (1923—1979) / 384

221. 戴尔·W. 乔根森 Jorgenson, Dale W. / 385

222. 理查德·F. 卡恩 Kahn, Richard F. (1905—1989) / 385

223. 尼古拉斯·卡尔多 Kaldor, Nicholas (1908—1986) / 386

224. 米恰尔·卡列茨基 Kalecki, Michal (1899—1970) / 386

225. 凯恩斯效应 Keynes Effect / 387

226. 约翰·梅纳德·凯恩斯 Keynes, John Maynard (1883—1946) / 388

227. 凯恩斯的《通论》 Keynes's *General Theory* / 391

228. 凯恩斯交叉线 Keynesian Cross / 395

229. 凯恩斯学派经济学 Keynesian Economics / 397

230. 凯恩斯学派经济学：重新评价 Keynesian Economics: Reappraisals of / 402

231. 查尔斯·P. 金德尔伯格 Kindleberger, Charles P. (1910—2003) / 406

232. 劳伦斯·R. 克莱因 Klein, Lawrence R. (1920—2009) / 406

233. 西蒙·S. 库兹涅茨 Kuznets, Simon S. (1901—1985) / 407

234. 芬恩·E. 基德兰德 Kydland, Finn E. / 408

235. 拉弗曲线 Laffer Curve / 409

236. 阿克塞尔·莱琼霍夫德 Leijonhufvud, Axel / 416

237. 最后贷款人 Lender of Last Resort / 417

238. 阿巴·P. 勒纳 Lerner, Abba P. (1903—1982) / 417

239. W. 阿瑟·刘易斯 Lewis, W. Arthur(1915—1991) / 417

240. 生命周期假说 Life Cycle Hypothesis / 418

241. 理查德·G. 利普西 Lipsey, Richard G. / 419

242. 流动性 Liquidity / 420

243. 流动性偏好 Liquidity Preference / 420

244. 流动性陷阱 Liquidity Trap / 421

245. 可贷资金理论 Loanable Funds Theory / 422

246. 长期菲利普斯曲线 Long-Run Phillips Curve / 423

247. 卢卡斯批评 Lucas Critique / 423

248. 小罗伯特·E. 卢卡斯 Lucas, Robert E. Jr. / 428

249. 卢卡斯"突发性"供给函数 Lucas "Surprise" Supply Function / 436

250. 宏观经济计量模型 Macroeconometric Models / 437

251. 埃德蒙·马林沃德 Malinvaud, Edmond / 441

252. 管理浮动 Managed Float / 442

253. N. 格里高利·曼昆 Mankiw, N. Gregory / 442

254. 资本边际效率 Marginal Efficiency of Capital / 442

255. 投资边际效率 Marginal Efficiency of Investment / 443

256. 边际消费倾向 Marginal Propensity to Consume / 443

257. 边际进口倾向 Marginal Propensity to Import / 443

258. 边际储蓄倾向 Marginal Propensity to Save / 443

259. 边际提取倾向 Marginal Propensity to Withdraw / 444

260. 边际税率 Marginal Tax Rate / 444

261. 马歇尔-勒纳条件 Marshall-Lerner Condition / 444

262. 马克思主义宏观经济学概述 Marxian Macroeconomics: An Overview / 447

263. 马克思主义宏观经济学的某些重

要关系 Marxian Macroeconomics: Some Key Relationships / 453

264. 托马斯·迈耶 Mayer, Thomas / 462

265. 詹姆斯·E. 米德 Meade, James E. (1907—1995) / 462

266. 艾伦·H. 梅尔泽 Meltzel, Allen H. / 463

267. 菜单成本 Menu Costs / 464

268. 海曼·P. 明斯基 Hyman P. Minsky(1919—1996) / 468

269. 不协调失业 Mismatch Unemployment / 468

270. 威斯利·C. 米切尔 Mitchell, Wesley C. (1874—1948) / 468

271. 弗兰科·莫迪利亚尼 Modigliani, Franco(1918—2003) / 469

272. 货币主义 Monetarism / 472

273. 汇率决定的货币方法 Monetary Approach to Exchange Rate Determination / 476

274. 国际收支的货币分析法 Monetary Approach to the Balance of Payments / 477

275. 货币基础 Monetary Base / 477

276. 货币政策的作用 Monetary Policy: Role of / 477

277. 货币幻觉 Money Illusion / 482

278. 货币供应：内生变量还是外生变量？Money Supply: Endogenous or Exogenous? / 482

279. 乘数 Multiplier / 486

280. 乘数－加速数模型 Multiplier-Accelerator Model / 490

281. 罗伯特·A. 蒙代尔 Mundell, Robert A. / 490

282. 蒙代尔－弗莱明模型 Mundell-Fleming Model / 495

283. 约翰·F. 穆思 Muth, John F. / 495

284. 非加速通货膨胀失业率 NAIRU / 495

285. 国家经济研究局 National Bureau of Economic Research / 495

286. 国民收入 National Income / 496

287. 自然失业率 Natural Rate of Unemployment / 496

288. 新古典增长模型 Neoclassical Growth Model / 499

289. 新古典综合 Neoclassical Synthesis / 503

290. 净资本流动 Net Capital Flows / 507

291. 净出口 Net Exports / 508

292. 货币中性 Neutrality of Money / 508

293. 新古典经济学 New Classical Economics / 515

294. 新经济 New Economy / 521

295. **新凯恩斯学派经济学 New Keynesian Economics** / 522

296. 新新古典综合 New Neoclassical Synthesis / 527

297. **新政治宏观经济学 New Political Macroeconomics** / 528

298. 诺贝尔经济学奖 Nobel Prize in Economics / 532

299. 名义汇率 Nominal Exchange Rate / 533

300. 名义国内生产总值 Nominal GDP / 533

301. 名义利率 Nominal Interest Rate / 533

302. **名义刚性 Nominal Rigidity** / 533

303. 北美自由贸易协定 North American Free Trade Agreement / 539

304. 阿瑟·M. 奥肯 Okun, Arthur M. (1928—1980) / 540

305. 奥肯定律 Okun's Law / 540

306. 开放经济的三难选择 Open Economy Trilemma / 541

307. 公开市场操作 Open Market Operations / 542

308. **最优货币区 Optimum Currency Area** / 542

309. 经济合作与发展组织 Organization for Economic Cooperation and Development / 551

310. 石油输出国组织 Organization of Petroleum-exporting Countries / 552

311. 外部时滞 Outside Lag / 552

312. 外在货币 Outside Money / 552

313. 消极政策规则 Passive Policy Rule / 553

314. 堂·帕廷金 Patinkin, Don (1922—1995) / 553

315. 顶峰 Peak / 554

316. **永久收入假说 Permanent Income Hypothesis** / 554

317. 埃德蒙·S. 费尔普斯 Phelps, Edmund S. / 560

318. **菲利普斯曲线 Phillips Curve** / 561

319. A. 威廉·H. 菲利普斯 Phillips, A. William H. / 566

320. 庇古效应 Pigou Effect / 567

321. 阿瑟·C. 庇古 Pigou, Arthur C. (1877—1959) / 567

322. 政策无效性命题 Policy Ineffective Proposition / 568

323. **后凯恩斯学派经济学 Post**

Keynesian Economics / 569

324. 潜在产出 Potential Output / 577

325. 预防性余额 Precautionary Balances / 577

326. 爱德华·C. 普雷斯科特 Prescott, Edward C. / 577

327. 现值 Present Value / 578

328. 价格指数 Price Index / 578

329. 同向循环变量 Procyclical Variable / 578

330. 生产力下降 Productivity Slowdown / 579

331. 公共部门借款条件 Public Sector Borrowing Requirement / 579

332. 购买力平价理论 Purchasing Power Parity Theory / 580

333. 货币数量论 Quantity Theory of Money / 583

334. 随机游走 Random Walk / 588

335. 理性预期 Rational Expectations / 588

336. 里根经济学 Reaganomics / 591

337. 真实余额效应 Real Balance Effect / 591

338. 真实经济周期模型 Real Business Cycle Model / 595

339. 实际汇率 Real Exchange Rate / 595

340. 实际国内生产总值 Real GDP / 595

341. 实际利率 Real Interest Rate / 595

342. 真实货币余额 Real Money Balance / 596

343. 实际刚性 Real Rigidity / 596

344. 实际工资 Real Wage / 600

345. 萧条 Recession / 600

346. 认识时滞 Recognition Lag / 600

347. 相对收入假说 Relative Income Hypothesis / 601

348. 替代率 Replacement Ratio / 602

349. 代理人模型 Representative Agent Model / 602

350. 声誉 Reputation / 608

351. 升值 Revaluation / 608

352. 李嘉图等价 Ricardian Equivalence / 608

353. 琼·罗宾逊 Robinson, Joan (1903—1983) / 611

354. 保罗·M. 罗默 Romer, Paul M. / 612

355. 沃尔特·W. 罗斯托 Rostow, Walt W. / 612

356. 粗调 Rough Turning / 613

357. 皇家经济学学会 Royal Economic Society / 613

358. 规则与相机抉择 Rules versus Discretion / 614

359. 牺牲率 Sacrifice Ratio / 623

360. 保罗·A. 萨缪尔森 Samuelson, Paul A.（1915—2009）/ 623

361. 托马斯·J. 萨金特 Sargent, Thomas J. / 628

362. 萨伊定律 Say's Law / 628

363. 宏观经济思想流派 Schools of Thought in Macroeconomics / 632

364. 约瑟夫·A. 熊彼特 Schumpeter, Joseph A.（1883—1950）/ 639

365. 安娜·J. 施瓦茨 Schwartz, Anna J. / 640

366. 求职性失业 Search Unemployment / 641

367. 季节性失业 Seasonal Unemployment / 641

368. 铸币税 Seigniorage / 641

369. 乔治·L. S. 沙克尔 Shackle, George L. S.（1903—1992）/ 641

370. 怠工模型 Shirking Model / 642

371. 皮鞋成本 Shoe Leather Costs / 642

372. 短期菲利普斯曲线 Short-run Phillips Curve / 642

373. 衰退 Slump / 643

374. 罗伯特·M. 索洛 Solow, Robert M. / 643

375. 投机性余额 Speculative Balances / 648

376. 投机泡沫 Speculative Bubbles / 648

377. 稳定政策 Stabilization Policy / 652

378. 滞胀 Stagflation / 652

379. 交错工资契约 Staggered Wage Contracts / 654

380. 稳定增长 Steady State Growth / 654

381. 冲销 Sterilization / 656

382. 约瑟夫·E. 斯蒂格利茨 Stiglitz, Joseph E. / 656

383. J. 理查德·N. 斯通 Stone, J. Richard N.（1913—1991）/ 657

384. 结构性预算平衡 Structural Budget Balance / 658

385. 结构性失业 Structural Unemployment / 658

386. 劳伦斯·H. 萨默斯 Summers, Lawrence H. / 658

387. 供给经济学 Supply-side Economics / 659

388. 约翰·B. 泰勒 Taylor, John B. / 669

389. 泰勒规则 Taylor's Rules / 670

390. 彼得·特明 Temin, Peter / 670

391. 利率期限结构 Term Structure of

Interest Rates / 671

392. 贸易条件 Terms of Trade / 672

393. 撒切尔主义 Thatcherism / 672

394. 宏观经济学理论和度量的作用 Theory and Measurement in Macroeconomics：Role of / 672

395. 时间不一致 Time Inconsistency / 678

396. 扬·丁伯根 Tinbergen, Jan（1903—1994）/ 682

397. 詹姆斯·托宾 James Tobin（1918—2002）/ 683

398. 托宾 Q Tobin's Q / 687

399. 贸易余额 Trade Balance / 687

400. 工会密度 Trade Union Density / 688

401. 交易余额 Transaction Balance / 688

402. 暂时性收入 Transitory Income / 688

403. 低谷 Trough / 688

404. 未预期的通货膨胀 Unanticipated Inflation / 689

405. 失业群体 Unemployed / 689

406. 失业率 Unemployment Rate / 689

407. 向量自回归 Vector Autoregressions / 690

408. 货币流通速度 Velocity of Circulation / 694

409. 尼尔·华莱士 Wallace, Neil / 694

410. 西德尼·温特劳布 Weintraub, Sidney（1914—1983）/ 694

411. 克努特·威克塞尔 Wicksell, Knut（1851—1926）/ 695

412. 世界银行 World Bank / 695

413. 世界贸易组织 World Trade Organization / 697

414. 收益曲线 Yield Curve / 698

主条目撰稿人名单

赛义德·艾哈迈德(教授),加拿大安大略省汉密尔顿市,麦克马斯特大学
凯恩斯的货币需求分析法

罗杰·E.贝克豪斯(教授),英国伯明翰郡,伯明翰大学
凯恩斯交叉线;萨伊定律

米歇尔·巴德利(博士),英国,剑桥大学冈维尔凯兹学院
投资加速理论;投机泡沫

安德鲁·D.贝恩(荣誉教授),英国苏格兰,格拉斯哥大学
弗里德曼的货币需求分析法

马赛厄斯·本兹,瑞士苏黎世,苏黎世大学
政治经济周期的经济周期分析法

马克·布劳格(客座教授),荷兰阿姆斯特丹,阿姆斯特丹大学
内生增长理论

迈克尔·布利尼(教授),英国诺丁郡,诺丁汉大学
购买力平价理论

马塞尔·伯曼斯(博士),荷兰阿姆斯特丹,阿姆斯特丹大学
标准化

埃德温·伯迈斯特(教授),美国北卡罗来纳州,杜克大学
保罗·A.萨缪尔森

戴维·C.克兰德(教授),美国佛蒙特州米德尔伯里,米德尔伯里学院
詹姆斯·托宾

约翰·L.康沃尔(教授),加拿大新斯科舍,哈利法克斯,达尔豪希大学
追赶与趋同;进化的宏观经济学

温迪·康沃尔(教授),加拿大新斯科舍,哈利法克斯,圣文森特山大学
追赶与趋同;新政治宏观经济学

罗德·B. 克罗斯(教授),英国苏格兰格拉斯哥,斯特拉思克莱德大学
滞后

保罗·戴维森(教授),美国田纳西州诺克维尔,田纳西大学
后凯恩斯学派经济学

格雷厄姆·J. A. 道森(博士),英国密尔顿凯恩斯,开放大学
生态宏观经济学;通货膨胀成本;降低成本的通货膨胀;菜单成本

迪莱克·德米尔巴斯(博士),英国泰恩河畔纽卡斯尔,诺森伯兰大学
最优货币区

泽维尔·德万塞(副教授),加拿大安大略省多伦多,约克大学
马歇尔-勒纳条件

米歇尔·德弗罗伊(博士),比利时鲁汶-拉纽夫,鲁汶天主教大学
凯恩斯《通论》中的非自愿失业;凯恩斯学派经济学中的非自愿失业;凯恩斯学派经济学的重新评价

罗伯特·W. 戴曼德(教授),加拿大安大略省圣凯瑟琳,布洛克大学
国际收支的凯恩斯学派分析法;约翰·R. 希克斯;真实余额效应;李嘉图等价;宏观经济学流派

休·D. 狄克逊(教授),英国约克郡,约克大学
实际刚性

穆罕默德·H. I. 多尔(教授),加拿大安大略省圣凯瑟琳,布洛克大学
代理人模型

希拉·C. 道(教授),英国苏格兰斯特林,斯特林大学
货币供应:内生变量还是外生变量?

凯文·多德(教授),英国诺丁汉郡诺丁汉商业大学
金本位;时间不一致

西尔维斯特·C. W. 埃基芬格(教授),荷兰蒂尔堡,蒂尔堡大学
中央银行责任与透明度;中央银行独立性

罗德·法尔维(教授),英国诺丁汉郡诺丁汉大学
比较优势

约翰·芬德(教授),英国伯明翰,伯明翰大学
名义刚性

戈登·弗莱彻(博士),英国利物浦,利物浦大学
新古典综合

威廉·弗雷泽(教授),美国佛罗里达州冈斯韦尔,佛罗里达大学
米尔顿·弗里德曼

布鲁诺·S. 弗雷(教授),瑞士苏黎世,苏黎世大学
政治经济周期的经济周期分析法

罗杰·W. 加里森(教授),美国亚拉巴马州奥本,奥本大学
奥地利学派的经济周期分析法

罗伯特·高斯登(曾执教于英国泰恩河畔纽卡斯尔,诺森伯兰大学)
绝对收入假说;永久收入假说

比尔·杰勒德(博士),英国利兹,利兹大学
凯恩斯的《通论》

约翰·格里夫·史密斯,英国剑桥大学罗宾逊学院
布雷顿森林体系

J. 丹尼尔·哈蒙德(教授),美国北卡罗来纳州温斯顿-塞勒姆,韦克-弗雷斯特大学
货币学派的经济周期分析法

奥马尔·F. 哈默达(教授),加拿大安大略省北约克,约克大学
约翰·梅纳德·凯恩斯

肖恩·P. 哈格里夫斯·希普(博士),英国诺维奇,东盎格鲁大学
新凯恩斯学派经济学

理查德·L. 哈灵顿,英国曼彻斯特,曼彻斯特大学
古典二分法

尼格尔·M. 希利(教授),英国曼彻斯特,曼彻斯特都市大学
AD‐AS模型;信用与声誉

肯·霍尔登(教授),英国利物浦,利物浦约翰莫尔大学
预测;宏观经济计量学模型;向量自回归

彼得·豪伊特(教授),美国罗德岛普罗维登斯,布朗大学
协调失灵

托马斯·M.汉弗莱(副行长和经济学家),美国弗吉尼亚州里奇蒙,联邦储备银行
  里奇蒙分行
适应性预期;国际收支的货币分析法

安德鲁·亨特,英国泰恩河畔纽卡斯尔,诺森伯兰大学
收入政策

彼得·M.杰克逊(教授),英国莱塞斯特郡,莱塞斯特大学
周期性与结构性预算赤字

P.N.拉贾·朱南卡尔(教授),澳大利亚新南威尔士,坎贝尔敦,西悉尼大学
新古典投资理论

戴维·E.W.莱德尔(教授),加拿大安大略省伦敦市,西安大略大学
货币数量论

罗伯特·利森(副教授),澳大利亚珀斯,默多克大学
附加预期的菲利普斯曲线

托马斯·迈耶(教授),美国加州,加州大学戴维斯分校
货币主义;货币政策的作用

约翰·麦康比(博士),英国剑桥大学唐宁学院
国际收支约束型经济增长

罗杰·米德尔顿(博士),英国布里斯托,布里斯托大学
罗伯特·M.索洛

A.帕特里克·L.明福德(教授),英国威尔士卡迪夫,威尔士大学
供应经济学

弗里德里克·S.米什金(教授),美国纽约州纽约市,哥伦比亚大学
通货膨胀目标

保罗·迈曾(博士),英国诺丁汉,诺丁汉大学

信贷渠道；货币需求：缓冲存货

克里斯·J. 马尔赫恩（博士），英国利物浦，利物浦约翰莫尔大学
支出削减政策；支出转换政策

丹尼斯·P. 奥布赖恩（教授），英国德拉姆，德拉姆大学
古典经济学

莫里斯·佩斯顿（教授），英国伦敦，伦敦大学
挤出效应；封闭经济的 IS‐LM 模型；开放经济的 IS‐LM 模型

吉尔特·鲁滕（博士），荷兰阿姆斯特丹，阿姆斯特丹大学
马克思学派的经济周期分析法；马克思主义宏观经济学：马克思主义宏观经济学概述；马克思主义宏观经济学的某些重要关系

希利安·瑞安（博士），英国伯明翰，伯明翰大学
真实经济周期的经济周期分析法；特定事实的经济周期

罗杰·J. 桑迪兰兹，英国苏格兰格拉斯哥，斯特拉思克莱德大学
大萧条

马克·塞特菲尔德（副教授），美国康涅狄格州哈特福德，三一学院
通货膨胀的诸种理论

G. K. 肖（教授），英国伯明翰，伯明翰大学
预算平衡乘数；凯恩斯学派经济学

斯蒂文·M. 谢夫林（教授），美国加州，加州大学戴维斯分校
财政政策的作用

罗纳德·肖恩，英国苏格兰斯特林，斯特林大学
汇率决定的货币分析法

斯科特·P. 西姆金斯（副教授），美国北卡罗来纳州格林伯罗，北卡罗来纳农业技术州立大学
卢卡斯批评；宏观经济学理论和度量的作用

约翰·史密斯恩（教授），加拿大安大略省北约克，约克大学
菲利普斯曲线

布赖恩·斯诺登，英国泰恩河畔纽卡斯尔，诺森伯兰大学

新古典学派的经济周期分析法;经济增长和制度的作用;增长的计算;哈罗德-多马增长模型;小罗伯特·E.卢卡斯;弗兰科·莫迪利亚尼;乘数;罗伯特·A.蒙代尔;新古典经济学;规则与相机抉择

罗伯特·M.索洛(教授),美国马萨诸塞州坎布里奇,麻省理工学院
新古典增长模型

赞恩·A.斯平德勒(教授),加拿大不列颠哥伦比亚,西蒙弗雷泽大学
拉弗曲线

安德鲁·史蒂文斯(荣誉资深研究员),英国苏格兰格拉斯哥,格拉斯哥大学
固定汇率制度;弹性汇率制度

约翰·L.汤普森(教授),英国利物浦,利物浦约翰莫尔大学
自然失业率;理性预期

汉斯-米夏埃尔·特劳特温(教授),德国奥尔登堡,卡尔·冯·奥西茨基大学
宏观经济理论的信贷观

安德鲁·B.特里格,英国米尔顿凯恩斯,开放大学
凯恩斯学派的经济周期分析法

霍华德·R.文(教授),英国利物浦,利物浦约翰莫尔大学
新古典学派的经济周期分析法;经济增长和制度的作用;增长的计算;哈罗德-多马增长模型;小罗伯特·E.卢卡斯;弗兰科·莫迪利亚尼;乘数;罗伯特·A.蒙代尔;新古典经济学;规则与相机抉择

汉斯·维瑟(教授),荷兰阿姆斯特丹,阿姆斯特丹自由大学
货币中性

罗伯特·温特(博士),荷兰阿姆斯特丹,阿姆斯特丹大学
全球化

兰德尔·L.雷(教授),美国密苏里州堪萨斯城,密苏里大学
金融不稳定性

前　言

近几年来,我们合作撰写和编辑了数本宏观经济学书籍。其中第一本就是《现代宏观经济学指南:诸思想流派比较研究导论》(爱德华·埃尔加出版社,1994)。我们编写该书的本意是想对宏观经济学的思想流派、政策含义以及隐含的核心原则,做一个综合介绍。最初的目的是想为大学生们提供一个中级读本,从历史角度追溯现代宏观经济学的起源和发展。后来我们又采用相同的方法,编辑了《宏观经济学读本》(卢特里奇出版社,1997),读本收集了26篇极富洞见且易理解的文章,这些文章对现代宏观经济学的发展以及主要论战,都有阐述。之后,我们又编辑出版了《现代宏观经济学发展的反思》(爱德华·埃尔加出版社,1997),该书收录了八篇原创性论文,重点是与现代宏观经济学发展相关的一些问题。最近,我们又出版了《与顶尖经济学家的对话:对现代宏观经济学的解释》(爱德华·埃尔加出版社,1999),该书主要通过对14位顶尖经济学家(其中包括5位诺贝尔奖得主)的访谈,对宏观经济学的现状和发展以及宏观经济学的起源,进行了新的阐释。我们访谈的这些经济学家,都在宏观经济学理论和政策领域的论战中作出过持久的贡献,并都在宏观经济学的教学方法以及宏观经济学研究的历史和方法论方面,颇多建树。

出版本书的主要想法是为宏观经济学领域的大学生、研究生和教师提供一本重要的参考书。按照字母排序,读者会看到两种词条:小条目(由编者撰写)和主条目(大部分,但并非全部由特邀撰稿人撰写)。小条目包括三种形式:a) 宏观经济学文献中出现的重要术语和概念的定义;b) 在宏观经济学研究中作出过贡献的经济学家的简历(许多简历采自马克·布劳格的巨著《经济学家名人录》[第三版]的说法,爱德华·埃尔加出版社,1999);c) 主条目的参考条目。参考条目主要是将主条目冗长部分的重要问题以及与宏观经济学发展和现状有关的个人,单独拿出来进行阐述。我们给主条目撰写者提出的要求是,将主条目的篇幅控制在1000字到1500字左右,然而,在审核这些条目的初稿的过程中,我们马上认识到,我们为这些撰稿人设定了一个难以完成的任务。因此,出于编辑上的斟酌,或是由于我们没法删改某些撰稿人(有时甚至包括我们自己)的文章,所以,有些主条目的篇幅超出了最初的设想。

本词典并没有涵盖其他学术词典必收的词条,在已收录的词条中,也排除了某些题目。我们意在为我们的读者提供一本易于理解的词典,我们希望这是一本有价值的参考书。但受与出版商约定的篇幅之限,这种做法不可避免地有损于所涵盖内容的广度与深度。

最后,任何曾经参与过类似事情的人都知道,编纂这种词典对编辑本人的身体也是一个考验。要确定一份撰稿人名单,要对他们撰写的词条进行评议,要回答问题等等,如此这般写了600多封信,500多封电子邮件,以及打了无数个电话,当然这一切都帮助英国邮政系统和电信部门增加了利润。从更积极的意义上说,我们的语言处理技巧已经有了全新的改变。更为重要的是,我们增加了知识,作为编辑,我们想对前面列出的73位撰稿人表达我们的谢忱,是他们为本书作出了有益的贡献。

布赖恩·斯诺登
霍华德·R.文

1. 摩西·阿布拉莫维茨 Abramovitz, Moses(1912—2001)

摩西·阿布拉莫维茨,1912 年生于美国纽约州纽约市,1932 年在哈佛大学获得学士学位,1939 年在哥伦比亚大学获得博士学位。他以往的主要学术职位包括:国家经济研究局(NBER)助理研究员(1939—1942);哥伦比亚大学经济学讲师(1940—1942,1946—1948);美国战时生产委员会首席经济学家(1942);美国战略情报局首席经济学家(1943);国家经济研究局经济周期研究主管(1946—1948);斯坦福大学经济学和经济史教授(1948—1977)。从 1977 年到 2001 年去世,他一直是斯坦福大学美国经济史克尔荣誉讲座教授。1975—1977 年和 1981—1985 年,他担任《经济学文献杂志》执行主编。

阿布拉莫维茨以关于存货和经济周期的研究闻名,在解释产出波动方面,这些研究有助于确立存货积累的重要意义;他还以对工业国家经济增长的研究而知名。这一方面的研究包括将经济增长中的"长翼"归因于资源利用的强度和生产要素的增长之间的相互作用。阿布拉莫维茨还强调社会能力是成功的经济增长的前提条件。他最著名的著作包括:《存货与经济周期》(NBER,1950),《资本形成与经济增长》(主编,普林斯顿大学出版社,1955)。他最具影响的论文有:《19 世纪 70 年代以来美国的资源和产出趋势》(载《美国经济学评论》,46,1956 年 5 月),《追赶、争先和落后》(《经济史杂志》,46,1986 年 6 月),以及《什么是经济学家所不了解的经济增长?》(《挑战》,42,1999 年 1—2 月)。

参见:

Catching up and Convergence; National Bureau of Economic Research.

2. 绝对收入假说 Absolute Income Hypothesis

绝对收入假说(AIH)是关于消费的理论,该理论与凯恩斯的著作,尤其是他发表于 1936 年的《就业、利息和货币通论》(GTEIM)一书紧密相关。实际上,绝对收入假说在凯恩斯关于总消费支出如何决定的观点中,具有定量分析的一面。绝对收入假说可以根据下述假设阐述：

(1) 实际消费(C)是实际可支配收入(Y)的固定函数；

(2) 边际消费倾向(mpc)的值在 0 和 1 之间；

(3) 随着收入(Y)值的增加，平均消费倾向(apc)值下降，即 $apc>mpc$；

(4) 随着收入(Y)值的增加，边际消费倾向(mpc)值下降。

关于假设条件(1)，凯恩斯认为，"通常，总收入是总需求函数的消费要素所依赖的主要变量"(参见《通论》，第96页)。在《通论》第8章第2节的结尾处，凯恩斯总结说："消费倾向也可以被认为是一个相当稳定的函数"(参见《通论》，第95页)。另外，在讨论影响消费的第一客观因素时，凯恩斯的最初论述是，"消费明显是实际收入而不是货币收入的函数"(参见《通论》，第91页)。

假设(2)来源于凯恩斯的"基本心理法则"(fundamental psychological law)。关于这一点，凯恩斯这样论述："在一般情况下平均来说，人们会随着收入的增加，相应地增加消费，但不会将他们所有的收入增加额都用于消费"(参见《通论》，第96页)。

通常，随着实际收入额的增加，其中的一大部分会被用于储蓄。关于这一点，凯恩斯给出了两个原因。第一个原因涉及短期行为，而第二个原因则是人的本性所致。凯恩斯断言："一个人的日常生活标准首先是由他的收入决定的"(参见《通论》，第97页)。另外，凯恩斯又指出："满足人们及其家庭的现行基本生活需要，通常要比积累具有较强的动机。只有在达到一定的舒适程度之后，积累动机才会转为较强的动机"(参见《通论》，第97页)。

关于假设(4)，凯恩斯认为，对于不同的就业水平和实际收入水平，边际消费倾向是不同的。更具体地说，凯恩斯声称："通常这是可能的，即随着就业的增加，边际消费倾向有减少的趋势"(参见《通论》，第120页)。

绝对收入假说最通常的数学表示是一个线性的消费函数，函数如下：

$$C = a + bY$$

其中，$a>0,0<b<1$。上述公式和前三个假设一致，但与第四个假设不一致。公式中一个非零截距的存在使消费和收入之间的关系不成比例。具体来说，参数 a 为正，意味着随着收入的增加，消费也会增加，但按照一个相对较小的比例增加。

这个线性消费函数是凯恩斯总需求体系中最为基础的组成部分。这个线性消费函数形式的逻辑结果是，相对于不同的可自由支配收入的值，边际消费倾向值是不变的。而边际消费倾向的值又影响着自主支出的增量，因而影响财政政策在提高国民收入均衡点时的效果。更具体来说,边际消费倾向的值越大,政府支出的增加额就越小,而政府的支出就是为了达到一个既定的更高的国民收入标准。

绝对收入假说已经用横截数据和时间序列数据做过检验。对横截数据的分析为这一消费理论提供了强大的支撑。按照不同的家庭收入组进行的各种预算研究显示(例如 Brady and Friedman,1947),随着收入值的增加,平均消费倾向的值是下降的。这些研究也显示出,低收入组的支出超过收入。另外,研究还获得了消费和收入之间存在非线性关系的证据。具体来说,和假设(4)一致,随着收入的增加,边际消费倾向值下降。

绝对收入假说理论也从短期时间序列数据的研究中获得了支持。早期的时间序列数据的研究使用 20 世纪 30 年代的综合数据,估算出消费函数中各参数的值。1952 年,戴维斯使用 1929—1940 年美国年人均实际数据,计算出下述结果(单位:百万美元):

$$C = 11.45 + 0.78Y$$

可以看出在等式中,边际消费倾向是一个正数,且截距大于零。并且,与等式相关的决定系数的值是 0.986,这个数值意味着,在这样一个特定的历史区间内,平均来看,收入几乎全部用到各种各样的消费上了。

然而,由于对第二次世界大战刚刚结束后的一段时期需求水平的悲观预测没能实际发生,绝对收入假说的有效性受到了怀疑。"凯恩斯-汉森长期停滞理论"(Keynes-Hansen secular stagnation thesis)形成于 20 世纪 30 年代(Hansen,1939)。该理论假设,一个封闭的经济体在分析开始之时处于充分就业状态。这时如果收入值增加,那么,按照绝对收入理论之假设(3),消费支出与收入之比也会下降。如果我们不相信投资支出与收入的比率会随着收入的增加而增加,那么,为维持充分就业,政府必须让政府支出的增长快于收入的增长。事实上,在第二次世界大战战后时期,在政府支出不可避免地下降时,美国经济并没有经历衰退。消费支出也比预期的水平要高出很多,这种消费支出不仅保持住了充分就业,而且还引发了事实上的物价上涨。

对绝对收入假说理论造成危害的另一个证据来自对长期时间序列数据的分析。西蒙·库兹涅茨进行了两项研究,其中一项研究是检验美国不变价格消费者支出和实际国民收入之间长期关系的性质。分析用的数据是十年期的平均值。西蒙·库兹涅茨 1942 年的早期研究比较了 1879—1938 年这一时期的消费和收入的平均值。研究发现,不考虑经济萧条的十年,即 1924 年至 1933 年和 1929 年至

1938年,消费与收入之比略有下降,并在0.83—0.90之间小幅波动。但在同一时期,收入方面却有明显增加,即从179亿美元增加至720亿美元。1946年,西蒙·库兹涅茨的后期研究又将分析的时间区间扩大到了1869—1938年。同样,在排除了经济大萧条的十年后,研究发现,消费与收入之比仍在0.83与0.90之间波动;尽管在同一时期,国民收入稳步增长,即从93亿美元增加到720亿美元。

因此,西蒙·库兹涅茨的研究结果显示,长期内,随着收入的明显增加,消费与收入之比几乎是不变的。这意味着,长期来看,消费和收入之间是有比例关系的,而不是绝对收入假说理论所认为的没有比例关系。经过分析多个经济周期的时间序列数据后,戈德史密斯(Goldsmith,1956)也得到了消费和收入之间有比例关系的证据。具体来说,戈德史密斯研究了美国1896年至1949年这一时期的个人储蓄和个人可支配收入之间的关系。所取数据为各个经济周期的平均值,分析结果显示,平均消费倾向几乎没有变化。而在同一时期,实际个人可支配收入增长了3倍。

美国二次世界大战后初期的季度数据也与绝对收入假说理论的观点相矛盾。按照假设条件(2),边际消费倾向是大于0而小于1。因此,绝对收入假说理论认为,消费和收入的变动方向是一致的,而且消费的变动量要小于收入的变动量。然而,加德纳·阿克利(1961)研究过22个季度与季度消费和收入的变化后发现,只有7个季度的变化与绝对收入假说相一致;有5个季度消费和收入的变动方向相反。而且,还有10个季度,虽然消费和收入的变动方向一致,但是消费变动的量要大于收入变动的量。

总之,尽管从预算研究和短期时间序列数据的研究得出的证据支持绝对收入假说理论,但是,从长期时间序列数据和收入与消费的季度变动的研究得出的证据,却否认了绝对收入假说理论的正确性。到20世纪40年代末,使用各种数据对绝对收入假说理论予以支持,已经明显失败,因此,新的消费理论产生了,其中包括相对收入假说理论、生命周期假说理论和永久收入假说理论。

罗伯特·高斯登(安佳译)

参见:

Consumption Function;Keynes's *General Theory*;Kuznets ,Simon S. ;Life Cycle Hypothesis;Multiplier;Permanent Income Hypothesis;Relative Income Hypothesis.

参考文献:

Ackley, G. (1961), *Macroeconomic Theory*, New York:Macmillan.

Brady, D. S. and R. D. Friedman (1947), 'Saving and the Income Distribution', in *Studies in Income and Wealth*, 10, New York: National Bureau of Economic Research.

Davis, T. E. (1952), 'The Consumption Function as a Tool for Prediction', *Review of Economics and Statistics*, 34, August, pp. 270-75.

Goldsmith, R. W. (1955), *A Study of Saving in the United States*, vol. 1 Princeton, NJ: Princeton University Press.

Hansen, A. H. (1939), 'Economic Progress and Declining Population Growth', *American Economic Review*, 29, March, pp. 1-15.

Keynes, J. M. (1936), *The General Theory of Employment, Interest and Money*, London: Macmillan.

Kuznets, S. (1942), *Uses of National Income in Peace and War*, occasional paper no. 6, New York: National Bureau of Economic Research.

Kuznets, S. (1946), *National Product Since 1869*, New York: National Bureau of Economic Research.

3. 国际收支的吸收分析法 Absorption Approach to the Balance of Payments

国际收支的吸收分析法是指分析一国经常账户国际收支的一种方法。这种分析法强调指出了一国总产出(Y)与商品的国内支出(或吸收 A)之间的关系(其中 $A=C+I+G$)。

重新调整等式 $Y=C+I+G+X-M$,以 A 代替 $C+I+G$,可以得到:$Y-A=X-M$。该等式表明,当产出超过吸收($Y>A$)时,一国就会出现国际收支盈余($X>M$)。这种情况下,总产出中超出吸收的部分被卖到国外,从而创造了经常账户盈余。相反,当吸收大于产出($Y<A$)时,就会出现国际收支赤字($X<M$)。如果要想改善国际收支经常账户的状况,必须满足:(1) 相对于产出而减少吸收,(2) 相对于吸收而增加产出,或者(3) 两者组合。正如吸收分析法表明的那样,在充分就业的情况下,当产出不能再增加时,仅仅靠贬值并不能充分改善国际收支经常账户。在充分就业情况下,只有减少产出中用于国内吸收的部分,才能改善国际收支的经常账户。

参见：

Balance of Payment; Devaluation; Expenditure Reducing Policy; Expenditure Switching Policy.

4. 加速原理 Accelerator Principle

加速原理是关于净投资变化引起产出变化的理论。

参见：

Investment: Accelerator Theory of.

5. 积极主义 Activism

积极主义指积极使用财政政策和货币政策来抵消私人部门支出变化的影响，以帮助稳定经济。

参见：

Countercyclical Policy; Discretionary Policy; Fine Tuning; Rough Tuning.

6. 积极政策原则 Activist Policy Rule

积极政策原则是关于如何执行与经济状态相关的政策的一个预设原则，也被称为反馈原则。关于积极货币政策举例来说就是，如果失业率是6％的话，货币供给增长率的目标就是每年3％。但是，如果失业率从6个百分点上升（或下降）1个百分点，则货币增长每年自动上升（或下降）1个百分点。如果失业率上升到了8个百分点，那么货币供给增长率就应该上升到5个百分点。相反，如果失业率下降到5个百分点的话，那么货币供给增长率就要减少到2个百分点。

参见：

Rules versus Discretion.

7. 非周期性变量 Acyclical Variable

非周期性变量是指与经济周期变化方向不一致的变量。

参见：

Business Cycles:Stylized Facts.

8. 适应性预期 Adaptive Expectations

适应性预期假说是指人们根据经济变量过去的一般平均值或加权平均值，尤其是物价上涨率，形成这些经济变量未来价值的预期。这种预期完全是逆向回顾和预先设定的，所以，这种预期是从对那些被预期变量的历史数据中推断得出。

同样，适应性预期假说指出，在预期被证明为误，即人们意识到变量的实际值与他们的预期不同时，预期者会定期以一种纠错的、错中学的方式来改变和调整其预期。在运用通货膨胀预期时，这种错中学的方式是指，通货膨胀预期者会从自己的错误中学习，并通过预期中的错误来调整自己的预期。

最早提出预期会对经验数据作滞后调整基本理念的是大卫·休谟，大卫·休谟描述了工人、雇主和消费者在意识到通货膨胀率发生变化并适应这种变化时的迟缓。20世纪20年代和30年代初期，欧文·费雪将分布滞后（distributed lags）概念引入模型，并以此分析产出、就业和实际利率在缓慢调整通货膨胀的认识和预期上的影响。但是，适应性预期假说的现代起源却开始于20世纪50年代初期。当时，正和米尔顿·弗里德曼一起研究恶性通货膨胀中货币流通速度特点的菲利普·卡甘（1956年），发现了预期通货膨胀的一个实证替代物（an empirical proxy），一个难以观察到的度量持有货币的贬值成本的变量。弗里德曼将卡甘的问题告诉了新西兰经济学家A.W.菲利普斯，A.W.菲利普斯建议，将预期通货膨胀率的变化和实际通货膨胀与预期通货膨胀之间的差联系起来（参见Leeson,2000）。弗里德曼向卡甘转达了A.W.菲利普斯的建议。卡甘将隐式微分方程（implied differential equation）转换成以指数为权重的过去通货膨胀率的平均值后，发现在货币需求函数中将其作为通货膨胀预期的实证替代物非常有效。适应性预期假说因此而产生。A．W．菲利普斯是这一理论的创始人，而卡甘则是这一理论早期阶段颇有影响的传播者。

A．W．菲利普斯是利用错中学公式来表述适应性预期假说的。

$$dp^*/dt = b(p-p^*),$$

公式中，用于预期通货膨胀率 p^* 的微分算子 d/dt 表示该变量的变化率（时间的导数）。$p-p^*$ 是预期误差（也就是实际物价通胀和预期物价通胀之间的差），b 是调整系数。例如，如果调整系数为 1/2，菲利普斯方程则意指，如果实际通货膨胀率是 10%而预期通货膨胀率是 4%，也就是说预期误差是 6 个百分点，预期者就会向上调整他们对期望通胀率水平的预期，也就是提高误差的一半，即 3 个百分点。如果实际通货膨胀率保持不变，这样的调整会持续到预期误差被消除，通货膨胀预期完全实现为止。调整系数越接近单位 1，则需加快调整。意即调整系数为 1 时，需要立刻调整；调整系数为 0 时，则根本不需要调整。

在解菲利普斯错中学方程时，卡甘得到了一个相等的方程

$$p_t^* = \sum_{i=0}^{T}(1-e^{-b})e^{-bi}, p_{t-i},$$

该方程式将预期通货膨胀 p^* 作为权重为 $(1-e^{-b})e^{-bi}$ 递减幂的过去通货膨胀率 p_{t-i} 的加权平均数并加总。降幂权重意味着，预期者在预期时对近期价格数据比对稍远历史数据给予了更多的关注。权重下降的速度取决于预期者记忆中通货膨胀消退的速率。权重的迅速下降反映出记忆中通胀消失的时间花费较短，所以预期通货膨胀主要依赖近期通货膨胀的经历。权重的缓慢下降表示记忆中通胀消失的时间花费较长，所以，预期明显受到更久远的过去通货膨胀率的影响。至于单位综合权数(the unit-sum-of-weights property)，随着预期不断接近现实，它确保任何稳定的（不变的）通货膨胀率都可以被完全预期。

前文提到过，卡甘使用适应性预期来表示货币需求函数中持有货币的应提折旧成本变量或周转率。20 世纪 60 年代和 70 年代，米尔顿·弗里德曼(Friedman, 1968)、埃德蒙·费尔普斯(Phelps, 1967)等学者，在菲利普斯曲线方程中附加上适应性预期来表示预期通货膨胀

$$p-p^* = f(U-U_N),$$

等式表示没有预期到的通货膨胀 $p-p^*$（实际通货膨胀和预期通货膨胀之间的差）与失业率 U 和自然平衡失业率 U_N 的偏离之间的一个函数交易关系。在这一点上，适应性预期理论证明，它在 20 世纪 70 年代和 80 年代初期主导宏观经济政策的三

个命题的推论过程中是起了重要作用的。

第一个是自然率假说。自然律假说认为,在通货膨胀和失业之间不存在永久的交替关系。当预期被充分调整到由中央银行设立的稳定的通货膨胀率的那一点时,就像单位权重保证它们一定达到那一点一样,通货膨胀与失业之间的永久交替一定会消失。在这一点上,预期误差 $p - p^*$ 为零,失业率回到自然失业率,所以不存在交替过程。

第二个是加速性命题。该命题指出,尽管适应性预期排除了通货膨胀和失业之间的永久交替存在的可能性,但是适应性预期理论认为,在失业和通货膨胀率的加速率之间,存在着永久性交替。也就是说,因为适应性预期调整为实际通货膨胀水平有一个时滞,所以政策制定者可以通过持续提升通货膨胀率而将失业控制在自然失业率水平之下,这样就可以总是领先于预期,并挫败预期者赶上通货膨胀率的意图。

第三个是有成本反通货膨胀命题。适应性预期认为,只有当实际通货膨胀低于预期通货膨胀时,人们才会调低他们的通货膨胀预期,致使反通货膨胀政策太过痛苦以致无法实行。如果政策制定者想消除通货膨胀预期——这是任何成功的反通货膨胀政策所必需的,他们会迫使实际通货膨胀低于预期的通货膨胀,以引导预期通货膨胀调整到实际通货膨胀,即政策追求的目标水平。为了实现这种反通货膨胀,政府当局会实施紧缩政策来提升失业率水平超过自然失业率水平。由此而导致超出自然失业率水平的失业对实际通货膨胀率施加向下的压力,这样,预期通货膨胀率也会做出滞后调整。通过这种长期和痛苦的错中学的调整过程,虽然承受了产出和就业损失的成本,但经济中的实际通货膨胀和预期通货膨胀都会下降。让人惊讶的是,在 20 世纪 70 年代和 80 年代,一些经济学家认为学会如何与通货膨胀相处比与通货膨胀作对要好得多。

然而,前面所讲的加速主义命题和反通货膨胀的命题只有在适应性预期理论基础上才能令人信服。20 世纪 70 年代,适应性预期理论受到批评,这些命题也失去了人们的信任。批评者至少在三个方面指责适应性预期理论是建立在非理性基础上的,因而是一种非现实的预期手段。

首先,在可以获得相关的免费信息时,尤其是在可以获得当前信息和未来政策变动方向的情况下,为什么以利益最大化为目标的预期者仅仅会关注过去的通货膨胀信息,并据此改变自己的通货膨胀预期?

第二,既然适应性预期无法系统预测到加速通货膨胀,那么,为什么预期者情愿面对这种永远会产生片面的错误的机制，而不愿放弃这种机械的预期产生方法，采用更加正确的预期产生机制呢？

第三，为什么预期者常常采用那些与现实经济中产生通货膨胀的方式不一致的方式呢？为什么他们无法发现真实通货膨胀的产生过程并利用与通货膨胀相关的所有信息来做出预期呢？例如，在当前所观察到的失业超过了自然失业率水平时，中央银行就会通过创造超额货币供给来创造通货膨胀。为什么理性预期者就不会根据中央银行所面对的同样的失业变量，来学会形成对未来通货膨胀的预期，而不是根据过去的通货膨胀信息对未来通货膨胀做出预期？

这些批评的结果是人们不再相信适应性预期假说理论，并认为这一理论在政策分析方面不尽可靠。到了20世纪80年代中期，经济学家几乎已经完全放弃了适应性周期理论，转而信赖理性预期理论（Muth，1961）。根据理性预期理论，预期者在作出预期时可以避免所有的系统性（可以预见的）错误。随着适应性理论的引退，与之相关的加速概念和有成本的反通货膨胀命题也渐渐被抛弃。由于理性预期理论能够预期到所有系统的通货膨胀过程，包括那些与高阶时间导数（higher time derivative）相关的过程，因此它可以使加速主义的政策无效。只有预期者预期到了通货膨胀率上升的速率，并且永远不被其所迷惑，持续上升的通货膨胀才无法刺激现实的经济活动（见Lucas，1972）。出于对反通货膨胀成本的恐惧，这种反通货膨胀成本也被理性预期理论的实践者消除了。如果中央银行按照一种系统的可预知的方式执行反通货膨胀政策的话，那么，理性预期理论认为，预期者就可以预期到这种政策走向并将其纳入他们的预期中。实际通货膨胀率与预期通货膨胀率及通货紧缩率将达于一致，相互之间没有差额。由于没有差额，就没有必要为超过自然失业率水平的失业创造通货膨胀了。用极小的超额失业的成本就可以使实际通货膨胀和预期通货膨胀达到目标水平。

今天，已经很少有人选择适应性预期理论了。这种曾经盛极一时的理论，即通过过去和历史现象来预期通货膨胀的回溯式理念，已经让位于根据现实和可预期的未来事件决定的前瞻现象来预期通货膨胀的前瞻理念了。

托马斯·M. 汉弗莱（安佳译）

参见：

Cagan, Philip D.; Expectations-augmented Philips Curve; Inflation; Costs of Reducing; Natural Rate of Unemployment; Philips, A. William H.; Rational Expectations.

参考文献：

Cagan, P. (1956), 'The Monetary Dynamics of Hyperinflation', in M. Friedman (ed.), *Studies in the Quantity Theory of Money*, Chicago: University of Chicago Press.

Friedman, M. (1968), 'The Role of Monetary Policy', *American Economic Review*, 58, March, pp. 1–17.

Leeson, R. (ed.) (2000), *A.W.H. Phillips: Collected Works in Contemporary Perspective*, Cambridge: Cambridge University Press.

Lucas, R.E. Jr. (1972), 'Expectations and the Neutrality of Money', *Journal of Economic Theory*, 4, April, pp. 103–24.

Muth, J.F. (1961), 'Rational Expectations and the Theory of Price Movements', *Econometrica*, 29, July, pp. 315–35.

Phelps, E.S. (1967), 'Phillips Curves, Expectations of Inflation and Optimal Inflation Over Time', *Economica*, 34, August, pp. 254–81.

9. AD-AS 模型 AD-AS Model

"凯恩斯理论"在第二次世界大战后成为主导宏观经济学的范式理论。根据凯恩斯(1936)对宏观经济学理论的解释,出现了标准的凯恩斯教学和分析工具的两个基本的教科书模型。一个是由萨缪尔森发明的引入收入—支出(45度线)结构的模型;一个是由希克斯(1937)提出的更先进的 IS-LM 模型。凯恩斯学派的基本见解是,产出是由有效(总)需求决定的,而且,由于物价和收入的黏性,支撑充分就业产出水平的有效需求可能会有不足。这种分析为20世纪30年代美国和英国出现的长期经济大萧条提出了令人信服的解释。1944年,英国战时联合政府发表了著名的"就业政策白皮书",承诺未来和平时期政府将致力于在充分就业水平上的稳定产出,这反映出凯恩斯理论不断增强的政治影响力。在其后的三十年里,"可支配的"宏观经济政策被用来作为保持高就业率经济的工具。

凯恩斯收入—支出模型和 IS-LM 模型有两个相同的局限,这两个局限因各发达国家宏观经济表现的变化而表露无遗。首先,这些模型并没有明确地对总供给进行分析。由于决定产出的主要是总需求,所以总供给被认为只是总需求接近充分就业水平产出所发生的变化被动作出的反应。第二,这些模型没有解释价格水平,价格水平被假定为永远低于充分就业水平的产出,并且只有当总需求超过充分就业产出时才会上升(所以存在"通货膨胀缺口")。严重的供给冲击,尤其是1973年石油价格的上升,以及发达国家在20世纪60年代后期和70年代迅速攀升的通货膨胀,给凯恩斯模型的实用性带来了巨大挑战。凯恩斯学派的直接反应是对总需求(AD)和总供给(AS)模型进行发展和修正,尽管还存在理论缺陷,但这一理论后来还是成了分析宏观经济的标准教科书模型(见 Colander,1995)。

图 1 是(凯恩斯学派)早期形式的总需求和总供给模型。纵轴表示价格总水平 P(GDP 平减指数),横轴表示总产出 Y(或实际 GDP)。供给曲线 AS 表示经济体中所有企业提供的最终商品和服务的总供给。在这一简单凯恩斯模型中,总供给曲线在到达充分就业收入水平之前,在收入水平线上水平发展,到达充分就业产出点 Y_F 后,则垂直发展。

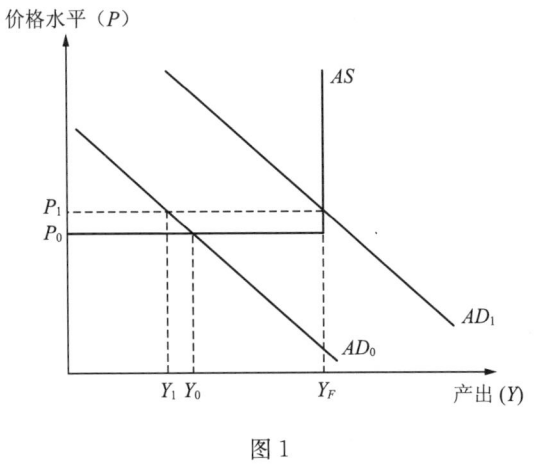

图 1

需求曲线 AD 表示居民(C)、企业(I)、政府(G)和外贸部门(净出口,$X-M$)对国内商品和服务的总需求;也就是 $AD=C+I+G+X-M$。总需求曲线可以从收入—支出或 IS‐LM 模型中推导出来。但简而言之,当价格水平上升时,居民会因三个原因而需要更少量的实际商品和服务:

(1)"真实余额效应(或庇古财富效应)"(随着物价的上涨,财富的实际价值下降,因此居民会减少现在的消费转而增加储蓄);

(2)"利率(或凯恩斯)效应"(随着物价的上涨,对货币的需求增加,利率也随之上升,居民和企业都会减少借贷和支出);

(3)"开放经济(或净出口)效应"(随着国内物价的上涨,消费者会从消费国内产品转而消费相对低廉的外国产品,这样净出口会减少)。

以此为基础,就可以很容易将经济行为模型化。总需求低于充分就业的波动将导致产出的变化。例如,如果政府削减收入税,总需求曲线就会向右平移,从

AD_0 移动到 AD_1，产出也会增加，直到经济达到充分就业时的产出 Y_F。随后价格将开始上涨，并在经济达于均衡时上升到更高的价格 P_1。这一模型也可以用来解释供给冲击的影响。例如，石油价格的上升会使总供给曲线向上移动，例如从 P_0 上升到 P_1。如果总需求保持在 AD_0 不变，那么逆供给冲击的影响会使产出减少到 Y_1，使物价上升到 P_1。

根据总供给和总需求重新修订的凯恩斯模型，提供了一个可用以分析供给冲击和通货膨胀的框架。它强调了通货膨胀可从经济体的供给面(成本推动型通货膨胀)和需求面(需求拉动型通货膨胀)两方面扩散的可能性，这样的总需求和总供给模型很快在20世纪70年代末被用作标准的教学工具。一个普通的修改反映出对实际研究的注重，即经济体的某些部分会率先出现瓶颈，这一修改假设，总供给曲线在低水平产出时是水平(完全弹性)的，但随着经济产出的发展不断接近 Y_F，总供给曲线会渐渐垂直，在达到 Y_F 这一充分就业产出点时，总供给曲线就成为垂直线(完全无弹性)，(这一点凯恩斯在《通论》第296页讨论总供给时有充分论述)。

然而，到了20世纪70年代末，凯恩斯理论不断受到货币主义和"新古典主义"思想的挑战和攻击。使总需求和总供给模型持久流行的原因可能是，这一模型可以提供一个基本的架构，各种不同的宏观经济理论的观点都可以在这一框架中得到展示和评价。例如，新古典反动(counter-revolution)强调了"看不见的手"在调节经济活动中的中心地位。虽然现实世界中的物价和工资明显具有黏性，但人们还是认为，这种黏性是暂时的，而且是由不完全信息造成的，不是由持续的市场失灵造成的。

通过关注总供给的微观基础，货币主义(参见 Friedman，1968)通过总生产函数(其中，产出是雇佣劳动的函数)将总供给曲线的形状和位置与劳动市场联系起来。在劳动市场，劳动的供给和需求都是实际工资的函数(也就是说，名义工资或货币工资因总价格水平而下降)。短期来看，由于存在信息不对称，因此企业清楚地知道它每天付给工人的实际工资是多少，而工人也知道他们收到的货币工资是多少，但双方还是不得不对总价格水平做出一些假设以调整他们的实际工资。

在基本的、附加预期的总供求模型中，工人在第二个时期才意识到他们的实际工资就是由预期价格水平压低的实际货币工资。如果实际价格水平上升到超过了预期价格水平，那么实际工资将会下降。因为这一下降对工人来说不是立即能察觉到的，工人将会按一个相对较低的实际工资水平继续同量地出卖劳动。这种效果等同于劳动(相对于实际工资)供给曲线(暂时地)右移，而且劳动市场以一个较大量劳动出清。至于总供给曲线，虽然较高的价格水平导致了较高的产出水平,但这仅仅是因为工人们被"愚弄"而接受更低的实际工资的结果。在接下来的一个时期,价格预期适应了较高的实际价格水平,且劳动供给曲线回到了初始的位置。

图2描绘的是一个动态模型。Y_N是产出的自然水平,即与劳动市场完全均衡相一致的产出水平,因此预期价格水平和实际价格水平相等,都处于P_0。如果价格水平上升超过P_0,在短期内,经济会沿短期总供给曲线$SRAS(P^e=P_0)$向上滑动。因此总需求从AD_0增加到AD_1,并使经济达到P_1,Y_1点。由于更高价格水平被纳入工资谈判并使工资恢复到实际工资水平(也就是说,价格预期赶上了实际价格水平),因此短期总供给曲线将左移至$SRAS(P^e=P_2)$处,直到在自然产出水平Y_N处达到均衡,这时,价格水平保持在P_2(与新的、更高总需求水平相一致时的长期价格水平)。长期总供给曲线(LRAS)在自然产出水平处垂直。

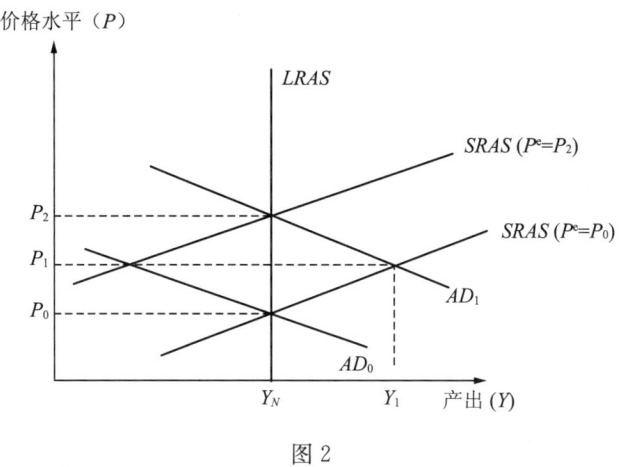

图2

在总需求和总供给模型中引入价格预期从根本上改变了该模型的政策含义。凯恩斯主义认为,通过弹性和自主的需求管理,政府可以用极小成本甚至没有成本的价格上调,通过调整需求并将经济稳定在充分就业产出水平上,来对总需求和总供给冲击做出反应。与之形成鲜明对比的是,附加预期的货币主义认为,物价和产出之间不存在长期交替关系。实际上,即使正斜率的短期总供给曲线意指的短期交替也是有限的,同时也取决于工人对价格水平预期的方式。如果价格预期是适应性的,也就是说,工人是通过回顾过去的历史价格水平来做出预期的,就存在以不断攀升的物价为代价而获得短期交替的机会。如果预期是理性预期,也就是说,工人是向前看并通过推断政策制定者可能采取的政策来做出预期,那么,任何对总需求扩张的预期,都会纳入价格预期之中。唯一实现短期交替的方法,就是让工人和企业"意外"看到一个不可预期的价格上升。这就意味着,按照最佳控制原则,可预期宏观经济政策的实行甚至对产出都无法产生短期效应。

总需求和总供给模型经常按一种动态模型方式展示,但以纵轴表示的价格水平被通货膨胀所替代,总供给曲线则表示在不同通货膨胀率情况下的产出水平,需求曲线表示总需求的增长。这种改变的引人之处在于它使模型更加直观,因为它使用的是通货膨胀,而不是那些更为陌生、更抽象的总价格水平。用公式表示,短期总需求曲线就是直观的卢卡斯"突发性函数":

$$Y = Y_N + \pi - \pi^e + \varepsilon,$$

等式中,π 表示通货膨胀,π^e 表示预期通货膨胀,ε 是一个平均值为零的随机干扰因素。图3则是对总供给和总需求模型的动态图示。图3显示出,在给定总需求增长率 AD_0 的情况下,经济在通货膨胀达到 π_0,产出达到自然水平 Y_N 时,达到均衡。在适应性预期条件下,更快的需求增长 AD_1 导致以更高的通货膨胀成本 π_1 获得暂时的产出增加,但是,随着预期(和名义工资)的调整,通货膨胀最终会上升到更高的水平 π_2。在理性预期条件下,产出的短期扩张只有在工人和企业了解政府的政策目标、但没有预期到总需求增长的增加量的情况下才会发生。

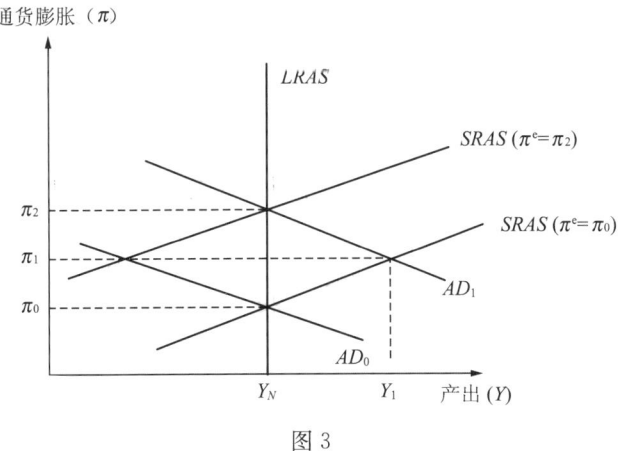

图3

这种总供给和总需求模型的关键优势在于,通过奥肯定律(即产出和就业变化之间存在的反向关系),可以直接将失业与和通货膨胀相关的附加预期菲利浦斯曲线模型联系起来。对于任何给定的通货膨胀预期,存在一条短期总供给曲线 $SRAS(\pi^e = \pi_a)$,$SRAS$ 表示任何与实际通货膨胀率相关的产出率,这一点和短期

菲利浦斯曲线 $SRAS(\pi^e=\pi_a)$ 一致。短期菲利浦斯曲线 $SRAS(\pi^e=\pi_a)$ 表示的是与不同实际通货膨胀率相关的失业率(参见 Romer,2000;Taylor,2000)。

以凯恩斯主义者的观点来看,总需求和总供给模型的主要问题在于,尽管它具有非常直观的优点,却与凯恩斯理论方法的关键见解相矛盾。总供给曲线假定,企业可以按照现行的价格卖出所有的产出,而收入—支出模型和 IS-LM 模型则保留了凯恩斯理论最根本的观点,即生产者和工人会由于不充分的有效需求而出现数量约束。换言之,基本的凯恩斯模型明确指出,总需求和总供给具有内在联系,并且相互决定(即,家庭既是生产者又是消费者),而不是像微观经济学那样表示为,各自独立的生产者和消费者在市场上从事购买而相互作用。从货币主义者的观点来看,总需求和总供给模型也存在着缺点。例如,正斜率的短期总供给曲线成立的严格条件是劳动者对于价格水平(或者通货膨胀)信息不完全,但是这一模型忽略了同样的信息问题也会扭曲消费面的消费和投资决定的可能性。但无论如何,总需求和供给模型因为其简单性和易操作性,近二十年来还是一直被各种教科书当做宏观经济分析的标准方法。

尼格尔·M. 希利(安佳译)

参见:

Adaptive Expectations; Expectations-augmented Philips Curve; Inflation: Alternative Theories of; IS-LM Model: Closed Economy; IS-LM Model: Open Economy; Keynes Effect; Keynesian Cross; Keynesian Economics; Lucas 'Surprise' Supply Function; Monetarism; New Classical Economics; Okun's law; Policy Ineffectiveness Proposition; Rational Expectations; Real Balance Effect.

参考文献:

Colander, D. (1995), 'The Stories We Tell: A Reconsideration of the AS/AD Analysis', *Journal of Economic Perspectives*, 9, Summer, pp. 169-88.

Friedman, M. (1968), 'The Role of Monetary Policy', *American Economic Review*, 58, March, pp. 1-17.

Hicks, J. (1937), 'Mr Keynes and the "Classics": A Suggested Interpretation', *Econometrica*, 5, April, pp. 147-59.

Keynes, J. M. (1936), *The General Theory of Employment, Interest, and Money*, New York: Harcourt Brace.

Romer, D. (2000), 'Keynesian Macroeconomics Without the LM Curve', *Journal of Economic Perspectives*, 14, Spring, pp. 149-69.

Samuelson, P. (1939), 'A Synthesis of the Principle of Acceleration and the Multiplier', *Journal of Political Economy*, 47, December, pp. 786–97.

Taylor, J. B. (2000), 'Teaching Macroeconomics at the Principles Level', *American Economic Review*, 90, May, pp. 90–94.

10. 可调整钉住汇率制度 Adjustable Peg System

可调整钉住汇率制度指汇率固定或者钉住，但可以根据一定的规则对汇率进行调整和改变的制度。布雷顿森林体系是这种汇率制度的最好例子。这种汇率安排允许货币在10%的幅度内贬值或者升值，然而，一旦对汇率的调整超过10%，则要征得国际货币基金组织的同意。

参见：

Bretton Woods; Devaluation; Fixed Exchange Rate System; International Monetary Fund; Revaluation.

11. 逆向选择模型 Adverse Selection Model

在逆向选择模型中，支付较高工资的企业不仅能吸引最好或者最有效率的人为其工作，而且还能留住最有效率的优秀员工。在劳动市场中，信息不对称的情况广泛存在，应聘者总是比潜在的雇主更加清楚自己的能力、忠诚度和责任心。考虑到招聘、培训新员工的不菲费用，企业当然不愿在雇用了员工之后，又发现还得辞退那些工作效率低下的人员，而且还得为此支付一笔额外的辞退费。唯一能避免这一潜在问题发生的方法就是提供更高的工资。如果把员工的能力同他们的保留工资紧密挂钩，那么，提供高工资的企业就会吸引最有效率的应聘者。实际上，任何一个愿意在低于效率工资的水平下提供劳动的应聘者都会被视作一只潜在的"柠檬"。较高的工资将留住那些最有效率的优秀员工。

参见：

Asymmetric Information; Efficiency Wage Theory.

12. 总需求 Aggregate Demand

商品和劳务的总需求包括消费支出(C)、投资支出(I)、政府支出(G)以及出口(X)减去进口(M)。在凯恩斯交叉线模型中,总需求决定产出和就业水平。

参见:

AD—AS Model;Aggregate Demand Management;Keynesian Cross.

13. 总需求管理 Aggregate Demand Management

为了减少总体经济活动中短期周期性波动的不利影响,从而使经济趋于平稳,要审慎地运用财政和(或)货币政策对总需求水平施加影响。总需求管理可能包括:(1)频繁使用财政和货币政策以使产出和就业维持在或者接近于充分就业水平或自然就业水平(即所谓的"微调"),或者(2)在产出和就业偏离充分就业水平或自然就业水平时,偶然运用财政和货币政策来予以调节(即所谓的"粗调")。

积极的总需求管理与凯恩斯主义经济学的主张相同。在凯恩斯学派看来,经济本质上就不稳定,总是遭受冲击,即造成令人恐慌而无效率的经济波动。凯恩斯学派不仅强调需要采用稳定性政策对经济加以调节,而且还坚决主张当局能够、而且应该通过总需求管理来稳定经济。新凯恩斯主义不主张"微调"经济(这一主张曾经于20世纪五六十年代在传统的凯恩斯学派中间十分流行),而提倡对经济进行粗调。滞后效应尤其为新凯恩斯学派提供了一个很强的说辞,他们主张有关当局应被赋予在长期萧条时期刺激总需求的自行决定权。

与此相反,货币主义和新古典主义认为,包括总需求管理在内的积极的稳定政策没有必要,相机抉择的财政和货币政策不能、也不应该被用来稳定经济。他们相信,经济本身是稳定的,即使遇到了干扰,也会围绕自然产出率和自然就业率迅速地进行自我调整。他们对是否真正需要包括总需求管理在内的稳定政策提出了质疑。货币主义则强调,在试图稳定经济的过程中会产生一系列问题(包括时滞、预测以及自然失业率估计值的可靠性之不确定性问题),所以,积极的相机抉择政策可能会使情况变得更糟糕。货币主义转而主张,应该用建立在规则基础上的政策来代替相机抉择的总需求政策。新古典主义支持规则而不支持相机抉择原则是基于政策无效性、时间不一致问题以及卢卡斯批判等一系列前提。最后,按真实经济周期理论的观点,根本就不需要政府当局通过总需求管理来平衡产出和就业的波动。

参见:

Hysteresis; Keynesian Economics; Lucas Critique; Monetarism; Natural Rate of Unemployment; New Classical Economics; New Keynesian Economics; Policy ineffectiveness roposition; Real business cycle model; Rules versus discretion; Time Inconsistency.

14. 总生产函数 Aggregate Production Function

总生产函数描述的是一个经济体中生产的总产出量与生产所耗费的投入量的函数关系。这种关系可以写成:

$$Y = A(t)F(K,L),$$

在式中,Y 表示实际产出,$A(t)$ 表示第 t 期时的技术水平,而 F 则是产量与资本投入量 K 和劳动投入量 L 的函数。如果要素投入量(资金和/或劳动)的数量增长,以及/或由于技术水平提高而带来的资本和劳动投入效率提高(即要素投入的每单位产出增加),实际产出将随时间而增加。

在罗伯特·索洛于 20 世纪 50 年代中期提出的新古典增长模型中,总生产函数有三个特征。首先,在生产过程中生产同一水平产出量时,劳动和资本的要素投入可以相互替代(即,可以投入较多的资本和较少的劳动,或者相反)。其次,要素投入收益递减。比如,增加劳动投入量,而资本投入量保持不变,将使实际产出量增加,但是以一个递减的比率增长。类似地,收益递减主要是因为相对于固定劳动来说,资本存量有了增加。第三,总生产函数的规模收益不变,也就是说,所有要素投入以某一比率增长,实际产出也将按这一比率增长。例如,如果劳动和资本的投入量翻了一番,那么实际产出量也将翻一番。考虑到规模收益不变,在一个已知的技术水平条件下,总生产函数还可以用每单位劳动来表述。这种关系可以写成:

$$Y/L = A(t)f(K/L),$$

在这里,每单位劳动的产出(Y/L)取决于每单位劳动的资本投入量(K/L)。

参见：

Neoclassical Growth Model; Solow, Robert M.

15. 总供给 Aggregate Supply

总供给是指在一个经济体中企业生产的总产出量。

参见：

AD-AS Model.

16. 乔治·A.阿克洛夫 Akerlof, George A.

乔治·A.阿克洛夫1940年生于美国康涅狄格州纽黑文，1962年在耶鲁大学获得学士学位，1966年在麻省理工学院获得博士学位。他的主要学术职位包括：加州大学伯克利分校助教(1960—1970)、加州大学副教授(1970—1971)；美国总统经济顾问委员会资深经济学家(1973—1974)，联邦储备委员会理事会成员(1978—1978)；伦敦经济学院教授(1978—1980)。自1977年以来，他一直担任加州大学伯克利分校教授。2001年，他与约瑟夫·斯蒂格利茨和迈克尔·斯彭斯一道，由于"运用非对称信息理论对市场的分析"而分享诺贝尔经济学奖。他由于对新凯恩斯学派的贡献而享有盛名。主要著作包括：《劳动市场的有效工资模型》(与J.L.耶伦合编，剑桥大学出版社，1986)。他被广泛阅读的论文包括：《柠檬市场：质量不确定性与市场机制》(《经济学季刊》，84，1970年8月)；《作为部分礼物交换的劳动合约》(《经济学季刊》，97，1982年11月)；《理性的一些偏差对经济均衡会产生重大影响吗？》(与J.L.耶伦合撰，载《美国经济学评论》，75，1985年9月)；以及《经济周期及工资与价格疲软的近似理性模型》(与J.L.耶伦合撰，载《经济学季刊》，100，1985年增刊)。

参见：

Council of Economic Advisers; Efficiency Wage Theory; New Keynesian Economics; Nobel Prize Economics.

17. 阿尔贝托·阿莱西纳 Alesina, Alberto

阿尔贝托·阿莱西纳 1957 年生于意大利博洛尼,1981 年毕业于米兰的博科尼大学,1986 年在哈佛大学获得博士学位。他的主要学术职位包括:卡内基-梅隆大学经济学助教(1987—1988);哈佛大学经济学与管理学助教(1988—1990),哈佛大学政治经济学副教授(1991—1993)。自 1993 年起,他担任哈佛大学经济学与管理学教授。他最著名的学术贡献是以理论分析和实证研究探讨政治与宏观经济学之间各种形式的互动关系;他影响广泛的工作在于分析政治经济周期、财政赤字的起源和含义以及政治稳定与经济增长的关系。他最著名的著作包括:《党派政治、分裂的政府和经济》(与 H. 罗森塔尔合著,剑桥大学出版社,1995);《政治周期与宏观经济》(与 N. 罗比尼合著,麻省理工学院出版社,1997);《国家的规模》(与 E. 斯波莱尔合著,麻省理工学院出版社,1997)。他影响最大的论文包括:《作为一种重复博弈的两党制下的宏观经济政策》(《经济学季刊》,102,1987 年 8 月);《OECD 经济的政治周期》(与 N. 罗比尼合撰,《经济研究评论》,59,1992 年 10 月);《中央银行的独立性和宏观经济表现:若干比较证据》(与 L. 萨默斯合撰,《金融、信贷和银行杂志》,25,1993 年 5 月);《分配的政治和经济增长》(与 D. 罗德里克合撰,《经济学季刊》,109,1994 年 5 月);以及《美国预算盈余的政治经济学》(《经济展望杂志》,14,2000 年夏季号)。

参见:

Business Cycles; Political Business Cycles; New Political Macroeconomics.

18. 美国经济学学会 American Economic Association

美国经济学学会于 1985 年在纽约州的萨拉托加成立。现坐落在美国田纳西州的首府纳什维尔。美国经济学学会当前的任务主要包括(1) 鼓励经济研究,(2) 发行有关经济方面的出版物,以及(3) 倡导经济研讨的绝对自由,包括举行年会。在它发行的刊物中,比较有威望的是《美国经济评论》(*American Economic Review*:1911 年创刊)和《经济学文献杂志》(*Journal of Economic Literature*:1963

年创刊)。美国经济学学会大约有 22000 名经济学家以及 5500 家研究机构。学会一半以上的成员来自学术研究机构,三分之一以上的成员来自工商界,其他人则大部分来自联邦、州以及地方的政府机构。有关美国经济学学会的更多信息,读者可以登录其官方网站($http://www.vanderbilt.edu/AEA$)。

19. 动物本能 Animal Spirits

约翰·梅纳德·凯恩斯在《就业、利息和货币通论》(麦克米兰版,1936)中第一次使用了这一概念。在凯恩斯看来,这一概念可以用来描述投资决策是如何依赖于企业家的灵光一闪或者冲动的欲望(积极的或是消极的)进行的——参见凯恩斯的文章《就业通论》(*The General Theory of Employment*,载《经济学季刊》,51,1937 年 2 月)。这一概念随后被剑桥大学经济学家琼·罗宾逊(Joan Robinson, 1903—1983)所推广。她对这一概念所出现的第 12 章"长期预期状态"(*The State of Long-Term Expectation*)作了重点强调,并认为这是《通论》最重要的一章。

参见:

Keynes's *General Theory*; Keynes, John Maynard; Robinson, Joan.

20. 预期通货膨胀 Anticipated Inflation

预期通货膨胀是指对未来某段时间内的通货膨胀率作出预期。在一种假设情形下,只要实际通货膨胀率等于预期通货膨胀率,就完全预期到了通货膨胀。在现实中,由于实际通货膨胀率很少与预期通货膨胀率相符,所以常常出现的是不完全预期通货膨胀。如何才能最好地模仿经济行为人的行为方式而形成预期,尚存在着争议。

参见:

Adaptive Expectations; Inflation: Costs of; Rational Expectations; Unanticipated Inflation.

21. 货币（名义）升值 Appreciation (Nominal) of a Currency

在弹性汇率制度下，一种货币相对于其他货币的价格增长；或在弹性汇率制度下，名义汇率的上升。

参见：

Flexible Exchange Rate System; Nominal Exchange Rate.

22. 指派问题 Assignment Problem

指派问题是指，为每一种政策目标指派一种对其最有影响力的政策工具。比如，在开放经济下的 IS-LM 模型（蒙代尔-弗莱明模型）中，这一问题包括指派货币政策以达到外部均衡（经常账户和资本账户的平衡）以及指派财政政策以达到内部均衡（充分就业）。

参见：

LS-LM Model; Open Economy; Mundell, Robert A.

23. 非对称信息 Asymmetric Information

市场交易双方对于用来交易的商品、服务和资产拥有不同的信息，称为非对称信息，或信息不对称。劳动市场就是一个充斥着信息不对称的典型例子。例如，应聘者就比潜在雇佣者拥有更多的关于他们自己的能力、忠诚度和责任心的信息。信息不对称的存在解释了为什么企业为了吸引最优秀的或者最有效率的应聘者以及为了留住那些最有效率的员工而提供较高工资的原因，这与逆向选择模型一致。读者可以参见 B. 希利尔写的《信息不对称经济学》（麦克米兰版，1997），这本书对包括投资市场、保险市场和劳动市场在内的信息不对称经济学的新发展作了清楚易懂的讨论。

参见：

Adverse selection model; Akerlof, George A.; Stiglitz, Josef E.

24. 自动稳定器 Automatic Stabilizers

自动稳定器是指在一个经济体中存在着一种内生机制，一旦国民生产总值发生了某种变动，这种机制就能自动产生一种抵消变化的力量。政府的预算头寸、累进收入税以及失业保险都是很好的例子。比如在经济萧条时期，一旦国民生产总值下降，将导致政府的税收收入下降，与此同时，失业保险费用会因为失业率上升而增加。这种安排可以阻止国民生产总值的下降（或者经济好转时国民生产总值的上升）超过没有这种安排时的水平。结果是，这种安排减少了经济周期性波动的剧烈程度。这种内生的稳定机制最大的一个好处在于，机制会自动发挥作用，而不用政府计划或者实行相机抉择政策来予以调节。换句话说，自动稳定器不存在内部时滞。而且，由于减少了乘数规模，自动稳定器也就减少了由于总需求中自发干扰因素引起的经济波动的幅度。

参见：

Budget Balance; Inside Lag; Multiplier.

25. 自主性支出 Autonomous Expenditure

自主性支出是指不依赖于收入水平的支出。比如，在凯恩斯交叉模型中，政府支出(G)、投资支出(I)和出口(X)就被认为是与收入水平无关的支出。

参见：

Keynesian Cross.

26. 平均消费倾向 Average Propensity to Consume

总消费(C)是总收入(Y)的一个部分。平均消费倾向(C/Y)可以被定义为总消费支出与总可支配收入或者国民收入的比率。当需求函数(a)为线性,并(b)通过原点时,平均消费倾向等于边际消费倾向。

参见：

Absolute Income Hypothesis; Consumption Function; Disposable Income; Marginal Propensity to Consume; National Income; Permanent Income Hypothesis; Relative Income Hypothesis.

27. 平均储蓄倾向 Average Propensity to Save

总储蓄(S)是总收入(Y)的一个部分。平均储蓄倾向(S/Y)可以描述为储蓄与总可支配收入或者国民收入的比率。

参见：

Disposable Income; National Income.

28. 平均税率 Average Tax Rate

总税收支出是总收入的一个部分。尽管这一概念可以被应用于各种不同的税种,但大多数时候,人们用它来表述用收入税支付的占总收入的比。

29. 国际收支平衡表 Balance of Payments

国际收支平衡表是指一国在一定时间内(比如一年)与世界上其他国家之间国际交易的会计记录。所有来自非本国居民的收入记作贷方,来自非本国居民的收入使一国外币供给增加,对本币的需求上升。与此相反,所有本国居民对非本国居民的支付记作借方,它使一国外币需求增加,本币供给上升。国际收支平衡表中的贷方和借方数额的增减来源于以下交易:(a)记入经常项目的货物和服务,以及(b)记入资本项目的资产(包括不动产和金融资产)。当进口货物和服务的总值大于出口货物和服务的总值时,经常项目就显示为赤字;相反则为盈余。当资本流出(比如将资本用于海外投资)大于资本流入时,资本项目会显示为赤字;相反则为盈余。在以上两种情况中,赤字的发生都是由于对非本国居民的支付(借方项下)大于来自国外的所得(贷方项下)。相反,盈余的发生则是因为来自非本国居民的所得(贷方项下)大于对国外的支出(借方)。因为经常项目的赤字会被资本账户的盈余所抵消,反之亦然,所以从会计表述上讲,国际收支平衡表应恒等于0。

在弹性汇率制度下,汇率的调整可以出清外汇市场,并确保国际收支平衡。相反,在固定汇率制度下,一国至少可能在短期内出现国际收支失衡(赤字或盈余)。赤字可以用黄金储备和外币储备或者政府外债来弥补,而盈余可以被一国用来增加其外汇储备或者归还外债。经济学文献中有三种调整国际收支失衡的方法。弹性分析法主要研究的是利用货币贬值对调整经常项目赤字发挥作用的情况。而吸收法考察的是如何运用政府政策干预来改善国际收支的经常账户。与此相反,货币法关注的是经常账户和资本账户的货币总额,这种方法认为,国际收支本质上是一种可用自动调节机制进行调节的货币现象。

参见:

Absorption Approach to the Balance of Payment; Balance of Payments; Keynesian Approach; Balance of Payments; Monetary Approach; Devaluation; Elasticities Approach to the Balance of Payments; Fixed Exchange Rate System; Flexible Exchange Rate System.

30. 国际收支约束型经济增长 Balance of Payments-constrained Economic Growth

国际收支约束型经济增长模型为解释经济增长率的差别提供了一个凯恩斯需求导向型的解释。这一方法与新古典主义的增长理论(无论是索洛-斯旺模型还是内生变量模型)强调供给面作用的分析法截然不同。国际收支约束型经济增长模型的核心观点是,一国不能长期保持赤字,因为这样会导致一国外债对国内生产总值的比率的上升。如果一国试图这样做的话,由于存在汇率崩溃的危险和引发螺旋式贬值/通货膨胀的风险,国际金融市场的运行将增加该国币值下滑的压力。这样做还有可能使一国的国际信用评级下降。因此从长期看,基本账户(经常账户加长期资本流动)必须维持平衡。这种分析方法的含义是,与资源充分使用或生产潜力增长相一致的比率是得不到保证的。

瑟尔沃尔的独创性论文(Thirlwall,1979)对这一方法进行了介绍。先前缪尔达尔在提出累积性因果关系增长模型(Myrdal,1957)时也提到过这种方法,后来卡尔多(Kaldor,1966,1970)又加以进一步发展。(托纳于1999年提供了有关卡尔多是如何从扬[Young,1928]那篇颇具影响的文章发展出这一方法的详尽讨论。)卡尔多特别强调了"韦尔登定律"(即工业生产率与产出增长之间的实证关系)在解释生产率增长不一致时所起的重要作用(参见 Verdoorn,1949,以及 McCombie and Thirlwall,1994;第2章)。这一定律说明,更快的产出增长将通过资本积累和规模经济,带来更快的生产率增长。而规模经济的定义十分宽泛,其中不仅包括静态增长,还包括动态的规模报酬递增(比如说,来自边干边学的报酬递增)。这种方法的关键假设是,产出增长基本取决于需求的增长,尤其取决于通过哈罗德外贸乘数派生出来的出口增长。而出口增长又是世界收入增长和相对价格变化率的函数。我们可以在狄克逊和瑟尔沃尔的著作(Dixon and Thirlwall,1975)中找到对这一方法的规范表述。不过,正如瑟尔沃尔和狄克逊(Thirlwall and Dixon,1979)所说,在这一模型里没有国际收支平衡的限制,因此,无法保障出口增长就赶不上进口增长,反之亦然。

瑟尔沃尔(Thirlwall,1979)以及瑟尔沃尔和狄克逊(Thirlwall and Dixon,1979)随后提出的模型都清楚地指明了这一不足。出口的增长还是取决于世界收入增长和相对价格的变化率。而进口的增长则被定义为国内收入增长和相对价格变化率的函数。将这些因素代入国际收支公式,并用增长率形式来表述,国内收入增长就成了世界收入增长、相对价格变化率和净国际资本流动增长的函数。

如果后两个因素对经济增长的影响在数量上可以忽略(从经验上看通常也是这样),能使国际收支保持平衡的收入增长率通过等式 $y_B = \varepsilon z/\pi = x/\pi$ 就可以确定,式中,ε, π, z 和 x 分别表示出口需求的世界收入弹性、进口需求的国内收入弹性、世界收入增长和出口增长。这两个关于 y_B 的等式分别说明了后来著名的"瑟尔沃尔定律"。这一定律也可以这样理解,决定一国增长的关键因素在于外部需求部分,也就是出口,而出口又取决于世界市场的增长。这样,这一模型就成了出口导向增长假设的扩展模型,但在这里,国际收支约束型经济增长明显包括在内。

ε 值(还有 π 值)在不同国家之间存在事实上的差别,因此,这些国家经济增长的快慢与国际收支问题无关。ε 和 π 的不等反映了非价格竞争因素的差别(比如,商品和服务质量的差别,一国分销渠道效率的差别,以及交货时间的不同等等)。因此,供给在这里就显得十分重要,因为在这里,供给的特征在解释出口以及收入增长方面起了十分关键的作用。这一点与新古典主义强调供给的分析方法有明显的区别。在新古典主义分析方法中,技术水平的变化和要素投入的增长,都是增长过程中的随机因素。

国际收支约束型经济增长的必要约束条件是,汇率的变动率不影响出口和进口的增长。如果这个条件不能满足,真实汇率的调整可以确保国际收支在给定的收入增长(包括潜在生产力的增长)率条件下达于均衡。然而,应该强调的是,国际收支约束型经济增长模型并不认为相对价格的改变对经常账户没有影响。或许,当经济达到或接近国际收支平衡点时,相对价格的变化足以使经常账户的赤字恢复到平衡状态,但相对价格的变化不能充分地提高国际收支平衡增长率。给定出口和进口需求函数的倍增性特征,要提高国际收支平衡增长率还需要一个持续的实际贬值过程。

这种分析法不同于早期的循环累积因果模型,循环累积因果模型认为,相对价格的变化对解释生产力对产出增长的正回馈来说,非常重要。尽管韦尔登定律并没有明显地表现在瑟尔沃尔定律中,但这并不意味着韦尔登定律没有发挥重要的作用。生产力快速增长的收益并没有通过提高相对价格竞争力而传递,却导致了实际工资的快速增长。在国际收支约束型经济增长模型中,出口需求收入弹性与进口需求收入弹性之比被认为是外生的,但从长期看,出口需求收入弹性与进口需求收入弹性之比可能成为产出增长率(也就是说,产出增长率的值是"完全内生"的)的函数。产出的快速增长和资本的积累不仅会产生更大的生产过程,还有可能产生出产品发明和创新。这一过程又将引发非价格因素竞争并进而提高经济增长率。另一方面,产出的快速增长可能最终使经济成为"锁定型经济",而"锁定型经济"已经实际证明是一种比较落后的技术(Setterfield,1997)。这样就形成了好的和坏的增长循环。

瑟尔沃尔定律被认为是哈罗德外贸乘数的动态模式。哈罗德在1933年的《国际经济学》一书中提出了这样的观点:工业经济的产出水平可以用外贸乘数进行解释,外贸乘数同时还提供了保持国际收支平衡的机制。举一个最简单的例子,即没有政府,没有储备和投资,并且不考虑相对价格的任何变化,贸易永远平衡,而且收入 Y 的水平是 $Y = X/m$,其中 X 是出口量,m 是边际进口倾向。瑟尔沃尔已经指出,国际收支平衡增长率的描述基本上是哈罗德外贸乘数的动态模式。(瑟尔沃尔于1997年讨论了这一定律及其前身的历史和发展。)

麦康比(McCombie,1985)已经论证,在一个更加复杂的凯恩斯模型中,瑟尔沃尔定律可以更一般地被认为是希克斯"超级乘数"。例如,在经常账户均衡的条件下,出口增长的增加会直接通过哈罗德外贸乘数使收入增加。同时,通过创造不断增加的经常账户盈余,进一步增加了国内其他需求要素的增长;因此在国际收支重新回到均衡状态前,进一步提高了增长率。这两种机制效应的结合代表了希克斯"超级乘数"动态形式的运行。

迄今为止,已经出现了大量的检验这一经济增长分析方法的研究。通常的研究方法是使用时间序列数据,通过一特定国家的出口和进口需求函数(包含相对价格因素)来估算 ε 和 π 的值。在最早的研究中,使用的方法是普通最小二乘方;而近期的研究使用的则是更加精确的经济计量分析技术,因而可以检测数据的稳定性和内在一致性。根据对 ε 和 π 值的估算,国际收支平衡增长率的值可以通过瑟尔沃尔定律公式 $y_B = \varepsilon z/\pi$(或者,有时候使用公式 $y_B = x/\pi$)获得。当估算时间超过十年或更长时期时,国际收支平衡增长率通常更接近于实际增长率,这一点已经被大量统计数据检测证明。而且,研究通常显示,对出口和进口需求函数的价格弹性的估值,要么很小,要么不具备统计显性。这就进一步证明,在国际贸易中,价格竞争并不重要。关于这一点,可以参见麦康比和和瑟尔沃尔(McCombie and Thirlwall,1994)以及 1997 年《后凯恩斯经济学杂志》编辑的小型论丛(Davidson,1997)。

当然,并非所有国家都必须同时实现国际收支约束型经济增长。无论什么时候,都有一些国家(或贸易集团)可能实行"约束型政策";在这些国家或集团,需求管理政策已经导致了实际收入增长低于国际收支平衡增长率。这种情况在 20 世纪 70 年代和 80 年代的一些发达国家都曾发生,当时,这些国家的政府都曾尝试使用通货紧缩政策来降低通货膨胀的增长。另外,一些国家可能由于经济发展太快以致形成"资源约束型",比如第二次世界大战后的日本。问题是,国际收支约束型的国家发现,他们的经济增长率明显受到那些政策或资源约束型国家经济发展的限制。例如,如果一个国家由于政策的原因降低了经济的增长,那么该国的主要贸易伙伴将会发现,自己的国际收支平衡增长率出现下降,不论其国内条件是否会造成这种情况的出现,这些贸易伙伴国的实际经济增长率随后将会下降(McCombie,1993)。

这个分析方法并不仅仅适用于那些使用本币的国家,其重要原则也适用于区域货币水平的研究(Thirlwall,1980)。也就是说,这一原则认为,一个货币联盟,比如欧洲货币联盟的形成,不会排除出口增长的重要性以及国际收支在决定一国总的经济增长时的重要性。

不过对这种经济增长分析法也出现了许多批评。麦康比和瑟尔沃尔（McCombie and Thirlwall,1994）与麦格雷戈和斯韦尔斯就此进行了积极的交流讨论,这些讨论最初出现在《应用经济学》上,交流的论题包括:因果关系的趋势问题;模型能否解释非价格竞争;"一价定律"是否使模型变得前后不连贯。(由于这一理论是在新古典"一价定律"基础上提出的,因此不能否认由于"一价定律"作用造成的相对价格的微小变化,这一点很重要。"一价定律"假设市场充分竞争,假设一个开放经济的小国的出口需求弹性无穷大,因此意味着,国家不可能实现约束型国际收支平衡。但在实践中,价格是由寡头垄断市场决定的,而且,由于前文提到的原因,价格是具有黏性的。)

克鲁格曼（Krugman,1989）重新定义了这一定律,称之为"45度规则（the 45-degree rule）"。因为,一国相对于其他国家的经济增长是与出口需求收入弹性和进口需求收入弹性比率相同的比率变化的。按照新古典主义的解释,一国经济增长率与 ε 值和 π 值之间的关系,并不像哈罗德外贸乘数所反映的结果。克鲁格曼提出了一个基于垄断竞争和规模报酬递增的模型。他假设,一国生产的产品种类和数量与该国的有效劳动力成比例,而该国的有效劳动力被视为是对可利用资源的一个度量。随着一国经济增长率的增加,该国生产的产品种类和数量也在增加,产品种类的增加使其在世界市场上的份额和 ε 值都有所增加。因此, ε 值是一个内生变量。如果这是事实的话,这将意味着,英国更快的经济增长会立刻提高其出口的增长,并减少进口需求的收入弹性,这样就能防止汇率在没有打压压力下的抬升会引发的赤字问题。但这一点令人难以置信,也与历史数据不符。

例如,克拉夫茨（Crafts,1988）指出,如果英国保持其在海外市场的市场份额不变,那么它的"假设市场份额"或"不变市场份额"的出口需求收入弹性在规模上可以与其他发达国家的出口需求收入弹性相比较（所有的收入弹性大致相等）。因此,假设的出口增长率也会与其他国家的出口增长率相同。因此,如果使用不变市场份额来估计 ε 值,英国的国际收支平衡增长率基本上与包括日本在内的其他发达国家一样。如果英国在非价格竞争方面与日本相同的话,英国的假设国际收支增长率将会与日本一样。但事实却不是这样,即假定收入弹性的估值跟英国的经济增长是否事实上是约束型国际收支没有任何关系。麦康比和瑟尔沃尔（McCombie and Thirlwall,1997）对所有这些评判做了极为细致的评估。

总之,戴维森（Davidson,1990—1991）总结道:国际收支约束型经济增长分析法证明"国际收支失衡对实际经济增长的影响后果重大,这就是说,货币在开放经济中不是中性的",这对后凯恩斯经济学理论作出了杰出贡献。

约翰·S.L.麦康比(安佳译)

参见:

Balance of Payments; Marshall-Lerner Condition; Multiplier; Neoclassic Growth Model; Post Keynesian Economics.

参考文献:

Crafts, N. (1988), 'The Assessment: British Economic Growth over the Long Run', *Oxford Review of Economic Policy*, 4, Spring, pp. i - xxi.

Davidson, P. (1990 - 91), 'A Post Keynesian Positive Contribution to "Theory"', *Journal of Post Keynesian Economics*, 13, Winter, pp. 298 - 303.

Davidson, P. (1997), 'Minisymposium on Thirlwall's Law and Economic Growth in an Open Economy Context', *Journal of Post Keynesian Economics*, 19, Spring pp. 318 - 85.

Dixon, R. J. and A. P. Thirlwall (1975), 'A Model of Regional Growth-Rate Differences on Kaldorian Lines', *Oxford Economic Papers*, 27, July, pp. 201 - 14.

Harrod, R. F. (1933), *International Economics*, Cambridge: Cambridge University Press.

Kaldor, N. (1966), *The Causes of the Slow Rate of Economic Growth of the United Kingdom: An Inaugural Lecture*, Cambridge: Cambridge University Press.

Kaldor, N. (1970), 'The Case for Regional Policies', *Scottish Journal of Political Economy*, 17, November, pp. 337 - 48.

Krugman, P. (1989), 'Differences in Income Elasticities and Trends in Real Exchange Rates', *European Economic Review*, 33, May, pp. 1031 - 46.

McCombie, J. S. L. (1985), 'Economic Growth, the Harrod Foreign Trade Multiplier and the Hicks Super-Multiplier', *Applied Economics*, 17, February, pp. 52 - 72.

McCombie, J. S. L. (1993), 'Economic Growth, Trade Interlinkages, and the Balance-of-Payments Constraint', *Journal of Post Keynesian Economics*, 15, Summer, pp. 471 - 505.

McCombie J. S. L. and A. P. Thirlwall (1994), *Economic Growth and the Balance-of-Payments Constraint*, Basingstoke: Macmillan.

McCombie J. S. L. and A. P. Thirlwall (1997), 'The Dynamic Harrod Foreign Trade Multiplier and the Demand-Oriented Approach to Economic Growth', *International Review of Applied Economics*, 11, January, pp. 5 - 25.

Myrdal, G. (1957), *Economic Theory and the Underdeveloped Countries*, London:

Duckworth.

Setterfield, M. (1997), *Rapid Growth and Relative Decline: Modelling Macroeconomic Dynamics with Hysteresis*, Basingstoke: Macmillan.

Thirlwall, A. P. (1979), 'The Balance of Payments Constraint as an Explanation of International Growth Rate Differences', *Banca Nazionale del Lavoro Quarterly Review*, 128, March, pp. 45–53.

Thirlwall, A. P. (1980), 'Regional Problems are 'Balance-of-Payments' Problems', *Regional Studies*, 14, July, pp. 419–26.

Thirlwall, A. P. (1997), 'Reflections on the Concept of Balance-of-Payments-Constrained Growth', *Journal of Post Keynesian Economics*, 19, Spring, pp. 375–85.

Thirlwall, A. P. and R. J. Dixon (1979), 'A Model of Export-Led Growth with a Balance of Payments Constraint', in J. K. Bowers (ed.), *Inflation, Development and Integration*, Leeds: Leeds University Press.

Toner, P. (1999), *Main Currents in Cumulative Causation: The Dynamics of Growth and Development*, Basingstoke: Macmillan.

Verdoorn, P. J. (1949), 'Fattori che Regolano lo Sviluppo della Produttività del Lavoro', *L'Industria*, 1, pp. 3–10; English translation by A. P. Thirlwall, 'Factors Governing the Growth of Labour Productivity', in D. Ironmonger, J. O. N. Perkins and T. Van Hoa (eds) (1988), *National Income and Economic Progress*, London: Macmillan Press.

Young, A. A. (1928), 'Increasing Returns and Economic Progress', *Economic Journal*, 38, December, pp. 527–42.

31. 国际收支的凯恩斯学派分析法 Balance of Payments: Keynesian Approach

国际收支平衡表是对一国与世界其他各国经济交往的系统记录,国际收支平衡表由经常账户(对其他各国的商品和服务净出口)、资本账户(对世界其他各国的资产净销售)以及官方储备(反应官方黄金和外汇储备的变化)组成。凯恩斯学派调整国际宏观经济的方法强调真实国民收入的决定,以及真实国民收入对经常账户的影响。而与凯恩斯学派观点形成对比的货币学派的观点,则强调货币的供给和需求。

尽管凯恩斯的《通论》讨论的是一个封闭经济体的情况,但凯恩斯对国际收支对一国稳定经济的约束,对金本位制的衰退趋势,以及对如何避免国际货币秩序失序,都予以了长期关注。在撰写《货币改革论》(1923)一书时,凯恩斯仍然是阿尔弗雷德·马歇尔的忠实门徒,所以他运用剑桥学派货币数量论的现金余额观点,并引入抛补利率平价(指远期外汇交易市场上的升贴水与两国的名义利率差相等)的观点,来解释第一次世界大战后德国和其他一些欧洲国家汇率崩溃的原因。凯恩斯讨论了在存在套利的情况下,由于相同商品在不同国家的价格指数中的不同权重,购买力平价也可以产生明显的背离。凯恩斯(Keynes,1925)反对英国重新回到第一次世界大战前的金本位制,因为,即使名义工资(以及财富从纳税人到债券持有者之间的再分配)有下滑的黏性,但由此导致的通货紧缩还是会增加失业。1929年,凯恩斯分析了德国在一战后赔付战争赔款的国际收支问题,并重点指出了支付赔款国和接受赔款国物价的变化;同年,俄林也强调了国民收入变化的均衡作用。凯恩斯(Keynes,1983)是布雷顿森林体系以及二战后世界银行和国际货币基金组织的主要设计者之一,布雷顿森林体系是一个可调整的钉住汇率体系。然而,这一解决方法并没有像凯恩斯希望的那样,能在确保国际货币体系的流动性或者在解决无论出超国还是入超国的国际收支负担方面发挥足够长久的积极作用(Thirlwall,1976)。凯恩斯希望通过控制国际组合投资来保障一国利率决定的独立性,还希望抑制投机活动(Dimand and Dore,2000)。凯恩斯(Keynes,1946)担心美元短缺是一个永久性的问题,并希望政策能够起到推动传统的调整国际收支力量的作用,而不是取代这些政策的力量。

弗里茨·马克卢普(Machlup,1943)将收入决定的乘数分析法扩展到了开放经济,他在总需求中增加了净出口;将边际进口倾向和税率联系起来;又在乘数的分母中增加了边际储蓄倾向,这就减小了原来在封闭经济条件下表现出来的乘数(最早由 R. G. 霍特里和 L. F. 吉布林提出的乘数公式的分母中只有边际进口倾向)。贸易条件 eP^*/P 表示,出口增长会带来外汇收入的增加及实际汇率的上涨(其中,P^* 指国外价格水平,P 指国内价格水平,e 指外汇的国内货币价格)。进口随国内收入的增加而增加,但会引起 eP^*/P 的下降。弗里茨·马克卢普的理论框架现在仍是介绍宏观经济学课程的标准理论模型,这一模型通过贸易余额来分析支出国际转移的冲击。在该模型中,收入可以在经常账户不为零的情况下,达到均衡水平。

贸易余额等于产出和国内吸收差额,通过对贸易条件变化对贸易余额效应的分析(例如,由于货币贬值),琼·罗宾逊(Robinson,1947)、詹姆斯·米德(Meade,1951)以及西德尼·亚历山大(Alexander,1952)分别提出了弹性分析法、内部平衡/外部平衡分析法以及吸收分析法,扩展了乘数分析法。20世纪40年代后期至50年代的实证研究通常会表现出"弹性悲观",因为这些研究发现,进口和出口价格弹性的绝对值都非常小,所以不能满足马歇尔-勒纳条件。因此,固定汇率下的贬值或浮动汇率下的贬值都不能消除经常账户赤字。相反,后来的货币主义国际收支分析法,将国内和国外产品看作完全或接近完全替代的商品,并考虑了小型开放经济趋向于无穷大的进口和出口长期价格弹性。凯恩斯学派分析法也认为,国内产品和国外产品具有可替代性,但不是完全的替代性;这主要是由于比较优势和国际分工不同,各国都生产各自擅长的产品。20世纪50年代,凯恩斯学派分析法指出,需要采取支出削减或支出转换的财政政策来改善一直以来的经常账户赤字问题,并通过支出转换同时达到内部平衡和外部平衡。

20世纪60年代早期,J. 马尔库斯·弗莱明(Fleming,1962)和罗伯特·蒙代尔(收录于蒙代尔的论文,1968)将 IS-LM 模型扩展运用到开放经济中,并因此用利率和收入划分的 IS-LM-BP 模型来表示商品市场(IS 曲线,投资=储蓄)、货币市场(LM 曲线,流动性偏好=货币供给)及外汇市场均衡(BP 曲线,国际收支盈余=外汇供给的超额部分=零)。如果存在资本完全流动(即国内资产与国外资产具有完全替代性),小规模开放经济体的 BP 曲线与国外利率水平处于同一水平线(小规模经济体是指对国外变量不产生影响的经济体)。在固定汇率条件下,对于既定的价格水平,IS 曲线和 BP 曲线的交点就是收入和利率水平的均衡点。在固定汇率条件下,由于国际收支的盈余或赤字等于中央银行购买或出售的外汇,因此改变了货币的供给,并使 LM 曲线移动至 IS 曲线和 BP 曲线的交点(假定不存在中央银行在国内证券市场上的冲销交易),所以在固定汇率条件下,货币政策对总需求没有影响。而在固定汇率条件下,财政政策改变总需求的作用是有效的,只是挤出效应使 BP 曲线向上倾斜。如果 BP 曲线呈水平状(即国内资产与国外资产具有完全替代性),而且是固定汇率,那么,财政政策对总需求具有完全乘数效应,而且不存在对私人部门投资的挤出。在浮动汇率条件下,货币政策决定总需求,并通过汇率的贬值或升值影响净出口。在固定的货币供给和浮动汇率条件下,对经常账户(但是国外利率不变)的外部冲击会被汇率完全吸收。另一方面,在浮动汇率下,财政政策会挤出净出口(参见 Frenkel and Razin,1987)。托宾和德马塞多(Tobin and de Macedo,1980)指出,这些关于货币政策和财政政策效应的观点,以及隔绝外部冲击的理念,对资产市场建立模型的方式非常敏感,而且还要排除资产需求函数的汇率。

凯恩斯学派分析法将汇率看作国外产品和国内产品相对价格的一个部分,强调收入和相对价格对经常账户的影响。货币学派分析法(蒙代尔在20世纪60年代末对之有贡献)认为 $eP^*/P=1$(购买力平价),至少在后来的新古典学派中: $Y=Y^*$ (潜在产出),因此,货币学派分析法排除了收入和相对价格对经常账户的影响,并将经常账户余额和对货币的超额需求联系起来。货币学派分析法将汇率看作两种资产的相对价格。凯恩斯学派分析法更多地关注真实国民收入的决定,而货币学派分析法则更多地关注通货膨胀的国际转移。实际上,两种分析法可以结合在一个更加一般的组合模型中处理更多的资产市场(Frenkel *et al.*, 1980;Gylfason and Helliwell, 1983)。蒙代尔-弗莱明 IS-LM-BP 凯恩斯学派分析法除了受到货币学派分析法的挑战外,也受到了后凯恩斯主义者,例如戴维森(Davidson, 1992)的批评。戴维森指出,蒙代尔-弗莱明 IS-LM-BP 凯恩斯学派分析法忽略了不确定性因素,且没有考虑面对投机行为时国际金融体系的脆弱性。

罗伯特·W. 戴曼德(王辉译)

参见:

Absorption Approach to the Balance of Payments; Balance of Payments; Balance of Payment-constrained Economic Growth; Balance of Payments: Monetary Approach; Bretton Woods; Elasticities Approach to the Balance of Payments; Expenditure Reducing Policy; Expenditure Switching Policy; Fixed Exchange Rate System; Flexible Exchange Rate System; Gold Standard; IS-LM Model; Open Economy; Marshall-Lerner Condition; Multiplier; Mundell, Robert A.; Purchasing Power Parity Theory.

参考文献:

Alexander, S. S. (1952), 'Effects of a Devaluation on a Trade Balance', *International Monetary Fund Staff Papers*, 2, pp. 263–78.

Arize, A., T. H. Bonitsis, I. Kallianiotis, K. Kasibhatla and J. Malindretos (eds) (2000), *Balance of Payments Adjustment: Macro Facets of International Finance Revisited*, Westport, CT: Greenwood Press.

Davidson, P. (1992), *International Money and the Real World*, 2nd edn, London: Macmillan.

Dimand, R. W., and M. H. I. Dore (2000), 'Keynes's Casino Capitalism, Bagehot's International Currency, and the Tobin Tax: Historical Notes on Preventing Currency

Fires', *Journal of Post Keynesian Economics*, 22, Summer, pp. 515 - 28.

Fleming, J. M. (1962), 'Domestic Financial Policies Under Fixed and Floating Exchange Rates', *International Monetary Fund Staff Papers*, 9, November, pp. 369 - 79.

Frenkel, J., and A. Razin (1987), 'The Mundell—Fleming Model a Quarter Century Later: A Unified Exposition', *International Monetary Fund Staff Papers*, 34, December, pp. 567 - 620.

Frenkel, J., T. Gylfason and J. Helliwell (1980), 'A Synthesis of Monetary and Keynesian Approaches to Short-Run Balance of Payments Theory', *Economic Journal*, 90, September, pp. 582 - 92.

Gylfason, T. and J. Helliwell (1983), 'A Synthesis of Keynesian, Monetary and Portfolio Approaches to Flexible Exchange Rates', *Economic Journal*, 93, December, pp. 820 - 31.

Keynes, J. M. (1923), *A Tract on Monetary Reform*, London: Macmillan.

Keynes, J. M. (1925), *The Economic Consequences of Mr. Churchill*, London: Hogarth Press.

Keynes, J. M. (1929), 'The German Transfer Problem', *Economic Journal*, 39 March, pp. 1 - 7.

Keynes, J. M. (1946), 'The Balance of Payments of the United States', *Economic Journal*, 56, April, pp. 172 - 87.

Keynes, J. M. (1983), *Collected Writings*, eds D. E. Moggridge and E. A. G. Robinson, vols 25 and 26, ed. D. E. Moggridge, London: Macmillan and New York: Cambridge University Press, for the Royal Economic Society.

Machlup, F. (1943), *International Trade and the National Income Multiplier*, Philadelphia: Blakiston; reprinted in R. W. Dimand (ed.), *Origins of Macroeconomics*, London and New York: Routledge, 2001.

Meade, J. E. (1951), *The Theory of International Economic Policy*, vol. 1: *The Balance of Payments*, London: Oxford University Press.

Mundell, R. A. (1968), *International Economics*, New York: Macmillan.

Ohlin, B. (1929), 'The Reparation Problem: A Discussion', *Economic Journal*, 39, June, pp. 172 - 8.

Robinson, J. (1947), 'The Foreign Exchanges', *Essays in the Theory of Employment*, 2nd edn, Oxford: Basil Blackwell.

Thirlwall, A. P. (ed.) (1976), *Keynes and International Monetary Relations*, London: Macmillan and New York: St Martin's.

Tobin, J. and J. B. de Macedo (1980), 'The Short-Run Macroeconomics of Floating Exchange Rates: An Exposition', in J. Chipman and C. Kindleberger (eds), *Flexible Exchange Rates and the Balance of Payments: Essays In Memory of Egon Sohmen*, Amsterdam: North-Holland, pp. 5-28.

32. 国际收支的货币学派分析法 Balance of Payment: Monetary Approach

国际收支的货币学派分析法的理论渊源至少可以追溯到亚当·斯密的《国富论》，货币分析法以分析固定汇率条件下，一个开放经济如何消除过剩的货币供给和需求为其分析框架。这一分析框架于1952年由詹姆斯·米德提出，20世纪50年代后期由雅克·J.波拉克和他在国际货币基金组织的同事们发展，而罗伯特·蒙代尔和哈瑞·G.约翰逊以及他们在芝加哥大学的学生们在20世纪60年代和70年代又将这一理论向前推进了一步。货币分析法将单个小规模开放经济和作为封闭世界总体中一个部分的经济体区别开来。

在封闭世界经济条件下，仍然保留我们熟悉的所有封闭经济条件下的数量论观点。世界货币供给(固定汇率条件下，单位货币表示的一国货币存量总量)和世界货币需求决定了世界价格水平。这一价格水平通过使真实名义货币存量或剔除物价变动的名义货币存量等同于货币真实需求，从而使所有货币都是意愿持有货币，使世界货币市场达于均衡。名义货币存量的任何上升，比如真实货币余额超过了对货币的需求，就会使世界价格上升，世界价格的上升又会通过调整真实货币需求到意愿货币需求而重新达到货币供求均衡。对封闭经济体来说，价格水平的变化就是均衡货币供给和需求的调整机制；考虑到货币到价格的单向流动因素，货币数量论仍要保留。

但在实施固定汇率制度的小型开放经济、并在同一世界市场出售产品的条件下，仅仅通过价格水平的变化是不会发生调整的，这是因为，价格是由世界市场决定，并且对于小型开放经济体来说，价格是既定的。不过，调整可以通过国际收支来实现，即国内居民用进口商品和有价证券的形式出口货币，以消除他们过多的货币供给；这也和他们通过出口商品和有价证券的形式进口货币，从而消除过多的货币需求一样。简而言之,对于小型开放经济体来说,这种真实现金余额超过意愿持有现金余额的名义货币供给的增加,会造成国际收支赤字,以及为消除过多货币供给和重新恢复货币供给平衡的货币外流。反之,由于真实现金余额减少并少于意愿持有现金水平,会使国内居民通过出口商品换取货币的方式改变这种货币短缺,因此世界价格水平(当然包括国内价格水平)的上升使国际收支暂时性盈余。这里,通过国际收支的货币流动构成了可以使货币供求达到均衡的调整机制。这里的因果逻辑关系是从价格到货币,而不像货币数量论认为的那样,是从货币到价格。

为了演示小型开放经济体是如何通过国际收支调节实现货币均衡的,货币学派分析法的倡导者们引入了一个由下列 4 个等式组成的简单小型经济体的解释模型:

$$D = kPY \qquad (1)$$

$$M = C + R \qquad (2)$$

$$P = eP^* \qquad (3)$$

$$M = D \qquad (4)$$

等式(1)中,D 表示公众对货币的需求,P 是国内价格水平,Y 是实际产出,k 是名义收入 PY 的系数,等式表示人们意愿持有的货币量。价格水平 P 是给定的,其原因是小型开放经济体的规模太小,所以不能影响世界市场价格,因此小型开放经济体是世界市场价格的接受者。同样,实际产出 Y 也是给定的,因为在给定的世界市场价格条件下,小型开放经济体可以按照其意愿出售所有产品,因此小型开放经济体是在生产能力充分使用的情况下进行生产。

等式(2)按照货币来源或资产形式定义货币存量 M,即通过银行体系(商业银行以及中央银行)扩张的国内信贷 C,以及通过国际收支获得的外汇储备 R。在这两个要素中,只有国内信贷 C 是外生变量并处于中央银行的控制之下。相反,外汇储备 R 则是内生变量而且通过国际收支被动地对货币需求变化作出反应。

等式(3)表示购买力平价条件,或者一价定律。根据购买力平价,商品套利的价格均衡效应使国内商品(全部用于贸易)的价格 P 等同于按固定汇率 e 并用国内货币单位表示的世界价格 P^*。由于国际市场价格 P^* 和汇率 e(单位外汇的国内货币价格)都已给定,这就意味着国内价格 P 是由国际市场决定的,并且是小型开放经济体的外生变量。

等式(4)是货币均衡条件。按照货币均衡条件,货币供给必须等于货币需求,这样所有的货币都是意愿持有的货币,并且现金余额能在货币市场出清。在国内信贷规模给定的条件下,货币供求的均衡可以通过国际收支,经过外汇储备的流动来实现。因此有下面的等式:

$$R = keP^*Y - C \tag{5}$$

等式(5)是将等式(1)和等式(2)、(3)代入等式(4),再求解储备 R 而得出。等式(5)说明,在固定汇率体系下,小型开放经济体的外汇储备存量 R 必须根据实际产出 Y、国际市场价格 P^*、公共现金余额率 k 以及国内信贷 C 的变化而做出相应的调整。简而言之,这个模型说明,面对决定货币供求自动变化的情况,外汇储备流动通过国际收支的调整,可以保持货币均衡。

储备 dR/dt 的变化是由国际收支 B 的定义得出的,货币学派分析法的支持者们总结出,经由国际收支,储备流动的自动均衡作用可以表述如下:

$$B = dR/dt = b(D - M) \tag{6}$$

等式(6)认为,国际收支 B 和相应的储备 dR/dt 的变化依赖于超额的货币需求 $D-M$,因此,当存在超额货币需求时,B 是正数;当存在超额货币供给时,B 是负数;在不存在过剩的货币供给或需求的情况下,B 等于零。简而言之,等式(6)意味着,储备流动可以纠正货币失衡,而且按照调整速度系数 b 表示的速度调整。因此,货币分析法的关键理念是:当实际现金余额少于人们意愿持有的现金余额时,通过出口国内商品和有价证券的方法,可以进口货币,解决短缺的矛盾。例如,以这种方法,不是通过国内信贷扩张实现的开放经济的实际增长,会将国外的超过人们意愿持有的货币吸引到国内,以支持经济的发展。通过提升实际产出 Y 进而增加相对于货币供给而言的货币需求,这种经济增长会产生暂时的国际收支盈余,这是为实现货币供求的平衡,储备向国内流动的结果。

前面所讲的模型产生了凸显货币学派分析法特色的六大要点。

价格水平的外生性

对小型开放经济而言,价格水平是由国际市场决定的,是给定的外生变量,因此,小型开放经济在国际市场上买卖商品时,是一个价格接受者。

货币存量的内生性

小型开放经济的货币存量是一个内生变量,小型开放经济通过国际收支的外汇储备流动来调整货币需求。

货币存量的构成

小型开放经济的货币当局可以控制货币存量的构成,但不能控制全部货币存量。给定公众的货币需求 D,由政策推动的货币存量组成部分的国内信贷 C 的扩张,会使外汇储备 R 同量减少。由表达式 $D=C+R$ 可知,全部货币存量不变。

价格-货币的逻辑关系

小型开放经济具有价格-货币逻辑传导关系。由于商品套利行为保证世界任何地方的价格一致,所以小型开放经济的价格由世界市场确定,是外生给定的变量。货币通过国际收支的流动,支持或保障既定价格。对小型开放经济而言,其传导机制与货币数量论相反,是以价格-货币的形式进行。也就是说,货币数量论适用于封闭世界经济,不适用于固定汇率体系下的小型开放经济。

通过直接支出而不是相对价格渠道的调整

在小型开放经济中,货币量的调整是通过直接支出机制而不是通过相对价格机制或价格-黄金流动机制发生。1752 年,大卫·休谟论证了价格-黄金流动机制,他认为,一国可以相对国外价格提升国内价格,以使出口昂贵、进口便宜,通过限制出口和鼓励进口,从而产生贸易赤字,并减少国内过多的货币存量。相反,休谟认为,在货币短缺的情况下,相对于国外价格来说,必须降低国内价格,并通过储备的内流形成国际收支盈余,进而解决货币存量的短缺。但是,货币分析法与之相反,排除了休谟主义者的相对价格机制。货币分析法认为,商品套利活动可使任何地方的价格一致(假定所有商品都用于贸易),这样,国内价格不可能相对于国外价格上升或下降。由于排除了各种价格运动,实际货币余额到意愿持有货币余额的调整,只能通过支出的变化才能实现。由于超额货币供给必须支出去,所以超额货币供给会导致支出的增加,又由于消费者已经在购买所有经济体所能生产出的产品,所以会以增加进口的形式,导致国际收支平衡。而国际收支赤字,则会因外汇储备的流出,使货币供给减少并与货币需求达于平衡。

货币中性

名义货币存量及其构成的变化,对诸如产出、真实货币存量或国际收支等实际变量不具有持久的影响。

对于上述观点来说,货币分析法给出了具有自己特征的结论,即传统的货币政策和国际收支政策没有必要,也毫无用处。说它们没有必要,是因为国际调整机制会自动纠正货币失衡,并为每个国家提供充足的货币以满足它们全部的产出能力。说这些政策毫无用处,是因为一国当局不能控制实际货币供给或国际收支,实际货币供给和国际收支是由公众的货币需求决定的外生变量,临时情况除外。

如果政府当局尝试通过货币贬值的方法改善该国的国际收支状况;即使用一

次性地升高的钉住汇率或固定的汇率 e 的方法。货币贬值对国际收支不能产生永久的影响。相反,由于必须满足一价定律 $P=eP^*$,国内价格水平 P 会随着汇率的上升而上升。国内物价的上升又会导致公众对货币需求的增加。在货币存量既定的情况下,这种对货币的超额需求又会导致国内对进口和出口商品的支出的减少(因此放任出口商品在国外出售),以及进口下降和出口上升,并由此导致暂时的贸易盈余。同时,伴随着储备的内流,实际货币余额和意愿持有货币余额的缺口得以填补。在这一点上,调整停止,国内支出再次和国内产出相等,贸易顺差消失。包括真实货币存量和国际收支在内的实际变量并没有受到影响。贬值唯一的长期影响反映在价格水平上,价格水平会以与货币存量和汇率完全相同的比例上升。

如果政府当局尝试通过对进口货物征收关税的方法来改善国际收支状况,也会发生完全相同的结果。根据表达式:$P=eP^*(1+t)$,当对进口商品价格 eP^* 征收 $(1+t)$ 的关税时,会引起国内价格水平的同比例增长。国内价格水平的上升会增加相对于货币存量的货币需求。为了消除因此产生的过剩货币需求,会出现暂时的贸易收支盈余,直到过剩的货币需求消失后,储备的内流才会停止。在分析中,实际货币量和国际收支仍然没有变动。唯一结果就是名义货币量和价格水平出现了相同比例的上升。这也再次说明,政府当局没有能力对国际收支进行永久的控制。

我们这里所说的分析法是以固定汇率体制为前提的。但是该分析法还有一个二元的或相对应的分析法,称为汇率的货币分析法。汇率的货币分析法扩展到了浮动汇率体制。汇率的货币分析法针对的不是国际收支(国际收支已经因为浮动汇率而持续保持平衡),而是针对汇率本身,即使国与国之间的货币供求达于平衡。任何两个国家的货币均衡需要该两国的货币购买力在任何地方都相同,又由于购买力平价条件意味着汇率和由相关国家货币供给与真实货币需求所决定的相对价格水平比率相等,因此,根据等式(7),浮动汇率本身由相关货币供给和需求决定:

$$e = P/P^* = (M/kY)/(M^*/k^*Y^*) = [M/M^*][k^*Y^*/kY] \quad (7)$$

等式中用星号表示外国的变量,不加星号的为本国变量,其他字母的含义与前文相同。这一等式显示:当一国货币扩张超过外国、产出增长低于外国时,本币就会贬值(外币汇率上升)。反之,当一国货币增加慢于外国、产出增加快于外国时,本币将会强势于外国货币,从而使汇率升值。这一反映汇率变动的观点可以反映出一国相对于其他国家的放松货币管理或实际经济停滞(或两者兼有)的情况。

然而,这些因素并不是影响汇率变化的唯一因素。通货膨胀预期通过货币需求函数的名义利率变量——在这里被忽略的变量——也在发挥作用。将这些变量引入货币需求函数等式(7),可以得到扩张利率的表达式:

$$e = [M/M^*][k^*Y^*/kY][i^*/i]^a \qquad (8)$$

表达式中,i 和 i^* 分别表示国内名义利率和国外名义利率,a 是国内和国外货币需求函数的利率弹性,且两个国家的利率弹性相同。

另一个步骤必须表明,预期是如何通过利率影响汇率的,即需要将名义利率 i 定义为实际利率 r(假设利率通过全球统一资本市场的自由流动形成全球统一利率)和预期通货膨胀率 I 的总和:

$$e = [k^*/k][(M/Y)/(M^*/Y^*)][(r+I^*)/(r+I)]^a \qquad (9)$$

等式(9)表示,由于国与国之间的真实利率 r 均等,预期通货膨胀率 I 和 I^* 的差异(反映出对未来货币和收入增长率的不同预期)将影响汇率。这意味着,不同国家的货币政策会通过每单位实际产出的不同名义货币存量 $(M/Y)/(M^*/Y^*)$ 直接影响汇率,并通过由此带来的不同通货膨胀预期 I 和 I^* 间接影响汇率。因此,实际的和预期的货币政策,都会影响汇率。

最后,等式(9)告诉我们,浮动汇率体制可以做到固定汇率体制下不能做到的事情。浮动汇率体制允许一国货币当局控制本国的货币存量和国内价格水平。换言之,浮动汇率体制重新恢复了小型经济体的货币-价格的传导机制。

托马斯·M. 汉弗莱(安佳译)

参见:

Exchange rate Determination;Monetary Approach; Fixed Exchange Rate System;Flexible Exchange Rate System;Purchasing Power Parity Theory;Quantity Theory Money.

参考文献:

Frenkel, J. A. and H. G. Johnson (eds) (1976), *The Monetary Approach to the Balance of Payments*, London: Allen & Unwin.

Humphrey, T. M. (1981), 'Adam Smith and the Monetary Approach to the Balance of Payments', *Federal Reserve Bank of Richmond Economic Review*, 67, November/December, pp. 3-10.

Humphrey, T. M. and R. E. Keleher (1982), *The Monetary Approach to the Balance of Payments, Exchange Rates, and World Inflation*, New York: Praeger.

International Monetary Fund (1977), *The Monetary Approach to the Balance of Payments*, Washington, DC: International Monetary Fund.

Kreinin, M. and L. Officer (1978), *The Monetary Approach to the Balance of Payments: A Survey, Princeton Studies in International Finance, no. 43. Princeton: Princeton University Press.

33. 平衡预算乘数 Balanced Budget Multiplier

凯恩斯革命改变了一直以来的财政政策。在此之前,宏观财政干预实际上不起作用。事实上,财政部审慎地反对将公共支出计划作为创造就业的手段,因为这会从私人部门挤出资源,并因而损害私人部门的就业状况。这一观点有力地否定了反周期财政政策的作用,并成为挤出效应争论的先声。这一观点主张的是,审慎财政政策需要每年一次地平衡预算。

与之形成鲜明对比的是,《通论》的经济学理论却用赤字财政政策来控制总需求水平。一旦迈出了关键的一步,政府就必然更加关注应用政府支出和税收政策来调控宏观经济。平衡预算乘数理论就是在这一过程中产生发展的。尽管平衡预算乘数理论直到1941年才正式发表,但这一理论却早已运用于凯恩斯的分析之中了。

简单而言,平衡预算乘数理论认为,在政府支出增加的同时,为政府支出提供融资的税收也相应增加,因此,预算赤字或盈余的规模将保持不变,但会影响到国民收入水平。更准确地说,政府在商品和服务上的支出增加,同时伴有税收的增长,这种增长将使收入等同于政府支出的增长而增长。如上所述,这一具有极大理论吸引力的理论主张,表现出传统宏观经济分析所缺乏的精确性。

非中性乘数的合理性本身就很简单。政府在商品和服务上支出的增加,直接导致需求的增加,而税收的征收又减少了需求,需求减少的量为纳税量乘以边际消费倾向(MPC)。由于边际消费倾向的值小于1,所以经济的总需求水平会出现净增加。由此导致的收入的增加只不过是传统凯恩斯乘数带来的总需求的净增长。

从形式上说,尽管存在忽略税收的争论,但平衡预算乘数的逻辑可以通过一笔一次性税收方便地进行阐述。我们设下式为封闭经济模型:

$$Y = C + I + G$$
$$C = a + bY_d$$

其中,Y_d是可自由支配收入并等于$Y-L$,而L是定额税。如果投资和政府支出是内生变量,那么可以得出:

$$Y = \frac{a - bL + I + G}{(1-b)}$$

平衡预算乘数可以从全微分中得出：

$$dY = \frac{\partial Y}{\partial G} \cdot dG + \frac{\partial Y}{\partial L} \cdot dL = \frac{(1)}{1-b} \cdot dG + \frac{(-b)}{1-b} \cdot dL$$

因为设 $dG = dL$，所以上式可以简化为：

$$\frac{(1-b)}{(1-b)} \cdot dG = dG$$

而且，需要指出的是，如果边际消费倾向小于1，那么这一结果与边际消费倾向值不相关。因此，总需求的增加条件如下：

$$\Delta D = \Delta G - \Delta L(MPC)$$

当 $\Delta D = \Delta L$ 时，上式可以转化为：

$$\Delta D = \Delta G(1 - MPC)$$

由此导致的收入的增加就是由乘数创造的需求增长带来的，而这一乘数就是下面这一基本模型中的 $1/1-MPC$，因此：

$$\Delta Y = \Delta G(1 - MPC) \cdot \frac{1}{(1-MPC)}$$

因此，边际消费倾向的值与产出值无关。

当然，单位乘数是一种相当特殊的情况。更复杂的模型和更接近现实的情况会偏离这种在理论上吸引人的结果。例如在开放经济模型下，完全有可能得到一个负的平衡预算乘数。负的平衡预算乘数可能在公共部门和私人部门的边际进口倾向存在巨大差异的情况下出现。尤其在第三世界经济中，这些国家的政府常常对进口武器永不知足，但同时为平衡国际收支而对消费品进口征收极高的关税。负的平衡预算乘数似乎就是这种现象的结果。此外，在更复杂的模型中，更高的税率会对经济供给面产生极大的负面影响。如果对模型做些限制的话，也会产生正的乘数。同样，平衡预算乘数的关键点在于，增加的政府支出不应该和私人部门的投资形成竞争关系。当然，或许有人会说，政府的公共支出计划会增强对未来总需求的商业信心，进而更加刺激私人部门的投资活动。这种情况符合平衡预算乘数大于1的条件。

其他难题也很明显。例如，如果增加的政府支出采用转移支付的形式，而且纳税人和转移支付的接收者都有相同的边际消费倾向的话，那么政府支出对收入水平的影响仅仅是零。通常，人们会假设转移支付接收者有更高的边际消费倾向，这就使乘数仍然是正数。如果政府提高税收以购买商品和服务，并将这些商品和服务以免费形式给予相应的接受者,情况就更为复杂。这一点可以由美国为穷人和失业者提供食物优惠券的例子来证明。人们认为,相对于支付同等价值的现金转移支付来说,纳税人更加喜欢这种实物支付。如果转移支付的接受者接受的是现金,而且他们的边际储蓄倾向为正,那么他们就会增加自己的储蓄。因为人们事实上不可能从这些以货代款转移支付中拿出一部分进行储蓄,所以它会增加其他收入流的储蓄。其结果,将部分减少平衡预算乘数的扩张冲动。事实上,在绝对情况下,如果以货代款的转移支付被接收者按成本估价,如果转移支付的接受者和纳税人的边际消费倾向相同,那么,平衡预算乘数的全部效应将被抵消。

显然,依据模型分析中的假设条件,可能的结果范围基本上是无限的,如果将教科书上的单位乘数作为财政政策的实际指导的话,尤其要小心谨慎。鲍莫尔和佩斯顿(Baumol and Peston,1955)对这一结果进行了详尽阐述,并提出了很多保留意见和告诫。然而,平衡预算乘数仍然是具有财政政策倾向的宏观模型。这一点提醒我们,政府支出变化通常要比同量的税收变化更具威力,因此,在设计宏观经济战略时,这一点一定要加以充分考虑。过于关注公共部门借贷需求的规模而不考虑其内在的结构,会产生严重的误导。

再者,平衡预算乘数理论为放弃考虑财政部观点提供了理论支持。政府公共支出计划必定会挤出私人部门的资源,但对总需求仍具有积极影响,对就业和国民收入仍然有益。以前驳斥财政部观点所持的依据较为遭人诟病,因为反对意见将公共支出计划说成是更偏向于劳动密集部门。而平衡预算乘数理论提出了一个更具说服力的解释,即政府可以有效地通过支出走出经济衰退。

平衡预算乘数也提供了一个经典的拉卡托斯式的理论和实证意义上的新颖事实。它指出了一种未包含在正式模型分析中,甚或在凯恩斯研究之初,也没有料想到的结果。从这个意义上说,平衡预算模型相较于其他理论,揭示了"超量的经验内容",这无疑有益于它为主流的凯恩斯经济学所承认。最后,也是自相矛盾的是,平衡预算乘数理论为每年的平衡预算提供了一个凯恩斯式的借口。简而言之,只要政府愿意充分扩大预算(包括支出和税收),就没有必要通过赤字来增加总需求。

G. K. 肖(安佳译)

参见:

Consumption Function; Crowding Out; Keynesian Economics; Multiplier.

参考文献:

Baumol, W. J. and M. H. Peston (1955), 'More on the Multiplier Effects of a Balanced Budget', *American Economic Review*, 45. March pp. 140 – 48.

Gelting, J. (1941), 'Nogle Bemaerkninger om Finansieringen af offentlig Virksomhed', *Nationalokonomisk Tidsskrift*, 79(5), pp. 293 – 9.

Haavelmo, T. (1945), 'Multiplier Effects of a Balanced Budget', *Econometrica*, 13, October, pp. 311 – 18.

Peston, M. H. (1987), 'Balanced Budget Multiplier' in J. Eatwell, M. Milgate and P. Newman (eds), *The New Palgrave*: *A Dictionary of Economics*, London: Macmillan Press, pp. 176 – 7.

34. 罗伯特·J. 巴罗 Barro, Robert J.

罗伯特·J. 巴罗 1944 年生于美国纽约州纽约市，1965 年在加州理工学院获得物理学学士学位，1970 年在哈佛大学获得博士学位。他的主要学术职位包括：布朗大学助教（1968—1972）、副教授（1972—1973）；芝加哥大学经济学副教授（1973—1975）、教授（1982—1984）；罗彻斯特大学经济学教授（1975—1982，1984—1987）。自 1987 年起，巴罗一直在哈佛大学担任罗伯特·C. 瓦格纳经济学教授。1973—1975 年和 1983—1985 年，他还两度担任《政治经济学杂志》编辑；从 1978 年起，他一直是国家经济研究局经济学研究分会会员。他最著名的工作是关于李嘉图等价定理；未预期到的货币增长对产出和就业的效应的实证研究；规则、相机抉择和信誉在货币政策上的运用；近期工作是关于经济增长和经济趋同理论和实证测算。他最著名的著作包括：《货币、就业与通货膨胀》（与 H. 格罗斯曼合著，剑桥大学出版社，1976）；《现代经济周期理论》（编著，哈佛大学出版社，1979）；《经济增长》（与 X. 萨拉-伊-马丁合著，麦格劳-希尔出版公司，1995）；《经济增长的测算：一个跨国实证研究》（麻省理工学院出版社，1997）；《宏观经济学》（第五版，麻省理工学院出版社，1998）。他影响最大的论文包括：《政府债券是净财富吗？》（《政治经济学杂志》，82，1974 年 11—12 月）；《未预测到的美国货币增长和失业》（《美国经济评论》，67，1977 年 3 月）；《货币政策模型中的规则、相机抉择和信誉》（与 D. B. 戈登合撰，《货币经济学杂志》，12，1983 年 7 月）；《跨国跨行业的经济增长》（《经济学季刊》，106，1991 年 5 月）；以及《一组有代表性的国家的不平等和增长》（《经济增长杂志》，5，2000 年 3 月）。

参见:

Business Cycles; New Classical Approach; Convergence; Credibility and Reputation; National Bureau of Economic Research; Policy Ineffectiveness Proposition; Ricardian Equivalence; Rules versus Discretion.

35. 冒牌凯恩斯主义 Bastard Keynesianism

这是剑桥大学经济学家琼·罗宾逊(1903—1983)的用语,描述在第二次世界大战后从北美传播至全球的新古典经济综合版的凯恩斯经济学理论。

参见:

Hydraulic Keynesianism; Keynes's *General Theory*; Keynesian Economics; Neoclassic Synthesis; Joan Robinson.

36. 奥利维耶·J. 布朗夏尔 Blanchard, Olivier J.

奥利维耶·J. 布朗夏尔1948年生于法国,1972年获得法国经济学高等教育文凭(DES),1977年从麻省理工学院获得博士学位。他的主要学术职位包括:哈佛大学助教(1977—1981)和副教授(1981—1983);麻省理工学院副教授(1983—1985),现任麻省理工学院教授(1985)。他是麻省理工学院"1941届"经济学讲座教授。他以研究名义刚性、西欧高失业率和东欧转型时期的经济问题而著称。他的名作有:《宏观经济学讲稿》(与S. 费歇尔合著,麻省理工学院出版社,1989);《转型经济学》(牛津大学出版社,1997);《宏观经济学》(第2版,普林斯顿-霍尔,2000)。他最有影响的论文包括:《理性预期条件下的货币机制》,载S. 费歇尔编《理性预期和经济政策》(芝加哥大学出版社,1980);《滞后与欧洲失业》(与L. 萨默尔合撰,载《国家经济研究局宏观经济学年鉴》,1986);《垄断竞争与总需求效应》(与清泷信宏合撰,载《美国经济评论》,77,1987年9月);《总需求与供给冲击的动态效应》(与D. 夸合撰,载《美国经济评论》,79,1989年9月);以及《什么是我们所知而费歇尔和维克塞尔不知的宏观经济学?》《经济学季刊》,115,2000年11月。

37. 马克·布劳格 Blaug, Mark

马克·布劳格 1927 年生于荷兰海牙,1950 年在纽约女王学院获得学士学位,1952 年获得硕士学位,1955 年在哥伦比亚大学获得博士学位。他的主要学术职位包括:纽约美国劳工部统计员(1952—1953);耶鲁大学助教(1954—1962);伦敦大学教育研究所资深讲师(1963—1965)、教授(1965—1969)和经济学讲座教授(1969—1984);伯明翰大学经济学顾问教授(1984—1991)。从 1991 年起,他一直任伦敦大学和伯明翰大学荣誉教授;埃克塞特大学客座教授。自 2000 年起,他是阿姆斯特丹大学客座教授。他最著名的工作是在教育经济学、方法论、杰出经济学家生平以及经济思想史方面的研究。他最著名的著作有:《经济学方法论》或《经济学家如何解释经济学》(第 2 版,剑桥大学出版社,1992),《经济理论回顾》(第 5 版,剑桥大学出版社,1997),《凯恩斯以前的大经济学家》(第 2 版,爱德华·埃尔加出版公司,1997),《凯恩斯以后的大经济学家》(第 2 版,爱德华·埃尔加出版公司,1998);以及《经济学名人录》(第 3 版,爱德华·埃尔加出版公司,1999)。

38. 艾伦·S. 布林德 Blinder, Alan S.

艾伦·S. 布林德 1945 年生于美国纽约州纽约市,1967 年在普林斯顿大学获得学士学位,1968 年在伦敦经济学院获得科学硕士学位,1971 年在麻省理工学院获得博士学位。他的主要学术职位包括:普林斯顿大学助教(1971—1976)、副教授(1976—1979)和经济学教授(1979—1982)。自 1982 年起他一直担任普林斯顿大学纪念戈登·S. 伦奇勒经济学教授。1993 年到 1994 年间,他任经济顾问委员会成员,1994—1996 年任联邦储备系统管理委员会副主席。他的研究领域包括:财政政策、存货、中央银行及其对凯恩斯主义经济学的坚定维护。他的名著有:《经济政策和大滞胀》(学术出版社,1979),《理智思维与温柔心肠:为实现一个公正社会的现实经济学》(艾迪生-威斯利出版公司,1987),《中央银行的理论与实践》(麻省理工学院出版社,1998)。他获得广泛影响的论文有:《财政政策重要吗?》(与 R. M. 索洛合撰,载《公共经济学杂志》,2,1973 年 11 月),《存货、理性预期和经济周期》

(与 S. 费希尔合撰,载《货币经济学杂志》,8,1981 年 11 月),《凯恩斯经济学的兴衰》(载《经济报告》,64,1988 年 12 月),《中央银行家能从学界学到什么或学界能从中央银行家学到什么?》(载《经济展望杂志》,11,1997 年春季号)。

参见:

Council of Economic Advisers;Federal Reserve System;Keynesian Economics.

39. 繁荣 Boom

指产出运动向经济周期顶峰发展,在接近经济周期顶峰并开始走平之前急剧扩张的时期。

40. 布雷顿森林体系 Bretton Woods

1944 年 7 月,同盟国货币与金融会议(过去的官方称谓)在新罕布什尔州布雷顿森林的华盛顿山饭店举行,会期三个星期。1944 年的布雷顿森林体系协议建立了在二战后二十五年中管制着国际收支体系的框架,设立了两个今天仍然存在的主要国际金融机构:国际货币基金组织和世界银行。

背景

最终的协议是由英美两国的官员,即由约翰·梅纳德·凯恩斯率领的英国代表团和由哈里·怀特率领的美国代表团数月讨论的结果。凯恩斯非常希望为国际收支设立一种新的战后体制,从而避免引发两次世界大战之间的危机和通货膨胀的压力。两次世界大战间数年时间的经验已经表明,如果没有处理外汇危机的措施,或者,如果没有有条不紊的外汇调整,试图实行固定汇率制度,如金本位制,就会出现问题。这期间的经验还表明,每一次危机都会引发通货紧缩反应,这些反应不是提升利率,就是力图减少预算赤字,其结果就是失业上升。因此,迫切需要设立某种稳定的国际收支体制,以降低国际收支困难时的通货紧缩趋向。

1941 年,在英国财政部工作的凯恩斯提议设立"国际货币同盟"(Keynes,1980)。提议中有两个关键因素:(a)国际支付的多边清算体系,(b)对顺差国和逆差国的安排,即以一种减少对就业影响的方式,对顺差国和逆差国进行调整。凯恩斯的提议在许多方面都是革命性的。他想设立一个国际中央银行(ICB)来管制世界货币"班珂"(bancor)。各国货币则钉住这一世界货币。他还规定，那些国际收支失衡的国家可以变动汇率，但变动汇率的权力不在各国手中，而在新设立的中央银行手里。他还要制定法律来强迫顺差国和逆差国调整至平衡。

凯恩斯的提议是在贸易和国际收支受到严格控制的情况下提出的。凯恩斯考虑，在战后必要的调整之后，就可以放松战时控制及其他通货买卖和支付的阻碍。但为了对付资本的投机行为，凯恩斯坚持要维持对资本流动的管制(为避免不合法的资本交易，有必要继续控制所有外汇交易)。这一点是凯恩斯在战前就坚持的观点，而由于战时的通货管制以及在若干年内维持这种管制的必要性，这样做的实际意义更加强了。

英国关于国际清算同盟的正式提案最终于1943年以白皮书形式发表，该提案在某种程度上不如凯恩斯最初的提案那么激进。这不仅反映了英国政府讨论的结果，也反映了与美国政府讨论的结果。然而，公开出版的提案强调了拥有世界货币的国际中央银行的概念，清楚地表明了能用"蓄意的扩张和紧缩来抵消有效世界需求中的通货紧缩或通货膨胀趋势"。如同国内银行可以向其他消费者再借贷一样，拟议中的中央银行也可以借钱给其他国家。但这些借款仅仅是为了给调整争取时间，而不是为了保持现有的失衡。

1943年4月，在英国提案发表的同时，美国也公布了自己的计划，该计划最初由美国财政部的哈里·怀特起草。由于英国和美国官员都讨论过凯恩斯计划和怀特计划，所以这两个提案较之前更为接近。怀特构想出一个稳定基金(即后来的国际货币基金组织)，一个银行(即后来的国际复兴与开发银行)。与清算同盟一样，稳定基金也为各国固定了配额，并建立了国际货币，但称之为"尤尼塔"(unitas)。提案规定采用固定汇率制，且只有在四分之三的成员国同意的情况下，汇率才能变动。但在战后最初三年的转型期中，汇率可以更有弹性。

美国计划中更为激进的部分是对顺差国，即其通货渐渐稀缺的国家的安排。基金组织就通货不足的原因给出报告，然后提出建议。另外，基金组织还要"按比例售出这种通货"，这就意味着，其他国家可以自由限制从通货不足的国家进口。鉴于其他国家急于尽快减少歧视性限制，而采取这种行为的最可能目标就是美国，所以这份提案很引人关注。虽然这一提案最后在稀缺通货条款中得到了具体体现，却从未使用过。

协议

尽管最终的协议不如凯恩斯最初的提案那样具有革命性，但它反映了对战后经济体系如何运行的一种普遍看法,其中包括贸易与关税自由化以及稳定商品价格的办法。协议第一次确立了一个管理汇率和国际收支的正式框架,设计出克服两次世界大战之间所经历问题的办法。协议第一次打算用规则来鼓励迅捷而有序地解除进口限制,鼓励货币自由兑换的进程,然后建立与追求充分就业目标一致的永久性自由贸易和自由支付体系以及固定汇率制度。国际收支体制的运行由国际货币基金组织监管,国际货币基金组织又由在保证美国主导的加权表决制条件下的主要同盟国控制。

正如条款Ⅰ指出的,国际货币基金组织的目的就是推动国际货币合作,促进国际贸易的发展,因此,推动和维持高水平就业,促进汇率的稳定,从而有助于建立一种多边贸易体系,减少外汇限制,在不危害国家或国际繁荣的情况下促进国际收支失衡的纠正,减少国际收支失衡。

布雷顿森林体系是一种固定但可调整的汇率体制,在这一体制下,除非要纠正"根本性不平衡",成员国不能改变本国货币的平价。布雷顿森林体系没有规定基金组织可以(正式)提出改变汇率,但成员国可在征求基金组织的意见之后改动本国汇率(但只能在没有反对意见的情况下作出不超过10%的变动)。

出现国际收支困难的国家可以向基金组织借钱,借钱就是提取本国按协议规定交纳的固定"份额"。协议非常明确地规定继续实施管制资本流动的政策(条款Ⅵ.3),但货币交易不受限制。稀缺通货条款(第Ⅶ款)使成员国可以采用严厉措施来对待持续顺差的本国货币。

会议还设立了国际复兴与开发银行(现称世界银行)。尽管该行的主要作用是用自己的资金进行长期发展贷款(包括使用在国际资本市场借来的资金),但它最初的作用却更为宽泛。这些作用包括:用担保或参与的方法推动私人对外投资,或者在私人资本得不到合理的价格时,通过银行自己的资金贷款进行补贴。为避免两次世界大战之间发生的问题,银行也致力于"推动国际贸易的长期均衡发展,并通过鼓励国际投资来维护国际收支平衡……[以及]针对国际投资对经济情况的效果而引导投资行为"。

布雷顿森林体系并没有考虑关税、贸易或商品问题,要解决这些问题会花费更长的时间。但在1948年,随着关税与贸易总协定提出通过国际谈判来逐渐消除关税,一个自由的国际经济体制得以最终形成。

结果

国际货币基金组织和世界银行今天仍在运行。但作为布雷顿森林体系标志的固定汇率制却于20世纪70年代崩溃。在战后初期,延续自战时的外汇控制限制了货币的投机性挤提——尽管在有些国家比如英国,出现了明显的国际收支困难,在还有足够的延缓支付空间的情况下,也引发了对英镑的挤提。随着循序渐进地取消对资本与经常账户的管制,投机活动的范围也增大了。在危机发生之前,固定汇率制度在调整汇率方面的无能愈发显现,在政府反复声明不考虑贬值之后,在经济和政治危机条件下,这种调整几乎总在发生,比如英国1967年的情况。

美国国际收支基本情况的根本性变化也影响到这一情况。第二次世界大战结束后,美国拥有大量国际收支顺差,并因而存在世界范围的美元短缺。与黄金挂钩的美元是这一世界体系中的主要储备货币。然而,美援(比如针对欧洲复兴的马歇尔计划)和对外投资为世界其他国家提供了充足的美元来重建和发展经济。但到了20世纪60年代末,美国出现了国际收支逆差,美元因此疲软。1971年8月,美国放弃了按固定价格进行的美元与黄金的自由兑换。由于资本流的自由化使固定汇率越来越难以维持,实行浮动汇率制的国家越来越多。美国的这一举动宣告了一个新时代的开始。随着全球资本市场的发展,浮动汇率制已经成为标准制度,现在只有少数国家还在实行钉住一种货币——比如钉住美元——的汇率制度。

约翰·格里弗·史密斯(安佳译)

参见:

Devaluation; Fixed Exchange Rate System; Flexible Exchange Rate System; General Agreement on Tariff and Trade; Gold Standard; International Monetary Fund; World Bank.

参考文献:

Eichengreen, B. (1992), *Golden Fetters: The Gold Standard and the Great Depression, 1919-1939*, Oxford: Oxford University Press.

Gardner, R. (1980), *Sterling-Dollar Diplomacy in Current Perspective*, New York: Columbia University Press.

Keynes, J. M. (1980), *Collected Writings*, Volumes XXV and XXVI, London and Cambridge: Macmillan and Cambridge University Press.

Kindleberger, C. (1973), *The World in Depression, 1929-39*, London: Allen Lane.

Moggridge, D. E. (1992), *Maynard Keynes: An Economist's Biography*, London: Routledge.

Panic, M. (1988), *The National Management of the International Economy*, London: Macmillan.

Panic, M. (1995), *The Bretton Woods System in Managing the Global Economy*, ed.

J. Michie and J. Grieve Smith, Oxford: Oxford University Press.

Skidelsky, R. (2000), *John Maynard Keynes: Fighting for Britain 1937 - 1946*, London: Macmillan.

Solomon, R. (1982), *The International Financial System 1945 -81*, New York: Harper & Row.

Tew, B. (1988), *The Evolution of the International Monetary System*, London: Hutchinson.

US Department of State (1948), *Proceedings and Documents of United Nations Monetary and Financial Conference, Bretton Woods, New Hampshire, July 1 - 22, 1944*, Washington, DC: US Government Printing Office.

Van Dormael, A. (1978), *Bretton Woods: Birth of a Monetary System*, London: Macmillan.

41. 布鲁金斯研究所 Brookings Institution

1927年,在政府研究所、经济学研究所和罗伯特·布鲁金斯研究生院合并的基础上,成立了布鲁金斯研究所。为了纪念圣路易商人罗伯特·布鲁金斯(1850—1932),布鲁金斯研究所以他的名字命名。布鲁金斯研究所坐落在华盛顿特区。除了进行教学活动外,布鲁金斯研究所还在经济、对外政策和政府问题等方面开展了研究工作。在该所所有出版物中,最为著名的是《布鲁金斯经济活动论文集刊》(1970年创刊发行)。布鲁金斯研究所也以它的预测模型而闻名,这一模型首次建构于20世纪60年代初,是关于美国经济的最大经济计量模型。读者如果需要了解更多的信息,可以登录布鲁金斯研究所的官方网站(*http://www.brook.edu/*)。

参见:

Forecasting; Macroeconometric Models.

42. 卡尔·布伦纳 Brunner, Karl(1916—1989)

卡尔·布伦纳1916年生于瑞士苏黎世,1943年在苏黎世大学获得博士学位。他的主要学术职位包括:加州大学洛杉矶分校助教(1951—1957)、副教授(1957—

1962)和教授(1962—1966)。俄亥俄州立大学教授(1966—1971),罗彻斯特大学经济学教授(1971—1989)。1969—1974 年任《货币、信贷和银行杂志》编辑,1974—1984 年任《货币经济学杂志》编辑。他的主要学术贡献在于货币主义(他自创的术语)方面的研究,包括讨论货币影响、传播机制、影响指标、货币政策和货币增长规则。他的名著有:《大萧条再思考》(编,马丁纽斯尼基霍夫,1981)和《货币与经济:货币分析的若干议题》(与 A. H. 梅尔泽合著,剑桥大学出版社,1993)。他最具影响的论文有:《货币和货币政策的作用》(载《圣路易联邦储备银行月评》,50,1968 年 7 月),《货币理论中的货币主义革命》(《世界经济文献》,105,1970 年 3 月),《货币的用途:交换经济理论中的货币》(与 A. H. 梅尔泽合撰,载《美国经济评论》,61,1971 年 12 月)以及《货币、债务和经济活动》(与 A. H. 梅尔泽合撰,载《政治经济学杂志》,80,1972 年 9—10 月)。

参见:

Monetarism; Monetarism Policy; Role of.

43. 预算余额 Budget Balance

预算余额指政府支出和财政税收之间的差额。当政府支出与财政税收相等时,就是平衡的预算,而预算赤字(盈余)产生于财政税收低于(高于)政府支出。预算赤字/盈余的实际规模,部分取决于国民经济活动水平;即,预算的规模内在地取决于国民收入水平。预算余额并不能有效指导财政政策的方向,因为,财政赤字/盈余随时间而发生的变化,(a)可能是有计划的或随政策变动的结果(例如有计划地增加政府支出),(b)以及/或无计划的、自动的或非随意变化的结果,只是因为经济活动水平的变化的结果(比如增加收入而增加税收)。

参见:

Automatic Stabilizers; Balanced Budget Multiplier; Budget Deficits; Cyclical and Structural.

44. 周期性与结构性的预算赤字 Budget Deficits:Cyclical and Structural

公共部门赤字往往引起许多激烈的争论而且是多年的争论。亚当·斯密和大卫·李嘉图曾经对赤字有过评论,他们认为,赤字是君主们绕过议会的批准而增加消费的手段。今天的评论家们则从不同的角度来评论公共部门的赤字问题。支持节俭国家的自由派将赤字看作当代人享受公共支出的利益而将偿还的重担留给后代的做法。另外一些评论者则将注意力转向公共部门赤字给利率、汇率、私人部门的储蓄和投资以及经济发展造成的负面影响。

总而言之,这些发现公共部门赤字成本越来越大的人主张,要在平衡预算的基础上按照宪法形成一些条文,或制定其他财政规则。例如,1992年欧盟马斯特里赫特条约就规定,按照公共部门借款要求,财政赤字不能超过国内生产总值的3%,公共债务不超过国内生产总值的60%。

然而,公共部门赤字在定性描述和定量度量方面充满困难(例如,见Blejer and Cheasty,1991)。这种情况的存在给那些想度量赤字对经济体系影响的人,以及那些想通过财政政策来规制公共部门活动的人,带来了挑战。因为怎样评价赤字才真正符合他们的目的呢?

代表公共部门赤字的数字是复杂的资金流动的结果。因此,哪一种资金流动才是需要关注的呢?首先,这里有必要定义一下公共部门的界限。哪些部门是公共部门而哪些部门又不是公共部门呢?在某些国家,例如美国和德国,就把那些原来属于社会保障的预算划除在赤字(和公共部门债务)之外。最近几年,创造性的公共部门会计导致了预算外项目的增加。关于公共部门会计标准如果没有统一的国际协议,那么国与国之间进行公共赤字方面的比较就毫无意义。例如,一项资产的出售可以记作收入、负的支出或者是对债务的抵消。尤其是在进行国际对比时,另一个重要却常常被忽略的考虑就是赤字到底是指哪一级政府的赤字:是所有公共部门的赤字?是联邦(中央)政府一级的赤字?是州政府一级还是地方政府的赤字?

从1970年开始,经济合作与发展组织主要国家的公共部门赤字已经使公共部门的债务水平上升了。但其中有个比较引人注目的例外,这就是英国。英国不断累积的公共部门债务占其国内生产总值的比重下降了,部分原因是英国采取了一系列谨慎的财政政策并从一系列的大型私有化中获得收入。

对大多数欧盟国家来说,欧元的引入明显改善了他们的财政环境。在欧元引入以前,各国都要单独面对靠赤字财政融资的成本,即不断上升的通货膨胀和不断疲软的汇率。然而,在一个货币联盟内部,面对这些成本的就不是单独哪个国家,而是联盟的全体成员国。一个成员国的财政政策对其他成员国具有明显的外部性。正是由于存在这个问题,欧盟马斯特里赫特条约才在这方面设立了一系列的财政规则。然而,要有效实施这些规则,就必须对赤字和债务进行明确的定义。

任何对财政赤字的衡量都需要注意公共部门的界限,注意那些导致赤字的经济活动和赤字出现的时期。一个经常使用的衡量标准是公共部门借款条件(Public Sector Borrowing Requirement, PSBR)。PSBR是指政府对新的金融资源即债务的净还款额的使用方法。(使用新金融资源的)公共支出包括了含债务偿还金的现金支出。货币贬值并不包括在内,因为贬值并不影响现金流。考虑到这个定义,线上项目(也就是收入或支出)是指那些不会产生债务或清偿债务的交易。因此,本金的偿付就是线下项目。所以,线上的净公共支出对经济中的总需求有潜在的影响,而在实际效果上起到收入转移作用的债务偿付对总需求并没有影响。如果公共支出的项目导致了私人部门的债务偿付,那么从技术上讲,这样的支出项目应看成是线下项目。

现金赤字(PSBR是在现金基础上计算的)意味着,在一年365天内只有现金支出和现金收入才被计算在内。应计赤字则是对政府资源使用记账的结果,这里并不考虑那些交易是否真的完成了交付。例如,贬值应当包括在应计账户体系中,但现金流体系则不包括贬值。国民经济核算体系(System of National Accounts, SNA)使用的就是应计账户。

实际上,实际使用的体系是一个现金和应计账户的混合体系。这就意味着,实际记录的赤字是现金赤字和应计赤字的混合。例如,当计算PSBR时,利息的支付不是在利息实际支付时才记入账内,而是在利息产生时就计算在内了。这样贬值就可以忽略了。这意味着,只有支出被实际记录下来后,记录在案的赤字才容易判断。

赤字可以度量公共部门投资和储蓄之间的差。经常账户赤字不包括公共部门的投资支出和资本收入,比如从资产销售中获得的收入。本质上,经常账户赤字涉及不包括当期税收在内的经常账户支出。经常账户赤字正好说明这一负担放在了下一代肩上。经常账户赤字的定义并非不存在问题,因为经常性支出的一些项目是记在资本账户中的,比如在资本项目被出租出去而不是彻底出售出去的情况下。当然在人力资本方面(如教育和卫生)的经常性支出从严格意义上说并没有给我们的下一代带来"负担"。

毫无疑问,公共部门赤字也受到经济周期的影响(参见 Blinder and Solow, 1974)。经济本身就存在一个自动稳定器。在一个周期中,当货币收入下降(其他条件不变)的时候,税收收入也会相应下降,特别是那些和国民收入直接相关的税收。因此,在经济衰退时,公共部门赤字就会自动增加,以使公共支出保持原有规模。许多补贴都与国民收入相关。所以,随着国民收入的下降,乃至税收收入的下降,某些补贴和福利支出(公共支出)会相应增加。

结构性赤字是指公共部门自行决定的赤字,也就是政府慎重决定和选择而造成的结果。因此,结构性赤字可以显示政府的财政姿态(参见 Brown, 1956),还可以显示政府是利用预算来扩张经济或抑制经济活动。在自然失业率条件下,结构性赤字可以衡量出赤字(或盈余)会是何种赤字(或盈余),也就是说,在失业水平与瓦尔拉斯一般均衡相一致的条件下,通货膨胀率也不再增加。结构性赤字的任何变化都反映出政府在税率、税基和其他公共支出项目上的审慎决策。

有些经济学家用"充分就业预算盈余"来衡量一个政府的财政姿态。这一概念最早出现在 1947 年美国经济发展委员会的一项报告中,并从 1962 年开始被美国总统经济顾问委员会的年度报告采用。

在经济衰退期,实际赤字规模会比结构性赤字大得多,因为真实失业水平会超过自然失业率水平。并且,自动稳定器功能也会失效。

周期性赤字可以反映实际赤字和结构性赤字之间的差额。在经济繁荣期,失业水平会低于自然失业率。通货膨胀率会增加,货币收入会随通货膨胀而增加,因而货币税收也会增加,与此同时,与福利相关的公共支出则会下降。在这种情况下,实际赤字将小于结构性赤字。很明显,经济衰退期情况正好相反。这样来看,经济周期将影响通货膨胀,通货膨胀又通过"财政拖累"影响财政预算。也就是说,通货膨胀会对税收收入和与指数挂钩的转移支付产生影响。由此产生的问题是:是否要为控制通货膨胀而对周期性赤字进行调整?

为什么财政经济学家会对计算周期性调整的预算赤字感兴趣呢?原因是,这是计算结构性赤字和判断政府财政姿态的一种方法。一旦从实际赤字中消除掉周期性因素,剩下来的赤字就都是由政府政策所引起的。换言之,为了获得一个有意义的衡量政府财政表现的方法,有必要将实际赤字中的周期性因素筛选出来。这种衡量政府表现的方法就意味着对政府公共支出的控制。

很明显,由结构性预算赤字分析得出的衡量政府表现的方法,极为依赖对周期性赤字所作评估的可靠性。对周期性赤字的评估则依赖于一个在评估时会将国内生产总值中的潜在趋势(充分就业)考虑在内的、可靠的宏观经济模型。有些经济评论家更喜欢使用趋势国内生产总值(峰值差)而不是潜在国内生产总值,这是两种不同的衡量方法(参见 Giorno *et. al.*,1995;Haliassos and Tobin,1990)。但历史未必就是一个好的预言家。

由于衡量周期性赤字存在诸多问题,所以结构性赤字并不是可靠的衡量一个政府财政姿态或整体财政表现的可靠方法。并且,经济的长期充分就业增长之路可以独立于当前的财政政策吗?传统的周期性调整赤字的衡量方法假设,当前的财政政策对长期经济的增长率并不产生作用。如果产出的长期水平受到政府审慎财政政策的影响,那么结构性赤字将变得毫无意义(参见 Solow,1998)。

彼得·M. 杰克逊(王辉译)

参见:

Automatic Stabilizers;Balanced Budget Multiplier;Fiscal Policy:Role of.

参考文献:

Blejer, M. and A. Cheasty (1991),'The Measurement of Fiscal Deficits: Analytical and Methodological Issues', *Journal of Economic Literature*, 29, December, pp. 1644 – 78.

Blinder, A. S. and R. M. Solow (1974),'Analytical Foundations of Fiscal Policy', in A. S. Blinder, *et. al.*, *The Economics of Public Finance*, Washington, DC: Brookings Institution.

Brown, E. C. (1956),'Fiscal Policy in the Thirties: A Reappraisal', *American Economic Review*, 46, December, pp. 857 – 79.

Giorno, D., P. Richardson, D. Roseveare and P. Van den Noord (1995),'Potential Output, Output Gaps and Structural Budget Balances', *OECD Economic Studies*, no. 24, pp. 167 – 212.

Haliassos, M. and J. Tobin (1990),'The Macroeconomics of Government Finance', in B. M. Friedman and F. H. Hahn (eds), *Handbook of Monetary Economics*, Amsterdam: North-Holland.

Solow, R. M. (1988),'Growth Theory and After', *American Economic Review*, 78, June, pp. 307 – 17.

45. 内在稳定器 Built-in Stabilizers

见：

Automatic Stabilizers.

46. 阿瑟·F. 伯恩斯 Burns, Arthur F.（1904—1987）

阿瑟·F. 伯恩斯 1904 年生于奥匈帝国的斯坦尼斯劳，在哥伦比亚大学获得学士(1925)、硕士(1925)和博士(1934)学位。他的主要学术职位包括：拉特格斯大学助教(1930—1933)、副教授(1933—1934)和经济学教授(1943—1958)。哥伦比亚大学约翰·贝茨·克拉克经济学教授(1959—1969)，国家经济研究局(NBER)研究主管(1945—1953)和局长(1957—1967)。1953—1956 年任经济顾问委员会主席，1970—1978 年任联邦储备体系管理委员会主席。1981—1987 年担任总统经济顾问委员会成员。他以研究经济增长的影响、经济周期和经济预测、繁荣的管理(management of prosperity)的经济政策而闻名。他的名著有：《经济周期度量》(与 W. C. 米切尔合著，国家经济研究局，1946)；《没有通货膨胀的繁荣》(福德姆大学出版社，1957)；《繁荣的管理》(哥伦比亚大学出版社，1966)；以及《一个经济政策制订者的反思》(美国企业研究所，1978)。

参见：

Council of Economic Advisers; Federal Reserve System; Mitchell, Wesley C.; National Bureau of Economic Research.

47. 经济周期 Business Cycle

经济活动按周期性、不规律的波动运行的模式。通常定义为产出(实际国内生产总值)与其长期趋势的偏离。

48. 奥地利学派的经济周期理论 Business Cycle: Austrian Approach

奥地利学派的经济周期理论是指经济繁荣不可能永远持续下去的理论。这一理论最早在20世纪初期由路德维希·冯·米塞斯(Mises,1953)开创性地提出,而在大萧条前及其间由弗里德里希·奥古斯特·冯·哈耶克(Hayek,1967)加以发展。这一理论的逻辑深深根植于这样的理念,即价格体系是一个传导网络,中央银行政策人为地设定利率低于市场或"自然"水平,就误导经济走上一条本质上不可能持久的增长道路。给定实际消费者偏好和可利用资源,这样一个政策导向的经济繁荣本身就包含着衰落的种子。这种临时资源配置模式与消费偏好模式并不一致。这种不一致会使经济突然萧条。

由(中央银行政策)非市场因素引发的经济繁荣与将繁荣转变成萧条的自逆转市场过程,是奥地利学派理论的独到之处。经济可能以一种螺旋下降的方式进入大萧条的复杂理论形式,并不只是与奥地利学派的理论扯得上关系。同样,经济周期萧条阶段持续时期的长短,取决于相当多的可考虑因素(包括大萧条期间产生的对贸易、产业和劳动的规则),而这些因素并不是奥地利学派关于无法持续的经济繁荣理论的必要组成因素,尤其是在大萧条的情况下。

利率是一种价格。这一价格是由人们对现在消费的渴望和他们为未来进行储蓄的愿望的取舍来决定的。与这种取舍相关的偏好在奥地利学派的著作中被称为"时间偏好"。一般来说,时间偏好与其他偏好一样,也会存在取舍:人们可能变得更为将来考虑,例如,由于预期寿命的不断增加,或者出于对他们子女将来能过上好日子的考虑。储蓄的增加(即时间偏好的减少)有两个相互影响的结果:(1) 它降低了利率,这就给了商界一个信号,即更多地投资于更长远的项目现在看来是相当有利的;(2) 为了完成更长远的项目而腾出了(原来用于生产消费品的)资源。用这种方式,跨时的消费偏好就转化成了跨时的生产计划。

由于资本品的多样性而导致的引导资源跨时配置的市场过程的内在复杂性,早就由路德维希·拉赫曼(Ludwig Lachmann)强调过了。但是,哈耶克的方法更易于分析说明,哈耶克的假设去掉了许多复杂因素,将经济的生产结构描述成一个直角三角形:一个直角边代表生产过程的时间维度,另一个直角边代表消费产品的价值。哈耶克的三角时间维度被分成了许多个"生产阶段",其中,一个阶段的产出就是下一个阶段的投入。一个单独的将原材料(早期阶段)转化成消费品(最终阶段)的"工程"涉及许多不同生产者的生产计划,而这些计划都通过价格体系包括利率(很重要)的调节而相互协调一致。例如,利率的下降会导致资源从晚期和最终阶段转移到早期阶段。如果将三角形表示时间维度的一边画得太长,将表示消费品的一边画得太短,修改过的生产结构就会引致消费的时间维度更偏向于未来。

虚假繁荣就是一个例子,这里,利率信号的改变以及可资利用资源的变化之间总是相互矛盾。如果中央银行用新发行的货币来增加可贷资金的提供,那么,随着储蓄的增加,利率就会下降。但是,如果时间偏好没有实际变化的话,就不可能存在那些支撑政策导向经济繁荣的额外资源。事实上,面对较低的利率水平,人们储蓄更少而当前消费开支更多。这样,中央银行的信贷扩张就会引出一个由各种市场力量构成的矛盾混合体。

在长期项目上不断增加的投资与储蓄推动的繁荣与基本经济现实是一致的,但与那种政策诱发的虚假繁荣不同。虚假繁荣以米塞斯(1966)曾经反复说过的"错误投资和过度消费"为特征。由于信贷条件看来较为有利,在长期投资开始实施的同时,满足长期投资所需的资源也被消费掉了。随着市场力量引导这些长期项目进入中期和晚期阶段,基本的经济现实渐趋明朗:并非所有正在进行的投资项目都能顺利完工并赢利。在萧条即将出现之前,艰难的借贷形势迫使一些生产者不得不终止项目以尽量减少损失。在这一阶段,因艰难的借贷形势而提高的高利率迫使人们减少消费转而增加储蓄。这样释放出来的资源形成了一个显而易见的"强迫储蓄"形式。强迫储蓄被哈耶克更为广泛地用来形容那些与繁荣相关而又与消费者时间偏好相左的资源支持。由于支持经济繁荣的强迫储蓄十分有限,经济因此被迫调整走上较慢的发展道路。

有些未完成项目的终结释放出的资源有助于另外一些项目的完成。项目终结期伴随着高出正常水平的失业。传统上,这种与市场内在矛盾无关的失业被分成"结构性"失业和"周期性"失业。在奥地利学派经济周期理论中,经济刚刚下滑阶段出现的失业实际上是结构性失业的一个特殊类型,也就是通常所说的,由于不良资本结构导致的失业。

错误投资和过度消费的结果就是强迫储蓄,然后是项目终结和失业,这一系列连续发生的、以跨时间失衡为特征的事件,就是一个经济周期。奥地利学派的经济周期理论与普遍认为作为一个过程和价格体系,即作为一个传导网络的奥地利学派市场理论是一致的(Hayek,1945)。奥地利学派的经济周期理论认为,预期可以影响经济周期的进程,可以使周期的各个阶段完全不同于以前的阶段而具有自己的特色。然而,"理性预期"假设,这一已被广泛应用到现代宏观经济分析中的观点,却与奥地利学派的经济周期理论不一致。奥地利学派认为,以经济结构中市场参与者的假设为基础的最终结果,会扭曲市场过程。

与另一种信贷扩张的分析方法不同,奥地利学派的理论关注利率的运动和跨时资源的分配;其次,他们还关注价格总水平的变化。事实上,奥地利经济周期理论最直接的应用与不变的价格水平相关。原因是货币供给的增加和实际产出的增加正好相互抵消。美国在两次世界大战之间出现的经济繁荣和大萧条就是最好的例证。在这一时期,美国经济的确经历了一次真正的增长;但同时,过于有利的信贷环境也导致这样的发展不可能持续高涨。20世纪20年代,并不存在明显的通货膨胀,但是,跨时资源的错配最终使经济繁荣走到了尽头。

如果价格水平不发生实际的或预期的变化,这种众所周知的繁荣和萧条在20世纪20年代就不可能出现,而这些繁荣和萧条是跟劳动市场的菲利普斯短期和长期曲线的动态变化相联系的,或者与对货币的错误认知直接有关。然而,在那十年中,几乎没有变化的价格水平被视为宏观经济稳定的一个标志,而20世纪20年代后期出现的经济问题,则被认为与经济的持续繁荣无关。贝兰特和加里森(Bellante and Garrison,1988)对菲利普斯曲线和哈耶克三角做了更加深入的对比分析。

在奥地利学派看来,一个足以引起实际通货膨胀的信用扩张的确使经济周期的过程更加复杂。对与利率有关的通货膨胀溢价幅度的不同评价,又加剧了潜在跨时失衡的失衡后果。如哈耶克(Hayek,1978)所指出的,落后于实际情况的预期滞后可以使中央银行延迟不可避免的经济下滑。但是,哈耶克所讨论的加速通货膨胀的观点,是指对于一个挣扎于虚假繁荣即将破灭的痛苦之中的经济来说,不存在简单的货币定位问题(monetary fix)。

莱昂内尔·罗宾斯(Robbins,1934)证明了奥地利学派的理论能够较好地解释两次大战之间的经济情况,尽管他后来抛弃了奥地利学派而投奔凯恩斯学派。默雷·罗思巴德(Rothbard,1963)在叙述美国在两次世界大战之间的经济状况时运用了奥地利学派的理论。哈耶克和罗思巴德(见 Mises et al.,1996)都认为,奥地利学派的周期理论适用于解释战后的宏观经济运行状况,奥地利学派理论的当代支持者还认为,这一理论同样适用于解释21世纪的经济现实。

奥地利学派经济周期理论的最新发展包括,对理论的新诠释(Skousen,1990),对过去争论的重新评价(Cochran and Glahe,1999),重新关注这一理论的微观基础(Horwitz,2000),以及用同一种基于资本分析的更为宽泛的宏观经济学对经济周期理论进行归纳(Garrison,2001)。

罗杰·W.加里森（王辉译）

参见：

Great Depression；Hayek，Friedrich A. von.

参考文献：

Bellante, D. and R. Garrison (1988), 'Phillips Curves and Hayekian Triangles: Two Perspectives on Monetary Dynamics', *History of Political Economy*, 20, Summer, pp. 207–34.

Cochran, J. and F. Glahe (1999), *The Hayek-Keynes Debate: Lessons for Current Business Cycle Research*, Lampeter, Wales: Edwin Mellen.

Garrison, R. (2001), *Time and Money: The Macroeconomics of Capital Structure*, London: Routledge.

Hayek, F. A. ([1935] 1967), *Prices and Production*, 2nd edn, New York: Augustus M. Kelley.

Hayek, F. A. (1945), 'The Use of Knowledge in Society', *American Economic Review*, 35, September, pp. 519–30.

Hayek, F. A. ([1969] 1978), 'Three Elucidations of the Ricardo Effect', *New Studies in Philosophy, Politics, Economics and the History of Ideas*, Chicago: University of Chicago Press, pp. 165–78.

Horwitz, S. (2000), *Microfoundations and Macroeconomics: An Austrian Perspective*, London: Routledge.

Lachmann, L. ([1956] 1978), *Capital and Its Structure*, Kansas City: Sheed, Andrews and McMeel.

Mises, L. ([1912] 1953), *The Theory of Money and Credit*, New Haven, CT: Yale University Press.

Mises, L. (1966), *Human Action: A Treatise on Economics*, 3rd rev. edn, Chicago: Henry Regnery.

Mises L., G. Haberler, M. Rothbard and F. Hayek ([1978] 1996), *The Austrian Theory of the Trade Cycle and Other Essays*, Auburn, AL: Ludwig von Mises Institute.

Robbins, L. ([1934] 1971), *The Great Depression*, Freeport, NY: Books for Libraries Press.

Rothbard, M. ([1963] 2000), *America's Great Depression*, 5th edn, Auburn, AL: Ludwig von Mises Institute.

Skousen, M. (1990), *The Structure of Production*, New York: New York University Press.

49. 凯恩斯学派的经济周期理论 Business Cycle: Keynesian Approach

一直以来,在各种可能引发经济周期波动的原因中进行的选择,从某种程度上说,就像在侦破东方快车上的谋杀案:所有疑犯都证明是有罪的。对于那些从事数据分析的经济学家,他们面对的是大量的关于不同时滞和不同波幅的经济周期波动的经济变量。然而,凯恩斯的经济理论是选择投资作为经济周期的推动力,这种选择具有极强的理论性。

凯恩斯在他的《通论》(1936)中对萨伊定律作了反驳,萨伊定律这一经典观点认为,供给自动创造需求。萨伊定律的关键在于一个过程,通过这个过程储蓄自动转化为投资,在这一过程中,利率的变化保证了储蓄与投资的相等。萨伊定律认为,利率的变化引致投资填补了需求不足的缺口。从这种传统观点看,经济就像是在某一年将自己谷物产出中的一部分储存了下来,然后在下一年中又将这部分剩余作为谷物生产中的种子。

然而凯恩斯认为,资本主义是一种货币生产经济,其中,储蓄采用的是货币形式。如果储蓄增加了,由于未来的不确定性,投资者可能因为各种原因,选择持有货币余额,而不是进行投资支出。进一步说,持有货币余额的能力意味着,投资者能够在不同的时点自由决定是持有货币余额还是进行投资。以这种货币分析作为起点,凯恩斯认为,投资支出极易受到突然的大范围波动的影响。投资决定容易受到非理性的乐观和悲观思潮的影响,从而引发商业信心的大幅波动。根据凯恩斯(1937,第121页)的说法,将现在与未来相连,对投资未来收益的预期远比利率更为重要:因为"在特定的大众心理下,产出水平与就业的整体水平取决于投资量",并且,正是这些最靠不住的因素,"决定了投资率,这些靠不住的因素就受到我们对未来的看法的影响,而我们对未来知之甚少"。

尽管用一个简单的经济模型很难将决定投资的因素计入其中,但凯恩斯还是对推动经济活动的关键变量——投资,进行了清晰的分析。投资通过一个乘数过程决定了收入和就业。每笔投资的注入都会引起投资品生产的就业的增加,这些工人又会购买由消费品生产部门的工人生产出来的消费品。收入水平以及紧跟收入而来的储蓄额,就是由经济中的投资量决定的。凯恩斯从来没有用一个完整的框架来建立经济周期模型,但在《通论》发表后,乘数理论为凯恩斯经济周期理论奠定了基础。

在广为人知的凯恩斯学派经济周期模型中,萨缪尔森(Samuelson,1939)将乘数过程与投资加速数结合了起来。加速数概念表达了这样一种看法:产出的变化率是影响经济投资水平的一个主要因素。从这个观点来看,企业之所以增加他们的资本存量(净投资),是因为他们的产品需求有所增加。产出的变化越大,要求满足这种需求的资本存量的投资就越大。

可以采用下列两种方式来构建乘数加速数模型:

(1) 产出变化＝乘数×投资变化;
(2) 净投资＝加速数×产出变化。

在典型的经济繁荣期,乘数和加速数机制互相依存。产出增加引致企业增加资本存量——通过加速数净投资增加。通过乘数,投资的增加又导致产出的扩张,这又进一步地通过加速数增加更多的投资。同样,在经济衰退期,投资的减少导致产出的减少(通过乘数),产出的减少又会反过来导致投资的进一步降低(通过加速数)。

关键的问题是,为什么每个经济繁荣期或者衰退期都会走到终点。为什么经济周期会有转折点？个中原因要从用乘数和加速数过程来定义投资这种方式中寻找。在乘数过程中,产出的变化是由投资的变化驱动的,相同的投资水平不会经由乘数而使产出发生变化,只有新的投资才能改变产出。然而,在加速数过程中,净投资的绝对水平是由产出的变化所决定的。这就意味着,投资与产出的变化之间的反馈循环是不完全的。在经济繁荣时期,投资的变化会导致产出的增加(通过乘数),但是这并不足以维持投资的进一步变化——因为只有满足这种变化的净投资的绝对量变化(通过加速数)才有用。投资的问题在于投资是否有用。投资通过乘数导致了需求的变化,但并没有提供足够的需求来使投资无限扩张。

希克斯认为(Hicks,1950),凯恩斯学派分析法要用"上限"(ceiling)与"下限"(floor)来解释经济周期的转折点。在增长的扩张阶段,当经济接近充分就业或者潜在产出达到了"上限"时,在这一点上,产出的增加将会由于资源的限制而减少。

产出的下降通过加速数的作用导致投资减少,投资的减少又反过来通过乘数的作用导致产出的下降。现在,这一循环从较高转折点向较低转折点移动,开始了循环的收缩阶段。当经济达到它的"下限"时,周期的收缩阶段就会发生逆转。当现存的资本设备或迟或早耗尽时,经济就需要重置设备来生产当前的产出。重置所需要的新的投资将会再次通过乘数和加速数的相互作用来开启经济循环新的扩张阶段。

一直以来都存在对于乘数加速数模型对经济周期状况准确性的描述到底达到了什么程度的争论。米哈尔·卡列茨基,即那位被有些人认为早于凯恩斯发现了《通论》要旨的经济学家的观点是,加速数没有考虑在大多数资本主义国家经济周期中普遍存在的较高的、过剩的生产能力:"众所周知,至少在周期的大部分时间里,都存在大量的储备生产能力,因此不用增加现存生产能力就可以增加产出"(Kalecki,1954,第 285 页)。卡列茨基还用美国经济的数据指出,在经济周期中,不存在明显的投资和产出之间的时滞(前引书,第 286 页)。卡列茨基建立了一个不同的加速数机制,其中利润率(而不是产出率)是投资的主要动因(见 Trigg,1994)。这一点与凯恩斯自己在《通论》中试图用利润率来解释投资(凯恩斯用的是资本边际效率,资本边际效率就是通常所指的资本的利润率)相一致。卡列茨基的方法同马克思的方法有相似之处,尽管马克思从来都不用利润率来直接解释投资,但是利润率是马克思主义经济学中的重要变量。

凯恩斯学派的其他学者一直关注加速数过程,尤其是加速数过程的财政作用。阿西马科普罗斯(Asimakopulos,1983)认为,凯恩斯和卡列茨基都错误地认为资本家用他们自己的资源进行投资。这个问题的核心关注的是所谓"寡妇之坛"(译按:指取之不尽的储藏,参见《圣经·列王纪》)或者是"卡列茨基准则",即资本家们赚的就是他们花的。如上所述,资本家们决定投资多少,这就会通过乘数过程产生一个新的收入水平。资本家们没有(像在传统经济中一样)对可用资源的数量作出反应,而是宁愿通过他们自己的支出产生这些资源。凯恩斯认为,财政是"循环资金";而卡列茨基认为,"[财政的]循环只会圈住财政本身"(Asimakopulos,1983,第 222 页)。

关键的问题是,乘数加倍过程要发挥作用需要一定时间。资本家的投资在第一阶段产生了最初的收入来源,但在接下来的过程中,新被雇用的工人消费其他工人生产的产品,需要一定时间才能通过经济产生作用。同时,投资者必须从金融市场借钱来支持他们的投资活动。因为投资是经济周期的主要驱动力,所以金融市场在凯恩斯学派理论中占据了核心的位置。

海曼·明斯基对金融在经济周期中的作用进行了最为详尽的理论探讨。他的"金融不稳定假说"对金融体系以及金融体系在投资决策中的作用做了最彻底的评论。该假说以对企业利用金融市场的方式进行制度性分析为基础。投资项目的融资采用三种主要方式:"套期保值"、"投机"和"庞奇"融资。在套期保值方式下,每一时期需要偿还的款项小于预期利润。所以,只要来自商品和服务的现金流能得到保证,这种投资就不会遭受金融市场不断波动的影响。

在投机融资方式下,公司在每一时期都不能脱离其生产过程而还清全部债务。要么必须有现金储备,要么将债务展期至下一个周期。这些公司的偿付能力非常容易受到利率变化的影响。第三种融资方式"庞奇"融资是以意大利移民查尔斯·庞齐的名字来命名的。1919年和1920年,庞奇在波士顿用一种金字塔式的融资计划诈骗穷人和体面的投资者。金字塔式融资方式使公司最大程度地暴露在金融市场面前,直到该投资项目结束之时债务才能偿付债务。一个典型的例子就是英国与法国之间的海峡隧道,该项目就是直到结束时才开始偿付全部债款。在20世纪90年代末的经济繁荣时期,互联网刚刚启动,许多与网络有关的投资在很长时间内都没有收到直接的利润形式的预期回报。这意味着需要借用更多的债务才能偿付利息。这种必须借新的负债来偿还旧的负债的方法就是金字塔式融资(Nasica, 2000)。

明斯基认为,在经济周期中,典型的发展阶段涉及从套期保值到投机到庞奇融资的转变。"在经济运行良好的时期,对于可接受债务结构的看法会发生改变。在银行之间、投资银行家之间以及商人之间的交易中,用于为各种活动和情形而融资的可接受债务量在不断增长。"(Minsky,1982,第65—66页)随着股票市场的繁荣,每家公司都不得不为日益扩大的投资规模融资,以保证自身的股票价格不落人后。

蒂姆斯基和波林(Dymski and Pollin,1992,第44页)从单个公司的角度进行了讨论:"历史的教训告诉我们,公司的财政状况可能是合理的,但一次完全不应由他们负责的冲击,就会使整个金融体系以及他们自身陷入一场危机。"在这一分析方法中,公司运用合理预期来保证自己不会负债过多的可能性已被排除。没有凯恩斯主义的干预来规制金融市场,经济周期可能会出现经济过热现象。金融体系的脆弱性有可能由于特殊的历史事件和环境而暴露出来。

安德鲁·B. 特里格(王辉译)

参见:

Financial Instability; Investment; Accelerator Theory of; Kalecki, Michal; Keynes's *Gen-*

eral Theory; Minsky, Hyman P. ; Rational Expectations; Say's Law.

参考文献：

Asimakopulos, A. (1983), 'Kalecki and Keynes on Finance, Investment and Saving', *Cambridge Journal of Economics*, 7, September-December, pp. 221–33.

Dymski, G. and R. Pollin (1992), 'Hymen Minksy as Hedgehog: The Power of the Wall Street Paradigm', in S. Fazzari and D. Papadimitiou (eds), *Financial Conditions and Economic Performance: Essays in Honor of Hyman Minsky*, Armonk, New York: M. E. Sharpe.

Hicks, J. R. (1950), *A Contribution to the Theory of the Trade Cycle*, Oxford: Oxford University Press.

Kalecki, M. ([1954] 1991), 'The Theory of Economic Dynamics', in J. Osiatynski (ed.), *Collected Works of Michal Kalecki, Vol. 2. Capitalism: Economic Dynamics*, Oxford: Clarendon Press, pp. 207–338.

Keynes, J. M. (1936), *The General Theory of Employment, Interest and Money*, New York: Harcourt Brace.

Keynes, J. M. (1937), 'The General Theory of Employment', *Quarterly Journal of Economics*, 51, February, pp. 209–33.

Minsky, H. P. (1982), *Can 'It' Happen Again?*, Armonk, New York: M. E. Sharpe.

Nasica, E. (2000), *Finance, Investment and Economic Fluctuations: An Analysis in the Tradition of Hyman P. Minsky*, Cheltenham, UK and Northampton, MA, USA: Edward Elgar.

Samuelson, P. (1939), 'Interaction Between the Multiplier Analysis and the Principle of Acceleration', *Review of Economics and Statistics*, 21, May, pp. 75–8.

Trigg, A. B. (1994), 'On the Relationship Between Kalecki and the Kaleckians', *Journal of Post Keynesian Economics*, 17, Fall, pp. 91–109.

50. 马克思主义的经济周期理论 Business Cycles: Marxian Approach

马克思主义经济学认为资本主义体系是受资本原始积累推动的,资本的积累则是通过为获取利润而剥削劳动力的生产所带来的。资本积累是一个将利润附加到原始资本中的过程。在此过程中,资本体现为货币和劳动力两种形式,而且这两种形式缺一不可。虽然从静态的观点来看,资本可以体现为货币或劳动力,但这种片面的观点是不切实际的。事实上,任何真正"静态"形式的资本都意味着资本循环的中断,并会因此成为经济危机的起源。所以,"资本积累"暗含着资本循环的扩张。尽管如上文所述,资本主义体系是受资本扩张性积累所推动,但实际上,我们看到的是相反的情形,即阶段性的扩张与阶段性的收缩交替进行。

因为对这种交替的解释已经成为马克思主义经济学的核心内容,所以在其一百多年的传承中,发展出好几个流派也就不足为奇了。在本条目第二部分详述这些流派的差异之前,我首先简要说明其相似之处。

第一,也是最重要的一个共同特征就在于周期性的发展被视为资本主义体系固有的顽疾——稍后我们将解释原因。周期的驱动力是内在于体系,而非偶然来自外部的,像"冲击"之类的外力。

第二,内生性同样适用于传导过程——动态影响——但这多少取决于资本主义体系的结构-制度发展。所有这些导致了周期性循环的产生,虽然它在长度(谷峰到谷峰)或宽度(谷峰到谷底)上并没有固定的规律。因为"周期"常常意味着规律性,所以马克思主义经济学家们不愿意使用"周期"这个术语,而用"波动"或者周期中的一个阶段,即危机,来代替它,而危机则是指从扩张时期到收缩时期的转变。因此,大多数马克思主义的周期理论被冠名为"危机理论"。

第三个共同特征是马克思早在《资本论》第1卷中就提到的,即发生经济危机的可能性存在于以货币为媒介的市场交换的基本形式中。货币不仅仅是一种方便的交换媒介,它首先是价值的化身。这是以其所具有的价值的信用贮藏职能为条件的。因此,货币原则上可以由于各种原因从流通中撤出,从而中断交换过程,并因此中断上文开头一段所提到的资本循环过程。这是马克思和当代马克思主义否定萨伊定律的基本依据。

说到第四个共同特征,就不得不先强调一下马克思主义经济学家在利润和利息(以及利润率与利率)上所作的明显区分。从结构上讲,利润(率)要大于利息(率)。利息是分配给债权人(贷出资本的各种形式,比如债券、银行贷款等)的利润的一部分。请记住——尽管存在资本积累大部分是由净利润累积而来这一事实——第四个共同点却是指资本积累必然伴随着银行信贷的扩张。这里再强调一遍这一共同点:没有信贷扩张,资本积累是不可能实现的(没有信贷,利润是不能生产出来的)。在扩张阶段,信贷帮助实现了利润的增长和资本的积累,实实在在地促进了二者的发展;此时,利息的偿还不存在问题。但在与其对应的紧缩阶段——此时利润可能已经消失——利息成了一项沉重的负担,并只能通过资本贬值来解决(下文将进一步详述)。

虽然在马克思主义经济学中,信贷发挥的作用在不同流派中程度各不相同,但它总是周期推动力传导的核心,因此也是周期本身的核心。

第五,所有流派都把利润率(利润超过投入资本的部分)的形成看作资本主义经济周期性演变最重要的因素。对于利润率的解释如下:"诸多决定因素"与利润率(当今的)形成是(当前)经济状况的主要衡量标准;正如利润率的提高对资本积累及融资(内部通过净利润获得,外部则主要通过银行信贷获得)来说也是关键的预期决定因素。下降的利润率被看成是接近于周期顶峰转折点并最终向经济危机和经济紧缩发展时,企业投资下降的主要决定因素。

当然,接下来最主要的问题已经变成对利润率变化的解释(见下文)。例如,为什么利润率在经济周期扩张阶段的中期开始下降?正如主要资本主义国家最近的经济周期中的情形。要记住,这个问题涉及一些带有争议性的理论和实证统计度量问题,例如,经济周期的时期和阶段/模式划分,或者利润和资本本身的度量标准。当然,相似的问题也适用于经济学和所有科学的无论哪种研究方法。

最后一个,也就是第六个共同点,虽然已在不同程度上做了强调,但说的是在经济危机和经济周期衰退阶段,"资本重组"被看成是重新开始扩张阶段的基础。资本重组包括由于破产导致的资产流失、工厂关闭以及公司内部的其他重组;同时还包括公司各部分的出售和接管。这样,在经济周期衰退阶段的重组为一般集中和资本集中(垄断)作出了贡献——资本集中并不局限于经济周期的这个阶段。伴随重组的资本整体贬值会使利润率回升,并重新开始扩张阶段。

记住——第五点——没有什么问题比在"利润率的'诸多决定因素'"这个问题上有更多的不同观点了:

(1) 生产过程中劳动力(或工作"强度")与技术状况(技术路径)的关系;

(2) 工资率和资本-劳动的收入分配(总的来看,所谓"劳动利用率"就是这一条因素和上一条因素的简写形式);

(3) 变现率是衡量与宏观经济支出相关的生产过剩和/或产能过剩的尺度(在"和"还是"或"上有分歧);

(4) 与(1)相关,技术发展路径中的小规模(tranche-wise)步骤(或从长远来看,技术路径本身的变化),以及与之相关的劳动力的结构变化(即所谓"资本有机构成"的变化的简写形式)。

当然,这些因素复杂而且相互影响。所有这些因素都是(至少是潜在的)经济周期的变量。马克思主义各流派的差别涉及的是引起利润率周期性变化及其传导过程的主要动力的不同。

我们来看看这些差异。在本词条范围内,我将不对"长期"循环和"短期"循环做出区分,因为这需要进行理论和度量尺度的详细讨论(有些研究经济衰退的学者认为,不能将50%的通货紧缩简单地当成研究对象)。同样的局限性也要求我们做一个简单陈述,否则对提及或未提及的作者都有欠公正。(见 Clarke,1994,第2章,对各种理论历史的简要概述,他还在脚注中描述了整个20世纪各位学者是如何将所有这些理论运用于长期循环或短期循环的讨论的。还可参见 Laibman,1997,第8—10章介绍性的论述。)

劳动后备与利润下降

这是一种相对较近的分析方法——至少在马克思主义经济学范围内是如此——这种分析方法最早见于20世纪70年代初期格林和萨克利夫、博迪和克罗蒂的研究工作(纯理论层面上研究的先驱是20世纪50年代尤诺的工作,参见 Glyn,1997)。另一个较成熟的方法就是我在概述中部分引述的戈尔茨坦(Goldstein,1996,1999)的方法。

简言之,该理论的观点是:在技术发展过程中,累积的资本扩张会导致失业后备军的减少和劳动力的相对强势。尤其是在资本扩张的后半阶段,导致工资(分配)增长率的增长和生产力(劳动的生产力)增长率的降低。由于竞争性需求制约了生产力效用(capacity utilization)的提高,所以单位劳动成本的相应增长不能完全转移到价格上,由此利润率也会下降。一段时间之后就会导致投资下降并转为紧缩。伴随紧缩而来的资本重组和工人失业重新恢复了失业后备军,弱化了劳动者在劳动市场以及生产中的地位(在最初的劳动储备过程中)等。因此,经济危机和经济衰退/经济萧条磨练了工人。

生产过剩

该研究方法在20世纪演变出几种变体,其中有两个主要的变体是关于生产过剩是如何使得利润减少的。第一个变体[有时称之为"消费不足"]认为,利润主要因需求有限而减少。简要地说,在扩张的初始阶段,收入的分配(用收入的巨额利润分红来衡量)侧重于利润,这样就会减少消费所占收入的比例,并最终导致生产力效用和利润率的下降。在扩张的后半阶段,成本的增长快于产出的增长,由此造成了利润减少。在这个阶段,工资的增长也过于缓慢。在经济危机和紧缩阶段,利润在下降,生产力由于资本重组而中断。由于利润率要通过类似于资本贬值的方式才能恢复,所以,也为新一轮的扩张打下了基础。值得注意的是,最初的条件只是赞同有劳动后备,这样才使工资的增长滞后于生产力的增长。因此,这种理论通常是将各种劳动后备与利润减少结合在一起,见谢尔曼(Sherman,1991,1997)、谢尔曼和科尔克(Sherman and Kolk,1996)所述。

第二个变体认为,生产过剩通过"不按比例"(产品部门之间的不平衡)使得利润减少。为了得到适当的利润,资本主义内在的"生产力"会长久发展下去。资本主义企业不会只通过数量的调整来对需求的波动作出反应,而会通过引进更有效益的生产方法,来达到使成本降低至其他竞争者之下的目的。生产的扩张会削弱其他竞争者的地位。这种推动不会因为竞争而受到压抑,正如克拉克书中(Clark,1994,第281—283页)写的:"竞争是以生产过剩为先决条件的,因此当产量大于按照产品的一定价格所能售出的数量时,资本家所承受的只是竞争性压力。竞争只是生产过剩的形式。"然而从长远来看,这一过程会在产品的每一个生产阶段中发展,引进新的生产方法的机会是"在不同的阶段不平稳的发展……由此会按不同的比例扩张"。只要一个(主要)分支的生产过剩进入市场,不久就会引发其他分支的急剧下降。这样,利润率的下降就会使经济加倍下滑,随着经济危机的到来,生产过剩的问题通过生产力的崩溃、劳动的剩余和资本的贬值而得到解决。

提高资本有机结构

约在1970年前后,第三种方法——马克思主义的分析方法被应用于长期发展的研究。其中,马蒂克、亚菲、法恩和哈里斯、谢克和维克斯的著作中提到了这种已经得到发展的周期分析方法。鉴于第一种方法关注的是在技术发展过程中,有关资本累积的资本扩张,这第三种方法关注的就是所谓"提高资本有机结构"(资本的深化),要不就是在一个发展过程中的部分发展,要不就是从一个发展过程到另一个发展过程,两者必居其一。两种方法的后半部分都是因为要赚取更多的利润而不断地进行生产方式的革命——资本有机结构的提高在早期紧缩阶段戛然而止。

因为资本利润率 $r=R/K$,即利润与以生产形式投资的资本的比例,再除以工资总额(wL),我们就有 $r=(R/wL)/(K/wL)$。在这里,分子表示宏观经济中的收入分配,分母则可以视为技术与生产力或者劳动密集度的指标(一种更复杂的表述

则是使 K/L 加上一个更加复杂的分子;K/L 的增加意味着劳动力与递增的大规模生产方式的结合)。在该理论中,人们有争议的是:在扩张的整个阶段,K/wL 都在上升。然后,由于收入分配是固定的,利润率肯定会下降。相反,尽管 K/wL 在扩张的前半期呈现出增长的趋势,但由于劳动力的增加,后半阶段的发展有下滑的压力。不过平均而言,K/wL 的增长还是大于 R/wL 的增长,稍有滞后之后随之而来的是利润率的下降,尤其是上游部门利润率的下降,将导致投资的下降并转为紧缩。该理论重点是讨论紧缩阶段的资本重组(见上文,第六种共同点),这种重组可以通过资本贬值来恢复利润率,这样就为新一轮的扩张打下了基础。

尽管该理论的理论分析看起来简单,但事实上在微观基础和实证度量的难度方面,这是一个最为复杂的理论。就微观基础而言——基于一个非均衡理论框架——读者可以参见莱伯曼(Laibman,1997)和路滕(Reuten,1991),路滕也采用这一理论框架来阐述从紧缩到扩张的内生变化。至于度量的问题,第一种看法认为,国民会计统计中对 K 的传统度量是基于静态均衡的估算,但这种估算难以适用于"资本贬值"的概念。第二种看法是,采用这种分析方法的学者对严格来说可以增进生产能力的投资和其他(非生产性的)必须由产出的变现来实现的投资做了区分(例如 Moseley,1991,1997)。

综合分析法

从这种纲要性的简述中我们可以看出,综合分析法存在足够的空间(事实上,多种因果关系的长期马克思主义传统可以追溯到 20 世纪初期的鲍尔和考茨基)。简而言之,这种分析方法主要有两个流派。第一个流派强调的是所有三个组成部分持续"趋向"的相互作用(比如说,Reuten and Williams,1989,第 3—5 章)。第二个流派将不同的因素看成是不同历史时期的真实因素,尤其从 20 世纪 70 年代中期开始,这一方法已将制度条件各自理论化为累积的"阶段"、"体系"和"社会结构"。奥尔布里顿等人(Albritton et al.,2001)将后一流派的分析方法连同参考文献汇编成了一部具有实用价值的文集。

最后,为对这一分析方法做出完整评价,还要提请读者注意,在某些马克思主义经济学家那里,非线性动态分析方法和混沌模型也是关注的领域之一(见 Freeman and Carchedi,1996)。

总之,马克思主义经济学家业已表明,对资本主义经济周期性发展的共同基础共有六种观点。存在的差异主要是,哪种因素——如果有的话——是引发利润率周期性下降的关键因素。另一方面,因为这些不同的分析方法并不存在不一致性,所以,将这些分析方法整合成一种通论(general theory),还是可能的。

吉尔特·路滕(安佳译)

参见：

Marxian Macroeconomics：an Overview；Marxian Macroeconomics：Some Key Relationships；Say's Law.

参考文献：

Albritton, R., M. Itoh, R. Westra and A. Zuege (eds) (2001), *Phases of Capitalist Development: Booms, Crises and Globalizations*, Basingstoke and New York：Palgrave.

Clarke, S. (1994), *Marx's Theory of Crisis*, London and New York：Macmillan/St Martin's Press.

Duménil, G. and D. Lévy (1993), *The Economics of the Profit Rate: Competition, Crises and Historical Tendencies in Capitalism*, Aldershot, UK and Brookfield, US：Edward Elgar.

Freeman, A. and G. Carchedi (1996), *Marx and Non-Equilibrium Economics*, Aldershot, UK and Brookfield, US：Edward Elgar.

Glyn, A. (1997), 'Does Aggregate Profitability *Really* Matter?', *Cambridge Journal of Economics*, 21, pp. 593–619.

Goldstein, J. (1996), 'The Empirical Relevance of the Cyclical Profit Squeeze: A Reassertion', *Review of Radical Political Economics*, 28, pp. 55–92.

Goldstein, J. (1999), 'The Simple Analytics and Empirics of the Cyclical Profit Squeeze and Cyclical Underconsumption Theories: Clearing the Air', *Review of Radical Political Economics*, 31, pp. 74–88.

Laibman, D. (1997), *Capitalist Macrodynamics: A Systematic Introduction*, London：Macmillan.

Moseley, F. (1991), *The Falling Rate of Profit in the Postwar United States Economy*, London：Macmillan.

Moseley, F. (1997), 'The Rate of Profit and the Future of Capitalism', *Review of Radical Political Economics*, 29, pp. 23–41.

Reuten, G. (1991), 'Accumulation of Capital and the Foundation of the Tendency of the Rate of Profit to Fall', *Cambridge Journal of Economics*, 15, pp. 79–93.

Reuten, G. and M. Williams (1989), *Value-form and the State: The Tendencies of Accumulation and the Determination of Economic Policy in Capitalist Society*, London and New York：Routledge.

Sherman, H. J. (1991), *The Business Cycle: Growth and Crisis under Capitalism*, Princeton, NJ: Princeton University Press.

Sherman, H. J. (1997), 'Theories of Cyclical Profit Squeeze', *Review of Radical Political Economics*, 29, pp. 139–47.

Sherman, H. J. and D. Kolk (1996), *Business Cycles and Forecasting*, New York: Harper-Collins.

51. 货币学派的经济周期分析法 Business Cycles: Monetarist Approach

货币学派对经济周期的研究主要与米尔顿·弗里德曼和安娜·施瓦茨在国家经济研究局的项目"经济周期中的货币",以及弗里德曼的学生在芝加哥大学货币与银行专题研究小组所做的工作有关。这个分析法与其他方法的区别在于它所使用的方法和由此而得出的关于经济周期的结论。弗里德曼在哥伦比亚大学读研究生时,就从威斯利·C.米切尔那里学到了分析经济周期的方法。米切尔将自己的方法应用于《经济周期》(1913)的研究,随后这些方法又引入国家经济研究局的研究项目之中。除了《经济周期》之外,米切尔在经济周期研究上的其他研究成果还包括:《经济周期:问题及其背景》(1927),以及与阿瑟·伯恩斯合著的《经济周期度量》(1946)。1948年。米尔顿·弗里德曼和安娜·施瓦茨在国家经济研究局研究项目中开始关于经济周期中的货币因素研究时,他们用了与米切尔相同的方法(见Hammond,1996)。

"货币主义"一词是后来人们对弗里德曼和施瓦茨的分析方法的称谓,这一称谓是对他们关于货币、收入和价格水平结论的反应。弗里德曼和施瓦茨的这些结论见诸大量的学术专论、文章和报告,其中包括《货币和经济周期》(1963a)、《1867—1960年美国货币史》(1963b)以及《1867—1975年美国和英国的货币趋向:收入、价格及利率的关系》(1982)。

弗里德曼和施瓦茨研究方法的重点放在观测和量度上,并因此而形成一种与所观测数据相符合的理论。威斯利·米切尔将自己使用的这种方法称为"分析性描述"。弗里德曼和施瓦茨则在他们的另一本书《美国货币统计学》中说道:

> 换个方式来说吧,在任何时候为人们所接受的经济学理论在一定程度上是研究经济现象的学者对经验概括的系统总结。这种理论内在地含有与其所表达的思想观念相对应的实证证明——否则就成了纯数学。(1970,第91页)

弗里德曼和施瓦茨遵循米切尔的成例,逐步取得了大量而详细的时间序列货币数据。他们从这些数据中提炼出了经济周期和趋势,并且用同样的方法比较了"参考周期"与货币周期的幅度、延续性和变动性。参考周期是国家经济研究局对一般经济周期的量度。

需要强调的是,弗里德曼和施瓦茨做了大量的工作,他们花费了大量的时间和创造力,为我们提供了货币的实证数据,人们认为这是他们独立作出的重要研究成果。从1948年开始研究到随后大约七年的时间,他们大部分的工作,包括弗里德曼的学生在专题研究小组的工作,都是为了构建一份有案可稽的历史数据。直到20世纪50年代中期,他们的工作重心才从构建数据转向分析数据。他们的研究成果形成了三部专著,其一就是《美国货币统计学》(1970),这是一本统计数据而不是统计学(经济计量学)理论或统计学分析。学术资源的这种配置方式很符合国家经济研究局的研究方法,然而却与战后凯恩斯主义强调的规范的一般均衡理论背道而驰。在国家经济研究局和芝加哥大学之外,人们更多的关注怎么通过规范的抽象标准来"确立"理论。在弗里德曼和施瓦茨开始项目研究的前一年,阿瑟·伯恩斯和威斯利·米切尔共同提出了"不要理论的度量"的观点,这一观点见于恰林·库普曼斯对伯恩斯和米切尔《经济周期度量》(1946)一书的书评(1947)的标题。弗里德曼和施瓦茨毫不客气地指出他们从实际证据中得出的结论缺乏足够的理论支持。

货币主义是由货币主义者卡尔·布伦纳(Brunner,1968)创造出来并主张货币、收入和价格用以挑战凯恩斯学派观点的称谓。凯恩斯学派的知识背景不同于弗里德曼和施瓦茨的知识背景,在他们的研究中,他们确信财政政策比货币政策更为有效。凯恩斯主义把经济周期诊断为是由不稳定的私人投资支出引起的,并开出了反周期财政政策的药方。他们认为,货币政策的有效性在以下两个问题上不太稳定:货币供给与利率(流动性陷阱)变化之间的弱关联性;以及利率和由"动物本能"支配的投资函数的弱关联性。《美国大萧条(1929—1933)》一书认为,尽管美联储在大萧条来临前付出了极大的努力,试图阻止萧条的来临,大萧条还是发生了。弗里德曼和施瓦茨对货币数据和银行业历史的研究让他们得出了一个结论，美联储在面对危机时的不恰当政策将一般的经济衰退转化成了大萧条。美联储本来应该扩大货币的供给来减轻和缩小 1929 年的衰退，但他们却袖手旁观，听任货币供给减少了三分之一。

弗里德曼与米切尔持有相同的观点，即认为政策调节滞后是经济周期的基本特征。在他看来，时间序列动态模型是国家经济研究局周期分析的必然结果，但这使得弗里德曼的观点与把宏观经济问题置于一般均衡模型进行分析的凯恩斯学派观点产生了分歧。弗里德曼本人与其他货币主义者都试图用实证数据来检验经济周期理论。他认为，经济学家们对经济周期的理解基本上与缺乏积极的反周期政策的知识有关。他还认为，理论分析并不是拓展知识的唯一途径。弗里德曼对观测和量度的看重非常明确地体现在他与沃尔特·赫勒关于货币和财政政策的谈话中："让我想不通的一件事就是不依赖于任何证据而对财政政策效力的广泛信念。它只是基于纯粹的假设，基于先验的推理。"(1969，第 52—53 页)

弗里德曼在 1964 年国家经济研究局年度报告中对货币主义关于经济周期的分析做了总结：

> 货币的作用很重要而且非常重要，货币数量的变化有着重要而广泛的预示性和经济影响。长期中货币数量的变化与产出相关，并决定了长期的价格行为。短期中货币数量的实际紧缩是造成严重的经济紧缩的主要因素。货币数量的周期性变动无疑是一般温和经济周期的重要因素。(1964，第 277 页)

J. 丹尼尔·哈蒙德（黄进译）

参见：

Brunner, Karl; Burns, Arthur, F.; Business Cycles; Keynesian Approach; Friedman, Milton; Great Depression; Liquidity Trap; Mitchell, Wesley C.; Monetarism; National Bureau of Economic Research; Quantity Theory of Money; Schwartz, Anna J.; Theory and Measurement in Macroeconomics; Role of.

参考文献：

Brunner, K. (1968), 'The Role of Money and Monetary Policy', *Federal Reserve Bank of St. Louis Review*, 50, July, pp. 9-24.

Burns, A. F. and W. C. Mitchell (1946), *Measuring Business Cycles*, New York: National Bureau of Economic Research.

Friedman, M. (1964), 'The Monetary Studies of the National Bureau', *The National*

Bureau Enters its 45th Year, 44th Annual Report, New York: National Bureau of Economic Research; reprinted in M. Friedman (1969), *The Optimum Quantity of Money*, Chicago: Aldine.

Friedman, M. and W. W. Heller (1969), *Monetary vs. Fiscal Policy*, New York: W. W. Norton & Company.

Friedman, M. and A. J. Schwartz (1963a), 'Money and Business Cycles', *Review of Economics and Statistics*, 45, February, pp. 32–64; reprinted in M. Friedman (1969), *The Optimum Quantity of Money*, Chicago: Aldine.

Friedman, M. and A. J. Schwartz (1963b), *A Monetary History of the United States, 1867—1960*, Princeton, NJ: Princeton University Press for the National Bureau of Economic Research.

Friedman, M. and A. J. Schwartz (1970), *Monetary Statistics of the United States: Estimates, Sources, and Methods*, New York: Columbia University Press for the National Bureau of Economic Research.

Friedman, M. and A. J. Schwartz (1982), *Monetary Trends in the United States and the United Kingdom: Their Relation to Income, Prices and Interest Rates 1867–1975*, Chicago: University of Chicago Press.

Hammond, J. D. (1996), *Theory and Measurement: Causality Issues in Milton Friedman's Monetary Economics*, Cambridge: Cambridge University Press.

Koopmans, T. C. (1947), 'Measurement Without Theory', *Review of Economics and Statistics*, 29, August, pp. 161–72.

Mitchell, W. C. (1913), *Business Cycles*, Berkeley, CA: University of California Press.

Mitchell, W. C. (1927), *Business Cycles: The Problem and Its Setting*, New York: National Bureau of Economic Research.

52. 新古典学派的经济周期分析法 Business Cycles: New Classical Approach

"除了了解什么是经济周期以及经济周期怎么产生之外,看起来似乎没有方法来决定该如何探讨经济周期"(Lacas,1977)。

从二战之后一直到 20 世纪 70 年代,主流宏观经济学提出的分析经济周期的主要方法分为凯恩斯学派和货币学派两派(见 Mullineux,1984;凯恩斯之前的经济周期分析方法见 Haberler,1946)。20 世纪 70 年代,小罗伯特·E.卢卡斯倡导一种全新的通过对总量波动的研究分析经济周期的方法,即在经济周期模型中引入均衡分析的方法。卢卡斯的均衡理论明显脱离了凯恩斯学派的经济周期分析方法,因为他把国内生产总值的波动视为非均衡现象。凯恩斯学派的宏观经济模型的典型特征是约束工资和价格弹性的各种刚性和摩擦。因此市场在短期内无法出清,国内生产总值明显偏离其扩张期的潜势。米尔顿·弗里德曼激烈地批评凯恩斯学派模型没有认识到货币波动是导致总量不稳定的主要因素。弗里德曼和施瓦茨的研究(Friedman and Shwartz,1963)影响了整整一代经济学家。尤其是,弗里德曼和施瓦茨指出,"大萧条"是"货币因素重要性的悲剧性证明"。尽管卢卡斯也受到弗里德曼货币主义思想的极大影响,但他在分析经济周期时却更偏向于使用瓦尔拉斯的研究方法,而不是使用弗里德曼的马歇尔式分析方法(见 Hoover,1984;Lucas,1996,1999)。

卢卡斯(Lucas,1975)将经济周期定义为"一种实际产出以一个无法用既有生产要素变动解释其变动趋势的连续周期性运动"。与国内生产总值的波动相关联的还有在不同的总的时间序列中的协同运动,如价格、消费、企业利润、投资、货币总量、生产率和利率等(有关这一问题的精彩论述,见 Abel and Bernanke,2001)。卢卡斯(Lucas,1977)所揭示的规律是:"就时间序列中的协同运动而言,经济周期是相似的。"(大萧条是一个特例)在卢卡斯看来,"经济周期的循环往复是至关重要的"。正如卢卡斯(Lucas,1977)所解释的:

> 由于经济周期在一定范围内被视为实质上相同事物的重复发生,所以,认为经济行为人会将周期性变化当做"风险"而作出反应是合理的。假设经济行为人的预期是理性预期,他们必然会以稳健的方式进行信息的收集和加工,这样他们就可以用稳健的方法去利用这些信息来预测未来,而且不会产生系统偏差,并容易纠正偏差。

在其拓荒之作——1972 年和 1973 年论文的基础上,卢卡斯(Lucas,1975,1977)对作为均衡现象的经济周期作了一个"新古典"货币主义的解释。如凯文·胡佛(Hoover,1998)所说的,"不必借助于非均衡的概念来解释宏观经济总量和价格的相对运动,是新古典经济周期理论研究急需的东西"。卢卡斯(Lucas,1975)认为,"宏观经济学的核心问题"是寻找一种理论框架,在这个框架中,货币波动会导致真实产出的波动,与此同时,产出的波动却不意味着"存在持久、周期性的且未开发的营利机会",比如在以价格刚性、非理性预期为特征的凯恩斯学派模型中出现的那种情况。尽管卢卡斯最初宣称在均衡理论的概念方面与哈耶克关于经济周期的理论有密切关系,但现在可以清楚地看出,奥地利学派的经济周期理论与新古典理论较为不同(见 Lucas,1977;Hoover,1984,1988;Zijp,1993)。

卢卡斯的货币均衡经济周期理论(MEBCT)结合了穆思(Muth,1961)的理性预期假说,弗里德曼(Friedman,1968)的自然率假说和瓦尔拉斯的一般均衡方法论,由于市场持续出清是完全工资和价格弹性的结果,所以,货币均衡经济周期理论中的波动被认为是竞争性均衡。但是,货币波动怎样才能引发现实世界的波动?在经济行为人拥有完全信息的特定古典模型中,货币供给的变化是严格中性的:这就是说,货币供给不对真实国内生产总值和就业等实际变量产生影响。然而,弗里德曼和施瓦茨(Friedman and Schwartz,1963)以及最近罗默夫妇(Romer and Romer,1989)都观察到货币的主导性和前周期性行为,因此他们认为,货币是非中性的(忽略了反因果关系的可能性)。卢卡斯所面临的智力挑战就是如何在市场上都是理性的追求利润最大化的经济行为人和所有市场都持续出清的情况下,说明货币的非中性。卢卡斯的主要创新是通过允许经济行为人拥有不完全信息而拓展了古典模型。正因为此,卢卡斯的货币均衡经济周期理论又被称为货币失察理论,尽管由货币引起的失察导致经济不稳定的观点也是弗里德曼(Friedman,1968)分析菲利普斯曲线(见 Abel and Bernanke,2001)的主要特征。在卢卡斯(Lucas,1975)创立的货币均衡经济周期理论中,其模型是以竞争性均衡中所决定的价格和数量、经济行为人的理性预期和不完全信息——"不仅未来是未知的,而且没有经济行为人对当前的经济状况拥有完全信息"——为其特征的。

在新古典宏观经济理论中,竞争市场上单个厂商的供给曲线向上倾斜,供给曲线的这种形状表明,随着价格的上升,供给方愿意生产更多的产品。然而,这种利润最大化的反应只是生产者对现行供给的产品相对价格上升的反应。因此,面对自己供给的商品名义价格的上升,单个厂商为了对扩大生产是否有利可图进行理性计算,需要了解一般价格水平的变化。如果所有的价格上升都是由于通货膨胀引起的,由于这种价格上升不是相对(真实)价格的上升,所以,供给者不会因他们供给的产品价格的上升而增加产量。但数据揭示,总产出随一般物价水平的上升而增加,也就是说,短期总供给曲线在 $P-Y$ 间向上倾斜,这必然意味着大多数厂商对一般价格水平上涨的集体反应是积极的,但利润最大化的厂商则不会以这种方式做出反应,那他们应该怎么做呢?理性的经济行为人只对实际变量的变化做出反应,面对名义变量的变化,他们不会改变自己的行为。

卢卡斯的回答是,经济行为人(工人、家庭、企业)对相对价格具有不完全信息(Lucas,1972)。如果经济行为人已经习惯于价格稳定的环境,他们会倾向于把自己所生产的产品(或服务)的供应价格的上升理解为相对价格的上升而生产更多的产品(经济行为人和家庭将进行跨时替代:见 Lucas and Rapping,1969;Lucas,1977)。因此,不可预期的或未曾预料到的价格水平的上升将会出乎经济行为人的意料,造成他们对所提供的产品价格上升的信息产生曲解,从而生产出更多的产品。经济行为人存在卢卡斯(1977)所说的"信号提取问题",如果所有的经济行为人犯同样的错误,我们将会观察到伴随一般价格水平上升的总产出的增加。由于卢卡斯的模型是"货币主义"的理论,所以,一般价格水平的上升是由于先前货币供给的增加引起的,因此,我们可以看到货币与产出的正相关;这就是货币非中性。货币均衡经济周期理论强调货币冲击是导致经济总量不稳定的主要原因,其全部逻辑都是基于经济行为人混淆了相对价格和一般价格水平的变动(Dore,1993)。在货币均衡经济周期理论中,任意给定时期的产出供给(Y_t)由两部分组成,固定(长期的)部分 Yn_t 和周期性部分 Yc_t,如方程式(1)所示:

$$Y_t = Yn_t + Yc_t \tag{1}$$

国内生产总值的固定部分反映的是经济的潜在增长,由等式(2)表示:

$$Yn_t = \lambda + \phi_t \tag{2}$$

周期性部分取决于价格意外变动与前一时期产出对产出自然率的偏差,如等式(3)所示:

$$Yc_t = \alpha[P_t - E(P_t \mid \Omega_{t-1})] + \beta(Y_{t-1} - Yn_{t-1}) \tag{3}$$

这里,P_t 表示实际价格水平;$E(P_t \mid \Omega_{t-1})$ 表示依据前一时期的信息适用性(Ω_{t-1})的理性价格水平的预期。等式(3)的滞后产出是承认产出与趋势的偏离不只存在于短期,而且系数 $\beta>0$ 决定了产出在遭受冲击后回归其自然率的速度。卢卡斯模型中的某些传导机制(如信息滞后和投资加速效应)引起了持久的或连续的相关性。合并等式(1)和(3),我们就得到如等式(4)所示的卢卡斯总量供给关系:

$$Y_t = Yn_t + \alpha[P_t - E(P_t \mid \Omega_{-1})] + \beta(Y_{t-1} - Yn_{t-1}) + \varepsilon_t \tag{4}$$

式中,ε_t 是随机误差项。

尽管卢卡斯模型中经济行为人的行动事后证明并不是最优的,但给定他们所能获得的(不完全或不完整)信息,他们在理性预期均衡模型中做到了最好。正如卢卡斯所指出的(Lucas,1973),这意味着,货币波动(随机冲击)可能对把价格稳定作为准则的国家之实际变量产生更大的影响。而在经济行为人对通货膨胀已经习以为常的国家,货币波动不太可能对实际变量产生明显的影响。让θ表示由相对价格变化引起的总体价格变化的分数。θ越大,任何可观察的价格变化都更会被经济行为人看成是实际冲击(也就是相对价格的变动),而不会看成是一般价格水平的纯通货膨胀(名义的)变动。因此我们可以调整等式(4),并引入曾在卢卡斯1973年论文"关于产出-通货膨胀转换的一些国际性证据"中出现的卢卡斯总供给曲线。

$$Y_t = Yn_t + \theta\alpha[P_t - E(P_t \mid \Omega_{t-1})] + \beta(Y_{t-1} - Yn_{t-1}) + \varepsilon_t \tag{5}$$

根据等式(5),在经济行为人预期价格稳定的国家发生突发的货币扰动时,将导致实际产出的极大波动。

货币均衡经济周期理论的主要政策含义是,良性货币政策可以消除导致经济总量不稳定的一大来源。因此,新古典经济学家在讨论中抨击那种要实施相机抉择货币政策的主张。

卢卡斯20世纪70年代的经济周期理论研究对宏观经济学家的研究导向和世界观产生了重大的方法论影响(Lucas,1980,1981;Hoover,1992,1999)。但到1982年,新古典均衡模型中的货币均衡模型在理论和实证上都陷入了困境。比如,在理论上,关于信息混乱的假设被普遍认为是不合理的(Okun,1980;Tobin,1980)。由于新古典模型从方法论上排除了黏性价格,因此对涉及货币与产出之间因果关系的经济周期没有做出令人满意的解释。而西姆斯(Sims,1980)对货币和产出相互关系中货币作为诱因的质疑给经济周期打上了更大的问号。在实证上,尽管早期有过一些成功,但可预期货币是中性的观点仍然缺乏证据支持(见Barro,1977,1978,1989;Snowdon et al.,1994)。这两个困境所导致的结果是,人们大多认为货币扰动模型不适合于信息充足的当代工业经济,因此20世纪80年代,该模型被强调技术冲击的新古典真实经济周期模型(Stadler,1994)、强调货币扰动的新凯恩斯学派模型(Gordon,1990)以及融合了上述两种观点的新-新古典综合模型所取代(见Lucas,1987;Goodfriend and King,1998;Blanchand,2000)。

布赖恩·斯诺登　霍华德·R. 文(黄进译)

参见:

Business Cycles: Austrian Approach; Business Cycles: Keynesian Approach; Business

Cycles: Monetarist Approach; Business Cycles: Stylized Facts; Great Depression; Intertemporal Substitution of Labour; Lucas, Robert E. Jr; Lucas 'Surprise' Supply Function; Natural Rate of Unemployment; Rational Expectations; Rules versus Discretion.

参考文献:

Abel, A. B. and B. S. Bernanke (2001), *Macroeconomics*, 4th edn, New York: Addison Wesley.

Barro, R. J. (1977), 'Unanticipated Money Growth and Unemployment in the United States', *American Economic Review*, 67, March, pp. 101–15.

Barro, R. J. (1978), 'Unanticipated Money, Output and the Price Level in the United States', *Journal of Political Economy*, 86, August, pp. 549–81.

Barro, R. J. (1989), 'New Classicals and Keynesians, Or the Good Guys and the Bad Guys', *Schweiz Zeitschrift für Volkswirtschaft und Statistik*.

Blanchard, O. (2000), 'What Do We Know About Macroeconomics that Fisher and Wicksell Did Not?', *Quarterly Journal of Economics*, 115, November, pp. 1375–409.

Dore, M. (1993), *The Macrodynamics of Business Cycles*, Oxford: Blackwell.

Friedman, M. (1968), 'The Role of Monetary Policy', *American Economic Review*, 59, March, pp. 1–17.

Friedman, M. and A. J. Schwartz (1963), *A Monetary History of the United States, 1867–1960*, Princeton, NJ: Princeton University Press.

Goodfriend, M. and R. G. King (1998), 'The New Neoclassical Synthesis and the Role of Monetary Policy', *National Bureau of Economic Research Macroeconomics Annual*, pp. 231–95.

Gordon, R. J. (1990), 'What is New-Keynesian Economics?', *Journal of Economic Literature*, 28, September, pp. 1115–71.

Haberler, G. (1946), *Prosperity and Depression*, New York: United Nations.

Hoover, K. D. (1984), 'Two Types of Monetarism', *Journal of Economic Literature*, 22, March, pp. 58–76.

Hoover, K. D. (1988), *The New Classical Macroeconomics: A Sceptical Inquiry*, Oxford: Basil Blackwell.

Hoover, K. D. (ed.) (1992), *The New Classical Macroeconomics*, Aldershot, UK and Brookfield, US: Edward Elgar.

Hoover, K. D. (ed.) (1999), *The Legacy of Robert Lucas Jr*, Cheltenham, UK and Northampton, MA, USA: Edward Elgar.

Lucas, R. E. Jr (1972), 'Expectations and the Neutrality of Money', *Journal of Economic Theory*, 4, April, pp. 103–24.

Lucas, R. E. Jr (1973), 'Some International Evidence on Output-Inflation Tradeoffs', *American Economic Review*, 63, June, pp. 326–34.

Lucas, R. E. Jr (1975), 'An Equilibrium Model of the Business Cycle', *Journal of Political Economy*, 83, December, pp. 1113–44.

Lucas, R. E. Jr (1977), 'Understanding Business Cycles', in K. Brunner and A. H. Meltzer (eds), *Stabilization of the Domestic and International Economy*, Carnegie Rochester Conference Series in Public Policy, Amsterdam: North-Holland.

Lucas, R. E. Jr (1980), 'Methods and Problems in Business Cycle Theory', *Journal of Money, Credit and Banking*, 12, November, pp. 696–715.

Lucas, R. E. Jr (1981), *Studies in Business Cycle Theory*, Oxford: Basil Blackwell.

Lucas, R. E. Jr (1987), *Models of Business Cycles*, Oxford: Basil Blackwell.

Lucas, R. E. Jr (1996), 'Nobel Lecture: Monetary Neutrality', *Journal of Political Economy*, 104, August, pp. 661–82.

Lucas, R. E. Jr (1999), 'Interview with Robert Lucas', in B. Snowdon and H. R. Vane, *Conversations With Leading Economists: Interpreting Modern Macroeconomics*, Cheltenham, UK and Northampton, MA, USA: Edward Elgar.

Lucas, R. E. Jr and L. A. Rapping (1969), 'Real Wages, Employment and Inflation', *Journal of Political Economy*, 77, September/October, pp. 721–54.

Mullineux, A. W. (1984), *The Business Cycle After Keynes: A Contemporary Analysis*, Brighton: Harvester Wheatsheaf.

Muth, J. F. (1961), 'Rational Expectations and the Theory of Price Movements', *Econometrica*, 29, July, pp. 315–35.

Okun, A. (1980), 'Rational Expectations-With-Misperceptions as a Theory of the Business Cycle', *Journal of Money, Credit and Banking*, 12, November, pp. 817–25.

Romer, C. D. and D. H. Romer (1989), 'Does Monetary Policy Matter? A New Test in the Spirit of Friedman and Schwartz', *National Bureau of Economic Research Macroeconomics Annual*, pp. 121–83.

Sims, C. (1980), 'Comparison of Inter-war and Post-war Business Cycles: Monetarism Revisited', *American Economic Review*, 70, March, pp. 250–59.

Snowdon, B., H. R. Vane and P. Wynarczyk (1994), *A Modern Guide to Macroeconomics: An Introduction to Competing Schools of Thought*, Aldershot, UK and

Brookfield, US: Edward Elgar.

Stadler, G. (1994), 'Real Business Cycle Theory: A Survey', *Journal of Economic Literature*, 32, December, pp. 1750–83.

Tobin, J. (1980), 'Are the New Classical Models Plausible Enough to Guide Policy', *Journal of Money, Credit and Banking*, 12, November, pp. 788–99.

Zijp, R. (1993), *Austrian and New Classical Business Cycle Theories: A Comparative Study Through the Method of Rational Reconstruction*, Aldershot, UK and Brookfield, US: Edward Elgar.

53. 政治经济周期的经济周期分析法 Business Cycles: Political Business Cycle Approach

从政治经济周期(PBC)的观点来看,宏观经济波动是由政治制度引起或强化的。政府为提高自己连任的机会和/或追求意识形态的目标而干预经济。因此,政府制造出经济周期,而不是追求社会最优稳定政策。政客们不是善人,而是一个个自私自利的个体,与经济学中通常假设的其他个体在经济中的行为一样。

政治经济周期分析法建立在政府与经济系统性的相互作用的基础之上。大量的经验证据显示,宏观经济状况对选民的态度和选举结果有很重要的影响(Nannestad and Paldam,1994)。"选举和声望函数"将政府声望(通过有代表性的调查进行度量)或选举结果与经济状况挂钩,就像失业率、通货膨胀率或实际收入所反映的情况一样。反过来说,政府也有运用财政或货币政策工具影响宏观经济变量的动机("政策函数")。

政治经济周期模型可以分为四种类型,其间的差异主要基于两个重要的理论基础,第一个理论基础指政策制定者的偏好:即政府的行为可以假设为是由"选举考虑"(选举最大化或机会主义模型)或意识形态("党派模型")的考虑所驱动。第二个理论基础指政府政策的实际影响:即经济中的个体被假设为具有适应性预期或理性预期。

尽管从诺德豪斯(Nordhaus,1975)的开创性论文《政治经济周期》开始,就有了对政治经济周期进行研究的先行者(Kalecki,1943;Akerman,1947;Frey and Lau,1968),但最著名的还是选举最大化模型。选举最大化模型假设,政府在选举时的目标是获取尽可能广泛的公众支持,而这一目标却受制于经济体系的约束。诺德豪斯推导说,选举最大化政府的政治经济周期面对的是可资利用的菲利普斯曲线,也就是说,政府是基于通胀预期进行跨时调整。这种方法使政府得以操纵经济,并通过这种手段使失业和通货膨胀在选举前都处于较低的水平。而在公众投票之后再出现消极的结果(通货膨胀和失业上升)。

选举最大化模型受到了很多批评。首先,可以预期到,理性的选民会对政府制造的选举周期的规律性情况作出反应。政治经济周期的理性预期方法抓住了这一方面。罗戈夫和西伯特(Rogoff and Siebert,1988)指出,只有当选民具有理性预期,尤其在政府和选民之间存在信息不对称(至少是暂时的)时,政治经济周期才有可能成立。第二,检验诺德豪斯式(Nordhaus-type)经济波动与主要工业国家的选举周期是否一致的实证研究已经发现,检测的结果有些复杂(见 Alesina et al.,1997)。第三,政府可以被假设为不仅是选举最大化者(仅仅获取选票而不考虑效用),而且还有其他的目标,尤其是要将他们自己的意识形态付诸实践。

第二种重要方法被称为"党派模型"(partisan models),党派模型强调经济周期是如何受不同类型的政府意识形态的影响。希布斯(Hibbs,1997)指出,西欧和北美的12个国家主要是根据他们所定义的核心政治选民的偏好来制定宏观经济政策。"左翼"政府倾向于降低失业率,而"右翼"政府则倾向于增加失业率但同时降低通货膨胀。希布斯的分析是基于一个适应性预期的理论框架,而阿莱西纳(Alesina,1987)及其同事则进一步发展了党派模型,并以理性预期为基础,成功地将政治经济变量全部整合到现代宏观经济学之中。在这些模型中,党派政治不会对经济产生持久的影响,而仅仅是暂时对选举后的产出和失业产生影响。出现这样的情况是因为,在某种程度上人们并不能确定哪个政党会在选举中获胜,因此也不能确定会推行哪个政党的政策。假设工资的调整缓慢,那么,与政府更迭相联系的通货膨胀的变化,就会在经济行为人作出完全调整前,创造出暂时的经济周期。在对经济发展与合作组织国家的研究过程中,阿莱西纳和罗比尼(Alesina and Roubini,1992)找到了这一类型经济周期的实证证据:在产出和就业方面存在暂时性差异,而在通胀率方面则存在长期的党派差异,但实际上在产出和就业方面并不存在持久的党派差异。

选举最大化模型与党派模型一样,也会产生有些机械的周期,当然通常是围绕选举日期有规则地上升或下降。弗雷和施奈德(Frey and Schneider,1978a,1978b)根据弗雷和劳(Frey and Lau,1968)的早期模型,将两者加以整合,得出一个不那么机械的政府行为的观点：当政府有信心赢得下次选举时，就没有必要制造政治周期——只有在政府认为不这样做就不会赢得选票时才会这样做。选举与党派模型（vote-cum-partisan models）将这些特点结合到了一起，即政府追求意识形态目标（意识形态在政府效用函数中是一个自变量），以及政府为了继续执政而需要赢得选举的胜利（改选被看作一个约束条件），由此而导致周期不再具有规律性。使用这种模型对不同工业国家进行经济计量学的估算，与缺乏综合性的方法所做的预测相比，给更复杂的政治经济周期模型提供了证据。

政治经济周期分析法已经在几个方面得到了扩展。第一，将中央银行作为一个重要的参与者加以分析。政府制造政治经济周期的一种可能就是影响货币政策。一些研究表明，甚至在形式上独立的中央银行，如德国联邦银行或美联储，都受到政治进程的影响，对选举的考虑也在这些银行的决策中起着重要作用（Frey and Schneider,1981；Grier,1987；Mayer,1990）。然而，政治经济周期现象是否存在时间依赖（time-depentent），依然是一个悬而未决的问题；也就是说，20世纪90年代，中央银行独立性和银行政策的变化已经改变了这种现象。由于在绝大多数民主国家中，选举都是每四年举行一次，所以时间的限制使这一问题仍待进一步的研究。第二，代议制民主的政治体系得到了研究。政策制定的差异性也非常重要，因为它为政府制造政治经济周期提供了可能性。现在，政治经济周期已经被用来研究和鉴定直接的民主政治（Scheider *et al.*,1981），比如用来研究和鉴定东欧社会主义国家（Lafay,1981）和发展中国家（Schuknecht,1996）的政治经济周期。

最近，有关政治经济周期的文献已由帕尔达姆（Paldam,1997）收集整理，更多的理论性记述见于德拉增（Drazen,2000，第7章）、珀森和塔贝里尼（Persson and Tabellini,2000，第16章）以及格特纳（Gätner,2000）。这一领域最有影响的文章已经收录在弗雷所编的文集中（Frey,1997）。

布鲁诺·S.弗雷 马蒂亚斯·本兹（黄进译）

参见：

Adaptive Expectations; Central Bank Independence; Phillips Curve; Rational Expectations.

参考文献：

Akerman, J. (1947), 'Political Economic Cycles', *Kyklos*, 1, February, pp. 107–17.

Alesina, A. (1987), 'Macroeconomic Policy in a Two-Party System, as a Repeated

Game', *Quarterly Journal of Economics*, 102, August, pp. 651–78.

Alesina, A. and N. Roubini (1992), 'Political Cycles in OECD Economies', *Review of Economic Studies*, 59, October, pp. 663–88.

Alesina, A. and N. Roubini, with G. D. Cohen (1997), *Political Cycles and the Macroeconomy: Theory and Evidence*, Cambridge, MA: MIT Press.

Drazen, A. (2000), *Political Economy in Macroeconomics*, Princeton: Princeton University Press.

Frey, B. S. (ed.) (1997), *Political Business Cycles*, The International Library of Critical Writings in Economics, 79, Cheltenham, UK and Lyme, US: Edward Elgar.

Frey, B. S. and L. Lau (1968), 'Towards a Mathematical Model of Government Behaviour', *Zeitschrift für Nationalökonomie*, 28, June, pp. 355–80.

Frey, B. S. and F. Schneider (1978a), 'An Empirical Study of Politico-Economic Interaction in the United States', *Review of Economics and Statistics*, 60, May, pp. 174–83.

Frey, B. S. and F. Schneider (1978b), 'A Politico-Economic Model of the United Kingdom', *Economic Journal*. 88, June, pp. 243–53.

Frey, B. S. and F. Schneider (1981), 'Central Bank Behaviour: A Positive Empirical Analysis', *Journal of Monetary Economics*, 7, May, pp. 291–315.

Gärtner, M. (2000), 'Political Macroeconomics: A Survey of Recent Developments', *Journal of Economic Surveys*, 14, December, pp. 527–61.

Grier, K. (1987), 'Presidential Elections and Federal Reserve Policy: An Empirical Test', *Southern Economic Journal*, 54, October, pp. 475–86.

Hibbs, D. (1977), 'Political Parties and Macroeconomic Policy', *American Political Science Review*, 71, December, pp. 1467–87.

Kalecki, M. (1943), 'Political Aspects of Full Employment', *Political Quarterly*, 14, October/December, pp. 322–31.

Lafay, J. D. (1981), 'Empirical Analysis of Politico-economic Interaction in East European Countries', *Soviet Studies*, 33, July, pp. 386–400.

Mayer, T. (1990), *The Political Economy of American Monetary Policy*, Aldershot, UK and Brookfield, US: Edward Elgar.

Nannestad, P. and M. Paldam (1994), 'The VP-Function. A Survey of the Literature on Vote and Popularity Functions After 25 Years', *Public Choice*, 79, June, pp. 213–45.

Nordhaus, W. (1975), 'The Political Business Cycle', *Review of Economic Studies*, 42, April, pp. 169–90.

Paldam, M. (1997), 'Political Business Cycles' in D. Mueller (ed.), *Perspectives on Public Choice*: *A Handbook*, Cambridge: Cambridge University Press.

Persson, T. and G. Tabellini (2000), *Political Economics*: *Explaining Economic Policy*, Cambridge, MA: MIT Press.

Rogoff, K. and A. Siebert (1988), 'Elections and Macroeconomic Policy Cycles', *Review of Economic Studies*, 55, January, pp. 1–16.

Schneider, F., W. Pommerehne and B. S. Frey (1981), 'Politico-Economic Interdependence in a Direct Democracy: The Case of Switzerland' in D. Hibbs and H. Fassbender (eds), *Contemporary Political Economy*, Amsterdam: North Holland.

Schuknecht, L. (1996), 'Political Business Cycles and Fiscal Policies in Developing Countries', *Kyklos*, 49, May, pp. 155–70.

54. 真实经济周期的经济周期分析法 Business Cycles: Real Business Cycle Approach

多年来,经济学家一直致力于理解经济波动,希望对经济波动的了解能使他们借以消除衰退和繁荣的令人不快的影响,如失业或房产价格上涨。在这一观点主导下,宏观经济中存在一个理想的充分就业(或自然水平)产出水平可以避免捉摸不定的需求波动。根据凯恩斯的理论,不可预测的需求波动取决于消费者和投资者的"动物本能"。根据货币主义者的观点,这些波动取决于由货币波动引起的预期错误或刚性。因此人们相信,政府通过对经济进行研究并审慎运用财政货币政策,就可以控制经济周期的恶化过程。

政策制定者用来获悉他们政策行动效果的模型存在一个难点,即在传统模型中使用的参数(如边际消费倾向),可能随着政府经济政策的改变而发生变化。如果是这样的话,建立在这些模型上的政策预测将是无用的。这就是所谓"卢卡斯批判"。卢卡斯认为,模型应该建立在宏观经济行为的基本要素如效用和生产函数之上。在建立这样一个模型的过程中,基德兰德和普雷斯科特(Kydland and Prescott,1982)创立了我们现在称之为真实经济周期的理论模型。

基本上,他们的模型使他们得出了在当时引起轰动的结论,即大多数经济波动不是由预期变化或"动物本能"所致的需求变动引起,而是由生产函数对经济行为人的冲击,或者说是由"真实冲击"引起的,因此称之为"真实经济周期"理论(见

Long and Plosser,1983)。

这一"发现"成为基德兰德和普雷斯科特用以建立和检验他们模型的方法。由于模型不是基于简单方程(如我们常使用的 IS 曲线或 LM 曲线),所以模型不能通过经济计量学的方法得到检验,反之,他们使用的是一项称为计算机模拟的技术。计算机模拟有时被贬义地指为通过一次观察来做经济计量学测试!在实际过程中,最初的研究数据取自一个特定的基年,然后再用先前对消费、生产的计量研究和其他函数中所使用的参数,使模型符合(或调整)基本数据。跨时效用和生产函数是简单的柯布-道格拉斯函数。由首次计算出的经济增长水平引发的冲击可以看成是任一时期劳动和资本的变化所致。预期变化和实际变化的差异(索洛剩余)就属于随机经济波动。然后,又通过计算机将根据基年调整过的模型与每年不同的冲击进行处理,再把选出来的消费、就业、生产和投资的结果与经济中的实际数据相比较。

基德兰德和普雷斯科特发现,把他们的计算机模拟结果与美国的实际数据相比较,模拟经济中的波动与实际数据体现出来的波动十分相似。因此,他们得出结论,模型中经济变量的波动仅仅是由对生产函数的冲击引起的,因此,与"特定事实"相符。在当时,这一结果非常引人注目。因为如上文所提到的,人们都相信这样一种观点,即生产(或供给方)冲击只能解释实际经济波动的一小部分,需求或货币冲击才是更重要的决定因素。这一新的理论对这种传统观点提出了质疑。

这个理论的政策含义十分丰富,与经济周期理论和那些讨论由政府意图消除的、由需求方市场失灵引起的就业、消费和投资的波动理论不同,这一理论认为,我们观察到的波动就是部分消费者、生产者和投资者对真实经济波动(如天气、自然事件、罢工、政治动乱和新的发明创造)的最优反应。依据这一逻辑,就政府而言任何旨在消除这些变动的政策企图必然会使得消费者背离他们的自由选择和最优行为,因而恶化了他们的状况。

从另一方面讲,凯恩斯主义致力于实现充分就业均衡水平的一些目标放错了地方。均衡产出对"真实"冲击的反应实际上是持续地随着时间而变动。另外,真实经济周期分析方法的支持者更偏向于认为,这些冲击并不是某种注定发生的周期过程,而是依据经济长期增长路径而发生的随机冲击。

这个研究结果还有另一个重要含义,即与质疑短期干预主义的政策功效的其他研究一起,对多数现代西方政府产生了重大影响。该理论认为,财政政策的目标不应是短期的反周期干预,而是要设计税收和支出政策,尤其要注意为公共利益和教育设计政策,以使经济增长率最大化。另外,货币政策在这一框架中没有任何作用,因为它对价格和预期产生的扭曲影响只能干预消费者的最优选择。由于这种方法关注长期中最大化产出供给的政策设计,所以,这种政策有时候被称为"供给经济学"。总之,真实经济周期理论认为,政府应该关注实现国民生产总值增长的最佳长期趋势,而不是关注围绕经济增长的波动。毋庸讳言,这一观点在不同的领域引发了极大的争论,一方面是因为这个理论对我们观察到的已发生的"特定事件"的解释,与我们过去的理解有根本的不同,另一方面,因为这一理论削弱了政府的作用而被认为是为右翼设计的理论(尽管该理论的拥护者会辩解说,制定最优的财政政策胜于相机抉择的货币政策,也是传统的凯恩斯理论所强调的内容)。这个理论因而也受到许多不同程度的抨击。

经济学家们首先抓住了这一理论声称自己的模型与实际数据拟合良好这一情况。他们认为,这些研究者所使用的柯布-道格拉斯效用和生产函数过于实用主义了,而且,基于过去的实证研究而为模型选择参数的方法也显得太过随意,还有,与经济计量学的研究不同,宣称模拟模型与实际数据非常"接近",也纯粹是主观的和无法证实的。

随后的模拟技术的改进(数十年来用于国际贸易和税收政策的研究)也有助于说明一些问题。一项被称为广义矩法(Generalized Method of Moments)的先进的经济计量技术,使研究者可以通过数据了解什么是恰当的函数形式,函数的参数应该排除了研究者在建立模型时不可避免的一些主观选择。与此类似,敏感度测试可以用来观察模型的结果随着函数参数的变化而变化的程度。最后,还应该注意到,我们测度的有悖于模型的特定事实,并不是通过严格的观察,而是以真实经济数据为样本获取的,所以,我们可以测算样本的多变性。我们可能会问,根据既有的真实数据,我们是否可以获得基本人群的模拟观测值。尽管模拟方法具有精确性,但许多经济学家仍然对这种方法持怀疑态度,并倡导以经济计量学为基础,对宏观经济学进行完善和改进。

第二个关键的进展是对方法论作了一些改进,如上文所述,通过改进模型来处理一些模拟结果与实际数据并不十分匹配的方面。这一模型的重要缺陷就是模型在劳动市场上的运用。首先,最初的模拟模型只能引发实际就业市场上所能观察到的半数波动;其次,这个模型不能通过著名的"邓洛普-塔希斯检验"。"邓洛普-塔希斯检验"是早在20世纪30年代就确立的特定事实,即在一个周期中,工作时间和真实工资之间接近零相关。

研究的第一个思路是致力于改进这一模型,比如通过考虑这些现象:如每周最少工作40小时对就业/失业/加班/休息决定以及家庭的影响（是自己做家务，还是去工作，以及你是否付钱给别人等等），以使其与劳动市场的变化相符。所有这些改进实质上都成功地提升了模型的效果。

研究的第二个思路是解决"邓洛普-塔希斯"问题，即工资与工作时间之间不存在任何关系。真实经济周期模型表明，两者存在正相关关系，因为生产函数受到冲击时，劳动的需求曲线向上移动。反之，旧凯恩斯主义和货币主义的方法认为，劳动的供给曲线向上移动，而劳动的需求曲线向下移动（如，由于员工对真实工资的失察或工资合同的黏性），从而预测工资和工作时间的关系是负相关。因此，有必要建立一个可以使劳动的需求曲线和供给曲线同时移动的模型。比如说，考虑周期性政府支出对劳动供给决定的影响，并通过吸收凯恩斯学派的劳动市场失灵来扩展模型。

最近，这一领域的研究者已经将重心放在拓宽模型以解释名义和货币的特定事实而不是实际问题之上。在这些拓展模型中，货币和银行部门都被纳入其中，模型也对实际产出和名义货币供给的冲击做了考虑。迄今为止，这些模型在解释货币的特定事实中已经取得了一定的成功，但这一领域还需要进行大量的工作。

希利安·瑞安（安佳译）

参见：

Business Cycle；Stylized Facts；Calibration；Lucas Critique；Supply-Side Economics.

参考文献：

Christiano, L. J. and M. Eichenbaum (1992), 'Current, Real Business Cycle Theories and Aggregate Labour Market Fluctuations', *American Economic Review*, 82, June, pp. 430–50.

Danthine, J. P. and J. B. Donaldson (1990), 'Efficiency Wages and the Business Cycle Puzzle', *European Economic Review*, 34, November, pp. 1275–1301.

Hartley, J. E., K. D. Hoover and K. D. Salyer (eds) (1998), *Real Business Cycles: A Reader*, London: Routledge.

Kydland, F. E. and E. C. Prescott (1982), 'Time to Build and Aggregate Fluctuations', *Econometrica*, 50, November, pp. 1345–69.

Long, J. B. and C. I. Plosser (1983), 'Real Business Cycles', *Journal of Political Economy*, 91, February, pp. 39–69.

Ryan, C. and A. W. Mullineux (1997), 'The Ups and Downs of Modern Business Cycle Theory', in B. Snowdon and H. R. Vane (eds), *Reflections on the Development of*

Modern Macroeconomics, Cheltenham, UK and Lyme, US: Edward Elgar.

55. 特定事实的经济周期 Business Cycle: Stylized Facts

在经济学家试图解释一种经济现象时,最典型的开端就是通过描述"特定事实"来界定经济现象的特征。"特定事实"是指与有待考察的问题相关的一组关于真实世界变量的观测值。通常,这些事实本身是无可置疑的,但当我们试图对引起这些现象(事实)的过程进行解释,并把解释过程模型化时,有争议的因素就出现了。

我们这里说到"通常",是因为在经济周期条件下,事实本身和产生这些事实的过程都是无可争议的。关注引起这些事实的过程的各种理论研究,本书中的其他条目已经有所包含了。而在本条目中,我们只关注这一事实本身。

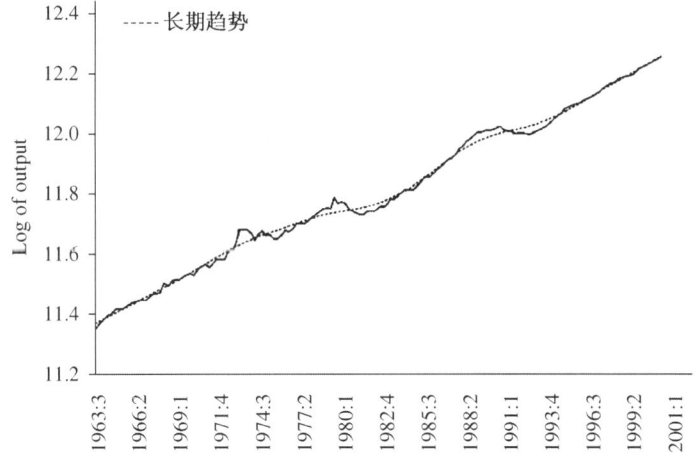

图 1　1963—2001 年各季度英国国内生产总值及其长期趋势

20 世纪大多数西方国家的国内生产总值都呈稳定的上升趋势。然而,如图 1 和图 2 所示,这一过程远不是平滑前行的,产出水平和增长率在这一时期大体上下波动。国内生产总值的某些波动是由季节性因素引发的短暂波动,如丰收或重大节日,但是其他因素的影响明显更加持久。其中 3—36 个月的中期波动引起了一些争论。我们可以把这些变量看作决定长期增长趋势的中期波动,也可以将其看作对长期增长过程本身的随机冲击。到了 20 世纪 80 年代,经济学家们还倾向于前一种观点,将这些中期经济周期波动视作与增长截然不同的某种东西。但最近,

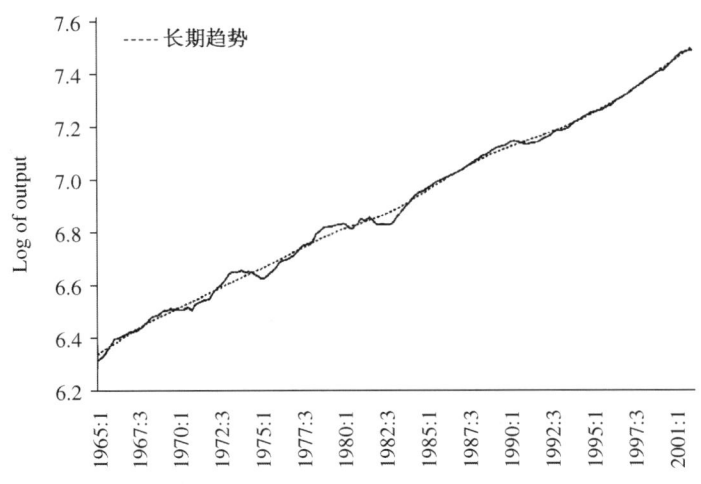

图 2　1965—2001 年各季度美国国内生产总值及其长期趋势

经济学家们倾向于认为波动和增长存在密切的关系。尽管名称有所不同,但后一种观点,即关注冲击对增长过程的动态反应,而不是关注内在的经济周期过程的观点,与真实经济周期理论有极强的关联。因此,按照这一观点,经济不存在所谓的经济周期,只存在围绕长期趋势的波动。

然而,无论是赞同哪一学派的观点,宏观经济学家们如果想成功地理解和解释经济运行过程中明显的周期性因素,就有必要对这些波动以及其他变量的相关变动进行详细分析。从现在起,我们提到波动就是指"经济周期",但要提请注意的是,趋势和波动之间的区别只是统计上的区别,我们没有理由得出结论说,决定趋势或波动的经济力量必然不同。

为了建立特定事实的经济周期(在统计学中,我们认为一个好的模型应该可以被复制),我们必须从原始数据中提取中期波动因素。如果我们拥有一个非常精确的短期季节性波动和长期投资与增长的模型,我们就可以预测每个时期的产出,并把余差归因于经济周期。很明显,这不是一个简单的任务,从长期增长模型中导出的任何经济周期系列,都只是与构成其基础的模型一样。

在试图对事实进行分析时,为了避免对理论的依赖,我们通常使用人们所谓"频率滤波器"(frequency filter)的工具来生成经济周期数据。频率滤波器消除了数据中的长期趋势(我们将其归为长期增长过程),消除了有规律的短期波动(我们归之为季节性因素)。因此,保留下来的中期波动就是"观察到的经济周期"。可以使用的过滤方法多种多样,所以,我们使用哪一种方法至关重要。说其重要,是因为长期趋势的精确拟合会影响到趋势曲线穿过数据的位置,并因此决定每个周期的起点和终点。

结果是,趋势曲线的拟合会产生出不同的事实,尽管不论选用哪一种过滤方式看起来都很有活力。在图 1 和图 2 中,我们使用的是流行的霍德里克-普雷斯科特滤波方法来获取趋势曲线。

然而,为了解释周期的发展变化趋势,我们还需要进行比简单的国内生产总值波动观察更多的观察。这样,如果我们试图建立一个经济理论模型,就要让它能够解释周期中的价格、利率、失业、投资、消费等是如何变化的。所以我们需要清除数据提供给我们的关于其他变量的信息。例如,我们可能想知道价格波动的比例是否大于国内生产总值的变动,也可能要知道,在一个繁荣期内,价格是在国内生产总值达到峰值(或最小值)之前还是之后,达到峰值(或最小值)。

为了对这些问题进行更为详细的探讨,我们用表 1 和表 2 分别列出了英国和美国的"特定事实"(使用的是霍德里克-普雷斯科特滤波法)。上述第一个问题,即一个系列变量是否在比例上比产出有更大的波动,由变量围绕其趋势变动的标准差来确定。这一数字记在两个表中的第一栏。例如,从表 1 英国的数据中我们可以看到,非耐用品如食物、衣服等消费的变动趋势,与产出相比要更小些,而耐用品(如汽车和冰箱)的投资和消费的变动趋势,与产出相比,其幅度则更大。美国的数据显示出类似的趋势,尽管其消费数据是耐用品和非耐用品消费数据的总和。

表 1 英国的周期行为:关键变量趋势的离差(1963 年 3 月—2001 年 1 月)

变量 (X)	标准差(百分比)	与产出相关的系数							
		$X(t+4)$	$X(t+3)$	$X(t+2)$	$X(t+1)$	$X(t)$	$X(t-1)$	$X(t-2)$	$X(t-3)$	$X(t-4)$
1. 产出	1.54	0.31	0.50	0.65	0.80	1.00	0.80	0.65	0.50	0.30
2. 非耐用消费品	1.42	0.19	0.36	0.50	0.64	0.79	0.67	0.59	0.49	0.36
3. 耐用消费品	7.00	0.32	0.50	0.52	0.54	0.60	0.34	0.27	0.19	−0.01
4. 投资	3.63	0.19	0.32	0.42	0.53	0.66	0.63	0.56	0.50	0.36
5. 价格	2.13	−0.42	−0.54	−0.61	−0.62	−0.61	−0.51	−0.41	−0.26	−0.12
6. 实际利率	2.44	0.21	0.34	0.41	0.41	0.40	0.28	0.20	0.07	−0.07
7. 失业	14.51	0.23	0.04	−0.17	−0.38	−0.59	−0.74	−0.81	−0.79	−0.69
8. 工资	2.24	−0.48	−0.54	−0.59	−0.55	−0.49	0.44	−0.36	−0.26	−0.10

表 2　美国的周期行为:关键变量趋势的离差(1965 年 1 月－2001 年 1 月)

变量 (X)	标准差(百分比)	与产出相关的系数								
		$X(t+4)$	$X(t+3)$	$X(t+2)$	$X(t+1)$	$X(t)$	$X(t-1)$	$X(t-2)$	$X(t-3)$	$X(t-4)$
1. 产出	1.62	0.25	0.47	0.68	0.87	1.00	0.87	0.67	0.45	0.22
2. 消费	1.67	0.58	0.72	0.83	0.87	0.80	0.61	0.40	0.17	−0.04
3. 投资	7.27	0.26	0.44	0.61	0.77	0.90	0.78	0.56	0.31	0.07
4. 价格	1.45	−0.70	−0.76	−0.77	−0.71	−0.58	−0.42	−0.25	−0.07	0.11
5. 实际利率	1.20	−0.07	0.00	0.08	0.21	0.26	0.17	0.03	−0.12	−0.21
6. 失业	11.12	0.05	−0.27	−0.49	−0.72	−0.87	−0.89	−0.81	−0.65	−0.45
7. 工资	1.84	0.31	0.48	0.67	0.82	0.89	0.83	0.71	0.53	0.30

第二个问题,即由两个变量的相关系数来确定当产出上升时,变量平均起来是上升还是下降。每个表中的第六列,即标示为 $X(t)$ 的那一列告诉了我们产出与每一行变量的相关性。如果两个变量同时向上或向下变动,那么,其相关性就为正,并接近于 1。因此,在表 1 中,非耐用品消费与产出这两个变量之间 0.79 这一相关系数说明,非耐用品消费与产出的上下变动非常紧密,所以,非耐用品消费与产出呈正相关,或者非耐用品消费是顺周期的。反之,失业与产出间的相关系数(第 7 行)为−0.59。负数告诉我们,当产出上升时,失业呈下降趋势,并且,这一数字越接近于 1,这种负相关性越强。所以我们说,失业与产出是负相关或反周期的。最后,如果一个变量与产出呈现零相关性,则说明这两个变量之间没有关系,或这种情况如此随机,以至于我们不能确定变量之间的关系。比如,表 2 的第五行、第六列告诉我们,在同一时期,美国的实际利率和产出之间存在弱的正相关性。个中原因可能是由于利率在繁荣时期上升而在其他时期下降,平均起来就使同一时期的产出和利率之间呈现出弱的正相关性。在这种情形下,与其说利息是反周期的,还不如说它是弱顺周期的。

第三个问题在上面已有所强调,是指在变量达到峰值时与产出的相关性。比如,表 2 的第三行、第五列告诉我们,前期的消费与即期的产出的相关系数为 0.87,由于这一系数高于即期的相关系数(0.80),说明消费在国内生产总值达到高点时就已达到最大值。因此我们说,消费是顺周期的,并领先周期。相反,失业对产出的最大回应在美国滞后一个时期,在英国滞后两个时期。因此我们说失业具有负相关性,或滞后。奇怪的是,表 1 和表 2 似乎都说明,价格是反周期而且具有领先性,也就是说,价格是在产出达到峰值前达到最低点。

以上所概括的众多特征都值得进一步讨论。我们在表1和表2中看到的价格的反周期性，最初是由基德兰德和普雷斯科特（Kydland and Prescott，1990）确定的。他们的这一宣布在经济学界引起了极大的轰动，因为在这之前，人们都认为价格是顺周期的。这种观点的提出是因为在大萧条以及随后的复苏期中，价格水平和产出之间呈现出极强的正相关性。然而，战后许多国家的数据都表明了相反的情况，即价格是反周期的。因此，"特定事实"可能只对特殊时期因变因素（special time-dependent factor）（如大萧条）敏感，而不是在所有时期内都适用。类似的，"特定事实"在不同国家也不可能是一成不变的。尽管大多数对实际变量的度量，即使没有精确的量值，至少在趋势方面，都呈现出相当的一致性，但货币因素似乎更具易变性。就业的变动性是另一个例外。大多数欧陆国家的就业和失业与美国和英国的数据相比，其标准差要更小些。这种国际变动性可能说明，存在一个任何经济理论模型都必须提到的国别劳动市场与特定事实。

最后，我们注意到特定事实仅仅是统计相关性，在事实的背后可能有比我们所能想到的更复杂的东西，比如，我们注意到价格是反周期并领先周期的。这意味着价格在产出达到最大值时会降至最低点。然而，正如传统观点所说，这又意味着当价格在经济繁荣时期低于其长期趋势时，通货膨胀却正在上升。但基本的特定事实告诉我们，随着价格水平达到峰值，价格水平与随之而来的衰退的联系比与繁荣时期的联系更为紧密。而信奉真实经济周期理论的学者为这种基于货币数量论的明显的价格反周期提供了解释（在货币存量给定的条件下，产出的上升意味着价格必须下降），但我们不能排除某些更为复杂的东西，因为这些复杂的东西有可能解释清楚，为什么繁荣就是通胀性的，但对价格的影响却要经过一个相当长的时间才能表现出来。

理论总是要与真实数据联系起来进行检验，任何经济问题的特定事实也仅仅是理论把问题特征化从而解决问题的简单方式。考虑到我们试图描述的经济的复杂性，经济周期的特定事实比我们一开始可能想到的更为复杂就不值得惊讶了。然而，这些事实给我们提供了一个简单框架，使我们在进行更复杂的统计分析前，可以对不同的竞争理论进行探讨。

希利安·瑞安（黄进译）

参见：

Business Cycles: Austrian Approach; Business Cycles: Keynesian Approach; Business Cycles: Marxian Approach; Business Cycles: New Classical Approach; Business Cycles: Political Business Cycle Approach;Business Cycles;Real Business Cycle Approach.

参考文献:

Blackburn, K. and M. O. Ravn (1992), 'Business Cycles in the United Kingdom: Facts and Fiction', *Economica*, 59, November, pp. 383 – 402.

Kydland, F. E. and E. C. Prescott (1990), 'Business Cycles: Real Facts and a Monetary Myth', *Federal Reserve Bank of Minneapolis Quarterly Review*, 14, Spring, pp. 3 – 18.

Ryan, C. and A. W. Mullineux (1997), 'The Ups and Downs of Modern Business Cycle Theory', in B. Snowdon and H. R. Vane (eds), *Reflections on the Development of Modern Macroeconomics*, Cheltenham, UK and Lyme. US: Edward Elgar.

56. 菲利普·D. 卡甘 Cagan,Philip D.

菲利普·D. 卡甘1927年生于美国华盛顿州西雅图市,1948年在加州大学洛杉矶分校获得学士学位,在芝加哥大学获得硕士学位(1951)和博士学位(1954)。他的主要职位包括:芝加哥大学助教(1955—1958);布朗大学副教授(1959—1961)和教授(1962—1964);哥伦比亚大学经济学名誉教授(1966—1995)。他以研究恶性通货膨胀以及美国货币存量变化的决定因素和后果而知名。他的名著包括:《1975—1960年美国货币存量变化的决定因素和后果》(国家经济研究局,1965),以及《持续通货膨胀》(哥伦比亚大学出版社,1979)。他影响广泛的论文有:《恶性通货膨胀的货币动因》(载 M. 弗里德曼编《货币数量论研究》,芝加哥大学出版社,1956);《货币增长阻挠货币政策了吗?》(与 A. J. 施瓦茨合撰,载《货币、信用和银行杂志》,7,1975年5月);以及《货币供应的内生性反证了货币对经济行为的效应吗?》(载《宏观经济学杂志》,15,1993年夏季号)。

57. 标准化 Calibration

标准化是由基德兰德和普雷斯科特(Kydland and Prescott,1982)作为减少新古典均衡——即真实经济周期中的自由参数的工具引入宏观经济学的。当然关于这一工具也有一些先行者(如 Johansen,1960;Shoven and Walley,1972),但是他们并没有把他们的参数化方法定义为标准化。基德兰德和普雷斯科特以两种不同的方式描述了标准化的特征。第一种方式是"偏好和技术的分类……这种分类接近于在许多应用性研究中使用的方法"。第二种方式是"对模型稳态值的参数值的选择，要接近被研究时期美国经济的平均值"。然而，考虑到三种不同的解释：即估算、检验和标准化，参数化的目的还是没有得到充分的表述。

一般来说，标准化被看作一种估算方法（Dawkins et al.，2001；Pangan，1994）："拟合一个有一系列参数的模型，并从这些参数中选择其模拟属性最能与历史数据属性相吻合的因素"（Gregory and Smith，1990，第 57 页；Gregory and Smith，1993）。换句话说，标准化是一种基于模拟的估算方法，"是一种让模型-参数符合从现实经济中获取的观察数据的行为（在一个特定的实验框架内）"（Elzas，1984，第 51 页）。基于模拟的方法在参数化模型中非常有用，因为在参数化模型中存在无法观测到的或用简单方法难以进行分析的变量。一种经常用到的标准化准则就是度量根据观察到的变量计算的一些实证因素与其相应的模拟值之间的差。基于观察和模拟并通过标准化某些实证因素而获得的估算量，就是所谓模拟动差估计法（MSM）（Gouriéroux and Monfort，1996）。

另一种更具争议的解释认为，标准化是一种检验模型的方法。如果没有自由参数，一个模型的总体矩（或其他一些总体度量）与历史时间序列总体矩的比较，可以被认为是对模型的检验。我们称之为特殊类型的"特征检验"（Kim et al.，1995）。如果人们认为模型的某些方面与历史纪录之间的拟合较为紧密，这一模型就可以视为满意的模型。如果总体要素与历史要素之间的差距过大，人们会认为这一模型不合格（Gregory and Smith，1991）。与估算法的情况不同，这一方法的缺陷是，方法本身没有提供一个能够判断紧密度的衡量标准。然而，沃森（Waston，1993）提出了一个适合标准化模型的量度标准，即基于需要与实际数据二阶动差精确匹配的随机误差的大小。

关于标准化的这两种观点都是基于一种策略，模型在这一策略中被当成一种模拟工具和可以利用的（历史）数据，这样我们就可以用模拟数据与估算值或测试对象进行比较。但是，如果把模型当做提供"定量答案"的方法，或者说，把模型当做量度工具，就需要对标准化进行第三种解释——即在计量学中使用的标准化。在计量学中，标准化是指"在特定条件下，由度量工具或度量体系所获取的数值，或由实物量具或参照物所代表的值，与相应的标准所认可的值之间建立关系的一系列操作"（VIM，1993，6.11）。这里的标准是指"实物量具、度量工具、参照物或度量体系意在定义、认识、保存或复制作为参照的一单位或一个或多个单位数值"(前引书,6.1)。创立标准所采用的一般原理是,标准应该基于广为人知且不可改变的某种原则。标准完全是人为选择的,物质世界并不存在这样的标准,但在这些东西需要某种程度的定义时,它们通常是以自然发生的现象为基础。

计量学中的标准化是检测度量工具精确度的一种方式。除了可信度这一问题外,度量工具或其他观察工具可以通过校验度量或观察结果是所观察现象的真相还是工具造成的假象,来加以验证。富兰克林(Franklin,1986)讨论了九种区分有效观察和假象的认识论方法,其中一种就是标准化。"用一种替代信号来标准化一个工具。如果一个试验装置再现了已知的现象,那么我们就会理所当然地增强我们的信念,这个装置工作良好,而且这个装置所得到的试验性结果也是可信的"(Franklin,1997,第 31 页)。

围绕经济学中标准化方法所产生的歧义而出现的大量争论,是由标准化与估算这两种方法引起的,这两种方法不仅各自标榜自己是特殊方法,而且是相互对立的方法论,两种方法都宣称自己有可靠的科学依据。夸(Quah,1995,第 1594 页)把这两种方法的特征描述为"对经济计量学不尊重"和"对经济学理论不尊重"的"研究风格"。胡佛(Hoover,1995)则根据形式将标准化看成是"适应性策略",而把估算看成是"竞争性策略"。按照竞争性策略,"理论的目的就是估算和检验所需处理的东西"(前引书,第 29 页)。但是适应性策略的目标从来就不是检验理论,更不要说摈弃理论了,"而是建立一个能使经济更接近于基本理论严格限定范围内的模型"(前引书)。

估算法与标准化之间是否存在区别,区别是大是小(Hansen and Heckman,1996;Kim and Pagan,1995),迄今为止的讨论中都没有提到基德兰德和普雷斯科特他们自己对标准化的最终解释。在《经济展望杂志》举办的"宏观经济学中的计算实验"专题讨论会(1996)上,基德兰德和普雷斯科特阐明了他们在论文《资本形成的时间》(1982)中所使用的"工具"。任何经济学的计算机实验过程都包括五大步骤:"提出问题;使用一种经过严格检验的理论;建立一个模型经济;标准化模型经济;进行实验"(Kydland and Prescott,1996,第 70 页;Kydland and Prescott,1991,第 169 页),在讨论经济周期研究时,普雷斯科特明确指出,一个模型是"用来推断理论涵义的度量工具"(Prescott,1998,第 2 页)。他借鉴卢卡斯的观点,把理论定义为"为了回答某一问题而构建出一个模型经济的内在说明"(前引书),所以,"问题的量的答案是从模型经济中推演出来的"(前引书,第 3 页)。将经济模型与度量工具进行比较后，基德兰德和普雷斯科特对标准化作了解释——关于度量工具的刻度，就像温度计一样——这与上述富兰克林给出的解释非常相似："一般来说，某些经济问题存在已知的答案，如果我们对解答未知答案的给定问题充满信心的话，模型就可以对此给出大致正确的答案"(Kydland and Prescott,1996,第74页；Smith,1995,第201页)。未知答案的问题就是："由技术冲击引发的波动的量的本质是什么？"(Kydland and Prescott,1996,第71页)答案是，"模型经济显示的经济周期波动70%与美国的现实相符"(Kydland and Prescott,1996,第74页)。换句话说，这一答案可能是运用标准化工具所得到的结果。

但是，我们知道答案的经济学问题是什么？或者，模型标准化的情况是什么？库利和普雷斯科特非常明确地给出了答案。他们把标准化看成是为模型经济选择的参数，这样，通过设定参数值等同于某种"或多或少恒定的"比率，"模型经济就能模仿一定程度上与长期增长相关的实际经济"。这些比率就是所谓经济增长的"特定事实"、"引入注目的跨时、跨国的经验规则"以及"经济增长理论的基准"(Cooley and Perscott,1995,第3页)。这就是卡尔多(Kaldor,1958)的增长的"特定事实"，但我们在真实经济周期文献中看到的则是由索洛(Solow,1970)界定的特定事实。

尽管我们已经看到，均衡经济周期模拟者的目标在于根据不变量来确立模型(见Hoover,1995)，但是这样将特定事实作为增长的经验数据却有些不靠谱。索洛曾经评论道："它们毫无疑问是特指的，但我们仍然可能质疑他们是否是事实"(Solow,1970,第2页)。哈克(Hacche,1979)提供了将英美数据与卡尔多的六个特定事实相对比的说明，这一说明显示出经济史与卡尔多的特定事实之间的矛盾。

基德兰德和普雷斯科特提到"相应的微观观察数据"(Kydland and Prescott,1982,第1359页)作为标准化模型的数据的第二来源，但他们却从来没有为从微观经济数据中提取宏观经济参数提供前后一致的框架。除了微观经济数据是否可以满足宏观经济模型这一问题外，人们也不清楚是否有一个"装满了微观估算数据并可以应用于标准化动态随机一般均衡模型的文件箱"(Hansen and Heckman,1996,第90页)。

马塞尔·博曼斯(黄进译)

参考文献：

Cooley, T. F. and E. C. Prescott (1995), 'Economic Growth and Business Cycles', in T. F. Cooley (ed.), *Frontiers of Business Cycle Research*, Princeton: Princeton University Press.

Dawkins, C., T. N. Srinivasan and J. Whalley (2001), 'Calibration', in J. J. Heckman and E. E. Leamer (eds), *Handbook of Econometrics*, vol. 5, Amsterdam: North-Holland.

Elzas, M. S. (1984), 'System Paradigms as Reality Mappings' in T. l. Ören, B. P. Zeigler and M. S. Elzas (eds), *Simulation and Model-Based Methodologies: An Integrative View*, Berlin: Springer-Verlag.

Franklin, A. (1986), *The Neglect of Experiment*, Cambridge: Cambridge University Press.

Franklin, A. (1997), 'Calibration', *Perspectives on Science*, 5, pp. 31–80.

Gouriéroux, C. and A. Monfort (1996), *Simulation-Based Econometric Methods*, Oxford: Oxford University Press.

Gregory, A. W. and G. W. Smith (1990), 'Calibration as Estimation', *Econometric Reviews*, 9, pp. 57–89.

Gregory, A. W. and G. W. Smith (1991), 'Calibration as Testing: Inference in Simulated Macroeconomic Models', *Journal of Business and Economic Statistics*, 9, July, pp. 297–303.

Gregory, A. W. and G. W. Smith (1993), 'Statistical Aspects of Calibration in Macroeconomics', in G. S. Maddala, C. R. Rao and H. D. Vinod (eds), *Handbook of Statistics*, vol. 11, Amsterdam: North-Holland.

Hacche, G. (1979), *The Theory of Economic Growth: An Introduction*, London: Macmillan Press.

Hansen. L. P. and J. J. Heckman (1996), 'The Empirical Foundations of Calibration', *Journal of Economic Perspectives*, 10, Winter, pp. 87–104.

Hoover, K. D. (1995), 'Facts and Artifacts: Calibration and the Empirical Assessment of Real-Business-Cycle Models', *Oxford Economic Papers*, 47, pp. 24–44.

Johansen, L. (1960), *A Multi-Sectoral Study of Economic Growth*, Amsterdam: North-Holland.

Kaldor, N. (1958), 'Capital Accumulation and Economic Growth', reprinted in N. Kaldor (1978), *Further Essays on Economic Theory*, London: Duckworth.

Kim, J., N. De Marchi and M. S. Morgan (1995), 'Empirical Model Particularities and Belief in the Natural Rate Hypothesis', *Journal of Econometrics*, 67, May, pp. 81–102.

Kim, K. and A. R. Pagan (1995), 'The Econometric Analysis of Calibrated Macroeconomic Models', in M. H. Pesaran and M. R. Wickens (eds), *Handbook of Applied Econometrics*, Oxford: Blackwell.

Kydland, F. E. and E. C. Prescott (1982), 'Time to Build and Aggregate Fluctuations', *Econometrica*, 50, November, pp. 1345-70.

Kydland, F. E. and E. C. Prescott (1991), 'The Econometrics of the General Equilibrium Approach to Business Cycles', *Scandinavian Journal of Economics*, 93, pp. 161-78.

Kydland, F. E. and E. C. Prescott (1996), 'The Computational Experiment: An Econometric Tool', *Journal of Economic Perspectives*, 10, Winter, pp. 69-85.

Pagan, A. (1994), 'Introduction: Calibration and Econometric Research: An Overview', *Journal of Applied Econometrics*, 9, pp. S1-S10.

Prescott, E. C. (1998), 'Business Cycle Research: Methods and Problems', working paper, Federal Reserve Bank of Minneapolis.

Quah, D. T. (1995), 'Controversy: Business Cycle Empirics: Calibration and Estimation', *Economic Journal*, 105, November, pp. 1594-6.

Shoven, J. B. and J. Whalley (1972), 'A General Equilibrium Calculation of the Effects of Differential Taxation of Income from Capital in the U. S.', *Journal of Public Economics*, Ⅰ, November, pp. 281-321.

Smith, G. W. (1995), 'Commentary on "The Econometrics of the General Equilibrium Approach to Business Cycles"', in K. D. Hoover (ed), *Macroeconometrics: Developments, Tensions, and Prospects*, Boston: Kluwer.

Solow, R. M. (1970), *Growth Theory: An Exposition*, Oxford: Clarendon Press.

VIM (1993), *International Vocabulary of Basic and General Terms in Metrology*, Geneva: ISO.

Watson, M. W. (1993), 'Measures of Fit for Calibrated Models', *Journal of Political Economy*, 101, December, pp. 1011-41.

58. 资本账户 Capital Account

一国与世界其他国家和地区在一定时期内（如一年）进行资本资产（实际的和金融的）国际交易的记录。当资本外流（例如为海外投资融资）大于资本流入、从而导致净资本流出时，资本账户会出现赤字。相反，当资本流入大于资本流出、从而导致净资本流入时,资本账户会出现盈余。

59. 资本-劳动比 Capital-Labour Ratio

资本投入量与工人人数的比率;即每个工人的资本投入量。

参见:

Neoclassical Growth Model.

60. 资本-产出比 Capital-Output Ratio

资本量与资本产出量的比率。资本-产出比是加速原理的核心。

参见:

Harrod-Domar Growth Model; Investment; Accelerator Theory of.

61. 资本-存量调节法则 Capital-Stock Adjustment Principle

一种说明净投资是实际资本存量与所需的资本存量之间的差的原理。现在已经有很多研究调整发生时的调整速度的方法,其中包括强调资本使用企业的内在因素,以及强调由供应资本品的企业所决定的因素的方法。

参见:

Investment; Accelerator Theory of; Investment; Neoclassical Theories of.

62. 追赶与趋同 Catching Up and Convergence

追赶的假设通常可以追溯到格申克隆的观察,即经济产业化后进的国家似乎有一种优势(Gerschenkron,1962);这些后产业化国家会比先产业化国家在产出和生产率方面有较高的增长率,因此,导致生产力和人均收入水平的趋同。追赶理论与若干理论模型一致,为国家之间增长率的差异提供了一个内生的解释。例如,巴罗(Barro,1997)使用新古典生产函数增长模型,康沃尔(Cornwall,1977)采纳了凯恩斯学派方法、维斯帕根(Verspagen,1992)采用的进化论理论以及佩雷斯和索埃特(Perez and Soete,1988)创立了制度分析方法。

新古典理论用一种最简单的形式预测到,人均收入的趋同是由资本-劳动比上升所带来的资本边际产量下降的结果。巴罗(Barro,1997,第 2-3 页)定义了两种类型的趋同。绝对趋同运用于当两个或更多的经济体除了初始的资本密集度不同之外其他条件都完全相同的情况。这样,贫穷国家(资本-劳动比低的国家)人均收入增长速度高于富国。实际上,这个概念意思不大,因为这一概念没有考虑技术变革以及人均收入增长在稳定状态下停止上升的情况。有条件趋同运用于比如储蓄率、教育水平以及获取现代技术的条件都不同的经济体。这些条件以及一些其他变量确定了一个经济体在长期稳定状态下的人均收入,经济增长越快,实际人均收入水平越偏离其稳定状态下的水平。在这种情况下,持续的长期增长取决于技术进步,而技术进步是外生的。这些"拓展的"新古典模型引发了很多实证研究。早期的"新"(或内生的)增长理论试图推翻外生变量的说法,但由此得到的增长模型却无法预测趋同趋势。近期的理论拓展重在重新解释趋同性(如 Barro and Sala-i-Martin,1997,该理论包含了一个扩散机制)。但使用这一类模型所作的实证检验,却并不支持他们所宣称的对趋同的适用性(Aghion and Howitt,1998)。

与倾向于将技术进步视为公共品的内生增长理论相反,其他有关追赶的阐释已经认识到了财产权的存在;他们强调的是外商对新工厂的直接投资,强调新资本的输入是将技术从发达国家向不发达国家转移的共同机制。一个经济体的技术与技术的最佳应用之间的差距,是该经济体获得赶超机会的衡量标准。因此,在其他条件相同的情况下,一个经济体的增长率与其技术差距的程度负相关。这是随后对初始人均收入水平(对技术状况的粗略估计)和劳动生产力增长率之间关系进行实证研究的基础。因此,鲍莫尔(Baumol,1986)考察了 16 个发达国家在 1870—1979 年这一时期内的情况,他发现了初始收入水平和生产力增长之间负相关,并且收入水平趋同的现象。他在对当时正在进行工业化的国家和实行计划经济的经济体的实证研究中,也发现了类似的结果,但是,没有证据表明,在最贫困国家或全部样本国家中存在这种趋势。阿布拉莫维茨(Abramovitz,1986)也发现,在二战后那段时期内,15 个发达经济体存在趋同的强有力证据;较早的年份中也包括了国家排序的变化以及一些收入趋异的情况。

通过对成功引进技术的前提条件的考察,我们就可以对一些经验变化作出解释。康沃尔(Cornwall,1977)提出,国际技术扩散的公开渠道是首要且必要的条件,而且技术引进型国家不存在因为文化或特权阶级(既得利益)集团引致的对资本设备或专利的出口限制或进口壁垒。第二,开发先进的技术要求技术引进国拥有充分掌握熟练技术的劳动者和企业家,使用技术并实施本国市场所需要的创新。鲍莫尔等人(Baumol et al.,1989)发现,如果把教育水平考虑在内,在 59 个国家中都呈现出条件趋同的趋势;其他研究者,如费格伯格(Fagerberg,1988)指出,要成功引进技术有必要开展研发活动。第三,要具备融资、分配和新产品营销的适当基础。第四,有条不紊地将技术转移作为加快现代化步伐的社会机制,会鼓励投资并使这一过程得以延续。

即使上述所有条件都得到了满足,导致收入水平趋同的生产力增长模式还是不能确定。实际上,任何国家的实际生产力增长仍然依赖于经济状况,尤其是依赖于总需求的状况。如果没有旺盛的总需求,如果没有对总需求持续高涨的预期,企业就不会进行现代化所需要的大规模投资。长期呆滞的、不稳定的总需求,会减少新技术的采用率,也是使经济体排序发生变化的潜在原因。

在评估战后时期发达国家之间的追赶和趋同的有力证据时,应该进一步考虑三个因素。第一,鲍莫尔样本国家中的"技术引进国"在战后初期面临着重建的艰巨任务,这就为实现现代化创造了必要性而不仅仅是机会。由此而产生的政治意愿,与高水平的劳动技能和充分发展的社会、经济及政治制度相结合,为现代化创造了独一无二的有利环境;而对初始条件稍差的国家的研究,为追赶的前提条件提供了一个更好的检验。第二,在这一时期,贸易大规模的迅速扩张也使得即便是小国也有了实现现代化的机会,因为外部需求为大规模生产需要的新技术提供了理由。这说明,贸易扩张是成功引进技术的另一个先决条件。萨克斯和沃纳(Sachs and Warner,1995)则提供了开放性加速趋同的证明。阿布拉莫维茨(Abramovitz,1994)强调的是,国际经济制度如布雷顿森林汇率体系、马歇尔援助和欧洲一体化都促进了贸易的扩展,所以,贸易是战后"趋同繁荣"的重要原因。

第三点是关于随着人均收入水平的提高,服务部门的产出和就业所占份额增加的讨论。由于服务部门一般生产力水平较低,生产力水平的增长也低于其他部门,所以劳动力在这一部门的重新配置会降低经济的平均生产力增长水平。增长的减缓造成了与追赶相同的关系,即较高的人均收入(与之相应的是较大的服务部门)与较慢的生产力增长相联系。服务部门劳动力的重新配置在战后时期体现得特别明显,并归因于阿布拉莫维茨所观察到的趋同的力量。对劳动力向服务部门转移时生产力增长来源的估算显示出,劳动力的重新配置对战后高收入国家收入增长减缓有显著的影响(McCombie,1991;Cornwall and Cornwall,2001,第10章)。

尽管各国并没有普遍经历追赶与趋同,但在具体的国家群尤其是发达资本主义国家和(东南亚)新兴工业化国家的数据中,我们发现了其存在的强有力证据。除了鼓励理论解释之外,这些观察也催生出大量的实证性研究;其中包括在费格伯格(Fagerberg,1994)书中出现的极其有用的调查。理论和实证的进一步工作都需要深入理解培育追赶及维持追赶过程的条件,这种理解不仅与发展中国家或发达国家相关,而且对那些目前还没有享受到追赶利益的国家也有着重要的意义。

约翰·康沃尔　温迪·康沃尔(黄进译)

参见:

Endogenous Growth Theory;Neoclassical Growth Model;Steady State Growth.

参考文献:

Abramovitz, M. (1986), 'Catching Up, Forging Ahead, and Falling Behind', *Journal of Economic History*, 45, June, pp. 385–406.

Abramovitz, M. (1994), 'Catch-Up and Convergence in the Postwar Growth Boom and After', in W. J. Baumol, R. R. Nelson and E. N. Wolff (eds.), *Convergence of Productivity*, Oxford: Oxford University Press.

Aghion, P. and P. Howitt (1998), *Endogenous Growth Theory*, Cambridge, MA: MIT Press.

Barro, R. (1997), *Determinants of Economic Growth*, Cambridge, MA: MIT Press.

Barro, R. and X. Sala-i-Martin (1997), 'Technological Diffusion, Convergence, and Growth', *Journal of Economic Growth*, 2, March, pp. 1–27.

Baumol, W. J. (1986), 'Productivity Growth, Convergence, and Welfare: What the Long-Run Data Show', *American Economic Review*, 76, December, pp. 1072–85.

Baumol, W. J., S. A. B. Blackman and E. N. Wolff(1989), *Productivity and American Leadership*, Cambridge, MA: MIT Press.

Cornwall, J. (1977), *Modern Capitalism, Its Growth and Transformation*, Oxford: Martin Robertson.

Cornwall, J. and W. Cornwall (2001), *Capitalist Development in the Twentieth Century*, Cambridge, UK: Cambridge University Press.

Fagerberg, J. (1988), 'International Competitiveness', *Economic Journal*, 98, June, pp. 355–74.

Fagerberg, J. (1994), 'Technology and International Differences in Growth Rates', *Journal of Economic Literature*, 32, September, pp. 1147–75.

Gerschenkron, A. (1962), *Economic Backwardness in Historical Perspective*, Cambridge, MA: Belknap Press.

McCombie, J. (1991), 'The Productivity Growth Slowdown of the Advanced Countries and Intersectoral Reallocation of Labour', *Australian Economic Papers*, 30, June, pp. 70–85.

Perez, C. and L. Soete (1988), 'Catching Up in Technology: Entry Barriers and Windows of Opportunity', in G. Dosi, C. Freeman, R. Nelson, G. Silverberg and L. Soete (eds), *Technical Change and Economic Theory*, London and New York: Pinter Publishers.

Sachs, J. D. and A. Warner (1995), 'Economic Reform and the Process of Global Integration', *Brookings Papers on Economic Activity*, Ⅰ, pp. 1–118.

Verspagen, B. (1992), 'An Evolutionary Approach to Why Growth Rates Differ', in W. Blaas and J. Foster (eds), *The Mixed Economies in Europe*, Aldershot, UK and Brookfield, US: Edward Elgar.

63. 中央银行 Central Bank

一个负责制定货币政策的机构,如美国的联邦储备委员会、日本的日本银行和英国的英格兰银行。中央银行在行使对银行业和金融系统的管理职能时,可以采用一系列工具,其中包括采用公开市场操作、设定准备金要求以及向银行和其他金融机构发布指令。

参见:

Central Bank Accountability and Transparency;Central Bank Independence;Federal Reserve System;Monetary Policy:Role of.

64. 中央银行责任与透明度 Central Bank Accountability and Transparency

与中央银行独立性的概念不同,有关中央银行责任的概念在经济学文献中没有一致的说法。关于民主责任的定义及关键的要素,不同的学者有不同的观点。一般意义上讲,我们把责任定义为,政策制定者能够而且愿意对他们所关注的目标经济绩效负责。换句话说,政策制定者会对怎样使经济绩效的指标接近于所设定的目标值负责。在民主社会中,议会代表了选民的意见。因此,中央银行直接对议会还是对政府负责这一点非常关键,当然,政府也要对议会负责。在政府对议会负责的情况下,政府会使用工具来影响中央银行的决策(比如,就有推翻央行决策的可能性)。有些学者对独立的中央银行的民主责任持怀疑态度,因为他们认为,央行代表的是狭隘的金融利益而不是其他社会群体的利益(如 Stiglitz,1998)。

中央银行责任的概念有三个重要的特征:(1) 货币政策终极目标的决定;(2) 实际货币政策的透明度;(3) 货币政策的终极责任(参见 De Haan *et al.*,1999)。货币政策终极目标的决定应该由议会制定而不是由央行制定。因此,由议会颁布制定的中央银行法应该规定货币政策的终极目标。中央银行必须实现的具体目标越少,对央行指标的评估就越困难,因为,这会缺乏合适的衡量准绳。由于对央行表现的评估是责任的关键要素,所以一个阐述清楚的目标是必要的。

对目标进行明确界定也非常重要。货币政策目标的量化(如最大通胀率)可以强化责任。一个很好的范例就是新西兰储备银行,新西兰储备银行把价格稳定作为其首要目标。新西兰储备银行行长必须与政府协议从紧的通货膨胀目标范围。在这个所谓的"政策目标协定"(PTA)中,就规定好了通货膨胀率目标。

最后,在不同目标的条件下,还应该规定一个明确的优先次序,否则,央行就得决定在任何给定的时期中哪一个法定目标应该先行。

过去,多数欧洲央行的法令对终极目标的规定条款都十分含糊,或者还包含一些(可能是相互矛盾的)没有规定先后次序的目标。例如,德国联邦银行的首要目标是保卫货币的价值。而荷兰央行的目标就较为含糊,它规定,用提高福利的方式来引导荷兰盾的价值。

透明度是民主责任的一个核心要素。有关央行行为的信息对于评估央行的表现十分重要。如果没有这样的信息,要对银行是否完成了它的任务作出合理的判断,是不可能的。

根据罗戈夫(Rogoff,1985)"保守"和独立的央行行长模型来分析透明度,能使问题简单化。假设中央银行的偏好存在不确定性,比如,中央银行厌恶通货膨胀吗?一个简单的方法就是假设存在一种会导致较高或较低保守水平的偏好冲击,并建立模型。中央银行对分布于$[-h,h]$区间的偏好冲击的实现有不公开的信息。

央行的损失函数现在是[而不是词条"中央银行独立性"中的方程(4)]：

$$L^{cb} = \frac{1+\varepsilon-x}{2}\pi_t^2 + \frac{\chi}{2}(y_t - y_t^*)^2 \text{ with } x \sim U[-h,h] \text{ and } h < \varepsilon. \qquad (1)$$

与"中央银行独立性"中的方程式(6)相比较，如果不知道央行的保守态度如何，这里的通货膨胀将会更高。正的偏好冲击使央行的保守态度更低，从而引发一个较高的(预期的)通货膨胀，以及对供给冲击的更强烈的反应。负的偏好冲击(−h)则具有相反的效应。但是，正的偏好冲击对通货膨胀的影响会大于负的偏好冲击对通货膨胀的影响。由于存在这种不对称性，较低的偏好冲击变量(更为透明)就会降低(预期的)通货膨胀，并减少信任问题(见 Eijffinger and Hoeberichts, 2001)。

透明度可以通过几种途径来实现。例如，人们可以要求央行除公布年度央行报告之外，还应定期发布货币政策报告。这些报告应该包括央行过去业绩的详细情况，以及根据主要目标制定的未来货币政策计划。在央行缺乏明确目标的情况下，这一点更为重要，因为央行(在这种情况下)可能只是基于其自身的状况来作出判断。以这些报告(或其他信息)为基础，人们还可以要求央行公开解释他们能够实现其目标的程度。按照某些观察者的看法，人们可以通过要求公布会议记录和/或央行管理委员(经分析作出的)决策，来提高央行透明度。例如，1998年英格兰新的银行法规定，必须公布货币政策委员会的会议记录。

支持央行应是负责任的央行这一观点的人认为，通过民主选举最终选出来的政治家，应该承担货币政策的终极责任。在这里我们需要考虑两个重要的问题：央行与议会的关系，以及某些否决机制。

央行与议会的关系必须在央行自己的民主责任评价中起到重要的作用。实际上，对央行来说，当货币政策透明化支持议会在央行决策过程中的作用时，这种制度化的联系也会支持货币政策透明度。以规范为基础，议会就有机会审度央行在货币政策上的执行情况，同时，央行也可以解释和证明自己行为的合理性。这种制度化的联系应该在银行法的基础之上产生，因为这一方面非正式的安排及由此引出的没有约束的安排，将使中央银行的地位高于议会的地位。人们也可能会说，议会之所以总是承担货币政策的终极责任，是因为议会可以改变银行法。议会通过制定中央银行必须遵守的规则，使议会的立法可以发挥事前的控制作用。此外，由于议会可以根据实际政策的反应作出决策，改动银行法，所以议会还可以起到事后负责的作用。

认为货币政策应该独立于政府的人，一般都反对否决机制。尽管如此，这样的机制仍然可能是强化央行责任的一种方式,在央行不直接对议会负责的情况下,更是如此。现在,回到我们的"保守"和独立的中央银行的模型,否决机制可以用模型表示如下(见Lohmann,1992):

$$L^G = \frac{1}{2}\pi_t^2 + \frac{x}{2}(y_t - y_t^*)^2 + \delta c, \tag{2}$$

式中,c($c>0$)表示否决央行决策的成本,$\delta=0$(表示没有否决),$\delta=1$(表示否决)。很清楚,由于存在对央行进行否决的可能性,将会增加通货膨胀偏差($\pi^G > \pi^{cb}$)。如果不存在否决的可能性,通货膨胀将是 $\pi^{cb} = y_t^* + \pi_t^e + u_t/2 + \varepsilon$;如果存在否决,通货膨胀将是 $\pi^G = y_t^* + \pi_t^e + u_t/2$。换句话说,如果政府对央行的决策置之不理,政府会遭遇更大的信任问题。

政府应该向议会解释为什么实施(没有实施)否决,反过来,议会也要决定是否同意政府的行为。因此,最终还是议会决定货币政策。在这种条件下,应该提出的问题是,否决机制本身是否侵犯了央行的独立性。答案的关键在于,在审查否决机制时,应将注意的重点放在否决机制的类型及其实施过程上。一般说来,我们可以将否决机制分为三类,其中包括(按递降的次序)发布指令的权利,批准、叫停、废止或推迟决策的权利,以及在法律基础上审查决策的权利。第一类否决机制尤其可以强化央行的责任。例如,直到最近,根据《1948年荷兰银行法》的规定,荷兰财政部长有权向荷兰央行发布关于货币政策行为的指令,财政部长是否实际行使过这一权利——它实际上没有行使过这一权利——并不重要。由于不行使这项权利,所以财政部长,进而是政府,实际默许了央行所实行的政策,在这里,政府责任类似于议会的责任。同样,《1989年新西兰储备银行法》赋予新西兰财政部长否决价格稳定目标的权利。中央银行依然主管货币政策,但要致力于政府规定的目标。这种类型的否决机制与德国政府拥有的可以终止联邦银行管理委员会的决定的权利,性质完全不同,因为这里实际上是联邦银行管理委员会给了政府改变货币政策的权利。认识到这一简单事实非常重要,即政府可以否决央行决策,这一点无需附加货币政策的民主责任。实际上,正如这些机制的反对者所强调的,否决机制只是为政府对货币政策施加影响,打开了一道闸门。因此在这种情况下,必须事先对将要采用的否决机制进行详细说明。否决机制的实施过程也需要透明化。实施否决机制的决定也应对外公布。而且,为确保慎重实施否决机制,也应该对实施否决机制的过程进行审查,如保留央行上诉的可能性。

尽管欧洲中央银行(ECB)的基本法明确规定了首要目标,即由欧洲央行管委员会确定价格稳定的数量。1998年10月,管理委员会把价格稳定定义为欧元区消费者统一价格指数每年增长不得高于2%。管理委员会还明确宣布,要长期维持价格稳定。至于透明度,欧洲央行的法律规定,至少一个季度要公布一次关于欧洲银行行为的报告。除此之外,欧洲央行还决定发布月报。而且,管理委员会还决定要定期告知公众欧洲央行的货币政策决定。管理委员会每隔两周开一次会。每个月的第一次会议后会有一个新闻发布会。每逢作出政策决定后,制定决策的理由会在会后立即告知公众。但会议记录不会公布。然而,公布管理委员会的政策理由的主张,与公布会议记录的思想完全一致:都是对所采取的政策作出解释。唯一的区别在于,会议记录可能会泄露委员会的表决程式。由于管理委员会实行明确的集体责任制,所以,公开投票行为的用途十分有限。

至于货币政策的终极责任,我们应该注意到欧洲央行与欧洲议会(EP)的关系不能简单地等同于国家议会与国家央行的关系。首先,欧洲议会并不是一个真正的立法机构,尽管在很多情况下,欧洲议会会与管理委员会一起作出决策。但在很多重要的领域,欧洲议会仅仅是一个咨询机构。他显然无权改变欧洲央行的法律基础。除了进行一些较小的调整外,如果要改变欧洲央行的体制结构,就需要修改马斯特里赫特条约。不论是马斯特里赫特条约,还是欧洲央行的法规,都没有包含能使管理委员会或任何其他社会机构否决欧洲央行的货币政策的条款。这样做的理由很明显,即一切努力都是为了使欧洲央行不受任何来自欧盟机构(共同体机构)或成员国的政治影响(见 De Haan and Eijffinger,2000)。

西尔维斯特·C. W. 埃基芬格(黄进译)

参见:

Central Bank Independence;Inflation Targeting;Monetary Policy:Role of.

参考文献:

De Haan, J. and S. C. W. Eijffinger (2000), 'The Democratic Accountability of the European Central Bank: A Comment on Two Fairy-tales', *Journal of Common Market Studies*, 38, September, pp. 393–407.

De Haan, J., F. Amtenbrink and S. C. W. Eijffinger (1999), 'Accountability of Central Banks: Aspects and Quantification, *Banca Nazionale del Lavoro Quarterly Review*, 52, June, pp. 169–93.

Eijffinger, S. C. W. and M. M. Hoeberichts (2001), 'Central Bank Accountability and Transparency: Theory and Some Evidence', Discussion Paper 6/00, Economic Research Centre of the Deutsche Bundesbank, Frankfurt-am-Main.

Lohmann, S. (1992), 'Optimal Commitment in Monetary Policy: Credibility versus Flexibility', *American Economic Review*, 82, March, pp. 273-86.

Rogoff, K. (1985), 'The Optimal Degree of Commitment to an Intermediate Monetary Target', *Quarterly Journal of Economics*, 100, November, pp. 1169-90.

Stiglitz, J (1998), 'Central Banking in a Democratic Society', *De Economist*, 146, July, pp. 199-226.

65. 中央银行独立性 Central Bank Independence

在开始讨论中央银行独立性这一话题之前,我们首先必须弄明白中央银行独立性的含义。中央银行独立性是指三个领域的独立性,即中央银行必须在人事独立、财务自主和政策独立这三大领域排除政府的影响或尽可能减少政府的影响(Eijffinger and De Haan,1996)。

实际上,在对中央银行这样重要的公共机构进行人事安排时,不可能完全排除政府的影响。因此,人事独立指的是政府只在委派程序上的影响。与此相关的还有各种准则,如中央银行监管部门中的政府代表、任命程序,以及职务任期和监管部门解散银行委员会的程序。

很显然,如果政府能够直接或间接地通过中央银行信用为政府支出筹资,政客们就能影响中央银行政策。在这种情况下,中央银行不具有财务独立性。直接通过中央银行信用筹资意味着货币政策成了财政政策的附庸。间接通过中央银行信用筹资,可能导致央行沦为政府的出纳,或是成了政府的管债人。在这些情况下,就有必要通过约束来阻止政府对货币政策的干预。

政策独立性是指给予央行制定和执行货币政策时的策略空间。正如德贝尔和费希尔(Debelle and Fisher,1995)曾指出的,政策独立性在区分目标独立性和操作工具独立性时十分有用。如果中央银行能决定自己的终极目标,中央银行就具有目标独立性。事实上,大多数央行法都明确阐明了一个或多个目标。然而,如果央行设立了几个(可能相互冲突的)目标——如实现低通货膨胀和低失业——在决定应该优先考虑哪一个目标时,就有了一定的余地。在这种情况下,中央银行就具有相当大的目标独立性,因为中央银行能相对自由地设定货币政策的终极目标。比如,中央银行可以作出价格稳定不及产出稳定重要的决定,并据此制定货币政策。

最后,中央银行必须运用有效的操作工具来维护它的目标。一个具有操作工具独立性的银行可以自由选择实现目标的操作工具。显然,如果中央银行使用政策工具需要得到政府的批准,那就不存在操作工具独立性。

在其他情况均同的条件下,为什么中央银行独立性会导致较低的通货膨胀率?这一方面,理论推理强调的是时间不一致性问题(Kydland and Prescott,1977;Barro and Cardon,1983)。这一问题背后的基本思想可以阐述如下:假设政策制定者宣布了一个他(她)认为是最优的通货膨胀率。如果私人部门经济行为人在他们的经济活动中考虑到这一已经公布的通货膨胀率,此时,政府放弃这一通货膨胀率并创造一个比公布的通货膨胀率更高的通货膨胀率,就成了政府的最优选择。出现这种现象的原因是,未预期到的通货膨胀的出现会产生某种好处。比如说,未预期到的通货膨胀会降低实际工资,从而增加就业。当然,这只是事情的一个方面。下一步就要加上理性预期了。在理性预期条件下,经济行为人已经知道政府想要制造未被预期的通货膨胀,并据此预先形成了他们的预期。这时,政府除了维护其通胀目标之外别无选择。显然,在这种情况下,通胀率会高于政府所承诺的通胀率目标。不管是哪种因素切实导致了动态非一致性问题,通胀率在所有这些条件下都是次优的。所以,在经济学文献中出现了降低所谓通货膨胀偏差的方法。

罗戈夫(Rogoff,1985)提议将货币政策授权于独立的和"保守的"中央银行。"保守的"指的是中央银行比政府更厌恶通货膨胀,在这种情形下,他较之政府更为重视价格稳定。为什么中央银行会比政府更厌恶通货膨胀呢?文献资料中指出了政府偏好和中央银行偏好之间的两个重要区别(Cukierman,1992)。其中一个可能的区别是政治当局和中央银行的时间偏好。基于各种理由,中央银行较之政治当局更倾向于用长远的眼光来看待政策过程。另一个区别是关于在中央银行的目标函数和政府的目标函数中的主观权重。通常情况下人们假设,中央银行相对而言更加关注通货膨胀目标而不是其他政策目标,如实现高就业水平或获取充足的政府收入等。

如果货币政策是由"保守的"和独立的中央银行相机抉择设定,就会出现一个较低的平均一致的通货膨胀率。这里的关键点在经济学文献中诠释如下。假设政策制定者寻求使代表社会偏好的损失函数(L)最小化:

$$L^G = \frac{1}{2}\pi_t^2 + \frac{\chi}{2}(y_t - y_t^*)^2, \tag{1}$$

式中,y_t指产出,y^*表示指达到的产出,χ指政府对产出稳定性的权重($\chi>0$)。产出

则由一个简单的卢卡斯供给函数决定(自然产出率为标准产出率,且把斜率设定为1):

$$y_t = (\pi_t - \pi_t^e) + u_t, \tag{2}$$

式(2)中,π指实际通货膨胀,π^e表示预期通货膨胀,u_t表示随机冲击。政策制定者在通胀预期给定的条件下,一期一期最小化(1)。在理性预期条件下,通货膨胀为:

$$\pi_t = \chi y_t^* - \frac{\chi}{\chi+1} u_t \tag{3}$$

式(3)右边的第一项就是通胀偏差。一个有较高通货膨胀偏差的国家就会存在信任问题,因为经济主体已经觉察到政府制造未预期通胀的动机。式(3)右边的第二项反应的是产出的稳定冲击对通货膨胀的影响程度。

假设现在是由"保守的"中央银行负责制定货币政策。"保守"就意味着,中央银行比政府更加厌恶通货膨胀。中央银行的损失函数因而可以表示为:

$$L^{cb} = \frac{1+\varepsilon}{2} \pi_t^2 + \frac{\chi}{2} (y_t - y_t^*)^2, \tag{4}$$

式中,ε表示中央银行额外的通货膨胀厌恶。中央银行的偏好并不重要,除非他(她)能决定货币政策。换句话说,中央银行可以在没有(过多的)政府干预的情况下实施货币政策。这可以由模型简单表示如下(Eijffinger and Hoeberichts,1998):

$$M_t = \gamma L^{cb} + (1-\gamma) L^G, \tag{5}$$

式中,γ表示中央银行独立性的范围,也就是中央银行的损失函数影响货币政策制定的范围。如果γ=1,则货币政策M完全由中央银行决定。在理性预期条件下,通过最小化政府的损失函数,通货膨胀将为:

$$\pi_t = \frac{\chi}{1+\gamma\varepsilon} y_t^* - \frac{\chi}{1+\gamma\varepsilon+\chi} u_t \tag{6}$$

对比式(3)和式(6),不难看出,在γ和ε都为正值的前提下,式(6)中的通胀偏差(方程右边的第一项)低于式(3)的通胀偏差。换句话说,将货币政策授予独立的和"保守的"中央银行,将产生一个较低的通货膨胀率。独立性和保守性(γε*)都达到了最优水平。最优化意味着,社会损失函数(式1)的最小化。这种最优并不必然意味着零通胀,还取决于产出的稳定性。

从式(6)中可以知道,中央银行独立性和对通胀的厌恶很重要。如果中央银行与政府具有同样的通胀厌恶(即ε=0),那么独立性也就不重要了。同样,如果中央银行完全置于政府的管理之下(即γ=0),中央银行的保守性也不重要了,γ和ε

的不同组合都能导致同样的结果,其中包括最优的结果。

但从现实的角度看,"保守的"中央银行的概念似乎不太可行,因为,央行管理委员会职位的未来候选人的偏好,一般来说不太容易确定,而且,他们的偏好在上任后也可能发生变化。因此,我们很难在现实世界中找到"保守的"中央银行的例证。即便如此,人们也会争辩说,央行的法规可能意义重大,尤其在是否把价格稳定作为货币政策的首要目标的问题上更是如此。央行的法规是否把价格稳定作为首要政策目标,被视为内含于央行法规中的"保守偏差"的替代(Cukierman,1992)。

通过立法手段来确立央行独立性,并规定央行以实现价格稳定为目标来制定货币政策的主要实践者,是欧洲中央银行。人们也建议用其他机制来解决货币政策的动机问题。所谓契约方法就是把货币机构视为央行(代理人)和政府(委托人)之间的契约结构。契约的本质会影响到央行的动机,从而影响货币政策(Persson and Tabellini,1993)。沃尔什(Walsh,1995)指出,政府可以将中央银行官员的报酬设定为取决于已实现的通货膨胀。瓦尔拉斯解决方法采用的是在政府和央行之间缔结契约的形式。该契约定为,对超过通货膨胀目标的那部分通货膨胀,向央行征收一次性税收。在其他方面,央行在制定政策的时候,享有充分的相机抉择权。这也证明了人们可以设计一份通货膨胀契约来消除通货膨胀偏差,同时也可以确保央行的稳定政策可以使实际经济处于最优水平。

这样,从理论的角度看,独立的中央银行可以减少货币政策制定中的通货膨胀趋势。那么,实证证据又如何呢?大量的实证研究也都支持央行的独立性和通货膨胀水平之间的反比关系(参见 Eijffinger and De Haan,1996;Berger et al.,2001)。通常,这些证据可以用截面回归表示,在这一截面回归中,特定时期的平均通货膨胀可以用央行独立性的度量指标进行解释。

如果在回归分析中加入多种控制变量的话,央行独立性指标和经合组织成员国的通货膨胀之间存在负相关关系。需要强调的是,负相关关系不一定包含因果关系。两个变量之间的相关关系可以由第三种因素加以解释,比方说,一个国家的文化和货币稳定性的传统。

西尔维斯特·C.W.埃基芬格(黄进译)

参见:

Central Bank Accountability and Transparency; Monetary Policy: Role of. ; Rational Expectations; Time Inconsistency.

参考文献:

Barro, R. J. and D. B. Gordon (1983), 'Rules, Discretion, and Reputation in a Positive Model of Monetary Policy', *Journal of Monetary Economics*, 12, July, pp. 101 - 21.

Berger, H., J. de Haan and S. C. W. Eijffinger (2001), 'Central Bank Independence: An Update of Theory and Evidence', *Journal of Economic Surveys*, 15, February, pp. 3 - 40.

Cukierman, A. (1992), *Central Bank Strategy, Credibility and Independence*, Cambridge. MA: MIT Press.

Debelle, G. and S. Fischer (1995), 'How Independent Should a Central Bank Be?', in J. C. Fuhrer (ed.), *Goals, Guidelines and Constraints Facing Monetary Policymakers*, Federal Reserve Bank of Boston, Conference Series no. 38, Boston.

Eijffinger, S. C. W. and J. de Haan (1996), 'The Political Economy of Central-Bank Independence', *Princeton Special Papers in International Economics*, no. 19.

Eijffinger, S. C. W. and M. Hoeberichts (1998), 'The Trade-off Between Central Bank Independence and Conservativeness', *Oxford Economic Papers*, 50, July, pp. 397 - 411.

Kydland, F. W. and E. C. Prescott (1977), 'Rules Rather than Discretion: The Inconsistency of Optimal Plans', *Journal of Political Economy*, 85, June, pp. 473 - 91.

Persson, T. and G. Tabellini (1993), 'Designing Institutions for Monetary Stability', *Carnegie-Rochester Conference Series on Public Policy*, 39, December, pp. 53 - 84.

Rogoff, K. (1985), 'The Optimal Degree of Commitment to an Intermediate Monetary Target', *Quarterly Journal of Economics*, 100, November, pp. 1169 - 90.

Walsh, C. E. (1995), 'Optimal Contracts for Central Bankers', *American Economic Review*, 85, March, pp. 150 - 67.

66. 中央平价 Central Parity

固定汇率制度下的汇率目标区域或区间中心。

参见:

Fixed Exchange Rate System.

67. 古典二分法 Classical Dichotomy

古典二分法指的是从概念上将经济学划分为两个部分:实际经济和货币经济。

实际经济是由诸如产量、就业、相对价格以及利率等实际因素决定的,而货币经济是由诸如名义价格以及(如果没有从机制上加以固定的话)名义汇率等货币因素决定的。古典二分法永远是古典经济学和新古典经济学的特征,也和货币数量论密切相关,并且暗含了货币中性的观点。

重新审视古典经济学家对长期问题的关注非常重要。古典经济学家并不忽视短期问题(事实上,他们经常为此争论),但他们的理论主要是用来解释在完成了所有短期调整之后的长期均衡状况,因此,古典经济学家将经济二分之后,他们所争论的是,在长期均衡条件下,现实力量(诸如资本和劳动的数量及生产率)将决定实际的后果,而货币力量将决定货币后果。换句话说,货币数量的变动可能只对价格有影响:(大体上来说)货币是中性的,或者,如果人们可以忽视收入分配的话,那么货币至少也能成为中性的。分配问题的讨论最远可以追溯到坎蒂隆(Cantillon, 1775)。

古典二分法是一种结果或者效应:这并不是说在现实中,现实的力量和货币的力量可以分割开来,或者两者不能同时用来解释每天出现的事情。这种观点在大卫·休谟的经典名文《论货币》(1752)中得到了清楚阐述。按照休谟的观点:从长期来看,"很明显,货币数量的多少并不重要,因为商品的价格总是和货币的数量成比例。"但从短期观点看,则应该这样描述:

> 商品价格并不立即尾随货币数量的消长而形成,在情势调整至新局面出现之前,总是有一个时间间隔。在这个间隔期,黄金和白银的减少对产业有害,而黄金和白银的增加对产业有益。

休谟不仅清楚地阐述了货币数量的变动在货币变动和价格变动的间隔中对产出和就业所起的重要作用,同时他也阐述了这一间隔可能会持续多年。然而,货币数量的最终变动只能影响一般价格水平,而诸如产出和就业等实际变量则主要依赖于实际经济力量。

19世纪初期,桑顿(Thornton, 1802)和李嘉图(Ricardo, 1810, 1821)对长期问题和短期问题进行过重要的区分。他们著书立说于拿破仑战争时期,那个时候,英格兰银行暂时停止了纸币对黄金的兑换,因此他们研究的是不可兑换的纸币理论。这就意味着,他们必须直截了当地探讨货币创造的途径。

考虑到英国当时存在的银行系统的结构,人们认为,不可兑换纸币的供给,可能取决于英格兰银行制定的贷款额度。反之,贷款的需求则可能取决于英格兰银行收取的利率以及商品市场上使用资本所得回报率之间的差额。如果利率比回报率低,那么借入资本就能获得收益,贷款的需求就会增加,因此,货币的供给也会迅速增加,而商品的需求也随之增长,价格也会上升。商品市场的均衡只有在英格兰银行限制贷款(或者由于恢复可兑换性而迫使其限制贷款)以及市场利率上升到均衡水平时,才能得到恢复。

先后被李嘉图及约翰·斯图尔特·穆勒(J. S. Mill, 1871)采用的桑顿的理论研究方法,清楚地谈到了近一个世纪之后威克塞尔(Wicksell, 1898)的著作中所谈的问题。威克塞尔在书中主要是用市场利率和自然利率的区别来解释货币供给和通货膨胀。有必要强调的是,该方法不仅提供了解释货币数量的变动如何影响经济的一个转换机制,同时也讲得很清楚:这些影响首先是对实际的数量:利率、投资和产出的影响。

但是长期的影响主要是对价格的影响。一旦货币供给停止增长,就不可能引发对商品的过度需求,产出和就业也没有理由继续偏离由实际经济力量决定的均衡水平。价格的上升将会停止,但是仍然会保持在一个反映较高货币存量的水平上。所有这些过程都与古典二分法,即结果的二分法相一致。

货币的可兑换性在拿破仑战争之后恢复,就像黄金(或白银)在世界其他地方所起的作用一样,黄金再次在英国起着决定货币供给的作用。尽管穆勒和马歇尔(Marshall, 1887)都慎重指出,进口的黄金将会通过货币市场和银行系统进入货币供给,但不是所有的学者都是如此细心。有些人提出了实际力量和货币力量二分法,就好像在经济学中存在两个部门的实际分工(与理论上的划分相反)。根据帕廷金(Patinkin, 1965)的观点,这种划分法在一般均衡分析的早期阐述者瓦尔拉斯(Walras, 1926)和费雪(Fisher, 1911)以及卡塞尔(Cassel, 1925)那里就已出名。他们阐述的观点是,所有实际的经济决策都取决于收入及相关价格,但不受绝对价格水平的影响。另外,萨伊定律或同质性假设早就说过,不仅从长期看,实际结果独立于货币力量,而且在短期内,两者也明显分离。

这种说法明显站不住脚,我们只能假定,全神贯注发展一种新的分析技术导致一些学者对自己用以阐述观点的措辞较为随意和粗心。实际情况也就是这样,在帕廷金再次在一本享有很高学术声誉的著作中表明了实际因素和货币因素是如何不可避免地整合在一起的观点之前:古典二分法问题就引发了20世纪40年代和50年代的思想较量,帕廷金的观点是,经济只有一种,没有两种,而且只有结果可以二分。帕廷金认为,支出的决定尤其取决于经济行为人所持有的货币。这里有一个非常重要但很少有人认识到的真实余额效应:如果经济行为人发现他们的货币余额不足,他们就会减少开支;如果他们发现自己的货币余额过剩,他们就会增加开支。真实余额效应是用来解释经济对货币数量变化的动态反应的重要组成部分。在解释价格水平的稳定性方面也很关键。

帕廷金用这种方式表明,商品需求函数主要取决于货币存量,经济是不可分的,实际因素和货币因素对经济决策都有影响。而且,同质性假设不仅对古典货币理论的分析没有必要,而且与古典货币理论相矛盾,它只与以货易货的经济有关联。与此相似,如果我们假定萨伊定律适用于短期(现在关于萨伊等价的常用解释)分析,那也同样意味着,经济是以货易货的经济。任何认为商品相对价格的决定和货币价格的决定不同步的说法,都是错误的说法,更有甚者,也歪曲了古典经济学家的传统观点。

从理论上看,二分法唯一站得住脚的地方就是其结果的二分。实际因素和货币因素相互影响并共同决定每天的经济结果,但是,尽管这一点与其他条件都相同,从长期看,货币数量的变动仍然主要影响价格,而不是影响产出和就业。

但是,人们今天会不会接受这一在理论上站得住脚的观点并用以解释现实,还会有激烈的争论。而争论的焦点在于,长期的菲利普斯曲线究竟是不是垂直的。这场辩论的实质在于:需求的变动对于价格水平变动究竟有没有更加深远的长期影响。

理查德·L.哈灵顿(安佳译)

参见:

Classical Economics;Neutrality of Money;Phillips Curve;Quantity Theory of Money;Real Balance Effect;Say's Law.

参考文献:

Cantillon, R. (1755), *Essai sur la Nature du Commerce en Général*, reprinted in H. Higgs (trans. & ed.) (1931), *Essay on the Nature of Trade*, London: Macmillan.

Cassel, G. (1925), *Fundamental Thoughts in Economics*, London: Fisher Unwin.

Fisher, I. (1911), *The Purchasing Power of Money*, New York: Macmillan.

Hume, D. (1752), *Essays, Moral. Political and Literary*, Edinburgh. Hume's essays have been reprinted many times, for example in E. Rotwein (ed.) (1955), *David Hume: Writings on Economics*, London: Nelson.

Marshall, A. (1887), 'Evidence to the Royal Commission on the Values of Gold and

Silver', reproduced in J. M. Keynes (ed.) (1926), *Official Papers of Alfred Marshall*, London: Macmillan.

Mill, J. S. (1871), *Principles of Political Economy*, 7th edn, London; reprinted in J. M. Robson (ed.) (1965), Toronto: University of Toronto Press.

Patinkin, D. (1965), *Money, Interest and Prices*, 2nd edn, New York: Harper & Row.

Ricardo, D. (1810), *The High Price of Bullion*, London; reprinted in P. Sraffa (1951-2), *The Works of David Ricardo*, Cambridge: Cambridge University Press.

Ricardo, D. (1821), *The Principles of Political Economy and Taxation*, 3rd edn, London; reprinted in P. Sraffa (1951-2), *The Works of David Ricardo*, Cambridge: Cambridge University Press.

Thornton, H. (1802), *An Inquiry into the Nature and Effect of the Paper Credit of Great Britain*, London; reprinted with introduction by E Von Hayek (1939), London: George Allen & Unwin.

Walras, L. (1926), *Eléments d'Economie Politique Pure*, definitive edn; trans. W. Jaffé(1954), *Elements of Pure Economics*, Homewood IL: R. Irwin.

Wicksell, W. (1898), *Geldzins und Gütepreise*, trans. R. F. Kahn (1936), *Interest and Prices*, London: MacMillan & Co.

68. 古典经济学 Classical Economics

像其他许多古典文献一样,古典经济学体系中的宏观经济分析主要基于大卫·休谟(1752)和亚当·斯密(1776)的著作,尽管休谟的理论可能参考了理查德·坎蒂隆的《商业性质概论》(1730)一书(虽然广泛传播,但直到1755年才得以出版)。

休谟理论的基石是金本位制下的自动调节机制理论,即后来众所周知的价格-硬币流动机制。就国际收支平衡来说,如果一国货币供给导致价格水平过高(休谟十分清楚价格水平的作用),基于贵金属的国际收支赤字就会使货币供给减少,因此价格水平就会下降并直至国际收支赤字消除。相反,如果货币供应量过少,就会使价格水平过低,从而导致国际收支盈余及货币供应量的增加。

斯密在《国富论》中没有明确提出这种机制,这就使均衡机制问题变得模糊。

斯密也提出过，以纸币形式存在的金属代币供给，将与国际收支平衡保持一致，如果纸币票据的发行限于贴现商品和服务贸易中的票据，则票据的发行只能与"贸易的需要"一致。这就是后来广为人知的真实票据学说。

因此，休谟与斯密的观点存在根本分歧。休谟认为价格水平取决于货币供给，斯密认为价格水平随黄金价格而固定——从长期看，这种观点是正确的，但对短期内必须面对的货币控制问题没有太大作用。在斯密看来，货币的供给取决于（外部的）价格水平和交易水平。

这些理论原理在古典货币理论的三个特定时期得到了发展：关于金本位的论战、通货学派与银行学派的争论以及银行特许法的争论。

1797年，由于战争，英格兰银行暂停纸币与金币的兑换。由此，关于不可兑现纸币的理论得到了发展。纸币暂停兑换贵金属直到1819年才结束，在此期间，基本上出现了三种相互关联的理论观点。第一种观点运用的是休谟分析方法的逻辑，却忽略了时间的滞后或正在变化的环境，其中最具代表性（虽然并非他原创）的人物是李嘉图。该派的观点可以用李嘉图对超额的定义来概括；如果黄金价格（按照纸币的价格）超出了官方铸币平价，且汇率下降，那么按照定义就意味着，无论有多少外部因素（例如农业歉收使汇率下跌，或者需要黄金支付国外军事经费），英格兰银行都发行了过多的纸币票据，从而使货币供给膨胀。

与严格的金银通货主义者相对立的是反金银通货主义，反金银通货主义者师法亚当·斯密的理论。他们认为，只要银行坚持只贴现真实票据（当然这在现实中很难实行），只要银行了解价格水平与货币供给有相互关联的逻辑关系，银行就不可能过多地发行纸币。汇率下降这种情况只能是外部冲击的结果，与货币政策无关。

然而，对该争论作出最为缜密而最有深度贡献的是温和金银通货主义，其中最重要的人物是亨利·桑顿。金银通货论者认同汇率和硬币价格作为超额货币供给的长期检验标准的重要性，但是他们又提出，在短期内，其他因素也很重要，所以，无论什么时候出现这些征候，都必须避免紧缩货币供给。的确，不适当的紧缩可能引发金融危机。该派成员之一的威廉·布莱克把观察到（"计算出"）的汇率分成两类：真实汇率与名义汇率。从长期看，真实汇率可以进行自我纠正；实际汇率下降会增加出口并减少进口。名义汇率则可以反映纸币的贬值，不能自我纠正。因此，长期内的汇率下降反映的是货币发行过量。

就更为严格的金银通货论者而论，温和通货论者明确认为货币供给是因，价格水平是果。桑顿对真实票据说提出了切实的批评,他认为,真实票据说没有对边际利润率和银行贷款率进行区分。如果后者低于前者,将会产生对真实票据贴现形式贷款的大量需求,货币供给也将因此增长,并因此推动价格水平上涨,从而维持利润率水平。他还指出,由于真实(即紧缩的)利率低于通货膨胀条件下的银行名义贷款利率,所以会产生利润。即使把新的纸币供给限制在真实票据贴现范围内,也不可能防止货币供给的超额增长。

由于1819年恢复了货币的可兑换性,因此人们一般认为货币的稳定性将重新得到加强。但这种想法不符合当时的事实;可兑换性并没有自我保护功能。19世纪20年代中期又产生了一种新观点,即金属货币波动说(metallic fluctuation)。这种观点基本上是一批学者同时提出的,基本观点则从李嘉图关于过剩的定义中推论而成。这一观点认为,铸币与纸币的混合使用与金属货币使用条件下的情况完全相同,都会引发货币量的波动。因此,黄金的流出,以及随之发生的国际收支赤字,将导致银行纸币存量的等量减少。这一结果必然会因为要纠正国际收支而降低价格水平;从而减缓黄金外流,黄金储备也不会耗尽,这一观点来源于休谟的理论。

虽然英格兰银行董事乔治·沃德·诺曼支持上述观点,但这一思想并没有立即引起支持相机抉择而非规则限制的银行的兴趣。相反,银行采取了一种名为"帕默规则"(以银行总裁赫斯里·帕默的名字命名)的资产负债方法。该方法允许黄金外流,并将资产负债表上资产一栏中的黄金外流改成纸币与存款的组合负债。由于存款有可能被提取而换成黄金,可能不会减少纸币的发行,因此可以让银行选择纸币紧缩的程度。如果像银行学派的批评者相信的那样,纸币是高能货币基础的主要组成部分,那么这就是一个严重的错误。另外,由于银行可以相当自由地行使自己的决断权,所以银行可以在方便的时候忽略帕默规则。

这导致19世纪30年代在对通货原理和银行原则进行区分的基础上,出现了对银行行为的批评。通货原理遵循的是金属货币波动原则,是反周期的。塞缪尔·琼斯·劳埃德,即后来的奥弗斯通爵士,提出了通过控制货币以扩大或缩小贸易循环的内生贸易循环的想法。在扩大上升阶段,国际收支可能出现赤字,从而黄金外流。如果紧缩货币供给,根据金属货币波动原理,经济上升趋势将转为下降。相反,如果允许黄金流入从而增加货币供给,将削弱下降的严重程度。这就是通货原理。银行原理则被动地根据贸易的需要,扩大或紧缩货币供给;并且,只有当价格和收入上升时,增加货币供给才会扩大循环的幅度。

所有学派的普遍看法是,货币供给取决于英格兰银行纸币的供给。对此,汤姆斯·卓普林说,这显然是一个错误;英格兰银行并不能真正控制各郡银行发行纸币,各郡银行发行的纸币才是交易中的关键纸币,才是循环的决定因素。

通货学派的观点在《1844年银行特许法》中得到了体现,尽管这一法案遭到了包括托马斯·图克和约翰·富拉顿在内的银行学派的强烈反对。图克特别指出了从价格水平到货币供给的因果途径。价格水平本身则由黄金价格决定。尽管从长期均衡来看,这一观点无可怀疑,但它没有为货币控制政策提供任何帮助。图克试图根据总需求与总供给来解释价格水平,从而补上这一缺口;但结果是,总需求变化与总供给变化相同——货币总收入——所以无法确定均衡价格水平。然而银行学派否定了国际收支与货币供给之间的联系,他们坚持认为,外流的黄金来自于"储藏"。真实票据学说随着回流理论(doctrine of reflux)的兴起又重新开始流行,按照回流理论,任何超出贸易需求的纸币发行会为了避免利息成本而重新回到发行者手中。由于贸易的需求部分由价格水平决定,所以银行学派的观点存在漏洞。

随着《1844年银行特许法》的实施,规则替代了相机决择,货币的基础就是控制工具,银行可以在它认为合适的时候自由使用贴现率(银行利率)。不幸的是,该法案没能用来保护银行的储备,甚至也没有承认银行作为最后贷款人的角色。由于法案禁止银行印发超过黄金支持的纸币,所以,如果银行储备太少,银行就无法执行最后贷款人的职能,而银行实际上也确实无法履行这一职能,所以1847年和1857年爆发了流动性危机。在这两次危机中,政府不得不暂停法案的实施,在这种情况下,通货学派极不情愿地承认了银行作为最后贷款人的角色,虽然从逻辑上讲,这与1844年法案不相符,而且还引发了道德风险的问题:如果市场确信危机中将有超额纸币出现,市场就可能不注意自己的流动性问题,因此法案的反周期性就会受到削弱。法案也确实规定每周都要公布银行储备头寸,以鼓励金融部门在受到货币紧缩威胁时提高储备量。

遗憾的是,正如沃尔特·白芝浩在(由他编辑的)《经济学家》杂志和其经典著作《伦巴第街》(1873)中所指出的,除了银行本身的营业部门之外,储备不可能在其他地方存在。因此,银行不得不充当最后贷款人,而且从1857年开始,银行已经有条不紊地利用银行利率来保卫储备。由货币体系自身导致的最后一次危机发生于1857年(1866年还有一次,但那次是因为伦敦金融界的特殊状况),货币体系及其依赖的相关理论都因为当时的实践及与数据的冲突而作了修改,这种情况一直持续到1914年。

最后的结果是形成了一个意义深远的理论体系。当阿尔弗雷德·马歇尔在19世纪70年代边际革命之后重新构建经济学时,古典经济学的宏观经济理论被悄然纳入到新的理论体系之中。

丹尼斯·P. 奥布赖恩(安佳译)

参见:

Hume, David.

参考文献:

Bagehot W. (1873), *Lombard Street*; reprinted (1996), Düsseldorf: Verlagsgruppe. Handelsblatt.

Cantillon, R. (1755), *Essai sur la Nature du Commerce en Général*, ed. and trans. H. Higgs; reprinted (1964) New York: A. M. Kelley.

Clapham, J. H. (1944), *The Bank of England*, Cambridge: Cambridge University Press.

Hume, D. (1752), 'Of Money' and 'Of the Balance of Trade', reprinted in E. Rotwein (ed.) (1955), *David Hume. Writings on Economics*, Edinburgh: Nelson.

Humphrey, T. M. (1993), *Money, Banking and Inflation*, Aldershot, UK and Brookfield, US: Edward Elgar.

O'Brien, D. P. (1975), *The Classical Economists*, Oxford: Clarendon.

O'Brien, D. P. (1993), *Thomas Joplin and Classical Macroeconomics*, Aldershot, UK and Brookfield, US: Edward Elgar.

O'Brien, D. P. (1995), 'Long-run Equilibrium and Cyclical Disturbances: the Currency and Banking Controversy over Monetary Control', in M. Blaug. W. Eltis, D. P. O'Brien, D. Patinkin, R. Skidelsky and G. Wood, *The Quantity Theory of Money*, Aldershot, UK and Brookfield, US: Edward Elgar.

Smith, A. (1776), *An Inquiry into the Nature and Causes of the Wealth of Nations*, reprinted in R. H. Campbell, A. S. Skinner and W. B. Todd (eds) (1981), Indianapolis: Liberty Press.

Viner, J. (1937), *Studies in the Theory of International Trade*, London: Allen & Unwin.

69. 古典经济模型 Classical Model

指特定的前凯恩斯主义模型,出现于18世纪中期到20世纪30年代,是古典经济学家用来阐述自己观点的一般性方法。设工资和价格随市场行情调整,则产出水平由充分就业劳动力决定。萨伊定律排除了总需求不足的可能性,并保证了充分就业产出的市场。与货币数量论相一致,最终产出的平均价格本身只能由货币供给决定。在古典经济模型中,货币政策在长期中对任何真实变量都没有影响。

参见:

Classical Dichotomy; Keynesian Economics; Neutrality of Money; Quantity Theory of Money; Say's Law.

70. 清洁浮动 Clean Float

清洁浮动指中央货币当局对外汇市场不加任何干预,汇率完全由市场供求力量决定的汇率制度。

参见:

Dirty Float; Flexible Exchange Rate System.

71. 罗伯特·W. 克洛尔 Clower, Robert W.

罗伯特·W. 克洛尔 1926 年生于美国华盛顿州普尔曼,1948 年从华盛顿州立大学获得学士学位,1949 年获得硕士学位,后又从牛津大学获得文学学士(1952)和文学博士(1978)学位。他的主要学术职位包括:华盛顿州立大学助教(1952—1956)、西北大学副教授(1957—1962)和经济学教授(1963—1971);1972—1986 年,任加州大学洛杉矶分校经济学教授。自 1986 年起他一直担任南加州大学休·C. 莱恩经济理论讲座教授。1973 年到 1979 年间,他担任《经济研究》常务编辑,1980—1985 年,任《美国经济评论》常务编辑。罗伯特·克洛尔以研究货币理论和宏观经济学,特别是对凯恩斯学派宏观经济学的非均衡分析方法的开创性研究而闻名。他的名著包括:《货币理论:罗伯特·W. 克洛尔论文选》(企鹅出版社,1969),《货币与市场:罗伯特·克洛尔论文选》(D. A. 沃克编,剑桥大学出版社,1984),《经济学说和方法:罗伯特·W. 克洛尔论文选》(爱德华埃尔加出版公司,1995)。他影响广泛的论文有:《凯恩斯学派的反革命:一个理论估价》(载 F. H. 哈恩和 F. P. R. 布雷克林编《利率理论》，麦克米伦出版公司，1965）；《货币理论宏观基础再思考》（载《西部经济杂志》，6，1967 年 12 月）；以及《经济行为的协调：一个凯恩斯学派的视点》（与 A. 莱琼霍夫德合撰，载《美国经济评论》，65，1975 年 5 月）。

参见：

Dual Decision Hypothesis; Keynesian Economics: Reappraisals of.

72. 艾伦·科丁顿 Coddington, Alan(1941—1982)

艾伦·科丁顿 1941 年生于英国的唐克斯特，1963 年在利兹大学获得理学士学位，1966 年在约克大学获得哲学博士学位。他的主要学术职位包括：曼彻斯特大学经济学助理讲师（1966—1967）、经济学讲师（1967—1975）；伦敦大学玛丽女王学院经济学资深讲师（1975—1977）、高级讲师（1977—1979）和经济学教授（1980—1982）。他以研究凯恩斯学派宏观经济学的方法论和分析基础而知名。他的名著有：《交易过程理论》（乔治艾伦和昂温出版公司，1968）；《凯恩斯学派经济学：基本原理探寻》（乔治艾伦和昂温出版公司，1968）。他影响广泛的论文有：《凯恩斯学派经济学：基本原理探寻》（载《经济学文献杂志》，14，1976 年 12 月）；以及《缺乏远见：凯恩斯学派经济学中的一个棘手主题》（载《美国经济评论》，72，1982 年 6 月）。

参见：

Hydraulic Keynesianism.

73. 激进疗法 Cold Turkey

这是一种快速而永久地降低货币增长率，旨在降低通胀率的手段。

参见：

Gradualism; Gradualism versus Cold Turkey; Inflation: Costs of Reducing; Sacrifice Ratio.

74. 比较优势 Comparative Advantage

国际贸易模式（指一国进口和出口何种商品和服务）的决定因素是经济学家最

早研究的问题之一,直到今天,仍然受到经济学家的重视。比较优势理论就是这种研究的成果。如果我们在一般均衡语境下审视贸易模式,只有在出清的世界市场出现相对价格差时,才可能出现贸易模式。进而,每个国家会按此价格出口其过度供给的商品,进口其过度需求的商品。而这些过度的需求与供给取决于三个重要的国家特征:该国居民对各种商品和服务的偏好;该国自然资源禀赋;以及生产者所掌握的技术。世界贸易的均衡反映了这些特征在国家间的相互作用。因此,对贸易模式的解释,对比较优势渊源的解释,就在于国家间偏好、资源禀赋与技术的差异。

不幸的是,在一般均衡语境下,要探查这些特征通过哪种具体的渠道决定了贸易模式,实际上非常困难。因此,传统上,贸易经济学家一般依靠相对简单的模型,他们希望借此抓住问题的基本特征,阐明重要原理。因此,早期有关比较优势的分析使用的是一种相对简单的模型,即只有两个国家,两种商品,而且生产中的规模报酬不变,生产要素在一国之内可以充分流动,但在国家间不能流动。李嘉图对比较优势原理的初始论证(Ricardo,1817)主要集中在作为贸易源泉的生产力要素差异,李嘉图指出,不同地区间生产力的相对差异,而不是绝对差异,决定了贸易模式(以及贸易的潜在收益)。这些结果可以简单地加以证明。设两种商品(1 和 2)由单一投入要素(劳动力)生产,在本国(世界其他地方)生产一单位产出 $j(j=1,2)$ 需要 $a_j(a_j^*)$ 单位劳动。那么,竞争会保证在封闭经济条件下,用商品 1 衡量的商品 2 的相对价格,在国内和世界其他地方分别为 a_2/a_1 和 a_2^*/a_1^*。每一相对价格代表着用放弃的商品 1 的单位数量(因为每个工人只能分别生产 $1/a_1$ 或 $1/a_1^*$ 单位的商品 1)的单位数量来衡量的生产每单位商品 2(分别需要 a_2 或 a_2^* 单位的劳动)的机会成本。如果在自给自足的均衡条件下,本国商品 2 的机会成本低于世界其他地区,即 $a_2/a_1 < a_2^*/a_1^*$,那么本国就在商品 2 的生产上具有比较优势。从而也可知道,世界其他地区在商品 1 上有比较优势。除了本国在商品 1 上具有显著的生产力优势(绝对优势),而世界其他地区在商品 2 上具有绝对优势之外,这一模型与生产力差异模型相同。在封闭条件下,本国在商品 2 上的比较优势将转化成商品 2 的相对较低价格,因此一旦有可能进行贸易,本国将出口商品 2。在这一模型中,由于假设只有一种投入要素,且生产中规模收益不变,所以作为贸易模式潜在决定因素的资源禀赋差异被排除了。与之相似,偏好差异也仅有有限的影响,由于固定机会成本使生产可能性边界成一直线,偏好差异的影响也很有限,所以只能由技术决定封闭条件下的相对价格(除非封闭条件下也存在专业化分工)。

李嘉图的结论被多恩布什等人(Dornbusch et al., 1977)扩展到多种商品的世界(有些是非贸易的)。我们可以对本国商品的比较优势按照递减形式排序(也就是说,如果 $a_j/a_j^* < a_k/a_k^*$,本国在商品 j 上比商品 k 上具有更大的比较优势),而在贸易均衡条件下,本国将出口那些具有最大比较优势的商品。偏好与相对国家规模决定了均衡贸易边际,但是,如果本国出口(进口)商品 k,它也将出口(进口)那些与商品 k 相比具有更大比较优势的商品。

但在将这一理论作为贸易模式的基本解释之前,人们很自然会对劳动生产力在国际间存有差别产生质疑。一种解释是技术不同,另一种解释是其他所需要的投入的可获得性不同。赫克歇尔(Heckscher, 1919)和俄林(Ohlin, 1933)则探讨了作为比较优势源泉的资源禀赋的差异,并将其发展成赫克歇尔-俄林模型。此模型假设,两国技术水平相同,但商品所需技术不同,生产中需要两种投入(比如劳动和土地)。由于这种假设使生产可能性边界线弯折,因此机会成本不再恒定,封闭条件下的相对价格则取决于偏好。如果我们假设,商品1的生产是劳动密集型(在任一要素价格比下,商品1的成本最小化生产中使用了比商品2的生产中更多的劳动/土地比),而且,本国是劳动相对丰裕的国家(本国每单位土地中使用的劳动多于世界其他国家每单位土地使用的劳动),那么,我们就可以得到赫克歇尔-俄林定理:在贸易均衡条件下,劳动相对丰裕的国家会出口(进口)劳动(土地)密集型商品。由于假设各国偏好相同(因此而从贸易模式的决定性因素中去除偏好因素),所以在任一生产价格比下,相对劳动丰裕国家的均衡生产将会带来相对劳动密集产品的更多产出(罗伯津斯基定理)。相对劳动丰裕的国家在封闭条件下将生产出价格相对较低的劳动密集型商品。由于相对产品价格反映的是相对机会成本,因此,劳动相对丰裕的国家将在劳动密集型商品上具有比较优势。所以相关要素禀赋差异也是比较优势的源泉。

随后的研究是扩展这些模型(Jones and Neary, 1984)并对其预言进行测试(Deardorff, 1984)。事实上,从实证上很难对这些模型进行区分。理论分析认为,贸易流动和劳动生产力差异甚至在要素禀赋模型中也是正相关(Falvey, 1981)。如果是产出增长型技术差异,则赫克歇尔-俄林模型中技术差异的考虑将产生李嘉图比较优势预言,如果是要素增长型技术差异,则有赫克歇尔-俄林模型的预言。正如开头所指出的,一旦我们逐渐将多种商品和多种要素加入模型之中,就很难得出明确的结论。而原理中推导出的诸如"要素密集度"一类的概念也很难看出与数据有什么联系。有一个问题是,在存在多种商品的条件下,自给自足条件下的相对价格差异,以及由此而反映的贸易模式基本决定因素的差异,不能再作为以单个商品为基础的贸易模式的可靠预示。但是,我们仍然可以建立起自给自足条件下的价格差和贸易流动的正相关性。这样,我们就可以用自给自足条件下的价格差来确定贸易流动的"平均水平"。

上述讨论主要与产业间贸易——不同产业生产的商品的国际交换——有关,在这里,我们可以合理假设,不同的商品是用不同的技术或不同的要素投入组合生产出来的。然而,许多国际贸易,尤其是发达国家之间的国际贸易,是产业内贸易——即同一产业产品的交换。在过去的三十年中,人们投入巨大的努力对这一现象进行解释。在人们使用上面讨论的贸易模式进行解释时,更流行的方法则是使用具有规模经济重要性的单一技术来建立生产差异产品的产业模型。因此,企业专门生产单一产品,并通过贸易交换这类商品,但这样就没有了比较优势,也无法预料产业内的贸易模式。

最后,这些讨论重在将比较优势原则应用于国际贸易模式,在国际贸易中比较优势得到了最高效的利用,而原则本身则在个人之间、公司之间与国家间的劳动分工方面有更为广泛的运用。

罗德·法尔维(安佳译)

参见:

Heckscher-Ohlin Approach to International Trade.

参考文献:

Deardorff, A. V. (1984), 'Testing Trade Theories and Predicting Trade Flows', in R. W. Jones and P. B. Kenen (eds), *Handbook of International Economics*, vol. 1. Amsterdam: North-Holland.

Dornbusch, R., S. Fischer and P. A. Samuelson (1977), 'Comparative Advantage, Trade, and Payments in a Ricardian Model with a Continuum of Goods', *American Economic Review*, 67, December, pp. 823–39.

Falvey, R. E. (1981), 'Comparative Advantage in a Multi-Factor World', *International Economic Review*, 22, May, pp. 401–13.

Heckscher, E. (1919), 'The Effects of Foreign Trade on the Distribution of Income', in H. S. Ellis and L. A. Metzler (eds), *Readings in the Theory of International Trade*, Philadelphia: Blackston, 1949.

Jones, R. W. and J. P. Neary (1984), 'The Positive Theory of International Trade', in R. W. Jones and P. B. Kenen (eds) *Handbook of International Economics*, vol. 1, Amsterdam：North-Holland.

Ohlin，B.（1933），*Inter-Regional and International Trade*，Cambridge：Cambridge University Press.

Ricardo，D.（1951），*The Works and Correspondence of David Ricardo*，ed. P. Sraffa，Cambridge：Cambridge University Press.

75．消费函数 Consumption Function

消费函数即总消费与收入间的关系。由于消费是总支出的最大组成部分，所以消费与收入的函数关系是凯恩斯在《通论》中所讨论的收入决定理论的核心。凯恩斯认为，消费随收入的增长而增长，但消费的增长比不上收入增长，这一观点后来成为著名的绝对收入假说。凯恩斯指出：消费是收入的稳定函数；由于边际消费倾向（MPC）是正数，但小于1；边际消费倾向（APC）小于平均消费倾向，所以平均消费倾向随收入的增长而下降。早期关于消费-收入关系的实证研究（即人口截面的预算研究和短期总体时间序列研究）支持凯恩斯的理论，但1946年出版的由西蒙·库兹涅茨撰写的实证性文章揭示，实际上自1869年起，平均消费倾向并没有出现很大的变化。库兹涅茨的发现反驳了凯恩斯的观点。库兹涅茨指出，从长远看，消费-收入关系最好用一条从原点出发斜率约为0.9的曲线（也就是说，MPC＝APC）来表示。后来的努力主要想把各种研究中相互矛盾的东西整合为一个统一的理论，这种努力包括相对收入假说、永久收入假说和生命周期假说。

参见：

Absolute Income Hypothesis；Average Propensity to Consume；Keynes's General Theory；Keynesian Cross；Kuznets，Simon S. ；Life Cycle Hypothesis；Marginal Propensity to Consume；Permanent Income Hypothesis；Relative Income Hypothesis.

76．紧缩阶段 Contractionary Phase

紧缩阶段即经济周期在高峰点或上行拐点与最低拐点之间的持续阶段。

参见：

Business Cycle；Peak；Trough.

77. 趋同 Convergence

随着时间的发展，不同国家人均收入趋向趋同。新古典增长模型的主要预期是，在储蓄率和人口增长速度以及技术相同的条件下，经济绝对或无条件地趋同。这样的结果只可能在具有相似特征的一组国家或地区发现。对于具有不同储蓄率和人口增长速度的国家，新古典增长模型认为经济将有条件地趋同。

参见：

Barro, Robert J.; Catching Up and Convergence; Neoclassical Growth Model.

78. 协调失灵 Coordination Failures

萧条时期的经济活动很难协调。虽然愿意用自己的劳动与少于自己的边际产出价值进行交换的熟练劳动在不断增加，但企业仍然宁愿让厂房和设备闲置。储蓄者继续像从前一样为更多的未来消费做准备，而生产更多消费品所需要的新投资的生产却在减少。虽然不断增长的贫困加剧了消费消费品的需求，但未售出的消费品仍然堆积如山。在其他人忍受饥饿的时候，农民却被迫卖掉了土地。

因此，许多经济学家把萧条看成是协调失灵的状态；在这种状态下，市场力量不能通过相互连接的市场，协调数以百万计、每天相互影响的交易者。斯密所谓"看不见的手"，或马默里及霍布森(蔑)称的"商业的自动调节机制"，无法引导人们达到市场出清的状态。相反，人们在某种程度上被错误地导向相反的目的，因此无法共同获得取自贸易的收益。正如凯恩斯所说，体系不再"自我调整"。

要理解一种机制如何失灵，第一步是理解它是如何运行的。虽然当代经济理论对市场力量如何运行的解释相当含糊，但初学者都知道市场力量主要通过价格调整而实现。按照大学教科书的说法，由于需求过多时价格上升，供给过多时价格下降，所以自由市场会很快达到协调状态(市场出清)。因此，对协调失灵的分析主要将重点放在为什么在价格调整过程中会出现问题。

从桑顿到马歇尔的古典经济学传统是批评持续的失业对价格调整，尤其是对劳动力价格调整的阻碍。这也是凯恩斯学派主流经济学的观点，从莫迪利亚尼到费希尔,对协调失灵的解释都是基于黏性工资假设。但是凯恩斯本人则相信,协调失灵有更深层次的原因,即古典理论中所描述的作为矫正性因素的工资和价格的调整,实际上正发生动摇。如果我们继续推论的话,这种情况会使经济更加萧条,由于工资和价格的普遍下降会产生"债务-通货紧缩"(引用的是费雪[Fisher]的术语,凯恩斯没有用过),因此会动摇未来价格下降的预期,并对分配效应产生影响。

帕廷金(Patinkin,1948)对凯恩斯的协调失灵进行了详细阐述,他指出,工资和价格调整过程是一个动态过程,并指出了(在充分就业条件下)无法达于均衡的原因。克洛尔(Clower,1965)指出了非均衡的另一种可能原因,即交易者不仅对古典理论的价格信号作出反应,而且在供需不平衡、贸易受到阻挠时,也会对接受到的数量信号作出反应。因此,一个市场上的供给过剩会导致沮丧的卖方在另一个市场的收缩,从而使供给过剩蔓延开来。正如莱琼霍夫德(Leijonhufvud,1968)所阐述的,由该过程导致的有效需求的累积下降,将趋向于扩大与充分就业均衡的偏差,而不是缩小这一偏差。

这些学者关于非均衡价格调整的协调失灵的分析,得到了斯卡夫(Scarf,1960)的实证支持,即在瓦尔拉斯一般均衡条件下,价格调整不会总是趋向于一般均衡点;事实上,一个市场中的调整可能不断受到其他相关市场中独立调整的阻碍。然而,非均衡动态分析在20世纪70年代已经过时,主要原因是,非均衡动态的支持者没有对在预期相互矛盾及市场不出清时产生的诸多逻辑问题,或是对实际生活中处理这些逻辑问题的机构(如公司、商店、货币、市场等等),提供一个概念前后一致的描述。最后对此作出批判的是卢卡斯(Lucas,1972),卢卡斯指出,在明确规定了不完全信息的理性预期框架内,即在一个不存在非均衡理论棘手问题的框架内,至少可以为短期协调问题提供前后连贯的描述。

协调失灵理论被忽视了十年之后,又于20世纪80年代重新出现,当时很多学者找到了建模的方法,即使用当代宏观经济理论中已经认可的理性预期均衡的方法来建模。从那以后,由于与动态非均衡无关,所以"协调失灵"这一术语就具有不同的含义。尤其是库珀和约翰(Cooper and John,1998)以及后来库珀在1999年又阐述过,协调失灵现在指的是多重均衡的存在,帕累托等级就是博弈中以策略互补形式存在的一种多重均衡。

举例来说,假如在搜寻与匹配的过程中,存在一种通过"微弱的市场外部性"起作用的策略互补性(参见Diamond,1982;Howitt,1985),当市场这部分的人们在匹配过程中投入了更多的努力时,市场那部分的人们就会认为有必要去做相同的事情。因为对他们而言,这样做会使交易成本低一些。接下来,企业难以找到消费者的一般性预期就有可能自我实现。这种情况将使企业减少劳动的雇佣,企业减少劳动的雇佣,又会使空缺职位减少,失业工人更难找到工作。最后,失业增加,失业增加引起的收入下降又使得人们普遍减少了购买商品的意愿。这样经过最初预期的实现形成了一个怪圈,企业会最终发现更难找到消费者了。

另一方面,同样的逻辑链常被用来表明,容易找到消费者的预期也会自我实现。因此,这是一个多重均衡,一部分人带有乐观预期,即认为高收入及低失业,而另一部分人则有悲观期望,即认为有低收入和高失业。可以把低收入和高失业理解为萧条。多重均衡的存在是因为多重均衡是非瓦尔拉斯均衡,在非瓦尔拉斯均衡中,人们不仅通过价格手段,而且也通过诸如寻找消费者的难度、或者在劳动市场上找到空缺职位的难度这样的非价格变量来相互影响。在低水平均衡中,企业试图降低价格是一种无意义的举动,因为他们的问题不在于他们过高地制定了商品价格,而在于销售产品的成本太高,同样,用较低的工资水平为工人提供工作岗位也没有意义,因为问题不在于工人要价太高,而在于工人无法找到一个可以给他们带来机遇的潜在雇主。

从某种意义上说,这种低水平均衡暗含着"协调失灵"的问题,如果大家能聚在一起,用协调方式提出自己的预期,他们就可能达到人人都会有好结果的高水平均衡。但因为他们相信,并没有这样一种可以带来协调变化的机制存在,所以他们仍然很消沉。因此,依据这种分析方法,价格调整过程不能起到协调作用是因为它无法从根本上解决问题,即无法解决与非价格变量相关的悲观预期的问题。

如果想要更深入地了解这种消沉,我们必须知道,作为多重非瓦尔拉斯均衡的当代协调失灵的概念表明,需要超出工资和价格调整范围进行调整。但是,这里还有两个很重要的与这一概念相关的问题。第一个就是上文已经阐述过的,虽然多重均衡模型确实阐明了一种协调失灵,但是回避了对协调过程进行分析的任务。根据定义,理性预期均衡是一种高度协调的事态,在该状态下,每一个交易者在某种程度上都会在给定信息范围内,尽力预期他人的行为。为了对这种均衡进行专门研究,当代关于协调失灵的研究假设,通过某些不确定的机制,可以无成本的进行协调。但这回避了人们如何达到如此精确的协调的问题,也似乎不能在更为简单的问题上,即他们协调的均衡就是一个好的均衡这一问题上达成一致。

第二个问题是,任何一个不具有我们所描述机制的多重均衡模型(如果有的话),其经济的均衡都缺乏实证性内容。事实上,这个问题并不像它咋看上去那样简单,因为这个模型不仅没有高水平均衡和低水平均衡,同时也不存在其他均衡,而按照我们对某些外部随机变量的认识,人们只能按相关方式在高水平均衡和低水平均衡间的其他均衡点中随机游走。由于第二个问题的存在,我们就无法预测哪怕是定性地预测应用于模型的标准比较静态分析方法将如何对经济外生变量或者影响经济的政策工具的变动作出反应,其原因是,系统可能通过从一种均衡转向另一种均衡的方式进行反应。

简言之,如果没有以往文献中所提出的非均衡动态分析,协调失灵的理性预期均衡理论就不完整。因为我们只有通过研究失衡会发生什么事情,才能明白将会实现哪种均衡。而如果实现了均衡,又是通过什么途径,其间又有多少时延?豪伊特和麦卡菲(Howitt and McAfee,1992)提出,人们如何才能在一个高度程式化的范例中添加这种分析,用这种方式,贝叶斯学习曲线就会引导人们以外生随机变量即人们所谓的"动物本能"为基础,在高水平均衡和低水平均衡之间摆动。

最后,上文所提到的理论中都没有对在实际经济中起到协调市场作用的经济行为人进行分析和认定。如果往前至少追溯到 J. B. 萨伊的传统的话,他把经济行为人认定为商业企业——零售商、批发商、代理人、经纪人等等。这些"专业商人"就是与斯密看不见的手相对的看得见的手。豪伊特和克洛尔(Howitt and Clower, 2000)指出了相关的专业商人是怎么从竞争中进化出来的。按照他们的分析,没有人对总体经济有了解,而专业商人在对个别市场提供服务从而追逐利润的过程中采用的适应性调整,常常会结合到一起引导整体经济走向充分协调的状态。当前关于自组织网的动态研究可能会就协调在分散的自由市场经济中如何进行以及为什么会偶尔失败提供更多的线索。

彼得·豪伊特(安佳译)

参见:

Clower, Robert W.; Leijonhufvud, Axel; Lucas, Robert E. Jr; Patinkin, Don; Rational Expectations.

参考文献:

Clower, R. (1965), 'The Keynesian Counter-revolution: A Theoretical Appraisal' in F. Hahn and F. Brechling (eds), *The Theory of Interest Rates*, London: Macmillan.

Cooper, R. (1999), *Coordination Games: Complementarities and Macroeconomics*,

New York: Cambridge University Press.

Cooper, R. and A. John (1988), 'Coordinating Coordination Failures in Keynesian Models', *Quarterly Journal of Economics*, 103, August, pp. 441–63.

Diamond, P. (1982), 'Aggregate Demand Management in Search Equilibrium', *Journal of Political Economy*, 90, October, pp. 881–94.

Howitt, P. (1985), 'Transaction Costs in the Theory of Unemployment', *American Economic Review*, 75, March, pp. 88–100.

Howitt, P. and R. Clower (2000), 'The Emergence of Economic Organization', *Journal of Economic Behaviour and Organization*, 41, January, pp. 55–84.

Howitt, P. and P. McAfee (1992), 'Animal Spirits', *American Economic Review*, 82, June, pp. 493–507.

Leijonhufvud, A. (1968), *On Keynesian Economics and the Economics of Keynes: A Study in Monetary Theory*, New York: Oxford University Press.

Lucas, R. E. Jr (1972), 'Expectations and the Neutrality of Money', *Journal of Economic Theory*, 4, April, pp. 103–24.

Patinkin, D. (1948), 'Price Flexibility and Full Employment', *American Economic Review*, 38, September, pp. 543–64.

Scarf, H. (1960), 'Some Examples of Global Instability of the Competitive Equilibrium', *International Economic Review*, 1, September, pp. 157–72.

79. 成本推动通货膨胀 Cost-push Inflation

由成本的增加而引起的通货膨胀,尽管不存在商品和服务的短缺,尽管经济仍然未能实现充分就业。

参见:

Full Employment; Inflation; Inflation: Alternative Theories of.

80. 经济顾问委员会 Council Economic Advisers

经济顾问委员会是依据《1946年就业法》成立的,目的是为美国总统提供诸如稳定性政策、经济管制及国际经济政策等问题的经济建议。该委员会由一个拥有3名经济学家的小组构成,并由近10名高级经济工作者(通常是暂离职位的大学教授)、10名初级经济工作者(通常是优秀的研究生)以及4名经济数据分析师组成的专业人员予以支持。委员会的一个主要任务就是帮助总统准备提交给国会的年度经济报告。该委员会的前主席包括阿瑟·F.伯恩斯(1953年3月19日—1956年12月1日)、阿瑟·M.奥肯(1968年2月15日—1969年1月20日)、艾伦·格林斯潘(1974年9月4日—1977年2月20日)、马丁·费尔德斯坦(1982年10月14日—1984年7月10日)以及约瑟夫·E.斯蒂格利茨(1995年6月28日—1997年2月10日)。读者需要了解有关经济顾问委员会的更多信息,可以参见马丁·费尔德斯坦的文章《经济顾问委员会和美国的经济咨询》(载《经济学杂志》,102,1992年9月)以及经济顾问委员会的官方网站($http://www.whitehouse.gov/cea/$)。

参见:

Employment Act of 1946.

81. 反周期政策 Countercyclical Policy

政府为了降低经济的周期波动以及帮助稳定经济而采用的抵消经济冲击的政府财政政策和货币政策。

参见:

Activism; Discretionary Policy; Fine Tuning; Rough Tuning.

82. 反周期变量 Countercyclical Variable

一个趋向于与经济周期的总量经济活动反向移动的变量。如,产出(实际国内生产总值)正向偏离其趋势而失业趋向于下降。

参见:

Business Cycle; Stylized Facts.

83. 考尔斯委员会 Cowles Commission

考尔斯经济学研究委员会由经济学家、实业家阿尔弗雷德·考尔斯（Alfred Cowles）于 1932 年创立。考尔斯委员会最初位于科罗拉多州立大学，随后于 1939 年迁到芝加哥大学，1955 年又迁到了它现在的所在地耶鲁大学。该委员会的"科学就是度量"的座右铭表明其宗旨是将经济学理论与数学和统计学联系起来。该委员会以其在一般均衡理论和经济计量学领域的开创性研究工作而著称。读者可以访问网站（$http://cepa.newschool.edu/het/school/cowles.htm$）了解关于考尔斯委员会的更多信息。

84. 蠕动钉住汇率 Crawling Peg

汇率调整的一种方法，即汇率的均值随着时间逐渐而小幅度地变化；亦称为滑行钉住。

参见：

Fixed Exchange Rate System.

85. 信用与声誉 Credibility and Reputation

"信用"政策理论以及与之相联系的建立"声誉"的理论，是从"理性预期假说"（REH）的文献及随后基德兰德和普雷斯科特（Kydland and Prescott, 1977）所开创的"时间不一致性"的研究中发展而来的。基德兰德和普雷斯科特假设，个体行为人会利用一个理性预期模型，来了解经济的结构以及货币政策制定者的目标，基德兰德和普雷斯科特指出，私人部门会利用这些信息来形成自己的通胀预期。他们论证说，如果政策制定者希望最大化有代表性的社会福利函数——在这个函数中，在其他条件均同的情况下，社会福利通过较低的通货膨胀和较高的产出而增加——那么，当长期（自然）产出率完全由供给因素决定时，最优货币政策就是追求零通胀。当然,这是标准的新古典理论对货币政策的描述。

以时期推移为基础,通过这一假设,私人部门经济行为人在货币政策制定者选择其政策立场之前,就(基于下一时期的预期通货膨胀)协议好了工资水平。基德兰德和普雷斯科特指出,最优政策应该随着时间而改变(即"时间不一致性")。比如,如果私人部门经济行为人认为政策制定者追求的是最优零通胀政策,他们将在保持下一时期价格稳定的基础上设定工资水平。然而,一旦将工资的讨价还价考虑在内,最优控制理论会引导政策制定者通过制造"突发式通胀"来提高社会福利,以降低实际工资水平从而增加产出。这一过程使基德兰德和普雷斯科特得出这样的结论:因为私人部门知道货币政策制定者会怎样对任何给定的经济状况作出反应,所以零通胀的预期不可能是理性预期。实际上,唯一的理性预期就是特有的正通胀率("通胀偏差")。按照这一均衡通胀率,政策制定者的最优反应就是精确确定这一通胀率,因为一个过高或过低的通胀率(以及较低或较高的产出率)都会减少社会福利。

按这种方式,时间不一致性问题引出了"囚徒困境"这样的例子。在囚徒困境中,理性的、福利最大化的政策制定者(与私人部门共享一个社会福利函数)和私人部门经济行为人产生出一个社会次优结果,即在自然产出率条件下持续的、正通胀偏差。基德兰德和普雷斯科特的结论是,由于货币政策制定的最优控制("相机抉择")方法是在时期推移的基础上最优化社会福利,所以引出了时间不一致性问题和通胀偏差,对于政策制定者而言,最好的对策是遵循一个严格的零通胀"货币规则"。私人部门会了解这一政策规则,价格稳定就能按自然产出率实现。

巴罗和戈登(Barro and Gordon,1983)向时间不一致性问题的解决方法发起了挑战。他们提出,尽管政策制定者能够转换货币规则,但潜在的社会福利函数不会发生变化。如果货币规则的宣布会成功降低通胀预期,这里的两难是,政策制定者会具有回归最优控制和增加通货膨胀(以及社会福利)的动机。但是,由于私人部门充分意识到货币政策制定者所面临的诱惑,他们会理性地忽略任何货币政策规则的宣布,并继续将其通胀预期建立在政策制定者正在使用最优控制手段的假设之上,换句话说,货币规则不仅不"可信",而且也不能为时间不一致的问题提供解决方法。

基德兰德和普雷斯科特解决方法的缺陷在于,在政策制定者采用货币规则时,私人部门不能保证政策当局不回归最优化控制,尤其在这样做符合政策制定者的利益时。在经济学文献中,对信任问题存在两种回应,这两种回应都会对货币制度的设计和真实世界的货币政策实施有很大的影响。

第一种回应通常被称为"缚住双手",也就是人们自己遵循长期最优化政策,并通过这种方式使得违约成本超过其收益。如果能够实现这一点,政策制定者可以有效地向私人部门发出改变货币政策的信号,而且也会获得私人部门的信任。军事史上遵循承诺的早期范例是罗马军队的做法,即一旦将自己的攻击部队送上陆地,就烧光他们所有的登陆船只。这种方式向抵抗者传达了这样一个明确信息,除非他们的英勇抵抗使罗马军队的最优策略由侵略转为撤退,否则罗马军队要么取得胜利要么全部战死。反过来,这一行动的目的会影响抵抗者对战役结果的预期,并鼓励他们选择逃走而不是选择战斗。

在货币政策领域,承诺所采用的形式可能是设定货币目标、汇率目标或通胀目标。乍一看,这些目标似乎仅仅是基德兰德和普雷斯科特货币规则中的一个变量,而且也会同样具有信任危机问题。然而,如果政策制定者让公众对这些目标给予了极大的关注,那么,错失这些目标可能会使政策制定者陷入危险的困境(以致目标的实现成了政策制定者福利函数的一个部分),私人部门可能会因政策制定者的承诺而相信他们的说法。汇率目标,尤其是像代表更广泛的国际合作机制的欧洲汇率机制在这方面具有特殊吸引力,因为背离汇率目标的成本不仅高昂,而且人所共见。沃尔什(Walsh,1995)建议采用合约的方式,对违背承诺的政策制定者给予合约规定的罚款(或其他方式)来强化目标。

罗戈夫(Rogoff,1985)介绍的思想更具影响力,即政府把货币政策的制定授权给政治上独立的中央银行,从而使自己遵循零通胀政策。为了使这个解决方法具有可操作性,中央银行必须——通过私人部门而让人知道——有一个福利函数,这一福利函数与社会福利函数相比,最小化通货膨胀所占比重较高,最大化产出所占比重较低。罗戈夫认为,中央银行本能的"保守主义"会对额外要求的通货膨胀产生厌恶的心理。独立的问题就是操作自主性问题,这就需要在央行对通货膨胀采取更为保守的通货态度时,不致招来更重视产出的政府的诘难。

除非中央银行有一个极端的福利函数,而且这一函数赋予最小化通货膨胀绝对权重,赋予产出零权重,否则罗戈夫的解决方法只能减轻但不能消除时间不一致性问题。一些政府货币制度的构建者们根据表面价值判断这一逻辑,并创立了通过法定的责任把价格稳定作为其首要目标的独立央行(如欧洲中央银行)。实际上,罗戈夫指出,降低通货膨胀的承诺可能会阻碍货币政策制定者对外生经济冲击作出最优反应。换句话说,时间不一致性问题的解决方法与稳定性问题是相互冲突的。罗戈夫的结论是,在进一步降低通胀偏差的边际利益与有限稳定政策的边际成本达于一致时,就达成了"保守主义"的最优度(也即赋予最小化通货膨胀的权重)。

对政策信任问题的第二种回应是,尽管随时改变政策有很明显的诱惑性,但由于政策制定者严格遵循已宣布的货币规则,从而建立起追求零通胀立场的声誉。换句话说,尽管随着时间的推移,货币政策制定者一直遵循货币规则的做法可能是次优选择,但政策制定者可以使私人部门确信,政府不会再实行最优化控制从而影响预期形成过程。这种方法是巴克斯和德利菲尔(Backus and Driffill, 1985)利用博弈论的理论框架最先提出来的。他们论证说,最初,私人部门并不知晓政策制定者的福利函数,工资是基于最佳猜测与工人商定的。随后,回应这一设定工资方式的政策则给私人部门预测政策制定者对通胀和产出的相关态度提供了一个清晰的指导。如果政策制定者选择了一个低通胀回应,那么在下一时期,私人部门会把这一回应纳入考虑并降低自己的通胀预期。如果政策制定者遵循零通胀政策,那么其反通胀声誉就会随着时间的推移而建立起来,并直到通胀偏差消除为止。

巴克斯和德利菲尔研究了这一政策的动态"博弈"机制,这一机制由于政策制定者了解了声誉的建立过程而变得复杂化,因此在某些情况下,政策制定者会为了建立声誉而假装厌恶通胀,然后就会利用这种声誉来回归最优控制。但一般而言,与一般常识和真实世界的经验相一致,政策制定者对任何具体的经济环境都会作出反应的基本假设,会影响到其随后公布的政策的可信度(即政策公布被整合进私人部门通胀预期的程度)。"狼来了"的寓言告诉我们,这种行为会最终迅速地毁掉一个人的声誉,而央行行长和财政部长们也确实花了很大力气,构建自主稳定价格和强硬公共财政的公众保护人形象。

尽管政策信用理论——以及由此产生的与之相关的声誉理论——大大影响了政策制定周期,但经济学家们仍然质疑其理论意义和现实意义。比如说,古德哈特和黄(Goodhart and Huang, 1998)就质疑,在货币政策的滞后(政策制定者的行动和随后对通货膨胀的影响之间的滞后)超过了工资合同期限的情况下,信用的重要性。在这种情况下,不可能存在突发的通货膨胀,因为私人部门一旦得知政策制定者所采取的行动,就会重新议定工资合同——远在这一通胀影响被感知到之前。更普遍的情况是,如果放松新古典模型任何关键性的假设,时间不一致性和信用就不能再作为一个有意义的概念而存在。例如,如果双方以上一期的历史通货膨胀数据而不是以下一时期的预期通胀为基础进行工资协议谈判,那么,政策制定者未来的预期行为和现在的工资议定行为就不存在任何关系了;麦卡勒姆(Mccallum,1955)和布林德(Blinder,1997)指出,在面对外部冲击时制定货币政策和转变经济关系的实际困难相比,政策信用几乎没有什么现实意义,布林德还指出,尽管这一概念有学术上的影响力,但在政策制定者的实践中很少流行。

与信用和声誉理论相关的更多的考察可以参见布莱克本和克里斯滕森(Blackburn and Christensen,1989)、费希尔(Fischer,1990)、古德哈特(Goodhart,1994)和布林德(Blinder,1998)。

尼格尔·M.黑利(安佳译)

参见:

Central Bank Accountability and Transparency;Central Bank Independence;New Classical Economics;Rational Expectations;Rules Versus Discretion;Time Inconsistency.

参考文献:

Backus, D. and J. Driffill (1985). 'Inflation and Reputation', *American Economic Review*, 75, June, pp. 530–38.

Barro, R. J. and D. B. Gordon (1983), 'Rules, Discretion and Reputation in a Positive Model of Monetary Policy', *Journal of Monetary Economics*, 12, July, pp. 101–21.

Blackburn, K. and M. Christensen (1989), 'Monetary Policy and Policy Credibility: Theories and Evidence', *Journal of Economic Literature*, 27, March, pp. 1–45.

Blinder, A. (1997), 'What Central Bankers Can Learn from Academics-and Vice Versa', *Journal of Economic Perspectives*, 11, Spring, pp. 3–19.

Blinder, A. (1998), *Central Banking in Theory and Practice*, Cambridge, MA: MIT Press.

Fischer, S. (1990), 'Rules Versus Discretion in Monetary Policy', in B. M. Friedman and F. H. Hahn (eds), *Handbook of Monetary Economics*, Amsterdam: North-Holland.

Goodhart, C. (1994), 'Game Theory for Central Bankers: A Report to the Governor of the Bank of England', *Journal of Economic Literature*, 32, March, pp. 101–14.

Goodhart, C. and H. Huang (1998), 'Time Inconsistency in a Model with Lags, Persistence and Overlapping Wage Contracts', *Oxford Economic Papers*, 50, pp. 378–96.

Kydland, F. E. and E. C. Prescott (1977), 'Rules Rather than Discretion: The Inconsistency of Optimal Plans', *Journal of Political Economy*, 85, June, pp. 473–91.

McCallum, B. (1995), 'Two Fallacies Concerning Central Bank Independence', *American Economic Review: Proceedings*, 85, May, pp. 207–11.

Rogoff, K. (1985), 'The Optimal Degree of Commitment to an Intermediate Monetary Target', *Quarterly Journal of Economics*, 100, November, pp. 1169-90.

Walsh, C. E. (1995), 'Optimal Contracts for Central Bankers', *American Economic Review*, 85, March, pp. 150-67.

86. 信贷渠道 Credit Channels

莫迪利亚尼-米勒定理断言,公司不能通过改变自己的负债结构来增加自己的价值。信贷对实际活动没有意义。莫迪利亚尼和米勒(Modigliani and Miller, 1958)把边际投资决策视为只取决于与"不变"平均成本相关的项目之预期收益率,而不看成是融资来源。在外部融资和内部融资,或者在中介(银行)融资和直接融资(债券和股票)之间不存在偏好。然而事实上,偏好确实存在,而莫迪利亚尼-米勒定理只适用于完全资本市场。

迈尔斯和马伊卢夫(Myers and Majluf, 1984)指出,在不完全现实世界中,公司对可选择的金融资源会有一个偏好排序,按偏好程度从大到小依次为:基于留存收益的内部资金来源;外部来源有:贸易信贷、银行贷款和非银行融资。这种融资等级的理由是:与外部融资来源相关的附加成本,可能是资金融资或非资金融资。也就是说,外部资金提供者参与信贷提供的条件可能是非价格条件。这些条件可能会提高外部融资的贴水,所以,公司偏向于内部融资,而不是外部融资,偏向于银行贷款,而不是非银行贷款。

对外部融资贴水的讨论集中于由税收和交易成本带来的扭曲,但是多数研究还是集中于与信息不对称相关的代理成本。在不完全信息下,借款人比债权人更清楚对一笔贷款的违约可能性,因此就产生了代理成本与逆向选择和道德风险的可能性(见 Jaffee and Russell, 1976; Stigliz and Weiss, 1981)。逆向选择产生于无法观察到的借款风险,其之所以发生是因为较高的借贷成本只能由那些高风险高回报的投资者来偿付。道德风险则产生于无法观察到的企业目标和动机,即由企业隐瞒自己的真实业绩而形成的信息不对称引发。

为了消除信息不对称的负面效应,银行通过自己与企业的存贷关系,建立了一种有能力克服逆向选择和道德风险问题的专业机构(Espezel and Mizen, 2000)。银行可以让自己的负债结构与贷款到期期限相匹配,并收集企业的财务状况信息(见

Leland and Pyle,1977;Fama,1985;Himmelberg and Morgan,1995),由此减少银行因逆向选择而引出的成本(见 Diamond,1984)。银行还可以利用这种优势为借款人提供一个比他们能从其他外部金融机构获得的利率更优惠的利率。

我们可以用图 1 来解释代理成本的含义。DD 表示公司对信贷的需求,I 表示公司为其投资筹资。公司所面对的信贷供给函数 SS_0 在点 A 前平滑发展,原因是,公司在这一点是按不变成本 r_1 进行内部融资,不变成本 r_1 等于无风险利率加上公司特有的风险。过 A 点之后,公司面对的是一个反映了外部融资升水的递增融资成本。由于信息不对称,升水因外部融资量的增加而成比例地上升,因为高负债经营和有限的责任使公司有动机冒更大的风险,并更倾向于拖欠债款。溢价也与无风险利率成比例上升,其原因在于无风险利率降低了抵押品的贴现值和现金流。溢价的上升意味着供给曲线 SS_0 在点 A 后向上倾斜,SS_0 曲线越陡峭表示代理成本越高。利率的上升使 SS_0 由 SS_0 上移到 SS_1,并在 A 点后增大了斜率。

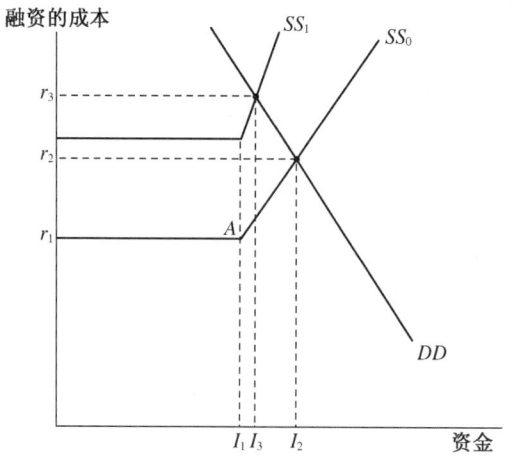

图 1　边际融资成本

这些不完全性就是信贷渠道产生的原因。同时,由于传统上货币传导机制重在货币,即银行资产负债表的负债方,所以信贷渠道通过资产负债表的资产方操作。这种信贷观受到资产负债渠道和银行贷款渠道两个理论支柱的支持。

资产负债渠道理论认为,经济周期可能会扩展到这样的程度,即公司的资产负债状况影响到公司的借贷能力和从外部融资的能力。这里的关键环节是资金的可获得性和借款人的净值。在不完全信息条件下,公司的实际净值是不可知的,因此信誉良好指标如现金流、收益率和以前的借贷史都成了金融健康的度量标准。货币政策变化可以通过部分信贷渠道如现金流和用作担保的资产贴现值的减少,以及可获得的未来投资资金的减少而被传播和放大。内生信贷周期和加速效应导致的实际变量周期,就是信贷市场不完全的结果(见 Kiyotaki and Moore,1997;Bernanke et al.,1998)。

银行贷款渠道理论重在外部融资的组成部分之一,即作为可贷资金主要来源的银行贷款。货币紧缩的效应通过银行提供的贷款的减少而放大(见 Gertler and Gilchrist,1994;Kashyap et al.,1994),银行贷款的减少又放大了基于私人部门支出决定的需求效应。银行贷款渠道之重要程度,取决于外部资金来源和内部资金来源的可替代性,以及银行贷款和其他外部融资形式之间的可替代性。在某些情况下,如果不能通过其他渠道获得资金,公司可能会被迫从银行贷款(甚至以较高的利率贷款)。中小规模的公司可能没有进入其他资金市场的渠道。因此它们在外部资金来源上对银行存在一定程度的依赖(见 Kashyap and Stein,1994;Gertler and Gilchrist,1994;Bernanke and Gertler,1995)。企业如果没有获取资金的渠道,在资金来源上就只能依赖于银行,这样就会使银行贷款在现实活动中起到杠杆作用。因此,银行贷款渠道是对银行特殊性争论的延伸。

很难拿到信贷渠道的实证证据。对金融健康的度量以及信贷市场紧缩都具有需求和供给效应。尽管如此,信贷效应还是有证据予以支持。对资产负债渠道来说,贷款供给与金融健康的联系已经被伯杰和尤德尔(Berger and Udell,1990),以及布里格登和迈曾(Brigden and Mizen,1990)分别对美国和英国的检验所证实。将金融约束型公司和其他公司区别开来(把规模、低红利支付以及现金流作为代表)进行分组检验,其结论证实金融不健康企业确实面临信贷约束(美国的情况见 Carpenter et al.,1994;1998;英国的情况见 Devereux and Schianterelli,1990)。而对金融健康的度量可能有助于对信贷约束公司和无信贷约束公司进行区别,也可以通过对投资项目质量的度量对企业进行分类,也可以用以说明金融健康与融资的正相关性。

研究者还利用企业总体与企业分类的分组检验数据来判断银行贷款渠道的重要性。这些证据取自银行贷款的实际存量或实际存量与银行总贷款的比,以及银行贷款和其他融资形式如权益之间的利差。在第一类情况中,由伯南克和布林德(Bernanke and Binder,1992)以及卡什亚普等(Kashyap et al.,1993)对美国的企业总体数据的分析证实,企业的银行贷款合约滞后于从紧的货币政策,这一结果也由埃斯珀泽尔和迈曾(Espezel and Mizen,2000)使用的英国数据证明。然而,奥利纳和鲁德布希(Oliner and Rudebusch,1996)把公司分为有信贷约束和无信贷约束的公司,他们的研究推翻了美国数据所得出的结论。对公司进行分类检验的结果显示,小公司比大公司更依赖于银行,大公司在信贷供给紧缩时,还另外有可替代银行贷款的融资来源(见 Gertler and Gilchrist)。根据利差所得的证据显示,贷款利率是黏性的(Berger and Udell,1992),但在长期中,却是一一对应的(Cotarelli and Kouralis,1994)。之所以难以用利差进行解释,是因为他们似乎没能完全获得贷款的影子价格,即包括许多非价格因素以及可能反映其他银行投资比如银行投资组合报酬的影子价格。

信贷渠道是一个公认的货币传导渠道,这一渠道的产生是基于信息不对称而产生的信贷市场的缺陷。代理成本引出了外部融资溢价,而这一外部溢价使得公司偏好于内部资金来源而不是外部资金来源;偏好于银行融资而不是非银行融资。通过资产负债表和银行贷款渠道放大的货币政策效应,形成了真实变量的周期,但是实证证据显示,中小企业受信贷渠道的影响可能比有着更多融资选择的大公司更甚。

保罗·迈曾(安佳译)

参见:

Credit View in Macroeconomic Theory;Monetary Policy:Role of.

参考文献:

Berger, A. and G. Udell (1990), 'Collateral, Loan Quality and Bank Risk', *Journal of Monetary Economics*, 25, January, pp. 21 – 42.

Berger, A. and G. Udell (1992), 'Some Evidence on the Empirical Significance of Credit Rationing', *Journal of Political Economy*, 100, October, pp. 1047 – 77.

Bernanke, B. and A. Blinder (1992), 'The Federal Funds Rate and the Channels of Monetary Transmission', *American Economic Review*, 82, September, pp. 901 – 21.

Bernanke, B. and M. Gertler (1995), 'Inside the Black Box: The Credit Channel of Monetary Policy Transmission', *Journal of Economic Perspectives*, 9, Fall, pp. 27 – 48.

Bernanke B., M. Gertler and S. Gilchrist (1998), 'The Financial Accelerator and the Flight to Quality', *NBER Working Paper*, no. 4789.

Brigden, A. and P. D. Mizen (1999), 'Money, Credit and Investment in the UK Corporate Sector', *Bank of England Discussion Paper*, no. 100.

Carpenter, R., S. Fazzari and B. Peterson (1994), 'Inventory Investment, Internal Finance Fluctuations and the Business Cycle', *Brookings Papers on Economic Activity*, pp. 75 – 138.

Carpenter, R., S. Fazzari and B. Peterson (1998), 'Financing Constraints and Inventory Investment: A Comparative Study with High Frequency Panel Data', *Review of Economics and Statistics*, 80, November, pp. 513–19.

Cotarelli, C. and A. Kouralis (1994), 'Financial Structure, Bank Lending Rates and the Transmission Mechanism of Monetary Policy', *IMF Working Paper*, no. WP/94/39.

Devereux, M. and F. Schianterelli (1990), 'Investment, Financial Factors and Cash Flow: Evidence from UK Panel Data', in G. Hubbard (ed.), *Asymmetric Information, Capital Markets and Investment*, Chicago: University of Chicago Press.

Diamond, D. (1984), 'Financial Intermediation and Delegated Monitoring', *Review of Economic Studies*, 51, July, pp. 393–414.

Espezel, C. and P. D. Mizen (2000), 'The Credit Channel and Firms' Choices Regarding the External Financing Mix', *Experian Centre for Economic Modelling Discussion Paper*, no. 4, University of Nottingham, UK.

Fama, E. (1985), 'What's Different About Banks?', *Journal of Monetary Economics*, 15, January, pp. 29–40.

Gertler, M. and S. Gilchrist (1994), 'Monetary Policy, Business Cycles and the Behaviour of Small Manufacturing Firms', *Quarterly Journal of Economics*, 109, May, pp. 309–40.

Himmelberg, C. P. and D. P. Morgan (1995), 'Is Bank Lending Special?', in J. Peek and E. S. Rosengren (eds), *Is Bank Lending Important for the Transmission Mechanism of Monetary Policy?*, Federal Reserve Bank of Boston Conference Series, no 39, June.

Jaffee, D. and T. Russell (1976), 'Imperfect Information, Uncertainty and Credit Rationing', *Quarterly Journal of Economics*, 90, November, pp. 651–66.

Kashyap, A. K. and J. C. Stein (1994), 'Monetary Policy and Bank Lending,' in N. G. Mankiw (ed.), *Monetary Policy*, Chicago: University of Chicago Press for NBER. pp. 221–56.

Kashyap, A. K. and J. C. Stein (1997), 'The Role of Banks in Monetary Policy', *Economic Perspectives, Federal Reserve Bank of Chicago*, XXI, September/October, pp. 2–18.

Kashyap, A. K., J. C. Stein and O. Lamont (1994), 'Credit Conditions and the Cyclical Behaviour of Inventories', *Quarterly Journal of Economics*, 109, August, pp. 565–92.

Kashyap, A. K., J. C. Stein and D. W. Wilcox (1993), 'Monetary Policy and Credit

Conditions: Evidence from the Composition of External Finance', *American Economic Review*, 83, March, pp. 78-98.

Kiyotaki, N. and J. Moore (1997), 'Credit Cycles', *Journal of Political Economy*, 105, April, pp. 211-48.

Leland, H. and D. Pyle (1977), 'Information Asymmetries, Financial Structures and Financial Intermediaries', *Journal of Finance*, 32, May, pp. 371-87.

Modigliani, F. and M. H. Miller (1958), 'The Cost of Capital, Corporation Finance and the Theory of Investment', *American Economic Review*, 48, June, pp. 261-97.

Myers, S. and N. Majluf (1984), 'Corporate Financing and Investment Decisions When Firms Have Information That Investors Do Not Have', *Journal of Financial Economics*, 13, June, pp. 187-221.

Oliner, S. and G. Rudebusch (1996), 'Monetary Policy and Credit Conditions: Evidence from the Composition of External Finance: Comment', *American Economic Review*, 86, March, pp. 300-309.

Stiglitz, J. and A. Weiss (1981), 'Credit Rationing in Markets with Imperfect Information', *American Economic Review*, 71, June, pp. 393-410.

87. 宏观经济理论的信贷观 Credit View in Macroeconomic Theory

宏观经济模型明显是在货币持有的供给与需求框架内建立起来的。货币被定义为真实余额或经济行为人持有的资产的一个部分。在当代经济中,大约有90%的资产由存款即商业银行的负债组成。银行通过向非银行部门(公司、家庭和公共机构)贷款创造了大部分存款。但银行贷款在标准的宏观经济分析中并没有获得太多的关注,原因是,存款的供给被认为是由基础货币的供给决定的稳定函数——我们通常用货币乘数来表达这一函数。然而,银行资产负债表上的存款和贷款的相互关系意味着,货币持有的供给与需求中还存在着货币支出的供给与需求。信贷观是宏观经济理论中的普通术语,在宏观经济理论中,银行间信贷市场的交易对价格水平和生产结构发挥着极大影响。

自从桑顿的票据信用观点(Thornton, 1802)与19世纪的古典货币银行理论(Schwartz, 1987)展开争论以来,产生了数不清的信贷观。我们在这里只讨论其中的少数观点,这些观点有助于我们区分现代经济学中的三种不同分析方法:20世纪初期的可贷资金观点,20世纪60年代的新信贷观,以及近年来从不完全和不对称信息中引申出来的货币政策传导信贷观。这三种分析方法的主要区别在于,银行贷款是怎样影响实际经济活动的宏观经济融资约束的。

可贷资金理论在现代宏观经济学发展中起着重要的作用,对这一理论作出重要贡献的经济学家有,威克塞尔(Wicksell,1898)、熊彼特(Schumpeter,1912)、霍特里(Hawtrey,1919)、罗伯森(Robertson,1926,1937)、哈耶克(Hayek,1929,1931)、凯恩斯(Keynes,1930,1937)以及斯德哥尔摩学派(Lindahl,1930;Myrdal,1931;Ohlin,1937a and 1937b;Lundberg,1937)。早期现代信贷观的定义特征是,强调银行系统扩张信贷的潜在能力,以及总需求超过之前的计划储蓄的原因。从某种程度上说,这一潜在的能力是由于银行创造"信用货币"的能力,即将无现金支付作为基础货币的替代。资本和货币的流量供给与需求离不开可贷资金市场。银行是这一市场的核心机构,这不仅是因为银行帮助将资金由盈余单位转向赤字单位,而且还因为银行能通过创造额外的可贷资金供给来创造信用货币。

只要银行步骤一致地扩张自己的贷款业务,银行的出清不会对项目投资的融资设置任何约束。根据早期信贷理论学者的观点,当实际投资的预期回报率,即所谓的"资本利率"超过了市场贷款利率时,就会出现这种现象。由于人们想要获取利润,所以信贷需求将会上升,银行也会(通过担保)调整自己的可贷资金供给。可贷资金市场将继续出清,但是会出现对商品和劳动力的过量需求。如果不改变产出的结构和水平,这种失衡将引起价格的不断变化。因此,当实际投资的回报率和融资资本的回报率失衡时,为了使经济回复到均衡状态,其他市场的价格和产量都必须作出调整。那些变化迟早会反作用于投资利率或者投资利率与融资利率,并使两个利率趋同。这种对市场相互依赖性的强调,使得早期现代信贷观成为真正的跨时价格理论的宏观经济学分析方法。

典型的可贷资金理论模型可用图1表示(见 Leijonhufvud,1981;Trautwein,2000)。

图中,初始均衡点 A 是投资(I_0)与储蓄(S)的交点,这一点是古典资本市场均衡点,这一均衡点只由生产力和储蓄决定。贷款利率(i_0)等于资本利率(r_0),因此银行没有创造额外的信用货币($\Delta M=0$)。现假设生产率的提高使得实际投资的预期回报率上升到 r_1,使投资移动到 I_1。在现行利率(i_0)下,贷款需求将会上升。宏观经济均衡点(B点)的维持要求贷款利率 i 瞬时调整到 r_1。然而,如果根据初始贷款利率

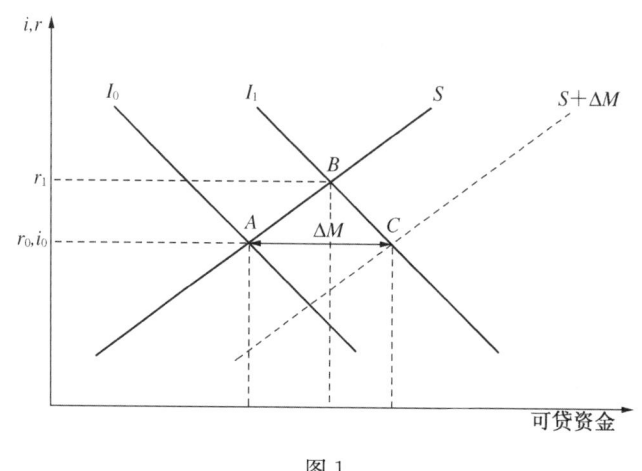

图 1

的银行需求在信贷市场（C 点）的持续出清，意味着总需求超过了总供给，就会引发其他市场价格和/或产品数量的变化。$S+\Delta M$ 曲线被描绘成一条虚线，因为 C 点可以作为新的均衡点的替代——意味着投资与储蓄的调整（也就是 r 到 i_0）——是早期现代信贷观中遭质疑的一个问题。正是在这里，我们发现了关于长期货币中性争论的起源。

威克塞尔（Wicksell,1898）关注的是通货膨胀的累积过程，但忽视产出和就业的变化。熊彼特的经济发展理论（Schumpeter,1912）指出，银行信贷是周期性增长的驱动力；但是熊彼特的研究与标准的可贷资金分析方法不同（而且也不十分契合图 1 中的分析框架），他是从创新的暂时垄断租金中找到了利率，一种非均衡现象的存在。霍特里（Hawtrey,1919）、哈耶克（Hayek,1929,1931）和凯恩斯（Keynes,1930）发展了经济周期的货币理论，但是只有哈耶克坚持古典的主张，认为在长期中货币是中性的。罗伯森（Robertson,1926）和斯德哥尔摩学派构建了信贷扩张和紧缩相联系的模型，在这个模型中，在一定条件下，货币会影响经济的增长路径。早期的现代信贷观帮助形成了一个普遍认同的观点，即央行能够而且应该通过基本的储备要求和利率政策，控制信用货币的供给。然而这里仍然存在争议，即单一的货币政策是否能稳定总需求。

在 20 世纪 60 年代出现的所谓"新信贷观"中，托宾（Tobin,1963）反对银行会毫无理由地、无休止地创造货币的观点。格利和肖（Gurley and Shaw,1960）、布雷纳德和托宾（Brainard and Tobin,1963）以及托宾（1969）实际强调了金融中介对经济融资能力有效扩张的相关性，从而说明了金融中介对总需求扩张的相关性。然而,与他们那个时代的正统宏观经济理论相反,新信贷观的拥护者认为,货币供给函数中的传统乘数既不稳定,也不是对货币量进行政治控制的必要手段。他们宣称,经济当局不应该毫无理由地出于对货币创造通货膨胀的担心而歧视性地将银行贷款与储备要求捆在一起。市场的力量应该会限制银行的贷款供给,正如市场的力量也(似乎)在其他金融中介条件下限制贷款供给一样。

近年来,另一种新的"信贷观"经由不完全信息和信息不对称金融理论发展起来。这一观点的大多数讨论都集中于确定政策传导的信贷渠道。我们至少可以识别出三种不同的分析方法。第一是信贷配额模型,在这一模型中,由于贷款融资项目的风险和回报的信息不对称,市场不能出清(Stiglitz and Weiss,1981,1992)。第二种分析方法强调由银行贷款和证券之间的不完全替代引出的外部融资溢价变量的影响,银行贷款和证券都属于银行的投资组合,也是很多借款人的可用性融资(Calomiris and Hubbard,1990;Bernanke and Blinder,1992;Kashyap,Stein and Wilcox,1993;Friedman and Kuttner,1993)。第三种分析方法强调的是金融加速因子,金融加速因子捕获了由于冲击和由于对利率的反馈作用,以及企业和居民的信贷信誉引起的借款人净值(流动资产加上可出售的抵押品)的变化(Greenwald and Stiglitz,1993;Kiyotaki and Moore,1997;Bernanke et al.,1999)。这三种分析方法又通过不同的方式进行组合。

对这一最新信贷理论的许多贡献都与新凯恩斯学派的研究方法一致,新凯恩斯学派的目的在于,通过从微观经济理论到宏观经济理论及其特定事实的审慎调整,重新展示了凯恩斯学派的结论。标准的凯恩斯学派分析方法,把对不完全就业均衡的解释,建立在金融约束(bind finance constraint)基础上,这一金融约束则是由隐含在财富持有者的流动偏好中的货币需求利率弹性引起的。这种新信贷观与凯恩斯之前的可贷资金理论一样,重点分析货币供给与贷款需求的相互作用。然而,与旧信贷观不同的是,这一观点强调低充分就业均衡的宏观经济活动中金融约束的存在。这一关于不完全信息和不对称信息的微观经济学论点非常直观并具有分析的吸引力,但是他们不应为了放松内在于银行系统的宏观经济金融约束而使自己的观点含糊不清。金融加速因子模型的进一步扩展可能可以提供一种分析框架,使早期和近期的现代信用理论相互协调(见 Trautwein,2000)。

汉斯-米夏埃尔·特劳特温(黄进译)

参见:

Credit Channels;Neutrality of Money;New Keynesian Economics.

参考文献：

Bernanke, B. and A. Blinder (1992), 'The Federal Funds Rate and the Channels of Monetary Transmission', *American Economic Review*, 82, September, pp. 901–21.

Bernanke, B., M. Gertler and S. Gilchrist (1999), 'The Financial Accelerator in a Quantitative Business Cycle Framework', in J. B. Taylor and M. Woodford (eds), *Handbook of Macroeconomics*, vol. 1C, Amsterdam: North-Holland.

Brainard, W. and J. Tobin (1963), 'Financial Intermediation and the Effectiveness of Monetary Controls', *American Economic Review*, 53, May, pp. 383–400.

Calomiris, C. and G. Hubbard (1990), 'Firm Heterogeneity, Internal Finance, and "Credit Rationing"', *Economic Journal*, 100, March, pp. 90–104.

Friedman, B. and K. Kuttner (1993), 'Economic Activity and the Short-Term Credit Markets: An Analysis of Prices and Quantities', *Brookings Papers on Economic Activity*, 24, pp. 193–283.

Greenwald, B. and J. Stiglitz (1993), 'Financial Market Imperfections and Business Cycles', *Quarterly Journal of Economics*, 108, February, pp. 77–114.

Gurley, J. and E. Shaw (1960), *Money in a Theory of Finance*, Washington, DC: Brookings Institution.

Hawtrey, R. (1919), *Currency and Credit*, London: Longmans, Green.

Hayek, F. A. (1929), *Geldtheorie und Konjunkturtheorie*, Vienna: Julius Springer; tr.: *Monetary Theory and the Trade Cycle*, 1933.

Hayek, F. A. (1931), *Prices and Production*, London: Routledge & Kegan Paul.

Kashyap, A., J. Stein and D. Wilcox (1993), 'Monetary Policy and Credit Conditions: Evidence from the Composition of External Finance', *American Economic Review*, 83, March, pp. 78–98.

Keynes, J. M. (1930), *A Treatise on Money*, vol. 1: *The Pure Theory of Money*, New York: Harcourt, Brace & Co.

Keynes, J. M. (1937), 'The *Ex-Ante* Theory of the Rate of Interest', *Economic Journal*, 47, December, pp. 663–9.

Kiyotaki, N. and J. Moore (1997), 'Credit Cycles', *Journal of Political Economy*, 105, April, pp. 211–48.

Leijonhufvud, A. (1981), 'The Wicksell Connection: Variations on a Theme', *Information and Coordination: Essays in Macroeconomic Theory*, New York: Oxford University Press.

Lindahl, E. (1930), *Penningpolitikens Medel*, Lund: Gleerup; tr.: *Studies in the Theory of Money and Capital*, part II, 1939.

Lundberg, E. (1937), *Studies in the Theory of Economic Expansion*, London: P. S. King.

Myrdal, G. (1931), 'Om penningteoretisk jämvikt', *Ekonomisk tidskrift*, 33, pp. 191–302 tr.: *Monetary Equilibrium*, 1939.

Ohlin, B. (1937a), 'Some Notes on the Stockholm Theory of Savings and Investment', *Economic Journal*, 47, March, part I: pp. 53–69, June, part II: pp. 221–40.

Ohlin, B. (1937b), 'Alternative Theories of the Rate of Interest', *Economic Journal*, 47, September, pp. 423–7.

Robertson, D. (1926), *Banking Policy and the Price Level: An Essay in the Theory of the Trade Cycle*, London: P. S. King.

Robertson, D. (1937), 'Alternative Theories of the Rate of Interest', *Economic Journal*, 47, September, pp. 428–36.

Schumpeter, J. A. (1912), *Theorie der wirtschaftlichen Entwicklung*, Berlin: Duncker & Humblot, tr.: *The Theory of Economic Development*, 1934.

Schwartz, A. J. (1987), 'Banking School, Currency School, Free Banking School', in J. Eatwell *et al.* (eds), *The New Palgrave*, vol, 1, London: Macmillan.

Stiglitz, J. and A. Weiss (1981), 'Credit Rationing in Markets with Imperfect Information', *American Economic Review*, 71, June, pp. 393–410.

Stiglitz, J. and A. Weiss (1992), 'Asymmetric Information in Credit Markets and its Implications for Macro-Economics', *Oxford Economic Papers*, 44, October, pp. 694–724.

Tobin, J. (1963), 'Commercial Banks as Creators of "Money"', reprinted 1987 in *Essays in Economics I: Macroeconomics*, Cambridge, MA: Harvard University Press.

Tobin, J. (1969), 'A General Equilibrium Approach to Monetary Theory', *Journal of Money, Credit and Banking*, 1, February, pp. 15–29.

Trautwein, H.-M. (2000), 'The Credit View, Old and New', *Journal of Economic Surveys*, 14, April, pp. 155–89.

Wicksell, K. (1898), *Geldzins und Güterpreise*, Jena: Gustav Fischer (tr.: *Interest and Prices*, 1936).

88. 挤出效应 Crowding Out

如果最终产出固定在最大生产量水平,那么不论来自哪一部门的任何需求的增加,都必然导致其他需求的减少。因此,如果公共部门在商品和服务上的当前支出上升,私人或公共资本支出或私人消费支出必然减少。当然,这也是一个数学问题:一固定总量任何部分的增加,都只能以其他部分的减少为代价。

这一经济学观点产生于设定这一过程的意图。在一个固定产出水平上,如果政府支出增加,由什么决定是投资下降还是消费下降?这个问题看上去很简单。第一,最终产出及产出组成通常用不变价格表示。但是政府支出增加的最初效应是相对于总供给的总需求的增长,总需求增长又反过来使价格水平上升。实现均衡的路径因此包括一定程度的货币调整。第二,这里存在一个问题,即在什么情况下最大产出是固定的。在经济学术语中,最大产出可能被定义为生产足够利润时的产出最大化水平。这一最大水平可能会低于实际上可能的最大产出。近期的理论宣称,可能由于企业的失察,企业会出现实际产出超过最大产出的极为矛盾的现象。调整过程必然包含对价格失察的调整方式。第三,初级经济学的研究集中于封闭的经济体,而更复杂的经济学研究则更接近于现实世界,所以,其重点是开放的贸易经济。经济体外的世界为需求和供给提供了另外的源泉。在充分产能条件下,一些海外需求可能挤出国内需求。同样,国内需求的增加可能由国外的供给来满足。这里还必须对经常账户予以关注,看对国外商品和服务的超额需求要持续多久。第四,迄今所关注的都是一个部分的增加挤出另一部分的情况。而相反的情形怎样呢?即当一个部分减少的时候,我们可以称之为"挤入"吗?显然,如果最大产出能够被消费,消费者支出的减少必然导致投资支出的增加。然而,从凯恩斯前溯,这样考虑的经济学家走的是另一条路,即他们会预言,在这种情况下,实际产出会下降到最大产出之下。实际上他们已经前进了一步。如果消费减少,私人投资将会暂时无利可图,所以私人投资也会下降,从而引起产出的进一步下降。换句话说,这里不存在对称性。除非产出恢复,否则不会存在挤入。对产出恢复过程的分析,包括对产出过程是否存在一种自动形式的过程之分析,这是现代宏观经济学争论的核心。

我们来看挤出效应最初如何在宏观经济学中出现的问题。这个问题格外令人好奇,因为它是关于低于充分产出将会发生什么情况的问题。凯恩斯《通论》(1936)是简单的静态公式化表述。需求主要是由国内生产总值(GDP)决定,同时GDP又取决于需求总量。均衡产出在低于最大产出(或经常称之为充分就业)点达成。这一理论的许多说法确实都是说均衡产出低于最大产出。另外,这些理论要么没有对自动恢复过程进行研究,要么就认为自动恢复过程过慢而可以忽略对其的研究。因此,回归到充分产出需要积极的财政或货币政策的干预。简单而言,财政政策意味着政府支出的增加或税收的减少,而货币政策意味着货币存量的增加及利率的下降。

对发生挤出之可能性的进一步讨论,通常使用"IS‐LM 模型"进行(如见 Carlson and Spencer,1975)。就算经济低于充分就业,也可以用这一理论框架进行分析。这里有三个重要的假设。其一是私人投资随利率反向变化。其二是货币需求随利率反向变化,但随 GDP(或收入)正向变化。第三,货币存量固定。

现在考虑公共支出增加的影响。在低于充分产出的情况下总需求的增加,会导致供给的增加或 GDP 的升高。而更高的 GDP 将引起货币需求的增加。在货币存量固定的条件下,利率也会上升。结果可能是私人投资的减少,这也就是说,某些挤出情况的出现是因为利率的上升。值得一提的是,这种结果也适用于私人消费的自主增加,因为私人消费的自主增加也会以同样方式挤出私人投资。进一步而言,投资的增加本身就会提高利率,并可能挤出在初始利率条件下有利可图的其他私人投资。

虽然这些结果具有某种学术意义,但人们很快指出,这些结果都以货币供给的给定为前提。反之,如果货币政策就是指货币调节,它就会用不同的货币供给来调节 GDP,以维持利率的稳定。在这种情况下,挤出效应不会出现(在 IS‐LM 模型中,LM 曲线就会是水平的)。

近年来,许多对公共支出增加效应的研究,都将研究重点放在公共支出的融资途径上(见 Blinder and Solow,1973)。在税收给定的前提下,从平衡预算开始,政府支出的增加将导致预算赤字。这就意味着,或者是政府发行的长期债券增加,或者更实际些,是货币供给的增加。私人部门财富的增加会引起消费倾向的上升,因此 IS 曲线进一步右移。财富效应也会引起货币和债券需求的上升。LM 曲线是左移还是右移,取决于增加的货币供给是高于还是低于货币需求。但所谓"政府预算约束"并不意味着,私人投资将不可避免地被公共支出挤出。

从以上分析可以得出结论,低于充分就业水平的挤出现象只是一种奇特现象。

只是对学生是否理解这一理论的检验,但是也仅限于此。然而必须要注意的是,这一观点能保留在宏观经济学中有一系列理由,其中之一就是,在现实经济中,挤出问题经常作为公共支出问题在争论中提出。这是政治的或是意识形态的讨论,但是,经济问题中内涵的这一事实,并没有贬低这一问题的重要性或者意义。

因此,让我们回到此前的讨论,如果需要进行政策干预的话,我们仍然要在提高公共支出的干预政策和提高私人支出的干预政策之间作出选择。如果需求上升从而恢复充分产出的速度有限,那么公共支出就会挤出私人投资,反之亦然。除此之外,如果支出传递的途径本身会影响最终产出,那么一旦达到充分产出,公共支出就可能引致"过少"的私人支出。在这一点上将需要进一步的财政和货币调节。

对调节速度的限制非常重要。如果没有这种限制,经济就会突然上升至充分就业,除非一个非常短的时期,否则就不会保持在这一点。那就会是这样的情况,即我们最初关于固定产出模型的讨论将与所有的理论相关,并成为主导理论。现实经济的调整确实缓慢。如果挤出效应的解释范围非常宽泛,宽泛到可解释现金支出和资本支出,也可以解释公共支出和私人支出,那么挤出效应就与经济周期的各个阶段相关。

这又引出了另一话题。在当代理论中,预期和市场心理扮演着重要的角色。(尽管这些现象在凯恩斯[1936]的《通论》中都予以了特别关注,但我们还是说是"当代理论"。)当代理论专门对挤出问题谈了不同的看法。该理论强调,"过度的"政府借款在理论可能性和实践真实性上都可能引发对未来利率和税率的担忧,从而导致人们减少消费支出和投资。

这种现象的一个特例就是李嘉图等价定理(见 Buchanan,1976)。政府通过增加债券销售来扩大支出,可能引发政府为支付利息和最终偿还债务而增加税收的预期。居民和企业将减少当前的开支或减少货币或资本的支出,以缴纳未来的税负。本质上,人们将会视增加的政府支出为税收融资。这种公共支出增加的准平衡预算仍然是扩张性财政,但如果不考虑未来负债,扩张的程度会低一些。再者,如果人们不以这种方式对未来进行预期,上面提到的财富效应就不会出现,IS 曲线也会右移,但是移动幅度会小于出现财富效应时的幅度。我们至少可以说,这是一个具有一定争议的领域,而在经济学家中,无疑也只有少数人接受李嘉图等价学说。

最后值得提到的是,人们对实际经济中挤出效应规模的确定做了很多尝试。

通常人们是用大规模经济计量模型对政策变化进行模拟。通常出现的难题有以下几个,(a)模型本身通常反映的是模型构建者的先验信念,(b)许多大型的模型过于复杂,以致只有作者自己能够理解。最糟糕的是,政策模拟依赖于模型本身的复杂的固有属性。再者,挑剔的人可能会说,模型的构建就是要确保随之而来的某种结果,所以他们认为这一领域的研究一无是处。关于挤出效应范围的争论还没有结束。然而,要得出一个极端的结论,即要么认为挤出效应从未发生,要么总是百分之百地发生,也不太明智。

莫里斯·佩斯顿(黄进译)

参见:

Balanced Budget Multiplier; Fiscal Policy: Role of; IS–LM Model: Closed Economy; Macroeconometric Models; Ricardian Equivalence.

参考文献:

Blinder, A. S. and R. M. Solow (1973), 'Does Fiscal policy Matter?', *Journal of Public Economics*, 2, November, pp. 319–37.

Buchanan, J. M. (1976), 'Barro on the Ricardian Equivalence Theorem', *Journal of Political Economy*, 84, April, pp. 337–42.

Carlson, K. M. and R. M. Spencer (1975), 'Crowding Out and Its Critics', *Federal Reserve Bank of St. Louis Review*, December, pp. 1–17.

Keynes, J. M. (1936), *The General Theory of Employment, Interest and Money*. London: Macmillan.

89. 经常账户 Current Account

指一国在一定时期(通常为一年)与世界其他国家之间的商品和服务的国际交易纪录。如果进口产品和服务的总价值大于出口产品和服务的总价值,经常账户将为赤字,反之则为盈余;经常账户赤字也称为贸易赤字,经常账户盈余也称为贸易盈余。

参见:

Trade Balance.

90. 周期性失业 Cyclical Unemployment

参见:

Demand-deficient Unemployment.

91. 周期性调整的预算平衡 Cyclically Adjusted Budget Balance

参见:

Full Unemployment Budget Balance.

92. 保罗·戴维森 Davidson, Paul

保罗·戴维森1930年生于美国纽约州纽约市,1950年从纽约布鲁克林学院获得理学士学位,1955年在纽约城市大学获得工商管理硕士学位,1959年从宾夕法尼亚大学获得博士学位。他的主要学术职位包括:拉特格斯大学助教(1958—1960);宾夕法尼亚大学助教(1961—1963)、副教授(1963—1966);拉特格斯大学经济学教授(1966—1986)。自1986年起,他在田纳西大学担任 J. F. 霍利政治经济学讲座教授。自1978年《后凯恩斯经济学杂志》创刊起,他一直是该刊的编辑。他以对后凯恩斯经济学的杰出贡献而知名,他的具有广泛影响的研究包括:论货币和真实经济活动及国际金融的关系。他的名著有:《货币与真实世界》(麦克米伦出版公司,1972),《国际货币与真实世界》(麦克米伦出版公司,1982),《后凯恩斯宏观经济学理论:21世纪成功的经济政策基础》(爱德华·埃尔加出版社,1994)。他的重要论文有:《凯恩斯的财政动因》(载《牛津经济学论文》,17,1965年3月);《货币的缘由与影响》,(与 S. 温特劳布合撰,载《经济学杂志》,83,1973年12月);《理性预期:研究重大决策过程的虚妄基础》(载《后凯恩斯经济学杂志》,5,1982—1983年冬季号);以及《后凯恩斯的就业分析和OECD的失业宏观经济学》(载《经济学杂志》,

108,1998 年 5 月）。

参见：

Post Keynesian Economics.

93. 通货紧缩 Deflation

一段时期内价格总水平或一般价格水平下降的一种情形；比如说，20 世纪 20 年代初和 20 世纪 30 年代，英国和美国经济领域中发生的情形，以及 20 世纪 90 年代后半期在日本发生的情形。

94. 货币需求：缓冲存货 Demand for Money: Buffer stocks

布雷纳德（Brainard,1976）对戈德菲尔德（Goldfield,1976）分析美国货币需求函数的文章进行了高瞻远瞩的评论，他提出的解释是，"货币余额是缓冲存货或临时购买力的载体，人们只是希望在短期内被动地将临时收入作为货币持有。"（第 735 页）。如果我们认识到，我们可以背离基于普遍接受的微观经济原则的货币市场均衡，那么，货币就可以作为缓冲存货。现在将货币作为缓冲存货的有四个模型，我们这里只关注其中的三个。第四个模型是基于不用微观经济学基础的单独的模型，讨论的是最优库存管理的决定，有兴趣的读者可以参见迈曾（Mizen, 1994）。

第一个模型是流动性失衡模型，流动性失衡模型研究货币与其他变量，即外生的与创造货币余额反向相关的货币需求变量，以及内生的诸如价格、收入或利率等变量的效应方向（见 Artis and Lewis,1976;Laidler,1982）。一般的做法是，将因变量分离出来，再将其他变量移至等式的另一边，因此而颠倒货币需求函数。然后再按局部调整方法让所选择的变量缓慢调整为具体的短期货币需求函数。

比如说，阿蒂斯和刘易斯（Artis and Lewis,1976）使用了一个利率为因变量的模型。颠倒货币需求函数以导出长期利率，这样，给定货币需求函数为：

$$R_t^* = \frac{1}{\gamma}\{(m-p)_t - \phi - \beta y_t^p\} \tag{1}$$

式中，p_t为价格的对数，y_t^p为永久收入的对数，R_t为利率。利率按照局部调整过程调整至均衡利率R_t^*，并在调整模型中用长期关系式替代R_t^*，有

$$R_t = \frac{\theta}{\gamma}[(m-p)_t - \phi - \beta y_t^p] - (1-\theta)R_{t-1} \qquad (2)$$

莱德尔(Laider,1982)使用了同样的方法，但因变量取的是价格。方程的估算采用狭义M_1和广义M_2两种货币存量估算法，估算的是1953(1)年到1973(4)年英国和美国的数据(见Laidler,1980; Wren-Lewis,1984)。这些模型一般具有自相关和联立方程组偏畸的问题，原因是，其他那些变量因货币供给之冲击而相应变化，加之所选择的因变量的变动，使货币市场达于均衡。这就意味着，除非是在一个极短的时期，否则就无法处理外生变量。

如果想了解人们如何将这些洞见整合进一个有众多外生变量的大型模型，可以参见约翰逊和特雷沃(Jonson and Trevor,1979)对澳大利亚的估算，斯佩内利(Spenelli,1919)对意大利的估算，莱德勒和奥谢(Laidler and O'shea,1980)对英国的估算，以及莱德勒和本特利(Laidler and Bentley,1983)对加拿大的估算。

最初引入"反向相关关系"的时候，人们相信，由于短期利率弹性大于长期利率弹性，所以反向相关关系意味着，随外生货币供给变量而变化的货币需求函数自变数的过调。对这一问题的解释是，没有观察证据证明在现实中会出现长期价值的过调，人们也不清楚会不会出现这种情况。斯塔利夫(Starleaf,1970)指出，标准的局部调整模型不适用于货币存量是外生时的情况。在任何条件下，过调都取决于货币市场持续出清状况。

第二个是减震模型(shock absorber models)。减震模型在分析中引入了预期，并允许未预期的和期望的事件分别对货币需求函数产生影响(见Carr and Darby, 1981)。未预期的货币供给存量不是中性的，它对货币需求产生的影响也与预期的供给存量产生的影响不同。实证研究似乎也证明，未预期存量对货币存量价格影响非常有限。因此，通过货币余额的作用，数量效应一定会产生减震作用。

"突发项"的引入有两种方式。第一，为反映未预期的名义货币供给存量，在局部调整模型中增加了$(m-m^a)_t$项，其中，m_t^a是预期货币供给，m_t是实际货币供给。第二，由于货币是任何不可预期收入变动的暂时载体，所以添加了一个暂时收入y_t^T。其结果，为了对短期内的不可预期事件作出反应，方程中的货币余额取正和负的变动：

$$m_t = (1-\lambda)m_{t-1} + \lambda m_t^* + p_t + by_t^T + f(m_t - m_t^a) + u_t \qquad (3)$$

卡尔和达比(Carr and Darby,1981)、卡尔等人(Carr et al.,1985)使用二阶最小二乘方联立方程对1957(1)年到1976(4)年,英国、美国、加拿大、法国、西德和荷兰的数据进行了测试。其结果支持假设,即未预期货币冲击对货币需求有影响,因此提出,真实货币存量是冲击吸收器,但反对假设中所说暂时性收入是用货币余额方式持有的说法。卡思伯森和泰勒(Cuthbertson and Taylor,1987c)用卡尔和达比的方法并按狭义货币定义使用英国的数据重新进行了测试。其中的预期货币供给序列 m^a 是利用卡尔曼滤波的单步预测法(one-step-ahead prediction)得出,未预期到的货币供给冲击 m^u 由这一预期供给序列和实际货币存量的差额推出,一般来说,结果都支持卡尔和达比的模型。

第三个模型是将减震原理扩展到未来事件的无限范围,从而创建出理性预期缓冲存量模型(forward-looking buffer stock model,见 Cuthbertson and Taylor,1987a,1987b,1992;Mizen,1994)。这一框架的核心观点是,由于搜寻需要时间(Kanniainen and Tarkka,1986),或者由于短期内调整的成本太大(Cuthbertson and Taylor,1987a),个人对瞬时调整货币余额没有兴趣。

卡思伯森和泰勒(Cuthbertson and Taylor,1987a)的成本函数如下:

$$C = E_{t+i-1} \sum_{i=1}^{\infty} D^i [a_1 (m_{t+i} - m_{t+i}^*)^2 + a_2 (m_{t+i} - m_{t+i-1})^2] \tag{4}$$

该式表明,调整是基于所需货币余额的平方差 m_t^*（失衡的成本)以及末期货币余额的平方差(实际调整成本)。根据跨时成本最小化函数(4),货币持有 m_t 由有计划部分 m_t^p、无计划部分 m_t^u 以及未预期冲击 e_t 组成:

$$m_t = m_t^p + m_t^u + e_t \tag{5}$$

货币持有的"期望"水平由长期货币需求函数给定,短期货币需求方程式为:

$$m_t = \lambda m_{t-1} + (1-\lambda)(1-\lambda D) \sum_{i=1}^{\infty} (\lambda D)^i E_{t-1} m_{t+i}^* + m_t^u + e_t \tag{6}$$

式中,λ 等同于 (a_1/a_2),D 是根据实证检验规定为 0.97 的贴现因子,对货币余额的未预期冲击 m_t^u 也明显成为方程的一个部分。式中的第二项反映出对期望货币需求水平的预期未来变化,这一变化将以这样一种方式影响到当期货币持有,即为了最小化成本函数,先于预期变化而产生缓慢的调整。冲击项会立即影响货币余额,但随着个人由于缓慢的真实货币余额效应而移回长期均衡,这一影响随着时间而衰减。

卡思伯森和泰勒(Cuthbertson and Taylor,1987a)使用英国 1963(1)年到 1983(3)年 M1 的季度数据,用三阶最小二乘方估算了这一模型。他们发现,模型的系数意义非常重大,且含义准确。给定系数 λ 用 a_1/a_2 进行估算,a_1/a_2 是用来估定"期望"货币余额离差和多期成本函数调整离差之相对权重比的表示。系数估算表明,调整成本"似乎比损失函数中期望持有余额与实际持有的离差还要重要 30 倍"(第 73 页)。在最优缓冲总额的确定中,迈曾(Mizen,1992)指出,研究缓冲存量理论的学者"思维应该开阔,而不要狭隘"。迈曾(Mizen,1994)通过对各部门货币总额的进一步分解,对这些发现给予了支持。

从定义上看,货币是最具流动性的资产,因而调整成本最少,所以组合支出与投资模式都会比货币余额的变化更为缓慢。人们常用平滑调整来克服需要变动到更少的流动性余额和支出时所引发的成本。对缓冲存量的解释具有一些很有用的特征。它的成功在于,它能用一种比其他模型更为灵活的方式"抹平"我们在短期内观察到的流动性的过多与不足。这里重要的是要记住,货币余额的调整是由成本最小化的最优规则决定的,这不是一种错误或误差,而是个人所做的、可以认可的理性成本最小化选择。缓冲存量模型尤其适用于那些由于未预期到的冲击而在货币需求函数方面经历了重大不稳定的国家。

保罗·迈曾(安佳译)

参考文献:

Artis, M. J. and M. K. Lewis (1976), 'The Demand for Money in the UK: 1963 - 73', *Manchester School*, 44, June, pp. 147 - 81.

Brainard, W. (1976), 'Comments and Discussion on Goldfield, 1976', *Brookings Papers on Economic Activity*, 3, pp. 732 - 6.

Carr, J. and M. R. Darby (1981), 'The Role of Money Supply Shocks in the Short-Run Demand for Money', *Journal of Monetary Economics*, 8, September, pp. 183 - 99.

Carr, J., M. R. Darby, and D. L. Thornton (1985), 'Monetary Anticipations and the Demand for Money: Reply', *Journal of Monetary Economics*, 16, September, pp. 251 - 7.

Cuthbertson, K. and M. P. Taylor (1987a), 'Buffer Stock Money: An Appraisal', in D. A. Currie, C. A. E. Goodhart, and D. T. Llewellyn (eds), *The Operation and Regulation of Financial Markets*, London: Macmillan.

Cuthbertson, K. and M. P. Taylor (1987b), 'The Demand for Money: A Dynamic Rational Expectations Model', *Economic Journal* (Supplement), 97, pp. 65 - 76.

Cuthbertson, K. and M. P. Taylor (1987c), 'Monetary Anticipations and the Demand for Money: Some Evidence for the UK', *Weltwirtschaftliches Archiv*, 123, pp. 509 - 20.

Cuthbertson, K. and M. P. Taylor (1992), 'A Comparison of the Rational Expectations and General-to-Specific Approaches to Modelling the Demand for M1', *Manchester School*, 60, March, pp. 1-22.

Goldfeld, S. M. (1976), 'The Case of the Missing Money', *Brooking Papers on Economic Activity*, 3, pp. 683-739.

Jonson, P. D. and R. Trevor (1979), 'Monetary Rules: A Preliminary Analysis', *Reserve Bank of Australia*, Discussion Paper, 7903.

Kanniainen, V. and J. Tarkka (1986), 'On the Shock-Absorption View of Money: International Evidence from the 1960s and 1970s', *Applied Economics*, 18, October, pp. 1085-1101.

Laidler, D. E. W. (1980), 'The Demand for Money in the US—Yet Again', in K. Brunner and A. H. Meltzer (eds), *On the State of Macroeconomics*, Amsterdam: North-Holland.

Laidler, D. E. W. (1982), *Monetarist Perspectives*, Oxford: Philip Allan.

Laidler, D. E. W. and B. Bentley (1983), 'A Small Macro-Model of the Post-War United States', *Manchester School*, 51, December, pp. 317-40.

Laidler, D. E. W. and P. O'Shea (1980), 'An Empirical Macro-Model of an Open Economy Under Fixed Exchange Rates: The UK 1954-70', *Economica*, 47, May, pp. 141-58.

Mizen, P. D. (1992), 'Should Buffer Stock Theorists be Broad or Narrow-Minded? Some Answers from Aggregate UK Data 1966-89', *Manchester School*, 60, December, pp. 403-18.

Mizen, P. D. (1994), *Buffer Stock Models of the Demand for Money in the UK*, Basingstoke: Macmillan.

Spinelli, F. (1979), 'Fixed Exchange Rates and Monetarism: The Italian Case', University of Western Ontario, mimeo.

Starleaf, D. R. (1970), 'The Specification of Money Demand—Supply Models Which Involve the Use of Distributed Lags', *Journal of Finance*, 25, June, pp. 743-60.

Wren-Lewis, S. (1984), 'Omitted Variables in Equations Relating to Prices and Money', *Applied Economics*, 16, August, pp. 483-96.

95. 弗里德曼的货币需求分析法 Demand for money: Friedman's Approach

弗里德曼的货币需求理论是在货币数量论(Friedman,1956)的基础上发展起来的,并且形成了这一理论的核心要素。由于对货币供给的重要扰动是由战争或维持政府的赤字开支造成的,所以货币供给——名义变量——由制度因素决定。与之相反,货币需求是购买力需求,也就是说,货币需求是一种真实变量,因此理论上是数量有限之因素的稳定函数,这些因素包括财富和一些机会成本变量,这些变量在很大程度上与主宰供给的因素无关。如果货币的供给与需求失调,价格水平的变化将使名义需求与供给保持一致而回复均衡。按照弗里德曼的说法,由于需求的变化一般说来是缓慢的,而且是渐进的,所以"价格或名义收入的重大变化基本上是名义货币供给变化的结果"(Friedman,1968,第434页)。

尽管弗里德曼(1956)宣称他的货币数量分析法与他芝加哥大学前辈的分析法在表述传统上是一致的,但对这些学者的讲义和文章的分析并不支持他的说法(见Patinkin,1972)。事实上,早期的芝加哥学派经济学家是在财富组合的范围内讨论货币的,他们的研究秉承英国经济学家,尤其是凯恩斯(Keynes,1936)的研究,凯恩斯认为对货币的需求是对资产的需求,希克斯(Hicks,1935)也已经非常明确而且更为精确地讨论了弗里德曼模型中的所有变量。弗里德曼的理论分析方法结构秉承的是这一英国传统。

但是,弗里德曼的假设已经偏离了英国和芝加哥传统,弗里德曼假设需求函数是稳定的,他的重点是价格和通胀率的作用,他否定流动性陷阱现象,即否定货币需求函数的利率弹性无限有效的情况。他的政策结论也与凯恩斯学派经济学家的结论相矛盾:弗里德曼认为,需求函数的稳定性意味着,如果有一个固定货币增长率规则,货币目标可以、也能够在宏观经济政策行为中起到重要作用。但凯恩斯学派经济学家一般认为,财政政策才会起重要作用。(英国)剑桥的凯恩斯学派经济学家不接受货币需求稳定这一观点,他们认为,"人们不能过分强调流通中的货币数量与……耗费在商品和服务上的货币数量之间没有联系"(Kaldor,1960),"是利率的作用重要,而不是货币数量的作用重要"(Kahn,1960)。

弗里德曼的理论用的是消费者选择理论措辞:人们如何在可供选择的财富之间进行自己配置财富的抉择呢,他们决定持有的财富的不同形式取决于他们的偏好,取决于他们的收入和其他财产。为简单起见,弗里德曼将财富分成四类,以说明可能的资产排列:

货币,货币有固定的名义价值,并因其支付的方便性和安全性而被人们普遍接受;债券,债券是名义价值固定的收入流(但其本金价值并不确定);股票,股票也可以获得收入流,但这种收入流肯定少于债券,其价值与一般价格水平相符;物质资本,物质资本以服务的形式提供了一笔收入流,其价值也与一般价格水平一致。财富的分配可以间接地根据预期收入流来量度,预期收入流包括可以按一定利率贴现的实物形式的收入;这里考虑到这样的事实,即未来的劳动收入通常并不像其他财富形式一样,能轻松地转移为其他资产。最后,弗里德曼承认,财富持有者对货币的偏好取决于财富持有者生活中不确定性的程度,但是,这种不确定性可以用目标指数表示。这样方程可以简化为:

$$M/P = f[r_b, r_e, (1/P)dP/dt; w; Y/P; u]$$

(Friedman,1956,第 11 页,式 11)

式中,

M＝名义货币余额

r_b＝债券的预期回报率

r_e＝股票的预期回报率

P＝价格水平

w＝非人力财富与人力财富之比

Y＝所有财富形式的预期名义收入

u＝影响兴趣和偏好的变量

前三个变量反映了持有货币而不持有债券、股票或物质资产的机会成本;后三个变量反映了财富约束(w 和 Y/P)和所有其他因素(u),以及保证货币需求就是真实余额需求的价格水平。

事实上,对弗里德曼来说,由于在高通胀时期内预期通货膨胀是极为重要的机会成本因素,所以正如上面所指出的,货币需求是"一种捉摸不定的东西,它会跟随每一个谣言和每一种预期而毫无规律、难以预测地变动"的观点(同上,第 16 页),或可能存在流动性陷阱的观点,都遭到了弗里德曼的反驳。关于债券收益和一般经济情况的不确定性,通过变量 μ 而不言自明,不确定性变化对货币需求的影响没有进行详尽的分析(参见下条,凯恩斯学派的货币需求分析法,Keynes,1936;以及托宾的流动性偏好分析,Tobin,1958)。

弗里德曼分析方法中的重要因素已经成了货币需求实证研究中的标准。从概念上讲,约束变量就是通常所说的财富,尽管它经常被长期收入的概念替代,而长期(尽管并不必然有短期)与价格的相称性是强加上去的;而且还存在机会成本变量的选择。由于将分析的重点全部放在货币需求上,所以,弗里德曼对将经济学从以交易动机、预防动机和投机动机(一种有价值的理论判别,却将实证研究看成一条死路)为标准来分配财富持有的讨论中转移出来,助益颇多。

但是,最初的实证研究(见 Laidler,1993)似乎证实了货币稳定需求函数的存在,这些研究后来具有一些不合传统的分类方式。其中起作用的因素有可以与之前在财富分类中分类为货币的东西彻底替换的金融工具的增长,支付技术与操作的不断变化,中央银行在经济体系内部内生货币的行为,就连让凯恩斯提出流动性陷阱的类似情况也再次出现了(20 世纪 90 年代的日本,参见 Krugman,1998)。因此,弗里德曼的固定货币增长率规则所依据的稳定性,在现实中已不复存在,但货币需求的其他方面(比如缓冲存货)在货币政策行为中的重要性已获证实。

安德鲁·D. 贝恩(安佳译)

参见:

Demand for Money: Buffer Stocks; Demand for money: Keynesian Applroach; Friedman, Milton; Liquidity Trap; Monetarism; Quantity Theory of Money.

参考文献:

Friedman, M. (1956), 'The Quantity Theory of Money a Restatement', in M. Friedman (ed.), *Studies in the Quantity Theory of Money*, Chicago: University of Chicago Press.

Friedman, M. (1968), 'Money: Quantity Theory', in D. L. Sills (ed.), *International Encyclopedia of the Social Sciences*, vol. 10, New York: Free Press.

Hicks, J. R. (1935), 'A Suggestion for Simplifying the Theory of Money', *Economica*, 2, February, pp. 1-19, reprinted in F. A. Lutz and W. L. Mints (eds) (1951), *Readings in Monetary Theory*, Homewood, IL: Irwin.

Kahn, R. F. (1960), 'Memorandum 19', in *Committee on the Working of the Monetary System (The Radcliffe Committee), Memoranda and Minutes of Evidence*, Vol. 3, Cmnd 827, London: Her Majesty's Stationery Office.

Kaldor, N. (1960), 'Memorandum 20', in *Committee on the Working of the Monetary System (The Radcliffe Committee), Memoranda and Minutes of Evidence*, Vol. 3, Cmnd 827, London: Her Majesty's Stationery Office.

Keynes, J. M. (1936), *The General Theory of Employment, Interest and Money*, London: Macmillan.

Krugman, P. (1998), 'It's Baaack! Japan's Slump and the Return of the Liquidity Trap', *Brookings Papers on Economic Activity*, pp. 137-205.

Laidler, D. E. W. (1993), *The Demand for Money: Theories, Evidence and Prob-*

lems, 4th edn, New York: Harper Collins.

Patinkin, D. (1972), *Studies in Monetary Economics*, New York: Harper & Row.

Tobin, J. (1958), 'Liquidity Preference as Behaviour towards Risk', *Review of Economic Studies*, 25, February, pp. 65–86.

96. 凯恩斯学派的货币需求分析法 Demand for money: Keynesian Approach

在本词条中,我们是在主流经济学含义上使用"凯恩斯学派"这一术语,对凯恩斯的解释将在最后一段"后凯恩斯学派"或对"凯恩斯与凯恩斯学派"的区分中给出。

凯恩斯学派货币需求分析法的主要特点是,货币需求是利率的函数。这一观点不仅是凯恩斯学派的主张或假设,就连著名的货币学派也认为这一点是凯恩斯所作贡献之特征。因此,哈里·约翰逊(Johnson,1965)在评论弗里德曼的工作时说道:"认可货币需求函数中的利率,就是认可凯恩斯革命。"这是一种不顾弗里德曼的反对而维护凯恩斯影响的评价(1966,第152页,也可参见下文)。在面对给定的供给或货币供给函数时,这种需求函数就决定了利率。

这种说法并没有将凯恩斯的货币利率理论说成是第一个货币利率理论。凯恩斯(1936)本人将其归功于重商主义者,而且,他一定也意识到了威克塞尔的"市场"(本质上就是货币)和"真实"利率([1898]1965)的区别。但是,从休谟到马歇尔到庇古的主流经济学家,也就是凯恩斯所称之的"古典经济学家",并不承认货币在需求利率决定中有什么重要的作用,其他人甚至都不对假设的货币需求与利率的函数关系根据给出解释,凯恩斯研究的就是这个。

凯恩斯首先区分了持有货币的几个动机,其中包括预防动机(Miller and Orr,1966年讨论过这一点)和商业动机,但后来他又将这些动机与交易动机融到了一起。然后他继续对交易动机与投机动机,现在普遍称之为"资产动机",进行区分。虽然凯恩斯在讨论中除了将货币持有的交易目的看成是"当前产出价值"的函数,还看成利率的函数(Keynes,1936,第196页),但在正式出版物中,他只认可货币持有的交易目的是当前产出价值的函数。另一方面,货币持有的投机目的却显然是当成利率的函数来进行分析的。因此他说(同上,1936,第199页):

$$M = M_1 + M_2 = L_1(Y) + L_2(r) \tag{1}$$

上述符号无须解释,只是稍为提醒一下,不要把这里的 M_1 和 M_2 与最近讨论货币供给函数中使用的相同符号相混淆。

正如希克斯(Hicks,1967)所说,凯恩斯所区分的这两个动机与更为古老的货币函数概念有关联,即与"交换媒介"和"价值储存"有关联——这一区别至少可以追溯到亚里士多德——这确实是一个非常坚实的"古典"基础! 晚近以来,米尔顿·弗里德曼(1956,第 14 节)或许基于凯恩斯(1936,第 195 页)随口说出的观点,即同一货币可以为两种目的持有,因而反对进行这种区分。弗里德曼反对意见的要旨也可以这样表述,因为同一个苹果既可以提供维生素 C 又可以提供碳水化合物,所以,一个人不必用一个苹果来提供维生素 C,又用另一个苹果来提供碳水化合物。这种说法的不足之处在于,它忽略了货币使用中的专属属性,即货币一旦用于交易目的,货币所有者就不能将同一货币再用于资产目的。较为合适的比喻或许是顽童用苹果打过路人的例子:一是这个顽童用一个苹果打了路人,他手上就不会有同一个苹果来打另外的路人。因此,与弗里德曼不同的是,凯恩斯的分析方法就不得不让两种目的都有货币需求。

在后来按凯恩斯的思路对货币需求所进行的研究中,与凯恩斯非正式(毋宁说是正式)的说法相一致,交易目的的货币需求也一直与利率有关联。对这一思想最著名的阐述来自鲍莫尔(Baumol,1952),他一直回溯到 20 世纪 20 年代的存货理论。鲍莫尔的结果是基于一种设想,他的设想是要最小化持有货币的全部成本,这一成本即是持有货币所损失的利息总额,另一方面,则是在债券和货币之间转换的成本。用符号表示为,如果 M 是货币的平均持有量(第一次提取货币 $2M$ 的平均数,在下一次提取前为 0), b 是债券和货币每次转换的成本, Y 是每期获得的债券收入以及同期 $2M$ 的分期支出, r 是每期的利率,总成本为 $bY/2M + rM$,相对于 M 的最小化为:

$$M = (bY/2r)^{1/2} \tag{2}$$

(2)式意味着货币使用的规模经济,原因是, M 的倍数可以交易多于 2 倍 Y 的量。更直接一些,式(2)也表明,甚至货币的交易需求也与利率反向相关。这两个特征并不存在于形成凯恩斯研究背景的传统货币数量论中。(弗里德曼[1956]的"货币数量"公式与货币的交易需求没有任何关系,因为公式中的 Y 代表的是与当前交易无关的永久收入。他的方程本质上与下面将要讨论的"组合投资选择"理论相关,但并没有将复杂的风险或不确定性当成分析的一个部分。)鲍莫尔扩展了自己的分析,在他的分析中,Y是保有货币的收入而不是保有债券的收入,他的分析还表明,后来的结果中没有量的变化。想将这一分析结果带入货币数量理论的努力(比如 Brunner and Meltzer,1967)并不成功。事实上,与利率的关系带来的是相反的结果(Ahmad,1977)。

凯恩斯关于(投机性)货币需求的主要特征就是对利率的敏感性。其基础是实际利率与个人预期(不同个人主观上的差异)利率的差。如果实际利率低于预期利率,个人会以货币形式持有自己的全部金融资产;如果实际利率高于预期利率,个人会以债券形式持有全部金融资产。由于人们的预期不同,所以对货币的资产需求方向相反。实际利率越低,就有更多个人的预期利率高于实际利率,因此会有更多人将货币作为资产持有。如果实际利率低到这样的程度,即每个人的预期利率都高于实际利率,那么,每个人都会以货币形式持有自己的金融资产,经济就将进入著名的"流动性陷阱"。

对凯恩斯货币的资产需求分析至少存在两种批评,批评者就是后来被视为"凯恩斯学派"的人。一种批评是,这种分析不允许人们同时持有货币与债券作为资产,这与人们的经验相反;另一种批评是,假设的预期太绝对,而且没有使用概率分配的形式。由于马科维茨(Markowitz,1952,1959)和托宾(Tobin,1958)的贡献(与希克斯的早期研究有关,1935),人们打算用"投资组合选择"理论来克服这些"缺陷"。他们的理论基于贝尔诺里(Bernoulli,[1738]1954)的资产边际效用递减假设(这一假设也适用于收入)。贝尔诺里论文的著名结论是,由于这种变量具有相同的均值,因此随着均值的偏差的增大,所获的效用递减。马科维茨和托宾使用标准差(或离差)作为计算偏差的尺度,获得了均值和回报率标准差的"无差异曲线"(下面我们会对变量选择进行评判)。由于均值的增加被假设为是效用的增加,所以标准差的增加会使效用下降,为保持效用不变,一个增加了,另一个随之增加。因此均值和回报率标准差的无差异曲线正向变动。

现在我们考虑与货币和债券组成的资产组合回报率相一致的预算线,我们假定,货币的回报率一直为0,因此回报率的均值和标准差也为0;另一方面,债券回报率的均值(等同于利率)和债券的标准差都是正数,因此,在给定资产组合中债券的比例越大,回报率的均值和标准差也越大;预算线(或曲线,见Hicks,1967,但遵循的只有"线")将正向倾斜,即预算线从完全由货币组成的资产组合点0点开始,到完全由债券组成的那一点结束。预算线与正斜率无差异曲线的切点决定了个人资产在货币与债券间的分配比例(注意,个人现在可以同时持有货币和债券)。利率的变化会改变预算线,并形成一个新的货币与债券持有的均衡比例。这就是托宾将作为资产的货币需求持有与利率相连接的方法。然而,由于这一机制与替代理论和可以相互作用的收入效应相类似,所以这类关系并不总是负向相关。有点讽刺意味的是,凯恩斯交易动机(鲍默尔模型)的扩展明显会使利率和货币需求出现负向相关,至少不是正向相关,凯恩斯的资产(投机)动机的(托宾)扩展,即凯恩斯有意识地设立一种负向关系的动机,无法以一种确定的形式做到这点。

对这一理论的批评和修正可以分为"内部"和"外部"两种,"内部"是指那些在托宾所使用的概率分析法框架内进行的批评和修正,"外部"是指对这一分析方法本身的批评。我们在这里只能介绍几种主要的批评观点。我们首先介绍内部批评,这种批评是对据之确定效用的变量的选择所做的批评。这种看法认为,在当前条件下,像贝尔诺里那样基于资产或基于收入来确定效用,还是有意义的。但是,托宾既不基于收入也不基于资产,而是基于回报率来定义效用,这就使得这一问题悬而未决。我们可以在希克斯(Hicks,1967)和莱德勒(Laidler,[1969]1993)等许多人那里找到这类批评,以及用收入或资产等更合适的变量来解释效用从而修正这种理论的意图。其他的内部批评还有,所有的相关概率分配不能只是用均值和标准差来表示,因此,托宾的分析方法无法广泛应用(Borch,1969;缓和一些的批评可参见 Tsiang,1972,1974)。

这一问题的"外部"批评主要针对概率方法的使用本身,这一批评也有两个方面。一方面,使用概率方法引出的是绝不可能且几近荒谬的选择(Rabin,2000;Rabin and Thaler,2001);另一方面,也是更为根本的方面,整个分析都忽略了不确定性的本质。根据这种观点,根本不能以通常使用的机械方法,用不确定性来分析概率分配。这一观点至少可以追溯到凯恩斯(Keynes,1921)、奈特(Knight,1921)、凯恩斯(Keynes,1936,1937)以及沙克尔(Shackle,1938,1949),更近的还有"后凯恩斯学派"关于货币的文章。这里或许应提请注意的是,从"后凯恩斯学派"向"凯恩斯和凯恩斯学派"的转变,也就是从单独的货币需求观点的转变,在区分"凯恩斯"和"凯恩斯学派"的文章中,其根据是"预提现金"分析法——在买东西之前需要有现金——预支现金分析法与鲍莫尔的观点并没有太多差异,但这些批评者的总体对象却与鲍莫尔的对象大相径庭。但我们在这里不能只注意这些问题,正如我们所知,在现实经济中大量的"近似货币"的存在,使"凯恩斯学派"分析方法中所使用的货币与债券之间的明确区分显得过于矫情,所以实际用途不大。

赛义德·艾哈迈德(安佳译)

参见：

Demand for money: Friedman's Approach; Liquidity Trap; Quantity Theory of Money

参考文献：

Ahmad, S. (1977), 'Transactions Demand for Money and the Quantity Theory', *Quarterly Journal of Economics*, 91, May, pp. 327-35.

Baumol, J. (1952), 'The Transactions Demand for Cash: An Inventory Theoretic Approach', *Quarterly Journal of Economics*, 66, November, pp. 545-56.

Bernoulli, D. ([1738] 1954), 'Exposition of a New Theory of the Measure of Risk', *Econometrica*, 22, January, pp. 23-36.

Borch, K. (1969), 'A Note on Uncertainty and Indifference Curves', *Review of Economic Studies*, 36, January, pp. 1-4.

Brunner, K. and A. Meltzer (1967), 'Economies of Scale in Cash Balances Reconsidered', *Quarterly Journal of Economics*, LXXXI, August, pp. 422-36.

Clower, R. (1965), 'The Keynesian Counter-Revolution: A Theoretical Appraisal', in F. Hahn and F. Brechling (eds), *Theory of Interest Rates*, London: Macmillan.

Friedman, M. ([1956] 1969), 'The Quantity Theory of Money: A Restatement', reprinted in the *Optimum Quantity of Money*, London: Macmillan, pp. 51-67.

Friedman, M. ([1966] 1969), 'Interest Rate and the Demand for Money', reprinted in the *Optimum Quantity of Money*, London: Macmillan, pp. 141-56.

Hicks, J.R. (1935), 'A Suggestion for Simplifying the Theory of Money', *Economica*, 2, February, pp. 1-19.

Hicks, J.R. (1967), *Critical Essays in Monetary Theory*, London: Clarendon Press.

Johnson, H. (1965), 'A Quantity Theorist's Monetary History of the United States', *Economic Journal*, LXXV, June, pp. 388-96.

Keynes, J.M. (1921), *A Treatise on Probability*, London: Macmillan.

Keynes, J.M. (1936), *The General Theory of Employment, Interest, and Money*, London: Macmillan.

Keynes, J.M. (1937), 'The General Theory of Employment', *Quarterly Journal of Economics*, 51, February, pp. 209-23.

Knight, F. ([1921] 1933), *Risk, Uncertainty and Profit*, London: London School of Economics.

Laidler, D. ([1969] 1993), *Demand for Money: Theories, Evidence and Problems*, New York: Harper Collins.

Leijonhufvud, A. (1968), *On Keynesian Economics and the Economics of Keynes*, London: Oxford University Press.

Markowitz, H. (1952), 'Portfolio Selection', *Journal of Finance*, 7, March, pp. 77–91.

Markowitz, H. (1959), *Portfolio Selection: Efficient Diversification of Investment*, New York: J. Wiley and Sons.

Miller, M. and D. Orr (1966), 'A Model of Demand for Money by Firms', *Quarterly Journal of Economics*, 79, November, pp. 413–35.

Rabin, M. (2000), 'Risk Aversion and the Expected Utility Theory: A Calibration Theorem', *Econometrica*, 68, September, pp. 1281–92.

Rabin, M. and R. Thaler (2001), 'Anomalies: Risk Aversion', *Journal of Economic Perspectives*, 15, Winter, pp. 219–32.

Shackle, G. L. S. (1938), *Expectations, Investment and Income*, London: Oxford University Press.

Shackle, G. L. S. (1949), *Expectations in Economics*, London: Oxford University Press.

Tobin, J. (1958), 'Liquidity Preference as Behaviour Towards Risk', *Review of Economic Studies*, 25, February, pp. 65–86.

Tsiang, S. C. (1972), 'Rationale of the Mean-Standard Deviation Analysis, Skewness Preference and the Demand for Money', *American Economic Review*, 62, June, pp. 354–71.

Tsiang, S. C. (1974), 'Rationale of the Mean-Standard Deviation Analysis: Reply and Errata for the Original Article', *American Economic Review*, 64, June, pp. 442–50.

Wicksell, K. ([1898] 1965), *Interest and Prices*, New York: Kelly.

97. 需求管理 Demand Management

见:

Aggregate Demand Management.

98. 需求不足失业 Demand-deficient Unemployment

相对于为那些想在现行实际工资水平下工作的人提供就业的总需求不足所引发的失业,也称为周期性失业。

参见:

Involuntary Unemployment in Keynesian Economics.

99. 需求拉动通货膨胀 Demand-pull Inflation

在经济达到或高于充分就业时,由对商品或服务的过度需求所引致的通货膨胀。

参见:

Full Employment; Inflation; Inflation: Alternative Theories of.

100. 爱德华·F. 丹尼森 Denison, Edward F. (1915—1992)

爱德华·F. 丹尼森 1915 年生于美国内布拉斯加州奥马哈,1936 年在奥柏林学院获得学士学位,后从布朗大学获得硕士学位(1938)和博士学位(1941)。他的主要学术职位有:美国商务部商业及经济发展局经济学家(1941—1956)和局长助理(1949 年起);经济发展委员会副主席(1956—1962);布鲁金斯研究所资深研究员(1962—1978);美国商务部经济分析局国民经济账户副主管(1979—1982);布鲁金斯研究所资深研究员(1978—1992)。他著名的开创性研究是:增长计算或增长分析及其在美国、日本和欧洲八国经济增长研究中的应用。他最著名的著作有:《美国经济增长的源泉和我们面前的选择》(经济发展委员会,1962);《增长率为什么不同:西方九国的战后经验》(布鲁金斯研究所,1967);《美国经济增长的计算,1929—1969》(布鲁金斯研究所,1974);《为什么日本经济增长如此之快:战后扩张的源泉》

（与 W. K. 钟合著，布鲁金斯研究所，1976）；《美国 20 世纪 70 年代经济增长缓慢的计算》（布鲁金斯研究所，1979）；以及《美国经济增长趋势，1929—1982》（布鲁金斯研究所，1985）。

参见：

Brookings Institution, Growth Accounting.

101. 货币（名义）贬值 Depreciation(Nominal) of a Currency

在固定汇率制下，一种货币价值相对于另一种货币价值的下降；在浮动汇率制下，这种价格下降是名义汇率的下降。

参见：

Flexible Exchange Rate System; Nominal Exchange Rate.

102. 萧条 Depression

极为严重和持续性的衰退。

参见：

Great Depression; Recession.

103. 货币贬值 Devaluation

在固定汇率制下，货币贬值是指一种货币的价值相对于另一种货币价值的审慎下降。在其他条件相同时，货币贬值提高了本币的进口价格，减少了出口的外币价格，在调整经常账户赤字时，也偶尔使用货币贬值手段。货币贬值改善经常账户能否成功，关键取决于供求弹性。一个必要条件是，进出口需求弹性总额大于1（即满足马歇尔-勒纳条件）。然而，除非一国有可用的资源来满足增加的出口需要，满足国内生产的进口替代，否则，货币贬值本身就不充分。比如，在充分就业条件下，就有必要将支出转换的贬值政策与支出削减政策合并使用。

参见：

Absorption Approach to the Balance of Payments；Balance of Payments；Elasticities Approach to the Balance of Payments；Expenditure Reducing Policy Approach to the Balance of Payments；Expenditure Switching Policy；Fixed Exchange Rate System；Marshall-Lerner Condition.

104. 肮脏浮动 Dirty Float

政府和中央银行通过外汇市场干预来影响汇率的一种汇率制度安排，也称为管理浮动。干预可能可以防止汇率的过度波动，如果汇率过于波动，这种安排就极类似于浮动汇率制。另一方面，如果中央货币当局使用了过多的干预，就更类似于固定汇率制。

参见：

Clean Float；Fixed Exchange Rate System；Flexible Exchange Rate System.

105. 贴现率 Discount Rate

中央银行（比如美联储）在将储备借给银行时收取的利率。

参见：

Federal Reserve System.

106. 相机抉择政策 Discretionary Policy

当局为了达成自己期望的目标，使用它们认为合适的方式，自由变动财政政策或货币政策的权力。

参见：

Fine Tuning；Rough Tuning；Rules versus Discretion.

107. 通货紧缩 Disinflation

通货膨胀率的下降。

参见:

Inflation.

108. 可支配收入 Disposable Income

在支付了收入税之后,居民所拥有的可供自己自由支配的收入。

109. 埃维塞·D. 多马 Domar, Evsey D. (1914—1998)

埃维塞·D. 多马1914年生于俄罗斯罗兹(今属波兰),1939年在加州大学洛杉矶分校获得学士学位,1941年在密歇根大学获得数学硕士学位,1943年获得哈佛大学硕士学位,1947年获得哈佛大学博士学位。他的主要职位包括:联邦储备体系理事会经济学家(1943—1946);卡内基理工学院助教(1946—1947);芝加哥大学助教(1947—1948);约翰·霍普金斯大学政治经济学副教授(1948—1955)和教授(1955—1958);麻省理工学院经济学教授(1958—1972)和福特国际经济学讲座教授(1972—1984);麻省理工学院福特国际经济学荣誉教授(1984—1998)。他以研究增长理论、特别是哈罗德-多马增长模型而著名。著作有:《经济增长理论论文集》(牛津大学出版社,1957)。其最具影响的论文有:《资本扩张、增长率和就业》(载《经济计量学》,14,1946年4月);《扩张和就业》(载《美国经济评论》,37,1947年3月)。

参见:

Federal Reserve System; Harrod-Domar Growth Model.

110. 吕迪格·多恩布什 Dornbusch, Rudiger

吕迪格·多恩布什1942年生于联邦德国克莱菲尔德,从日内瓦大学获得政治学教师水平证书(1966),从芝加哥大学获得硕士学位(1969)及博士学位(1971)。他的主要学术职位包括:罗切斯特大学助教(1972—1973);芝加哥大学副教授(1974—1978)。自1978年起,他在麻省理工学院担任经济学和国际管理教授。他以研究开放经济条件下的宏观经济学和汇率而知名。他的主要著作有:《国际经济政策》(与F.福伦克尔合编,约翰·霍普金斯大学出版社,1979);《美元、债务和赤字》(麻省理工学院出版社,1986);以及《繁荣的关键:自由市场、稳定的货币和一点点幸运》(麻省理工学院出版社,2000)。他的主要学术论文有:《贬值、货币和非贸易商品》(载《美国经济评论》,63,1973年12月);《预期和汇率波动》(载《政治经济学杂志》,84,1976年12月);以及《李嘉图系列商品模型中的比较优势、贸易和支付》(与S.费希尔和P. A.萨缪尔森合撰,载《美国经济评论》,67,1977年12月)。

111. 二元决策假说 Dual Decision Hypothesis

二元决策假说由罗伯特·W.克洛尔构想,1965年首次出现于克洛尔(用英文)撰写的研讨会论文《凯恩斯学派的反革命:一个理论重估》中。该假说的精华在于对宏观经济中的名义需求和有效需求作了区分,按照这一区分,失业工人提供的劳动服务并不能成为商品购买力的组成部分,因为这部分购买力没有得到支付商品的有效资金的支持。只有有资金支持的商品购买力才能形成可以传递的市场信号。

参见:

    Clower, Robert W., Keynesian Economics: Reappraisals of

112. 詹姆斯·S.杜伊森伯里 Duesenberry, James S.

詹姆斯·S.杜伊森伯里生于1918年,从密歇根大学获得学士学位(1939)、硕士学位(1941)和博士学位(1948)。他的主要学术职位包括:哈佛大学助教(1948—1953)和副教授(1953—1957)。自1957年起,他一直任哈佛大学经济学教授。1966—1968年间,他是美国总统经济顾问委员会成员,1969—1974年间,他任波士顿联邦储备银行董事会主席。他以关于消费-收入关系的开创性研究而知名。他著名的著作包括:《收入、储蓄和消费行为理论》(哈佛大学出版社,1949)。其影响广泛的论文有:《收入-消费关系及其运用》,载L.梅茨勒编《收入、就业和公共政策:阿尔文·H.汉森纪念文集》(W.W.诺顿出版公司,1948)。

参见:

Council of Economic Advisers; Relative Income Hypothesis.

113. 生态宏观经济学 Ecological Macroeconomics

生态宏观经济学将总体经济置于现实世界进行考虑,承认物质现实对经济增长的局限性。从生态的角度看,正统经济学依据的是一个非现实的经济模型。要建立一个收入循环流动的经济模型,就要建立一个孤立的自给自足体制的经济模型。在这一模型中,生产的要素无止境地再循环为商品和服务,然后又再次循环。生态宏观经济学让经济回归物质世界,而传统周期流动模型则是从物质世界抽象出来的模型。生态宏观经济学也存在周期流动,但它是能源流动,能源是从物质环境中提取出来的,用于生产和消费,然后又作为废物回到物质世界。

这场争论的根源是20世纪70年代初期,"罗马俱乐部"和研究自然资源利用的经济学家相互交换意见。大多数经济学家看待经济的传统方式意味着物质世界对经济增长没有任何限制。这一分析方法背后的直观认识是,如果一种资源耗尽,就可以用另一种自然资源替代它来维持经济增长率。由"罗马俱乐部"在《增长的极限》(Meadow et al.,1972)中所提出的观点直接对传统的分析方法构成了挑战。生态学的观点是,由于世界的非再生资源比如石油、天然气和金属有限,所以经济发展不能无限维持下去;如果这些资源最终耗尽,就会出现经济增长的物质有限性。这种对未来的悲观论调引发了一次对人类困境再评估的研究,而且在1973年进一步刺激国际油价上涨了4倍。

这一思考经济的方式的重要意义在于,它论证了生态宏观经济学是基于自然科学,并最终基于物质世界的。根据这种观点,经济学的基础是热力学第二定律以及熵概念(见 Georgescu-Roegen,1971,1986;Faber et al.,1996;Beard and Lozada,2000)。物理学告诉我们,物质和能量受热力学第二定律即"能量科学"的控制。热力学第一定律说,物质和能量既不能创造也不会消灭。热力学第二定律,也即熵定律指出,一个能量保持不变的热力学系统,会经历一个从可用的也就是低熵值能量状态质变为耗散无用的高熵值能量状态的过程。

比如说地球上发现的石油就处于一种低熵状态,石油转换为燃油并散发出二氧化碳,二氧化碳通过空气以高熵状态消失。热力学第二定律以牢靠的实验为基础,已经经受了为证明其错误而设计的实验的检验。

生态宏观经济学反对将经济增长作为政策目标,它要用可持续发展替代经济增长。引证最多也为大众所熟知的可持续发展的定义,出自 1987 年世界环境与发展委员会(WCED,或称布伦特兰委员会)。可持续发展是"在不损害下一代人满足他们需要的能力的前提下,满足当前需要"(WCED,1987,第 8 页)的一种发展。所以,可持续发展是在不强加给未来巨大成本的基础上,发展当前人类的福祉。布伦特兰委员会认为,巨大的成本被解释为无力满足未来发展的需要。

可持续发展意味着,发展应平均分配在每一代人身上。当前这一代人利用环境的方式可能意味着潜在的巨大成本正在向未来传递。这种不同于可以交替出现的关于难以解决的公平或公正之类哲学问题的说法,突出了生态宏观经济学的规范基础(见 Daly,1996;Joseph,1991,第 77—79 页,Hirsch,1976)。

可持续发展的度量是生态宏观经济学的主要问题(Atkinson et al.,1997)。可持续发展的一个简单原则是,应保持资本完整,也就是说,生产资本不能受到损失。要做到这一点只能通过资本遗传:这一代人必须按照自己的生产力传递资本存量,传递的资本存量至少要与这一代人继承过来的同样多。这种"不变资本原则"意味着,具体是什么资本无关紧要,要紧的是可通过替代资产来提供它们所提供的服务。比如说,机器和厂房、人力资本(知识和技能的存储)和社会资本(信用和制度关系)的增加,可以抵消自然资本(自然资源)的耗减。汉密尔顿(Hamilton,2000)对皮尔斯和阿特金森(Pearce and Atkinson,1993)按照这一含义定义的可持续性定义进行了拓展。他发现,欧盟的"可持续性"知识用其他资本形式的增加来证明不断增长的环境恶化的正确性(见 Pearce,2001)。将发展的合法性基于"生产资本"对环境和自然资本的替代,是一个值得争论的问题,因为有些自然资源是唯一的,而且不可替代。

承诺可持续发展就需要淘汰标准的国民收入计算方法。使用国民生产总值

(GNP)作为社会福利的指标反映出这样一种假设,即任何可与货币交换的商品和服务,都增加国民收入的价值。因此生产总值的任何组成部分都不是唯一的,不是不可替代的,不必调整由国民生产总值引起的环境损害。为了解决国民生产总值内涵的不足,戴利和科布(Daly and Cobb,1994)构建和度量了可持续经济福利(SEW)指数。戴利和科布所作的修正不纯是生态的,在他们的修正中,还包括对收入分配不公平以及没有支付的国内劳动的调整。戴利和科布为了反映出环境的耗减也在指数中作了很多抵消,其中包括污染成本、卫生防疫开支以及生物条件性的丧失。将这一指数用于实际分析的结果是,从1950年到1990年,美国可持续经济福利指数的增长率低于国民生产总值的增长率,在20世纪80年代国民生产总值上升时期,可持续经济福利指数实际上却在下降。

如果宏观经济政策是由可持续经济福利指数指引而不是由国民生产总值指引,宏观经济政策就要反映出财政计量的目标,比如说对环境敏感的活动的计量、对危害环境和导致空间质量下降的活动征税,以及对可再生能源这类"绿色"生产进行补贴等。生态宏观经济学增加了微观经济政策与宏观经济政策趋同的趋势。这一点随处可见,比如说,传统上属于微观经济政策领域的竞争性政策的评判,根据宏观经济目标,其中的生产力增长就是经济增长(见Stelzer,2001)。

生态宏观经济分析法对经济增长问题以及引发20世纪90年代美国长期繁荣的新经济意义尤为重大。"新经济"绝对新式的某些支持者宣称,新经济可以超越增长的物质局限。根据这一看法,不仅新经济的知识基础是"反物质质量和能量"的,而且新经济可以超越经济将自然资源转化为质量和能量的热力世界经济(见Gilder,1989)。

然而,在理论层面上,早期的生态观点已经预期到了这种说法:"但我们确信,由于热力学定律适用于所有可能的技术,所以没有任何新技术可以改变绝对的不足"(Daly,1974,第19页)。更实际一点说,生态宏观经济学继续坚持在增长的物质有限性范围内讨论经济体系,比如,生态经济学指出,新经济现在仍然要用矿产生产个人电脑和其他物质表现形式,仍然要用能源生产产品,并用船将产品运送到世界各地(Lutz,1999,第231页)。

最后还应指出,尽管环境主义者的考虑在生态宏观经济学分析方法中日渐增加,但许多主流经济学家还是怀疑经济增长存在实实在在的物质有限性(见Nordhaus,1992;Romer,1999,第310—311页;Jones,2001,第9章;Beckerman,2001)。

格雷厄姆·道森(安佳译)

参考文献：

Atkinson, G., R. Dubourg, K. Hamilton, M. Munasinghe, D. W. Pearce and C. Young (1997), *Measuring Sustainable Development: Macroeconomics and the Environment*, Cheltenham, UK and Lyme, US: Edward Elgar.

Ayres, R. U. (1998), *Turning Point: The End of the Growth Paradigm*, London: Earthscan.

Beard, T. R. and G. A. Lozada (2000), *Economics, Entropy and the Environment*, Cheltenham, UK and Northampton, MA, USA: Edward Elgar.

Beckerman, W. (2001), 'Economists and Sustainable Development', *World Economics*, 2, October–December, pp. 1–17.

Daly, H. E. (1974), *Towards a Steady-State Economy*, San Francisco: W. H. Freeman.

Daly, H. E. (1996), *Beyond Growth: The Economics of Sustainable Development*, Boston: Beacon Press.

Daly, H. E. and J. B. Cobb (1994), *For the Common Good*, Boston: Beacon Press.

Faber, M., R. Manstetten and J. Proops (1996), *Ecological Economics: Concepts and Methods*, Cheltenham, UK and Brookfield, US: Edward Elgar.

Georgescu-Roegen, N. (1971), *The Entropy Law and the Economic Process*, Cambridge, MA: Harvard University Press.

Georgescu-Roegen, N. (1986), 'The Entropy Law and the Economic Process in Retrospect', *Eastern Economic Journal*, 12, pp. 3–23.

Gilder, G. (1989), *Microcosm: The Quantum Revolution in Economics and Technology*, New York: Simon and Schuster.

Hamilton, K. (2000), *Sustaining Economic Welfare: Estimating Changes in Wealth per Capita*, Washington, DC: Environment Department, World Bank (*www. econ. nyu. eduldeptliariw*).

Hirsch, F. (1976), *The Social Limits to Growth*, Cambridge, MA: Harvard University Press.

Jones, C. I. (2001), *An Introduction to Economic Growth*, 2nd edn, New York: W. W. Norton.

Joseph, M. (1991), *The Green Economy*, London: Pluto Press.

Lutz, M. A. (1999), *Economics for the Common Good: Two Centuries of Social Economic Thought in the Humanistic Tradition*, London: Routledge.

Meadows, D. H., D. L. Meadows, J. Randers and W. Behrens (the 'Club of Rome') (1972), *The Limits to Growth*, London: Earth Island.

Nordhaus, W. (1992), 'Lethal Model 2: The Limits to Growth Revisited', *Brookings Papers on Economic Activity*, no. 2, pp. 1-59.

Pearce, D. W. (2001), 'Environmental Policy', in M. Artis and F. Nixson (eds), *The Economics of the European Union*, Oxford: Oxford University Press.

Pearce, D. W. and G. Atkinson (1993), 'Capital Theory and the Measurement of Sustainable Development', *Ecological Economics*, 8, pp. 103-8.

Romer, P. M. (1999), 'Interview with Paul Romer', in B. Snowdon and H. R. Vane *Conversations with Leading Economists: Interpreting Modern Macroeconomics*, Cheltenham, UK and Northampton, MA, USA: Edward Elgar.

Stelzer, I. M. (2001), 'Competition Policy and Superior Macroeconomic Performance: You Can't Have One Without the Other', *Lectures on Regulatory and Competition Policy*, London: Institute of Economic Affairs.

WCED (1987), *Our Common Future*, Oxford: Oxford University Press.

114. 经济计量学会 Econometric Society

经济计量学会成立于1930年，创始人是欧文·费雪(第一任会长)和挪威经济学家拉格纳·弗里施。学会的主要目的是"促进对经济问题的理论——定量和实证——定量的分析方法的统一，并用类似于已经在自然科学中占据主导地位的创造性和缜密性思维来深入了解经济问题"。学会的主要活动包括在6个地区组织会议(北美、欧洲和其他地区，拉美、澳洲、远东和印度——东南亚)，每5年举行一次的世界大会，系列专著的出版，以及声望卓著的《经济计量学杂志》(创刊于1933年)。从20世纪70年代以来，《经济计量学杂志》每年出版6期，是公认的经济学重要杂志之一。读者如果想了解更多的信息，请登录网站(*http://gemini.econ.yale.edu/es*)。

参见：

Fisher, Irving; Frisch, Ragnar, A. K.

115. 经济增长 Economic Growth

一定时期内反映经济中生产商品和服务的能力的实际国内生产总值的增长。

参见:

Economic Growth and the Role of Institutions; Endogenous Growth Theory; Harrod-Domar Growth Model; Neoclassical Gorwth Model.

116. 经济增长和制度的作用 Economic Growth and the Role of Institutions

在经济增长的分析中,一开始就区分增长的直接原因和根本原因非常有用。直接原因与资本和劳动这类投入要素的累积有关,也与影响这些投入的生产力的变量,比如规模经济和技术变化有关。增长分析师如丹尼森(Denison,1985)和麦迪逊(Maddison,1995)建立了一套对经济增长各种直接原因进行分析的有用的体系,新凯恩斯学派、新古典和内生增长理论都全力以赴为这些直接变量建立模型。罗斯托(Rostow,1990)在经济增长分析的历史概述中,提出了一个重要的看法,"从18世纪到现在,增长理论一直以一个公式、一个通用的方程,或生产函数为基础。"正如埃德尔曼(Adelman,1961)所阐述的,我们可以用等式(1)表示为:

$$Y_t = f(K_t, N_t, L_t, A_t, S_t) \tag{1}$$

在这里,K_t、N_t 和 L_t 分别代表资本存量、自然资源和劳动资源的流动,A_t 代表经济体的应用知识存量,S_t 就是阿布拉莫维奇所谓经济在其中运行的"社会能力"。按照罗斯托的说法,这一通用方程式中包含着经济增长最直接和基本的原因。很显然,S_t 就包含非经济变量和经济变量的影响,这些变量可以影响经济增长和经济表现,这些变量中包括决定企业家才能配置的激励与规则(Baumol,1990)。正因为如此,近年来经济学家对增长决定因素的研究,已经开始强调制度和激励机制的重要性了(North,1990;Olson,2000)。

与增长的基本原因相关的变量是,与一国能够或有能力进行生产积累有关的变量,以及有能力对知识生产进行投资的变量。对增长的研究,已经从对直接的增长基本原因的关注,转向了对经济的制度结构的关注,转向了对"社会能力"(Abramoritz,1996)或"社会基础结构"(Hall and Jones,1999)的关注。当前被普遍接受的观点是,"好"的制度和激励机制是成功增长和发展的重要前提条件(North,1990; Abramoritz and David,1996,Barro,1997;Dawson,1998;World Bank,2002)。

经济史关注的基本是长期内经济的表现,这种分析对增长经济学家贡献极大,增长经济学家可以借此改善自己的能力，从而发展出一种更好地理解长期经济变化的分析框架（North and Thomas，1973；North，1989，1994）。经济史上的现象表明，以持续生活水平增长为标准，那些不成功的经济体就是那些没能为促进经济发展制定出一套可行的经济游戏规则的经济体。正如道格拉斯·诺思所说（North，1991），经济史和经济发展的"核心问题，是要解释为生产力的不断增长创造出经济环境的政治和经济制度的演进"。

诺思（North，1991）将制度定义为"人为设计出的构建政治、经济和社会相互关系的约束"。约束性制度可能是非正式的（习惯、传统、禁忌、准则以及与犯罪和羞耻相关的道德自律规范）和/或正式的（法律、履行合约、规范、章程及私有财产权）。在一个理想的世界中，正式制度与非正式制度互为补足。这些制度提供了一个架构，人类在这一架构中不断相互作用，这些制度支持市场交易，帮助经济行为人之间进行信息传递，为人们提供从事生产活动的必要激励。历史"在很大程度上就是一部制度进化史"，有效制度"能提升合作的好处或不合作的成本"（同上）。

根据世界银行的说法（2002），时间和空间上都有许多证据可以证明制度发展的优劣程度与经济增长和经济效益相关。如果财产权是减少交易成本并促进专业化和贸易的重要因素，那么，看到"几乎所有那些一代又一代拥有良好经济表现的国家就是那些拥有稳定民主政体的国家"，就不那么令人奇怪了（Olson，2000；Rodrik，2000）。良好的管理方法和经济繁荣共生共荣，独裁者不仅对投资是一种高风险，也自始至终是投资的偷盗者。正如伊斯特利（Easterly，2001a）所说："政府可以扼杀增长。"

在人类历史的大部分时间里，世界大多数人民一直被曼库尔·奥尔森（Olson，1993，2000）所称的"流寇"和"坐寇"所统治，历史提供了确凿无疑的证据证明，仁君少之又少。流寇（军阀）对提高其治下的人民的生活福利不感兴趣。一个被你来我往的流寇控制的领地，纯粹处于一种无政府状态，不可能有任何形式的经济发展。由于财产权得不到保障，所以人民对任何生存必需品以外的生产都毫无动力，因为任何剩余都会被强权剥夺。但是，如果能鼓励和维持一个稳定的生产性经济，坐寇就能在自己统治的疆土上榨取更多的税赋。在这种情况下，专制君主就具有提供重要的公共物品诸如法律和秩序的动力。但是在专制统治下，私人财产权仍然没有保障。历史已经表明，专制政体的君主总是发现很难建立一个稳固的王朝，这种与朝代接续有关的不确定性使得独裁者不具有长期的经济观点。比如说，英国的君主政体在征服者威廉治下（1066）和"光荣革命"（1688）期间，反复受到一连串危机(如"玫瑰战争")的困扰。只有在稳定的民主政体中,即在代议制政府尊重个人权利并对个人权利负责的民主政体中,我们才能看到一种人为创造出来并具有持久的财产权的环境(Fukuyama,1989,1992)。

诺思和奥尔森所提倡的一般性理论得到德朗和施赖弗(Delong and Shleifer,1993)的确认,他们的研究表明,中世纪欧洲那些处于较为民主的政府管制下的城市,比那些在"国王"专制统治下的城市生产力要更强一些。提出专制主义与经济持续发展的不相容性,是因为在一个专制独裁者不受法律约束的环境中,财产权也得不到保障。德朗和施赖弗假设,城市人口的规模可表示商业的繁荣,"利用前工业化大城市的数量和规模作为经济活动的指标,并用城市数量和城市人口规模的变化作为经济增长的指标"。他们的城市数据表明,在 1000 年到 1500 年间欧洲经济重心是如何不断北移的。尽管在 1000 年时,欧洲的城市发展还是一潭"死水",但到了 1800 年,欧洲已经成了世界上最繁华、经济最先进的地区。13 世纪初期,伦敦名列欧洲最大城市的第 25 位,但到了 1650 年,伦敦已位居第二(仅次于巴黎),到 1800 年,伦敦已成为世界第一大城市。德朗和施赖弗认为,由于专制政府与非专制政府对私人财产征税的税率不同,所以财产保障可以通过较低的税赋来确认。道格拉斯·诺思也提出,英国承诺保障财产权之有效性和持久性,必须以议会权力高于王权为基础。这一条件在接下来的 1688 年"光荣革命"中实现了,光荣革命促进了能增进私人财产保障的经济制度的建立(North and Weingast,1989;North,1990)。北美和南美的经济表现也充分证明不同的制度路径对政治和经济产生的结果(Sokoloff and Engerman,2000;Khan and Sokoloff,2001)。

再以二战后欧洲重建为例,来说明制度对经济持续增长的重要性。战争结束后不久,由于对大萧条的记忆以及从逻辑上就对作为制度的资本主义和市场不信任,西欧很大一部分人认为,若想经济复苏,就要继续实行战时的规则和管制,甚或需要苏联式的经济计划。1948 年到 1951 年,部分出于回应这些思想的考虑,人们提出了马歇尔计划,由美国向西欧提供 130 亿美元的援助。尽管这些资金缓解了一些急需的资源短缺,但确实对加速经济增长意义不大。然而,正如德朗和艾肯格林(Delong and Eichengreen,1993)所指出的,马歇尔计划通过改进经济政策环境,通过对基于市场经济体系的策略的支持,再加上必要的辅助制度,加速了经济的增长。现在回想起来,1950—1973 年是西欧"混合"经济发展的黄金时代,德朗和艾肯格林的结论是,马歇尔计划是"历史上最为成功的结构调整规划"。艾肯格林(Eichengreen,1996)还扩展了以制度为基础的解释,来解释欧洲在实施马歇尔计划后能够获得25年经济增长的原因。在这25年中,欧洲的经济增长快于欧洲此前和此后任何时期的经济增长(Maddison,2001)。按照艾肯格林的说法,这一"黄金时代"的基础,就是一系列国内和国际制度(比如关税及贸易总协定、欧洲自由贸易区的发展以及布雷顿森林体系),这些制度"解决了可能会阻碍增长的合作与义务问题"。

对于21世纪生活在富裕的经济与合作发展组织经济体系内的个人来说,很容易将这些市场制度视为理所当然的制度,因为这些制度已经存在这么长的历史时期了。但前共产主义经济体的"转型痛苦"提醒我们,如果没有必要的制度基础,要使市场经济有效运行将会极其困难(见斯诺登对斯蒂格利茨的访谈录,2001;世界银行,2002)。另外,如果设计转型策略时不考虑一个经济体的历史,转型策略也不会获得成功。任何一种政策或转型策略要与一个特定的社会相称,都必须考虑到这一社会的制度和社会的适应力。

这里我们提出德朗(Delong,2001,即将出版)曾经强调过的人均收入作为重要的演变依据,这样提的原因是,政治发展影响经济制度和政策的选择。那些试图在"铁幕"后发展的国家,现在的人均收入低于那些在1950年具有相同人均收入但后来选择走资本主义道路的国家。最明显的例证就是对东德和西德进行发展比较,对朝鲜和韩国进行发展比较。然而,对其他邻邦国家进行对比似乎更为合理,比如将俄罗斯与芬兰进行比较,将匈牙利与奥地利进行比较,将希腊与保加利亚进行比较,将斯洛文尼亚与意大利进行比较,将柬埔寨与泰国进行比较,都显示出生活水平上的重大差异。这些"自然实验"表明,国家疆界也标志着公共政策和制度的疆界,人们很容易从这里观察到经济表现的差异(Fukuyama,1992;Olson,1996)。

既然资本和技术可以在政治疆界之间移动,那么,每单位工人产出水平持续出现极大差异则说明,这种持续性的存在是增长和发展的障碍(Parente and Rescott,2000)。投资于宏观经济不稳定、基础结构不当、教育落后、种族差异、普遍腐败、政治动荡以及经常性政策变动的国家风险极大,这阻碍了资本从富国向穷国自由流动。而技术落后和人均收入差距的存在,也说明这些国家具有追赶和趋同的潜力,摩西·阿布拉莫维奇(Abramovitz,1986)强调"社会能力"的重要性,如果没有一定的社会能力,国家也无法认识到自己的潜力。社会能力与各种制度安排相关,这些制度安排为生产性经济活动的行为设定了框架,没有这些制度安排,市场经济就无法有效运行。为了鼓励工人生产出高水平的产出,国家必须制订能避免个体生产单位发生偏离的社会制度。有的国家拥有不当的基础结构,比如有腐败的官僚集团,有致力于资源转移的寻租活动,而不是致力于诸如资本积累、获取技术以及新产品和生产技术开发的生产活动(Murphy et al., 1993; Mauro, 1995)。在一个法制与合约实施不健全,财产权保护不力,并拥有没收性赋税和大量腐败的国家中,非生产的寻利(租)活动会极为流行,而且会给创新和其他增长活动造成极大的危害(Tanzi, 1998)。

经济行为人之间的信用也是交易成本的决定性因素。这一思想源远流长(Fukuyama, 1995)。比如,约翰·斯图尔特·穆勒就指出(Mill, 1884),在欧洲许多国家,"妨碍做大生意的最严重障碍是在收付大笔款项上值得信任的人很少……建立相互信任的关系对人类的好处,表现在人类生活的方方面面:经济方面的好处也许是最微不足道的,但即使如此,也是无限大的。"

扎克和纳克(Zak and Knack, 2001)在最近的文章中吸收了这一观点,他们指出,在一个经济体中,信任的扩展会"极大地"影响增长率,"一个具有较高信用的社会,其生产的产出要多于信用较低的社会"。在同一经济体中,交易双方有较高的信用,则投资率和经济增长率都会高于信用较低的环境。这一洞见从稍早的纳克和基弗(Knack and Keefer, 1995; 1997a, 1997b)的实证研究中获得了支持,纳克和基弗以29个市场经济国家为范本进行分析,发现了信用与增长之间的正相关关系。纳克和基弗指出,在信用较低的国家中,(1) 缺乏可以阻止和惩罚欺骗及抑制机会主义行为的正式(法律、强制性合同)和非正式(放逐、犯罪和毁誉)的机制和制度;(2) 人口差异(种族差异)较大;(3) 不平等较为普遍。伊斯特利和莱文(Easterly and Levine, 1997)发现,非洲的种族差异降低了经济增长率,因为不同的群体很难形成合作,稀缺资源也由于持续的分配争斗而遭到浪费。"种族清洗"和种族灭绝的国内战争就是最极端的表现形式(比如波斯尼亚、卢旺达、科索沃和阿富汗)。科利尔(Collier, 2001)的研究提出,种族多样化的社会"特别不适合于专制统治",所以在政治制度中不存在"种族支配权",民主制度可以极大地降低多样化导致的负面经济影响,减少对立集团之间发生的消耗战。伊斯特利(Easterly, 2001b)也提出,保护少数民族和保障自由免受剥夺的正式制度,可以"减少一个种族集团对另一个种族集团的危害"。伊斯特利的研究表明,如果有一个好的制度,种族差异并不一定降低增长率或引致较差的经济政策。好的制度"也可以降低种族分裂引致的战争风险和种族灭绝风险"。

为了理解为什么有些国家在经济增长方面的表现要比其他国家好得多,我们还有必要超越增长的直接原因,深入探讨宽泛的基本决定性因素。这种探讨意味着,我们不能希望只利用经济分析方法来找到魔弹(magic bullet)。为了理解增长的"奇迹"和"灾难",我们有必要了解在与一定制度结构相关的政治斗争环境中进行政策选择的方式。

穷国在追赶和趋同方面拥有巨大潜力,但这些优势在那些具有不恰当法律、政治和规则框架的国家中,不会产生积极的结果(Dawson,1998)。制度会对一国财富产生深远影响的观点,是亚当·斯密在1776年已经阐明的思想。近年来,"增长理论的政治化"(Hibbs,2001)已经使政治、政策和制度安排对经济增长之影响的研究,慢慢萌芽成长。

布莱恩·斯诺登　霍华德·R. 文(安佳译)

参见:

Endogenous Growth Theory; Neoclassic Growth Model.

参考文献:

Abramovitz, M. (1986), 'Catching Up, Forging Ahead, and Falling Behind', *Journal of Economic History*, 46, June, pp. 385 – 406.

Abramovitz, M. and P. David (1996), 'Convergence and Deferred Catch-Up: Productivity Leadership and the Waning of American Exceptionalism', in R. Landau, T. Taylor and G. Wright (eds), *The Mosaic of Economic Growth*, Stanford: Stanford University Press.

Adelman, I. (1961), *Theories of Economic Growth and Development*, Stanford: Stanford University Press.

Barro, R. J. (1997), *Determinants of Economic Growth*, Cambridge, MA: MIT Press.

Barro, R. J. (1999), 'Determinants of Democracy', *Journal of Political Economy*, 107, December, pp. 158 – 83.

Baumol, W. J. (1990), 'Entrepreneurship: Productive, Unproductive and Destructive', *Journal of Political Economy*, 98, October, pp. 893 – 921.

Collier, P. (2001), 'Implications of Ethnic Diversity', *Economic Policy*, 16, April, pp. 129 – 66.

Dawson, J. W. (1998), 'Institutions, Investment, and Growth: New Cross-Country and Panel Data Evidence', *Economic Inquiry*, 36, pp. 603 – 19.

DeLong, J. B. (1992), 'Growth in the World Economy, ca. 1870 – 1990', in H. Siebert (ed.), *Economic Growth in the World Economy*, Tübingen: Mohr/Siebeck.

DeLong, J. B. (2001), *Macroeconomics*, Burr Ridge: McGraw-Hill.

DeLong, J. B. (forthcoming), *The History of the Twentieth Century: Slouching Towards Utopia?*, Cambridge: Cambridge University Press.

DeLong, J. B. and B. Eichengreen (1993), 'The Marshall Plan: History's Most Successful Structural Adjustment Programme', in R. Dornbusch, W. Nolling and R. Layard (eds), *Post-War Reconstruction and Lessons for the East Today*, Cambridge, MA: MIT Press.

DeLong, J. B. and A. Shleifer (1993), 'Princes and Merchants: City Growth Before the Industrial Revolution', *Journal of Law and Economics*, 36, October, pp. 671–702.

Denison, E. F. (1985), *Trends in American Economic Growth 1929–1982*, Washington, DC: Brookings Institution.

Easterly, W. (2001a), *The Elusive Quest for Growth*, Cambridge, MA: MIT Press.

Easterly, W. (2001b), 'Can Institutions Resolve Ethnic Conflict?', *Economic Development and Cultural Change*, July, pp. 687–706.

Easterly, W. and R. Levine (1997), 'Africa's Growth Tragedy: Policies and Ethnic Divisions', *Quarterly Journal of Economics*, 112, November, pp. 1203–50.

Eichengreen, B. (1996), 'Institutions and Economic Growth: Europe After World War II', in N. C. R. Crafts and G. Toniolo (eds), *Economic Growth in Europe Since 1945*, Cambridge: Cambridge University Press.

Fukuyama, F. (1989), 'The End of History', *National Interest*, pp. 3–18.

Fukuyama, F. (1992), *The End of History and the Last Man*, New York: The Free Press.

Fukuyama, F. (1995), *Trust: The Social Virtues and the Creation of Prosperity*, New York: The Free Press.

Hall, R. E. and C. I. Jones (1999), 'Why do Some Countries Produce so Much More Output Per Worker Than Others?', *Quarterly Journal of Economics*, 114, February, pp. 83–116.

Hibbs, D. A. (2001), 'The Politicisation of Growth Theory', *Kyklos*, 54, pp. 265–86.

Khan, B. Z. and K. L. Sokoloff (2001), 'The Early Development of Intellectual Property Institutions in the United States', *Journal of Economic Perspectives*, 15, Summer, pp. 233–46.

Knack, S. and P. Keefer (1995), 'Institutions and Economic Performance: Cross

Country Tests Using Alternative Institutional Measures', *Economics and Politics*, 7, November, pp. 207–27.

Knack, S. and P. Keefer (1997a), 'Why Don't Poor Countries Catch Up? A Cross-National Test of an Institutional Explanation', *Economic Inquiry*, 35, July, pp. 590–602.

Knack, S. and P. Keefer (1997b), 'Does Social Capital Have an Economic Payoff?: A Cross Country Investigation', *Quarterly Journal of Economics*, 112, November, pp. 1251–88.

Maddison, A. (1995), *Explaining the Economic Performance of Nations*, Aldershot, UK and Brookfield, US: Edward Elgar.

Maddison, A. (2001), *The World Economy: A Millennium Perspective*, Paris: OECD.

Mauro, P. (1995), 'Corruption and Growth', *Quarterly Journal of Economics*, 110, August, pp. 681–712.

Mill, J. S. (1848), *Principles of Political Economy*, edited by D. Winch (1970), Harmondsworth: Penguin.

Murphy, K. M., A. Shleifer and R. W. Vishny (1993), 'Why is Rent Seeking so Costly for Growth?', *American Economic Review*, 83, May, pp. 409–14.

North, D. C. (1981), *Structure and Change in Economic History*, New York: W. W. Norton.

North, D. C. (1989), 'Institutions and Economic Growth: An Historical Approach', *World Development*, 17, September, pp. 1319–32.

North, D. C. (1990), *Institutions, Institutional Change and Economic Performance*, Cambridge: Cambridge University Press.

North, D. C. (1991), 'Institutions', *Journal of Economic Perspectives*, 5, Winter, pp. 97–112.

North, D. C. (1994), 'Economic Performance Through Time', *American Economic Review*, 84, June, pp. 359–68.

North, D. C. and R. Thomas (1973), *The Rise of the Western World: A New Economic History*, Cambridge: Cambridge University Press.

North, D. C. and B. R. Weingast (1989), 'Constitutions and Commitment: The Evolution of Institutions Governing Public Choice in Seventeenth-Century England', *Journal of Economic History*, 49, December, pp. 803–32.

Olson, M. (1993), 'Dictatorship, Democracy and Development', *America, Political*

Science Review, 87, September.

Olson, M. (1996), 'Distinguished Lecture on Economics in Government: Big Bills Left on the Sidewalk: Why Some Nations are Rich, and Others Poor', *Journal of Economic Perspectives*, 10, Spring, pp. 3 – 24.

Olson, M. (2000), *Power and Prosperity: Outgrowing Communist and Capitalist Dictatorships*, New York: Basic Books.

Parente, S. L. and E. C. Prescott (2000), *Barriers to Riches*, Cambridge, MA: MIT Press.

Rodrik, D. (2000), 'Participatory Politics, Social Co-operation, and Economic Stability', *American Economic Review*, 190, May, pp. 140 – 4.

Rostow, W. W. (1990), *Theories of Economic Growth from David Hume to the Present*, Oxford: Oxford University Press.

Snowdon, B. (2001), 'Redefining the Role of the State: Joseph Stiglitz on Building a Post-Washington Consensus', *World Economics*, 2, July—September, pp. 45 – 86.

Sokoloff, K. and S. Engerman (2000), 'Institutions, Factor Endowments, and Paths of Development in the New World', *Journal of Economic Perspectives*, 14, Summer, pp. 217- 32.

Tanzi, V. (1998), 'Corruption Around the World: Causes, Consequences, Scope and Cures', *IMF Staff Papers*, 45, December, pp. 559 – 94.

World Bank (2002), *Building Institutions for Markets*, Oxford: Oxford University Press.

Zak, P. J. and S. Knack (2001), 'Trust and Growth', *Economic Journal*, 111, April, pp. 295 – 321.

117. 有效工资 Efficiency Wage

最大化个人生产力的实际工资,或每镑(每元)实际工资的工作付出。

118. 有效工资理论 Efficiency Wage Theory

新凯恩斯学派经济学解释劳动市场上实际工资刚性的基本要素,有效工资理论试图解释"均衡"实际工资率,也就是出现高于市场出清的实际工资率的原因,因此这种理论可以解释长期均衡中非自愿失业产生的原因。

有效工资理论的实质是,工人的生产力(努力或效益)实际取决于工人得到的实际工资。因此,企业为工人支付高于市场出清工资的"有效工资",于劳资双方都有利可图,且是理性的选择。有效工资理论指出,企业即使面对劳动的过量供给,都不会有兴趣降低实际工资,因为,降低实际工资会降低生产力,提高企业成本。

在现有文献中可以发现四种版本的有效工资理论。第一种是劳动替补模型(Labour turnover model)。劳动替补模型认为,辞职率是工人实际工资的减函数。因此,企业为了防止工人辞职,减少劳动替补的成本,都有动力为工人支付有效工资。与此同时,非自愿失业的存在也使得高于市场出清工资的有效工资可以抑制公认的辞职意愿。第二种是逆向选择模型。逆向选择模型认为,工人的能力与保留工资或最低工资会促使他们接受一个两者结合非常紧密的工作。因此,企业付给工人有效工资就不仅会吸引到最好和最有竞争力的申请者,而且也有助于抑制最能干的工人辞职。第三种是怠工模型(shirking model)。怠工模型认为,在许多工作中,工人们都可以自行决定如何做好本职工作,这样在事实上就让一些工人有了逃避努力工作的机会。如果企业给工人支付高于市场出清工资的有效工资,企业就可以减少怠工现象,提升工人的生产力。另外,有效工资还可以作为严格纪律的工具,还可以使企业减少管理工人的成本。最后一种是公平模型(fairness model)。公平模型认为,工人的生产力也与他的士气有关,士气又与他们是否获得了公平的报酬有关,因此,如果工人获得了高于市场出清实际工资的有效工资,工人的士气和忠诚度都会增长,工人也会努力工作,增加自己的生产力。读者如果想了解完整的有效工资理论,可以参见 G. A. 阿克洛夫和 J. L. 耶伦编辑的《劳动市场的有效工资模型》(剑桥大学出版社,1986)。

参见:

Adverse Selection Model; Efficiency Wage; Involuntary Unemployment in Keynesian Economics; New Keynesian Economics; Real Rigidity; Shirking Model.

119. 国际收支弹性分析法 Elasticities Approach to the Balance of Payment

该分析方法研究的是，在什么情况下，用贬值来纠正国际收支经常账户赤字才能获得成功。这一分析方法的重点是进出口对随贬值而变化的相对价格的反应。用贬值来改善经常账户赤字的必要条件（马歇尔-勒纳条件）是，进出口需求弹性大于1。

参见：

Balance of Payments; Devaluation; Marshall-Lerner Condition.

120. 1946 年就业法 Employment Act of 1946

《1946 年就业法》为美国指出了达成三个重要宏观经济目标的责任，即"最大化就业、生产和购买力"。根据这一法令成立了两个团体，一个是经济顾问委员会（CEA），一个是国会经济联席委员会。CEA 成员的主要任务之一，就是帮助总统准备提交国会的年度经济报告，并对美国的现行政策和事件进行评估。11 人的国会经济联席委员会则负责评估总统经济报告。

参见：

Council of Economic Advisers.

121. 内生增长理论 Endogenous Growth Theory

给定条件

我们从对"发展经济学"和"增长理论"的区别开始（Brinkman, 1965）。亚当·斯密在两个世纪前问道，"国民财富的本质和原因"是什么？对这一问题的回答就是发展经济学的主题。印度为什么穷？美国为什么富？以此向当代发展主义经济学家发问，他们的回答包括保障财产权、司法体系有效性、公共部门规模以及交易自由化等等。但是,增长理论探讨的问题更小而且更精确:什么是一个经济体平衡的、稳定的、长期均衡增长道路?从一定意义上说,平衡是指增长模型中的所有重要变量,比如产出、资本、劳动、储蓄和投资等,在不确定的未来按不变指数比率变化。当然,实际经济即使在极短的时间内也不会平衡稳定地增长,在实际经济中,部门和产出构成一直持续产生结构变化。人们很难给这种内在的变化无常的不稳定状态建立模型,而且也无法对其进行有用的推论。但不管什么原因,经济学家们几乎都建立了包括稳定状态解决方法在内的增长模型。这是所有增长理论的内在局限,所以在阅读下面的理论时必须记住,增长经济学家关注的是实际经济增长的理想化模式。

新旧增长理论

增长理论始见于20世纪40年代的哈罗德-多马模型,并于20世纪50年代因为罗伯特·索洛的推动而有了进展,索洛将哈罗德-多马模型中假定是由技术给定的资本-劳动比内生化了。在20世纪60年代的一阵喧闹之后,增长理论止步不前了。20世纪80年代,保罗·罗默和罗伯特·卢卡斯又用一种新的形式使增长理论重获新生。索洛(Solow,1956)模型以总的规模报酬不变但每项投入的报酬递减的柯布-道格拉斯生产函数为分析依据。由于过去的增长总是以资本-劳动比的稳定上升为特征,所以索洛的分析意味着,除非有充裕的外部技术进步的补充,原则上稳定的长期均衡人均收入增长为零,外部技术进步在索洛的等式中以 A 表示:

$$Y = Af(K,L)$$

丹尼森对20世纪60年代和70年代的增长计算的研究扩展了这一模型(比如Denison,1967)。新的卢卡斯-罗默增长理论认为,由于不同企业之间的外部性,资本深化不会遭遇报酬递减,因此生产函数表示的是规模报酬递增而不是规模报酬不变。但是规模报酬递增与完全竞争不符,所以,罗默在第二个增长模型中,采用了不完全竞争理论,但与以前相同,他模型中的 A 也是内生的,这就是为什么他的理论与索洛的外生增长理论相反,被称为"内生增长理论"(EGT)的原因。

为什么有外生性或内生性之分?经济学中"外生性"一词通常意味着,我们所描述的变量本身在理论中无法获得解释,就像货币数量理论中的货币供给,或是消费行为理论中的需求模式一样。旧的增长理论之所以被称为外生增长理论,就是因为技术进步或 A 本身并不能在理论中得到解释:既无法解释技术进步是什么,也无法解释有多少技术进步;它就是我们在理论中无法解释的能使生产力要素增长的一切东西。

我们将新增长理论称为内生增长理论又意味着什么呢？大体来说，增长在理论上被解释成增长本身的产物，或是私人企业逐利活动的预期结果与未预期到的结果(准确地说，这也就是使这一理论成为新古典内生增长理论的原因)。

内生增长理论是在旧的增长理论基础上的改良理论吗？首先，有的技术进步是私人企业以逐利为动机的研发活动的结果，在新增长理论中，这些就是内生性的，而在旧理论中，没有为这些活动留下空间。另一方面，政府为军事研究机构提供的研发政府补贴和大学里的纯粹基础研究，都出于非金钱的考虑，在新增长理论中，这些因素也与旧增长理论一样，是外生性的。另外，阿罗的边干边学(learning by doing)就是过去的投资加上经验的未预料到的副产品，这一产品至少部分是外生性的，因为，边干边学效应并不能完全预见得到。简而言之，经济增长，尤其是技术知识的增长，一定是外生的，至少在某种制度上是外生的，就算我们没有考虑奈特所指围绕创新过程的不确定性(创新因为其不可预料也是一种外生性)，它也是外生的。总之，完全的内生增长理论不具有现实性。另一方面，完全的外生增长理论也是不现实的，因为许多企业都在研究方面投入很多，其中有些投入可以在新技术和新产品上获得回报。此外从方法论上说，还包含很多重要而无法解释的东西。因此可见，我们实际上无法根据现实理由或准确描述而在新旧增长理论间进行选择(Valdés, 1999，第171—172页)。而且实际上(下面有更详细的解释)这两种理论从观察看是相同的，甚至增长取向政策的含义都是一致的。很明显，如果我们一定要在两个理论之间进行选择，我们只能基于模型进行选择：看两个模型中哪个模型更简单、精确，并易于处理。

内生增长的三个渠道

在内生增长理论提出的有限分析范围内——即在完全竞争和规模报酬不变的模型中如何引入利润支配性(profit-inspired)技术进步——持续稳定状态的增长理论采用三个途径进行解释。我们不能接受规模报酬递增或规模报酬递减，是因为规模报酬递增会损害完全竞争，而规模报酬递减当然也会因为稳定增长本身而遭到否定。然而，尽管有线性生产函数，但内生增长也可能产生自"边干边学"(Arrow, 1962)：随着时间的推移，在所有或多数生产过程中，单位成本下降，其原因很简单，企业在制造产品的过程中获得了经验。虽然这一效应在一系列工业国家都获得了证明，但人们还是不能相信可以用此进行解释，因为边干边学不能持久地增加产出水平，也不能年复一年保持全部要素生产力的持续增长。

解释稳定增长的第二和第三个途径都使用了外部性概念,第二条途径与保罗·罗默的研究相关,第三条途径与罗伯特·卢卡斯的研究有关。在罗默(Romer,1986)的研究中,与索洛模型的情况一样,每个企业的生产函数都表现出相对于资本投入的边际生产力递减,但现在这种情况还取决于其他企业的资本。一家企业投入更多的资本也会使其他企业的生产力增长,因为,一家企业投资于研发活动而产生的知识不会全部由创新企业占有,而会外溢到其他企业,这样,新知识就具有了"公共品"的性质,是非竞争的,并在很大程度上是非独享的。卢卡斯(Lucas,1988)也用同样的概念分析企业为自己的工人提供岗位培训的决定,以及雇用受教育程度更高的工人的决定。将这两种观点放在一起,对任何生产要素来说,不管是物质资本还是人力资本,规模报酬不变将通过其他企业或产业或国家的外部效应而产生出完全竞争条件下的内生增长。

规模报酬不变加上正的外部性与卡尔多(Kaldor,1967)在多年前分析的动态规模报酬递增并不相同,在卡尔多的分析中,产生增长本身对生产力增长有一种正的反馈效应,规模经济这一概念对长期增长解释的重要性当然与亚当·斯密的制针工厂一样古老,但规模报酬递增的难题在于,引入规模报酬递增就会威胁到标准微观经济学的完全竞争核心假设。或许是认识到这一事实,罗默(Romer,1990)为了找到一个更有说服力的内生增长说法,将内在的非凸状与非竞争性结合在一起,在垄断竞争假设中部分排除了诸如知识这样的公共品。罗默假设,由于规模报酬递增,物质资本会产生出很多的中间投入,由于投入供给的垄断竞争,每种投入的供给都会为他人产生出一个外部性,随着中间投入的扩展,增加投资的生产力也随着专业化程度的增加而增长。罗默的上述观点补充了传统的生产函数模型。罗默称其为"因为专业化的规模报酬递增而带来的增长"(Romer,1987)。这样,将规模报酬递增与垄断竞争和不完全垄断结合在一起,就成了罗默内生增长理论的三个基本构件。

罗默($Romer_1$,1986)和罗默($Romer_2$,1990)的差别也值得强调一下。实际上,提出内生增长理论的罗默$_1$,并没有讨论内生增长理论。在最初的内生增长理论中,完全竞争条件下的利润最大化企业决定以一个既定的资本量进行投资,这一投资通过一个边干边学和未预料的外溢过程引致新的技术知识从一个企业到另一个企业瞬间的且无成本的传播。然而,对那个为了生产出新的技术知识而深思熟虑地投资于研发活动的企业来说,又怎么样了呢?很明显,下一步就开始考虑这一问题了;投资于研发活动的企业期望从研发中获得补偿。但是,在完全竞争条件下,任何企业都没有合适的渠道为研发活动融资,原因是,完全竞争条件下的企业收益全部按照贡献投入要素相应的边际产出值而支付给了所有的投入要素,所以企业没有多余的收益回报给"第三个"要素(如研发)。但是,研发本身不就可以分解成资本和劳动吗?不,问题并不全是这样,因为研发所生产的东西是一种借助于以前的知识和科研团队的经验所生产出来的新知识,所以新知识是由资本、劳动和旧知识生产出来的。而旧知识和新知识都是不可分的,都是具体的边际产品的同质生产要素。我们现在还面临以前的结论,在完全竞争条件下,没有可用于支付研发的产出。这就是著名的与新古典经济学一样久的产品耗尽定理(Blaug,1997,第422—435页)。所以,如果我们非常认真地要在内生增长理论中将研发引入企业行为,我们就必须放弃完全竞争假设,放弃与之相关联的规模收益不变假设。因此,罗默$_2$是新古典经济学向受到近60年批评的完全竞争假设的最终屈服。

内生增长理论的源头

到目前为止,我们所说的都只是听说的东西,但有什么根据能使我们相信,事情真的就是如此?在我们试着回答这一问题之前,我们可以考虑一下,卢卡斯和罗默根据什么构建出内生增长理论。旧的索洛式增长理论认为,所有有机会获得相同的(外生)世界性技术的国民经济体,都具有不断趋同的人均收入增长率,至少在考虑不同初始条件的一段时间之后是这样。这就是所谓"趋同假设",根据这一假设,穷国的增长率会高于平均增长率,富国的增长率会低于平均增长率。然而,人们普遍相信,20世纪80年代,人均收入增长是趋异而不是趋同,至少从全球水平上看是这样(见Grossman,1996,第xi—xii页;Pritchett,1997;Lucas,2000)。索洛已经承认(Solow,1991,第398页),他没有见到世界性趋同的迹象,"这也激发了罗默和卢卡斯的积极性,促使他们基于新增长理论进行理论拓展"。如果不存在趋同,那么,增长率本身在某种程度上就是内生性的(也就是说,生产率在国与国之间是不同的)。但是,罗默本人却嘲笑这种想法(1994,第11页),即趋同的争论对内生增长理论的由来帮助颇多:"我自己在增长理论方面最初的研究源于我对历史作为一个整体的观察,古典经济学家如马尔萨斯和李嘉图对增长所作的结论是完全错误的。随着时间的推移,增长率一直在递增,而不是递减。"

我们稍微花点时间看看古典经济学家与内生增长理论家的诸多一致之处:他们都将经济增长设想成自发的累积过程,但我们不能因此就像某些人(Kurz,1997)那样错误地认为,内生增长理论只不过是新瓶装旧酒而已。首先,用当代语言来说,古典增长理论属于发展经济学,不属于增长理论。其次,古典发展经济学尤其是李嘉图发展经济学,是悲观主义理论,这种理论预期尽管存在技术进步,但增长会因为自然资源的供不应求而自己消耗自己;人们相信,这种悲观不仅是指对单个投入要素的报酬递减,不仅仅是指规模报酬递减,而且是指熊彼特所谓"历史的报酬递减",所以技术进步本身也会放缓步子并最终停止(Blaug,1997,第68页和第76页)。最后,斯密、约翰·斯图尔特·穆勒,尤其是马克思在认可经济增长的所有基本组成要素时,并未认真考虑过罗默和卢卡斯的内生增长理论的主要组成要素,比如人力资本、企业间的外部性以及研发。如果我们一定要寻找内生增长理论的先驱,那么真正的先驱并不是古典经济学家,而是阿林·扬(Allyn Young)、劳克林·柯里(Laughlin Currie)和尼古拉·卡尔多,他们早在20世纪20年代就在增长理论中采用了累积和自推进的分析方法(Palley,1996;Sandilands,2000)。

内生增长理论的理论-实证比

现在我们将内生增长理论的源头放在一边,我们要问:有什么实证证据可以证实内生增长理论?回答这一问题使我们立刻面临太多抉择的窘境。自从20世纪80年代后期罗默和卢卡斯从事内生增长理论分析以来,关于这一主题已经出了三本厚厚的教科书(Grossman and Helpman,1991;Barro and Sala-i-Martin,1995;以及Aghion and Howitt,1998)和成千上万的文章。一般的文章都以定义资本和劳动的总生产函数开篇,或是单独定义由标准资本和人力资本组成的资本——即所谓的"AK模型",以展示通过研发支出或企业间外部性而引起的规模报酬递增,尽管在单个企业层面上,规模报酬不变仍然是一个规律。这样通过多种机制而引致的生产力的增加是内生性的,这里我们不管是通过什么机制,无论是企业投资于研发,还是工人选择了教育和培训,或是消费者放弃当前收入进行储蓄,都有一个特点,即都是由个人自发选择的结果。这些个体相互之间并没有什么太大的差别,因此总体问题通常是通过假设"有代表性的行为人"的存在而得以解决。与此类似,所有不稳定的动态难题都通过将长期变为短期而消失:由于李嘉图极其着迷这种做法,所以熊彼特嘲讽地称之为"李嘉图恶习"(Ricardian vice)。将这两个特点放在一起,我们所看到的就是,标准的微观经济学不容置疑地被说成是宏观经济学,而且是长期宏观经济学(Fine,2000)。靠着这些发展为这一设想出的模型开辟出了巨大的空间,所以可以用实证证实的空间也非常巨大。

据说,人们研究内生增长理论的动机实际上就是要解释增长率出现差异的原因,这样,就把每个国家的人均资本增长作为左边的因变量,再将理论文献中引证的所有因素作为右边的自变量,几乎汗牛充栋的文章就此开始对为数众多的国家的不同时间段进行了大量研究,却很少有文章注意这么多不同的因素进入理论模型的精确技术细节。到后来几乎没人明白在如此众多的回归分析中,右边的系数如何向我们证明它们对左边因变量的因果作用。

这种不得要领的经济计量学分析方法可以回溯到内生增长理论之父罗默和卢卡斯的研究态度,很明显,他们对阐明理论比对为理论收集可信证据更感兴趣。罗默对理论与证据之关系的分析方法,就是强调增长的特定要素,并指明内生增长理论的含义就是与这些要素相一致。但是我们所面对的这些特定要素是如此平淡无奇——知识的非竞争性没有全部排除在外;技术进步不是出自事物而是出自人的作为;企业拥有市场支配力并可以从发现中获得垄断租金;诸如此类(Romer,1994,第12—13页)——各种增长理论鼓吹的都是这些。如果我们不是想问内生增长理论的特定因素,而是问与内生增长理论相符且只与内生增长理论相符的统计数据,那么严峻的事实是,根本不存在这种证据。比如说,卢卡斯构建了一个精致的增长模型,在这一模型中,人力资本的形成是内生性的,但是他在就"人力资本对生产的外部效应对美国产出的弹性"进行测量时,又坦率地承认,没有可供对弹性值进行猜估的证据(Lucas,1988,第317—318页)。他像阐述土地租金那样将这一问题比做城市的集聚效应,并因此提出,人力资本形成的外部性可以用教育所引致的收入差异来度量——这个问题还是没有得到解决。但是,由最热衷于内生增长理论的人所作的最乐观的估计(Gemmel,1997),也没能因为外部效应问题而计算出(英国)高等教育的社会回报率差异,没能从排除外部性的微观工资估算中计算出私人回报率的差异。同样,南希·斯托基(Stokey,1991)也建构了一个模型,在她的模型中,增长也是由于改善了学校教育质量而产生的外部性引发的,但也承认,她也不知道如何对此进行度量。

老的和新的增长理论似乎都认为,令人满意的增长理论一定都含有40年前卡尔多制定的长期经济增长或"特定事实"四个公认的经验规则(Valdés,1989,第10—12页):(1)递增的人均收入增长;(2)一种没有趋向的、实际上固定的资本-产出率;(3)相对于物质资本的无趋向的利润率或回报率;以及(4)不同国家之间人均收入增长的实质的持续的差异。真的是这样,老的索洛的外生增长理论和新的罗默-卢卡斯的内生增长理论都内含有所有这四个特定事实;如果这四个因素就是判断标准的话,我们从这两个理论中同样能看到这些因素。更糟的是,它们的增长导向政策的含义实质上都是相同的,尽管老的增长理论意味着这一政策有种一劳永逸地解决问题的效果,而新的增长理论意味着它们的政策具有累积的增长效果。它们的政策要点是,经济一体化但并不一定要自由交易;反人口增长控制政策;鼓励私人储蓄和私人对教育的投资;用公共基金贴补研究中心的研发(Valdés,1999,第169—170页)。所以从这里仍然找不到更多的东西来区分老的增长理论和新的增长理论。然而在这种情况下,为什么人们还对内生增长理论有那么多的困惑呢?答案是,这一理论似乎想要解释以前遗留未解的问题。但更重要的是,它有时以理论演绎的精美为特征,而始终都以分析的需要为特点。实际上,大量的新增长理论只是专注于新古典理论构建模型的要求(比如,在存在规模报酬递增和外部性的条件下,是否可以建成一个具有竞争性的一般均衡模型?如果创新需要垄断利润的存在,如何才能保持帕累托最优均衡?如此等等),所以,很少有人对实证证据加以考虑。新增长模型事实上是以最终均衡是否真正符合真实世界市场的粗浅解释为代价,骄傲地展示与新古典多样化消费需求模型和贝克尔式家庭生产模型的相似性。模型构建本身常常非常巧妙,但只是在寻找一些貌似合理、也可能真实的专门的假设,而我们则无法找到任何线索来探索这些假设是否具有真实性。用当代增长理论"之父"罗伯特·索洛(Solow,1991,第412页)的话来说是这样的:

> 如果增长理论的目标如许多经济学家认为的那样,就是将自己偏爱的经济计量模型应用于我们所观察的时间序列,那么,新增长理论完全没有达到目标。人们可能会对那些不断增加的有关技术、研究活动的本质、人力资本使用的形式、市场结构和家庭结构以及实际偏好等等具体假设印象深刻。这些假设使难以分析的问题更加显而易见,这些具体假设多数已经在传统理论中出现过了,所以我们没有理由假设他们的说法较有依据,或者说,没有理由认为他们的假设比那些同样貌似有理的假设变量更有意义。

我们有理由相信,增长理论一直在错误的地方寻找证据,实证资料的最好来源并不是所谓时间序列数据的准确性,而是公认的历史事件研究的模糊见解。我们从内森·罗森伯里(Rosenbery,1982,1994)等经济史学家的著作中了解到的关于技术在增长中的作用,远远多于从罗默和卢卡斯的著作中获得的了解。我们可以再一次引用索洛(Solow,1994,第35页)的说法:"现在最好的研究人员是那些能从大量的案例研究、商业史、访谈、专家讲述以及任何能为建构生产力增长的创新和改善的模型提供清晰的研究思路的人。"建模是第一位的事情,寻找证据是第二位的事情。获得人们认可的用以解决经济问题的标准公式可能完全是一种错误的方法!

路德维希·维特根斯坦曾经说过:"哲学只能解决哲学家创造的问题。"有时候,增长理论似乎只能解决增长理论家提出的问题。

这一无情的结论实际上并不会让我们感到奇怪,因为内生增长理论像老的外生增长理论一样,以相同的缺陷留下了相同的印迹。如果一种理论描述的经济不仅是在总量上按照不变指数增长,而且是所有基本组成要素都按固定指数增长,那么这种经济只能是一种数学玩具,它的构建与实际经济不可能有任何相似之处。弗兰克·哈恩(Hahn,1984,第138页)曾经谈论过一般均衡理论:"无可否认有些情况令人厌烦,即这么多人都在完善对经济状况的分析,而且他们对假设这个经济将永远持续发展或是一直在持续发展又不给出理由。"如果我们用当代增长理论来替代一般均衡理论(很简单,因为一个是另一个的衍生物),这些话也非常适合。

马克·布劳格(安佳译)

参见:

Aggregate Production Function; Catching Up and Convergence; Harrod-Domar Growth Model; Lucas, Jr Robert E.; Neoclassical Growth Theory; Romer, Paul M.; Solow, Robert M.

参考文献:

Abramovitz, M. (1956), 'Resource and Output Trends in the United States Since 1870', *American Economic Review*, 46, May, pp. 5-23.

Aghion, P. and P. Howitt (1998), *Endogenous Growth Theory*, Cambridge, MA: MIT Press.

Arrow, K. J. (1962), 'Economic Implications of Learning by Doing', *Review of Economic Studies*, 29, June, pp. 155-73, reprinted in Becker and Burmeister (1991), Ⅰ, pp. 399-418.

Barro. R J. and X. Sala-i-Martin (1995), *Economic Growth*, New York: McGraw-Hill.

Becker, R. and E. Burmeister (eds)(1991), 2 vols, *Growth Theory*, Aldershot, UK and Brookfield, US: Edward Elgar.

Blaug, M. (1997), *Economic Theory in Retrospect*, 5th edn, Cambridge: Cambridge University Press.

Brinkman, R. (1965), 'Economic Growth versus Economic Development', *Journal of Economic Issues*, 29, pp. 1171-81.

Denison, E. F. (1967), *Why Growth Rates Differ*, Washington, DC: Brookings Institution.

Fine, B. (2000), 'Endogenous Growth Theory: A Critical Survey', *Cambridge Journal of Economics*, 29, pp. 245–65.

Gemmell, N. (1997), 'Externalities to Higher Education: A Review of the New Growth Literature', in the National Committee of Enquiry into Higher Education, *Higher Education in the Learning Society*, London: Crown, Report 8, pp. 109–50.

Grossman, G. M. (ed) (1996), 2 vols, *Economic Growth: Theory and Evidence*, Cheltenham, UK and Brookfield, US: Edward Elgar.

Grossman, G. M. and E. Helpman (1991), *Innovation and Growth in a Global Economy*, Cambridge, MA: MIT Press.

Hahn, F. H. (1984), *Equilibrium and Economics*, Oxford: Basil Blackwell.

Kaldor, N. (1967), *Strategic Factors in Economic Development*, Ithaca, NY: Cornell University Press.

Kurz, H. (1997), 'What Could the "New" Growth Theory Teach Smith or Ricardo?', *Journal of Economic Issues*, 2, pt. 2, pp. 1–20.

Lucas, R. E. Jr (1988), 'On the Mechanics of Economic Development', *Journal of Monetary Economics*, 22, July, pp. 3–42, reprinted in Grossman (1996), I, pp. 284–323.

Lucas, R. E. Jr (2000), 'Some Macroeconomics for the 21st Century', *Journal of Economic Perspectives*, 14, Winter, pp. 159–68.

Palley, T. (1996), 'Growth Theory in a Keynesian Mode: Some Keynesian Foundations for New Endogenous Growth Theory', *Journal of Post-Keynesian Economics*, 19, Fall, pp. 113–35.

Pritchett, L. (1997), 'Divergence, Big Time', *Journal of Economic Perspectives*, 11, Summer, pp. 3–18.

Romer, P. (1986), 'Increasing Returns and Long-Run Growth', *Journal of Political Economy*, 94, October, pp. 1002–37, reprinted in Grossman (1966), I, pp. 241–76.

Romer, P. (1987), 'Growth Based on Increasing Returns Due to Specialization', *American Economic Review*, 77, March, pp. 56–62; reprinted in Grossman (1996), I, pp. 277–83.

Romer, P. (1990), 'Endogenous Technical Change', *Journal of Political Economy*, 98, October, pp. S71–S102, reprinted in Grossman (1996), I, pp. 426–57.

Romer, P. (1994), 'The Origins of Endogenous Growth', *Journal of Economic Per-

spectives, 8, Winter, pp. 3 – 22.

Rosenberg, N. (1982), *Inside the Black Box: Technology and Economics*, Cambridge: Cambridge University Press.

Rosenberg, N. (1994), *Exploring the Black Box: Technology, Economics and History*, Cambridge: Cambridge University Press.

Sandilands, R. J. (2000), 'Perspectives on Allyn Young in Theories of Endogenous Growth', *Journal of the History of Economic Thought*, 22, Fall, pp. 309 – 28.

Solow, R. (1956), 'A Contribution to the Theory of Economic Growth', *Quarterly Journal of Economics*, 70, February, pp. 65 – 94. reprinted in Becker and Burmeister (1991), I, pp. 3 – 32.

Solow, R. (1970), *Growth Theory: An Exposition*, Oxford: Oxford University Press.

Solow, R. (1991), 'Growth Theory', in D. Greenaway, M. Bleaney and I. Stewart (eds), *Companion to Contemporary Economic Thought*, London: Routledge, pp. 393 – 412.

Solow, R. (1994), 'Perspectives on Growth Theory', *Journal of Economic Perspectives*, 8, Winter, pp. 45 – 54.

Stokey, N. L. (1991), 'Human Capital, Product Quality and Growth', *Quarterly Journal of Economics*, 56, May, pp. 58 – 61, reprinted in Grossman (1996), I, pp. 324 – 53.

Valdés, B. (1999), *Economic Growth: Theory, Empirics and Policy*, Cheltenham, UK and Northampton, MA, USA: Edward Elgar.

122. 内生变量 Endogenous Variable

用一种具体模型进行解释的变量,变量的值取决于模型中其他变量的值。

123. 交易方程 Equation of Exchange

与欧文·费雪的货币数量论之交易相关的一种代数表达式。在 $MV=PT$ 这一代数表达式中,货币数量(M)乘以流通周转率(V),必须等于所有交易(P)乘以所发生交易的数目(T)的平均值。

参见：

Fisher, Irving; Quantity Theory of Money; Velocity of Circulation.

124. 欧元 Euro

欧元是 2002 年对替代 15 个欧盟(EU)国家中 12 国货币的单一通用货币的统称。这 12 个国家是：奥地利、比利时、芬兰、法国、德国、希腊、爱尔兰、意大利、卢森堡、荷兰、葡萄牙和西班牙。其余三个国家即瑞典和英国可能会在未来某一时间加入欧元国，而丹麦则在 2000 年 9 月底举行的全民复决中反对采用欧元。按照时间表，欧元一开始是与本币一起流通，但各国应在 2002 年 1 月全部替换成欧元硬币和纸钞。各国货币则从 2002 年 7 月 1 日起完全退出流通，欧元成为 12 个欧元参与国流通领域中唯一的货币。

参见：

European Monetary Union; Optimum Currency Area.

125. 欧洲央行 European Central Bank

替代 12 个欧洲国家央行的欧洲中央银行(ECB)坐落在法兰克福，它负责确定欧元区的货币政策。欧洲央行的主要职责是确保欧元区的价格稳定。读者如果想了解有关欧洲央行的更多信息，可登录其网站($http://www.ecb.int/$)。

126. 欧洲货币单位 European Currency Unit

见：

European Monetary system.

127. 欧洲货币体系 European Monetary System

1979年到1998年决定欧盟区汇率运动的体系被称为欧洲货币体系(EMS)，始自1979年3月，当时，欧盟成员国决定在成员国之间创建一个汇率稳定区。欧洲货币体系的核心是汇率机制(ERM)的设立和欧洲货币单位(ECU)的引进。欧洲货币机制要求所有欧洲货币体系成员围绕确定的中心汇率在一个具体范围内维持自己对成员国汇率与欧洲货币单位的汇率。欧洲货币单位是所有欧洲货币体系成员国的货币组成的综合篮子。欧洲货币单位的值是根据各国经济的重要性，按不同货币的具体比例计算而成，因此，欧洲货币单位是所有欧洲货币体系成员国货币的加权平均值。虽然人们一开始议定欧洲货币单位中每种货币的量要进行周期性修订，但1994年则正式固定了各国货币的量，即德国马克大约占30%，法国法郎占19%，英镑占13%，意大利里拉和荷兰盾大约在篮子里各占10%。欧洲货币单位是欧盟内部的官方记账单位，是欧盟内部各央行之间的账面结算工具，也是欧洲货币体系的标值单位。在欧洲货币体系内，由于每种货币都是按欧洲货币单位定价，所以为参与国的货币建立了一个平价网。欧洲汇率机制根据围绕中央平价设定的范围对机制成员国之间的固定汇率设定了强制干预点。在某一货币出了线或是还没有靠近范围边缘时，各国央行就会出手干预。1979年到1998年间，在一系列事件带来的不同压力条件下，欧洲汇率机制在降低成员国汇率波动方面也找到了一些成功的方法，特别是在1987年前和1992年后，又进行了几次重新调整。尽管有这样那样的压力，但在《马斯特里赫特条约》(1991)创立了单一共同货币之后，欧洲货币体系于1999年1月发展成了完整的欧洲货币单位——欧元。

参见：

Euro；European Monetary Union；European Union；Optimum Currency Area；Fixed Exchange Rate．

128. 欧洲货币联盟 European Monetary Union

从1951年4月欧洲煤钢共同体(ECSC是生产和销售煤、铁和钢的"共同市场")的形成到最终建立欧洲货币单位,走过了一条漫漫长路。煤钢共同体的成功直接导致了1957年的罗马条约和1958年欧洲经济共同体(EEC)的形成。这一"关税同盟"后来非常普遍但被不正确地认为是"共同市场"。只是在1992年"单一市场"形成后,欧盟才具有了共同市场的特征,即一种具有劳动和资本自由流动,以及成员国之间自由贸易,但又有共同的外部关税的经济一体化形式。欧洲共同体最初只有六个成员国:法国、德国、意大利、卢森堡、比利时以及荷兰。1967年,欧洲煤钢共同体(ECSC)、欧洲经济共同体(EEC)和欧洲原子能共同体一起组成了欧洲共同体(EC),在1992年的《马斯特里赫特条约》批准后,欧洲共同体成了欧盟(EU)。自20世纪70年初期以来,欧洲共同体或欧盟的成员国扩大,包括了英国、爱尔兰和丹麦(1973)、希腊(1981)、西班牙和葡萄牙(1986),以及瑞典、奥地利和芬兰(1995)。

《罗马条约》并没有提及货币联盟,欧洲货币联盟的问题是1969年在海牙峰会上第一次正式提上欧洲议程的。德国和荷兰的代表提出的是向欧洲货币联盟渐进的方法,法国和比利时的代表与欧洲委员会一起更倾向于休克式方法。维尔纳计划(1970)代表的是这两种相互对立观点的妥协,以及在1980年前实现欧洲货币联盟的主张(20世纪70年代动荡的经济状况使这种可能性消失)。欧洲货币联盟有两个重要特征:欧洲货币单位和汇率机制。

然而,迈向欧洲货币联盟最关键的一步是1989年的《德洛尔报告》(*Delors Report*),该报告设想分"三个阶段"来建立欧洲货币联盟:第一阶段,自1990年7月起,在这一阶段要组成一个单一的统一市场;增进经济合作和政策协调;尤其是在货币领域,要有一个具有持续性和不断强化的欧洲货币体系,和具有更大职能的央行行长委员会。1991年12月,在《罗马条约》基础上加以修正的《马斯特里赫特条约》提出了"趋同标准",即愿意加入欧洲货币联盟的国家将以欧洲央行(ECB)为这一体系的顶峰,满足并提供建立欧洲央行体系(ESCB)的条件。ESCB-ECB的首要目标就是实现价格稳定。根据《马斯特里赫特条约》,还要建立一个欧洲货币机构(EMI),它的功能是监督加入欧洲货币联盟的这些国家的趋同,并为欧洲货币中央银行的建立扫清障碍。

尽管在1992—1993年发生了欧洲货币联盟危机,德国的重新统一和欧洲的经济衰退几乎使这一进程中途夭折,但与上述内容相关的第二阶段的德洛尔计划还是于1994年1月开始。德洛尔计划的第三阶段和最后阶段开始于1999年1月,当时已有11个欧盟成员国满足了马斯特里赫特标准,愿意加入欧洲货币联盟并开始不可改变地固定自己的汇率。从 1999 年 1 月开始，这 11 个国家又加入了由欧洲央行指导的货币政策体系，欧洲央行的基本目标就是维持价格稳定（见 $http://www.ecb.int/$）。在这一阶段，瑞典、丹麦和英国没有选择加入欧洲货币体系，希腊则没能满足马斯特里赫特标准。但是，希腊于 2001 年 1 月加入了欧洲货币联盟的第三阶段。2002 年 1 月，欧元最终正式进入流通。表 1 显示了欧盟 14 国以及美国、日本、中国和印度的人口、国内生产总值和人均国内生产总值。如果瑞典、丹麦以及英国最终加入欧洲货币联盟，根据国内生产总值总量，欧盟将成为继美国之后的第二大货币同盟，人口继中国和印度之后位于第三。

表 1　美国、欧盟以及日本 1998 年的 GDP、人均 GDP 及人口

国家	人口（千人）	GDP（按 1990 年平价，百万美元）	人均 GDP（按 1990 年平价，美元）
奥地利	8078	152712	18905
比利时	10197	198249	19442
丹　麦	5303	117319	22123
芬　兰	5153	94421	18324
法　国	58805	1150080	19558
德　国	82029	1460069	17799
希　腊	10511	118433	11268
爱尔兰	3705	67368	18183
意大利	57592	1022776	17759
荷　兰	15700	317517	20224
葡萄牙	9968	128877	12929
西班牙	39371	560138	14227
瑞　典	8851	165385	18685
英　国	59237	1108568	18714
欧　盟*	374500	6661912	17724
美　国	270561	7394598	27331
日　本	126486	2581576	20410
中　国	1242700	3873352	3117
印　度	975000	1702712	1746

*不包括卢森堡
资料来源：A. Maddison(2001), *The World Economy: A Millennial Perspective*, Paris: OECD.

1997 年 10 月，财政大臣戈登·布朗提出了英国政府对欧洲货币联盟的当前政策。英国的官方政策是，假如"经济条件允许"，政府"原则上"愿意成为成员国。布朗对英国成员身份的"五项标准"需要考虑英国与现有欧洲货币联盟国家的"可忍受的趋同"；考虑欧洲货币联盟对英国投资的影响；考虑英国经济在应对欧洲货币

联盟带来的经济变化中的灵活性;考虑欧洲货币联盟对英国金融服务业的影响;以及欧洲货币联盟对就业的影响。如果财政部对五项标准的评估有利于英国的欧洲货币联盟成员资格,政府将向议会提出建议,然后进行公民复决(见 M. 阿蒂斯和 F. 尼克松编,《欧盟经济学:政策和分析》,第 3 版,牛津大学出版社,2001)。

参见:

Euro;European Monetary Unity;European Monetary System;European Union;Exchange Rate System;Fixed Exchange Rate;Optimum Currency Area.

129. 欧盟 European Union

欧盟始于 1992 年对 15 个欧洲国家组成的经济与政治共同体的称谓(以欧洲共同体闻名),截至 2002 年,其成员国为:奥地利、比利时、丹麦、芬兰、法国、德国、希腊、爱尔兰、意大利、卢森堡、荷兰、葡萄牙、西班牙、瑞典以及英国。①

130. 欧元硬化 Euroscelerosis

这是一个用来描述人们相信欧洲,尤其是欧洲劳动市场所经受的极度刚性的术语。如果是在劳动市场使用,那么这一术语表明,劳动市场刚性导致了欧洲经济体系的硬化(scelerosis,用来描述身体组织变硬的术语),并由此而引发高失业。

131. 进化的宏观经济学 Evolutionary Macroeconomics

我们可以对不研究进化倾向的多数经济学家说,进化的宏观经济学与任何研究资本主义动态的思想一样,也是一种包括结构变化和增长的学说。这种说法就其本身而言是可以接受的,因为它指出了进化论和主流方法在宏观动态方面的重要差别。主流方法高度关注经济增长,却对结构变化缺乏兴趣。但是,一个更有见

---

① 截至 2017 年底,欧盟共拥有 28 个成员国。——译注

地且更为准确的特点是,进化的宏观经济学是将经济过程模型化为由内生变化引致的长期结果。

为了更清楚地理解这一表述的含义,让我们想一下主流增长理论的结构。今天的主流宏观动态分析包括生产函数增长理论、新古典和新增长理论两种形式。从进化理论家的有利地位来看,这两种形式的差异并不比它们的相似性重要。这两种理论都假设持续的充分就业,平衡的增长,并实际上忽视了制度,而且,在对经济体系的动态建模时,两者都强调结构性变量和经济变量的不同。结构性变量诸如偏好和技术表现容易发生变化,但通常是长期意义上的变化。这些结构性变量决定了内生经济变量的值,但它们本身却是外生的,这就是说,它们的行为是体系外部给定的,所以不能在体系内部解释。

另外,经济的长期均衡现象只取决于外生变量(新古典模型中的劳动力增长率,以及新增长理论中的代表人偏好)。因此,体系中长期均衡增长路径的变化,由外生变量无法解释的变化决定。结构变量的外生性假设将长期结果产生自模型内部的任何可能性都排除在外。这说明,在区分进化与非进化过程或体系的过程中,结构变量的分析有多么关键。如果是进化的分析,结构变量的变化必须受到体系自身状况的影响,这就是说,结构变量的变化的决定一定是内生的。由于结构变量影响到进化体系中的经济表现(否则就不是其结构的一个部分),所以在经济结构与经济表现之间存在相互作用。经济结构和经济表现中的长期变化,就像同一进化过程的一个部分一样,是内生发生的。

一般来说,强调结构变量的内生性是进化理论经济学家的特点(Witt,1992,1993),这其中也包括那些将进化经济学作为非线性动态(Goodwin,1990;1991)和复杂理论(Rosser,1995)的广义范围之一个部分的宏观经济学家。但在应用研究中,进化的宏观经济学略有不同。在应用研究中,那些实践者的趋向是将自己的进化研究说成与结构变化一样。他们不仅这样说技术变化,而且这样说制度变化,并且将经济发展列为不可缺少的部分。遗憾的是,在应用研究中有几种理论在分析技术和制度变化时方法不同,所以他们一直未能很好地定义什么是进化。

应用研究应该分为三派。第一派包括各种版本的长周期理论,用来解释国内生产总值所谓历史长期性摆动的驱动力量,是由技术变化带动的投资,而技术变化则是作为外生变量进行分析(Dosi *et al.*,1988;Kondratiev,1925;Schumpeter,1934;Van Duijn,1983)。与其他两派不同,这一派人的文章很少提及制度,更不要说将制度作为外生变量进行分析了。第二派理论也包括将制度作为变化中的体系结构之一个部分的理论,该理论也将内生技术作为制度和经济表现的重要决定因素。这一派理论还包括"旧"的制度经济学派(Ayres,1962;Commons,1950;Veblen,1899),以及规制学派(Aglietta,1979;Boyer,1988)和社会结构累积学派(Bowles and Edwards,1985;Gordon,1980)。事实上,与其说这一派理论假设制度是外生的,还不如说它只是简单地引入了另一种外生结构力量来解释制度变化和经济表现。这两派理论实际上都不是进化理论,都缺乏一种允许经济状况改变体系的制度或技术的机制,这种机制才能引发结构框架和决定进化体系的经济状况之间的相互作用。

第三派理论由包含有这种相互作用的理论组成,所以这才是进化理论。该理论中包括熊彼特(1942)后来的研究。熊彼特在《资本主义、社会主义和民主》中指出,资本主义在产业化时期的可持续增长过程和不断提升的生活标准,将为其毁灭埋下种子。这些最终会引发制度变化,比如因工人不满、企业家精神衰退而最终趋向于社会主义。因此,资本主义的轨迹从成熟的资本主义制度框架开始,经过一段成功的经济表现和长期的负反馈过程,引发了制度和经济表现的巨大变化。这种悲观的场景就是引发体系内内生结构变化和经济表现的场景。

塞特菲尔德(Setterfield,1997)的研究从理论上提出了一个先进资本主义经济的进化模型,模型允许经济表现来改变制度和技术。然后他又表明,该模型对自1780年以来的英国经济历史发展中的某些重要的"特定事实",作出了令人信服的解释。他特别指出,英国经济在19世纪相对发展较快时,没有经历维持其相对经济优势所必需的结构转换。

最近由两位康沃尔(Cornwall and Cornwall,2001)所作的研究是另一种模型。这一模型是将20世纪发达资本主义经济的宏观经济表现看成经济状况变量与经济结构相互作用的结果。这样两者都引发内生变化。虽然熊彼特的进化过程导致社会主义的出现,但在这一研究中,经济状况和技术之间的相互作用导致的是大萧条。然后,又将后"二战"时代的贫穷和富裕的宏观经济情况作为经济表现与制度之间相互作用的结果来建立模型。更有甚者,产生于"二战"的制度架构提供了产生资本主义"黄金时代"所需要的制度。不幸的是,25年的优秀经济表现引发的制度变化,导致了同样长时间的伴随权力向资本转移而来的大规模失业。

本词条的重点是进化的宏观经济学,涵盖理论与应用进化宏观经济学的更多贡献正在不断增加,这是进化的宏观经济学正逐渐为人所接受的信号(Nelson,

1995)。这些研究集中于经济的某一方面,比如正在经历持续性技术变化的某些行业中的企业,比如强调为适应结构变化决定企业成败的选择过程。到目前为止,进化的宏观经济学还未能对主流宏观经济学的主导地位形成严峻的挑战。但是,主流经济学一直不能提出一个一般性架构来解释当代资本主义的历史发展,就为接受另一种一般均衡分析提供了更为广泛的可能性。实际上,诺贝尔奖得主肯尼思·阿罗(Arrow,1995)说过,随着"更为合适的范式"的出现,对宏观均衡分析基础的信心"不断受到损害"。植根于机制的均衡理论将被作为新的经济分析基础的进化理论所取代。

约翰·康沃尔(安佳译)

参见:

Endogenous Growth Theory; Neoclassic Growth Model; Shumpeter, Joseph A.

参考文献:

Aglietta, M. (1979), *The Theory of Capitalist Regulation*, London: New Left Review.

Arrow, K. (1995), 'Viewpoint: the Future'. *Science*, 267, March, pp. 1617-8.

Ayres, C. (1962), *The Theory of Economic Progress*, New York: Schocken Books.

Bowles, S. and R. Edwards (1985), *Understanding Capitalism: Competition, Command and Change in the U. S. Economy*, New York: Harper & Row.

Boyer, R. (1988), 'Technical Change and the Theory of Regulation', in G. Dosi, C. Freeman, R. Nelson, G. Silverberg and L. Soete(eds). *Technical Change and Economic Theory*, London and New York: Pinter Publishers.

Commons, J. R. (1950), *The Economics of Collective Action*. Madison: University of Wisconsin Press.

Cornwall, J. and W. Cornwall(2001), *Capitalist Development in the Twentieth Century, An Evolutionary-Keynesian Analysis*, Cambridge: Cambridge University Press.

Dosi, G. et al.(1988), *Technical Change and Economic Theory*, London: Pinter.

Goodwin, R. (1990), *Chaotic Economic Systems*. Oxford: Oxford University Press.

Goodwin, R. (1991), 'Schumpeter. Keynes and the Theory of Economic Evolution', *Journal of Evolutionary Economics*, 1, pp. 29-48.

Gordon, D. (1980), 'Stages of Accumulation and Long Economic Cycles' in T. Hopkins and I. Wallerstein (eds), *Processes of the World System*, Beverly Hills, CA: Sage Publications.

Kondratiev, N. (1925), Translation in 'The Long Wave in Economic Life', *Review of Economic Statistics*, 17, November, 1935, pp. 105 – 15.

Nelson, R. (1995), 'Recent Economic Theorizing about Economic Change', *Journal of Economic Literature*, 33, March, pp. 48 – 90.

Rosser, B. (1995), 'On the Complexities of Complex Economic Dynamics', *Journal of Economic Perspectives*, 9, Fall, pp. 169 – 92.

Schumpeter, J. (1934), *The Theory of Economic Development*, Cambridge, MA: Harvard University Press.

Schumpeter, J. (1942), *Capitalism, Socialism and Democracy*, New York: Harper and Brothers.

Setterfield, M. (1997), *Rapid Growth and Economic Decline*, London: Macmillan.

Van Duijn, J. (1983), *The Long Cycle in Economic Life*, London: Allen & Unwin.

Veblen, T. (1899), *The Theory of the Leisure Class*, New York: Macmillan.

Witt, U. (1992), 'Evolutionary Concepts in Economics', *Eastern Economic Journal*, 18, Fall, pp. 405 – 19.

Witt, U. (1993), 'Emergence and Dissemination of Innovations: Some Principles of Evolutionary Economics', in R. Day and P. Chen(eds), *Non Linear Dynamics and Evolutionary Economics*, Oxford: Oxford University Press.

132. 事前与事后 *Ex Ante, Ex Post*

这是由瑞典经济学家、1974年诺贝尔奖得主冈纳·缪尔达尔(1898—1987)对计划、希望或打算(*ex ante*)的事物与实现了的或实际发生的(*ex post*)事物所作的一种区别。一旦计划未能实现,实际发生的和预期的就不一致了。

133. 事后 *Ex Post*

见:

Ex Ante, Ex Post.

134. 汇率决定的货币分析法 Exchange Rate Determination：Monetary Approach

汇率决定的货币分析法是对浮动汇率如何决定的主要解释方法。1945年到1973年,由于货币主义的兴起,世界各国或多或少地采用了浮动汇率,因此,有必要对国际收支进行货币主义的解释。早期文献关注的是贸易流动,考虑的是国际收支平衡表的经常项目,即代表自主流动的部分。而在另一方面,货币主义根据储备的变化来考察贸易流动的情况。根本的区别是,经常项目的国际收支模型是流动模型,而货币主义模型则是储蓄-流动模型。换句话说,他们在分析中增加了一个储蓄,这一点是纯流动模型中没有的。由于20世纪70年代初浮动汇率的出现,所以显然需要为汇率决定建立一个模型。由于浮动汇率是突然出现在世人面前的,所以在浮动汇率出现时几乎没人为浮动汇率决定建立模型。不久,经济学家研究出各种解释汇率决定的模型,其中就有货币主义分析法。

一般来说,解释汇率的起点是外汇的供给与需求,在本词条中,我们将汇率定义为相对于本币的外汇的价格。外汇的供给与需求决定了汇率的均衡水平。任何非均衡状况都代表国际收支的赤字或盈余,在浮动汇率下,这种非均衡状态可以通过贬值或升值来消除。外汇的供给和需求由货物和服务的进口与出口以及短期资本流动引起。然而,这样一种汇率决定的概念考虑的只是经常项目交易,代表的是流动解释。

货币分析法则将货币看成主要决定因素,考虑的是经常项目以外的情况。相应地,货币分析法采用存量-流量分析法来分析汇率的决定。更有意义的是,货币分析法只是将汇率看成相对资产价格,在此,预期起着重要作用。

货币分析法有两个关键要素：购买力平价和利率平价。绝对购买力平价认为,根据一价定律,汇率是国内价格水平与国外价格水平之比。根据一价定律,$P = SP^*$,在这里,P是国内价格水平,P^*是国外价格水平,S是每单位本币的外汇价格。因此而有$S = P/P^*$。该模型假设国内国外价格具有完全弹性。相对购买力平价只考虑百分比变化。如果我们用$\hat{S}$表示汇率的百分比变化,π和π^*分别表示国内和国外价格(通货膨胀)的百分比变化,则有$\hat{S} = \pi - \pi^*$。在汇率决定的货币学派模型中,实际货币需求(等同于货币供给)由实际收入(按自然水平实际持有)决定。根据货币数量论,$M = kPy_n$,在这里,M 表示名义货币余额,k 是收入的货币流通速度和自然收入水平 y_n 的倒数——假设长期内不变。国外也是同样的情况,我们也用相同的符号假设国外的情况,只是加了一个星号。我们将这些条件代入相对购买力平价,就得到这样的表达式:$\hat{S} = \hat{M} - \hat{M}^*$。因此,汇率决定的长期解释就是两个国家不同的货币增长率。如果国内货币供给的增长超过了国外,那么国内货币贬值(S 上升),这就是货币主义的长期解释。

当然,每个国家的货币需求都与名义利率负相关。我们用 i 和 i^* 分别代表国内和国外的名义利率。在一个资本流动的世界中,投资者可以对投资地点进行选择。国内投资可以带来 $(1+i)$ 的回报,国外投资可以带来 $(S^e/S)(1+i^*)$ 的本币预期回报,在这里,S^e 代表预期汇率。无抛补利率平价认为,只有两者均等,资本才会停止流动,如果 $\hat{S}^e = (S^e - S)/S$,那么这种情况近似于 $\hat{S}^e = i - i^*$。

包含利率平价在内的货币学派模型是对数模型,所以,国内货币需求(等同于货币供给)为 $m = p + \eta y - \sigma i$。国外的货币需求也具有相同关系,所以 $m^* = p^* + \eta y^* - \sigma i^*$,这里为简单起见,我们假设收入系数和国内国外利率相同。用对数计算绝对购买力平价(用小写字母表示对数),$S = p - p^*$ 仍然成立。将货币需求方程代入这一等式来表示汇率。由于货币主义者也相信国内债券与国外债券可完全替代,所以无抛补利率平价成立。因此,这一货币学派模型有两个结果:

$S = (m - m^*) - \eta(y - y^*) + \sigma(i - i^*)$,

$S^e = i - i^*$。

如果考虑实际利率,货币学派模型中还可以增加预期。实际利率 r 等于 $r = i - \pi^e$,假设国外实际利率为 $r^* = i^* - \pi^{e*}$,则两国实际利率相同,那么:

$S = (m - m^*) - \eta(y - y^*) + \sigma(\pi^e - \pi^{e*})$

$S^e = \pi^e - \pi^{e*}$

模型很直观地表明,那些货币增长较快的国家具有较高的预期通货膨胀率,较高的通货膨胀率导致的是本币的实际贬值以及预期贬值。这种影响可以经由相对于国外的国内高收入增长而部分抵消。

多恩布什(Dornbusch,1976)提出了一个小国的货币主义汇率决定模型。由于多恩布什强调了价格黏性和汇率超调,所以这个模型很有影响。除了货币主义特征之外,这一模型最基本的特点是,其商品市场和资产市场调整的非对称性。商品市场的调整慢于资产市场的调整。正是因为这一特点才有了对汇率超调的解释。（在不完全资本流动条件下，可能会出现调整不足。）这一模型还有一个基本假定，即在长期均衡中绝对购买力平价成立。弗兰克尔（Frankel, 1979）提出了一个包括弹性价格模型在内的一般货币主义模型来概述上述内容，但将多恩布什的黏性价格模型作为特例。现在，也有一些对各种货币主义汇率决定模型的实证测试，比如比尔森（Bilson, 1978）、乔赫里和劳勒（Choudhry and Lawler, 1997）以及阿博特和德维塔（Abbot and De Vita, 2001）。不同的货币主义理论对各种外生变量影响汇率的方式有不同的预计。由于外生变量微不足道甚或有与理论预计相反的迹象，所以回归结果一般来说不能让人满意。但货币主义汇率决定模型并不只说明这一点，它还表明，汇率取决于一系列因素，并不仅仅取决于货币，因此预期汇率的运动将非常困难。

罗恩·肖恩（安佳译）

参见：

Balance of Payments: Monetary Approach; Fixed Exchange Rate System; Floating Exchange Rate System; Monetarism; Purchasing Power Parity Theory.

参考文献：

Abbot A. J. and G. De Vita (2001), 'A Reassessment of the Long-run Validity of the Flexible Price Monetary Exchange Rate Model', *Economic Issues*, 6, March, pp. 47–57.

Bilson, J. F. O. (1978), 'The Monetary Approach to the Exchange Rate: Some Empirical Evidence', *IMF Staff Papers*, 25, March, pp. 48–75.

Bilson, J. F. O. (1979), 'Recent Developments in Monetary Models of Exchange Rate Determination', *IMF Staff Papers*, 26, June, pp. 201–23.

Choudhry, T. and P. Lawler (1997), 'The Monetary Model of Exchange Rates: Evidence from the Canadian Float of the 1950s', *Journal of Macroeconomics*, 19, Spring, pp. 349–62.

Dornbusch, R. (1976), 'Expectations and Exchange Rate Dynamics', *Journal of Political Economy*, 84, December, pp. 1161–76.

Dornbusch, R. (1990), 'Real Exchange Rates and Macroeconomics: A Selective Survey', in S. Honkapohja(ed.), *The State of Macroeconomics*, Oxford: Basil Blackwell.

Frankel, J. A. (1979), 'On the Mark: A Theory of Floating Exchange Rates Based on Real Interest Differentials', *American Economic Review*, 69, September, pp. 610–22.

MacDonald, R. and M. P. Taylor (1989), 'Economic Analysis of Foreign Exchange

Markets: An Expository Survey', in R. MacDonald and M. P. Taylor(eds), *Exchange Rates and Open Economy Macroeconomics*, Oxford: Basil Blackwell.

135. 汇率机制 Exchange Rate Mechanism

汇率机制是欧洲货币体系(EMS)的核心要素,汇率机制要求欧洲货币体系全体成员国为成员国货币和欧洲货币单位的稳定,在特定的幅度内围绕中心汇率维持本国的汇率。由于1999年1月欧元的创立,欧洲汇率机制也随之建立,欧盟15个国家中的11个国家不可逆转地规定了本国货币与欧元的固定汇率。

参见:

Euro; European Monetary System, European Union.

136. 外生变量 Exogenous Variable

一种无法在一个具体的模型中解释的变量,变量的值是给定的。

137. 扩张阶段 Expansionary Phase

经济周期中低谷期或低拐点与相继的高峰或高拐点之间的阶段。

参见:

Bussiness Circle; Peak; Trough.

138. 附加预期的菲利普斯曲线 Expectations-augmented Phillips Curve

自然率预期调节菲利普斯曲线由米尔顿·弗里德曼(Friedman,1966,1968)和埃德蒙·费尔普斯(Philips,1967,1968,1970)提出,并因货币主义的反革命而成为宏观经济分析的主要架构。它削弱了使用宏观政策刺激来弥补"奥肯缺口"(实际产出和应有产出之间的差距)的做法,采用价格和工资标准或控制手段来减少在这一过程中可能出现的通货膨胀压力。弗里德曼(Friedman,1968,第8页)反对工资和价格控制,他指出,通货膨胀预期限制了政策制定者的能力,使他们无法依据条件来选择解决菲利普斯曲线通胀-失业结果的政策手段,如果不依据自然失业率的话,在货币主义(相信市场的结果)替代凯恩斯主义(相信政府干预)的过程中,自然率预期调节菲利普斯曲线功不可没。

我们可以使用 $ 图形(图1)来描述这一模型,$ 的上半部分代表通货膨胀宏观经济政策,下半部分代表通货紧缩宏观经济政策。最初的理论菲利普斯曲线描绘的是价格变化和生产水平之间的关系;最初的实证菲利普斯曲线则用数据描绘了在经济周期波动时期,工资通货膨胀波动的历史过程(Philips,2000[1954],第151页,图16.11,[1958],第245页,图25.1)。对菲利普斯复杂分析的一种阐释说明,图1中的BAD显示了可承受的政策选择菜单。对较高经济活动水平的追求将把经济推向B点,但随之而来的价格水平和汇率压力则会要求政府进行监管和干预。

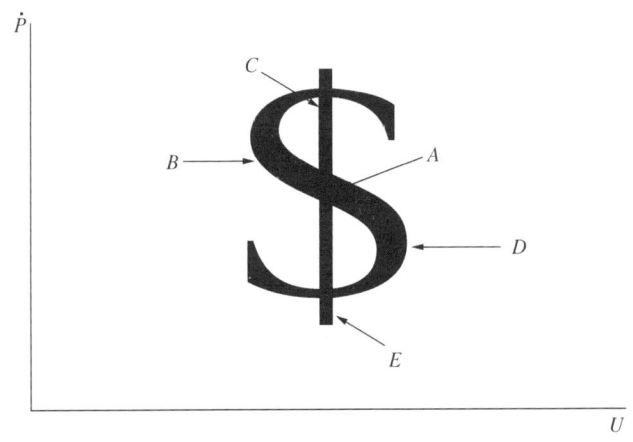

图1

然而,在好几个国家,政策制定者都被不断发生的避免货币贬值和维持现有工资与价格水平的问题弄得精疲力竭。针对这些问题,弗里德曼运用新古典价格理论进一步指出,BAD 只是短期菲利普斯曲线中的一条轨迹(在这条轨迹上通货膨胀预期是固定的)。经济在沿 BAD 轨迹的所有点上都是非均衡的,而不是只在 A 点非均衡(在该点,通货膨胀预期等于实际通货膨胀)。使用宏观经济刺激手段来减少自然失业率之下的失业会引发预期性非均衡。在经济行为人认识到实际通货膨胀大于预期通货膨胀时,他们会改变劳动供给,经济会回到自然率均衡点。由于通货膨胀预期得到纠正,短期菲利普斯曲线将向上移动,经济将沿着 BC 上行。当政策制定者试图(在菲利普斯曲线空间)打压经济时(在既定失业率基础上获得较低的通货膨胀结果),弗里德曼所描述的行为将把经济推向相反的方向。因此,失业不可能通过宏观刺激而永久性降低;长期中,自然失业率(点 E、A 或 C)是我们可能获得的最佳点。降低自然失业率需要宏观经济改革,而不是宏观经济刺激。

根据定义,经过调整的失业(U)完全等同于自然失业率(U^n)加上任何非自然增长率(U^{un})。我们可以把这一非自然失业组成看成是一个幻觉变量(delusion variable)公式:实际通货膨胀($\dot{P}$)和预期通货膨胀($\dot{P}^e$)之间的差。一旦克服了这一幻觉,失业就会回到自然水平,工资合同也不会再按不现实的未来通货膨胀的计算签订。我们有:

$$U = U^N + U^{UN}, 和 U^{UN} = f[\forall(\dot{P}^e - \dot{P})],$$

这里,$\forall$ = 不正确的通货膨胀预期的调整速度,人们常用菲利普·卡甘(Cagan,1956)和马克·纳洛夫(Nerlove,1958)推广的适应性预期公式进行度量。

从 20 世纪 60 年代开始,弗里德曼的理论经由观察渐渐得以证实。西方经济开始由 B 移向 C:通货膨胀与失业同时上升(滞胀)。成功的预测是对弗里德曼实证经济学方法论的最好评判(1953),因此他的宏观经济模型得到了学界的极大尊崇。这样,货币主义经济学家推荐他们设计的将经济从 A 推向 D 的通货紧缩策略,他们希望模型是对称的,消散了预期幻觉的均衡力量才会将经济迅速从 D 推向 E。

在美国和英国,从 A 到 D 的这段路途走得非常快。美国从 D 到 E 的路程也走得非常快(开始于 1982 年末)。但是,这段经历却因为 20 世纪 80 年代末期巨大的政府赤字引发政府同时实施宏观刺激政策而复杂化了,因此,我们很难据此推断,美国的经验完全证明了自然率模型的对称性。在英国,从 A 到 D 的路程比预期要长,而且从 D 到 E 的行程也比预期的耗时要长。

经济学家们渐渐开始质疑对称性主张:"滞后"现象提出,U^N 可能被吸引向 U,而不是相反。由于工厂关闭和失业增加(A 到 D),经济的人力资本和物质资本存量显然会恶化。由于这一资本存量支持自然产出率的量,所以自然失业率除了会向内移向固定自然率之外,自然率(垂直线 CAE)也有可能向外移向 D。

另外值得一提的是这一思想反动的其他三个方面。第一,菲利普斯原始曲线

(2000[1954]，第153—156页)没有附加预期，因为预期就是其体系的一个驱动力。菲利普斯曲线最具决定性且最重要的部分是"体系固有的规则"以及"体系的稳定性"："在阐述不同价格弹性条件下这一体系的稳定性并用不同的预期来考虑未来价格的变化时(着重号是后加的)，已经给出了一些例证"。因此，菲利普斯曲线再次受到各种方法的检验，通货膨胀预期则是决定这一体系是否具有满意结果的关键要素：

> 需求似乎也受到正在发生的价格变化或不久前已发生的变化的影响，由于这一变化与已经变化的量不同，所以对需求的影响越大，价格变动率也就越大……需求变动的方向取决于对未来价格的预期。如果变化中的价格引发了对未来相同方向变化的预期，就像在急剧的运动和缓慢的运动之后可能出现的情况一样，需求将随价格变化同方向变化……这里存在一个趋于强化错误的正反馈，因此，需求对变动价格的反应就像是不合人意或有破坏性的比例型机制一样。

第二，自然率模型就像是基于高通货膨胀菲利普斯曲线的攻击器。但菲利普斯说过，"当代的一个重要政策问题就是维持高水平经济活动和就业，同时又要避免价格的持续上升"(着重号是后加的)。菲利普斯解释说，大家"一般都同意3.7%的通货膨胀率就无法忍受。毫无疑问，这是导致国际收支和外汇储备疲软的重要原因，如果这种通胀率持续下去，就会造成即期汇率不稳"。菲利普斯并没有对"不可想象的失业水平"或"无法忍受"的通胀率给予太多的关注，他说，他只对能取得"平衡效果的低通货膨胀解决方案"感兴趣(2000[1959]，第261页；[1962]，第208页；[1961]，第201页；[1962]，第218页；[1958]，第259页)。

在菲利普斯的分析中，通货膨胀的后果比弗里德曼分析的更为严重。对弗里德曼来说，在停止了对通货膨胀的不正确预期之后，内部不平衡可以通过效用最大化劳动供给的调整进行纠正。通货膨胀只能导致短暂的繁荣，这一繁荣不久还会因为实际工资阻力而遭到破坏。但在菲利普斯的模型中，外部不平衡(由较小的通货膨胀差异驱动)可通过汇率调整进行处理，但内部不平衡(不利的通货膨胀差)在实施货币贬值后自然要给予极大的关注。另外，弗里德曼认为，通货膨胀预期的作用是良性的，菲利普斯则认为(2000[1954]，第153—155页)，通货膨胀预期具有破坏稳定的作用，他否认在存在这种预期的条件下还有稳定目标的可能性。对菲利普斯来说，进一步的通货膨胀预期：

> 趋向于引致波动……随着价格弹性的增加，整体的规制机制的强度也在增长，由于需求无法完全对价格更为剧烈的变动作出反应，因此相应的规制机制的强度将有所削弱，一旦价格弹性在到达某一点后仍在增长，这两种结果都将引发波动。因此，一旦价格预期按这一方式运行，体系……将变得很不稳定。

这一思想和政策的反动值得提及的第三个方面是，芝加哥学派顶尖经济学家已经对从实证上用一个可靠的实证预期变量来建立一个令人信服的预期变量模型感到绝望（Stigler，1941，第358—359页，Friedman，1953[1946]，第277—300页）。20世纪50年代，菲利普斯对通货膨胀预期的贡献已经尽人皆知（可参见Phelps, Brown and Weber，1953，第279页）。1952年5月，在伦敦经济学院访问的弗里德曼问菲利普斯，"如何估计对未来通货膨胀的预期"（引自Leeson，1997）。菲利普斯因此写下了适应性通货膨胀预期公式，这一公式经由卡甘（1956）又转换成了对通货膨胀的一般分析，随后，弗里德曼又将该公式转换成高通货膨胀菲利普斯曲线分析。因此，卡甘（2000）所谓"菲利普斯适应性预期公式"已经在某种程度上逐步削弱了菲利普斯原始曲线的最初分析。

罗伯特·利森（安佳译）

参见：

Adaptive Expectations；Hysteresis；Inflation：Costs of Reducing；Keynesian Economics；Monetarism；Natural Rate of Unemployment；Philips Curve.

参考文献：

Cagan, P. (1956), 'The Monetary Dynamics of Hyperinflation', in M. Friedman (ed), *Studies in the Quantity Theory of Money*, Chicago：University of Chicago Press.

Cagan, P. (2000), 'Phillips' Adaptive Expectations Formula', in R. Leeson (ed.), *A. W. H. Phillips：Collected Works in Contemporary Perspective*, Cambridge：Cambridge University Press.

Friedman, M. (1953), *Essays in Positive Economics*, Chicago：University of Chicago Press.

Friedman, M. (ed) (1956), *Studies in the Quantity Theory of Money*, Chicago：University of Chicago Press.

Friedman, M. (1966), 'Comments', in G. Shultz and R. Z. Aliber(eds), *Guidelines*,

Informal Controls and the Market Place, Chicago: University of Chicago Press.

Friedman, M. (1968), 'The Role of Monetary Policy', *American Economic Review*, 58, March, pp. 1–17.

Leeson, R. (1997), 'The Trade-Off Interpretation of Phillips' Dynamic Stabilization Exercise', *Economica*, 65, February, pp. 155–73.

Nerlove, M. (1958), 'Adaptive Expectations and the Cobweb Phenomena', *Quarterly Journal of Economics*, 72, May, pp. 227–40.

Phelps, E. S. (1967), 'Phillips Curves, Expectations of Inflation and Optimal Unemployment over Time', *Economica*, XXXIV, August, pp. 254–81.

Phelps, E. S. (1968), 'Money Wage Dynamics and Labour Market Equilibrium', *Journal of Political Economy*, 76, July-August, pp. 638–711.

Phelps, E. S. (ed)(1970), *Microeconomic Foundations of Employment and Inflation Theory*, London: Norton.

Phelps Brown, E. H. and B. Weber (1953), 'Accumulation, Productivity and Distribution in the British Economy 1870—1938', *Economic Journal*, 63, June, pp. 263–88.

Phillips, A. W. H. (2000), *A. W. H. Phillips: Collected Works in Contemporary Perspective*, (ed.) R. Leeson, Cambridge: Cambridge University Press.

Shultz, G. and R. Z. Aliber (eds)(1966), *Guidelines, Informal Controls, and the Market Place*, Chicago: University of Chicago Press.

Stigler, G. (1941), 'Review of Hart's *Anticipations, Uncertainty and Dynamic Planning*', *American Economic Review*, 31, June, pp. 358–9.

139. 支出削减政策 Expenditure Reducing Policy

支出削减政策是哈里·约翰逊(Johnson,1961)始创的一个术语,这个术语是指当局为了有效改善国际收支的经常账户,通过削减支出以减少经济中总需求水平的努力。

支出削减政策只在固定汇率或管理浮动汇率条件下才可以使用。理论上,正如弗里德曼(Friedman,1953)所说,浮动汇率能够为国际收支平衡提供自动调节机制。当汇率由市场决定时,由于这种突发的赤字(盈余)与外汇市场上对本币的超额供给(需求)相联系,任何突发的赤字(盈余)都会被适度的通货贬值(升值)迅速而又轻松地纠正。因此,在浮动汇率环境下,国际收支平衡根本不是什么政策问题。

但是,为什么在固定汇率或管理浮动汇率条件下,经常账户平衡会成为问题并要求当局作出政策反应?经常账户赤字使国内居民背负着对世界其他人的净货币负债。请注意,这项债务是用外汇表示的。按通常的说法,赤字国是指进口多于出口,因此,它从出口中得到的外汇收入不足以弥补它在进口中的外汇支出。赤字国的净货币负债可以用两种方法中的一种清偿或融资(传统说法)。赤字国可以动用央行持有的外汇储备,也可以从国外筹借它所需要的外汇。赤字国必须要面对这样的困境,即这些融资可能性都不可能无限期地继续。除非得到补充,否则,央行的外汇储备将会用完;贷方的耐心在某一阶段也会耗尽,如果一个国家似乎满足于靠未清偿债务的堆积来助长当前消费的话。这就意味着持续的经常账户赤字最终必然使当权者作出某种政策反应。

支出削减政策就是这样一种反应。运用紧缩财政或货币政策或两者并用,当权者可以降低国内经济增长率,国内经济增长的降低反过来又会引起对进口商品或服务需求的降低。由于出口需求很大程度上并不受制于支出削减政策,因此经常账户将得到改善。决定出口需求的因素有:国外收入、国内外商品与服务的相对价格。值得注意的是,尽管国外收入不受支出削减政策的影响,但是,国内外商品和服务的相对价格在某种程度上可能会巩固支出削减政策,对国际收支的经常账户产生积极影响。就削减支出以缓和国内通货膨胀而言,这一政策也将改善出口产品和进口替代品的国际价格竞争力,并且对恢复经常账户起到较好的刺激作用。

然而,虽然支出削减政策可以用来对抗持续性的外部赤字,但支出削减政策不是没有代价的:它对国内经济的产出和就业有着负面含义。大致说来,削减支出意味着牺牲某些内部宏观政策目标来达到一个外部目标。紧缩财政与/或货币政策所暗含的总需求的减少将会不可避免地转换为产出的损失与较高的失业。

外部政策目标与内部目标之间的紧张关系可以通过国际收支的构成来加以揭示。经常账户的政策目标是平衡。赤字成为问题的原因前面已经说明。但是盈余也被认为是个遗憾的问题,例如,如果盈余仅仅是通过在较低的需求压力下操作国内经济获得的,我们很难将这种盈余说成是某种成就——它仅仅是削减支出约束下国内经济停滞的外部反映。我们还要注意到,源自不断变化的出口业绩而非内部通货紧缩的经常账户盈余,也可能不受欢迎。盈余必然与外汇收入相对于外汇支出过剩相联系,因此,盈余同时也代表着未能利用的消费机会。同时,按照国际收支理论,世界经济是一个零和博弈,即一个国家的盈余就是另一个国家的赤字,所以经常账户失衡将会引起贸易保护主义观点的传播,并对世界贸易和增长前景带来消极影响。

尽管纠正经常账户赤字是支出削减政策的明确目标,如果发生持续的当权者想要调整的经常账户盈余,当权者可以反向使用能产生有用效果的政策。扩张性财政和/或货币政策可以提高总需求水平,因此会增加国内进口需求,并减少盈余。再者,也可能存在与这项外向型支出转变政策相联系的内部成本。如果国内经济在充分就业或接近充分就业的情况下运行,扩张性财政和/或货币政策就可能与更高的国内通胀率相联系。

米德(Meade,1951)曾经提出过关于内部平衡与外部平衡之张力幅度的早期观点。米德的结论是,至少在"大多数"国家,当权者必须通过实施国内政策来达到内部平衡。防止国际经济中的重大通货紧缩非常必要。否则,如果受影响国家采用了不适当的政策作出反应的话,比如对贸易进行直接控制,就可能造成国际收支问题的累积。米德的研究表明:实际上,要同时达到内部平衡与外部平衡这两个目标,需要两种不同的政策工具;支出削减政策能够达到的目标是有限的。

克里斯·马尔赫恩(安佳译)

参见:

Balance of Payments;Expenditure Switching Policy;Fixed Exchange Rate System;Flexible Exchange Rate System.

参考文献:

Friedman, M. (1953),'The Case for Flexible Exchange Rates', *Essays in Positive Economics*, Chicago: University of Chicago Press.

Johnson, H. (1961), *International Trade and Economic Growth: Studies in Pure Theory*. Cambridge, MA: Harvard University Press.

Meade, J. E. (1951), *The Theory of International Economic Policy*, Vol. 1, *The Balance of Payments*, Oxford: Oxford University Press.

140. 支出转换政策 Expenditure Switching Policy

支出转换政策是由哈里·约翰逊(Johnson,1961)首创的一个术语,该术语是指当权者通过努力,使国内支出和/或外汇支出转向出口和/或国内经济的进口替代。支出转换政策的最终目标是改善国际收支经常账户。在经济达到或接近充分就业时,支出转换政策可结合削减支出政策来实施。

支出转换政策只在实施固定汇率或有管理浮动汇率条件下才有必要。理论上,正如弗里德曼(Friedman,1953)指出的,浮动汇率能对国际收支进行自动调节。在汇率由市场决定的情况下,由于这种赤字(盈余)都与外汇市场上本币的超额供给(超额需求)相关,所以在浮动汇率条件下,根本不存在作为潜在政策问题的国际收支问题。

但是,为什么在固定汇率或有管理浮动汇率条件下,经常账户平衡会成为一个问题并需要当局作出政策反应?经常账户赤字使国内居民相对于世界上其他人来说背负着净货币负债。注意,这项负债是用外汇表示的。按通常的说法,赤字国是指进口多于出口,因此它从出口得到的外汇收入不足以弥补它花在进口中的外汇支出。赤字国的净货币负债可以用两种方法中的一种清偿或融资(传统说法)。赤字国可以动用央行持有的外汇储备,也可以从国外筹借它所需要的外汇。赤字国必须要面对这样的困境,即这些融资可能性都不可能无限期地继续。除非得到补充,否则央行的外汇储备将会用尽;如果一个国家似乎满足于靠未清偿债务的堆积来助长当前消费的话,贷方的耐心在某一阶段也会耗尽。这就意味着持续的经常账户赤字最终必然使当权者作出某种政策反应。

支出转换政策就是这样一种反应。支出转换政策可以有一系列形式。最显而易见的形式是本币贬值,本币贬值可以在降低出口外汇价格的同时,提高进口的国内价格,促使国内支出及外汇支出转向出口及进口替代,并因此而改变贸易平衡状况,而贸易收支则是经常账户的主要组成部分。其他一些旨在促进出口及进口替代需求的措施也有类似的支出转换效应。例如,运用关税这样的贸易保护主义政策,将提高进口品的价格,并促使国内需求转向进口替代品。但需要注意的是,贸易政策措施通常并不是为收支平衡而实施的。政策的通常目标倾向于增强国内某一行业的前景,可能也是为了回应比较优势的反向转移,或者是觉察到贸易对手国的掠夺性贸易行为,例如倾销,而作出反应。此外,超国家机构,如世界贸易组织(WTO),对国际贸易的管制,以及开放型地区贸易组织,如北美自由贸易区(NAFTA)等的增加,使得将贸易政策更不可能作为外部平衡工具来系统使用。在政府仅仅是试图劝告居民购买国内商品或服务而不是购买进口品时,可能会提出第三种相对温和的支出转换政策。

因为贸易政策越来越趋向于关注特殊行业的利益,而且政府旨在促进国内商品与服务的活动并不总是宏观调控的主要组成部分,所以,支出转换政策最常用的做法是使本币贬值。正如上文中提到的,本币贬值可以降低以外币表示的出口品价格,并提高以本币表示的进口品价格,所以具有刺激经常账户的作用。至于以贬值来改善贸易平衡状况,必须满足两个标准。第一个被称为马歇尔-勒纳条件,马歇尔-勒纳条件是关于进出口需求价格弹性的条件。很明显,如果要使贬值生效,它涉及的价格变化必须以一种适当的方式对产品与服务的需求产生影响。马歇尔-勒纳条件表明,出口需求价格弹性与进口需求价格弹性之和必须大于1。如果满足了这一条件,那么组合弹性将高到足以使需求按照要求发生转变,并使贬值国的贸易平衡状况得到改善。马歇尔-勒纳条件是勒纳(Lerner, 1944)利用马歇尔在弹性上的贡献而提出的一个标准。第二个有效贬值标准涉及国内出口企业及进口替代企业的生产能力,即对加于它们的新需求作出反应的生产能力。如果国内经济已经在接近满负荷生产的条件下运行,并且几乎没有或根本没有余地来另外增加资源投入以提高出口品或进口替代品的产出量,无论如何,贬值措施也无济于事。因此,如果要贬值措施起作用的话,就一定不要在充分生产能力条件下实行。

需要注意的是,就算这两个条件都满足了,经常账户也很可能是首先恶化,之后才能改善。这种可能出现的结果被称为"J"曲线效应。经常账户一开始恶化是因为尽管贬值迅速改变了出口及进口替代品的价格,但需求通常需要一段时间来适应价格变化。这意味着,最初在国外市场上是以更低的外汇价格销售同样数量的出口品,虽然价格更高了,国内市场对进口品的需求数量也并未改变。由于来自出口的海外收入减少及为进口支付的海外支出增加,所以,净效应就是恶化经常账户。最终,随着需求对国内外价格变化的调整,反向效应出现,经常账户又反弹并经过贬值期的起始点。所以,"J"曲线之所以被称为"J"曲线,是因为经常账户平衡的路线就像字母J。

让我们进一步思考一下这个标准,即,如果用贬值来改善经常账户的话,国内经济应当有过剩生产力。在1945年后充分就业出现之前的时期,国内经济是否有过剩生产力并不是政策制定者需要认真考虑的事。通常的非充分就业条件意味着,基于贬值国外部平衡的本币贬值效应,不会被生产力束缚所阻碍。尽管这样,在20世纪50年代到60年代,当充分就业变得普遍后,贬值更像是一种折中的有效政策工具。在这种情况下,亚历山大(1952)提出了极具洞察力的国际收支吸收分析法。

亚历山大的分析开始于这个关于经常账户的简单方程：

$$B = Y - A \tag{1}$$

这里，B 指的是经常账户，Y 指国内收入或产出，而 A 指国内总支出或总吸收。从方程(1)可以看出，B 的任何赤字都源于国内总支出超过国内总收入。B 可能恢复平衡的一个方法就是利用贬值使 Y 相对于 A 增加。这项选择会有很多困难，最明显的就是通过直接或非直接的收入变化，贬值对吸收产生的效应问题。如果吸收的增加等于或超过收入的增加，经常账户将保持原样或恶化。此外在充分就业条件下，一旦 Y 不能像我们解释的那样增加，显然就不能使用贬值政策。由于实际余额效应，通过价格上升对消费的影响，吸收可能会因贬值而直接减少。但正如约翰逊(Johnson,1961)所强调的，亚历山大上述研究的主要含义是，在接近充分就业条件下，经常账户要得到改善，就要并用支出转换政策（贬值）和支出削减政策。支出削减政策通过把可用资源分配到出口及进口替代行业来为贬值创造"空间"。按照方程(1)，支出削减政策在贬值增加产出的同时对吸收有约束作用，从而改善经常账户平衡。

读者如果想进一步讨论本词条中的内容，请参考克鲁格曼和奥伯斯菲尔德(Krugman and Obstfeld,2000)的理论。

克里斯·马尔赫恩（安佳译）

参见：

Absorption Approach to the Balance of Payments; Balance of Payments; Expenditure Reducing Policy; Fixed Exchange Rate System; Flexible Exchange Rate System; Marshall-Lerner Condition.

参考文献：

Alexander, S. S. (1952), 'The Effects of a Devaluation on a Trade Balance', in *IMF Staff Papers*, pp. 359–73.

Friedman, M. (1953), 'The Case for Flexible Exchange Rates', *Essays in Positive Economics*, Chicago: University of Chicago Press.

Johnson, H. (1961), *International Trade and Economic Growth: Studies in Pure Theory*, Cambridge, MA: Harvard University Press.

Krugman, P. R. and M. Obstfeld (2000), *International Economics: Theory and Policy*, 5th edn, Reading, MA: Addison-Wesley Longman.

Lerner, A. P. (1944), *The Economics of Control: Principles of Welfare Economics*, New York: Macmillan.

141. 联邦基金利率 Federal Funds Rate

这是一家银行将储备借给另一家银行而收取的利率。这一利率取决于联邦基金市场,在这个市场上,那些有超额储备的银行将储备借给储备不足的银行。

142. 联邦公开市场委员会 Federal Open Market Committee

见:

Federal Reserve System。

143. 联邦储备体系 Federal Reserve System

联邦储备体系,通常称为联邦储备委员会,由美国国会于 1913 年建立。联邦储备体系承担着美国中央银行的职能。1978 年的汉弗莱 霍金斯法案将它的权力范围界定为"保持货币与信用总额的长期增长,使之与经济产量增长的长期潜势成比例,以此来有效促进就业的最大化、价格稳定及适度的长期利率目标"。简言之,联邦储备体系的职责就是稳定产出并保证美国的低通胀。联邦储备体系由联邦储备委员会领导,联邦储备委员会负责制定货币政策。委员会(与美国财政部一起)也负责美国的汇率政策。委员会本部设在华盛顿,有 7 名理事,其中包括联邦储备委员会的主席。联邦储备委员会由美国总统任命,经参议院核准,理事任期 14 年,不得连任,而主席任期 4 年,可以连任。委员会监督 12 家地区性联邦储备银行的运行,而地区性联邦储备银行的主要功能是监督地区的银行及金融活动,并管理支票清算。联邦公开市场委员会总部设在华盛顿,有 12 名投票成员,其中包括 7 名理事会成员加上 5 个地区联邦储备银行的行长(对联邦公开市场委员会的投票表决权由各地区储备银行行长轮流拥有)。联邦储备委员会主席(现由艾伦·格林斯潘担任①)担任联邦公开市场委员会的主席,纽约联邦储备银行行长担任副主席。联邦公开市场委员会定期聚会(大约每六周一次)以讨论并制订货币政策。美国货币政策的主要工具是公开市场操作。联邦储备体系通过公开市场操作,买卖政府债券,并因此改变货币政策。

参见:

Central Bank Accountability and Transparency; Central Bank Independence; Greenspan, Alan; Inflation Targeting; Monetary Policy: Role of.

144. 反馈原则 Feedback Rule

见:

Activist Policy Rule.

145. 马丁·费尔德斯坦 Feldstein, Martin

马丁·费尔德斯坦1939年生于美国纽约州纽约市,1961年从哈佛大学获得学士学位,1963年从牛津大学获得文学学士学位、后又获得硕士学位(1964)和博士学位(1967)。他的主要学术职位包括:牛津大学纳菲尔德学院研究员(1965—1967)。自1967年起,他一直任哈佛大学经济学教授;自1977年起,任国家经济研究局局长。1977年,他获得美国经济学学会颁发的约翰·贝茨·克拉克奖。1982—1984年间,他任美国总统经济顾问委员会主席。他以研究公共部门经济学,特别是私人资本形成的税收效应、转换和开支以及就业问题而著名。他的代表性著作有:《资本积累过程中的税收效应》(芝加哥大学出版社,1987);《税收和资本形成》(芝加哥大学出版社,1987);《价格稳定的成本和收益》(编,芝加哥大学出版社,1999)。他的主要学术论文包括:《供给经济学:旧真理和新主张》(载《美国经济评论》,76,1986年5月);《美国经济顾问委员会和经济咨询》(载《经济学杂志》,102,1992年9月);以及《欧洲经济和货币联盟的政治经济学:经济债务的政

---

① 格林斯潘已于2005年10月卸任,该职位由伯南克接任。2014年2月至2018年2月,珍妮特·耶伦担任美联储主席。——译注

治来源》(载《经济学展望杂志》,11,1997 年秋季号)。

参见：

Council of Economic Advisers; John Bates Clark Medel; National Bureau of Economic Research.

146. 金融不稳定性 Financial Instability

经济学家长期以来一直关注经济波动,经济波动在所有资本主义经济中的发生或多或少带有规律性(Sherman,1991;Wolfson,1994)。可以确定的是,经济波动有不同的种类,由基钦周期(与存货变动相联系,平均持续期限 39 个月)、尤格拉周期(持续期大约为 7—8 年,与工厂及设备投资相关),20 年期的库兹涅茨周期(与人口变动相关)以及与创新(电气化、机动车)有关的康德拉季耶夫长波周期(Kindleberger,1989)。在这些波动中,金融因素可能仅扮演着小角色。通常,研究金融不稳定性的经济学家一直以来趋向于关注周期性金融危机,即频繁地与普通经济周期的峰顶同时发生的危机,尽管金融危机(尤其近年来)也可以在周期中别的时候发生。更进一步说,一个经济体可能在金融上不稳定,但是可以设法避免金融危机。我们最好把金融不稳定性看成是一个趋势,而不是一个特殊事件,尽管典型的金融危机可能是不稳定金融过程的产物,而不稳定的金融过程本身又产生于经济周期扩展的过程中。在本词条中,我们主要关注源自金融原因的经济不稳定性,而不去关注那些在很大程度上独立于金融的经济波动,以及没有传播到整体经济中去的局部金融危机。

如今,关于金融不稳定性的原因已有一系列解释被提了出来。其中一种可能的原因是投机"狂潮",在投机"狂潮"中,许多投资者对将要获取的利润有着不现实的预期,他们大量借贷为资产融资,他们的这一活动驱使价格达到荒谬的水平。最终,狂潮结束,价格崩溃,接着而来的是破产(Kindleberger,1989)。1634 年的郁金香狂潮,1719 年的南海泡沫,或者 20 世纪 90 年代后期互联网商业域名的繁荣,都是投机狂潮的例子。近期金融危机的例子中,欺诈起着极大作用,包括(20 世纪 90 年代)阿尔巴尼亚国民养老金体系崩溃,以及(20 世纪 80 年代)美国储蓄贷款社的失败(Mayer,1990)。

其他解释趋向于关注货币及信用供给的突然中断,这种中断会阻碍借款并迫使支出下降，加速周期性下滑。现代货币主义方法将金融不稳定性及金融危机归因于中央银行的政策错误。按照货币主义学说，当央行储备供给过多时，货币供给会很快扩张，并刺激消费突然增加。如果这时候中央银行对确信会发生的通货膨胀反应过度，就会减少货币供给并引发崩溃（Friedman，1982）。其他人有推崇"信用破坏"理论的，按照这个理论，贷款人（主要是银行）突然减少了对借款人的贷款供给，其原因要么是因为贷款人要满足制度性约束，要么因为中央银行采取紧缩货币政策（正如在货币主义者事例中那样）（Wojnilower，1980；Wolfson，1994）。最后，我们还可以加入汇率不稳定性及对外负债来作为经济不稳定的突发原因，尤其是自布雷顿森林体系崩溃（Huerta，1998）以来，在发展中国家经常出现这种情况。

其他一些分析还证明了不稳定过程是资本主义经济运行所固有的过程（Magdoff and Sweezy，1987）。换句话说，这些方法留意的基本上不是非理性的疯狂或货币主义权威们所认为的"外部冲击"，而是把原因归纳为内部或内生因素。卡尔·马克思曾经宣称"生产的无政府状态"，即非计划经济中一个不可避免的特征，会导致生产的"比例失调"，在非计划经济中，生产决策是由无数追逐利润的个人作出的，因此，他们生产出的某些商品无法以足以实现其预期利润的商品价格出售。马克思解释的关键在于他认识到，生产通常开始于货币，而其中有些货币是借来的，为了生产可供出售的商品，就用借来的货币购买劳动和生产工具。然而，如果某些商品不能以足够高的价格销售，就没有足够的钱来偿还贷款，就会出现破产。当债务人不能履行债务时，债权人可能也被迫陷入破产，因为债权人本身也会有自己不能支付利息的未清偿债务。根据这种方式，由于金融资产持有者开始担心自己投资的可信度，坏账像雪球一样迅速增大并扩散深入到经济中，从而引起恐慌。金融资产持有者宁可"清算"（卖出）资产以获取现金和别的更安全的资产，也不愿等待债务人赖账。这种对流动性（能以预期名义价值在市场上销售的资产）的高需求使得所有流动性差的资产价格开始崩溃，同时，人们产生了不愿消费的倾向，所有人都力图储藏货币。因此，伴随着总需求的崩溃，金融危机发生了（Sherman，1991；Marx，1990，1991，1992）。

欧文·费雪在他关于大萧条的"债务贬值"理论中采纳了马克思分析中的一些因素，约翰·梅纳德·凯恩斯在他的《通论》中也采用了马克思的一些分析。尽管费雪发展出了一种关于市场不均衡的特殊条件理论，但凯恩斯的理论却发展出货币经济的一般运行条件。简言之，费雪把大萧条的严重性归因于资产价格的崩溃及因雪片般涌来的债务违约而产生的确信无疑的金融危机（Fisher，1933；Galbraith,1972)。凯恩斯采纳了马克思的资本主义生产开始于货币,并预期过后以更多货币结束的观念,从而发展出一种明确包括预期在内的均衡产出及就业决定的普遍理论(Keynes,1964)。凯恩斯的结论是,资本主义经济中不存在引导资本主义经济实现充分就业的起自动修复作用的力量。事实上,凯恩斯描述了不稳定的乐观主义与悲观主义的"快速变换",这与斯密式的引导市场向稳定均衡发展的"看不见的手"观念形成了鲜明对照。像马克思一样,凯恩斯也认为,他所谓流动性"崇拜"是一种主要的不稳定力量,就是这股力量建立了达到充分就业的壁垒。更要紧的是,不断增加的流动性偏好降低了对资本资产的需求,从而降低了投资物品的生产,并因此通过乘数效应减少了收入及就业。

20世纪在金融不稳定性论题上最著名的理论家海曼·明斯基,从两个主要方面扩展了凯恩斯的研究(Minsky,1975,1986)。第一,明斯基提出了他所谓"金融投资理论与投资周期理论",他将这两种理论与那些强调金融因素及强调实际因素作为周期原因的人们的研究方法结合起来,并将金融因素与实际因素纳入公司的资产平衡表(Papadimitriou and Wray,1998)。如凯恩斯理论一样,投资波动驱动经济周期。但是,明斯基明确地审视了现代资本主义经济中的金融投资,他认为,每个经济单位都拥有资产(包括但不局限于实物资产)。人们期望通过这些资产来发行债务,从而产生收入流,这又将这些经济单位置于偿付债务支出流的境地。

因为不能确切地了解未来的收入流情况(但债务支出安排却或多或少已确定),因此,如果未来比预期的要坏,每个经济单位的运行都会取决于流动资金的安全限度、可担保性、净值及资产的安全组合。安全限度是通过习俗、经验及最优化原则确立的。如果事情的发展至少像预期的那么好,就证明安全限度、运行规则将因此进行修改。因此,"利用好时机"将会导致安全限度的降低,因为在这期间,收入流将多到足够满足合同约定的承诺支付。明斯基采用逐渐变小的安全限度给资产负债表进行了分类:保值型(期望的收入流足够弥补本金及利息支出)、投机型(近期的期望收入流只够支付利息)及庞氏骗局型(预期收入流甚至不足以支付利息,只能通过借入资金来支付利息)。

这就直接引出了明斯基的第二个贡献,即金融不稳定性假说。在一段时间内,经济自然地从一个有"活力"的金融结构阶段向"脆弱"金融结构阶段演变,在有"活力"的阶段,保守状况占统治地位,而在"脆弱"阶段,投机甚至庞氏状况占统治地位。这种过渡发生在扩张期间,因为在这一阶段,日益增长的风险态势得到了繁荣经济的肯定,这种经济繁荣使人们陷入不该有的错误——鼓励采用更具风险的头寸。最后,融资成本上升或收入低于预期,都会使人们不履行支出承诺。正如马克思-费雪的分析一样,整个经济中的破产如滚雪球般迅速增多。这种情况会使人们减少支出,并提高计划的安全度。衰退的过程要持续到负债表通过违约以及降低负债率的保守金融活动而"简化"为止。

明斯基解释的重心是他认识到"大银行"(中央银行)与"大政府"(政府支出与国内生产总值有很大关系)有助于减轻周期性波动。中央银行通过履行最后贷款人的职能来降低违约及破产的影响;反周期的预算赤字与盈余能帮助稳定收入流。按照明斯基的说法,问题是,由大银行及大政府所促成的成功的稳定会制造出道德风险问题,因为经济单位会在他们的期望中加入这样的猜想,即干预会阻止"它"(另一个萧条)再发生。因此,冒险行为得到奖励,系统的脆弱性随着时间增长,即使可以避免大萧条,也增大了金融危机的频率及严重性。尽管没有最终的解决措施,但明斯基相信,信息、规则及金融市场监管是对大政府及大银行干预的必要补充。像凯恩斯一样,明斯基也摒除了这样的信念,即依靠看不见的手可以消除金融不稳定性;事实上,他深信,一个无管制的、小政府的资本主义经济将易于发生大萧条以及欧文·费雪所分析的那种债务贬值过程。

L. 兰德尔·雷（安佳译）

参见:

Business Cycles: Keynesian Approach; Business Cycles: Marxian Approach; Business Cycles: Monetarist Approach; Great Depression; Minsky, Hyman P.; Speculative Bubbles.

参考文献:

Fisher. I. (1933), 'The Debt-Deflation Theory of Great Depressions', *Econometrica*, 1, October, pp. 337–57.

Friedman, M. (1982), *Capitalism and Freedom*, Chicago and London: University of Chicago Press.

Galbraith, J.K. (1972), *The Great Crash*, Boston: Houghton-Mifflin.

Huerta, A. (1998), *La Globalizacion, Causa de la Crisis Asiatica Y Mexicana*, Mexico: Editorial Diana.

Keynes, J.M. (1964), *The General Theory of Employment. Interest, and Money*, New York and London: Harcourt Brace Jovanovich.

Kindleberger, C. (1989), *Manias, Panics and Crashes: A History of Financial Crises*, New York: Basic Books.

Magdoff, H. and P. Sweezy (1987), *Stagnation and the Financial Explosion*, New

York: Monthly Review Press.

Marx, K. (1990), *Capital: Volume 1*, London: Penguin Classics.

Marx, K. (1991), *Capital: Volume 2*, London: Penguin Classics.

Marx, K. (1992), *Capital: Volume 3*, London: Penguin Classics.

Mayer, M. (1990), *The Greatest-Ever Bank Robbery: The Collapse of the Savings and Loan Industry*, New York: Charles Scribner's Sons.

Minsky, H. (1975), *John Maynard Keynes*, New York: Columbia University Press.

Minsky, H. (1986), *Stabilizing an Unstable Economy*, New Haven and London: Yale University Press.

Papadimitriou, D. and L. R. Wray (1998), 'The Economic Contributions of Hyman Minsky: Varieties of Capitalism and Institutional Reform', *Review of Political Economy*, 10, pp. 199 – 225.

Sherman, H. (1991), *The Business Cycle: Growth and Crisis under Capitalism*, Princeton, NJ: Princeton University Press.

Wojnilower, A. (1980), 'The Central Role of Credit Crunches in Recent Financial History', *Brookings Papers on Economic Activity*, pp. 277 – 326.

Wolfson, M. (1994), *Financial Crises: Understanding the Postwar U. S. Experience*, Armonk, NY and London: M. E. Sharpe.

147. 微调 Fine Tuning

这个术语常用来描述为了将产出和就业维持在充分就业或接近充分就业的水平或自然水平状态而频繁地使用财政政策及货币政策的情形。

参见：

Aggregate Demand Management; Discretionary Policy; Rough Tuning.

148. 财政政策的作用 Fiscal Policy: Role of

在二战后的初期,财政政策在很大程度上是按凯恩斯思想构思的。对税收及政府支出变化的考虑主要集中在它们对总需求的影响上。阿巴·勒纳(Lerner,

1951)使用职能财政的概念也许最好地阐明了这种观点。政府在经济出现通货膨胀前,应通过增加支出或减少税收来引起预算赤字。有一句名言说得好:"只有税收才能制止通货膨胀。"

在20世纪60年代到70年代早期,这场争论转向财政政策相对货币政策而言在影响名义收入过程的功效上。我们可以从布林德和索洛(Blinder and Solow, 1974)的著作中看到他们对这场争论的评论。在争论的初期阶段,货币政策的拥护者们提出了一系列的单一方程经济计量学研究,这项研究最初表明,货币政策比财政政策更有效。然而经济计量学研究,尤其是传统货币手段与财政政策的内生性问题,对这些研究的有用性提出了严格的质疑。

布林德与索洛(Blinder and Solow, 1974)也提出了一个理论观点,即如果经济是稳定的,负债融资政府的支出一定比货币政策条件下的支出要多。他们的看法是,政府用负债融资支出的后果是,长期中,政府债务存量将会增加。这样,在长期中,必要的债务支付也会增多。如果想在长期中达到平衡,财政政策必须增加名义收入以增加足够多的税收,增加收入不仅是要消除由政府支出增加引起的最初的赤字,还要支付增加的政府债务所带来的利息。但是对这种方法持批评态度的人,对这种方法依赖于长期稳定分析的假设而非基于经济理论表示怀疑。

到20世纪70年代中期,美国对财政政策的讨论已将财政政策当成了实际问题,这种讨论更多地受到担心长期赤字问题的人士的影响,较少考虑那些关注稳定问题人士的意见。关于联邦政府的规模及角色的争论,使得美国国会难以形成重大的积极稳定政策。因为货币政策可以不必参与这些争论就被当成稳定政策使用,所以,尽管长期考虑成了财政政策的中心,但货币政策日渐发挥着稳定政策的中心作用。唯一的例外是通过税收系统的自动稳定,因为税收不需要明确的立法。

与这些讨论形成对照的是,新近关于财政政策的考虑已经呈现出一种更为新古典主义的趋向,并使用了基于短期最大化行为的模型。从新古典主义的观点看,我们可以把重要问题分解为两部分。第一,什么是政府支出变化的效应?第二,如果坚持稳定的政府支出路线,征税的时间路径有了变化,其效应会如何?

与政府支出相关的第一个问题是,政府支出在何种程度上直接替代了私人消费?例如,如果政府在游泳池或卫生保健上花费更多的钱,私人部门会将它对这些商品的购买减少到何种程度?在这一点上,戴维·阿肖尔(Aschauer, 1985)提供了一些宏观经济计量上的证据。他发现,政府每支出1美元,私人消费支出就会减少大约30美分。

政府支出的时间路径也会对经济产生重要影响。罗伯特·巴罗(Barro,1989)为这个问题提供了一种方便的处理方法。为了分析这个问题,我们可以考虑一个有着最大化时际贴现效用的典型代理人新古典增长模型。在模型的稳定状态中,资本-劳动比将按修正过的黄金规则水平展示。政府支出永久增加将使消费以同等数量减少,同时,资本存量将保持不变。但是,政府支出的暂时增加会有不同的效果。为了使短期消费平稳,经济最初会通过政府支出的足量增加而使资本存量减少,从而防止消费下降。之后,为了维持随时间变化的消费水平,经济将重新积聚资本。因此,政府支出暂时或永久的变化将会对经济中资本积累的途径产生不同的影响。

在财政政策的时际模型中,政府面对的是时际预算约束。这就意味着,为了保持支出不变,今天税收减少意味着明天需要增加税收才能满足时际预算约束。在包括无数家庭(或者朝代)和定额税的严格假设下,税收的变化将不会影响家庭消费选择,也不会影响资本积累。这个结果被称为李嘉图等价,这也意味着,赤字本质上并不要紧。既然政府必须跨时平衡预算,今天的赤字必然是明天的盈余。用现在的价值术语,家庭的跨时预算约束并没有改变。因此,为了满足未来更高的税单,削减的税收将会储存起来。

李嘉图等价的评论者们已建立了几个严格的模型,在这些模型中,上述结果并不适用。彼得·戴蒙德(Diamond,1965)运用叠代模型说明政府赤字确实影响资本积累的路径。奥立弗·布兰查德(Blanchard,1985)也建立了一个模型,在模型中,代理人在每个时期都面对一个外部的和不变的死亡可能性。给定经济条件,他们将按最佳条件选择消费和储蓄。暂时性地削减税收,想在之后的时期中靠较高的税收融资,将会引起消费的增加,因为,考虑到自己终将不免一死,理性的代理人将会部分贴现未来的税收。在死亡的可能性达于零时,布兰查德的模型可以概括为表现李嘉图等价的纯新古典模型。

针对李嘉图等价,一些人还是提出了反对意见。缺乏远见或流动性约束,都可以推翻标准模型中的李嘉图等价。如果模型中的税收不是一次性交付,模型也会失灵。事实上,检测李嘉图等价非常困难。关于税收的许多变化往往因一个原因而发生——不是为了满足支出变化就是作为经济中基础性变化的结果。因此,成功地检测必须检查这些因素并提出有挑战性的经济计量问题。

如果李嘉图等价不成立,那么赤字将会把成本强加于经济。弗兰科·莫迪利亚尼(Modigliani,1961)利用生命周期模型表明,储蓄者投资组合中所持有的政府债券将会替代私人资本。因此,赤字的代价最终会是未来较低的资本存量。

债务负担可以代代不同,没必要再在传统分析中作出反映。奥尔巴赫等人(Auerbach et al.,1993)强调说,债务的真实负担不能用当前的财政赤字来度量。许诺给老年人的较高社会保险福利与当前赤字有同样的效果。这些学者建立了一种新的量度财政政策立场的方法——代际计算——这个方法精确地计算了这些转移,并测量出不同代际间的负担。

财政政策的跨时分析与货币政策和通货膨胀也有关系。政府的跨时预算约束可以通过税收满足,也可以通过货币制造中的铸币税来满足。如果政府不增加足够多的税收来为支出融资的话,政府只好求助于货币创造及利用通货膨胀税来满足他们的预算约束。在极端情况下,这种方法会导致恶性通货膨胀。萨金特和华莱士(Sargent and Wallace,1981)表明,当利率超过经济增长率时,今天紧缩货币的政策会引起未来更高的通货膨胀。他们的逻辑是,今天紧缩货币就需要未来更多的债务发行。由于利率高于增长率,负债占国内生产总值的比例将会增加。最终,只能增加货币来为支出融资,维持较高的负债—国内生产总值之比。但不管怎样,较高的货币发行导致较高的通货膨胀。

经济学家也研究了财政政策的各个政治经济方面。例如,阿莱西纳和佩罗蒂(Alesina and Perotti,1995)从评估不同理论的实证意义的角度,提出了一个有关政府债务及赤字的综合政治经济学的观点,而阿莱西纳和德拉曾(Alesina and Drazen,1991)却用相关的政治经济推理去解释为什么稳定政策经常会受阻。这种方法的一个具体例子就是,一些经济学家建立了这样的理论,即意识形态的分野和分裂的政府会因为政治的瘫痪导致更大的财政赤字。也许在某种程度上是基于美国20世纪80年代的经历,其他经济学家探究了这样的观念,即大的预算赤字可用来约束政府的未来支出。如果执政党的政治取向可能有变化,这一点就非常重要。胡佛和谢夫林(Hoover and Sheffrin,1992)研究了这样的流行观点,即限制适合于政治家的税收可以控制政府支出。他们还表明,传统的时间序列分析方法,例如格兰杰-因果关系或时间选择依据,不能从跨时角度来研究这个问题。他们确立了一种解决这个问题的方法,即在外部干预的基础上,按时间序列过程管理税收和支出。

在过去的十年中,人们对决定经济增长的因素又重新产生了兴趣。在这场争论中,对财政政策的提法很引人注目。迈尔斯(Myles,2000)对财政政策借以影响经济增长的不同渠道进行了评论。尽管这些理论模型提出了宽泛的效应范围,但现在却没有令人信服的实证证据。关于财政政策与经济增长的研究是当代财政政策研究的代表,这种研究方法是从跨时角度对问题进行分析。

史蒂文·M. 谢夫林(张新译)

参见:

Automatic Stabilizers; Functional Finance; Government Budget Constraint; Life Cycle Hypothesis; Neoclassical Growth Model; Representative Agent Model; Ricardian Equivalence.

参考文献:

Alesina, A. and A. Drazen (1991), 'Why Are Stabilizations Delayed?', *American Economic Review*, 82, pp. 1170 – 88.

Alesina, A. and R. Perotti(1995), 'Political Economy of Budget Deficits', *International Monetary Fund Staff Papers*, 42, pp. 1 – 31.

Aschauer, D. A. (1985), 'Fiscal Policy and Aggregate Demand', *American, Economic Review*, 75, March, pp. 117 – 27.

Auerbach, A. J. , J. Gokhale and L. J. Kotlikoff(1993), 'Generational Accounts and Lifetime Tax Rates, 1900 – 1991', *Federal Reserve Bank of Cleveland Economic Review*, 29, pp. 2 – 13.

Barro, R. J. (1989), 'Modern Business Cycle Theory', in R. J. Barro(ed.), *The Neoclassical Approach to Fiscal Policy*, Cambridge, MA: Harvard University Press, pp. 178 – 235.

Blanchard, O. J. (1985), 'Debt, Deficits and Finite Horizons', *Journal of Political Economy*, 93, April, pp. 223 – 47.

Blinder, A. S. and R. M. Solow (1974), 'Analytical Foundations of Fiscal Policy', *The Economics of Public Finance*, Washington, DC: The Brookings Institution, pp. 3 – 115.

Diamond, P. A. (1965), 'National Debt in a Neoclassical Growth Model', *American Economic Review*, 55, December, pp. 1126 – 50.

Hoover, K. D. and S. M. Sheffrin (1992), 'Causation, Spending and Taxes: Sand in the Sandbox or Tax Collector for the Welfare State?', *American Economic Review*, 82, March, pp. 225 – 48.

Lerner, A. P. (1951), *Economics of Employment*, New York: McGraw-Hill.

Modigliani, F. (1961), 'Long-Run Implications of Alternative Fiscal Policies and the Burden of the National Debt', *Economic Journal*, LXXI, December, pp. 130 – 55.

Myles, G. (2000), 'Taxation and Economic Growth', *Fiscal Studies*, 21, pp. 141-68.

Sargent, T. J. and N. Wallace(1981), 'Some Unpleasant Monetarist Arithmetic', *Federal Reserve Bank of Minneapolis Quarterly Review*, 5, Fall, pp. 1-17.

149. 斯坦利·费希尔 Fischer, Stanley

斯坦利·费希尔1943年生于赞比亚卢萨卡,从伦敦经济学院获得理学士学位(1965)和理学硕士学位(1966),1969年从麻省理工学院获得博士学位。他的主要学术职位包括:芝加哥大学助教(1969—1973);麻省理工学院副教授(1973—1977);斯坦福大学胡佛研究所访问学者(1981—1982);世界银行经济发展部副主管和首席经济学家(1988—1990)。自1977年以后,他一直担任麻省理工学院经济学教授,从1994年9月到2001年8月,他出任国际货币基金组织第一常务副主席。在1986年到1994年期间,他任国家经济研究局《宏观经济学年鉴》主编。他以研究稳定经济中的政策作用,尤其以研究理性预期和价格黏性来发展宏观经济模型、工资指数化的效应、通货膨胀的成本和后果等而知名。他的名著有:《理性预期和经济政策》(编,芝加哥大学出版社,1980);《指数化、通货膨胀和经济政策》(麻省理工学院出版社,1986);《宏观经济学讲义》(与O.布兰查德合著,麻省理工学院出版社,1989);《宏观经济学》(与R.多恩布什和R.斯塔茨合著,第7版,麦格劳-希尔出版公司,1998)。他最具影响的论文有:《长期合约、理性预期和最优货币供应原则》(载《政治经济学杂志》,85,1977年2月);《对通货膨胀真实效应和成本的理解》(与F.莫迪利亚尼合撰,载《世界经济文献》,114,1978);《宏观经济学的近期发展》(载《经济学杂志》,98,1988年6月);以及《汇率制度:两极看法正确与否?》(载《经济展望杂志》,15,2001)。

150. 费雪效应 Fisher Effect

名义利率与预期通货膨胀的一对一效应,因此预期实际利率不受影响。费雪方程式表明,名义利率等于预期通货膨胀与预期实际利率之和。

参见：

Real Interest Rate.

151. 欧文·费雪 Fisher, Irving(1867—1947)

欧文·费雪1867年生于美国纽约州索格蒂斯，1888年从耶鲁大学获得学士学位，并于1891年获得博士学位。他的主要学术职位包括：耶鲁大学经济学教授（1892—1935）。1930年，他襄助建立了经济计量学学会，并出任首任会长。他以对资本理论、货币理论特别是货币如何影响利率、价格和经济行为以及经济统计学的研究而闻名。他最广为人知的著作有：《资本和收入的性质》（麦克米伦出版公司，1906）；《利率》（麦克米伦出版公司，1907）；《货币的购买力》（麦克米伦出版公司，1911）；《指数的形成》（霍顿米夫林出版公司，1922）；《货币错觉》（阿德尔菲出版公司，1928）和《利息理论》（麦克米伦出版公司，1930）。

参见：

Econometric Society; Equation of Exchange; Quantity Theory of Money.

152. 固定汇率制度 Fixed Exchange Rate System

在过去的不同时期中，国际货币体系一直按固定汇率体系运行。盛行于1870年到1914年间的金本位制，就是固定汇率制度。在金本位制下，各国本币与黄金比值固定。在两次世界大战期间，世界曾短暂回归到金本位制的一种变体（金汇兑本位制）。这之后就是1947—1974年的固定汇率的布雷顿森林体系（在布雷顿森林体系下，美元取代黄金成为汇率体系的中心）。随着布雷顿森林体系的崩溃，所有国家都用约翰·威廉姆森所谓"无体系"来自由决定自己的道路。即这些国家根据自己的汇率安排，单方面自由选择汇率制度。在这种新背景下，不再存在全球的固定汇率体系，只有国家联盟（最著名的是欧盟中的欧元区）才选择在它们之间实行固定汇率体系，也有许多单个国家继续将本国货币与其他货币（通常是美元）或组合货币（通常是一个具有贸易权重的货币篮子）固定。其余国家则采用不同形式的浮动汇率制度。

在本词条及弹性汇率制度条目中,我们将要用到下面的分类。在固定汇率中,我们要区分"硬钉住"与"传统钉住"。在硬钉住中,汇率不能调整,这种汇率安排的设计是为尽可能地保证汇率能抵挡住投机性攻击;在传统钉住中,没有这种制度性安排,在这里,不管是作为政策行为还是作为对市场压力的不情愿的反应,汇率都可以调整(在国际货币基金组织的分类中,这些被称为"其他传统固定钉住安排")。硬钉住与浮动汇率(不管是管理浮动还是自由浮动)之间的安排被称为"软钉住"。这些中间的制度包含传统钉住(包括联盟间的钉住)和各种类型的爬行钉住。在这本词典中,我们将在浮动汇率制度条目下更详细地讨论爬行钉住。

硬钉住包括通常的货币安排和货币局制度。近年来,由于各国或选择硬钉住或选择某种形式的浮动汇率,而很少有国家选择软钉住的中间安排,因此汇率制度有一种两极分化的趋势。但也有人提出,由于名义浮动汇率制度仍需当局在实践中进行实质性干预(例如,参见 Calvo and Reinhart,2000),所以,在某种程度上,这种趋势实际上更为明显。

固定汇率与宏观经济政策

教科书上对固定汇率制度运行的描述通常是这样的,在固定汇率制度下,当局对外汇市场进行系统干预。即当外汇市场对本币有过度需求时,卖出本币,买进外汇,反之亦然。外汇干预的程度通常被用来作为平衡国际收支盈余和赤字的手段。因此,在对本币有过度需求的情况下,就会引起外汇购买。并且,国家外汇储备的增加可用来衡量国际收支盈余的规模。

如果其他事物保持不变的话,外汇干预将对本国货币供给产生影响。中央银行购进外汇将增加本国货币供给,反之亦然。然而,当局也可能对货币流进行冲销,并因此割断国际收支与货币供给之间的联系。在盈余情况下,冲销采用的是政府债券的公开市场销售。成功的冲销政策将使当局只通过干预手段就能将汇率钉在目标上,然后让货币政策来自主调整国内目标。但是,由于国际资本市场的发展,一方面战后对国际资本流动的直接控制减少,另一方面,IT 创新使市场的发展更为迅速,运用这种冲销手段在战后变得愈发困难。在资本流动条件下,任何冲销意图,比如说,通过公开市场债券销售的货币流入,会给国内利率施加上升压力,利率上升会吸引资本流入,并因此对汇率重新施加上升的压力,这就需要进一步的外汇干预。假设存在完全的资本流动(这里,国内利率不能与世界利率分开),冲销政策必然无效。

请注意具有相同效果的另一途径,在固定汇率及资本完全流动条件下,当局会失去对利率的自主控制。无抛补利率平价理论(UIP)表明,在完全资本流动下,如果预期汇率发生变化,国内利率会偏离国外利率。更确切地说,无抛补利率平价理论保证国内利率按照本国汇率(假设没有风险溢价)预期贬值(升值)的相同水平,高于(低于)国外利率。这保证了用各种货币持有的资产的预期回报是相同的。在成功的固定汇率下,汇率的预期变化肯定是零,因此,国内利率与国外利率相等。同样,如果汇率处于投机攻击下,且因此预期汇率会贬值,如果当局要保护汇率,当局将不得不提高利率。冲销政策如果无效,则意味着必须通过国内货币政策来达到预定的汇率目标,其他国内目标则只有靠财政政策来达成了。在完全充分资本流动条件下,中央银行只能以汇率或货币供给为目标,但不能将两者同时作为目标。独立的货币政策、固定汇率和放开资本管制,有时被看成不可能的三位一体。

如果指派货币政策去维护汇率目标,财政政策在达成国内目标上就具有重要作用。蒙代尔-弗莱明模型意指财政政策是另一项有力的选择。这里的问题是,在固定汇率下,财政扩张会增加货币需求并提高国内利率,从而产生资本流入,国际收支盈余,并因此增加货币供给,而货币供给的增加将顺应财政扩张,使财政扩张更加有效。然而,固定汇率下财政政策的有效性还是有争议的(且把李嘉图等价和跨时财政负担问题放到一边)。例如,与我们在国际收支的货币学派分析法中讨论的一价定律一样,总需求曲线平行于世界价格水平。在这种情况下,财政政策不会影响总需求,只能影响国内吸收,并因此影响贸易余额(但是,需注意现在已有相当有力的反对国际市场一价定律的证据——参见 Obstfeld, 2001)。此外,在固定汇率下,财政扩张可能会引发经常账户赤字。尽管在完全资本流动下,经常账户赤字可以通过从国外借款无限期融资,事实上,这种情况是不可能的,除非有十足的信心并因此承担汇率贬值的压力,因为这会引起国内货币存量的下降。而且,经常账户赤字是国内财富持有的国外消耗,它可能意味着长期的消费支出(从新开放经济宏观经济学中财政扩张对经常账户造成的后果中可得出类似的结论)。但是,我们最终会注意到,如果我们关注的是真实产出工资和真实消费工资之间的相对进口成本效应,弹性价格模型已经提出了在固定汇率下财政政策的长期效应。由于财政扩张推动了国内价格的提高,进口的实际成本将会下降。如果给定实际消费工资,财政扩张会使实际产品工资下降,增加就业,并因此提高产出。但需注意到,这个结论是基于外国出口者的定价策略。例如,在市场定价下(这里预期进口价格会跟随国内价格),这个效应将不会存在。否则,出口商的边际利润会提高,且实际进口价格会保持不变。

固定汇率的优点

我们可以将固定汇率的已知优点区分为微观经济论题与宏观经济论题两部分。微观经济论题关系到排除国际贸易的汇率风险。在弹性汇率下,汇率风险由合同中没有指定货币种类的贸易商承担。因此,例如,如果合同规定使用出口商的货币,汇率风险则会由进口方承担。汇率风险的经济成本是它给贸易带来的阻碍因素,因此,固定汇率可以降低贸易成本。(但是,这个问题及相关的实证论据需要小心处理;读者可以参考本书的弹性汇率制度条目。)对单个国家来说,如果想要获得固定汇率的好处,必须只与单个国家做贸易,或者与一组国家做贸易,且这组国家已形成了固定汇率联盟,而且大多数国家只使用一种外汇。

固定汇率的宏观经济论题通常集中于它们反通货膨胀政策的效应,但通常也可以扩展到宏观经济的稳定性。

反通货膨胀问题主要集中在汇率作为货币政策的名义锚的作用上。在资本流动条件下,由于汇率制度可增加货币政策的可信度,因此汇率可以用来作为货币供给的名义锚。当局通过货币政策钉住汇率,实质上使自己的货币政策受汇率伙伴的货币政策约束,并因此从汇率伙伴的反通货膨胀事实及可信度上获益。20世纪80年代末,英国在"德国马克阴影"期间,以及后来作为汇率机制成员期间,人们经常谈及这个话题。同样,也有证据表明,汇率锚通常也是一国试图摆脱高通胀时一揽子计划的组成部分。阿根廷(1991)、爱沙尼亚(1992)、立陶宛(1994)和保加利亚(1997)(所有这些国家都实施了货币局制度)都是近期成功的例子;而墨西哥(1994)、俄罗斯(1998)及巴西(1999)的情况,则是最终崩溃了。在本条目中,名义锚的问题在于,当通货膨胀依旧居高不下时,不可避免地发生了汇率的实际升值。如果要维持钉住,不仅通货膨胀率必须下降,而且需下降到(暂时)低于国际水平,才能彻底改变过渡时期的实际升值。这种情况可能会放缓经济增长(甚至导致负增长)并使失业增加,然后导致市场对汇率可信度的怀疑,并因此质疑其钉住的持续性。与软钉住相比,使用汇率锚作为反通货膨胀和增强可信度的工具,较之软钉住,在硬钉住的环境下更可能成功。

经济在固定汇率下是否比在弹性汇率下更为稳定的问题,也是争论的焦点(参见 Artis and Currie, 1981)。这在很大程度上取决于经济可能承受的任何随机冲击的起源。例如,如果货币需求不稳定,汇率目标较之货币供给目标可能更为稳定,因此,当局应该钉住汇率目标,放弃对货币供给的控制。但是,相对于别的干扰,人们通常认为,弹性汇率更为稳定。例如,经常有这样的争论,弹性汇率会使经济与世界通货膨胀隔绝(尽管对于通货膨胀导向的经济来说,这可能不是优势,上面所述的名义锚的争论或许会更切题),而对于真实需求不稳定的经济来说,弹性汇率会更稳定。在其他汇率制度下,总需求冲击的国际传播途径还不够清晰,这要取决于冲击的性质和对模型的充分说明。但人们经常争论的是,一个固定汇率下易遭竞争性冲击的经济,其经常账户调整到均衡,需要调整国内工资及价格,这是否会有相关的产出成本及就业成本。

为钉住汇率选择合适的外币也很重要。新兴的欧洲国家(例如爱沙尼亚、保加利亚和立陶宛)选择了马克,而加勒比海和拉丁美洲国家钉住的是美元。已经有人指出,东亚国家钉住美元而不是一篮子货币(这本来会与他们的贸易结构更一致)的事实可能促成了 1995 年后这些经济体的不稳定(例如,参见 Williamson,1998)。

在总体宏观经济稳定及经济表现方面,没有明确的经验证据表明一种汇率制度优于另一种汇率制度(参见 Caramazza and Aziz,1998;Eichengreen,1994;Quirk,1996)。尽管稍早的研究(例如,Baxter and Stockman,1989)发现,从固定汇率转向弹性汇率与渐增的实际产出不稳定有关,但这些结果却没有得到艾肯格林(Eichengreen,1994)或博尔多(Bordo,1993)的确认。

固定汇率安排的承受力

近年来的历史已经表明,固定汇率很难维持,至少对于面临着高度国际资本流动的国家来说是这样的,除非这些国家实施的是硬钉住制度。这些困难在近期的一些趋势中得到了反映,即中间的软钉住制度(包含传统钉住与各种形式的爬行钉住)一方面向硬钉住发展,另一方面则向某种形式的自由浮动发展——参见弹性汇率制度条目对爬行钉住的讨论。

硬钉住的制度安排带有充分的内在信用,即汇率不会被投机性资本流动改变。硬钉住常常出现在那些缺乏独立法定管理人的国家。当前有 39 个国家属于这一类。最典型的例子是由欧元区 12 个国家创造并采用的欧元,还有一个例子是由非洲包含 13 个国家在内的非洲金融共同体(CFA)法郎区。其余采用硬钉住的多数是拉丁美洲的小国家,这些国家执行的是"美元化"政策,即采用美元作为它们的国内通货。厄瓜多尔和萨尔瓦多最近也采取了美元化政策。

很明显,如果采用最硬的货币安排,可以有效地消除成员国之间投机的可能性。这种安排的经济优势越大,成员国之间的经济会越融合。更具体地说,较高程度的区内贸易和劳动力流动、国与国之间的金融制度以及不存在不对称性冲击,都是成功的制度安排的结果。由单个国家单方所做出的"美元化"则不可能伴随这些情形,并且,采用这种体制的国家,最好在低利率与低通货膨胀带来的优势,及可能的失业和调节不对称冲击的真实收入成本之间权衡一番。

另一种形式的硬钉住则是货币局制度,当前有 8 个国家和地区采用这一制度,其中最著名的是香港、爱沙尼亚、立陶宛、保加利亚和阿根廷。在货币局制度下,货币当局需保证本币与一种重要外币(或者是美元,或者是欧洲新兴国家采用的欧元)以固定汇率交换,且本币的供给完全依靠外汇储备的支持。这项安排不仅约束中央银行,同时也会剥夺中央银行的某些关键职能,例如作为最后贷款人的职能。本质上这是遵守金本位制现代游戏规则的制度化承诺(尤其是一项不会冻结外币的承诺)。在货币局制度下,这种承诺使从高通货膨胀到低通货膨胀的过渡期非常痛苦。但是,由于有明确的立法和制度化框架的约束,以及解散这样一项安排的感知成本,货币局制度的信誉较高。然而,货币局制度的成功,更要依赖于财政政策的支持,也就是说,财政政策不能对国内通货膨胀或经常账户施加额外的压力。这样一项安排的好处与劣处与美元化的好处与劣处很相似,但它另有一项额外的劣势,即总是存在货币局制度被解散的可能性。这种可能性会引发国内利率的风险溢价,且在某种环境下可能会激起投机性攻击,刺激国内利率的明显提高(如果最后贷款人缺乏能力,这就可能是一个问题),如 1998 年发生在中国香港的情况那样。

这种安排与传统钉住形成了对照,在传统钉住中,当局的干预与自主政策都以汇率为目标。在这种安排下,当局宣布什么并不重要,汇率总有调整的可能性。实际上,正如"可调整钉住"汇率那样,这类汇率总是存在投机性攻击的可能性。现在有 44 个国家遵守这种传统钉住安排(汇率在±1%内波动)。44 个国家中有 31 个国家钉住的是单一货币——通常是美元——其余的国家钉住的是组合货币——通常是基于贸易权重的一篮子货币。在很大程度上,这些国家都是发展中的小国家。在多数情况下,它们高度依赖于其所钉住国家的经济(例如,加勒比海国家钉住美元,南非诸国钉住兰德)。最后有 6 个国家实施的也是固定钉住,但波动的幅度更宽(例如,丹麦仍然是欧洲汇率机制的成员)。

近年来,有一种明显的由传统软钉住向硬钉住或浮动汇率的转移(参见 Fischer,2001;Caramazza and Aziz,1998;Obstfeld and Rogoff,1995)。例如,在 1991 年到 2001 年间,采用硬钉住的国家数目从 25 个增加到了 47 个,而在同一时期,采用软钉住(包括爬行钉住)的国家数目却从 99 个下降到了 59 个(尽管我们还应该注意卡尔沃和赖因哈特 2000 年的警告,即一些名义上的浮动汇率体制可能近似于可调整汇率)。在这组国家中,只有9个是新兴市场经济国家,且丹麦是仅有的运行软钉住(在它决定不加入欧洲货币联盟之后)的发达市场经济国家。

这反映了一种成长中的观点,即在高度资本流动的世界中,作为相对于浮动汇率的选择,只有硬钉住才是切实可行的。1992—1993年欧洲汇率机制的崩溃,为那些试图坚持钉住的国家所面临的问题,提供了残酷的证明。随后发生在墨西哥、泰国、印尼、韩国、俄罗斯和巴西的货币危机又提供了更近的例证。这种条件下的汇率崩溃会使国内经济付出巨大的成本。例如,在实施钉住汇率期间,可能会出现美元化倾向;也就是说,国内公司、银行或政府可能用美元而不是本币借款。而且,汇率的崩溃会大大增加这些债务的本币价值,这是一种非常有害的现实后果。

软钉住的核心问题是,在一个完全资本流动的世界中,在面对不利的市场情绪时,干预可能不足以有效地钉住汇率。在理论上,只要中央银行有着足够的外汇储备买回所有的基础货币,央行就有能力钉住汇率(见 Obstfeld and Rogoff, 1995)。但在实践中,这就意味着国内利率水平会与其他经济目标相抵触。一旦市场觉察到国内当局会放弃自己的决定时,本币易遭投机性攻击。现在,人们已经习惯了对第一代和第二代投机性攻击模型作出区分了。在第一代模型中,危机的原因是国内政策的不协调,通常是难以维持的财政扩张。在通货膨胀过程中,当局试图通过干预来保护汇率,但会在外汇储备必然耗尽这一点到来之前就引发危机。对这种危机的批评坚定地把责任归于当局而不是投机者。第二代模型的关键要素是,市场对当局是否坚决保护钉住汇率的信心。如果一种货币开始疲软,市场投机者只有在相信当局会多多少少保护钉住汇率而不是任其发展的情况下,才会发动攻击。无抛补利率平价意味着,一旦市场出现抵制一种货币的情绪,利率的上升实际上可能会非常高。尤其是,汇率只能靠利率差来维护,而利率差必须大到足够平衡货币贬值的年预期率。这解释了1992年瑞典利率的大幅短期增加依然没能成功地维持汇率的原因。

传统钉住通常设定在±1%的界限内(正如在布雷顿森林体系下一样),但是现在已经有了更宽波幅的体系,最知名的是欧洲汇率机制,在这里,波幅被设定为上下2.25个百分点(其中,意大利、西班牙和英国是上下6个百分点)。但是,这种体系的成功关键依赖于它的信用,尤其是,如果这个体系允许可调整性钉住的话。如果这个体系事实上可信,汇率将在波动幅度内趋向于自动稳定。例如,如果一种货币落到或接近其波动界限的底部,那么,在一个可信的体系下,市场将会预期当局的成功干预足以使汇率返回或接近其波动范围的中心。因此这种预期是使体系稳定的预期。但是,如果人们对这一体系缺乏信心,那么在货币接近界限的底部时,投机者将面临一个不对称赌博,也就是说,货币要么重新调整,要么被保留在底部,而且几乎没有从底部回升的机会。波幅越窄,越可能使投机者接近一种单向赌博。1992—1993年,当欧洲汇率制度最终崩溃时,面临的就是这种典型的情形。类似的情况在布雷顿森林体系的最后几年也经常发生。

实施钉住汇率的多数困难源于资本流动的程度。很明显,布雷顿森林体系是在普遍实施国际资本管制下运行的,而且1992年的欧洲汇率危机也是在欧盟解除资本管制后发生的。鉴于20世纪90年代货币危机的突然增多,关于资本管制的讨论重新被提上日程就不足为奇了(见 Rodrik, 1998)。反对资本管制的争论集中在资源的错配和本国政府的无纪律上。赞成管制的观点认为,即使在固定汇率下,资本管制也会使政府有一定程度的货币主权;并且,政府也会消除国际货币市场的某些不稳定因素。主张管制的早期倡导者是詹姆斯·托宾(Tobin, 1978),他建议对所有外汇交易征收统一税,以在国际资本流动的"轮子下扔些沙子"。在近期的货币危机中,中国和马来西亚对资本流出进行了强制管制,而智利和哥伦比亚则对资本流入实施了管制。

安德鲁·史蒂文森(安佳译)

参见:

Balance of Payments: Keynesian Approach; Balance of Payments: Monetary Approach; Bretton Woods; Euro; European Monetary Union; Exchange Rate Determination; Monetary Approach; Exchange Rate Mechanism; Flexible Exchange Rate System; Gold Standard; IS-LM Model; Open Economy.

参考文献:

Artis, M. and D. Currie (1981), 'Monetary Targets and the Exchange Rate: A Case for Conditional Targets', in W. A. Eltis and P. J. N. Sinclair (eds), *The Money Supply and the Exchange Rate*, Oxford: Oxford University Press.

Baxter, M. and A. Stockman (1989), 'Business Cycles and the Exchange Rate Regime: Some International Evidence', *Journal of Monetary Economics*, 23, May, pp. 377-400.

Bordo, M. (1993), 'The Bretton Woods International Monetary System: An Historical Overview', in M. Bordo and B. Eichengreen(eds), *A Retrospective on the Bretton Woods System*, Chicago: University of Chicago Press.

Burda, M. and C. Wyplosz (2001), *Macroeconomics*, 3rd edn, Oxford: Oxford University Press.

Calvo, G. and C. Reinhart (2000), 'Fear of Floating', *NBER Working Paper*, no. 7993.

Caramazza, F. and J. Aziz (1998), 'Fixed or Flexible? Getting the Exchange Rate Right in the 1990's', *IMF Economic Issues*, April.

Eichengreen, B. (1994), 'History of the International Monetary System: Implications for Research in International Macroeconomics and Finance', in F. Van Der Ploeg (ed.), *The Handbook of International Macroeconomics*, Oxford: Blackwell.

Fischer, S. (2001), 'Exchange Rate Regimes: Is the Bipolar View Correct?', *Journal of Economic Perspectives*, 15, Spring, pp. 3–24.

Krugman, P. (1989), 'The Case for Stabilizing Exchange Rates', *Oxford Review of Economic Policy*, 5, Autumn, pp. 61–72.

Miles, D. and A. Scott (2002), *Macroeconomics*, New York: Wiley.

Obstfeld, M. (2001), 'International Macroeconomics: Beyond the Mundell-Fleming Model', *NBER Working Paper*, no. 8369.

Obstfeld, M. and K. Rogoff (1995), 'The Mirage of Fixed Exchange Rates', *Journal of Economic Perspectives*, 9, Autumn, pp. 73–96.

Quirk, P. (1996), 'Exchange Rate Regimes as Inflation Anchors', *Finance and Development*, Washington: The World Bank.

Rodrik, D. (1998), 'Who Needs Capital Account Convertibility?', in P. Kenen (ed.), *Should the IMF Pursue Capital Account Convertibility?*, Princeton, NJ: Princeton University Press.

Tobin, J. (1978), 'A Proposal for International Monetary Reform', *Eastern Economic Journal*, 4, July-October, pp. 153–9.

Williamson, J. (1998), 'Crawling Bands or Monitoring Bands: How to Manage Exchange Rates in a World of Capital Mobility', *International Finance*, 1, October, pp. 59–79.

153. 弹性汇率制度 Flexible Exchange Rate System

在弹性汇率制度条件下,当局并不像在固定汇率制度下那样,通过干预外汇市场来钉住汇率。在纯粹的弹性汇率制度下,外汇市场的供给与需求决定汇率。由于没有货币当局的干预,所以,纯粹的弹性汇率制度赋予了货币当局制定货币政策的全部主权。然而,纯粹的浮动汇率并不常见,常见的是一定范围内的浮动制度,每种形式的浮动都意味着对市场不同程度的干预。

极端上也有一种独立的浮动汇率,这种浮动汇率就像国际货币基金组织定义的那样,干预被局限于"节制汇率并防止汇率的不适当波动"。这种汇率制度只是为了缓和汇率的极度波动,从而为国际贸易提供一个更稳定的环境。根据国际货币基金组织的说法,到 2001 年 3 月 31 日,有 47 个国家实施这种汇率制度,其中包括所有发达国家,但不包括欧元区成员国和丹麦。另有 33 个国家(主要是发展中国家和转型经济国家)实施的是有管理的浮动汇率制度,目的在于"通过没有指明或没有预先承诺的外汇市场的积极干预,预先决定汇率的变动路径,以影响汇率的运动"。正如下文将要指出的,人们一般认为,在这组国家中,有证据表明,这种干预和货币政策类似于可调整钉住汇率(见 Carlvo and Reinhart, 2000)。

在实施浮动汇率的 80 个国家之外,则是实施硬钉住汇率制度(在本书的固定汇率制度条目下讨论),也就是包括传统钉住汇率制度在内的所谓"中间汇率制度",以及我们要在本条目中讨论的爬行钉住汇率。在这种汇率安排下,汇率的调整常常是对某种政策指标的自动反应,是按互不关联的小步伐调整。最为常见的爬行钉住汇率安排按照通货膨胀差调整名义汇率,以保持真实汇率的固定。这种政策的作用可以视为允许国内经济与通货膨胀"共存",或是让本国与外国通过膨胀隔离。但是,钉住汇率也可以根据其他指标比如外汇储备爬行。与其他钉住汇率安排一样,爬行钉住也必须指明钉住某种货币或一组货币。对那些贸易伙伴高度集中的国家来说,采用单一货币就可以了(比如哥伦比亚钉住美元),但对那些贸易结构较为分散的国家(比如以色列和智利),可以采用贸易权重的货币篮子。根据 2001 年 3 月 31 日报告,正式采用爬行钉住汇率的只有 4 个国家。采用爬行钉住是一种稍微松散的安排,但只在一定幅度内(大约 5%—15%之间),实施这种安排的有 5 个国家。这种安排较之前面所说有管理浮动汇率制度,对货币当局的约束更大一些,其结果是国内货币当局失去了货币政策自主权。最近几年,汇率制度要么偏向硬钉住,要么偏向浮动,少有中间的软钉住。比如,由于各自的软钉住安排失灵,智利、俄罗斯、巴西、墨西哥、韩国、印度尼西亚、哥伦比亚及泰国,最近都加入了自由浮动汇率制度的行列。

货币自主性、通货膨胀及汇率

人们通常认为,弹性汇率制度赋予了国内货币当局更大的货币自主权,原因是,货币政策不再承担钉住汇率的任务了。根据无抛补利率平价条件(UIP,见固定汇率制度),在弹性汇率制度条件下,汇率的预期变化不再是零,所以可以使国内利率偏离国外利率。这样,在弹性汇率条件下,国内当局可以提升国内利率,从而使资本内流、货币升值,直到即期汇率导致的未来贬值预期能弥补国内外利率差为止。另外,在多数宏观经济模型中,货币政策的有效性实际上也因为弹性汇率而有所增强,因为汇率对国内货币政策的反应影响到竞争力和净出口。正是在这个意义上,货币政策被称为"以邻为壑"政策,原因是这种政策会对贸易伙伴产生溢出效应。多恩布什(1976)的"超调"模型就有相同的短期效应。一旦采用了弹性汇率,真实收入效应会最大程度地限制在短期内。在这个意义上,货币政策也是一个有力的反通货膨胀武器。货币收缩和汇率升值不仅通过对净出口的竞争效应而减少总需求,还使进口价格降低,从而使国内成本下降。而且,这种以邻为壑政策还会向贸易伙伴出口通货膨胀压力,但应注意的是,如果国际贸易中以市场定价为主,这些效应将有所减弱,参见下文。

货币自主性的增强对通货膨胀取向的经济并不是一个优点,除非国内制度结构能够保证反通货膨胀政策的可信度。正是这个原因,在实施浮动汇率的80个国家中,有15个国家设置了通货膨胀目标结构,其中包括独立的央行和政策透明度。在弹性汇率和弱反通货膨胀条件下,较高的通货膨胀预期将分解成工资和价格行为,使消除通货膨胀的行为因产出和就业的下降而代价更高。在这种情况下,那些无法实施可信的国内通货膨胀目标区的通货膨胀取向的经济体,也不可能像在弹性汇率制度下那样,与(较低的)世界通货膨胀隔离。

弹性汇率制度与外部平衡

从严格意义上说,浮动汇率制度可以作为消除国际收支问题的政策,因为在浮动汇率条件下,外汇市场上没有官方干预,国际收支一直为零。但是,根本性国际收支均衡可能更适用于表示经常账户平衡。人们可能会说,长期中,实际汇率可能趋向于出清经常账户。事实上,汇率决定模型也常常将经常账户作为长期锚来使用。在固定汇率条件下,向均衡(经常账户出清)实际汇率的移动必须通过国内工资和价格调整来实现,这很可能是一个缓慢而痛苦的过程。弹性汇率的拥护者可能会说,名义汇率调整能够加速这一过程,但他们也提醒我们注意实际汇率调整机制,因为这种调整一定会引发实际工资的下降(对最优货币区的批评也反映出相同的考虑,参见本书固定汇率制度条)。

然而,对这种观点也存在某种警告。出于一系列的原因,汇率变化对经常账户的调整并不快捷。首先，除了贸易流动对相对价格变化的调整存在明显滞后之外，马歇尔-勒纳条件，即贬值改善经常账户的条件，还必须得到满足。这些条件就是进出口的供给与需求弹性。如果假定进出口供给具有完全弹性，这种条件就会降低进出口需求价格弹性总和必须大于 1 的要求。如果进出口供给弹性较低，就存在贬值会进一步推动经常账户赤字的可能性。第二，汇率变化对净出口的结果，取决于出口企业的定价行为。越来越多的证据显示，在国际贸易的"市场定价"条件下，贬值之后，出口商会继续按同样的外币价格定价，所以，贬值不会对出口需求产生立竿见影的效果（见 Obstfeld，2001）。

同样，汇率变化后出口市场可能存在滞后效应，假定存在暂时的高额利润，那么，当一段时间之内暂时的汇率变化允许沉没成本吸收时，市场的"滩头效应"（beach-head effects）会使出口商选择在价格中计入沉没成本。这就使出口商在海外市场获得了稳固的基础。一旦汇率发生反向变化，由于已经计入沉没成本，所以，出口商不会失去市场份额。人们认为，这也是 20 世纪 80 年代日元实际升值前后，日本打入美国市场的重要因素。而且，这也会模糊汇率变化对贸易流动进而对经常账户的效应。

最后，由于汇率对经常账户的反应，因此，汇率在经常账户调整中的作用，短期内会受资本流动效应影响，与此种效应相关的内在不稳定，则是反对浮动汇率的人持以反对弹性汇率的主要论据。

汇率不稳定性

早期弹性汇率的拥护者米尔顿·弗里德曼（1953）提出，外汇市场的投机不会增加汇率的不稳定。这一观点的论证过程很简单，那些试图使汇率偏离均衡的投机者会损失钱财，反之亦然。因此，投机趋向于维护均衡而不是不稳定。然而，这一观点与 1971 年浮动汇率的实际经验相反。其时，名义汇率的不稳定急剧扩大。拿德国马克与美元的汇率来说，其标准差从 20 世纪 60 年代的 2.4％开始上升，30 年内上升到 10％以上。另外，各种指标都表明，在各个重要时期，实际汇率经常严重偏离均衡水平。最精彩的例子是 20 世纪 80 年代的美元实际汇率升值。与这种偶然的实证观察一起出现的还有更为正式的经济计量数据。最值得注意的是，没有可信的证据表明，远期汇率是未来即期汇率的无偏差预测因子，因而引发了对外汇市场"有效性"观点的怀疑（在相关信息最佳使用的意义上）。有证据表明，长期内，汇率可能调整到反映经济基本面的均衡，但只能在相当一段时间之后。比如，有证据表明，长期内，浮动汇率会回复某种形式的购买力平价均衡，但其过程十分缓慢，估计需要两年半时间(Rogoff,1996)。

对这一可观察到的不稳定性，尤其是短期内的不稳定性，存在一系列可能的选择。某些汇率模型，特别是多恩布什模型，预测了混乱之后的汇率超调。如果我们认为汇率包含未来汇率发展过程中的所有信息，持续发生的新信息的出现就可能会对现行汇率产生影响。但是，附加的不稳定可能会使市场上相对少量的"噪声交易者"——要么拥有错误信息，要么就是非理性交易者——具有不完全信息。证据表明，相对少量的噪声交易者的存在可能引发汇率过分波动。最后，还存在投机性泡沫的可能。理论上，投机性泡沫也可能从相对理性的行为人那里获得支持，因为他们知道汇率在未来的某一点上会回复到长期均衡点，所以投机者在相对较短的时间内"押注泡沫"(ride the bubble)具有获利的可能。

部分反对弹性汇率的人持这样的观点，即这种不稳定可能是有害的。从某种程度上说，我们观察到的不稳定性只是汇率对相关基本面（比如不同的通货膨胀）的一种反应，人们可能提出，固定汇率不会消除这种不稳定性，只会在某种程度上使汇率有所改变。但是，如果外汇市场的不稳定性不是源自基本面，浮动汇率将带来额外的经济成本。显性直接成本是指，不稳定的汇率会转换成国内价格水平和国际竞争力的不稳定，从而对实际收入产生影响，并产生失业。有时，这种观点会扩展为：在实际经济生活中，不稳定汇率可能因工资的增加和价格上涨而引发通货膨胀。这一过程又可能伴随货币贬值，但这一贬值不会通过货币升值时的反向运动反映出来。后面这种观点在很大程度上并没有得到实际证据的支持。

反对弹性汇率制度（和赞同固定汇率）的主要观点是，不稳定汇率产生风险和不确定性。尽管远期市场可以作为对冲风险的手段（尽管这一点被限制在一年或一年内），而有些交易者可能是风险中性，但人们还是认为，这种不稳定增加了国际交易者的成本，因此限制了国际贸易。然而，实证证据也没有显示出这种观点有多有效（见Moreno,2000）。比如，弗兰克尔和魏尚进(Frankel and Wei,1993)估计，欧洲复汇率制(doubling exchange rate)的不稳定会使欧洲交易者减少1个百分点。加尼翁(Gagnon,1993)则估计，后布雷顿森林体系的不稳定性使贸易减少了1到3个百分点。但对这一估算结果必须仔细进行解释。事后不稳定性不可能是不确定性的完整度量标准。如果是短期内实施钉住汇率，也会有不确定性，例如像拉美国家那样。更普遍来说，这种研究还需对预期汇率的波动性提出度量方法，而且，如果关注到企业行为和双边汇率的不稳定性，分析则更为理想。还应注意的是，有证据表明，贸易也会受到货币同盟成员的鼓励，因为在货币同盟条件下，汇率不稳定性已经完全消除。

最后,我们还应注意到这样的观点,即汇率的波动性似乎对投资决定而不是国际贸易额的影响更大(见 Krugman,1989;Dixit,1989)。在汇率不确定性条件下,先于不利的汇率运动分期投资的成本大于先于有利的汇率运动延期投资的成本。人们认为,作为对变化中的比较优势的反应,这种不对称性延迟了配置资源的过程。一个相应的观点认为,汇率的不稳定性可能会使跨国公司为更快地对汇率变化作出反应而用超额生产能力运行。

人们一直认为,弹性汇率的成本,是指那些名义上实施了弹性汇率制的国家事实上"浮动恐惧"。卡尔沃和赖因哈特(Calvo and Reinhart,2000)也指出,许多实施了弹性汇率制的国家只是名义上实施而已。许多国家的出口主要是初级产品出口,这种国家容易遭受更大的实际冲击,所以,它们的汇率比美国、澳大利亚和日本的"真正的"浮动汇率更为固定。同样的证据表明,这种国家也在利率和外汇储备上显示出更大的波动性。这也表明,他们实施的是非正式钉住汇率制度。

爬行钉住与爬行范围

拥护浮动汇率的人认为,为了抵消汇率不稳定的成本,并获得货币自主权的好处,关键要避免产生钉住汇率的要求。如果一个国家与其交易伙伴没有紧密关系,且易于遭受不对称冲击,在固定汇率条件下,对实际冲击的调整成本将十分巨大。除非这种钉住汇率是硬钉住,否则自然会减少钉住的可信度,在钉住失灵的情况下,该国就会产生调整的成本。由于一旦放弃钉住汇率,汇率调整的成本将十分巨大,所以,在实施钉住汇率期间,政府和私人部门都会累积起外汇负债。巨大的汇率调整成本又会在本币债务价值上升时,使经济的混乱状况更为严重,破产数量更多。

固定汇率与弹性汇率都具有成本这一事实,促使某些人寻求汇率制度选择的"中间解决方法"(Williamson,1998)。人们提出了各种不同的爬行钉住制度,其中最有意思的是"爬行钉住范围"。在这种安排下,中央银行运用外汇干预和利率政策,通过一个个时期的逐渐调整,使汇率保持在围绕中心平价的范围之内。事实上,这一范围大约在中心平价上下5%—15%的范围内。中心平价的调整主要依据选择的货币或货币篮子进行,一般与通货膨胀差异相一致。这就意味着,实际汇率目标被具体化为基准均衡汇率(FEER),基准均衡汇率一般被定义为与中期经常账户平衡一致的实际汇率,而中期经常账户平衡又是考虑到中期均衡资本流动而加以调整的。

这一汇率制度的优点何在呢？如果汇率制度具有可信度（中央银行必须公开宣布中心平价、爬行率以及幅宽），那么，投机将趋向于稳定汇率。因为一旦汇率接近幅度边缘，投机者预期干预和利率变化将会使汇率回归幅度中央，因此，相应的投机会产生稳定。然而，如果这一汇率制度不可信，那么，随着汇率靠近幅度边缘，投机者将视此为央行为其提供的不对称赌博（从绝对意义上说，是单一方向的赌博）机会。这样，投机将产生不稳定。由于认识到基准均衡汇率无法精确估定，另一方面，也认识到要与短期周期性宏观经济学政策相吻合，所以，幅度的宽度可以允许汇率有限浮动。同时，也可以降低在汇率逼近幅度边缘时，这一制度为投机者提供的单一方向赌博的程度。最后，由于汇率的调整采用的是小步走的方式，所以也会缩小投机者预期汇率会发生大的变化的范围。最近几年，也有一些国家（比如哥伦比亚、智利、厄瓜多尔、俄罗斯、以色列和印度尼西亚）实施了不同的爬行钉住汇率制度。

安德鲁·史蒂文森（安佳译）

参见：

Bretton Woods; Central Bank Accountability and Transparency; Fixed Exchange Rate System; Hysteresis; Inflation Targeting; Marshall-Lerner Condition; Purchasing Power Parity Theory; Speculative Bubbles.

参考文献：

Begg, D. (1989), 'Flexible Exchange Rates in Theory and Practice', *Oxford Review of Economic Policy*, 5, Autumn, pp. 24–39.

Burda, M. and C. Wyplosz (2001), *Macroeconomics*, 3rd edn, Oxford: Oxford University Press.

Calvo, G. and C. Reinhart (2000), 'Fear of Floating', *NBER Working Paper*, no. 7993.

Dixit, A. (1989), 'Entry and Exit Decisions Under Uncertainty', *Journal of Political Economy*, 97, June, pp. 620–38.

Dornbusch, R. (1976), 'Expectations and Exchange Rate Dynamics', *Journal of Political Economy*, 84, December, pp. 1161–76.

Frankel, J. and S-J. Wei (1993), 'Trade Blocs and Currency Blocs', *NBER Working Paper*, no. 4335.

Friedman, M. (1953), 'The Case for Flexible Exchange Rates', *Essays in Positive Economics*, Chicago: University of Chicago Press.

Gagnon, J. (1993), 'Exchange Rate Variability and the Level of International Trade', *Journal of International Economics*, 34, May, pp. 269–87.

Krugman, P. (1989), 'The Case for Stabilising Exchange Rates', *Oxford Review of Economic Policy*, 5, Autumn, pp. 61–72.

Miles, D. and A. Scott(2002), *Macroeconomics*, New York: Wiley.

Moreno, R. (2000), 'Does Pegging Increase International Trade?', *Federal Reserve Bank of San Francisco: Economic Letter*, 29 September.

Obstfeld, M. (2001), 'International Macroeconomics: Beyond the Mundell-Fleming Model?', *NBER Working Paper*, no. 8369.

Obstfeld, M. and K. Rogoff (1995), 'The Mirage of Fixed Exchange Rates', *Journal of Economic Perspectives*, 9, Autumn, pp. 73–96.

Rogoff, K. (1996), 'The Purchasing Power Parity Puzzle', *Journal of Economic Literature*, 34, June, pp. 647–68.

Williamson, J. (1998), 'Crawling Bands or Monitoring Bands: How to Manage Exchange Rates in a World of Capital Mobility', *International Finance*, 1, October, pp. 59–79.

154. 浮动汇率制度 Floating Exchange Rate System

见：

Flexible Exchange Rate System.

155. 预测 Forecasting

经济预测中所用的方法取决于预测所涵盖的时间范围。超短期预测（下一小时或下一天，以小时或日数据计）一般采用鲍克斯和詹金斯（Box and Jenkins, 1970）使用的统计方法。这些预测基于被预测序列的近期价值以及在合适的地方取得的与时间序列相关的数据。经济计量学模型被用于短期到中期的预测（下个月、两个月到三年以内，以月或季数据计）。长期预测（三年以上）重在将其他未来分析都考虑在内的情境分析（例如，情境1：英国于2004年脱离欧盟并与美国紧密联系,除欧洲外,2006年以前世界范围持续高增长,远东金融市场在2005年崩溃;情境2:2010年前欧盟经济缓慢扩张,美国在2007年会有大萧条且直至2010年才会恢复,其他国家的经济增长在2010年之前都微不足道)。

本条目考察的是中期经济预测,中期经济预测通常是基于经济计量学模型的预测。其他类型的经济预测在霍尔登等人(Holden et al., 1990)编撰的教科书中都有讨论。经济计量学建模过程有一套方程式,从这些方程式中可以作出条件预测。这些预测以变量的未来价值假说为条件。对那些外生变量来说,运用鲍克斯和詹金斯(Box and Jenkins, 1970)的方法就可能获得预测结果。对于政策变量,我们有必要对其未来价值进行合理假设。经济计量模型的重要特征之一是,政策变量的不同假设的效果,可以当做政策的目标指向来评估。

评估预测的精确度

很显然,一个精确的预测是指一个正确的预测,将预测简单分类为对或错是没用的。现在文献中多使用四种方法来分析预测的精确性。这四种方法是:(i)检查无偏性及有效性,(ii)计算方法,例如均方误差的方根和不平衡系数,(iii)检查具体时期的预测,(iv)分解预测误差的成分。

第一种方法涉及信息的使用,并且与理性预期的概念有关。一个最佳预测可以被定义为一个在特殊环境中所能做出的最好的预测。根据经济理论并运用所有相关信息作出的预测,是预测时所能做的最佳预测,并被视为对变量的理性预测。假设一个代数成本函数,理性预期将会无偏和有效。无偏性要求预期的预测误差为零。有效性意味着可用信息已全部被采用,所以,预测误差与这些信息无关。霍尔登和皮尔(Holden and Peel, 1990)建议,在均值预测误差上运用简单的T检验(T-Test)作为对无偏性的预测。检测有效性的方法就是对"相关"信息进行定义,然后检查预测误差是否与"相关"信息有关。在霍尔登和皮尔(Holden and Peel, 1985)的模型中,被选信息是最近观察到的四个实际变量值,而麦克尼斯(McNees, 1978)使用的是最近获得的预测误差。

第二种评估预测精确度的方法是对精确度进行数字计算。在这里,人们一般不使用简单的计算方法,例如平均误差与平均绝对误差,因为人们已经用假设给定了代数成本方程一个较大的权重误差,取而代之的是均方差(MSE)和它的平方根,均方根误差(RMSE)的计算也较受推崇。均方差可扩展为预测变量的误差加上均差的平方之和,这样,均方差可随这两个误差的增加而增加。

泰尔(Theil, 1996)提出了一个对完美预测采用零值的不等系数,即一种如果所有预测均为零的不等系数(如果预测是变化着的变量之比,这是一个不变预测)会大于预测比不变预测更糟糕的不等系数。

第三种分析预测精确度的方法是仔细检查在特定时期内的预测到底有多精确。英国的阿蒂斯(Artis,1982)给出了若干实例,他检查了1981年末公开发表的预测。巴克(Barker,1985)考虑了1979年和1980年撒切尔政府首次执政期间作出的预测;沃利斯(Wallis,1989)检查了关于1974—1975年和1979—1981年间经济衰退期间的预测。这类研究允许对转折点的时机选择、经济衰退的深度及出现新信息时用来修正预测的方式进行详细考察。他们趋向于考虑经济发生迅速变化的时期,因此预测是困难的。

最后一种检查预测精确度的方法是要认识到,所观察到的预测误差可配给各种具体误差。也就是说,源自一个模型的预测误差可被分解为不同的组成部分,这是依据以下内容作出的:(i)源于模型的误差,(ii)由于对外部性及政策变量的错误预测而导致的误差,(iii)产生于判断调整和残差调整的误差。为了能够详细检查这些误差的来源,分析者需要与建模组织进行合作,因为必须了解计量模型和用来作出预测的数据。阿蒂斯(Artis,1982)和沃利斯(Wallis,1986)等人报告了他们对英国预测的研究,他们得出结论说,预测者对根据自己的模型作出的预测进行判断调整非常重要,它校正了模型中的误差和外部假说中的错误。

组合预期

众所周知,对源自若干经济模型的预测进行对比,通常会很困难。而且,有实证证据(例如,见 Holden and Peel,1983,或参见 McNees,1979 和 McNees,1988)表明,对特定时期内特定变量的最佳预测者,可能会受不同时期的另一个预测者的影响。随之而来的问题是,我们应选择某一预测者的预测,还是将所有预测加以平均再采用。如果确信某个特定模型是正确的,那么忽略别的预测也还合理。但是,如果没有这种确信,考虑别的模型的预测也是合理的。

格兰杰和拉曼纳森(Granger and Ramanathan,1984)按照贝茨和格兰杰(Bates and Granger,1969)的方法,对两种预测结果进行回归分析,可以作出基于两种预测的最佳组合预测。在使用这种方法作出组合预测时,一个重要的假设是,两种预测的变量和联合变量是稳定的。如果情况不是这样,权重将不会稳定,只有采用可预测的均值,才能获得较好的组合预测。这种方法具有一定的吸引力,因为每个预测者都知道他们自己的路径记录,所以应该能够纠正过去的任何偏见。因此,根据预测,任何来自经济建模机构的预测都应当是无偏的,并因此可将预测看成为真实价值加上随机误差(随机误差均值为零)。许多这类预测的平均数也有一个真实价值的平均值。

克莱门(Clemen,1989)的调查给出的说法是,最好的全面预测来自基于不同方法所作的预测。这些方法抛弃了所有已知并公认的不足之处,形成了最佳线性组合预测或简单平均组合预测。

肯·霍尔登(安佳译)

参见:

Macroeconomic Models;Rational Expectations.

参考文献:

Artis, M. J. (1982), 'Why do Forecasts Differ?'. Paper presented to the Panel of Academic Consultants. no. 17, London: Bank of England.

Barker, T. (1985), 'Forecasting the Economic Recession in the UK 1979 – 82: A Comparison of Model-Based *Ex Ante* Forecasts', *Journal of Forecasting*, 4, April-June, pp. 133 – 51.

Bates, J. M. and C. W. J. Granger (1969), 'The Combination of Forecasts', *Operational Research Quarterly*, 20, December, pp. 451 – 68.

Box, G. E. P. and G. M. Jenkins (1970), *Time-Series Analysis: Forecasting and Control*, San Francisco: Holden-Day.

Clemen, R. T. (1989), 'Combining Forecasts: A Review and Annotated Bibliography', *International Journal of Forecasting*, 5, pp. 559 – 84.

Granger, C. W. J. and R. Ramanathan (1984), 'Improved Methods of Combining Forecasts', *Journal of Forecasting*, 3, April-June, pp. 197 – 204.

Holden, K. and D. A. Peel(1983), 'Forecasts and Expectations: Some Evidence from the UK', *Journal of Forecasting*, 2, January-March, pp. 51 – 8.

Holden, K. and D. A. Peel (1985), 'An Evaluation of Quarterly National Institute Forecasts', *Journal of Forecasting*, 4, April-June, pp. 227 – 34.

Holden, K. and D. A. Peel (1990), 'On Testing for Unbiasedness and Efficiency of Forecasts', *The Manchester School*, 58, June, pp. 120 – 7.

Holden, K., D. A. Peel and J. L. Thompson(1990), *Economic Forecasting: An Introduction*, Cambridge: Cambridge University Press.

McNees, S. K. (1978), 'The Rationality of Economic Forecasts', *American Economic Review*, 68, May, pp. 301 – 5.

McNees, S. K. (1979), 'The Forecasting Record for the 1970s', *New England Economic Review*, September/October, pp. 33 – 53.

McNees, S. K. (1988), 'How Accurate are Macroeconomic Forecasts?' *New England Economic Review*, July/August, pp. 15 – 36.

Theil, H. (1966), *Applied Economic Forecasting*, Amsterdam: North-Holland.

Wallis, K.F. (1989), 'Macroeconomic Forecasting-A Survey', *Economic Journal*, 99, March, pp. 28 – 61.

Wallis, K. F., M. J. Andrews, P. G. Fisher, G. A. Longbottom and J. D. Whitley (1986), *Models of the UK Economy: A Third Review*, Oxford: Oxford University Press.

156. 外汇储备 Foreign Exchange Reserves

由中央银行持有的外汇储量。

157. 外贸乘数 Foreign Trade Multiplier

收入变化与出口变化之比。在解释国际收支失衡的调整和周期性波动的国际传递过程中，外贸乘数起着关键作用。

参见：

Balance of Payments; Multiplier.

158. 摩擦性失业 Frictional Unemployment

因为工人要花时间去寻找合适的工作而产生的失业，也称为求职性失业（search unemployment）。

159. 米尔顿·弗里德曼 Friedman, Milton (1912—2007)

米尔顿·弗里德曼对待工作、奖励有一种独特的、市场取向的态度，并很早就在他的生活中付诸实施。1928年他刚满16岁,在进入拉格斯大学之前,他在一家男士服装店工作,最初他的理想是终身做一名簿记员。进入拉格斯大学后,他对数学感兴趣,并开始与导师阿瑟·F.伯恩斯(他结交了哥伦比亚大学的威斯利·C.米切尔)和霍默·琼斯研究一些经济学问题。通过琼斯的影响,他又与芝加哥大学有了联系,1932—1933学年,弗里德曼作为经济学研究生进入芝加哥大学。那一学年,对他影响最大的是亨利·舒尔茨(统计学)和弗兰克·H.奈特(经济学家、哲学家和伦理学家)。舒尔茨的影响是最重要的,他敦促弗里德曼转学到哥伦比亚大学,在哈罗德·霍特林指导下学习统计学。通过霍特林,他得到了在哥伦比亚大学学习的资金支持。

在哥伦比亚大学,弗里德曼对威斯利·米切尔的经济周期课程产生了兴趣,这加强了弗里德曼与伯恩斯、米切尔和米切尔创建的国家经济研究局(NBER)的联系。运用数据以检测从经济主体和观察本身推导而来的假设,变得日益重要。大约这一时期,如同经济周期的研究一样(最初说是米切尔所为),西蒙·库兹涅茨因对国民生产总值的计算和对经济增长的研究在国家经济研究局崭露头角。这是弗里德曼早年与库兹涅茨、国家经济研究局和霍特林圈子、美国政府以及战时统计研究小组的联系(Frazer,1988)。

1946—1947学年,弗里德曼回到芝加哥大学任副教授。国家经济研究局出版物上说,到1948年,他一生的研究对象,主要是对货币的研究,已经走上了正轨。1951年,弗里德曼又从数理统计学转回到日益流行的经济计量模型的研究。1953年,他的文集《实证经济学论文集》出版,在最后一刻,他追加了一篇主打论文《实证经济学的方法论》。虽然这篇论文基本上是一篇哲学短论,却与弗里德曼作为米切尔-伯恩斯时代国家经济研究局理论家的标志性研究所运用的统计方法有关。在消费函数和流动性偏好领域,我们将转而讨论产生自观察的理论,而不去讨论对现存经济体的描述。另外,对弗里德曼来说,经济学理论是对社会改革的讨论,所以他认为可以用统计结果来劝服其他人,并消除改革中的意见分歧。

我将弗里德曼1953年的论文称为"名篇",因为现在从事后的角度看,该文的预言大多应验。很多人就该文写过文章或作过评论,布鲁斯·卡德威尔(Caldwell,1982)称该文为"经济学领域最著名的方法论文章"(参见Frazer and Boland,1983;Frazer,1997;Snowdon and Vane,1997)。如果说一篇文章的"存活期有限",那么,这篇文章已经存活40多年了。

现在我们回头说1946年。当时弗里德曼可能很不同意亨利·舒尔茨在芝加哥大学对需求量度所作的研究。他说,"他[舒尔茨]总想把数据拧入既有的理论框架,而不管这种拧动应该有多大程度"(Stigler,1994)。另外,通过这一"名篇"中的数据,弗里德曼对弗兰克·奈特有关风险和不确定性的区分有了一百八十度的转变,因为奈特的观点是,经济学无法成为实证科学。

奈特对作为精算概率的(或传统的)风险(在斯诺登和文 1997 年的访谈中弗里德曼称之为"客观的"概率)和作为不完全信息的不确定性(已成为卢卡斯新古典经济学的一部分)进行了区分。他的观点与弗里德曼并不一致。对弗里德曼来说,关于不完全信息和可能性的不确定性本身就是概率的一部分,而新古典经济学则把不完全信息作为经济周期的主要原因(Frazer,1997)。换言之,弗里德曼的研究和新古典经济学的经济周期观点存在不一致。新古典经济学的观点也缺少弗里德曼理论中的动机取向、动态取向和统计取向。他们之间的关系可见图 1 所示:

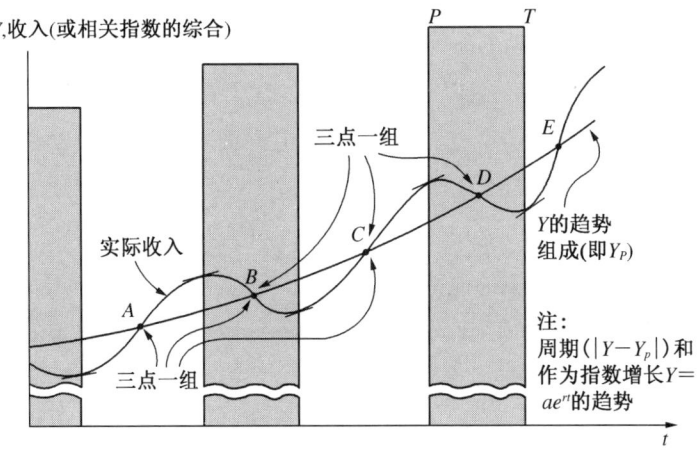

图 1 时间序列的周期和趋势组成

当然,与奈特不同,弗里德曼采用的是伦纳德·萨维奇意义上的个别概率,在这个意义上,概率表示的是不确定性(Frazer,1997)。相反,新古典经济学回归奈特的区分,并采用了约翰·穆思 1961 年的理性定义,而这一定义恰恰包含了弗里德曼在国家经济研究局对周期和趋势所作的区分,即对时间序列中如图 1 中的收入(Y)的周期(或短期)组成与趋势(长期或永久)组成所作的区分。如图所示,短期组成为 $|Y-Y_p|$,永久组成为 Y_p。弗里德曼通过从高峰到低谷,从低谷到高峰获取平均数据点的方法,通过获得的三个点,用回归方法得到了趋势。

由于没有认识到前面所说的对概率的区分,所以这里存在很多误读。以保

罗·克鲁格曼为例(Krugman,1994),这种认识不足使他错将弗里德曼和卢卡斯都归入芝加哥学派。正如克鲁格曼所指出的(1994),卢卡斯的长期是指,在长期中,经济行为人理解了"经济状况",意指他们并不理解短期状态$|Y-Y_p|$,尽管根据主观概率,这种理解可能是完全理性的。卢卡斯的长期理性与弗里德曼-施瓦茨所声称的含有通货膨胀预期信息的结构变化并不相符。这一点我们稍后再论述。

从1948年加入国家经济研究局,到1950年发表《作为经济学家的威斯利·C.米切尔》一文,弗里德曼关于货币与货币理论的最著名的著作都在酝酿之中了。它们包括:《货币数量论研究》(1956),弗里德曼-施瓦茨的《货币史》(1963)和《货币趋势》(1982)。鉴于弗里德曼-施瓦茨在《货币趋势》中对统计方法的运用已经炉火纯青,所以,我们可以回过头来关注他在国家经济研究局的著作《消费函数理论》(1957),书中,消费是永久性收入的可变比例(即图1中勾画的趋势路径的可变比例)。

弗里德曼也讨论过政治经济问题(尤其包括市场经济)这一事实,与他在国家经济研究局就开始着手的货币研究并没有什么不同。事实上,我们将其归为政治左翼的马克思、列宁和社会主义者,很少使用对弗里德曼的市场经济功能非常关键的货币安排。

在弗里德曼的学术旅程中,许多文章源自他的主要研究方向,但也有一些文章属于特定论题。其中就有受到斯诺登和文等人(Snowdon and Vane et al.,1997)推崇的《弹性汇率论》和《通货膨胀与失业》。《通货膨胀与失业》是自阿尔班·菲利普斯(1958)文章后,弗里德曼对菲利普斯曲线的批评。现在我们转向对这些重要著作、对弹性汇率理论以及他与菲利普斯论战的评价。由于弗里德曼偏好经济问题的市场解决方法,不喜欢政府的直接干预,所以,我们也采用以经济观念调整经济的政治立场。

对选集、论文及与弗里德曼相关立场的评价

只要评价弗里德曼的贡献,就要提到相互关联的三种研究方法。第一种是整体观,即把弗里德曼的工作看成是由不同却相关的部分组成的一个整体。第二种是重叠研究法,使用的是弗里德曼自己的长期标准(50年),评价的是止于1982年但迄今仍有人批评的著作(Frazer,1988;Snowdon and Vane,1997)。第三种是哈策尔(Hatzel,1997)、斯诺登和文(Snowdon and Vane,1997)以及克鲁格曼(Krugman,1994)使用的方法。他们概括和评价了20世纪70年代中期弗里德曼对经济学家的影响。他们的结论大部分是通过对推测的论据、相反的观点以及过时的经济学教科书内容中体现的弗里德曼的影响进行评估而得出的,靠实证科学和对现实世界政策的研究,是得不出这种结论的。

第一种方法承认弗里德曼研究中的实证科学/现实世界取向。弗里德曼因自己的研究而有以下影响:在立法委员会前陈词;在电视新闻节目和纽约、华盛顿以及伦敦的平面媒体上讨论货币存量/通货膨胀率;作为里根政府的顾问出现在电视上;英国皇家出版局的出版物显示,弗里德曼是撒切尔时代初期引人注目的政治经济学家之一;早期观点或正式出版前的观点只是后来才见于《货币趋势》(1982)一书及伦敦洛德哈里斯经济事务研究所出版的活页文选;他与玛格丽特·撒切尔(包括与基思·约瑟夫爵士)和里根政府保持直接与间接联系;出版了畅销书《自由选择》(Friedman and Friedman,1980)以及现身基于该书的电视节目(Frazer,1988)。

第二个标准是公众关注度。弗里德曼主要是通过媒体以及在1976年获得诺贝尔经济学奖而使公众了解他(Frazer,1988),尽管这时弗里德曼已获得专业领域的认可(他于1951年获得美国经济学学会的克拉克奖,1967年担任美国经济学学会会长)。由于获诺贝尔奖使公众对他有了了解,弗里德曼无疑还希望自己的研究得到更为持久的关注,他坦陈:"我并不想让我的研究工作只由那些选我获奖的人进行专业评价。"

诺贝尔奖委员会的官方颁奖词无疑反映了20世纪70年代中期普通大众对弗里德曼工作的了解:"[他的获奖]是因为在消费分析、货币史和货币理论方面的成就,以及对稳定政策复杂性的阐述。"

《货币数量论研究》(1956)

该书第一章包括了弗里德曼货币需求关系的基本原理(Frazer,1988;1994;1997;2000)。该原理在26年后的《货币趋势》(Friedman and Schwartz,1982)中得到了最清晰的表述。在很大程度上说,《货币数量论研究》是源自弗里德曼博士论文的论文集,该书反映了弗里德曼更早时候的论文《作为经济学家的威斯利·C. 米切尔》中的观点(Frazer,1988;1997;Friedman,1950)。

《货币史》(1963)和《货币趋势》(1982)

《货币史》最初是国家经济研究局计划出版的书。这部书影响巨大,改变了对美国大萧条的解释(Frazer and Yohe,1966;Frazer,1988;Friedman and Schwartz,1963,第7章),并介绍了有关经济条件的证据以及货币存量在关键时期的变动率。由于需要更多的解释和详尽阐述,《货币趋势》又进行了增补。该书实际上讨论的

是经济周期(或短期状态 $|Y-Y_p|$)和趋势(在图 1 中有介绍)。1982 年《货币趋势》出版时,对作为短期状态的周期状态的讨论已经更为清楚,采用比之前更为明确清晰的动态曲线来讨论永久性趋势。

尽管后一部书中对货币存量在关键时期的变动率仍有阐述,但该书也有三大特点。第一,按照早在 1956 年发表的货币需求关系来看,该书的理论观点更清晰,基于图表阐述问题。第二,弗里德曼和施瓦茨不同意以前国家经济研究局和其他人在生产趋势和商业条件长期趋势方面的研究,认为他们还在"老调重弹",死抱住已经被人们遗忘的丹麦王子哈姆雷特的长篇大论不放(Frazer,1994;Friedman and Schwartz,1982)。第三,弗里德曼和施瓦茨承认 20 世纪 60 年代因通货膨胀预期的形成而引发的结构变化(Friedman and Schwartz,1982)。

这种结构变化是指:货币存量加速增长和减速增长的影响所引发的时滞,在一个更短时间内开始显现。受到挑战的是弗里德曼和施瓦茨关于由超调来平衡流动性偏好货币需求的说法,以及其他涉及时滞的研究工作(Frazer,1994,2000;Friedman and Schwartz,1982)。在调整流动性偏好中断时的时滞过程中,交易商会以更快的速度处理那些与通货膨胀/通货紧缩有关的信息(Frazer,1997,第 6 章;Frazer,2000)。也就是说,随着交易商通货膨胀/通货紧缩预期($+/-\Delta \dot{p}^e$)的形成,名义利率会更快地对信息作出反应。这种缩短的时滞部分是由于 1963 年《货币史》的出版,以及稍早时《货币趋势》的手稿在正式出版前的流行。《货币趋势》中包括货币存量和利率之间的滞后关系的早期阐述,正是在这里,约埃和卡诺斯基的贡献(1969)使弗里德曼和施瓦茨更多地强调与通货膨胀预期($+\Delta \dot{p}^e$)形成有关的结构变化。

《消费函数理论》(1957)

弗里德曼在书中重新表述了消费函数,以使横截数据和时间序列数据(这些数据首先显示出对凯恩斯消费函数的支持,并指出一段时期内,储蓄-收入比的永久性)与消费函数相兼容。现在看来,书中的方法论也具有《货币趋势》的简洁性。在书中,永久收入就是一种趋势(即预期收入,如图 1 所示),消费则是永久收入的可变比例。

凯恩斯简单函数的政策含义(边际消费倾向递减)和弗里德曼用永久收入消费函数对其函数的修正(Frazer,1988,1994,2000)是否特殊的税收政策,两人意见不一。凯恩斯函数指出,收入税可以用来将收入从高收入家庭向边际消费倾向较高的低收入家庭转移,从而使家庭开支增加。另外,这种分析也与弗里德曼较早时对阿巴·勒纳的《统制经济学》的评论相对应(这篇评论重刊于《实证经济学论文集》,1953)。正是在《统制经济学》中,我们看到了勒纳为收入再分配所作的辩护(Lerner,1944)。虽然弗里德曼将自己1953年的术语"实证[经济如何运行]经济学"与约翰·尼维尔·凯恩斯(1891)联系起来,但只有他对勒纳著作的评论才使我们注意到与"实证经济学"有别的"规范[经济应该如何运行]经济学"。

相反,将消费与永久收入联系起来的假说则将消费看成如图1中所示永久收入的一个可变比例。首先,中等收入的税收削减(或税收增加)就是弗里德曼的固定单一税率。对中等收入税收的分析排除了低收入家庭,实际上,关于税收的这种观点就是20世纪80年代初撒切尔政府和里根政府以及2001年乔治·W. 布什政府大幅度削减边际收入税率的深层原因。此外,这些观点由于弗里德曼与自由关联的观点以及自由与市场自发关系的联结而得以加强,因为单一税率与这些关系的冲突最少。

其次,经济增长可能取决于储蓄收入比例(Frazer,1988,1994)。根据图1,有利于储蓄的税收变化会轮流推动趋势线向上倾斜,因此,配合货币政策,就会增加消费支出。在一个我们称之为"供给经济学"的经济中,就会出现这种配合:税收政策用来设定美国式经济的经济增长率,而货币政策用来稳定经济(包括按艾伦·格林斯潘的方式消除通货膨胀的政策和经济决策,Frazer,2000)。另外,在全球范围内,正如弗雷泽(Frazer,2000)所说,向投资流动的储蓄并不仅仅是国内储蓄。事实上,在全球经济条件下,某些社团或群体才是主要的消费者群体。正如20世纪末期美国的情况,而其他国家如日本,则用大部分储蓄作为资本支出。

《弹性汇率》

1950年,弗里德曼作为马歇尔计划顾问写了一份备忘录。该文重刊于《实证经济学论文集》(1953)中,篇名为《弹性汇率论》(又收入Leube,1987)。多年来,弗里德曼写了大量关于弹性汇率的互有联系的文章。最值得注意的是,在黄金流动(或通货膨胀率目标)条件下,贸易(或经常账户)对国家间失衡的调整,可以通过价格平均数购买力平价进行,而在凯恩斯(或菲利普斯曲线)条件下,通货膨胀成了降低(或维持)失业率的流行方式或国内方式。弗里德曼用自己的经济自由目标解决了这两种条件下的不一致性。

从这一目标来说,国家可以在浮动汇率(或弹性汇率)条件下,自由地实施国内政策,弗里德曼本人也主张国内经济/市场经济标准,因为在这里,自由就意味着与市场的自动联系。市场交换的双方为自己的需求而支出,为自己的供给而收入。支付则按照劳动和资本的边际产出价值进行。

在后来的权力和思想背景下,即问题(比如通货膨胀和与黄金挂钩的通货)和理念(比如浮动汇率)发生撞击的情况下,弗里德曼认为,他本人倡导浮动汇率,与尼克松总统及其顾问们面对美国通货膨胀和美国在高通货膨胀条件下,无力按美元与黄金的固定比价继续支持美元与黄金挂钩,所采纳的思想同样简单(Friedman,1993)。后来出现了争论,由于这个世界在贸易与金融方面越来越相互依存(Frazer,2000),不能鼓励某些国家利用美国的资助,采取可能破坏大范围的全球经济稳定的政策(Frazer,2000)。"道德风险"是一个重要术语。因为一些国家在经济管理工作中冒风险,因为它们确信美国的资助会让它们脱离险境,这种资助会助长它们冒险。

弗里德曼对菲利普斯曲线的批评

人们一般承认,菲利普斯1958年的观点,即失业率和通货膨胀率的反向关系,一经提出便占据了主导地位。事实上,与斯诺登和文(Snowdon and Vane,1997)的结论一样,这一曲线是对凯恩斯投资储蓄/流动性货币模型(IS-LM Model)意义重大的补充说明。斯诺登和文认为,IS-LM模型和菲利普斯曲线一起主宰了1968年前后的宏观经济学教科书。

但是,斯诺登和文说,到1972年,旧有的看法又陷入混乱,弗里德曼在美国经济学学会的发言中(Friedman,1968)阐明了"菲利普斯曲线中独创的凯恩斯学派分析所内含的错误"。他们更进一步指出,随着对菲利普斯曲线讨论的展开,1976年,即弗里德曼获得诺贝尔经济学奖的那一年,"弗里德曼对学术界的影响达到了顶点"。他们还认为,"即使货币主义在政策制定舞台上尚未兴起(并衰落)",事实也是如此。他们这样说,并没有考虑到这样的事实,即艾伦·格林斯潘在1990年7月到1991年3月美国经济萧条之后获得的成功,是他运用弗里德曼的货币主义方法,努力消除经济领域和居民决策中的通货膨胀预期(p^e)的结果(Frazer,2000,第6章)。斯诺登和文不正确地将保罗·沃尔克在1979年10月6日前后频繁活动中的出现,简单地与一种政策变化联系在一起,而不是与一种抑制通货膨胀的政策联系在一起(Frazer,1988,2000)。

尽管我们在菲利普斯曲线的问题上已经谈了这么多,但我们仅只是指出了弗里德曼(与施瓦茨,1982)对此问题的最新研究。他提出了自己的观点,并据此对1867—1975年期间的情况得出了截然不同的结论,即这一期间价格指数(P)与产

出产能比呈负相关,而不是菲利普斯曲线指出的正相关(Frazer,1988,1994;Friedman and Schwartz,1982)。在解释菲利普斯关系时,假设价格指数与产出产能比为正相关(或根据图 1 中 $|Y-Y_p|$ 的可比性,为 $|Q-Q_p|$)。生产序列的暂时成分(transitory component)为 $|Q-Q_p|$,其中 Q_p 为趋势。

弗里德曼认为,生产的暂时性成分也与过度竞争型市场中的企业相关,也就是说,与对货币需求的流动性过分偏好的企业相关(Frazer,1994,第 3 章,第 7 章)。从公司层面上讲,生产的暂时性成分可以视为 $|Q-Q_p|$。在弗里德曼 1949 年的文章《马歇尔需求曲线》中(重刊于 Friedman,1953),弗里德曼将一般的和补偿的需求曲线与价格指数(P)联系在一起。

与弗里德曼和施瓦茨在《货币趋势》中对菲利普斯关系的重新阐述相反,弗里德曼和施瓦茨在《货币趋势》中报告的统计结果表明,价格指数(P)与 Q/Q_p 或 $|Q-Q_p|$ 比呈负相关关系。不同的说法认为,这一结果表明与马歇尔向下倾斜需求曲线的相似性,只有接下来的价格指数的下降,才能引致生产和就业的增长。

我们可以简单看一下 20 世纪 60 年代、70 年代、80 年代和 90 年代美国失业率和通货膨胀率的数据。我们可以观察到 20 世纪 60 年代、70 年代的相关数据/趋势平行向上的运动,而 80 年代和 90 年代下滑的运动。如果这一趋势持续(或预计)向未来发展,在这一过程中通货膨胀率($-\Delta \dot{p}$)的下降趋势最终会成为价格水平($-\Delta \dot{p}$)的下滑。在这一背景下,无论如何我们都得凭借流动性过度偏好,通过长期债券的名义利率(i_L)与自然率和加权预期通货膨胀率($Pb[\dot{p}^e]\dot{p}^e$)之和,看到通货膨胀和失业率下降的前景。

观念与经济学的政治整合

由于弗里德曼在税收、市场经济、经济分权、凯恩斯主义思想方面的立场,以及 20 世纪 60 年代和 70 年代联邦储备体系的失职和美国通货膨胀,弗里德曼的研究中出现了政治意识形态因素,这促使他在其学术生涯中开始考虑"为什么政府成为问题"(Friedman,1993)。

在弗里德曼的研究中,政府和经济学的相互作用,他对这种作用的职业反应,他的思想对这个世界的影响,他对他所承继并提出挑战的经济学的反应,都可以用霍特林线(Hotelling line)来概括(Frazer,1988,1994,1997,2000)。这一称谓源自弗里德曼的统计学教授霍特林(Hotelling,1929)。这位教授将选民置于他所设想的街道的一条线上,这也是中间派政治家为了得到最大多数选票而为自己确定的道路。我们还可以加上四个部分：按照政治左中右进行的经济学思想分类；从19世纪中叶到20世纪的具体分析方法；确定选民、政治家和思想立场的平均概率分布以及随之而来的其他中间趋势的量度；以及均值移动，就像玛格丽特·撒切尔请求选民投自己的票而不是投反对者的票，因为她想改变英国以及控制通货膨胀(Frazer,1988,第14章和第15章)。

这条概率分布线、均值和其他因素，都用图2中的垂直线来表示，横轴表示时间。集体主义—指令型经济学思想(主要是马克思和社会主义者)用垂直线的左边表示，垂直线右边是"有管理的市场经济"(这种位置关系的用法与弗里德曼有关)。在这里，自由是目标，权力被分散，市场交往是自愿的，价格平均数通过经济体系中的货币手段间接得到控制，不是通过直接而复杂的干预来进行。事实上，垂直线右边是对价格的货币纪律(作为债券交易以及企业和家庭决策中消减通货膨胀的一个因素)。在图2中，凯恩斯主义观点用垂直线的中间段来表示。

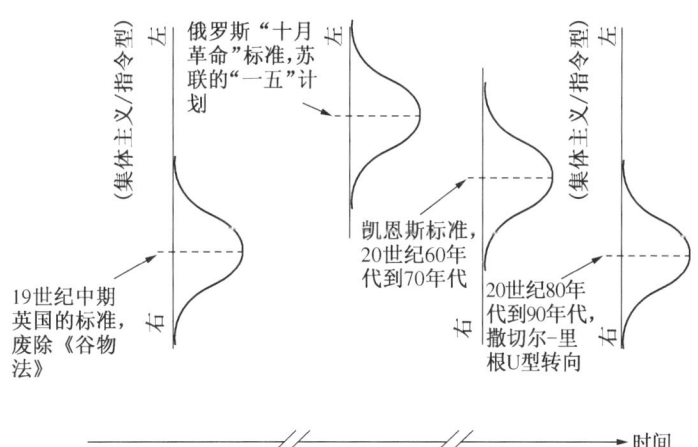

图2　霍特林线以及时间和转向标准

对弗里德曼的贡献和政治整合的总结

随着弗里德曼在"实证科学"研究方法上的进展，他的研究方法渐渐成为国家经济研究局的研究趋势。弗里德曼是一个善于转变的经济学家，一旦他发现统计结果与统计关系不相符合，他就毫不犹豫地改变自己的假设，并重新寻找稳固的统计关系。《货币趋势》出版时(1982)，他正在对他曾经崇拜的阿瑟·伯恩斯的研究成果进行抨击(Frazer,1997)。另一个例子是，在《货币史》中，货币存量的收入弹性是1.8，在《货币趋势》中，货币存量的收入弹性又改成了1(Frazer,1988)。还有一个例子则是在20世纪60年代中期，弗里德曼和施瓦茨在面对通货膨胀预期形成中的结构变化时表现出失望(Friedman and Schwartz,1982)。

这一结构变化之所以重要,主要是因为先前所强调的货币政策变化效应的时滞,在经济行为人(我们这里指的是重要的债券交易者)以更快的速度收集信息并处理信息时,会在更短时间范围内出现。政策效应的过程和短期时滞,就是很难用新古典经济学意义上的不完全信息和非理性进行解释的关键数据序列的暂时成分(transitory component)。

按照"债券交易者"的概念(Frazer,1997,2000),交易者更倾向于关注美联储对待通货膨胀的行为和不行为,以及未来行为的可能性。他们会根据与所谓"客观可能性"相对的"个人可能性",迅速而理性地调整自己的头寸。

尽管中央银行在按照弗里德曼的说法来制定货币增长率时碰到了种种困难(Frazer,2000),但弗里德曼谈到的中央银行的最终目标,用另一种形式获得了优势,即中央银行以通货膨胀率为最终目标(Frazer,2000)。美联储主席艾伦·格林斯潘采纳的就是可维持增长路径(见图1)和结构变化及价格水平稳定这两种观念。后者则在通货膨胀不再是家庭和企业决策中的考虑因素时存在(Frazer,2000)。

弗里德曼的研究对20世纪世界的影响唯有J. M.凯恩斯可与之媲美。弗里德曼接受了凯恩斯的货币定义以及他最基本的理论构建,即著名的流动性偏好和消费函数,但弗里德曼赋予这些概念以新的含义。他从静态的凯恩斯概念入手,产生出可核实的结论,有时候,他也间接地将诸如马歇尔需求曲线这种静态意义上的概念与诸如价格水平这样的可计量的变量联系在一起(Frazer,1994,2002)。

对弗里德曼研究工作的关注度及弗里德曼对世界的影响,因20世纪60—70年代美国与英国的通货膨胀导向型政策而增加(Frazer,1988,2000;Krugman,1994)。当然,弗里德曼的影响并不刚好是他的思想——即提高通货膨胀率,失业率和生产力下滑——的结果。

尽管弗里德曼在学术批评中得罪了不少人,但他在推销思想方面是大师级的。他的观点既简单又具说服力。或许有时候,他的观点过于简单,因而遭到很多误解。作为一个不能与传统经济学相融的人,弗里德曼利用自己的特殊背景,提出了许多原创性的思想。但为了让人们接受他的思想,他在创新的过程中,将自己伪装成正统经济学(Frazer,1988,1997)。

弗里德曼致力于市场和权力的分配,他在弹性汇率问题上颇多作为,因为在弗里德曼看来,在20世纪60年代和70年代的凯恩斯时代,弹性汇率就是自由问题,也就是说,弗里德曼认为国家应该拥有自行实施国内政策的权力,不应根据国际固定汇率体系来调整本国相应的国内政策(Frazer,2000)。因此,在尼克松总统及其顾问们面临黄金不再能支持美元的问题时,弗里德曼认为,简单地采用"弹性汇率"就足矣(Friedman,1993)。这就是说,在21世纪初期浮动汇率盛行的条件下,一国不能利用国际援助来实施危害援助国和其他国际组织的政策(Frazer,2000)。

弗里德曼的市场问题可以转为自由问题。在令人满意的货币政策保护下(消除预期的通货膨胀等),通过市场运行来分散属于政府机构的权力。如果政府通过管制对市场进行干预(比如通过价格指导、利率和汇率管制),政府就成了问题。

20世纪70年代中期,弗里德曼对自己的立场信心日增,甚至到了要求在劳动合同中把工资指数化,要求将美联储置于美国财政部麾下的地步(Frazer,1988)。在英国和美国脱离20世纪70年代的政治经济状况之前,弗里德曼都无法想象后来在美国发生的变化(包括与艾伦·格林斯潘以及比尔·克林顿相关的事情)。到20世纪90年代末期,他做梦也想不到问题的关键在于"道德风险"和美国财政部长罗伯特·鲁宾以及继任者拉里·萨默斯和国际货币基金组织在20世纪90年代末的亚洲、俄罗斯和其他国家金融危机期间,起了积极的领导作用(Frazer,2000)。

威廉·弗雷泽(安佳译)

参见:

American Economic Association; Bussiness Cycles; Monetarist Approach; Consumption Function; Demand for Money; Friedman's Approach; Expectations-augmented Phillips Curve; Flexible Exchange Rate System; Great Depression; John Bates Clark Medal; Kuznets, Simon S. ; Mitchell, Wesley C. ; Monetarism; National Bureau of Economic Research; Natural Rate of Unemployment; New Classical Economics; Nobel Prize in Economics; Permanent Income Hypothesis; Phillips Curve; Supply-side Economics.

参考文献:

Caldwell, B. (1982), *Beyond Positivism: Economic Methodology in the Twentieth Century*, London: George Allen & Urwin.

Frazer, W. (1973), *Crisis in Economic Theory*, Gainesville, FL: University of Florida Press.

Frazer, W. (1988), *Power and Ideas: Milton Friedman and the Big U-Turn*, 2 vols, Gainesviile, FL: Gulf Atlantic Publishing Company.

Frazer, W. (1994), *Legacy of Keynes and Friedman*, Westport, CT: Praeger Publishers.

Frazer, W. (1997), *The Friedman System: Economic Analysis of Time Series*, Westport, CT: Praeger Publishers.

Frazer, W. (2000), *Central Banking, Crises, and Global Economy*, Westport, CT: Praeger Publishers.

Frazer, W. and L. Boland (1983), 'An Essay on the Foundations of Friedman's Methodology', *American Economic Review*, 73, March, pp. 129–44.

Frazer, W. and W. Yohe (1966), *Analytics and Institutions of Money and Banking*, Princeton, NJ: D. Van Norstrand Company.

Friedman, M. (1950), 'Wesley C. Mitchell as an Economic Theorist', *Journal of Political Economy*, 58, December, pp. 463–95.

Friedman, M. (1953), 'The Methodology of Positive Economics', *Essays in Positive Economics*, Chicago: University of Chicago Press, pp. 3–43.

Friedman, M. (1956), *Studies in the Quantity Theory of Money*, Chicago: University of Chicago Press.

Friedman, M. (1957), *A Theory of the Consumption Function*, Princeton, NJ: Princeton University Press.

Friedman, M. (1968), 'The Role of Monetary Policy', *American Economic Review*, 58, March, pp. 1–17.

Friedman, M. (1976), *Price Theory*, Chicago: Aldine.

Friedman, M. (1977), 'Inflation and Unemployment', the 1976 Nobel Lecture: reprinted in K. R. Leube (ed.) (1987), *The Essence of Friedman*, Stanford, CA: Hoover Institution Press, pp. 347–69.

Friedman, M. (1993), 'Why Government is the Problem', *Essays in Public Policy*, Stanford, CA: Hoover Institution Press.

Friedman, M. and R. Friedman (1980), *Free to Choose*, New York: Harcourt Brace Jovanovich.

Friedman, M. and A. J. Schwartz (1963), *A Monetary History of the United States, 1867–1960*, Princeton, NJ: Princeton University Press for the National Bureau of Economic Research.

Friedman, M. and A. J. Schwartz (1982), *Monetary Trends in the United States and the United Kingdom: Their Relation to Income, Prices and Interest Rates, 1867–1975*, Chicago: University of Chicago Press for the National Bureau of Economic Research.

Hatzel, R. L. (1997), 'Friedman, Milton', in T. Cate (ed.), *An Encyclopaedia of Keynesian Economics*. Cheltenham, UK and Lyme, US: Edward Elgar.

Hotelling. H. (1929). 'Stability and Competition', *Economic Journal*, 39, Spring, pp. 541-7.

Keynes, J. N. (1891), *The Scope and Method of Political Economy*, London: Macmillan & Co. Krugman, P. (1994), *Peddling Prosperity*, New York: W. W. Norton.

Lerner, A. (1944), *The Economics of Control: Principles of Welfare Economics*, New York: Macmillan & Co.

Leube, K. R. (ed.) (1987), *The Essence of Friedman*, Stanford, CA: Hoover Institution Press.

Muth. J. F. (1961), 'Rational Expectations and the Theory of Price Movements', *Econometrica*, 29, July, pp. 315-35.

Phillips. A. W. (1958), 'The Relation Between Unemployment and the Rate of Change in Money Wage Rates in the United Kingdom, 1861-1957', *Economica*, 25, November, pp. 283-99.

Snowdon, B. and H. R. Vane (1997), 'Modern Macroeconomics and Its Evolution from a Monetarist Perspective: An Interview with Professor Milton Friedman', *Journal of Economic Studies*, 24, pp. 192-222.

Stigler, S. M. (1994), 'Some Correspondence on Methodology Between Milton Friedman and Edwin B. Wilson', *Journal of Economic Literature*, 32, September, pp. 1197-203.

Yohe, W. P., and D. S. Karnosky (1969), 'Interest Rates and Price Level Changes', *Federal Reserve Bank of St. Louis Review*, 51, December, pp. 19-36.

160. 拉格纳·A. K. 弗里希 Frisch, Ragna A. K. (1895—1973)

拉格纳·A. K. 弗里希1895年生于挪威奥斯陆,从奥斯陆大学获得学士学位(1919)和博士学位(1926)。他的主要学术职位包括:奥斯陆大学讲师(1928—1929),耶鲁大学客座教授(1930—1931),奥斯陆大学教授(1931—1965)。1930年,他协助建立了经济计量学会(这是1926年他创造的术语)。1935—1955年,他主编学会的会刊《经济计量学》。1969年,由于"提出和运用经济进程分析动态模型",他(与扬·丁伯根一道)荣获第一届诺贝尔经济学奖。他以运用数学和统计方法发展了宏观经济学动态模型,尤其是解释经济周期的动态模型而知名。他最著名的著作有:《完全回归系统方法的统计合流分析》(奥斯陆大学经济学研究所,1934);《经济计划研究论文集》(F. 朗[编],D. 莱德尔,1976)。他影响最大的论文有:《动态经济学的传播问题与冲击问题》(载《古斯塔夫·卡塞尔纪念文集》,艾伦和昂温出版公司,1933)。

参见:

Econometric Society; Nobel Prize in Economics.

161. 充分就业 Full Employment

充分就业是指所有的失业都只是摩擦性失业和结构性失业,也不能通过增加总需求来永久性消除的情况。另外,也是劳动市场出清及失业率为自然失业率的情况。

参见:

Aggregate demand; Frictional Unemployment; Natural Rate of Unemployment; Structural Unemployment.

162. 充分就业预算平衡 Full Employment Budget Balance

给定的一种具体财政计划(现行税率和支出政策),充分就业预算平衡用来量度如果经济达于充分就业,政府税收和支出之间的差;也称为周期性调整预算平衡或结构性预算平衡。就其本身而言,充分就业预算平衡力图将预算对经济的影响(由于支配性政策的变化)与经济对预算(由于自主性变化)的影响区别开来。充分就业预算赤字盈余可以表明财政政策是刺激性政策还是紧缩政策,预算的规模也表明了对经济实施刺激或紧缩的程度。与预算平衡相比,充分就业预算平衡是一个更可信赖的财政政策指南。

参见:

Budget Balance; Budget Deficits: Cyclical and Structural.

163. 充分就业产出 Full Employment Output

见：

Potential Output.

164. 职能财政 Functional Finance

职能财政的思想与"稳健财政"或"平衡预算"的思想相反。在平衡预算规则的情况下，政府会被迫在衰退期间减少它的支出和/或增加税收（由于税收收入随着国内生产总值的下降而下降），在繁荣期间增加政府支出和/或减少税收（由于在繁荣期间税收收入上升）。从凯恩斯主义角度看，这些行为甚至会使一个已经不稳定的经济更加不稳定；也即，稳定政府财政会使经济不稳定。职能财政的原则意味着，政府应该在整个调整期内平衡预算，也即，在衰退期间奉行赤字财政并在繁荣期间持有盈余。通过这种做法，政府会有助于降低总需求波动的严重性。阿巴·勒纳在其著作《统制经济学》中（纽约：麦克米伦出版公司，1944），特别推崇职能财政的原则。

参见：

Keynesian Economics; Lerner, Abba P.

165. 国内生产总值平减指数 GDP Deflator

名义国内生产总值与实际国内生产总值的比率，是对整体价格水平的量度，这一整体价格水平表明了相对于一个特定基年的相同商品和服务的成本而言，一国当前生产的最终商品和服务的价格。

参见：

Gross Domestic Product(GDP); Nominal GDP; Real GDP.

166. 现行价格国内生产总值 GDP in Current Prices

见：

Nominal GDP.

167. 实际价格国内生产总值 GDP in Real Prices

见：

Real GDP.

168. 关税及贸易总协定 General Agreement on Tariffs and Trade

1947年在日内瓦会议上，最初由23个签约国或所谓"合同方"签订的一个多国贸易协定。协定设定了国际贸易关系的规则，并且提供了一个改进关税及贸易总协定合同方达成并用来监督他们之间的贸易关系规则和章程的论坛。在关税及贸易总协定存续期间，进行了八轮贸易谈判或称八个回合，这些谈判降低了国家之间的贸易关税和其他贸易壁垒，并有助于使贸易关系自由化。最著名的回合包括：肯尼迪回合(1964—1967)，这一回合大大降低了全体参与国的商品关税；东京回合(1973—1979)，这一回合讨论了关税及非关税措施；乌拉圭回合(1986—1994)，该回合专门讨论农业保护和支持、服务贸易和知识产权贸易问题。乌拉圭回合使世界贸易组织于1995年成立。

参见：

World Trade Organization.

169. 《通论》General Theory

见:

Keynesian's *General Theory*.

170. 全球化 Globalization

尽管全球化是一个相对较新的概念,但它已经引起了各式各样的分析和讨论,并引出很多理论和判断分析。来自不同学科的学者、政策制定者和非政府组织(NGOs)不断研究和讨论全球化实际上是否存在,发展到了何种程度,是不是新事物,这种研究和讨论有时非常激烈。大量著作、研究论文和文章对全球化的原因、动力、后果和未来进行讨论。并且,在世界各地都组织了会议和研讨会来研究和讨论全球化的影响和效应,全球化是否需要管制,需要什么样的管制,以及/或抵制全球化后果的理由。所有这些反映了这样一个事实,自20世纪70年代末期以来,世界经济的运转和组织都已发生了重要变化(见 Rodrik et al.,1998)。

全球化也波及经济科学。在经济学家中,尤其是在贸易专家和劳动市场专家中发生了持续的争论。争论的内容是发达国家日益增加的不平等,及发达国家和发展中国家间的不平等在何种程度上可用全球化进行解释(见 O'Rourke,2001;Lindert and Williamson,2001)。经济学家说,如果看一下世界经济的实际发展,我们是不是应该讨论区域化或三元化(triadization),而不是讨论全球化。许多经济学家提出了这样的问题:作为一个经济政策工具的民族国家是否(实质上)已经死亡(例如,Rodrik,2000;Prakash,2001;也可参考 Weiss,1998)。经济学家也研究了大公司已"自由自在"(footloose)到了何种程度的问题(例如,Doremus et al.,1998;Van Tulder et al.,2001)。但经济学家在讨论全球化问题时作出的最重要贡献,是关于当前全球经济一体化到底有多少新的发展。人们可以从在这次讨论中稍带图解性地辨别出三种流行观点,这在20世纪90年代尤为重要。比如美国前劳工部长罗伯特·瑞奇(Reich,1992)和日本商业权威大前研一(Ohmae,1995)就提出,全球化是一种确切的趋势,并且正在改变着一切,民族国家或贸易联盟对此鲜有所为甚或无所作为。一定程度上是对这类说法的反应,经济学家如赫斯特和汤普逊(Hirst and Thompson,1996)与鲁伊格罗克和范·图尔德(Ruigrok and Van Tulder,1995)都强烈质疑全球化的重要性、新颖性及效果。这些学者指出,至少在19世纪末,世界经济已像今天这样国际化了(对这个议题的讨论,见 Bordo et al.,1999;O'Rourke and Williamson,2000)。经济学家如阿尔特瓦特和曼科普夫(Altvater and Mahnkopf,1996)与博耶和德拉克(Boyer and Drache,1996)则坚守第三种立场,他们的观点总而言之就是,世界经济正在发生显著变化,这些变化对世界经济组织和功能有重要意义,但是我们离一个真正全球化的经济仍很遥远,并且,许多空谈家关于全球化的说法是站不住脚的。

从最后一个观点看,有四大发展尤为引人注目。首先是真正一体化的全球商品和服务市场,尤其是金融市场数目的增加。这意味着,经济决策背后的计算必须考虑到全球条件和价格。从20世纪80年代起,商品和服务的国际贸易正以平均每年两倍于世界产出增速的速度增长。并且,从贸易来看,世界经济从来没有像今天这么开放。但金融市场很可能是最全球化的市场,金融全球化以及投机活动的相应增加,极为惊人(见 Mishkin et al.,1999;Summers,1990,2000)。解除管制和金融创新——1980年,金融期货、掉期交易及期权还很少存在——已显著增强了金融市场的经济分量。债券市场、股票市场和货币市场在世界范围内的连接——并且相互依赖——到了前所未有的程度,尽管在20世纪70年代初期人们还有可能谈论国内金融市场,但这种情况已成过去。

其次,跨国公司在世界经济中的角色和重要性极大增强。跨国公司出于结构考虑,不仅喜欢从区域或双边范围、而且还喜欢在全球范围内计划和组织他们的产品和服务的构思、生产和分配。多亏了新的信息技术,生产才得以在国际规模上日渐组织起来,从事国际化经营的企业数量也正在大量增加。1999年,依据联合国贸易与发展会议(2000,第 XV 页)的说法,有63000个这类企业及至少69万个国外附属机构。

第三,具体的宏观经济政策具有影响广泛的全球化趋向。我们可以从这样的事实中看到,在国际组织的帮助及"金融市场"的磨炼下,世界各地相继实施了不同形式的相同政策。例如,债权国利用20世纪80年代的债务危机,结束了南方的进口替代策略,开放了南方的贸易和投资市场。在东方、西方、北方和南方,经济政策的关键因素是出口导向增长、少量的政府社会政策、减少公共部门、解除管制、弹性汇率、私有化和优先价格稳定(的组合)。人们有时候将这个一揽子政策称为"华盛顿共识"(见 Williamson,1990)。

第四,国家间存在一种朝更加区域化和全球化经济合作的趋势。这种趋势的一种表现就是超国家组织角色和力量的增强,例如七国集团、国际货币基金组织、世界粮食组织、国际清算银行和经济合作与发展组织。另一种表现是地区性协议和集团的增加,例如,欧盟、北美自由贸易协定和南方共同市场(MERCOSUR),许多分析家和评论家希望,这些国际组织和合作形式的重要性能获得稳定的增长,并能协调和监管先前由民族国家执行的职能。由于商品市场、服务市场、金融市场、公司和经济政策的国际化,对政府来说,更多的国际合作似乎是政府放松管制的一个合乎逻辑的步骤。

这里可以运用源于马克思(1884)的一个分析工具,即"社会资本循环"。"社会资本循环"可从分析上分解为三个既独立又不可分割的循环,即货币资本循环、商品资本循环和生产资本循环。使用这一分析工具有可能区分国际化的程度。如果我们从这个角度看一下当前的全球经济,就可以得出三个重要结论。第一也是最重要的结论是,我们将在历史上第一次观察到贸易、金融和生产的综合国际化。经常被用来与当代的全球化相比较的一战前的几十年,其贸易与金融的全球化程度比今天更甚——甚至还有劳动力移民(参见 Sutcliffe,1998)。因此,国际贸易和国际资本流动并不是新事物,从 20 世纪 80 年代初期开始,生产资本加速全球化为当前的全球化增添了新的维度,一种崭新的维度。

第二个结论是,与资本主义的黄金时代(1945—1974)相比,金融资本现在占了支配地位,提升了股东价值的金融准则影响着公司的运作模式及收入和财富的分配。而且,金融控制力对民族国家的策略空间有着重大影响。由于布雷顿森林体系解体后的金融管制解除,外汇市场的大多数交易现在都是投机性的交易,汇率取决于资本流动而不是贸易流动。因此,谢奈(Chesnais,1997,第 297 页)才谈到一个"有着金融主导地位的全球化集中体制",这个体制较之二战后的"福特主义集中体制",对政府的约束更多,也更为单一。因而,不同形态的国家参与国际体系的空间已逐步缩小。从 20 世纪 70 年代中期以来,国内金融市场的开放意味着战后体制的彻底崩溃,当然也是这些变化的前提条件。第三个结论是,必须强调,这三种形式的资本间并没有防火墙,三种形式的资本在现实中经常混合在一起。这也是对(过于)图解的解释的告诫。

为了充分理解当前三种资本循环的国际化有多么重要,我们还需考虑另一个特点。为了积累,资本不仅将资本主义社会关系向越来越多的人和越来越丰富的人类生活方方面面扩张,而且这个过程也涉及生产规模通过个人资本的增加(资本积聚)所进行的扩张和现有资本通过合并和收购(资本积聚)方式的聚集而引起的资本管制的增加。

尽管没有人否认技术进步在全球化进程中起着重要作用,但在 21 世纪初期却很少有分析家或评论家会认为全球化是一种自然现象,或是由技术现象造成的(例如,参见 Went,2000)。2000 年 9 月,布拉格组织了一场旨在反对国际货币基金组织的反对运动,就在那个星期,英国《经济学家》周刊(2000)发表了一篇社论,文中提出:"如果技术进步是全球一体化的唯一驱动力,那么反资本主义威胁将不会那么令人担忧……抗议者绝对是正确的:政府手中很有权力。"作为对反对全球化(后果)的国际社会运动的反应,比如在西雅图(1999)、布拉格(2000)和热那亚(2001)的反全球化运动,政策制定者、经济学家和商业媒体都表达了对他们所谓"反全球化的强烈反应"的担忧。如果全球化被理解为外部技术进步的自动后果,这类说法将毫无意义,因为这将意味着,全球化是不能改变的。但是正如弗兰克尔(Frankel,2000)所指出的:"确实存在一种视全球化不可逆转的趋势。但使世界四分五裂达 30 年之久(1914—1944)的政治力量明显要比那个时期技术力量传播中自然累积的力量更为强大。我们的经验是,全球化进程不是不可避免的。"

罗伯特·温特(安佳译)

参考文献:

Altvater, E. and B. Mahnkopf (1996), *Grenzen der Globalisierung*, Münster: Westfälisches Dampfboot.

Bordo, M. D., B. Eichengreen and D. A. Irwin (1999), 'Is Globalization Today Really Different than Globalization a Hundred Years Ago?', *National Bureau of Economic Research Working Paper*, no. 7195, June, pp. 1-73.

Boyer, R. and D. Drache(eds) (1996), *States Against Markets: The Limits of Globalization*, London and New York: Routledge.

Chesnais, F. (1997), *La Mondialisation du Capital*, new expanded edn, Paris: Syros.

Doremus, P., W. Keller, L Pauly and S. Reich(1998), *The Myth of the Global Corporation*, Princeton: Princeton University Press.

Economist (2000), 'Editorial: The Case for Globalization', 23 September, pp. 17-8.

Frankel, J. (2000), 'Globalization of the Economy', *National Bureau of Economic Research Working Paper*, no. 7858, August, pp. 1-41.

Hirst, P. and G. Thompson (1996), *Globalization in Question*. Cambridge: Polity

Press.

Lindert, P. H. and J. G. Williamson (2001), 'Does Globalization Make the World More Unequal?', *National Bureau of Economic Research Working Paper* no. 8228, April, pp. 1–43.

Marx, K. ([1884] 1978), *Capital*, vol. Ⅱ, Harmondsworth: Penguin.

Mishkin, F. S. *et al.* (1999), 'Symposium on Global Financial Instability', *Journal of Economic Perspectives*, 13, Fall, pp. 3–84.

Ohmae, K (1995), *The End of the Nation State: The Rise of Regional Economics*, New York: Free Press.

O'Rourke, K. H. (2001), 'Globalization and Inequality: Historical Trends', World Bank Website (www.worldbank.org), April, pp. 1–38.

O'Rourke, K. H. and J. G. Williamson (2000), 'When Did Globalization Begin?', *National Bureau of Economic Research Working Paper*, no. 7632, March, pp. 1–33.

Prakash, A. (2001), 'Grappling with Globalization: Challenge for Economic Governance', *The World Economy*, 24, April, pp. 543–65.

Reich, R. (1992), *The Work of Nations: Preparing Ourselves for 21st Century Capitalism*, New York: Vintage Books.

Rodrik, D. (2000), 'How Far Will International Economic Integration Go?', *Journal of Economic Perspectives*, 14, Winter, pp. 177–86.

Rodrik, D. *et al.* (1998), 'Symposium on Globalization in Perspective', *Journal of Economic Perspectives*, 12, Fall, pp. 3–72.

Ruigrok, W. and R. Van Tulder (1995), *The Logic of International Restructuring*, London: Routledge.

Summers, L. H. (1999), 'Reflections on Managed Global Integration', *Journal of Economic Perspectives*, 13, Spring, pp. 3–18.

Summers, L. H. (2000), 'International Financial Crises: Causes, Prevention and Cures', *American Economic Review*, 94, May, pp. 1–16.

Sutcliffe, B. (1998), 'Freedom to Move in the Age of Globalization', in D. Baker, G. Epstein and R. Pollin (eds), *Globalization and Progressive Economic Policy*, Cambridge: Cambridge University Press.

United Nations Conference on Trade and Development (UNCTAD) (2000), *World Investment Report 1999. Cross-border Mergers and Acquisitions and Development*, New York and Geneva: UNCTAD.

Van Tulder, R., D. Van den Berghe and A. Muller (2001), *The World's Largest Firms and Internationalization*, Rotterdam: Rotterdam School of Management/Erasmus University.

Weiss, L. (1998), *The Myth of the Powerless State*, Ithaca: Cornell University Press.

Went, R. (2000), *Globalization: Neoliberal Challenge, Radical Responses*, London: Pluto Press.

Williamson, J. G. (1990), 'What Washington Means by Policy Reform', in J. G. Williamson(ed.), *Latin American Adjustment: How Much Has Happened?*, Washington, DC: Institute of International Economics.

171. 金本位 Gold Standard

金本位是一种货币制度。在这种货币制度下，单位货币的价值与单位黄金的价值挂钩。典型的金本位制是这样一种制度，在这种制度下，中央银行或货币局根据需求，按照固定黄金量买卖货币，或按其价值与固定黄金量挂钩的资产买卖货币。金本位制是以商品为基础的货币体系中最知名的形式。正如尼汉斯所指出的，

> 从实践的观点看，目前，商品货币是唯一可被认为是历史上通过了市场经济检验的货币。除了战争、革命和金融危机间短暂的停顿外，从开始到现在，西方经济一直以商品货币制度为基础。更准确地说，只是从1973年起，与商品世界不存在任何联系的货币制度才成了货币制度的常规特征。(Niehands,1978，第140—141页)

金本位制产生于较早期的金银复本位制，从古典时期起，金银复本位制就以这样或那样的形式出现。金本位制的直接起源可追溯到1717年，当时作为英国铸币局局长的伊萨克·牛顿爵士，用准许黄金相对于白银高估的方式，改革了铸币制。尽管这样，在法律上英国依然是金银复本位制。这项改革使英国实际上处于金本位制下，并且在整个18世纪，英格兰银行本票兑换黄金的可兑换性，成了英国货币体系的支柱。但是，1797年法国革命战争的财政压力使政府暂停了英格兰银行票据与黄金的兑换，实施了不兑现或者说不可兑换纸币制度。暂停兑换仅仅是一个

暂时的措施，并且也只打算这样，因此，1819年英国按过去平价恢复了金本位制——这只是在法律上而不是在事实上。之后，英国继续保留金本位制直到1914年。在19世纪的大部分时候，许多国家依然实行金银复本位制。但从19世纪70年代起，就出现了从金银复本位制向金本位制的转移，到1880年，主要国家如法国、德国和美国都实行了金本位制。到那时止，金银复本位制实际已被取消，尽管围绕这个问题的激烈争论在一些国家，例如美国，持续了很长一段时间。从1880年到1914年的这段时间，后来被看做"古典"国际金本位制的黄金时代。1914年一战爆发，大多数国家随之暂停了本币与黄金的兑换。

在战争结束后的20世纪20年代，出现了种种"回到金本位制"的努力（例如，1925年英国的努力）。但是，两次战争期间的金本位制较之以前的金本位制局限性更多、更脆弱，因为多数中央银行都实施了更多的管理（也即控制）。1931年9月的金融危机之后，很多国家又一次退出了金本位制，世界经济也陷入了萧条。金本位制与从萧条中复苏以及复苏与复苏速度之间的联系，是一个引起很多争论的话题，尽管罗思巴德（Rothbard，1962）提出了相反的观点，但许多学者相信，放弃金本位制有助于复苏的过程；可参见特明（Temin，1898）或艾肯格林（Eichengreen，1992）。

新的金本位制——布雷顿森林体系——是在二战后建立的。这个新的本位制从理论上讲是金本位制，而实际上不是：参加国将它们的货币与美元挂钩，而美元又与黄金挂钩。因此实际上这是美元本位制，但是，在20世纪60年代，美联储的通胀政策最终使美联储维持黄金固定价格成了不可能之事：之后，黄金价格浮动，所谓的金本位制也被取消。此后，在世界货币史上，世界上的主要国家第一次实行了不可兑换的纸币本位制，而且，这不是作为处理战争或其他危机的暂时手段，而是永久性的手段，且从没有认真考虑过恢复商品本位制。从那时起，世界实行的就是这种不兑现货币制度。

在金本位制条件下，中央银行或货币局按固定价格，通过提供（或多或少）完全弹性的货币供给固定黄金的价格。我们因此可以认为，在金本位制下，价格水平是在黄金市场上由供需决定的。如果对黄金的需求增加，在其他条件不变的情况下，黄金的相对价格——通常的商品和服务的黄金价格——必定上升，并且，由于黄金的名义价格是固定的，如果价格水平下降，黄金的相对价格只能上升：因此，对黄金需求的增加会引起价格水平的下降。相反，在其他条件不变的情况下，黄金供给的增加将导致黄金相对价格的下降，并且，如果价格水平上升，黄金的相对价格只能下降；因此黄金供给的增加会导致价格水平的上升。一般来讲，我们也会预期，在金本位制条件下，随着经济的进步，价格水平会随之下降，原因是这种进步会使黄金需求增加（即，在金本位制下，经济的进步会引发通货紧缩）；我们也预期，在金本位制条件下，随着黄金开采技术的改善，价格水平会上升，原因是，这会导致黄金供给的增加。金本位制的另一个理论特征是吉布森悖论（Gibson Paradox）——利率与价格水平的正相关性——由凯恩斯（1930，第198页）提出。吉布森悖论的提出是由于黄金的耐用性：较高的利率会降低持有耐久品的需求，因此会降低持有黄金的需求。为此，黄金的相对价格必须下降以平衡市场需求，并且，如果价格水平上升，黄金的相对价格也只能下降（例如，见 Barsky and Summers,1998）。因此，利率上升导致价格水平上升。

也许历史上关于金本位制的最引人注目的典型情况是黄金价格高度的长期稳定性：例如，英国1914年的价格水平与英国两个世纪前首次实施金本位制时的价格水平近乎一致，其他金本位制国家也明显有类似的长期稳定性。但在短期内，金本位制的价格水平却极不稳定：由于19世纪50年代末期在美国加利福尼亚和澳大利亚发现黄金，价格水平显著上升；之后在19世纪60年代末期，价格又开始下降，并持续下跌至19世纪90年代中期；黄金提炼技术的进步以及更多的黄金发现，又引起价格的上升，并直至一战爆发。短期价格水平因此受到黄金市场发展的严重影响。还有一些证据支持这种理论预期，即金本位制下的经济进步就是通货紧缩，也有证据支持将利率上升与价格联系起来的吉布森悖论。比如，关于金本位制下的货币政策含义有很多论战，最有争议的话题是金本位制对中央银行执行独立自主货币政策的约束程度。在金本位制下，中央银行只有很少的货币政策相机抉择的自由：利率、价格等在很大程度上不在其控制范围内。但是，一个人如何看待货币政策独立性的缺失，取决于他是将货币政策有用性还是将货币政策独立性放在首位；那些在"规则和相机抉择"的论战中支持"规则"的人，会赞成金本位制的特征，尽管金本位制不是他们的首选规则；而那些有凯恩斯意向并支持相机抉择的人，则将这个特点视为障碍。也就是说，金本位制依然可以为某种货币政策的相机抉择留下空间，正如20世纪20年代有管理的（或者毋宁说，不当管理的）金本位制所充分表明的那样。

另一个有争议的话题关系到金本位制的所谓"资源成本"。反对方提出的标准（原文如此）的观点是，金本位制与高资源成本（铸币成本和储蓄黄金成本）相关，但对金本位制为什么需要大量的货币黄金，却并没有必要的理由：对中央银行或货币委员会来说,运用相对少量的货币黄金来运行金本位制是可能的。无论如何,我们都不应该假设,货币本位的资源成本是一种无需高昂的负效应即可清除的社会浪费。尽管纸币的发行者无需持有储备,不可兑现的货币也涉及"资源成本"。这些成本包括由缺乏金本位制约束的中央银行造成的通胀成本。事实上,这些代价非常大,其中包括经济行为人为保护自己免受通货膨胀危害,以及与不兑现货币相关的资产价格不稳定而耗尽资源的成本,还有通货膨胀的社会成本。米尔顿·弗里德曼说:

> 在早期的讨论中,我和其他货币经济学家理所当然地认为,制造不可兑现纸币的实际资源成本是微不足道的。在普遍的不可兑现纸币本位下的经历明明白白地表明了这样一个假设,尽管从政府发行不兑现货币的直接成本方面考虑,可能是正确的,但对社会却是一个错误。(Friedman,1986,第643页)

从各方面来说,金本位制都有一个值得尊敬的历史记录,并且在最重要的标准即价格水平稳定性方面,金本位制比接替它的不兑现货币体制好些。在货币发行方面表现出的"进步"——在这里是指用不可兑现纸币代替金本位制——并不一定会导致更好的结果。

凯文·多德(安佳译)

参见:

Bretton Woods;Great Depression;Rules Versus Discretion.

参考文献:

Barsky, R. B. and L. H. Summers(1988), 'Gibson's Paradox and the Gold Standard', *Journal of Political Economy*, 96, June, pp. 1161–76.

Eichengreen, B. (1992), *Golden Fetters: The Gold Standard and the Great Depression. 1919–1939*, New York: Oxford University Press.

Friedman, M. (1986), 'The Resource Cost of Irredeemable Paper Money', *Journal of Political Economy*, 94, June, pp. 642–7.

Keynes, J. M. (1930), *A Treatise on Money*, *Volume Two*, London: Macmillan.

Niehans, J. (1978), *The Theory of Money*, Baltimore and London: Johns Hopkins University Press.

Rothbard, M. N. (1962), *Man, Economy and State: A Treatise on Economic Principles*, Princeton, NJ: D. Van Nostrand.

Temin, P. (1989), *Lessons from the Great Depression*, Cambridge, MA: MIT Press.

172. 黄金时代增长 Gold Age Growth

1950—1973年间,世界经济经历了一次空前的人均国内生产总值增长。表1包含了安格斯·麦迪逊(Maddison,2001)对1820—1998年人均国内生产总值增长的最新计算,如下表所示,1950—1973年,较之此前或此后的时期都更为突出。

尤其是,战后西欧经济的增长给人印象深刻,所以人们称这个时期为"黄金时代"(见N.C.R.克拉夫茨,"西欧经济增长的黄金时期",载《经济史评论》,48,1995年8月;N.C.R.克拉夫茨和G.托尼奥洛[编,1996],《1945年以来欧洲的经济增长》,剑桥大学出版社,1996;A.麦迪逊,《欧洲资本主义的本质和功能:一个历史和比较的视点》,载《国民劳动银行季评》,1997年12月;G.托尼奥洛,《欧洲的黄金时代[1950—1973]:从长期观点引发的思索》,载《经济史评论》,51,1998年5月)。尽管克拉夫茨和托尼奥洛(Crafts and Toniolo,1996)把"黄金时代"视为一种"明显的欧洲现象",但还应该注意到,这个增长奇迹也扩展到了中央计划经济的拉丁美洲、亚洲和非洲。

表1 1820—1998年世界和主要地区人均国内生产总值增长率 （年均组合增长率）

地区	1820—1970	1870—1913	1913—1950	1950—1973	1973—1998
西欧	0.95	1.32	0.76	4.08	1.78
西海岸*	1.42	1.81	1.55	2.44	1.94
日本	0.19	1.48	0.89	8.05	2.34
亚洲（日本除外）	−0.11	0.38	−0.02	2.92	3.54
拉丁美洲	0.10	1.81	1.42	2.52	0.99
东欧和前苏联	0.64	1.15	1.50	3.49	−1.10
非洲	0.12	0.64	1.02	2.07	0.01
世界	0.53	1.30	0.91	2.93	1.33

*"西海岸"是指美国、加拿大、澳大利亚和新西兰。
资料来源:Angus Maddison(2001), *The World Economy: A Millennial Perspective*, Paris: OECD, 表格3-1a。

在资本主义经济中,有这样几个对"黄金时代"作出贡献的因素,包括(1)日益增强的国际贸易自由化；(2) 受凯恩斯主义影响的政府积极推动国内需求上升；(3) 投资热潮；(4) 在 20 年的萧条和战争中积压的没有充分开发的技术进步；(5) 马歇尔计划为增长打下的有益基础；(6) 采用美国式大生产技术；和(7) 有助于高投资及适度工资增长的经济和政治制度。所有这些因素都促成了增长奇迹，因此，许多经合组织国家在"黄金时代"经历了对美国经济表现的大规模的"追赶"和"趋同"（与索洛增长模型的预期保持了一致）。从增长计算的角度看，在"黄金时代"所有要素生产力的加速增长应归因于规模效应、资源配置的改善以及追赶的影响（参见 N. C. R. 克拉夫茨，《20 世纪的全球化和增长》，国际货币基金组织讨论稿，WP/00/44,2000,$http://www.imf.org/$)。

1973 年后，由于主要经合组织国家的增长率与长期趋势更为一致，经济增长显著放缓。如果说紧跟 1948 年执行马歇尔计划的 25 年是一个各方面的条件都趋向于赶上和趋同的时期，那么，第一次欧佩克组织石油冲击之后的时期则是以"生产力下降"和日益增加的周期动荡为特征的时期。

参见：

Catching Up and Convergence; Growth Accounting; Neoclassical Growth Model; Productivity Slowdown.

173. 罗伯特·J. 戈登 Gordon, Robert J.

罗伯特·J. 戈登 1940 年生于美国马萨诸塞州波士顿，1962 年从哈佛大学获得学士学位，1967 年从麻省理工学院获得博士学位。他的主要学术职位包括：哈佛大学助教(1967—1968)、芝加哥大学副教授(1968—1973)。自 1978 年起，他一直任国家经济研究局研究员。自 1983 年起，任经济政策研究中心研究员。他现任西北大学斯坦利·G. 哈里斯社会科学讲座教授。他以证明供给震荡和需求压力对通货膨胀的重要性，以及战后美国的价格惯性而知名。他最著名的著作包括：《米尔顿·弗里德曼的货币架构：与其批评者的争论》(编，芝加哥大学出版社，1974)；《宏观经济学》(第八版，艾迪生-威斯利出版公司，2000)。他影响最广泛的论文有：《产出波动和价格稳步调整》(载《经济学文献杂志》，19,1981 年 6 月)；《美国的价格惯性和政策失效》(载《政治经济学杂志》，90,1982 年 12 月)；《何谓新凯恩斯主义经济学？》(载《经济学文献杂志》，28,1990 年 9 月)；《不同时间的非加速通货膨胀失业及经济政策的含义》(载《经济展望杂志》,11,1997年冬季号);以及《新经济措施赶得上以往的伟大发明吗?》(载《经济展望杂志》,14,2000年秋季号)。

参见:

National Bureau of Economic Research.

174. 政府预算约束 Government Budget Constraint

政府所面临的预算约束。假设一个简化目标的封闭经济(因此没必要考虑通过国际收支流动来融资),如果政府想要增加支出,必须靠增加税收收入来融资,或通过发行债券从私人部门借款,或通过创造高能货币从中央银行借款来融资。

参见:

High-Powered Money.

175. 渐进主义 Gradualism

逐步缓慢地降低货币增长率来达到降低通胀率的目标。

参见:

Gold Turkey; Gradualism versus Cold Turkey; Inflation: Costs of Reducing; Sacrifice Ratio.

176. 渐进主义与激进疗法 Gradualism versus Cold Turkey

渐进主义与激进疗法涉及的争论是探讨为了达到降低通胀率的目标,当局应多快并多大程度地降低货币增长率。

激进疗法关系到货币增长率的迅速和永久的下降,赞成激进主义的经济学家(例如,新古典经济学家)这样说道,在政策可信的情况下,反通胀的产出/就业成本可以忽略。新古典分析方法意味着,如果当局宣布降低货币增长率并且这一政策宣布被认为具有可信度,理性经济人会迅速修正他们的通胀预期,即降低预期以使其与货币紧缩对通胀率的预期效应相一致,从而以较少的失业上升和产出损失,即以较低的牺牲率来达到反通胀目标。

相反,渐进主义关系到货币增长率缓慢和逐步的降低,赞成渐进主义的经济学家(比如正统的凯恩斯主义者和货币主义者)害怕激进疗法会引起大量的和延长的失业,他们的主张是为了最小化反通胀的产出/就业成本。在新凯恩斯主义模型中,价格的逐步调整(例如,由于菜单成本)和工资的逐步调整(例如,由于工资合同)意味着,任何反通胀的货币政策,即使是可信的并经过理性经济人预期的政策,都会导致失业的显著增加和产出的大幅下降,即会引起高牺牲率。而且,如果伴随着货币紧缩经济出现长期衰退,自然失业率或非加速通货膨胀失业会由于滞后效应而趋于上升。

参见:

Credibility and Reputation; Hysteresis; Inflation: Costs of Reducing; Menu Costs; Monetarism; New Classical Economics; New Keynesian Economics; Sacrifice Ratio.

177. 大萧条 Great Depression

彼得·林德特(Lindert,1981,第125页)曾经写道:"正如研究医学上病毒引起的流行病一样,解释大萧条的爆发、其严重性及持久性,几乎是宏观经济学的一项中心任务。"20世纪30年代痛苦难忘的十年使得若干思想流派对市场体制以及市场体制在现实中的波动性做了大量审慎的思考。所谓"凯恩斯主义革命"就是其结果。尽管莱德勒(Laidler,1999)已经指出,凯恩斯《通论》(1936)的成就主要在于他对储蓄、投资、利率和货币所建立的新框架。凯恩斯的收入-支出理论认为,一个经济不会只是陷入一般的萧条,如果缺乏政府的积极财政功能,经济会像20世纪30年代所发生的那样,即使价格和工资对总需求的变化有弹性反应,经济也会过长时间陷入萧条。紧随《通论》之后,很快出现了IS-LM综合,IS-LM综合完全改变了宏观经济学,并且表明货币政策和财政政策一样在稳定中起着重要作用,当然,这部分取决于当局处理的是正常的周期还是异常的经济萧条。

彼得·特明(Temin,1976)稍后对美国大萧条提出了最有影响力的凯恩斯主义诊断(美国是合适的注意焦点:在20世纪30年代,它是到那时为止最重要的经济体,也是20世纪30年代萧条开始最早、结束最晚、陷得最深的国家,也是它将最大的冲击波传播到世界范围；见 Romer,1993)。特明认为,在 20 世纪 20 年代的"繁荣期",主要行业产生的过剩生产能力,引起了投资的急速下降(尤其是在建筑业中,其投资在 1928 年达到了顶峰),并在 1929 年 10 月引起消费者信心和支出大幅减少的股票市场崩溃中加速并恶化了股票市场的崩溃。罗默(Romer,1990)也强调了这一点。接下来就是对产出和就业的乘数效应。

按照特明的说法,接下来会是一个宽松的货币时期,证据是,由于价格下降快于名义货币的供给,从而引起利率下降和实际货币供给的上升。名义货币供给的下降是对支出下降和对银行信贷需求下降的被动反应。因此货币行为只是一种表象而不是问题的原因,同时,财政政策而非货币政策才是缺失的重要措施。但是,对特明"货币理论"的评论(见下文)指出,下降的名义利率可能是由于先前的货币紧缩使经济活动下滑,从而引起贷款需求下降造成的。20 世纪 30 年代,名义利率下降时,实际利率却迅速上升。同样,实际货币存量的上升可能是由紧缩而非宽松的货币政策所造成的价格水平低下的结果。伯南克(Bernanke,1983)也注意到,银行失灵和偏向于做现金业务使得幸存的银行只做最安全的、高质量的短期投资。所以除贷款额减少外,平均利率也降低了,给居民、农户和小企业的高利贷也急剧减少。

20 世纪 30 年代,基于卡尔·门格尔、尤金·庞巴维克和路德维希·冯·米塞斯的洞见而建立的奥地利学派的资本理论和经济周期理论也有了改进。伦敦经济学院的弗里德里希·冯·哈耶克和莱昂内尔·罗宾斯,以及哈佛的戈特弗里德·哈伯勒和约瑟夫·熊彼特开展了最杰出的研究。他们担心银行不仅有权做储蓄者和投资者的中介,而且有权创造新的不可兑换货币。这使银行能够以低于"自然"率的利率水平贷款给投资者,因此资源在消费品与投资品间的错乱,会创造一种不健康、不持久的繁荣以及扭曲的相对价格。当局越是试图通过投入更多的货币或信用以避开不可避免的危机,越是会制造出更多麻烦。这些学者(及其现代拥护者,例如 Garrison,1999,2001)推断,美国 1929—1933 年经济萧条的严重性在很大程度上一定是由于前些年异常不负责任的信贷扩张,这种扩张产生的扭曲只能通过对不良投资的清算来消除。他们认为,扩张性财政政策和货币政策只会加深萧条,但他们提出的措施却会促使更大的价格下跌和更大的工资弹性(与罗斯福新政所提出的相反),从这个意义上说,他们是政策虚无主义者。

奥地利学派认为,大萧条之前必定有大繁荣。事实上,1920—1929 年,美国的年均实际增长率只有 3.4 个百分点(人均增长率为 1.6 个百分点,人口增长率每年约为 1.8 个百分点)——与长期趋势大约一致——批发价格指数在 1925 年到 1929 年 8 月国民生产总值达到顶峰这段时间,实际上略有下降。(1925 年,英国也力图维持按战前平价定价的金本位制,价格在同一时期正急剧下降。1931 年 9 月英国脱离了金本位制后,经济随之复苏。)见艾肯格林(Eichengreen,1992)和特明(Temin,1989)有关金本位制从一国向另一国传播萧条以及在限制扩张性政策方面的重要性的论述。但是,对奥地利学派来说,他们的"中性货币"理论主张,如果每个部门的价格水平不能完全与技术变化相关的成本下降一致,那么信贷会引发严重的通货膨胀。

1923—1929 年,联邦储备委员会持有的相关观点是,股票价格的迅速上升也是过度宽松的信贷的病状。因此他们在这个时期实施了紧缩政策,1929 年 8 月,当实际经济正在下滑时,贴现率却急剧上升。美联储关注的是银行资产质量,由于用于投机性股票市场投资的"非生产性"贷款的上升快于"贸易需求"的生产性商业贷款的上升,他们的担心日甚一日。这种担心与真实票据或者审慎货币政策的商业贷款理论相符合。

哈佛大学的劳克林·柯里(Currie,1931,1934)(受埃利·扬、拉尔夫·霍特里和早年凯恩斯的影响)首次对真实票据原理表示了怀疑;最著名的是稍后米尔顿·弗里德曼和安娜·J. 施瓦茨(Friedman and Schwartz,1963)的权威性著作。米尔顿·弗里德曼和安娜·J. 施瓦茨(Friedman and Schwartz,1963)表明,尽管在 20 世纪 20 年代末期广义"信贷"迅速增长,但货币供给增长本身较之国民收入增长更为缓慢,商业银行也在增加对联邦储备银行的负债。

当股票市场在 10 月 29 日崩溃时,强势的纽约联邦储备银行的最初反应是实施持续的公开市场买入,它们深信,下降的利率发出的信号是,联邦储备委员会已尽其所能在避免萧条,但这种买入没能持续。信心的严重动摇和投资与消费支出的减少意味着,货币下降的速度加快了。1929 年 8 月到 1930 年 10 月,货币存量更是下降了 2.6 个百分点。在这段时间,名义国民收入下降了大约 15 个百分点,或者从实际国民收入方面计算,下降了大约 11 个百分点(Friedman and Schwartz,1963,第 301 页)。1930—1931 年间,实际收入下降了 9 个百分点;1931—1932 年间下降了 18 个百分点;1932—1933 年间进一步下降了 21 个百分点。失业从占劳动人口的 3 个百分点上升到了接近 25 个百分点,且有越来越多的劳动力靠短期工作来维持生计。

从 1933 年开始,大约有将近四年的从极低起点开始的强势恢复期。但在 1937

年4月,又出现了一次剧烈衰退。在接下来的15个月中,实际国民收入下降了大约18个百分点。只是由于1939—1941年间的战备,美国经济才稳定地恢复到1929年的产出水平;并且只是由于战争本身,充分就业才得以恢复。

关于1929—1933年的大收缩的"货币"解释强调的是联邦储备委员会没有实施充分的扩张性政策。银行主要是用新的储备来降低他们对联邦储备委员会的负债而不是用来增加贷款。假如联邦储备委员会使银行储备有了净增长,那些在当时已贷款饱和且几乎没有剩余储备的银行,自然会增加他们的资产和负债。那样的话,国民收入的循环流动将保持较高水平,经济下滑也不会演化成长期崩溃。1930年10月,经济下滑使银行破产突然增多,并首次使恐慌进入流通领域。由于小农户和小公司失去了他们从当地银行借得经营资本的惯常途径,困境开始向全国蔓延。银行没有了储备,又只能从联邦储备获得少量和临时的贷款。面对系统性破产,联邦储备没能像过去面对类似危机作出的白芝浩式反应那样,担负起最后贷款人角色。面对1931年3月第一次银行危机,以及英国在1931年9月再次放弃金本位制,美联储又故伎重演。随着黄金流出美国,联邦储备委员会反应消极,也没有努力阻止这些流动(见Wheelock,1992)。不合常情的是,美联储总是趋向于冲销黄金流入但不阻止黄金流出。

到此时,萧条已严重动摇了信心,以致私人可贷基金的需求已经使公开市场操作相对而言失效了。1932年1月,哈里斯基金会在芝加哥大学召开了一次关于"黄金和货币稳定性"的会议(Wright,1932),会议召集了国内最杰出的经济学家。24位经济学家,其中包括芝加哥大学的12位经济学家,给赫伯特·胡佛总统拍了一封内含一系列建议的电报,敦促他支持公开市场操作并辅以公共建设工程。这些建议以及雅各布·瓦伊纳对会议的贡献,就是米尔顿·弗里德曼(1974)引证来作为20世纪30年代"芝加哥传统"经济学的最早的资料。弗里德曼声称,他就是从这些资料中获得了灵感。他们赞同把预算赤字与公开市场操作作为对付严重萧条的手段,货币才会最有效地进入流通并花费。

稍早时候,三位年轻的哈佛讲师——劳克林·柯里、保罗·西奥多·埃尔斯沃思和哈里·德克斯特·怀特——已经更有说服力地表达了这些观点(Laidler and Sandilands,2002)。他们建议放松对财政扩张与货币扩张的黄金储备约束,降低1930年的斯穆特-霍利关税,解除那些压制世界需求并对美国有着不利反应的赔款和盟国内部的债务。芝加哥会议上,哈佛的约翰·H.威廉斯代表三位讲师精彩地表述了"财政通货膨胀论者"观点,并在起草致胡佛总统的电报时,起了关键作用。没有在电报上签名的人有戈特弗里德·哈伯勒（来自维也纳，正在哈佛访问），主张真实票据的亨利·帕克·威利斯（哥伦比亚大学）和保罗·H. 道格拉斯（芝加哥大学）支持的是另一派的"消费不足论"。

不久，在1932年4月，联邦储备银行又进行了更积极的公开市场买入，但这次买入还是时间短暂。与购买同时发生的也有黄金流出（主要是流向法国），随之，作为胡佛预算平衡方案的组成部分，6月份又增加了税收。因为税收收入已随国民收入的下降而自然下降了，所以税收的增加被认为"对恢复信心"很有必要。这样，财政挤出强化了货币挤出的后果。

最后，1933年3月，灾难性的银行危机到来。新就职的富兰克林·罗斯福总统曾在他的就职演讲中宣称"我们唯一需要恐惧的就是……恐惧本身"，当时他宣布了为期一周的银行休假。2000多家银行从此再也没有开业，也失去了更多的货币供给。

尽管像胡佛一样，务实的罗斯福在总统职位竞选中也打的是预算平衡的牌，但他从就职时就开始了范围广泛的新政。他颁布了大量的规制措施，包括价格和工资支持，这些措施虽然不一定有助于经济，却在政治上产生了震动（Brinkley，1995；Cole and Ohanion，1999）。更有帮助作用的是1933年到1934年降低美元含金量的政策，以及重大开支计划和由新任联邦储备委员会主席马里纳·埃克尔斯监督的改革。马里纳·埃克尔斯是一个扩张主义者，在接下来的几年中，他为了影响总统一直在与谨慎的财政部长小亨利·摩根索作斗争。从形势紧张的欧洲流入的货币在扩张货币供给方面也起着重要作用，尽管此时银行已有大量的超额储备。

这样做的净效应是从1933年到1937年初的强势复苏。作为一种预警手段，联邦储备委员会在1936年底到1937年初采取措施处理了银行的部分超额储备。当时担忧的是，随着复苏的进程和现有货币快速恢复正常价值（即，随着收入下降而意愿持有的货币），货币支出的复苏可能快于实际经济的复苏，因而有严重通货膨胀的后果。超额银行储备的存在，也会使联邦储备委员会控制形势的能力受挫。

虽然如此，但看到在1936年依然存在的闲置生产力，通货膨胀恐惧使那时的许多学者感到困惑。但在1936年初，就连顶尖的芝加哥学派经常学家亨利·C. 西蒙斯（Simons，1936，第17页）都提到"解除债务的激烈措施不久会成为防止恶性通货膨胀的极为必要的手段"。（这可推测为，他在呼吁通过财政盈余而非增加货币供给来偿清债务从而控制通货膨胀。）事实上，不久之后，经济又经历了一次严重逆转——尽管较之1929—1933年的大收缩为时短得多，却更剧烈。许多经济学家

(例如 Steindl,1995)赞同弗里德曼和施瓦茨对增加储备要求的指责,尽管多数储备要求的增加已被持续的欧洲黄金流入所抵消,但超额储备被保持在 20 亿左右,利率仍然很低,货币供给继续增加,直到 1937 年 3 月底。因此经济的下滑与货币供给的下降同时发生(尽管在某段时期内其增速已放缓),而不是理论所断言的通常有 6 个月(左右)的时滞。

另一种研究着眼于 1937 年急剧的财政收缩,以及与 1935 年瓦格纳法案相关的恐惧,是如何在 1936 年预期劳动市场摩擦时引致大量的存货积累,而在 1937 年劳动市场发生冲突时,中断了物质储备供给。在 1937 年 3 月到 9 月的至关重要的时期,政府净支出从 1936 年的平均每月 3.35 亿美元下降到了每月仅 6000 万美元(详情见 Sandilands,1990,第 87—92 页)。银行相应失去了一个重要的安全借贷出路(购买新政府债券),同时又需要时间来寻找其他借款者。财政下滑及相关总需求下降一定也阻碍了私人对银行贷款的需求。因此,1936 年和 1937 年的货币轨迹(M)和货币支出(M 乘以周期性收入周转率)部分取决于财政政策。对于异常严重的萧条来说,净公共支出是直接或间接从循环流动中增加(1936)或缩减(1937)货币的重要途径。由于货币和财政变量相互缠绕,试图估算这个时期财政和货币各自的刺激效应(例如,Romer,1992),可能会产生误解。

无论如何,1937 年,凯恩斯主义者及其同道(特别是知名的劳克林·柯里,一位前凯恩斯主义"财政通货膨胀主义者",现在是联邦储备委员会高级顾问)为一方,预算平衡者为另一方,陷入了"为富兰克林·德拉诺·罗斯福的灵魂而斗争"之中(Stein,1969)。最初,罗斯福支持摩根索,灾难则接踵而至。直到 1938 年 4 月,在他度过了漫长的白宫岁月中最糟糕的时期之后,在他收到凯恩斯措辞激烈的 2 月来信之后,罗斯福才向国会申请了 30 多亿美元的开支或借款,以备在不久的将来用于救济、公共建设工程和援助州政府及地方政府(Barber,1996,第 114 页)。1939 年,联邦政府净支出接近翻番,达到 36 亿美元左右,且为战备提供了更多资助。但是,只是在珍珠港事变后,对抗大萧条的最终战斗才赢得了胜利。

罗杰·J. 桑迪兰兹(安佳译)

参见:

Business Cycles: Australian Approach; Federal Reserve System; Gold Standard; Keynesian Economics.

参考文献:

Barber, W. J. (1996), *Designs within Disorder: Franklin D. Roosevelt, the Econo-*

mists and the Shaping of American Economic Policy, 1933 - 1945, Cambridge: Cambridge University Press.

Bernanke, B. S. (1983), 'Nonmonetary Effects of the Financial Crisis in the Propagation of the Great Depression', *American Economic Review*, 73, June, pp. 257 - 76.

Brinkley, A. (1995), *The End of Reform: New Deal Liberalism in Recession and War*, New York: Vintage Books.

Cole, D. C. and L. E. Ohanion (1999), 'The Great Depression in the United States from a Neoclassical Perspective', *Federal Reserve Bank of Minneapolis Quarterly Review*, 23, Winter, pp. 25 - 31.

Currie, L. (1931), 'The Decline of the Commercial Loan', *Quarterly Journal of Economics*, 45, August, pp. 698 - 709.

Currie, L. (1934), *The Supply and Control of Money in the United States*, Cambridge, MA: Harvard University Press.

Eichengreen, B. (1992), *Golden Fetters: The Gold Standard and the Great Depression. 1919 - 39*, Oxford and New York: Oxford University Press.

Friedman, M. (1974), 'Comments on the Critics', in R. J. Gordon (ed.), *Milton Friedman's Monetary Framework*, Chicago: University of Chicago Press.

Friedman, M. and A. J. Schwartz(1963), *A Monetary History of the United States, 1867 1960*, Princeton: Princeton University Press.

Garrison, R. W. (1999), 'The Great Depression Revisited', *The Independent Review*. Ⅲ, Spring, pp. 595 - 603.

Garrison, R. W. (2001), *Time and Money: The Macroeconomics of Capital Structure*, London and New York: Routledge.

Keynes, J. M. (1936), *The General Theory of Employment, Interest and Money*, London: Macmillan.

Laidler, D. (1999), *Fabricating the Keynesian Revolution: Studies of the Inter-war Literature on Money, the Cycle and Unemployment*, Cambridge: Cambridge University Press.

Laidler, D. and R. J. Sandilands (2002), 'An Early Harvard *Memorandum* on anti-Depression Policies', *History of Political Economy*, 34, Fall, 515 - 52.

Lindert, P. H. (1981), 'Comments on "Understanding 1929 - 32"', in K. Brunner (ed.), *The Great Depression Revisited*, Boston: Martinus Nijhoff Publishing.

Romer, C. D. (1990), 'The Great Crash and the Onset of the Great Depression',

Quarterly Journal of Economics, 105, August, pp. 597-624.

Romer, C. D. (1992), 'What Ended the Great Depression?' Journal of Economic History, 52, December, pp. 757-84.

Romer, C. D. (1993), 'The Nation in Depression', Journal of Economic Perspectives, 7, Spring, pp. 19-39.

Sandilands, R. J. (1990), The Life and Political Economy of Lauchlin Currie: New Dealer, Presidential Adviser and Development Economist, Durham, NC and London: Duke University Press.

Simons, H. C. (1936), 'Rules versus Authorities in Monetary Policy', Journal of Political Economy, 44, February, pp. 1-30.

Stein, H. (1969), The Fiscal Revolution in America, Chicago: University of Chicago Press.

Steindl, F. G. (1995), Monetary Interpretations of the Great Depression, Ann Arbor: University of Michigan Press.

Temin, P. (1976), Did Monetary Forces Cause the Depression? New York: W. W. Norton.

Temin, P. (1989), Lessons from the Great Depression, Cambridge, MA and London: MIT Press.

Wheelock, D. C. (1992), 'Monetary Policy in the Great Depression: What the Fed Did, and Why', The Federal Reserve Bank of St. Louis Review, 74, pp. 2-28.

Wright, Q. (ed.) (1932), Gold and Monetary Stabilization, Chicago: University of Chicago Press.

178. 大通胀 Great Inflation

"大通胀"是约翰·泰勒对经济合作与发展组织主要国家经历的长期较高的通货膨胀的称谓,"大通胀"开始于20世纪60年代中期,并持续了整个70年代,且最终在80年代初期急剧降低(见J.B.泰勒,《大通胀、反通胀和未来价格稳定政策》,载A.布伦德尔-维格纳尔[编]《大通胀、反大通胀和货币政策》,大使出版社,1992)。布拉德福德·德朗指出,"20世纪70年代是美国爆发通货膨胀的唯一的和平时期",但这个观点忽略了美国在1965年后卷入越南战争而引起的通货膨胀(见

J. B. 德朗,"20 世纪 70 年代是美国唯一爆发通货膨胀的和平时期",载 C. 罗默和 D. 罗默(编),《降低通货膨胀:动机和对策》,芝加哥大学出版社,1997)。

参见:

Stagflation.

179. 艾伦·格林斯潘 Greenspan, Alan

艾伦·格林斯潘 1926 年生于美国纽约市,1948 年以最优成绩从纽约大学获得经济学学士学位,1950 年获得经济学硕士学位,1977 年获得经济学博士学位。他的主要职位包括:汤森-格林斯潘公司(一家主要从事经济咨询的公司)主席(1954—1974)和总裁(1977—1987)。1974—1977 年间,任福特总统经济顾问委员会主席。格林斯潘博士还担任过布鲁金斯经济活动专家小组成员,国家社会保障改革委员会主席,里根总统经济政策咨询委员会成员和国会预算办公室顾问。1987 年 8 月,他继保罗·沃克尔之后,出任联邦储备委员会主席一职,联邦储备委员会位于华盛顿特区,是美国的中央银行。有理由认为,在这一职位上,艾伦·格林斯潘不仅是美国而且是全世界最有影响力的经济政策决策者。他被罗纳德·里根总统、老乔治·布什总统和比尔·克林顿总统数度任命为联邦储备委员会主席,2000 年他开始了自己的第四个 4 年任期(见 L. 卡汉纳《格林斯潘主席语录:一个影响世界的人的话》,亚当·美狄亚出版社,2000;B. 沃德沃德《大师:格林斯潘的美联储和美国的繁荣》,袖珍丛书,2001)。

参见:

Council of Economic Advisers; Federal Reserve System.

180. 国内生产总值(GDP) Gross Domestic Product(GDP)

一国用该国国内生产要素所生产出来的商品和服务的总值,而不论谁拥有这些要素。

181. 国民生产总值(GNP) Gross National Product(GNP)

由国内拥有的生产要素所生产的最终产品和服务的价值；国内生产总值(GDP)加上从国外获得的净资产收入。

182. 五国集团(G5) Group of Five(G5)

五个主要工业经济体(法国、德国、日本、英国和美国)组成的集团,这五个国家的经济部门的部长定期会面以讨论国际货币关系。

183. 七国集团(G7) Group of Seven(G7)

七个主要工业经济体(加拿大、法国、德国、意大利、日本、英国和美国)组成的集团,这七国的政府首脑或经济部门的部长定期会面以讨论国际货币关系。

184. 增长的计算 Growth Accounting

经济学家不仅需要一个理论框架来理解增长的原因,还需要一个简单的方法来计算资本、劳动和技术在实际经济增长过程中的相对重要性。遵循索洛的开创性贡献而建立的框架被称为增长的计算(见 Abel and Bernanke, 2000; DeLong, 2001)。

索洛(1956)的增长模型基于新古典总生产函数(1),重点在增长的近因：

$$Y = A(t)F(K,L), \tag{1}$$

这里,Y 是实际产出,K 是资本,L 是劳动投入,而 $A(t)$ 是一种技术指标(也就是生产函数中投入被转换为产出的方式),$A(t)$ 是外生的且被简单地理解为取决于时间。有时,$A(t)$ 被称为全要素生产率(TFP)。方程(1)的总生产函数表明,产出(Y)取决于资本(K),劳动(L)和当前适用的技术[$A(t)$]投入。在实证研究中经常使用并与增长的计算相关的特殊生产函数,就是方程(2)表示的柯布-道格拉斯生产函数:

$$Y = A(t)K^{\alpha}L^{1-\alpha} \qquad (2)$$

这里,α和($1-\alpha$)是反映资本和劳动在国民收入中所占份额的权重。由于我们考虑的是增长的近因,所以从方程(2)我们可以看到,国内生产总值(Y)的增加,来自于资本和劳动变化以及技术进步的共同影响。经济学家可以根据经济中不同时间资本和劳动的数量来度量变化,但是技术变化(全要素生产率)却不能直接观察到。然而,在考虑了由资本和劳动投入变化对增长所作的贡献后,我们就有可能将全要素生产率的变化作为一种"剩余"加以度量。索洛(1957)的技术就是将技术变化定义为总产出变化减去劳动和资本各自投入的贡献之和。

简言之,按照竞争性要素市场和投入耗尽的新古典主义假设,"索洛剩余"(全要素生产率)度量的是总产出中的那部分变化,即不能通过资本和劳动投入的可度量的量的变化来解释的那部分变化。索洛剩余的推导如下。如果A,K或L发生变化,产量也会发生变化。在方程(2)中,资本的指数(α)度量与资本相关的产出弹性,而劳动投入的指数($1-\alpha$)度量与劳动相关的产出弹性。A和($1-\alpha$)的权重是从国民收入统计数据中估算出来的,并分别反映资本和劳动的收入份额(见 Abel and Bernanke,2000;Mankiw,2000)。由于这些权重之和为1,所以方程(2)是规模报酬不变生产函数。因此两种要素投入(K和L)的等量百分比增加将会使Y以相同的百分比增加。由于投入的产出增长率是A的增长率加上K^{α}的增长率再加上$L^{1-\alpha}$的增长率,方程(2)可重写为方程(3),方程(3)是被大量有关经济增长来源的实证研究所使用的基本增长计算方程(见 Kendrick,1961;Denison,1967,1974,1985;Maddison,1987;Jorgenson,2001)。

$$\Delta Y/Y = \Delta A/A + \alpha\Delta K/K + (1-\alpha)\Delta L/L \qquad (3)$$

方程(3)是用变化率形式写出的简单的柯布-道格拉斯生产函数。方程(3)表明,总产出增长($\Delta Y/Y$)取决于全要素生产率($\Delta A/A$)变化的贡献;变化则是资本加权贡献的变化($\alpha\Delta K/K$)和劳动加权贡献的变化[$(1-\alpha)\Delta L/L$]。变换方程(2),可以将我们需要测量的生产率指数(全要素生产率)表示为方程(4):

$$TFP = A = Y/K^{\alpha}L^{1-\alpha} \qquad (4)$$

如上所述,因为没有测量全要素生产率的直接方法,全要素生产率只能作为一种剩余进行估算。以变化率形式来表达的方程(4)或通过变换方程(3),测量的是相同的东西,所以,我们得到一个方程,根据这个方程,全要素生产率的增长(技术变化)

作为一种剩余进行估算。这在方程(5)中可表明：

$$\Delta A/A = \Delta Y/Y - [\alpha \Delta K/K + (1-\alpha)\Delta L/L] \qquad (5)$$

与产出和资本及劳动投入相关的数据都可以得到。对α和$(1-\alpha)$的估算可以从历史国民收入数据中获得。例如，索洛在最初讨论 1909—1949 年美国经济的论文中估计，总产出增长率($\Delta Y/Y$) 平均每年为 2.9%，其中，0.32 个百分点归因于资本($\alpha \Delta K/K$)，1.09 个百分点归因于劳动$[(1-\alpha)\Delta L/L]$，剩下的 1.49 个百分点就是"索洛剩余"($\Delta A/A$)。换句话说，美国在这个时期内将近一半的增长是因为无法解释的技术进步！丹尼森在后来的研究中发现(Denison,1985)，1929—1982 年这一期间，$\Delta Y/Y = 2.92\%$，其中，1.02 个百分点可归因于 $\Delta A/A$。最近，由阿尔文·扬(Young,1992,1995) 基于亚洲四小龙的经济增长资料进行的一项有争议的研究认为，中国台湾的 $\Delta A/A$ 为 2.6，韩国为 1.7，中国香港为 1.7，新加坡仅为 0.2。所以，尽管自 20 世纪 60 年代初期以来，这些经济体经历了空前的国内生产总值增长，但扬有争议的研究认为，这是积累奇迹的例子。依据扬的说法，只要我们对劳动、实物资本和人力资本的增长进行计算，几乎就没留下什么可供解释的东西了，新加坡的情况尤其如此（见 Krugman, 1994; Collins and Bosworth, 1996; Heieh, 1999; Bhagwati, 2000; Snowdon, 2001)。

尼克·克拉夫茨(Crafts, 1994, 1995)追溯得更远，他对 1760—1913 年间英国经济的增长来源进行了估算。估算结果见表 1。从这些数据可以看出英国经济在 18 世纪中期到 19 世纪中期的增长加速，以及之后在维多利亚-爱德华七世期间的增长放缓。很明显，"依照 20 世纪的标准，产出增长率和全要素生产率两者都很小"(Crafts, 1995)。

表1 1760—1913 年的英国经济

	$\Delta Y/Y\%$	$\alpha \Delta K/K$	$(1-\alpha)\Delta L/L$	$\Delta A/A$
1760—1780	0.6	0.25	0.35	0.00
1780—1831	1.7	0.60	0.80	0.30
1831—1873	2.4	0.90	0.75	0.75
1873—1899	2.1	0.80	0.55	0.75
1899—1913	1.4	0.80	0.55	0.05

资料来源：Crafts(1995)

索洛剩余的另一个计算方法是，将每个工人产出的增长（劳动生产率）分解为

资本深化(资本/劳动比的增加,K/L)和全要素生产率的贡献,可用方程(6)表示:

$$\Delta Y/Y - \Delta L/L = \alpha[\Delta K/K - \Delta L/L] + \Delta A/A, \tag{6}$$

我们可以参考图1来阐明这种方法。假设美国经济中的每个工人产出($Y/L=y$)从1995年的$ya(t_0)$增长到了2000年的$yc(t_1)$;也就是说,经济从图中的a点移到了c点。正如所说的那样,这一增长可部分归于由$yb-ya(t_0)$所表示的全要素生产率(技术进步)增加,部分归于由$yc(t_1)-yb$所表示的资本深化。

运用这个框架,德朗提供了对1948—2000年间美国增长资料的估算。这些估算结果见表2:

表2　1948—2000年美国增长的资料($\alpha=0.4$)

时期	$\Delta Y/Y$	$\Delta Y/Y - \Delta L/L$	$\alpha[\Delta K/K - \Delta L/L]$	$\Delta A/A$
1948—1973	4.0%	3.0%	1.2%	1.8%
1973—1995	2.7%	0.9%	0.8%	0.1%
1995—2000	4.2%	3.0%	1.1%	1.9%

资料来源:德朗的网站($http://www.j\text{-}bradford\text{-}delong.net$)

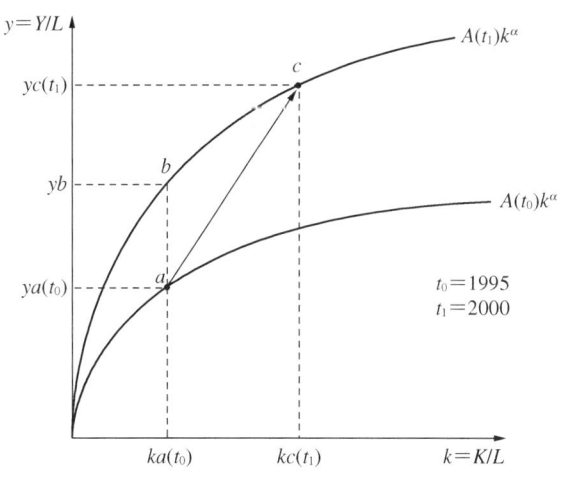

图1　技术进步的计算

这些数据最明显的特征是著名的1973年后一段时期的"生产率放缓"之谜。人们一般认为,这种放缓有很多近因,包括投资的不利影响和20世纪70年代石油价格冲击对现有资本存量的影响、创新的下滑、人口的下降趋势和管制环境的加强以及与测量——比如说质量变化的计算等——相关的问题(Fischer *et al.*,1998;Abel and Bernanke,2000)。

如果构成索洛技术基础的新古典假设不能存在的话,则索洛剩余将无法测度技术进步。索洛剩余失真可能源于不完全竞争、周期效应、外部性和生产溢出,以及可变规模报酬和再分配效应(Stiroh,2001)。早在1956年,阿布拉莫维奇在提到索洛剩余时,就称之为"对我们忽略的增长因素的一种测量"。尽管某些经济学家依然极为怀疑增长计算的整套方法论和理论基础(例如,Nelson,1973;Scott,1989),技术仍然是增长分析的一个重要组成部分。

布赖恩·斯诺登　霍华德·R. 文(张新译)

参考文献:

Abel, A. B. and B. S. Bernanke (2000), *Macroeconomics*, 4th edn, New York: Addison-Wesley.

Abramovitz, M. (1956), 'Resource and Output Trends in the United States Since 1870', *American Economic Review*, 46, May, pp. 5–53.

Bhagwati, J. (2000), 'The Miracle That Did Happen: Understanding East Asia in Comparative Perspective', *The Wind of the Hundred Days: How Washington Mismanaged Globalisation*, Cambridge, MA: MIT Press.

Collins, S. M. and B. P. Bosworth (1996), 'Economic Growth in East Asia: Accumulation Versus Assimilation', *Brookings Papers on Economic Activity*, no. 2, pp. 135–203.

Crafts, N. F. R. (1994), 'The Industrial Revolution', in R. Floud and D. McCloskey (eds), *The Economic History of Britain Since 1700: Volume I*, 2nd edn, Cambridge: Cambridge University Press.

Crafts, N. F. R. (1995), 'Exogenous or Endogenous Growth? The Industrial Revolution Reconsidered', *Journal of Economic History*, 55, December, pp. 745–72.

DeLong, J. B. (2001), *Macroeconomics*, Burr Ridge: McGraw-Hill.

Denison, E. F. (1967), *Why Growth Rates Differ: Post-War Experience in Nine Western Countries*, Washington, DC: Brookings Institution.

Denison, E. F. (1974), *Accounting for United States Economic Growth, 1929–1969*, Washington, DC: Brookings Institution.

Denison, E. F. (1985), *Trends in American Economic Growth 1929–1982*, Washington, DC: Brookings Institution.

Fischer, S. et al. (1988), 'Symposium on the Slowdown in Productivity Growth', *Journal of Economic Perspectives*, 2, Fall, pp. 3–21.

Hsieh, C. (1999), 'Productivity Growth and Factor Prices in East Asia', *American*

Economic Review, 89, May, pp. 133-8.

Jorgenson, D. W. (2001), 'Information Technology and the US Economy', *American Economic Review*, 91, March pp. 1-32.

Kendrick, J. W. (1961), *Productivity Trends in the United States*, Princeton, NJ: Princeton University Press.

Krugman, P. (1994), 'The Myth of Asia's Miracle', *Foreign Affairs*, 73, November/December, pp. 62-78.

Maddison, A. (1987), 'Growth and Slowdown in Advanced Capitalist Economics: Techniques of Quantitative Assessment', *Journal of Economic Literature*, 25, June, pp. 649-98.

Mankiw, N. G. (2000), *Macroeconomics*, 4th edn, New York: Worth.

Nelson, R. R. (1973), 'Recent Exercises in Growth Accounting: New Understanding or Dead End?', *American Economic Review*, 63, June, pp. 462-8.

Scott, M. F. G. (1989), *A New View of Economic Growth*, Oxford: Clarendon Press.

Snowdon, B. (2001), 'Redefining the Role of the State: Joseph Stiglitz on Building a Post-Washington Consensus', *World Economics*, 2, July-September, pp. 45-86.

Solow, R. M. (1956), 'A Contribution to the Theory of Economic Growth', *Quarterly Journal of Economics*, 70, February, pp. 65-94.

Solow, R. M. (1957), 'Technical Change and the Aggregate Production Function', *Review of Economics and Statistics*, 39, August, pp. 312-20.

Stiroh, K. J. (2001), 'What Drives Productivity Growth', *Federal Reserve Bank of New York Economic Policy Review*, 7, pp. 37-59.

Young, A. (1992), 'A Tale of Two Cities: Factor Accumulation and Technical Change in Hong Kong and Singapore', *National Bureau of Economic Research Macroeconomics Annual*, pp. 13-54.

Young, A. (1995), 'The Tyranny of Numbers: Confronting the Statistical Realities of the East Asian Growth Experience', *Quarterly Journal of Economics*, 110, August, pp. 641-80.

185. 阿尔文·H. 汉森 Hansen, Alvin H. (1887—1975)

阿尔文·H. 汉森1887年生于美国南达科他州维堡,1910年从扬克顿大学获得学士学位,从威斯康星大学获得硕士学位(1915)和博士学位(1918)。他的主要学术职位包括:哈佛大学政治经济学教授(1937—1957)。1938年,他当选美国经济学学会会长。他以有助于把凯恩斯主义传入美国而知名;他在教学中使用了希克斯的IS-LM模型,因此常被称为古典经济学和凯恩斯经济学的希克斯-汉森综合。他的知名著作有:《充分复苏还是停滞?》(W.W.诺顿出版公司,1938);《货币理论和财政政策》(麦格劳-希尔出版公司,1949);《经济周期和国民收入》(W.W.诺顿出版公司,1951);以及《凯恩斯指南》(麦格劳-希尔出版公司,1953)。

参见:

American Economic Association; Hicks, John R.; IS-LM Model: Closed Economy; Keynesian Economics.

186. 罗伊·F.哈罗德 Harrod, Roy F. (1900—1978)

罗伊·F.哈罗德1900年生于英格兰诺福克,1922年从牛津大学获得学士学位。他的主要学术职位包括:牛津大学基督学院讲师(1922—1967)。1945—1966年,他主编《经济学杂志》,1962—1964年,任皇家经济学学会会长。他以研究增长理论、尤其是以提出在具体条件下,增长可以稳定持续,即哈罗德-多马增长模型而闻名。他倡导凯恩斯经济学,撰写了第一部凯恩斯传记。他有名的著作包括:《贸易周期》(麦克米伦出版公司,1936);《动态经济学初探》(麦克米伦出版公司,1948);《凯恩斯传》(麦克米伦出版公司,1951)和《动态经济学》(麦克米伦出版公司,圣马丁出版公司,1973)。他影响广泛的论文有:《论动态经济学》(载《经济学杂志》,49,1939年3月)。

参见:

Harrod-Domar Growth; Keynes, John Maynard; Keynesian Economics; Royal Economic Society.

187. 哈罗德-多马增长模型 Harrod-Domar Growth Model

埃夫塞·多马(1914—1998)和罗伊·哈罗德(1900—1978)虽然身处大西洋两

岸,却是新凯恩斯学派经济增长模型的共同发现者,也被认为是现代增长理论的共同建立者(Asimakopulos,1985;Young,1989)。尽管他们的贡献各有不同,但他们在1939—1947年间建立的模型后来逐渐成了广为人知的"哈罗德-多马增长模型"(见 Harrod,1939,1948;Domar,1946,1947)。例如,根据伊斯特利(Easterly,2001)所述,多马从未打算将他1946—1947年的贡献当成"增长模型",他只是想要通过在就业与资本积累间建立一种联系,来对经济周期中的就业分析作出贡献。多马关心的是,由于早期凯恩斯主义者过分关注投资支出的短期乘数效应,所以一直都忽略了投资对经济的生产能力的影响(见 Domar,1957;Esterly,2001)。之后,他拒绝承认他的模型支持了索洛(1956)的新古典增长理论。与多马相反,哈罗德的目的明显是要把凯恩斯理论动态化,但他的研究集中考虑增长对投资的影响,因此需要对凯恩斯模型进行扩展,在这一过程中,他创造了一种结合乘数和加速数概念的贸易周期理论(Harrod,1936)。1939年,哈罗德提出了对《通论》有重大影响的动态分析法。

由于技术进步是外部决定的,哈罗德-多马模型"承认资本积累在寻求提高增长方面压倒一切的重要性"(Shaw,1992)。这个模型的主要优点是它的简洁性。在哈罗德-多马框架内,实际国内生产总值的增长被假设为与国内生产总值中的投资支出(I)的份额成比例,并且,为了使经济增长,需要有资本存量的净增长。总资本存量(K)的规模和总的国内生产总值(Y)的规模之间的关系被称为资本-产出比($K/Y=v$)。如果我们假定全部新的投资由总储蓄决定,那么,哈罗德-多马模型基本上可设为如下形式。假定总储蓄是国内生产总值的比例(s),则有方程(1):

$$S = sY \tag{1}$$

既然投资支出可定义为资本存量的变化(为简便起见,假设没有折旧),我们得到了方程(2):

$$I = \Delta K \tag{2}$$

给定 $v = K/Y$,随之有 $v = \Delta K/\Delta Y$(增量资本-产出比[ICOR])。根据理论,等式 $S = I$ 一定成立,所以有方程(3):

$$S = sY = I = \Delta K = v\Delta Y \tag{3}$$

方程(3)可简化为方程(4):

$$sY = v\Delta Y \tag{4}$$

变换方程(4),我们得到了方程(5):

$$\Delta Y/Y = G = s/v \tag{5}$$

这里，$\Delta Y/Y = Y_t - Y_{t-1}/Y_t$ 是国内生产总值的增长率。令 $G = \Delta Y/Y$，我们就得到了著名的哈罗德-多马增长等式，$G = s/v$。等式简单地表明，国内生产总值的增长率 (G) 是由储蓄率 (s) 除以资本产出率 (v) 共同决定的。储蓄率越高，资本产出率越低，经济增长就越快。考虑到资本存量的折旧 (δ)，等式变为 $G = (s/v) - \delta$。

正如巴格瓦提（见 Snowdon，2001）所说，哈罗德-多马模型在 1950—1975 年，对发展经济学有巨大影响，并且是经济计划的关键组成部分。这个简单且广为流行的模型非常吸引人，也给人以安慰。模型暗示，发展中国家面临的重要问题很简单，就是增加专用于投资的资源份额。例如，如果一个发展中国家渴望达到每年 2% 的人均收入增长率（也就是说，生活水平随之每 35 年翻一番），且估计人口以 2% 的速度增长，那么，经济规划者将需要设定一个相当于 4 个百分点的国内生产总值增长率 (G^*) 目标。如果 $v = 4$，这就意味着，只有期望储蓄率 (S^*) 为 0.16 或者说为国内生产总值的 16%，G^* 才能达到。如果 $S^* > s$，就会有一个"储蓄缺口"，经济规划者则需要修订政策来填补这个缺口。

既然哈罗德-多马模型中的增长率与储蓄率正相关，所以，在 20 世纪 50 年代，发展经济学家将他们的研究集中在为使欠发达国家能够"起飞"进入"自主增长"(Lewis，1954；Rostow，1960)，应如何提高私人储蓄率。由于预算盈余（在理论上）会替代国内私人储蓄，所以，政府财政政策也要起重要作用，这反映了 50 年代的发展观。如果国内金融资源无法满足期望的增长目标，那么，国外援助可用来填补"储蓄缺口"。援助需求 (A) 可简单计算为 $S^* - S = A$（Chenery and Strout，1996；Easterly，2001）。但是，哈罗德-多马方法的一个重要缺陷是固定的资本产出比假设。由于 v 的倒数 ($1/v$) 是投资生产率 (k)，所以我们可将方程 (5) 重写为：

$$G = sk \tag{6}$$

遗憾的是，正如巴格瓦提 (Bhagwati，1998) 所观察到的，投资生产率不是一种统计数据，而是对采取投资决定的政策框架和激励框架效应的反映。印度的不足增长表现反映出的"不是令人失望的投资行为，而是令人失望的生产率表现"(Bhagwati，1993)。因此，由于影响增长的是多重要素，所以投资-增长关系被证明是"松散且不稳定的"(Easterly，2001)。而且，经济学家很快又意识到"援助需求"或者说"融资缺口"模型的又一个重要缺陷。"援助需求"模型假设，援助的流入将会同比进入投资。但显而易见的是，以储蓄缺口变小为目的的国外援助的流入，并不一定会增进总储蓄。援助并非是同比进入投资的。事实上，在很多情况下援助流入引起了国内储蓄的下降，并同时引起投资生产率的下降(White，1992；Burnside and

Dollar,2000)。布恩(Boone,1996)的研究确认了在大多数接受援助的发展中国家里,国外援助流入并没能提高增长率。

进一步的问题是,在许多发展中国家,公共部门内部的"软预算约束"制造出了巴格瓦提所谓"游手好闲"的风气。因此公共部门企业单位常常不能产生打算用于增加政府储蓄的收益就不足为奇了。简言之,在20世纪50年代后的大多数时期统治了发展思想的"资本基要主义"和"援助融资投资拜物教",将经济学家们"难以寻求的增长"导向了一条错误之路(King and Levine,1994;Easterly,2001)。事实上,知名且德高望重的世界银行经济学家威廉·伊斯特利(Easterly,1999)曾经指出,即使哈罗德-多马增长模型在学术文献中销声匿迹已久,但在现实中并没有死亡,且依然对那些任职于主要国际金融机构的经济学家有着重大影响。伊斯特利指出,在世界银行、国际货币基金组织、泛美银行、欧洲开发与复兴银行和国际劳工组织中工作的经济学家们,依然频繁使用哈罗德-多马-钱纳里-斯特劳特的这套方法来计算为使特定国家达到其增长目标所需要的投资和援助需求。但是,正如伊斯特利令人信服地表明的那样,关于援助在同比基础上流入投资的证据以及在短期内增长与投资间有着固定线性关系的证据,"全不足信"。

哈罗德-多马框架的又一个缺点是资本和劳动间的零替代能力的假设(即,一个固定要素比例的生产函数)。对于一个关注长期增长的模型来说,这是一个"至关重要"却不甚恰当的假设。哈罗德-多马模型的这个假设也引出了著名的不稳定特性,即"甚至对于长期来说,经济体系也是在摇摆不定的边缘均衡增长中获得最佳平衡"(Solow,1956)。只有在很特殊的情况下,经济才能在劳动力和资本都得到充分利用的条件下保持平衡。问题产生于固定系数生产函数的假设,这种假设要求资本-劳动比(K/L)必须保持不变。在增长函数中设置这种假设意味着,要维持均衡,K和L必须总是以相同比率增长。但是,由于模型也假定了不变的资本产出率(K/Y),所以,K和Y一定是按相同比率增长的。因此,如果假设劳动力(L)以与人口增长比率(n)同样的比率增长,我们可以得出结论说,在这个模型中要达到均衡的唯一途径就是$n=G=s/v-\delta$。只有在纯粹巧合的情况下,才会有$n=G$。如果$n>G$,结果将会是持续上升的失业。如果$G>n$,资本存量将日渐闲置,产出增长率将会下降至$G=n$。因此,每当K和L不以同样比率增长时,经济就会偏离它的均衡"边缘"增长路径。

但是,大量证据表明,这项特性与实际增长并不吻合。正如索洛(1999)在答复他1956年的论文受到什么重要影响时所说:

> 我对哈罗德-多马模型表示怀疑……这使我想到,如果世界经济按他们的模型所建议的方式运转,那么资本主义的历史将会比它实际上发生的更不稳定。如果哈罗德-多马模型是一个用于长期的好的宏观模型,那么,在我看来,波动是怎样被控制的,你怎样才能描述一种趋势并观察围绕这种趋势的波动,以及除大萧条外这些波动怎样离开趋势线两边各3%—4%,这些不可能得到解释。我想肯定不存在哈罗德-多马模型中具有边缘特性的模型化增长方式。

罗伊·哈罗德在牛津度过了他的整个学术生涯,他是凯恩斯的学生,并最终在1945年接替凯恩斯担任《经济学杂志》的编辑,是属于琼·罗宾逊、詹姆斯·米德、尼古拉·卡尔多和理查德·卡恩那个时代的坚定的凯恩斯主义者。终其一生,他都是一个凯恩斯和凯恩斯主义的坚定而忠实可靠的捍卫者。但是,索洛(1956,1957)和斯旺(1956)作出了对以后的发展有重要影响的贡献,起码在学术领域,适合增长实践经历的新古典主义模型在对增长的分析中成为占统治地位的方法。1956—1970年,经济学家们将"旧增长理论"改良为更知名的索洛新古典主义经济增长模型(Solow,2000)。尽管在1964年,哈恩和马修对增长理论的概述中,哈罗德-多马模型非常引人注目,但今天的现代宏观经济学教材却很少提到哈罗德-多马模型。在查尔斯·琼斯(Jones,1998)的流行教科书《增长理论导论》中,居然一点儿都没有涉及哈罗德-多马模型。罗伯特·巴罗和泽维尔·萨拉-马丁(Barro and Xavier Sala-i-Martin,1995)总结道,尽管哈罗德-多马的贡献"在当时激起了大量研究,但在今天的思想中,这些分析几乎不起作用了"。可是,正如伊斯特利(Esterly,1999)所说,哈罗德-多马框架在主要的国际金融机构中,在类似于"金融缺口"的管理中依然存在。也许,这也是发展中国家教科书仍会常常讨论哈罗德-多马模型的原因(Ray,1998;Todaro,2000;Perkins et al.,2001)。

布赖恩·斯诺登　霍华德·R. 文(张新译)

参见:

Domar, Evsey D.; Harrod, Roy F.; Neoclassical Growth Model.

参考文献:

Asimakopulos, A. (1985), 'Harrod on Harrod: The Evolution of a Line of Steady Growth', *History of Political Economy*, 17, Winter, pp. 619 – 35.

Barro, R. J. and X. Sala-i-Martin (1995), *Economic Growth*, New York: McGraw-Hill.

Bhagwati, J. (1993), *India in Transition: Freeing the Economy*, Oxford: Clarendon Press.

Bhagwati, J. (1998), *A Stream of Windows: Unsettling Reflections on Trade, Immigration and Democracy*, Cambridge, MA: MIT Press.

Boone, P. (1996), 'Politics and the Effectiveness of Aid', *European Economic Review*, 40, February, pp. 289–329.

Burnside, C. and D. Dollar (2000), 'Aid, Policies and Growth', *American Economic Review*, 90, September, pp. 847–68.

Chenery, H. B. and A. M. Strout (1966), 'Foreign Assistance and Economic Development', *American Economic Review*, 56, September, pp. 680–733.

Domar, E. D. (1946), 'Capital Expansion, Rate of Growth, and Employment', *Econometrica*, 14, April, pp. 137–47.

Domar, E. D. (1947), 'Expansion and Employment', *American Economic Review*, 37, March, pp. 34–55.

Domar, E. D. (1957), *Essays on the Theory of Economic Growth*, Oxford: Oxford University Press.

Easterly, W. (1999), 'The Ghost of the Financing Gap: Testing the Growth Model Used in International Financial Institutions', *Journal of Development Economics*, 60, December, pp. 423–38.

Easterly, W. (2001), *The Elusive Quest for Growth:' Economists' Adventures and Misadventures in the Tropics*, Cambridge, MA: MIT Press.

Hahn, F. H. and R. C. O. Matthews (1964), 'The Theory of Economic Growth: A Survey', *Economic Journal*, 74, December, pp. 779–902.

Harrod, R. F. (1936), *The Trade Cycle*, London: Macmillan.

Harrod, R. F. (1939), 'An Essay in Dynamic Theory', *Economic Journal*, 49, June, pp. 14–33.

Harrod, R. F. (1948), *Towards a Dynamic Economics: Some Recent Developments of Economic Theory and their Application*, London: Macmillan.

Jones, C. (1998), *An Introduction to Economic Growth*, New York: W. W. Norton.

King, R. and R. Levine (1994), 'Capital Fundamentalism, Economic Development and Economic Growth', *Carnegie-Rochester Conference Series on Public Policy*, 40, pp. 259-92.

Lewis, W. A. (1954), 'Economic Development with Unlimited Supplies of Labour', *Manchester School of Economic and Social Studies*, 22, May, pp. 139-91.

Perkins, D. H., S. Radelet, D. R. Snodgrass, M. Gillis and M. Roemer (2001), *Economics of Development*, New York: W. W. Norton.

Ray, D. (1998), *Development Economics*, Princeton, NJ: Princeton University Press.

Rostow, W. W. (1960), *The Stages of Economic Growth*, Cambridge: Cambridge University Press.

Shaw, G. K. (1992), 'Policy Implications of Endogenous Growth Theory', *Economic Journal*, 102, May, pp. 611-21.

Snowdon, B. (2001), 'Jagdish Bhagwati on Trade, Democracy and Growth: Championing Free Trade in the Second Age of Globalisation', *World Economics*, 2, October-December, pp. 53-104.

Solow, R. M. (1956), 'A Contribution to the Theory of Economic Growth', *Quarterly Journal of Economics*, 70, February, pp. 65-94.

Solow, R. M. (1957), 'Technical Change and the Aggregate Production Function', *Review of Economics and Statistics*, 39, August, pp. 312-20.

Solow, R. M. (1999), 'Interview with Robert Solow', in B. Snowdon and H. R. Vane, *Conversations with Leading Economists: Interpreting Modern Macroeconomies*, Cheltenham, UK and Northampton, MA, USA: Edward Elgar.

Solow, R. M. (2000), *Growth Theory: An Exposition*, 2nd edn, Oxford: Oxford University Press.

Swan, T. W. (1956), 'Economic Growth and Capital Accumulation', *Economic Record*, 32, November, pp. 334-61.

Todaro, M. P (2000), *Economic Development*, New York: Addison-Wesley.

White, H. (1992), 'The Macroeconomic Impact of Development Aid: A Critical Survey', *Journal of Development Studies*, 28, pp. 163-240.

Young, W. (1989), *Harrod and his Trade Cycle Group: The Origins and Development of the Growth Research Programme*, London: Macmillan.

188. 弗里德里希·A.冯·哈耶克 Hayek, Freidrich A. von (1899—1992)

弗里德里希·A.冯·哈耶克1899年生于奥匈帝国的维也纳,从维也纳大学获得法学学士学位(1921)和政治学博士学位(1923)。他的主要学术职位有：奥地利经济周期研究所所长(1927—1931)；伦敦经济学院经济学和统计学教授(1931—1950)；芝加哥大学社会和道德科学教授(1950—1962)，以及弗莱堡大学经济学教授(1962—1968)。1974年，他以对货币理论和经济波动的开创性研究与冈纳·缪尔达尔分享诺贝尔经济学奖。他以研究经济周期理论，尤其是将货币理论与奥地利经济周期理论整合在一起，批判凯恩斯学派扩大总需求以减少失业的政策；以及研究通货膨胀的恶果和自由市场的好处等而知名。他的主要著作有：《价格和生产》(乔治·卢特里奇父子公司,1931)；《利润、利息和投资》(卢特里奇和基根·保尔出版公司,1939)；《纯资本理论》(卢特里奇和基根·保尔出版公司,1941)以及《通向奴役之路》(乔治·卢特里奇父子公司,1944)。

参见：

Business Cycles：Austrian Approach；Nobel Prize in Economics.

189. 赫克歇尔-俄林的国际贸易分析法 Heckscher-Ohlin Approach to International Trade

赫克歇尔-俄林的国际贸易分析法以其创始人埃利·赫克歇尔(1879—1952)和伯蒂尔·俄林(1899—1979)命名。这种分析方法解释了根据不同国家的相对要素禀赋而形成的国际贸易格局。比如，劳动相对丰裕的国家将专门生产和出口劳动密集型产品，并根据其资本的相对稀缺性而进口资本密集型产品。对这一分析方法所作的最著名的实证检验，是在20世纪50年代初由瓦西里·列昂惕夫进行的。列昂惕夫将投入-产出技术应用于对美国对外贸易的研究。他吃惊地发现，美国出口与进口相比，出口资本密集型产品较少，出口劳动密集型产品较多。列昂惕夫的发现与赫克歇尔-俄林的分析法相悖。赫克歇尔-俄林分析法认为，美国是资本相对丰裕的国家，应该出口资本密集型产品，进口劳动密集型产品。这一发现后来成为著名的列昂惕夫悖论。

190. 约翰·理查德·希克斯 Hicks, John Richard

约翰·理查德·希克斯(1904—1989)，后称约翰爵士，以IS-LM模型解释凯恩斯主义经济学,构建了现代宏观经济学,他的 IS-LM 模型是继阿尔弗雷德·马歇尔的供求剪刀或欧文·费雪的双期最佳消费模型之后,经济学家接受训练的直觉知识中最重要的部分。自 1942 年起,他担任不列颠学术院的研究员;1964 年获得爵士封号;1972 年由于他对一般均衡和需求理论以及福利经济学的贡献而与肯尼斯·阿罗分享诺贝尔经济学奖。他的名著是《价值与资本》,虽然他获奖的著作是《经济理论史》。

希克斯受教于牛津大学巴利奥尔学院,1925 年毕业于哲学、政治学和经济学专业,在该校,"经济学是由一位对经济学毫无所知的历史学家来授课的;他读过的经济学著作也很少"(希克斯语,见 Klamer,1989)。接着,希克斯用一年时间在牛津继续攻读更高的学位,他读的是劳工史。他在伦敦经济学院的第一年讲授的是劳动市场。希克斯通过阅读意大利文的帕累托著作(出于休·达尔顿的建议)、研究帕累托的数学附录来学习经济理论。他还阅读了威克塞尔和缪尔达尔著作的德文译本,那时后者的著作还没有译成英文。希克斯的第一本书《工资理论》(1932)引入了替代弹性概念,提出了边际生产力分配理论。虽然这本书第一次确立了希克斯作为经济理论家的地位,他还是虚心接受了杰拉尔德·肖夫对总生产函数的假定存在和可微性的批评,并把肖夫的评论印在该书 1963 年第二版上。《价值与资本》(1939)提出了瓦尔拉斯和帕累托的一般均衡理论和帕累托福利经济学的大陆传统(但是着重强调了无差异曲线而不是效用函数),也提出了希克斯本人对福利经济学的贡献,他还和 R. G. D. 艾伦一起,对需求理论有所贡献。在《价值与资本》之前,瓦尔拉斯学派的一般均衡理论在除伦敦经济学院之外的英语国家的经济学家中影响甚微(欧文·费雪在 1891 年的论文以及马歇尔的数学附录注释 14 和注释 21 的一般均衡纲要除外)。在希克斯著作的开篇,一般均衡就取代了马歇尔经济理论中的局部均衡分析。

希克斯《关于简化货币理论的建议》(1935)提出抛弃价值理论和货币理论的分歧,希望将流动性偏好的选择理论作为在资产范围内组合资产选择需求理论的一部分。整个 20 世纪 60 年代,致力于使凯恩斯式的持有货币的三大动机(交易、预防和投机)与货币的古典三大功能(交易媒介、计算单位和价值存储)相一致,直到他最后一部著作、身后出版的《货币的市场理论》(1989),希克斯一直在关注这一问题。

1935 年,希克斯选择琼·罗宾逊夫人接替自己在剑桥大学的讲席,但他在这一职位上一直工作到 1938 年移教曼彻斯特大学。从 1942 年起,他执教于牛津大学,并自1952年到1965年担任德拉蒙德政治经济学教授和全灵学院研究员。1936年,他应奥斯丁·罗宾逊之邀,为《经济学杂志》撰写凯恩斯《通论》(1936)一书的评论,作为凯恩斯圈子以外的人士,他对此书做了认真的评论。希克斯后来提到,这一邀请是一个胜过获诺贝尔奖的巨大荣誉。此后,希克斯又撰写了《凯恩斯先生和古典经济学》(1937),这是宏观经济学领域中重印次数最多的一篇文章,在该文中,希克斯建立了一个图式和系统方程,以之鉴别凯恩斯学派经济学和凯恩斯所谓"古典经济学"的不同,并把两者视为一个更一般体系的特例。戴维·钱珀瑙恩、布赖恩·雷德韦、罗伊·哈罗德和詹姆斯·米德在1936年和1937年分别发表了类似的联立方程体系(哈罗德和米德把他们的论文提交给在牛津举行的经济计量学会会议,希克斯也提交了《凯恩斯先生和古典经济学》)。希克斯IS-LM曲线的后一个标记要归功于阿尔文·汉森,但正是希克斯以一个图式提出了商品市场和货币市场均衡条件的问题,并最终使这一图式主导了宏观经济学的基础教学(Young,1987)。1948年后,保罗·萨缪尔森的凯恩斯交叉模型构成了宏观经济学基础教学的基础。但是,一代代宏观经济学家发现,IS-LM图式和相关的联立方程模型,对建立封闭经济与开放经济条件下教学、政策分析和计量模型,都是一个灵活的、有用的框架(Young and Zilberfarb,1987)。

在后来的解释中,希克斯大方地承认,联立方程体系在处理凯恩斯《通论》中例如预期和不确定性诸方面时,是有局限的(他是说IS-LM图式对他人来说不那么通俗),但他为IS-LM图式表达《通论》的核心思想(连同其对古典经济学的强烈质疑的公允性)的能力辩护。不同于后来的后凯恩斯学派的是,希克斯对凯恩斯论长期预期的第12章有所保留。他认为,这种预期不能被当做数据采用,因为即使受非理性因素的影响,预期也不是非理性的,以致可以随意作出预期并由政策来形塑预期。

正如希克斯所评述的(1979),他提出联立方程体系,而把凯恩斯学派和古典经济学作为特例,既不受代表剑桥货币论战中经典的或可贷资金一方的丹尼斯·罗伯逊爵士的欢迎,也不受赞同凯恩斯学派或流动性偏好一方的琼·罗宾逊夫人的欢迎。可贷资金理论是说利率由储蓄和生产力(储蓄倾向和资本的边际产出)来决定,即利率保持可贷基金的供给(储蓄流)和可贷资金的需求(投资流)的平衡,也等于是说,经济基于利息和收入空间内的 IS 曲线(投资=储蓄)。流动性偏好理论则说,利率保持流动偏好(货币需求)与货币供给量之间的平衡,等于说,经济基于 LM 曲线(流动性偏好=货币供给)。讨论利息是由 IS 曲线(商品市场均衡)决定

的还是由 LM 曲线(货币市场均衡)所决定的,并不比讨论是由供给商品的价格还是需求商品的价格所决定的,意义更大。

希克斯对宏观经济学的其他贡献还包括:希克斯-中性技术变动,暂时均衡方法(后来为 J.-M. 格兰蒙特所采纳),以及贸易周期模型(1950),后者写于希克斯学术生涯中最具凯恩斯风格的阶段。希克斯(Hicks,1965,1974)提出了弹性价格市场和固定价格市场的概念(希克斯是在 1979 年针对阿瑟·奥肯对卖方市场和买方市场的区分时提出的),以及在固定价格背景下凯恩斯乘数过程的运行。在后期所写的文章中,希克斯抓住了奥地利学派资本理论提出的时间和不确定性问题。除了这许许多多的贡献之外(其中像暂时均衡和对弹性价格市场与固定价格市场的区分,将来可能具有重大意义),希克斯最具影响的工作仍然是他两篇重要的《建议》(1935,1937,货币资产需求的选择理论方法和 IS-LM 图式),以及他写于 1939 年、并已经融入英语国家经济学主流的一般均衡理论导论。

罗伯特·W.戴曼德(安佳译)

参见:

Classical Economics; IS-LM Model: Closed Economy; Keynesian Economics; Neoclassical Synthesis; Nobel Prize in Economics.

参考文献:

Baumol, W. J. (1990), 'Sir John Versus the Hicksians, or Theorist Malgré Lui?', *Journal of Economic Literature*, 28, December, pp. 1708–15.

Coddington, A. (1979), 'Hicks's Contributions to Keynesian Economics', *Journal of Economic Literature*, 17, September, pp. 970–88.

Greek Economic Review (1990), 12, Autumn, Supplement on Hicks.

Hagemann, H., and O. F. Hamouda(eds) (1994), *The Legacy of Hicks: His Contributions to Economic Analysis*, London and New York: Routledge.

Hahn, F. (1990), 'John Hicks the Theorist', *Economic Journal*, 100, June. pp. 539–49.

Hamouda, O. F. (1993), *John R. Hicks: The Economist's Economist*, Cambridge, MA: Blackwell.

Hicks, J. R. (1932), *The Theory of Wages*, London: Macmillan (expanded edn, including review by G. Shove, London: Macmillan, 1963).

Hicks, J. R. (1935), 'A Suggestion for Simplifying the Theory of Money', *Economica*, 2, February, pp. 1–19.

Hicks, J. R. (1937), 'Mr. Keynes and the Classics: A Suggested Interpretation', *Econometrica*, 5, April, pp. 238–53.

Hicks, J. R. (1939), *Value and Capital*, Oxford: Clarendon Press (2nd edn, 1946).

Hicks, J. R. (1950), *A Contribution to the Theory of the Trade Cycle*, Oxford: Clarendon Press.

Hicks, J. R. (1965), *Capital and Growth*, Oxford: Clarendon Press.

Hicks, J. R. (1969), *A Theory of Economic History*, London: Oxford University Press.

Hicks, J. R (1974), *The Crisis in Keynesian Economics*, with foreword by R. W. Clower, New York: Basic Books.

Hicks, J. R. (1979), 'On Coddington's Interpretation: A Reply', *Journal of Economic Literature*, 17, September, pp. 989–95.

Hicks, J. R. (1980), 'IS-LM: An Explanation', *Journal of Post Keynesian Economics*, 3, Winter, pp. 139–54.

Hicks, J. R. (1981–83), *Collected Essays on Economic Theory*, 3 vols, Cambridge, MA: Harvard University Press.

Hicks, J. R. (1989), *A Market Theory of Money*, Oxford: Clarendon Press.

Indian Journal of Applied Economics (1998–9), 8, October-December, and 9, January-March and April-June, three special issues in memory of Hicks.

Keynes, J. M. (1936), *The General Theory of Employment, Interest and Money*, London: Macmillan.

Klamer, A. (1989), 'An Accountant Among Economists: Conversations with Sir John R. Hicks', *Journal of Economic Perspectives*, 3, Fall, pp. 167–80.

Robertson, D. H. (1966), *Essays on Money and Interest*, ed. J. R. Hicks, London: Fontana.

Wood, J. C. and R. N. Woods (eds) (1989), *J. R. Hicks: Critical Assessments*, 4 vols, London and New York: Routledge.

Young, W. (1987), *Interpreting Mr Keynes: The IS–LM Enigma*, Cambridge, UK: Polity Press and Boulder, CO: Westview.

Young, W. and B. Z. Zilberfarb (eds) (2000), *IS–LM and Modern Macroeconomics*, Boston and Dordrecht: Kluwer Academic Publishers.

191. 高能货币 High-powered Money

由中央银行发行的货币,包括流通中的货币和银行准备金,也称为货币基础。

192. 人力资本 Human Capital

在经济体系中拥有知识和技术的工人。

参见:

Endogenous Growth Theory.

193. 大卫·休谟 Hume, David(1711—1776)

大卫·休谟1711年生于苏格兰的爱丁堡,虽然以哲学家知名,却对经济学有很多重要贡献。他以对货币理论,尤其是货币如何影响利率、价格和经济活动的研究而闻名,因对国际贸易,尤其是对保证贸易平衡的铸币流动机制的研究而负盛名。见 T. 迈尔的论文《大卫·休谟和货币主义》(载《经济学季刊》,95,1980 年 8 月)。

参见:

Classical Economics; Quantity Theory of Money.

194. 水流凯恩斯主义 Hydraulic Keynesianism

1936 年,约翰·梅纳德·凯恩斯发表了《就业、利息和货币通论》,这本书成为宏观经济学理论发展的一个里程碑。事实上,《通论》的发表宣告了现代宏观经济学的诞生,在此之前,宏观经济学只是一批智者观点的融合体,什么想法都有,有些观点匪夷所思,有些观点充满睿智,但更多的观点则自相矛盾(O. 布兰查德,《我们所知而费雪和威克塞尔所不知的宏观经济学》,载《经济学季刊》115,2000年11月)。同时,凯恩斯的功绩也在于他提供给后人一系列经济学研究方法,即所谓凯恩斯方法,尽管对于这些方法的划分直到20世纪60年代才逐渐清晰(参见D.帕廷金,《对〈通论〉的种种解释》,载《货币经济学杂志》,26,1990年10月)。

最为人们所熟知的一种凯恩斯主义的划分方法是由艾伦·科丁顿在他的论文《凯恩斯经济学:对于第一原则的探索》(载《经济学文献杂志》,14,1976年12月)中提出的。科丁顿将凯恩斯主义划分为三种,即原教旨凯恩斯主义(所谓后凯恩斯主义)、水流凯恩斯主义和重构的简约主义(即更为人所知的非均衡凯恩斯主义)。尽管形式不同,但原教旨凯恩斯主义为人们提供了对凯恩斯理论最忠实的解释,强调宏观经济影响的不确定性和形形色色经济行为人的无知。非均衡凯恩斯主义(例如克洛尔和莱琼霍夫德)在帕廷金的引领下,用新瓦尔拉斯理论解释传统凯恩斯理论,强调非均衡交易的过程和意义(巴罗、格罗斯曼和马林沃德进一步拓展了这项研究)。

与此相对的是,科丁顿的水流凯恩斯主义就像萨缪尔森提出的"凯恩斯交叉(或45度交叉)图式"代表了对凯恩斯理论的主流(或正统)解释,(见K.A.皮尔斯和K.D.胡佛,《凯恩斯革命之后:保罗·萨缪尔森和教科书中的凯恩斯模型》,载A.F.科特雷尔和M.S.劳勒编,《重新审视凯恩斯》,杜克大学出版社,1995)。在更高的层面上,水流凯恩斯主义与希克斯-汉森的"IS-LM模型"对凯恩斯理论的解释是一致的。对忠诚的凯恩斯原教旨主义信徒如琼·罗宾逊来说,水流凯恩斯主义与原教旨凯恩斯主义最大的不同在于,前者将凯恩斯《通论》中的精粹"误用"或"庸俗化"(见琼·罗宾逊编,《凯恩斯之后》,牛津:巴兹尔·布莱克维尔,1973)。然而,帕廷金(Patinkin,1990)认为,有关凯恩斯的主流解释,特别是IS-LM模型,基本已为凯恩斯本人接受。更重要的是,在凯恩斯主流解释之中,萨缪尔森的"45度线"理论与希克斯-汉森的IS-LM模型引领了一场教育学革命,它成功地向一代代学子传播了凯恩斯理论的精华。尽管在过去的60多年中,凯恩斯主义饱受批判,但在一个宽泛的意义上,绝大多数中级宏观经济学教材仍属于凯恩斯学派,虽然该理论已经由货币主义者和新古典主义者做了大量深入的改进工作。而且,萨缪尔森的简单水流模型仍旧是大多数宏观经济学原理教材的核心组成部分,但曼昆的《经济学原理》(德莱顿出版社,1998)是一个明显的例外(见D.C.科兰德和H.兰德雷思编的《凯恩斯主义来到美国》,爱德华·埃尔加出版社,1996;B.斯诺登和H.R.文:《变革中的宏观经济学:与小罗伯特·E.卢卡斯的谈话》(载《经济学方法论杂志》,5,1998 年 5 月)。

参见：

IS-LM Model；Closed Economy；Keynesian Cross；Keynesian Economic.

195. 恶性通货膨胀 Hyperinflation

在一年或者更长的时间中,通货膨胀率始终保持着很高水平的状况。例如,德国在 1922—1923 年的恶性通货膨胀,其平均通货膨胀率达到了每月 332%。

196. 滞后 Hystersis

所谓滞后是指那些发生较晚的结果。该词源自希腊语,指发生在后面的事件。根据因果关系,滞后作用是指在最初的原因消失之后,结果才逐渐显现。

从经典的物理学角度出发,根据牛顿定律和麦克斯韦方程,滞后作用是不会发生的。因为,如果某种原因或者干扰力量产生作用后又消除,作用的对象会恢复到初始水平。任何事物的发生无不遵循三个原则：保留原则、互逆原则和对称原则（见 Feynman,1992）。为了确定整体均衡和系统其他部分的状态,我们有必要了解相关解释变量的现实价值。我们用柯西—利普希茨（Cauchy—Lipschitz）条件表示任何被遗忘的发生在事件之前的初始条件。从这个意义上说,历史是具有欺骗性的,因为人们不可能记忆过去实施过或曾经发生过的初始原因和干扰力量。

新古典经济学在充分吸收牛顿与麦克斯韦在力学领域创立的基本原则的基础上逐步建立起来（Mirowski,1989）。费雪的博士论文曾经提到过经济学中均衡的确定是通过使用流体静力学模型来实现的,在这个模型中,水总是能够"找到它应有的高度"（Fisher,1892）。从这一点出发,新古典经济学将传统力学经典引入了经济学分析之中。自 20 世纪 30 年代起,新古典经济学以公理为基础作了重新阐述,借用比喻的方法不再多见,而是使用数学方法保持原来从物理学进口的某些特性（Ingrao and Israel,1990）。例如人们使用不动点定理来证明一般均衡之存在,把这一点体现得尤为明显。

在微观经济学中,我们可以在需求或供给冲击分析中看到借用比喻（力学原则)的影响。例如,供给曲线的后移会造成商品价格升高,数量减少。但是,如果供给冲击只是短期的,那么商品的价格和数量将会随着冲击的减弱逐渐恢复到初始的均衡。这就意味着这样一种貌似可信的可能性,即人们排除多种因素的干扰,尝试消费其他商品而造成的消费口味的变化。与之类似的是,在宏观经济学中,过去的需求或供给冲击并不会影响自然失业率水平。一项包含通货紧缩措施在内的反通货膨胀政策可能会使实际失业率水平升到自然失业率水平之上,随着通货膨胀率的逐渐下降,需求恢复到真实水平,失业率也会下降到自然失业率水平(Friedman,1968)。这一点再次排除了一些貌似正确的可能性,例如在经济衰退时期,长时间失业会提高均衡失业率的微弱效应。当然,这里最大的问题在于,经济行为是否类似于经典物理学想要解释的现象。

尤因、普莱萨奇和科拉斯诺塞尔斯基-普科洛夫斯基

滞后这个词最早是被一个名叫尤因的物理工程师在1881年发明的。当时的背景是,他正在做一个关于弯曲的铁丝被磁化时会有何种反应的实验。尤因发现,在经历了一个周期的磁化和消磁后,铁丝不能够恢复到最初的状态。"这一过程,作者名之为滞后"(Ewing,1881,第22页)。这些实验结果与麦克斯韦方程并不吻合,根据麦克斯韦方程,在经历了这样的磁化周期之后,铁丝应该恢复到最初状态。尤因发明这个新词是因为他相信,在实验中发现的含铁物质的这个物理特性,与其他现象有关。随后,人们发现滞后现象在许多事例中都有,从摩托车轮胎到劳动力的迁移,无不印证了尤因的先见之明。尤因本人也给世界历史留下了一个重要的滞后效应。在1914—1918年战争期间,他是"40号"即海军情报机关的负责人,这一组织曾在1917年1月16日破译了一份由德国海外情报人员齐默尔曼发给远在墨西哥的德国部长的秘密电报。该电报勾勒了墨西哥准备和德国、日本联合,如果取得胜利,那么作为补偿,墨西哥将获得得克萨斯、新墨西哥和亚利桑那。这份被破译的电报在促使美国参战方面起到了重要的作用(Glazebrook,1935)。

尤因的实验结果在宏观层面也适用。一个名叫普莱萨奇的匈牙利物理学家在1938年向人们展示了在微观层面上正规的磁化物理机制模型可能产生在宏观层面上被观测到的滞后效应。其基本理念是,组成一段铁丝的单个分子在确定它们会对磁力做出何种反应方面有临界值。如果磁力增加到了 a 值或者更高,它们会出现"向上"状态。如果磁力下降到了 b 值或者更低,它们会转变为"向下"状态。这种对于磁力的非线性反应意味着,在微观层面上存在一种滞后形态。我们将磁力在第1期赋值为 x_1,令 $x_1 < b$,那么分子将会保持在"向下"状态;如果磁力在第2

期上升到 $b<x_2<a$，分子仍然会保持"向下"状态。如果磁力进一步增加到 $x_3>a$，分子将会转变为"向上"状态。但是，如果随后磁力在第 4 期下降到 $b<x_4<a$，分子仍然会保持"向上"状态不变。这就意味着，在区间 $b<x<a$，分子可以保持"向上"状态也可以保持"向下"状态，这完全取决于磁力在初始时间是低于还是高于临界值。因此，为了了解分子的状态，我们有必要知道过去磁力的大小，还要知道现在磁力的大小。这就是微观层面上滞后的核心。

在宏观层面上，滞后更加明显。为了认识一段铁丝的行为特征，我们有必要深入了解其单个分子的行为规律。普莱萨奇模型假设分子的转换点 a 点和 b 点是不同的，因此，分子在微观层面上的不连续反应就转变成了在宏观层面上的连续反应。一个给定大小的磁力只会引起部分分子改变状态而不会引起全部分子改变状态。

另一个重要的进步是人们成功地将物理学中的普莱萨奇模型转变成了纯粹的数学模型。这项工作由俄罗斯数学家科拉斯诺塞尔斯基领导的一个研究组完成，他们将滞后模型一般化，从而使其在更多的领域中得到运用（Krasnosel'skii and Pokrovskii, 1989）。系统中的每一个微观元素都以滞后算符 F_{ab} 为特征，在这里 $a>b$，并且 (a,b) 值因不同的要素而不同。要素面临一个投入冲击 X_t，在这里 t 表示时间，$g(a,b)$ 描述了元素的分布或密度函数，以及在具体转换点 (a,b) 上的转换值，Y_t 代表系统的最终结果。基本上可以用下式表示：

$$Y_t = \iint_{a>b} g(a,b) \cdot F_{ab} \cdot x_t \cdot \mathrm{d}a \mathrm{d}b. \tag{1}$$

这里最关键的一点是，所有元素都是异质的，对于投入冲击的反应是非线性的。这些条件足以导致总体上或宏观层面上的滞后反应。从这种情况产生了一个重要意义（参见 Cross, 1993），其中之一便是顽磁。如果投入冲击在施加之后又被消除，系统将不能恢复原状（status quo ante）。反之，系统的均衡或者稳定状态将会发生偏移。因此，与主流经济学中均衡状态不同，短暂的突发性冲击将会产生永久性的影响。另外一个重要的含义是时间不可逆性。根据这一特性，系统不会像主流经济学家所阐述的那样，在短期冲击过后沿原路返回。正如《旧约》中所描述的那样，当出现滞后时，我们只能够经过同一个地点一次。也许最有意思的是选择性记忆。与新古典经济学模型有关经济行为的假设不同的是，系统将会清楚地"记忆"曾经遭受过的冲击。这种记忆也可以消除。只有那些极值冲击才会保留在记忆之中。因此，如果系统的结果是累积性失业，外部冲击是石油价格、利率或财政赤字，失业的均衡水平将仅仅取决于在过去经历的石油价格等因素的最大值与最小值。记忆消除的特性是指那些保留在数据库中的非支配性极值冲击。这意味着记忆有长有短,是长是短则取决于在最近的过去发生的冲击究竟有多大的规模。因此,近年严格的紧缩性货币冲击,将会消除以前温和的紧缩性货币冲击的记忆。

经济学中的滞后

尽管自20世纪40年代起,经济学家如熊彼特、乔治斯库-罗根、萨缪尔森和费尔普斯偶尔使用滞后一词(见Cross and Allan,1988),但是直到20世纪80年代,滞后一词才得到普遍使用。该词专指一系列一直被认为重要的效应。马歇尔将排除这样的效应视为新古典经济学模型的基本缺点:

> 正常供给与需求的稳定均衡理论假设存在一种确定的刚性,尽管这时的供给与需求条件可能并不真实存在……如果一个商品的正常生产增加,然后又减少到原有水平,需求价格和供给价格将不会像纯理论所假设的那样,回复到原有水平。(Marshall,1890,第425—426页)

马歇尔的例子是美国南北战争期间的棉花市场。由于战争导致大量棉田被焚烧,棉花市场受到供给冲击。从需求角度来看,"在商品价格较低的情况下形成的消费习惯不可能会随着商品价格的上升而很快改变"(前引书,第426页);从供给角度来说,需求价格的不断上升会增加生产者的积极性而促使其扩大生产,但是需求价格的下降却很少能够使产量同步下降,反而只能形成促使价格再次上升的压力(前引书)。

凯恩斯也是这样分析问题的。他自问:"经济系统可以自行调整吗?"而又自答以"否"(Keynes,1934)。凯恩斯的《通论》也谈到了滞后模型,他认为失业率的均衡水平与一组给定的外生条件是一致的(参见Summers,1988)。创造了滞后这个词的尤因曾经在1890年到1902年间担任剑桥大学教授。尽管他后来去了英国海军部,随后又任爱丁堡大学校长,但他仍然保留了国王学院董事身份。尤因了解凯恩斯:"凯恩斯在高台餐桌上总能就经济会议提出有趣的观点,尽管这种会议一般充斥着悲观主义论调"(A. W. Ewing,1939)。但是,从未发现凯恩斯关于滞后的正式概念,这一概念会有助于他"奋力摆脱"(新)古典经济学的影响。

滞后这一术语为广大经济学家所接受与20世纪80年代出现的一些经济反常现象有着密切的关系。在1979年石油价格冲击和20世纪80年代初期各国的反通货膨胀政策之后,欧洲的整体失业水平急剧上升。尽管冲击已经减弱,但是失业率却仍然保持着很高的水平并且没有任何回落到自然率的迹象。一些经济学家试图使用滞后来解释实际失业率的上升将会转化为均衡失业的增加。在布兰查德和萨默斯模型中(1986),工资水平只与"内部人"的利益有关,这些受雇的"内部人"是唯一被考虑的经济变量。因此,经济冲击提高了失业率水平,同时也帮助增加了"外部人"的数量,这些"外部人"是不为劳动市场所接受的。其他经济模型基于与总体失业率的上升有关的长期失业率的上升。这一观点还认为,长期失业变成了或被认为是不宜雇用,是一个剥夺公民权利的过程(见 Cross,1995)。滞后一词同样也运用于国际贸易理论,它可以解释汇率的变化是如何对一国的进出口产生影响的。在 20 世纪 80 年代中期,美元的升值伴随着进口的大幅增加,甚至到 20 世纪 80 年代晚期,这种势头依然没有明显减弱的趋势。对这一现象的解释是"那些在美元升值时进入美国市场的外国公司在美元贬值时无法抛弃其大量的沉没成本"(Dixit,1989,第 205 页)。滞后一词充分描绘出了其所指过程的特点:"多年来,很多人曾和我争论说,延长的实际失业率将会变成自然失业率……但是直到'滞后效应'这个术语渐渐流行,人们才开始留意"(Tobin,引自克罗斯的书信,1993,第 68 页)。

伪滞后

然而,自 20 世纪 80 年代起,经济学家提出的多种滞后模型,违背了物理学与数学意义上的滞后分析原则。某些经济学家用这个词来指经济系统向定点均衡缓慢移动的过程(Layard et al.,1991)。正如前文所述,当滞后作用存在时,摆脱均衡的行为会改变这一均衡。另一些经济学家则用这个词指线性微分方程中的零根或者线性差分方程中的单位根等特殊情况(例如,Wyplosz,1987)。失业模型的一个简化形式如下所示:

$$u_t = \alpha + \beta u_{t-1} + \gamma z_t + \delta_t, \tag{2}$$

这里 u 代表的是失业水平,z 代表结构性变量的向量,可以用来确定自然失业率水平。δ 是扰动因素。α,β 和 γ 是固定参数,$0<\beta\leq1$。在标准自然率模型中,$\beta\neq1$,自然失业率 u^* 由 $u_t=u_{t-1}$ 获得:

$$u_t^* = \frac{\alpha + \gamma z_t}{1-\beta}, \tag{3}$$

滞后的伪形式只有在 $\beta=1$ 时,才会出现:

$$u_T^* = u_0 + \alpha T + \gamma \sum_{i=0} z_{T-i} + \sum_{i=1} \delta_{T-1}, \tag{4}$$

这种单位根出现在代理人线性模型中,而滞后实际上是在不同类型代理人作出非线性反应时出现的一个过程。在单位根模型中,滞后是一个特殊情况。该模型之所以受到经济学家的欢迎,在于这个特殊情况可以轻松地移植到任何标准的经济学模型中去。例如在经济计量学中,其他讨论单位根的文献都有这种完全不合情理的特殊情况。这意味着,经济系统对于冲击具有不可选择的并且是不确定的长期记忆。但这种情况一直都有而且活跃。与此相反,滞后事实上包含一个可以选择并且可以被消除的记忆。这里,只有所经历的非支配性极值冲击才保留在数据库中。

为经济体系中的滞后建模

经济体系中存在滞后的微观基础可以在论及非连续调整过程的文献中找到。经济行为中大多数调整都是大剂量间歇性的而非小剂量连续的。出现这一现象的根本原因是,进行调整的固定成本是不可能捞回来的。迪克斯特和平狄克(Dixit and Pindyck,1994)提出了一个关于投资和市场进入以及退出策略的分析。该分析充分考虑到了沉没成本的无法回收性,以及等待获得更多有关不确定未来的信息的价值。他们的分析为本条目之前讨论的"上市"或"下市"触发提出了明确的基本原则。在他们的分析中,"上市"是指带着投资项目进入或者进入市场;"下市"是指放弃投资计划或者退出市场。沉没成本以及等待价值因厂商的不同而不同,因此听任异质的触发价值和对冲击的异质反应按规定在总体或宏观层面上产生的滞后现象也各不相同,以至于微观层面上的厂商对于经济冲击不同的反应导致了宏观层面时滞现象的发生。

自20世纪90年代初期开始,几组经济学家就已经将这样的微观基础应用在科拉斯诺塞尔斯基和普科洛夫斯基(Krasnosel'skii and Pokrovskii,1989)对经济系统的分析中(参见 Mayergoyz, 1991)。克罗斯(Cross,1991,1993)曾经分析过均衡状态的失业水平是如何对需求或供给的冲击做出反应的;阿玛伯尔等人(Amable et al.,1991,1995)讨论了国际贸易流动对汇率冲击的方式。克罗斯(Cross,2000)关注的是欧洲货币联盟国家对共同货币政策的反应方式。经济计量学方法通过时间序列技术检测滞后的存在(Göcke,1994;Cross et al.,1998;Piscitelli et al.,2000)。一个重要发展是要对不同时间内"上市"或"下市"触发对解释变量的向量扰动的反应进行扩展分析(Cross et al.,2001)。

这项工作对于诸如宏观经济政策是如何实施的等重要问题具有重要意义。目前主流的方法是假定宏观经济政策对真实经济变量如失业没有持续影响。这个假设的核心在于,货币政策和财政政策都是严格按照控制通货膨胀这一目标而制定的。如果时滞是真实存在的,那么这个假设就是错误的,这意味着,无论是货币政策还是财政政策,对于诸如失业这种真实变量确实存在持续影响(参见 Ball, 1999)。

洛德·克罗斯(安佳译)

参见:

Natural Rate of Unemployment; New Keynesian Economics.

参考文献:

Amable, B., J. Henry, F. Lordon and R. Topol(1991),'Strong Hysteresis: An Application to Foreign Trade', *OFCE Working Paper*, 9103, Paris.

Amable, B., J. Henry, F. Lordon and R. Topol(1995),'Weak and Strong Hysteresis: An Application to Foreign Trade', *Economic Notes*, 24, pp. 239-50.

Ball, L. (1999),'Aggregate Demand and Long-Run Unemployment', *Brookings Papers on Economic Activity*, 2, pp. 189-251.

Blanchard, O. and L. Summers(1986),'Hysteresis and the European Unemployment Problem', *NBER Macroeconomics Annual*, pp. 15-77.

Cross, R. (1991),'The NAIRU: Not An Interesting Rate of Unemployment', mimeo, University of Strathclyde.

Cross, R. (1993),'On the Foundations of Hysteresis in Economic Systems', *Economics and Philosophy*, 9, pp. 53-74.

Cross, R. (ed.)(1995), *The Natural Rate of Unemployment*, Cambridge: Cambridge University Press.

Cross, R. (2000),'Hysteresis and EMU', *Metroeconomica*, 51, pp. 367-79.

Cross, R. and A. Allan (1988),'On the History of Hysteresis', in R. Cross (ed.), *Unemployment Hysteresis and the Natural Rate Hypothesis*, Oxford: Basil Blackwell.

Cross, R., A. M. Krasnosel'skii and A. V. Pokrovskii (2001),'A Time-Dependent Preisach Model', *Physica B*, 306, pp. 206-10.

Cross, R., J. Darby, J. Ireland and L. Piscitelli(1998),'Hysteresis and Unemployment: Some Preliminary Investigations', *CEPRIESRC Unemployment Dynamics Workshop Paper*, 25 February.

Dixit, A. (1989),'Hysteresis, Import Penetration and Exchange Rate Pass-Through', *Quarterly Journal of Economics*, 104, May, pp. 205-28.

Dixit, A. and R. Pindyck(1994), *Investment under Uncertainty*, Princeton, NJ: Princeton University Press.

Ewing, A. W. (1939), *The Man of Room* 40: *The Life of Sir Alfred Ewing*, London: Hutchinson.

Ewing, J. A. (1881), 'On the Production of Transient Electric Currents in Iron and Steel Conductors by Twisting them when Magnetised or by Magnetizing them when Twisted', *Proceedings of the Royal Society of London*, 33, pp. 21-3.

Feynman, R. P. (1992), *The Character of Physical Law*, London: Penguin.

Fisher, I. ([1892] 1925), *Mathematical Investigations in the Theory of Value and Prices*, New Haven, CT: Yale University Press.

Friedman, M. (1968), 'The Role of Monetary Policy', *American Economic Review*, 58, March, pp. 1-17.

Glazebrook, R. T. (1935), 'James Alfred Ewing 1855-1935', *Obituary Notices of the Royal Society of London*, 1, pp. 475-92.

Göcke, M. (1994), 'An Approximation of the Hysteresis Loop by Linear Partial Functions', mimeo, Westfälische Wilhems-Universität Münster.

Ingrao, B. and G. Israel (1990), *The Invisible Hand: Economic Equilibrium in the History of Science*, Cambridge, MA: MIT Press.

Keynes, J. M. (1934), 'Poverty in Plenty: Is the Economic System Self-Adjusting?', *The Listener*, 21 November.

Krasnosel'skii, M. A. and A. V. Pokrovskii (1989), *Systems with Hysteresis*, Berlin: Springer-Verlag.

Layard, R., S. Nickell and R. Jackman (1991), *Unemployment: Macroeconomic Performance and the Labour Market*, Oxford: Oxford University Press.

Marshall, A. (1890), *The Principles of Economics*, London: Macmillan.

Mayergoyz, I. D. (1991), *Mathematical Models of Hysteresis*, Berlin: Springer-Verlag.

Mirowski, P. (1989), *More Heat than Light*, New York: Cambridge University Press.

Piscitelli, L., R. Cross, M. Grinfeld and H. Lamba (2000), 'A Test for Strong Hysteresis', *Computational Economics*, 15, pp. 59-78.

Preisach, F. (1938), 'Über die Magnetische Nachwirkung', *Zeitschrift. für Physik*, 94, pp. 277-302.

Summers, L. H. (1988), 'Should Keynesian Economics Dispense with the Phillips

Curve?', in R. Cross (ed.), *Unemployment, Hysteresis and the Natural Rate Hypothesis*, Oxford: Basil Blackwell.

Wyplosz, C. (1987), 'Comments', in R. Layard and L. Calmfors (eds), *The Fight Against Unemployment*, Cambridge, MA: MIT Press.

197. 恒等式 Identity

指必须满足定义要求如交易方程的等式。

参见：

Equation of exchange.

198. 实施滞后 Implementation Lag

在实施某项决策时有意改变政策时的时滞，也称管理时滞。

参见：

Inside Lag.

199. 收入政策 Incomes Policy

利用收入政策来抑制通货膨胀而引起的争议，在滞胀严重的 20 世纪 70 年代到 80 年代初期达到了高峰。一般认为，中央计划经济体实施永久收入政策，而在"自由市场"的经济体中使用这种政策引起了极大争议（Trevithick, 1977）。收入政策的首要目标都是通过对工资（可能也包括非工资）的上升施加直接或间接的控制，从而降低一般价格水平的上升。收入政策的倡导者认为，成本推动因素在通货膨胀过程中起着至关重要的作用，现代资本主义经济存在着一种通货膨胀偏见，即若要控制通货膨胀，必须以大量的非自愿失业为代价（见 Cornwall, 1984）。收入政策是否是控制通货膨胀最有效的办法，取决于对经济运行的看法（Artis, 1981）。对收入政策有三种不同的观点：工资理论、菲利普斯曲线以及附加预期的菲利普斯曲线。

工资理论

收入政策的第一种理论基于对经济的这样一种看法：尽管存在着长期的劳动供给过剩，货币工资仍大致保持不变。人们认为，工资率发挥着"某种基本的社会和制度功能"，即"工资率限定了劳动和管理之间、工人之间……以及个人在工作、邻里及家庭中的相对地位"(Piore, 1979)。在这种制度性工资观点中，工资起不到决定供需均衡的作用，相反，它限定了工作间一系列半固定的关系，或者工资等级。工资一旦确定，价格即由工资和原料成本的加成决定。根据卡莱茨基的说法(Kalecki, 1971)，平均价格(P)由单位成本(w/q)乘以一个加成系数(k)决定，k 由"垄断程度"决定（所有的变量都为单个厂商变量的加权平均）。这个加成价格关系可由方程式(1)表示。

$$P = k \cdot w/q \qquad (1)$$

这里，w 是货币工资，q 是劳动的平均产量。假定单位成本曲线在一定产出范围外是水平的，即意味着通货膨胀将经由 w/q 或者 k 的变化通过经济的供给面引发。总需求的作用是与总供给曲线一起决定产出均衡点，总供给曲线在达到充分就业产出前是完全弹性的。这样，总需求管理可以作为实现充分就业的手段，但它在抑制通货膨胀方面并不十分有效。多数人就是在这一框架下，通过分析收入分配中的冲突来建立通货膨胀模型(Rowthorn, 1980)。一般价格水平的持续上升压力是由于"要求的收入超过了满足要求收入的实际可得收入"(Burdekin and Burkett, 1996)。这种收入分配的冲突表明，有三种引发通货膨胀的因素：(i) 工人增加劳动在国民收入中所占份额的努力；(ii) 使实际工资降至低于满足工人期望目标的外在冲击（如汇率贬值）；(iii) 企业增加利润在国民收入中所占份额的努力。

从方程式(1)中很容易看出，这三种引发通货膨胀的因素如何通过收入分配的斗争，影响 w/q 或者 k 并最终导致通货膨胀后果。这样就为货币政策制定了清晰的原则。如果由于工资水平上升过快导致物价上涨过快，政府就可以干预，控制工资上升，从而降低物价上涨水平。必须说明的是，在这一框架下，收入政策只是提供了短期的解决方法。通过控制工资上涨，收入政策将会冲击收入的分配，但它不能减少经济潜在的矛盾。如果存在某种重大的冲突，只要收入政策依然故我，那么政治动荡或者产业动荡将不可避免。

菲利普斯曲线观

1968年前，关于菲利普斯曲线的观点(Philips, 1958; Samelson and Solow,

1960)可由方程式(2)表示。方程式中,通货膨胀($\dot{P}$)由作为剩余劳动供给代表的失业率(U)表示(见 Lipsey,1978),

$$\dot{P} = f(U),且 f' < 0 \tag{2}$$

在这个框架内,货币工资对超额劳动供给反应敏感而且是模型的内生变量。假定转换是长期的,稳定的(现在已过时了的一种想法),由于政策制定者的两个目标,即低通货膨胀率和低失业率是不相容的,所以他们面临着政策选择的两难。但是,我们可以用需求管理工具在两者之间达成所期望的平衡。

这种认识极大降低了"工资理论"作为收入政策原理的作用。既然总需求管理可以用来抑制通货膨胀,就应该通过与其他政策比较成本和收益来表明收入政策作为抑制通货膨胀手段的优越性。收入政策的经济成本主要包括以下几点:第一,改变经济体内的相对工资结构,会导致劳动配置不合理,从而降低产出。第二,人们会试图通过各种非工资支付规避收入政策,这将导致劳动市场更大的扭曲,因为这样就更难确定每一工作的收益率。第三,收入分配的影响可能导致产业波动或罢工,进而再一次降低经济体的产出。

附加预期的菲利普斯曲线观

考虑到工人更关注实际工资而非名义工资,对方程式(2)增加了一个预期变量,并且区分了实际失业率和自然失业率(U^*)。根据弗里德曼-费尔普斯的分析,每一水平的通货膨胀预期都与一新的短期菲利普斯曲线相连;而在长期中,通货膨胀与失业率不存在替换关系(Friedman,1968;Phelps,1968)。

$$\dot{P} = -\beta(u - u^*) + \dot{P}^e \tag{3}$$

这种观点同自然失业率一起为政策制定者提供了一个垂直的长期菲利普斯曲线,这说明当 $U = U^*$(即经济处于自然失业率)时,通货膨胀会稳定地等于通货膨胀预期水平。这样可得到类似弗里德曼-费尔普斯政策的结论,降低通货膨胀的关键在于降低通货膨胀预期(Laidler,1971)。所以必须在菲利普斯曲线框架内,说明现在收入政策相对于其他政策可以以更少的成本来降低通货膨胀。政策制定者面临的关键问题是:"如何让人们相信自己的反通货膨胀政策是可信的。"收入政策是一个可能的选择,在 20 世纪 70 年代,为了降低通货膨胀,收入政策作为需求管理政策的补充,得到了美国坚定的新凯恩斯主义经济学家,如詹姆斯·托宾(Tobin,1987)、阿瑟·奥肯(Okun,1981)等人的支持。英国也有经济学家支持使用收入政策作为降低通货膨胀预期的手段(见 Trevithick and Stevenson,1977;Peston,

1980)。但是,还有其他几种选择,如建立执行反通货膨胀政策的独立的中央银行,中央银行与收入政策相比会更加长久地影响反通胀政策。一些主张更加自由的市场的经济学家(尤其是新古典经济学家)认为,一旦建立了反通货膨胀的可信度,货币政策可以在不使产出受损的情况下,使经济沿垂直长期菲利普斯曲线下降并降低通货膨胀。如果独立的中央银行可以做到这些而又不造成市场扭曲,那么,由于相关的福利损失("哈伯格三角"),就没有收入政策这回事了。如果市场缺陷使得经济不容易沿长期菲利普斯曲线下降,则收入政策在这一框架内可能仍是可取的。最有可能的情况是,为了使货币政策得到所需的信任度,经济可能要经历一次大的衰退,为降低通货膨胀预期,经济不得不沿着短期菲利普斯曲线下降。如果它能说明收入政策在降低通货膨胀的同时对产出影响较小,以至于足可弥补该政策的扭曲效应,那么,就有了一个清晰而合理的短期收入政策(见Tobin,1987)。一旦建立了低通货膨胀信任,收入政策就可转化为更有效地发挥经济供给面作用的政策。

收入政策在实践中的应用

收入政策主要有三种类型:

1. 在工资、薪水、分红及短期内的价格上有固定最大涨幅的(或冻结的)短期收入政策。如果这种固定利率型的政策持续一定的时间,就需要采取措施以最小化该政策在市场效率上的不良作用。比如说,收入增加封顶后,超过这个最大值的生产率提高的收益将会产生未分配利润,采用政策控制将会阻挠相对价格的变化,从而扭曲激励机制,降低经济福利。

2. "后凯恩斯主义"如经济学家如保罗·戴维森(Davidson,1994)和"制度经济学家"如约翰·肯尼思·加尔布雷思(Galbraith,1952,1973)等支持相对长期或永久收入政策。这种政策将会以法律规范来调节名义工资增加,除非这种工资增加是以生产率提高为基础的。在这种情况下,对短期政策适用的批评对长期政策更为适用。

3. 用税收系统来控制工资增加的相对长期或永久政策。这种政策在为市场参与者提供激励,而非在依赖法规运行方面具有优势(Weintraub and Wallich,1971;Layard,1982)。基于税收的收入政策是指,通过对雇主所支付的超过法律规定的工资部分征收一定比例的税收,同时对工资增加超过法律规定的部分予以折扣。简化的莱亚德分析方法表明,强加的税收将通过增加附加项 T(T 是税率)修改我们熟悉的方程式(3)给出的附加预期的菲利普斯曲线:

$$\dot{P} = -\beta(U-U^*) + \dot{P}^e - \lambda T \qquad (4)$$

这一方法具有将每一短期菲利普斯曲线下移或左移的效应。解释如下：现在雇主由于"工资-通胀税"的附加成本，有动力来拒绝高于标准的工资要求。工资-通胀税将增加雇主支付超过给定工资的成本，在一给定的失业水平上降低工资增长，从而使菲利普斯曲线下移。这一过程将导致低水平的工资，进而降低价格上涨速度。

一旦收入政策的类型确定下来，在设计和实施这项政策时还会有大量困难。布莱卡比(Blackaby,1972)把这些困难分为宽泛的四类问题：

1. 与决定标准及例外相关的问题。这包括收入政策再分配效应的含义。布莱卡比指出，基于过去的经验，任何标准都趋向于最小化，并且"大多的例外都高于标准，极少低于标准"。过去的经验很可能引发对标准所允许的例外的一系列争论，例如经济高增长的部门可能会有相对较低的工资支付；反映单个行业或企业生产率的增加；反映允许劳动向边际收益相对较高行业转移的分配的增加等等。在这里，必须保证例外不至于大到降低政策的有效性。

2. 由众多的决策点和解决方法的复杂性产生的问题。例如，需要作出处理不同时期的重叠工资合同问题的决策，为新的或重新定义的工作设定计件工资率等等。

3. 在设计适用于标准及其例外的机制时产生的问题。大多数曾使用过收入政策的国家都设立了某种形式的"价格和收入政策委员会"，委员会的操作要么按自己的标准，要么按政府给定的标准。这里的一个关键问题就是赋予"委员会"实施自己决策的力度。自愿性的制度可能更受雇主、雇员和工会的欢迎，但作为抑制通货膨胀的方法可能作用较小。

4. 在处理非工资收入时相关的问题。例如，如果认为企业能够利用政策谋求超额的利润收入，则需要建立一系列相应的规则来处理这些利润收入。

在过去50年的不同时期内，很多国家采用了不同形式的收入政策，很多后凯恩斯主义经济学家也强烈支持这种政策，而大多数主流经济学家（即"新凯恩斯主义者"）则支持以抑制通货膨胀为目标和具有更大独立性的中央银行的货币政策制度。

对于像米尔顿·弗里德曼这样的自由市场经济学家来说，应用收入政策来抑制通货膨胀则是把克努特王经济学(King Canute Economics)付诸实践。在短期内，这种政策以扭曲市场效率为代价来抑制通货膨胀；而在长期，正如20世纪70年代的经验所表明的，则不能抑制通货膨胀。像保罗·戴维森这样的后凯恩斯主义者仍然认为,通货膨胀的根本原因在于经济体内在的收入分配的矛盾,它只能通过某种形式的长期收入政策解决。

安德鲁·亨特(张鹏译)

参见:

Creditblity and Reputation; Expectations-augmented Phillips Curve; Inflation: Alternative Theories of; Inflation: Cost of Reducing; Inflation Targeting; Natural Rate of Unemployment; Phillips Curve; Stagflation.

参考文献:

Artis, M. J. (1981), 'Incomes Policies: Some Rationales' in J. L. Fallick and R. F. Elliot (eds), *Incomes Policies, Inflation and Relative Pay*, London: George Allen & Unwin.

Bernanke, B. S., T. Laubach, F. S. Mishkin and A. S. Posen (1999), *Inflation Targeting: Lessons from the International Experience*, Princeton: Princeton University Press.

Blackaby, F. (1972), 'Incomes Policies', in F. Blackaby (ed.), *An Incomes Policy for Britain*, London: Heinemann.

Burdekin, R. C. K. and P. Burkett (1996), *Distributional Conflict and Inflation: Theoretical and Historical Perspectives*, Basingstoke: Macmillan.

Cornwall, J. (ed.) (1984), *After Stagflation: Alternatives to Economic Decline*, Oxford: Basil Blackwell.

Davidson, P. (1994), *Post Keynesian Macroeconomic Theory: A Foundation for Successful Policies for the Twenty-First Century*, Aldershot, UK and Brookfield, US: Edward Elgar.

Friedman, M. (1968), 'The Role of Monetary Policy', *American Economic Review*, 58, March, pp. 1 - 17.

Galbraith, J. K. (1952), *A Theory of Price Control*, Cambridge, MA: Harvard University Press.

Galbraith, J. K. (1973), *Economics and the Public Purpose*, Boston, MA: Houghton Mifflin.

Kalecki, M. (1971), *Selected Essays on the Dynamics of the Capitalist Economy* 1933 - 1970, Cambridge: Cambridge University Press.

Laidler, D. (1971), 'The Phillips Curve, Expectations and Incomes Policy', in H. G. Johnson and A. R. Nobay (eds), *The Current Inflation*, London: Macmillan.

Layard, R. (1982), 'Is Incomes Policy the Answer to Unemployment?', *Economica*,

49, August, pp. 219 – 39.

Lipsey, R. G. (1978), 'The Place of the Phillips Curve in Macroeconomic Models', in A. R. Bergstrom(ed.), *Stability and Inflation*, Chichester: John Wiley.

Okun, A. (1981), *Prices and Quantities: A Macroeconomic Analysis*, Oxford: Basil Blackwell.

Paish, F. W. (1968), 'The Limits of Incomes Policies', in F. W. Paish and J. Hennessy, *Policy for Incomes*, London: Institute of Economic Affairs.

Peston, M. (1980), 'Monetary Policy and Incomes Policy: Complements or Substitutes?', Applied Economics, 12, December, pp. 443 – 54.

Phelps, E. S. (1968), 'Money Wage Dynamics and Labour Market Equilibrium', *Journal of Political Economy*, 76, August, pp. 678 – 711.

Phillips, A. W. H. (1958), 'The Relation between Unemployment and the Rate of Change of Money Wages in the UK, 1861 – 1957', *Economica*, 25, November, pp. 283 –99.

Piore, M. J. (1979), 'Unemployment and Inflation: An Alternative View', in M. J. Piore (ed.), *Unemployment and Inflation: Institutionalist and Structuralist Views*, New York: M. E. Sharpe.

Rowthorn, B. (1980), *Capitalism, Conflict and Inflation*, London: Lawrence and Wishart.

Samuelson, P. and R. Solow (1960) 'Analytical Aspects of Anti-Inflationary Policy', *American Economic Review*, 50, May, pp. 177 – 94.

Snowdon, B. (1983), *Inflation, Unemployment and the Role of Incomes Policy*, Newcastle Upon Tyne: Anforme.

Tobin, J. (1987), *Policies for Prosperity: Essays in a Keynesian Mode*, ed. P. M. Jackson Brighton: Wheatsheaf.

Trevithick, J. A. (1977), *Inflation: A Guide to the Crisis in Economics*, Harmondsworth: Penguin.

Trevithick, J. and A. Stevenson(1977), 'The Complementarity of Monetary Policy and Prices and Incomes Policy', *Scottish Journal of Political Economy*, 24, February, pp. 19 – 31.

Weintraub, S. and H. Wallich (1971), 'A Taxed-Based Incomes Policy', *Journal of Economic Issues*, 5, June, pp. 1 – 19.

200. 指数化 Indexation

根据主导货币以调整契约价值为目标的机制，可以按照物价水平的变化保证契约所规定的实际价值不变。例如，工资合同可以根据生活成本(COLA)适时作出调整。在连续的时间内，工资会随着整体消费物价指数的升高而自动上升。指数化具有两大优势。首先，指数化建立在分配公平的基础上，它避免了由于通货膨胀所带来的要素收入或财富的重新分配。此外，一些经济学家声称，指数化通过货币合同将减少由于降低通货膨胀所引发的经济成本。由于指数化，货币工资的增加也会随着通货膨胀的下降而自动减少，因此在通货膨胀率下降、现存工资合同过多增加货币工资的情况下，可以消除雇主将承担的风险。换句话说，正是由于指数化，工资将会以较低的速度逐渐增加，失业率在货币合同的影响下也会小幅上升。与此相似，指数化也可以在通货膨胀下降时，使企业避免支付高贷款利率的风险。因此，对于公司，这里不存在由于预期名义利率水平下降而导致投资计划搁浅的任何可能。尽管指数化具备上述一系列优势，但是在某些具体情况下它仍有可能对经济运行造成危害。

参见：

Inflation: Cost of; Inflation: Cost of Reducing.

201. 通货膨胀 Inflation

整体或一般物价水平长时间持续大幅上升的情况。但是，对于造成通货膨胀的原因、通货膨胀所带来的成本、降低通货膨胀所引发的成本，以及降低通货膨胀的手段，仍存在诸多争议。

参见：

Inflation: Alternative Theories of; Inflation: Cost of; Inflation: Cost of Reducing; Inflation Rate; Inflation Target.

202. 通货膨胀的诸种理论 Inflation: Alternative Theories of

通货膨胀是一个一般物价水平持续上升的过程。原则上讲,通货膨胀影响所有(至少是大多数)商品和服务的物价水平,因此与相对价格的变化有着明显的不同(相对价格变化是指某些商品或服务的价格相对于其他商品或服务的价格发生变化)。某些通货膨胀理论并没有弄清楚这两者之间的区别。然而,对于通货膨胀的度量,我们普遍使用一揽子商品或者服务的价格变动指数(如消费品物价指数)。对于不同的综合指数,其中的各个组成部分可能会相差很大。

通货膨胀理论的目的是为了解释一般物价水平持续上升的原因。但即使是对这样一个问题也有着不同的解释,某些解释相互矛盾。我们可以根据需求拉动或者成本推动的说法,根据将实际经济因素、还是将货币因素作为引起通货膨胀的原因,对这些理论进行分类。需求拉动型通货膨胀是在总需求(AD)的扩大无法(或不能)充分与产出的增长保持一致的情况下发生的,因此物价水平会上升。成本推动型通货膨胀是由于商品的成本普遍上涨而引起的,这种成本的上涨最终会被生产者以更高价格的形式转移到消费品的物价上去。通货膨胀的货币理论解释的精华在于,货币因素(通常是货币供给)被认为是引起通货膨胀的直接原因。非货币理论将实际经济因素如居民或者厂商的支出行为的变化,或者收入分配中的冲突,作为通货膨胀的直接诱因。

需求拉动理论

需求拉动理论的基石是古典货币数量论,该理论的经典表达方式是 $M\bar{V}=P\bar{Y}$,其中,M 是由外生的流通中的货币量决定,V 代表货币流通的收入速度,P 是一般物价水平,Y 代表总产出水平。如果 V 保持不变,并且 Y 是由等式中的其他变量(货币变量)所决定(这也是 V 与 Y 表达式上面有横杠的原因),货币供给的任何增加都将使当前固定产出的购买力水平增加。这将造成对商品的过度需求,并将按照货币供给初始增加的相同比例,拉高商品的价格。通货膨胀可能是国际性通货膨胀,而非国内通货膨胀。如果汇率下降(下降的汇率将会使对外国商品的过量需求趋于缓和),受到固定汇率制度的阻碍,一国的货币扩张将会造成对外国商品需求的增加,通货膨胀将输出到国外(Johnson,1972)。货币数量论对于通货膨胀原因的货币解释具有明显的政策含义,货币供给增加超出了总产出水平增长的部分应该被削减甚至被取消,因为如果不这样将带来纯粹的通货膨胀后果。

古典货币数量理论自20世纪50年代起经过大幅度修正。而且,我们目前普遍有理由相信,货币供给的变化会影响到总产出水平(Y),至少短期是这样。根据货币主义和新古典宏观经济学理论(例如,见 Lucas,1996),这种影响是短期预期失误的结果,不可预期的通货膨胀刺激了供给方的反应,这会影响到总产出水平和就业水平,这种影响直到对通货膨胀的预期与实际水平相吻合时才会消失。这些模型基本反映了自20世纪70年代中期开始,通货膨胀预期成为人们讨论通货膨胀理论和政策时普遍关注的对象(见 Laidler and Parkin,1975;与 Bronfenbrenner and Holzman[1963]形成对照)。新凯恩斯主义经济学表达的另一种观点声称,M 的变化将会导致 Y 的变化,原因是,产品价格在短期内是具有刚性的(见 Mankiw and Romer,1991)。但是,与货币主义和新古典主义一样,新凯恩斯主义坚持认为,货币供给的增加造成对商品的过度需求,从长期看,增加的货币将会完全转化为价格的上涨。因此,货币数量论者把通货膨胀理论的基础归于古典宏观经济学传统,货币供给是外生的并且货币是中性的(至少在长期是这样)。

另一个需求拉动通货膨胀理论可以从简单的凯恩斯模型中推导出来。这个模型假定,当经济运行低于充分就业(FE)水平时,总需求的增加将会完全转化为总产出水平和就业的增加。但是一旦经济达到了充分就业水平,任何总需求的增加都会造成在经济的生产能力之外对商品的过度需求("通货膨胀缺口"),因此会造成价格的上升。该模型提供了需求拉动造成通货膨胀的另一种解释,但它并没有预先假定货币是造成价格上升的初始原因。凯恩斯的通货膨胀缺口理论(见 Keynes,1940)同样具有明显的政策含义。当经济运行低于充分就业水平时,政策制定者应当刺激总需求,但是要时刻留意不能使需求超过导致通货膨胀的临界点。

无论是货币数量论还是通货膨胀缺口理论都将通货膨胀描绘成过度的总需求高于早已确定的供给限制所引发的,一方面受到自然失业率水平或者非加速通货膨胀失业的限制,另一方面受到充分就业水平的限制。但是,有些需求拉动理论认为,在总需求增加面临总供给约束之前,通货膨胀就已经发生了。据此,托宾(Tobin,1972)和帕利(Palley,1996,第10章)构建了一个新的理论,其中,总产出的瓶颈与总需求的增加共同造成了通货膨胀,尽管这时的经济运行低于充分就业水平。总需求增长被假定为不均等地分布在经济的不同部门中,每一个部门从低生产能力开始自己的周期,并面对地方供给限制,总需求增长面临某些部门出现的过度需求(需求拉动型通货膨胀)的不对称效应,尽管其他部门(以及整个经济)的运行仍低于充分就业水平。

在德弗罗伊(De Vroey,1984)的理论中,"超额货币"是造成需求拉动型通货膨胀的直接原因。当企业为弥补商业亏损而借债时,或者当国家出现财政赤字时,超额货币便被创造出来。超额货币提高了总需求水平,只要追加的总需求被释放到了那些已经满负荷运转的经济部门(这些部门尽管存在损失,但仍然是构成整体经济的一部分),便出现了通胀后果。与帕利的理论一样,德弗罗伊建议,政策制定者为了提高经济的实际运行水平不得不接受高通货膨胀。与帕利理论不同的是,德弗罗伊认为,通货膨胀是货币政策的结果,但他与货币数量论也存在不同,他认为货币供给是内生的并且货币是非中性的。

成本推动型理论

成本推动型通货膨胀理论的核心是工人和企业拥有市场权力,因此他们可以影响工资水平并能够独立于需求之外影响物价水平。在这一理论中屡次提及的货币并不是引起通货膨胀的原因,而是调整通货膨胀的杠杆。

第一代成本推动型理论(FGCP)认为,要素市场上成本的上升——尤其是劳动市场中成本的上升,是造成通货膨胀的原因(例如,见 Cornwall,1983,第 2 章)。名义工资的增加因劳动的相对议价能力不同而不同。在某种程度上,工资的增加并不意味着劳动生产率的提高,名义工资的增加提高了劳动力的平均成本。如果企业严格根据平均劳动力成本乘以固定值(θ)制定价格,因此有 $P=(1+\theta)AC_L$。这里,P 代表物价水平,AC_L 代表劳动力平均成本,那么,名义工资的增加将导致价格按平均劳动成本的同等比例提高。因此以更高价格的形式表现出来的成本增加导致通货膨胀终于爆发。

这一理论似乎认为,超额工资要求,或者说,工人与工会是通货膨胀暴发的根源。但是进一步的观察表明这一观点是错误的。如果企业通过降低加价 θ 使名义工资的增长超过生产率的提高,从上面的等式中我们可以发现,价格完全没有提高。然而,这将改变收入在工资与利润之间的分配比率。第一代成本推动型通货膨胀理论因此将通货膨胀确定为企业不愿同意工人扩大收入分配份额这一要求的结果。这个解释强调了有关通货膨胀理论相互冲突的主张的实质。根据该理论,通货膨胀的爆发既有工人的原因也有企业的原因。更具体地说,是由于劳资双方对于何种收入分配才是公平的收入分配这一问题的看法存在差异,才导致了相互矛盾的对于总收入的要求。在这个有对立要求的理论中,通货膨胀的发生既可以看成是工资拉动的结果(同成本推动型理论),也可以看成是利润拉动的结果。因此,企业可以通过相对于名义工资提高商品价格(增加收入中的利润份额)来创造通货膨胀。同时工人也可以通过抬高名义工资(所谓抵制实际工资的过程),使企业试图进行收入再分配的计划破产。从而鼓励企业进一步提高价格,以实现其心仪的利润份额,这又会再度引发抵制实际工资如此这般。这一结果就是一个价格持续上升的过程(见 Rowthorn,1977;Burdekin and Burkett,1996)。

成本推动型理论表明,可以通过紧缩性宏观政策降低通货膨胀水平,如果这些政策能够减少工人的相对议价能力(根据成本推动型理论)或者破除工人或厂商改变收入份额的欲望(根据冲突要求权理论)。然而,成本会使经济活动减少。另一方面,通过努力将低通货膨胀与高产出和高就业协调在一起,可以形成一个收入分配政策。冲突要求权理论表明,如果收入高分配政策取得成功,它必须建立在对分配双方都相对公平的基础之上。如果改变收入份额的欲望并没有随宏观政策的实行而调整(可能不能调整),那么我们就需要用永久性的而不是暂时性的收入分配政策来实现低通货膨胀与高产出和高就业水平相协调(见 Cornwall,1994)。

通货膨胀理论与菲利普斯曲线

在通货膨胀理论与菲利普斯曲线之间存在着很密切的联系。一些如上所述的通胀理论(既包括成本推动型理论也包括部门瓶颈理论和超额货币理论)表明,在通货膨胀与失业率之间存在相互替代关系。这些理论与负斜率的菲利普斯曲线是一致的。然而,货币主义与新古典宏观经济学的附加预期菲利普斯曲线在长期应该是垂直的。因为根据他们的理论,总需求的变动最终只会引起物价水平的变动(失业率水平不变)。一些新凯恩斯主义者认为,通货膨胀与失业率之间的短期替代关系与所有古典货币数量论的当代衍生理论都是一致的,因为这种短期的替代关系导致长期菲利普斯曲线中的滞后(Blanchard and Summers,1987)。因此,即使在古典宏观经济学传统中,仍然存在长期意义上的失业与通货膨胀之间的替代关系。

通货膨胀政策中的政治经济学

如果政府为了政客及所代表的部分群体的利益而不是整个社会的利益而干预经济的话,在制定影响通货膨胀政策的过程中会出现诸多难题。一种可能是,政府将会依据菲利普斯曲线所表明的通货膨胀与失业之间的替代关系,通过牺牲低通货膨胀率来换取较低的失业率以谋取选举的成功(Nordhaus,1975;Cukierman and Meltzer,1986)。如果这种替代关系是永久性的而不是暂时性的,那么代表不同政治集团利益的政府将会有条不紊地追求低通货膨胀水平(因而带来较高的失业水平),或追求较低的失业率(因而带来较高的通货膨胀)以满足核心成员的偏好(Hibbs,1997)。

另一种复杂情况在于,政府有意违背其早先宣布的通货膨胀政策,在这种情况下,政策被认为具有时间不一致性。这一观点最初由基德兰德和普雷斯科特(Kydland and Prescott,1997)共同提出,他们认为,时间不一致性将会导致经济中的通货膨胀偏差。由于潜在的时间不一致性,以及政府政策的随意变更(这种变更任何时候都有可能发生),将会使政府失去必要的公众信用。一种消除时间不一致性以及上述投机行为或党派行为的方法是将通货膨胀政策建立在法律条文的基础上而不是建立在政府自主选择的基础上。然而,这些法律条文在面对无法预期的事件时会显得缺乏弹性。而且,如果政府能够充分意识到当前利益,例如违背政策承诺会要为(失去信誉)这样的行为付出未来成本,某些政治经济问题很有可能会减少。

总结

以上讨论提出了以下几种通货膨胀理论分类:

	货币	现实
需求拉动	货币数量论 超额货币论	通货膨胀缺口理论 部门瓶颈理论
成本推动		第一代成本推动理论 冲突要求权理论

上述某些理论是相互排斥的。例如,货币数量论坚持认为,一般物价水平是不会独立于货币供给的增加而上升的。因此成本推动型的通货膨胀不可能发生:通货膨胀在任何时间任何地点都是一种货币现象,造成通货膨胀的唯一原因就是货币供给的增加超过了实际产出的增加(Friedman,1970)。然而,其他需求拉动型理论承认成本推动型通货膨胀发生的可能性。同时,在成本推动型理论中,需求也可以间接影响通货膨胀的发生。例如,当总需求增加时,会相应提高总体效用水平,而这一水平的提高会使工人或者厂商更有能力表达各自对收入分配的欲求。最后,实际通货膨胀理论允许货币因素的间接作用,货币通过利率来影响总需求或者(在冲突要求权理论中)企业希望的加价。而且,对于那些源于实际经济原因而导致的通货膨胀,某些形式的货币调控也是十分必要的。因此,可以用理论来描述通货膨胀是一个异常复杂的过程,它的发生既是需求拉动的结果也是成本推动的结果,既是

实际经济原因的结果也是货币原因的结果。

马克·塞特菲尔德(张鹏译)

参见:

Expectation-augmented Phllips Curve; Hysteresis; Incomes Policy; Keynesian Cross; Monetarism; Natural Rate of Unemployment; New Classical Economics; New Keynesian Economics; Phllips Curve; Quantity Theory of Money; Time Inconsistency.

参考文献:

Blanchard, O. J. and L. H. Summers (1987), 'Hysteresis in Unemployment', *European Economic Review*, 31, February/March, pp. 288 – 95.

Bronfenbrenner, M. and F. D. Holzman (1963), 'A Survey of Inflation Theory', *American Economic Review*, 53, September, pp. 593 – 661.

Burdekin, R. and P. Burkett (1996), *Distributional Conflict and Inflation: Theoretical and Historical Perspectives*, London. Macmillan.

Cornwall, J. (1983), *The Conditions for Economic Recovery: A Post-Keynesian Analysis*, Oxford: Martin Robertson.

Cornwall, J. (1994), *Economic Breakdown and Recovery: Theory and Policy*, Armonk, NY: M. E. Sharpe.

Cukierman, A. and A. Meltzer (1986), 'A Positive Theory of Discretionary Policy, the Cost of Democratic Government and the Benefits of a Constitution', *Economic Inquiry*, 24, July, pp. 367 – 88.

De Vroey, M. (1984), 'Inflation: A Non-Monetarist Monetary Interpretation', *Cambridge Journal of Economics*, 8, December, pp. 381 – 99.

Friedman, M. (1970), *The Counter-Revolution in Monetary Theory*, IEA Occasional Paper no. 33, London: Institute of Economic Affairs.

Hibbs, D. (1977) 'Political Parties and Macroeconomic Policy', *American Political Science Review*, 71, December, pp. 1467 – 87.

Johnson, H. G. (1972), 'Inflation: A Monetarist View', in H. G. Johnson(ed.), *Further Essays in Monetary Economics*, London: Macmillan.

Keynes, J. M. (1940), *How to Pay For the War*, London: Macmillan.

Kydland, F. E. and E. C. Prescott (1977), 'Rules Rather than Discretion: The Inconsistency of Optimal Plans', *Journal of Political Economy*, 85, June, pp. 473 – 91.

Laidler, D. E. W. and M. Parkin (1975), 'Inflation: A Survey', *Economic Journal*, 85, December, pp. 741 – 809.

Lucas, R. E. (1996), 'Nobel Lecture: Monetary Neutrality', *Journal of Political Economy*, 104, August, pp. 661–82.

Mankiw, N. G. and D. Romer (eds) (1991), *New Keynesian Economics*, Cambridge, MA: MIT Press.

Nordhaus, W. (1975), 'The Political Business Cycle', *Review of Economic Studies*, 42, April, pp. 169–90.

Palley, T. I. (1996), *Post Keynesian Economics: Debt, Distribution and the Macroeconomy*, London: Macmillan.

Rowthorn, R. (1977), 'Conflict, Inflation and Money', *Cambridge Journal of Economics*, 1, September, pp. 215–39.

Tobin, J, (1972), 'Inflation and Unemployment', *American Economic Review*, 62, March, pp. 1–26.

203. 通货膨胀成本 Inflation: Cost of

通货膨胀指一般物价水平的持续上升,在很多国家国民经济的不同历史时期,通货膨胀这一现象是人们深恶痛绝的(见 Shiller,1999)。消除通货膨胀或者保持物价稳定仍然是很多国家宏观经济政策的首要目标。在过去的十年中,各国中央银行都将保持物价的长期稳定作为自身的首要目标,在许多情况下央行甚至成了通货膨胀目标制的货币组织。然而,经济分析并不能充分证明通货膨胀会给社会带来极大成本,所以社会应该彻底根除通货膨胀,而不是学会如何去适应它。最近几年的实证研究倾向于这样一个观点,即通货膨胀和经济增长负相关。但是,这并不意味着通货膨胀导致了经济的低增长(见 Temple,2000)。

经济行为人的防范行为可以使我们对通货膨胀进行预期,如果经济行为人对未来通货膨胀率的预期正确,他们就不会受到通货膨胀之前所签名义合同的限制。有两种理论观点认为,哪怕是充分预期的通货膨胀也会加重福利成本:即皮鞋(或货币)成本和菜单成本(参见本书相关条目)。在通货膨胀条件下,经济人将会少用现金余额和活期存款而支持定期存款,这样保证了所获得的利息,在一定程度上也保证了其收入的购买力。皮鞋成本是对于人们频繁出入银行而消费掉的生产性资源的一个隐喻,包括燃料花费、劳动产出损失以及资本闲置。

在恶性通货膨胀背景下,皮鞋成本可能会导致经济崩溃,例如1922—1923年间德国的情况。实证研究表明,轻度通货膨胀中的皮鞋成本对于以其为基础所建立的理论模型的假设异常敏感。以美国为例,托宾(Tobin,1992)说过"一种估计,即按名义利率,人们对于通货膨胀水平的预期每增加 1 个百分点大体上会产生国民生产总值 1 个百分点的 2/10 的社会成本"(第 15 页)。对于英国而言,明福德和希利亚德(Minford and Hilliard,1978)评估认为,当皮鞋成本占到通货膨胀成本的 30% 时,给国内生产总值带来的损失将会是 6%。这种说法也许高估了在当代财政制度下轻度通货膨胀环境下的皮鞋成本,因为在当代财政体系下,只要利率稳定,新的金融衍生品可以马上兑现。在这种条件下,皮鞋成本并不会上升到那么高的水平。一般而言,对皮鞋成本理论模型的调查可以得到不同的结果,因为模型主要建立在现金需求的利率弹性基础之上,并且现金(又叫狭义货币)相对于广义货币的供给而言是很小的一部分(Orphanides and Solow,1990)。

总之,由于铸币税或"通货膨胀税"的作用,一个正的通货膨胀率将会导致货币收入而不是成本,这源于无需对货币支付利息。因此,对公众和政府而言,持有货币等同于一笔无息贷款,并增加了他们掌握的实际资源。通货膨胀税与政府所征收的其他税种对经济活动造成的干扰都是相同的(Briault,1995,第 34 页)。

当然,人们对于要发生的通货膨胀没有预期时,通货膨胀往往会给人们带来极大的成本。未预期到的通货膨胀通过两种途径影响人们的正常生活:通过没有计划且随意的收入和财富的再分配影响人们的生活,以及通过"通货膨胀噪音"所带来的经济增长放缓甚至出现经济倒退影响人们的生活(见 Fischer,1993;Barro,1995)。

正是通货膨胀所引发的收入和财富的再分配,才导致了人们不仅对于通货膨胀普遍反感而且认为通货膨胀确实会给经济带来负面影响。鲍莫尔和布林德(Baumol and Blinder,1998)提出这样的观点:"为什么通货膨胀所带来的收入的再分配遗害会如此之广呢?原因在于它所影响的受害者并不是固定的……获利者并不应该拥有他们获得的东西,损失者也不应该承担如此之大的灾难。这是对通货膨胀罪行的基本谴责"(第 104 页)。未预期的通货膨胀有多种方式可以对收入和财富进行再分配。

通货膨胀对私人部门当前收入的再分配主要通过以下三条途径进行:(1)由于不同的商品和服务的价格是以不同的比率增长;(2)平均收入与一般价格水平也以不同比率增长;(3)不同职位所获得的工资与通过不同方式取得的收入也以不同比率增长。以英国为例,弗莱和帕沙德斯(Fry and Pashardes,1985)所作的一项调查表明,通货膨胀对于低收入者和人丁众多的家庭具有明显的通货膨胀歧视(参见 Easterly and Fischer,2001)。弗莱和帕沙德斯最后总结认为:"导致通货膨胀在不同居民户之间产生不同效应的最主要原因是他们各自的消费水平不同,价格指数会因支出的增加而下降"(1985,第25页)。

另一方面,芬德(Fender,1990)认为,有明显的证据可以表明,"高收入阶层"在通货膨胀中所遭受的打击更为严重(第75页)。右翼政党成员比左翼政党成员更加关注通货膨胀(Mueller,1989,第286—291页)。或许这是因为他们拥有更多的金融资产,而这些资产的实际价值很可能在通货膨胀中遭受巨大损失(Minford and Peel,1981;Higham and Tomlinson,1982,第8页)。那些拥有英国财富的利益集团在1971—1976年的通货膨胀中就损失惨重。正如福斯特(Foster,1976)所指出的那样,通货膨胀所带来的财富再分配的递减效应不仅大大损害了社会储蓄的利益,也侵扰了抵押品持有人的合法权益。

在评估通货膨胀对实际经济运行所造成的影响的过程中存在两个困难:首先是评估尺度问题,评估尺度使人们很难对通货膨胀的收入再分配效应的大小作出全面估计。认为工资延缓了价格上升的假说则证明了上述问题。

> 通过选择通货膨胀的起点和终点,我们可以清晰地发现实际工资水平是在下降,再选择另外一次通货膨胀的起点我们有可能发现实际工资有时在上升。观测者认为实际工资下降是随意定义通货膨胀爆发时间的结果。(Alchian and Kessel,1960,第64页)

其次,很难厘清通货膨胀的影响与实际经济中供给和需求造成的影响,包括对劳动和资本的供给、劳动的量以及对商品、服务的最终需求类型(从而对不同劳动的派生需求的类型)的影响,因为这些力量影响了某一特定社会群体彻底改变有益于其他社会群体的价格或工资上升的再分配效应程度。

据说,政府是通货膨胀引起的实际资源再分配的最终受益者。然而政府并不是商品和服务的最终消费者,它只是一个从社会的某个部分向另外的部分转移资源的渠道。通过政府活动引发的通货膨胀对真实资源的再分配的效果是难以评估的,除非我们能够确定收入再分配的最终受益者,并确定相对于传统税收的通货膨胀税的影响(Dawson,1992)。

人们认为,通货膨胀在税收方面的影响有时会导致沉重的福利损失(Feldstein,1997,1999)。首先,通货膨胀通过降低折旧价值而提高了有效商业税率(Feldstein,1997,第129页)。其次,通货膨胀通过提高名义资本收益和名义利息的有效税率,减少了储蓄的实际纯收益(同上,第125页)。这严重干扰了居民对于耐用品消费的分配。即使储蓄计划不变,未来消费也会减少,以致影响福利水平。据此,减少通货膨胀2个百分点从而价格稳定的福利,估计为国内生产总值初始水平35个百分点的永久收益,这明显超出了反通货膨胀所付出的一次性成本——5个百分点的国内生产总值(同上,第153页)。正如费尔德斯坦(同上,第154页)所认同的那样,再分配问题使得人们对于反通货膨胀的要求变得合理。福利收益的分配会跨越未来好几代人。但所有的成本却只由他们这一代人来承担,而且主要是通过增加失业,由其中情况不佳的成员来承担。

"通货膨胀噪音"这个术语充分描述了通货膨胀对资源分配乃至经济增长的影响。哈耶克(Hayek,1975,1978)认为,通货膨胀会导致一个资源错配的市场经济。市场是一个信息发现的过程,它综合了来自资源方面的信息和来自消费者需求的信息。如果没有市场,这些信息只会存在于孤立的经济个体的头脑而不会被其他人所了解。通货膨胀噪音使得价格信号的作用不那么明显,而这一信号通过相对价格变化可以充分反映资源的相对稀缺程度。通过这种方式,通货膨胀损害了竞争市场的有效配置。哈耶克反对通货膨胀的说法有种政治特征,即它使自由个体通过市场活动追求自身利益最大化的努力受到打击。弗里德曼(Friedman,1977)则从更广泛的意义上认为,由于通货膨胀较易出现,所以,"在每一种市场安排中都加入了另一种不确定因素"(第466页)。

随着通货膨胀的加剧,相对价格的多变性也在增加(Fischer and Modigliani,1978;Clare and Thomas,1993)。一系列的研究似乎都在测试这个假说,通货膨胀通过这种价格传导方式或者其他类似方式得以生存和发展(见Kirshner,2001)。一些研究将新古典主义增长模型作为手段,另一些模型则将技术创新作为内生变量。有些模型使用时间序列分析法对一国进行分析;而另一些模型则重在横跨全国的分析。大多数研究的结果是,经济增长与通货膨胀之间存在明显的负相关,较高的通货膨胀水平更是如此(Barro,1995;Fischer,1993;Temple,2000)。

然而,我们并不能够据此便认定经济的低增长是通货膨胀的成本或负效应。因为在理论分析层面上,通货膨胀是否必然带来经济的低增长还悬而未决。至于通货膨胀是经济系统中的内生变量的说法,提出了一种可能,即无论是通货膨胀还是经济低增长都有可能是经济系统中的其他因素所致。费希尔(Fischer,1981)认为:"只讨论通货膨胀成本本身而不讨论一种替代政策选择所带来的成本与收益,就存在逻辑上的矛盾。"根据布莱奥尔特(Briault,1995)的观点,"有大量证据表明,具备功能强大且有效运转的生产结构的经济系统,都倾向于表现出低通货膨胀与高增长并存的局面"(第33页)。

格雷厄姆·道森(安佳译)

参见:

Inflation Targeting;Menu Costs.

参考文献:

Alchian, A. A. and R. A. Kessel (1960), 'The Meaning and Validity of the Inflation-Induced Lag of Wages Behind Prices', *American Economic Review*, 50, March, pp. 43-66.

Barro, R. J. (1995), 'Inflation and Economic Growth', *Bank of England Quarterly Bulletin*, May.

Baumol, W. J. and A. S. Blinder (1988), *Economics: Principles and Policy*, New York: Harcourt Brace Jovanovich.

Briault, C. (1995), 'The Costs of Inflation', *Bank of England Quarterly Bulletin*, February, pp. 33-45.

Clare, A. D. and S. H. Thomas (1993), 'Relative Price Variability and Inflation in an Equilibrium Price Misperceptions Model', *Economic Letters*, 42, pp. 51-7.

Dawson, G. (1992), *Inflation and Unemployment: Causes, Consequences and Cures*, Aldershot, UK and Brookfield, US: Edward Elgar.

Easterly, W. and S. Fischer (2001), 'Inflation and the Poor', *Journal of Money, Credit and Banking*, 33, May, pp. 160-78.

Feldstein, M. (1997), 'The Costs and Benefits of Going from Low Inflation to Price Stability', in C. D. Romer and D. H. Romer (eds), *Reducing Inflation: Motivation and Strategy*, Chicago: University of Chicago Press.

Feldstein, M. (ed.) (1999), *The Costs and Benefits of Price Stability*, Chicago: University of Chicago Press.

Fender, J. (1990), *Inflation: A Contemporary Perspective*, London and New York: Harvester Wheatsheaf.

Fischer, S. (1981), 'Relative Shocks, Relative Price Variability, and Inflation', *Brookings Papers on Economic Activity*, 2, pp. 381-431.

Fischer, S. (1993), 'The Role of Macroeconomic Factors in Growth', *Journal of Monetary Economics*, 32, December, pp. 485-512.

Fischer, S. and F. Modigliani(1978), 'Towards an Understanding of the Real Effects and Costs of Inflation', *Weltwirtschafiliches Archiv*, 114, pp. 810 – 33.

Foster, J. (1976), 'The Redistributive Effect of Inflation on Building Society Shares and Deposits 1961 – 74', *Bulletin of Economic Research*, 28, pp. 68 – 75.

Friedman, M. (1977), 'Nobel Lecture: Inflation and Unemployment', *Journal of Political Economy*, 85, June, pp. 451 – 72.

Fry, V. and P. Pashardes(1985), 'Distributional Aspects of Inflation: Who has Suffered Most?', *Fiscal Studies*, 6, November, pp. 21 – 9.

Hayek, F. A. (1975), *Full Employment at Any Price?*, IEA Occasional Paper no. 45, London: Institute of Economic Affairs.

Hayek, F. A. (1978), *A Tiger By the Tail: The Keynesian Legacy of Inflation*, 2nd edn, London: Institute of Economic Affairs.

Higham, D. and J. Tomlinson (1982), 'Why do Governments Worry about Inflation?', *National Westminster Bank Quarterly Review*, May, pp. 2 – 13.

Kirshner, J. (2001), 'The Political Economy of Low Inflation', *Journal of Economic Surveys*, 15, pp. 41 – 70.

Minford, A. P. L. and G. W. Hilliard(1978), 'The Costs of Variable Inflation', in M. Artis and A. R. Nobay(eds), *Contemporary Economic Analysis*, London: Croom Helm.

Minford, A. P. L. and D. Peel (1981), 'Is the Government's Economic Strategy on Course?', *Lloyds Bank Review*, April, pp. 1 – 19.

Mueller, D. C. (1989), *Public Choice II*, Cambridge: Cambridge University Press.

Orphanides, A. and R. M. Solow(1990), 'Money, Inflation and Growth', in B. M. Friedman and F. H. Hahn (eds), *Handbook of Monetary Economics*, vol. 1, Amsterdam: North-Holland.

Shiller, R. J. (1999), 'Why Do People Dislike Inflation?', in M. Feldstein(ed.), *The Costs and Benefits of Price Stability*, Chicago: University of Chicago Press.

Temple, J. (2000), 'Inflation and Growth: Stories Short and Tall', *Journal of Economic Surveys*, 14, September, pp. 395 – 426.

Tobin, J. (1972), 'Inflation and Unemployment', *American Economic Review*, 62, March, pp. 1 – 18.

204. 降低成本的通货膨胀 Inflation: Costs of Reducing

降低通货膨胀成本是指总产出水平与就业水平会随着反通货膨胀政策的实施

而降低。对于重点在预期与实际产出的菲利普斯曲线存在着不同的理论观点,这些不同看法各自关注的是反通货膨胀政策可能带来的巨大损失。20世纪60年代,对正统的凯恩斯主义者来说,为了避免失业率的增加而忍受通货膨胀上升的成本是相当大的。货币主义者则认为,降低通货膨胀的成本是短期的,并且这一成本与物价稳定相比显得并不那么重要(见Friedman,1968)。新古典观点认为(假设反通货膨胀的政策是被预先告知并且是可信的),降低通货膨胀不存在任何成本(见Sargent,1993)。新凯恩斯主义者通过强调菜单成本和劳动契约的不可更改性,反复重申降低通货膨胀的成本是相当大的(见Ball,1997)。这一理论分歧是基于对降低通货膨胀成本的经验估算。

降低通货膨胀的成本可以用牺牲率来衡量(牺牲率是指由于采取反通货膨胀政策而导致的国内生产总值降低的累积百分比。见Ball,1994)。考虑到对牺牲率的估算存在大量的不确定因素,比如美国的牺牲率从1到10不等(Cecchetti and Rich,1999)。鲍尔(1993)估算的几个国家的平均牺牲率如下:德国为2.92%,美国为2.39%,英国为0.79%,法国为0.75%。当然,在实际的反通货膨胀阶段牺牲率以此为基础上下波动,这反映了各国初始通货膨胀率的不同以及在有关调整速度的政策取向方面也存在着诸多差异。有鉴于此,平均牺牲率这一指标在指导决策方面的实际作用是有限的。

考虑到初始通货膨胀率和调整速度,经验估计的牺牲率各不相同,因为在某一特定的反通货膨胀周期中,政策的可信度、经济人的预期与体制结构,与其他时期相比,并不完全相同。根据以抑制通货膨胀为最终目标的短期菲利普斯曲线的标准形态,如果通货膨胀率一开始较高,通货膨胀率每降低1个百分点,相应的总产出成本会更低。因此,通过持续增加反通胀的百分点,我们可以更接近于实现物价稳定目标。卢卡斯(Lucas,1973)认为,总产出和就业调整率伴随着通货膨胀率的降低而上升,这是因为,降低通货膨胀引致一般物价水平的变化,常常被误认为是相对价格水平的变化。

调整通货膨胀的节奏问题通常被称为渐进主义与激进主义的两难选择。通过国际货币基金组织开发的一个相关模型我们可以发现,如果反通货膨胀政策在实施的过程中分阶段逐步渐进的话,这种政策的牺牲率较低(Chadha et al.,1992)。然而,激进主义的政策也许是结束恶性通货膨胀的最佳政策,因为恶性通货膨胀对经济的不良影响很有可能比反通货膨胀政策所带来的总产出的下降影响更大(Briault,1995)。查达等人(Chadha et al.,1992)也认为,如果反通货膨胀政策的效果是可信的,并且对于未来通货膨胀的预期将在工资与物价水平决定方面起到非常重要的作用,那么这种反通货膨胀政策所带来的成本就小一些。之所以出现对于同一问题的不同结论,是由于经济学界在通货膨胀这一问题上的看法并不统一,而这种理论上的分歧很难解决。

根据正统凯恩斯学派的观点,从短期菲利普斯曲线中我们也可以发现,这种失业与通货膨胀的替换意味着,降低通货膨胀存在着短期成本。我们可以用劳动市场中的名义刚性对早期观测到的经验性管制政策作出解释,这种刚性包括工资契约,它可以使经济人无法对通货膨胀所带来的总产出的下降作出迅速反应。政治周期理论表明,政策制定者为了在选举阶段让产出和就业有上升趋势,往往会逆向实施反通货膨胀政策,而不是坚持降低通货膨胀成本。

货币主义者认为,反通货膨胀政策的成本是暂时性的,得出这一结论并不是由于逆向实施反通货膨胀政策,而是因为经济人会根据政策的变化及时调整自身的经济行为。产生这种效果的行为预期是适应性预期,所谓适应性预期是指经过一段时滞之后,经济人将会把自身的经济行为按照新的通货膨胀率进行调整。反通货膨胀政策所带来的成本只存在于经济人没有完全调整自身行为的时滞阶段,在这一阶段,失业水平在自然失业率之上。这种成本一般表现为失业率的暂时升高。经济人调整时间的长短和反通货膨胀政策所带来的成本,依赖于经济人根据新的通货膨胀率调整自身预期的速度。因此,对于货币主义者来说,从长期来看,在失业率与通货膨胀率之间不存在取舍关系,因为失业水平最终会回到自然失业率状态,所谓的反通货膨胀成本在长期中不存在。

在失业与通货膨胀关系的分析中引入适应性预期这一概念产生了重要的影响,即短期中通货膨胀与失业相互替代的关系不复存在。这种理性预期革命特别强调政策可信度与市场完全出清假设的新古典模型为我们展现出经济中乐观的"无痛反通货膨胀"。由于哪怕在短期中都不存在所谓失业与通货膨胀的相互替代关系,因此反通货膨胀的成本根本不存在。理性预期学派声称,经济人从来不会对有计划的宏观经济政策感到惊讶。经济人不仅会在未来通货膨胀的预期中考虑到政府政策所产生的影响,而且同样会在自身经济行为的选择方面充分考虑到政府政策所能够造成的冲击。如果经济人能够预测到物价下降的压力并且能够及时根据经济形势的变化调整自身的预期和相应的经济行为,那么,紧缩的货币政策在消除通货膨胀的过程中不会造成失业率的增加。

政策的可信度将会使可预期的通货膨胀的速度变缓,因此它是无痛反通货膨胀政策的必要条件,同时,政策的可信度也减少了在不考虑市场出清条件下抑制通货膨胀的成本。政策制定者要有足够的信用使得经济人相信其所实施的政策措施。而且,当政府所实施的有条不紊的反通货膨胀政策坚定而明确的时候,反通货膨胀政策是无痛的,起码是"低成本的",达成了支持反通货膨胀政策的共识(Sargent,1993)。反通胀过程的冲突模型和宏观经济政策制定的党派理论质疑这一共识的生命力。后凯恩斯主义理论将反通货膨胀过程理解为工人与资本家为了获得更多的收益而进行的竞争(Rowthorn,1997)。宏观经济政策的党派理论认为,政府,尤其是两党代议制民主政府坚持的收入再分配政策,更多的是为选举人服务的(Hibbs,1987)。

根据新古典学派的观点,无痛反通货膨胀政策能够发挥作用需要有较高的理性预期假说和政策可信度。进一步的条件是假设所有市场,包括劳动市场,都能持续出清,并且对市场冲击或未预期到的总需求与总供给的变化迅速作出反应。因此,在经济人调整自身经济行为以适应政府的反通货膨胀政策的过程中不存在任何时间上的延迟。在20世纪80年代早期,无痛反通货膨胀政策理念曾经在英国与美国政府的经济政策制定过程中起到相应的作用。但是,20世纪80年代的这些反通货膨胀政策并不是无痛的。经济合作与发展组织成员国的失业率急剧上升,并且在随后的十几年中一直居高不下,由此引发了长期的高失业率。

新凯恩斯主义者从经济制度结构的角度对反通货膨胀的高成本作出了解释(所谓制度结构是指菜单成本和工资契约),这一解释是对价格能够迅速调整到市场出清这一假设的挑战。菜单成本"包括让消费者知情的时间,顾客由于价格变化而产生不满情绪,以及包括思考价格变化所需要耗费的努力"(Mankiw,1990,第1657页)。虽然菜单成本在经济总体中所占比重并不是很大,但是对于单个公司而言,菜单成本会对公司的经济决策产生重要的影响,特别是在垄断竞争市场中,菜单成本会使企业不能够及时下调价格,尽管由于政府反通货膨胀政策的实施导致了市场对企业产品需求量的下降。

反通货膨胀政策所造成的总产出水平的下降与失业率的上升有可能延续很长时间,即使这种影响不是永久的,那么反通胀政策的滞后作用也非常重要:因为经济的短期调整路径往往会影响到经济的长期均衡。在一个持续的经济衰退阶段,生产能力急剧减小,工厂甚至关闭,与此同时,创新不再进行,长期竞争也可能受到损害。持久稳固的高失业率会将经济带入长期高失业率周期,这会对经济的长久稳定运行产生不利的影响。而反通货膨胀政策所造成的总产出水平的持续下降增加了实施相关政策的成本(见 Ball,1999)。

理性预期假说与政策可信度的重要性为广大政策制定者所接受,但是一小部分人仍然认为,市场能够迅速出清,因此抑制通货膨胀只存在短期成本。完全信息的政策制定者会在这些成本与通货膨胀所造成的成本之间进行权衡取舍,最终有可能得出这样的结论:"实施和保持物价稳定会给经济总体带来更多收益"(Briault,1995,第 42 页)。事实上,霍尔丹和夸(Haldane and Quah,1999)解释了(相对于历史趋势的)"水平的"英国菲利普斯曲线,该曲线自从 1980 年便被作为政策制定者追求中期通货膨胀目标的产物。然而,由于这一政策立场仍在继续,反通货膨胀成本这一问题依然悬而未决。

格雷厄姆·道森(安佳译)

参见:

Adaptive Expectations; Business Cycle: Political Business Cycle Approach; Credibility and Reputation; Expectations-augment Phillips Curve; Gradualism versus Cold Turkey; Hysteresis; Menu Costs; Natural Rate of Unemployment; Nominal Rigidity; Phillips Curve; Rational Expectations.

参考文献:

Ball, L. (1993), 'How Costly is Disinflation? The Historical Evidence', *Business Review*, Federal Reserve Bank of Philadelphia, November-December.

Ball, L. (1994), 'What Determines the Sacrifice Ratio?', in N. G. Mankiw(ed.), *Monetary Policy*, Chicago: University of Chicago Press.

Ball, L. (1997), 'Disinflation and the NAIRU', in C. D. Romer and D. H. Romer (eds), *Reducing Inflation: Motivation and Strategy*, Chicago: University of Chicago Press.

Ball, L. (1999), 'Aggregate Demand and Long-Run Unemployment', *Brookings Papers on Economic Activity*, no. 2, pp. 189 – 251.

Blanchard, O. J. and L. H. Summers(1988), 'Hysteresis and the European Unemployment Problem', in R. Cross (ed.), *Unemployment, Hysteresis and the Natural Rate Hypothesis*, Oxford: Basil Blackwell.

Briault, C. (1995), 'The Costs of Inflation', *Bank of England Quarterly Bulletin*, February, pp. 33 – 45.

Cecchetti, S. G. and R. W. Rich (1999), 'Structural Estimates of the U. S. Sacrifice Ratio', *Federal Reserve Bank of New York Staff Report*, March.

Chadha, B., P. R. Masson and G. Meredith(1992),'Models of Inflation and the Costs of Disinflation', *IMF Staff Papers*, 39, pp. 395 – 431.

Cross, R. (ed.)(1988), *Unemployment. Hysteresis and the Natural Rate Hypothesis*, Oxford: Basil Blackwell.

Friedman, M. (1968),'The Role of Monetary Policy, *American Economic Review*, 58, March, pp. 1 – 17.

Haldane, A. and D. Quah(1999),'UK Phillips Curves and Monetary Policy'(http://econ.lse.ac.uk/~dquah/).

Hibbs, D. A. (1987), *The Political Economy of Industrial Democracies*, Cambridge, MA: Harvard University Press.

Lucas, R. E. Jr(1973),'Some International Evidence on Output-Inflation Trade-Offs', *American Economic Review*, 63, June, pp. 326 – 34.

Mankiw, N. G. (1990),'A Quick Refresher Course in Macroeconomics', *Journal of Economic Literature*, 28, December, pp. 1645 – 60.

Rowthorn, R. (1977),'Conflict, Inflation and Money', *Cambridge Journal of Economics*, 1, pp. 215 – 39.

Sargent, T. J. (1993), *Rational Expectations and Inflation*, 2nd edn, New York: Harper & Row.

205. 通货膨胀率 Inflation Rate

通货膨胀率是指一般物价水平的上涨程度；通常用基年物价水平的百分比来表示。我们也可以用一系列物价指数衡量通货膨胀的程度。这一系列物价指数包括英国零售物价指数（这一指数旨在衡量一般家庭购买一篮子商品和服务所需成本的变化情况）、隐性国内生产总值平减指数（这一指数用于度量国内生产总值固定价格除以国内生产总值现价所产生的所有商品和服务价格的变动情况）。在通常情况下，通货膨胀率用连续年份价格变化的百分比表示。

参见：

Nominal GDP；Real GDP.

206. 通货膨胀目标 Inflation Targeting

通货膨胀目标是一种货币政策措施,它包括五个方面的内容:(1) 公开宣布的中期通货膨胀数字目标;(2) 将物价稳定作为货币政策的首要目标并用法律形式加以确定;(3) 信息包容策略,其中很多变量——其中不仅包括货币总量或汇率——都被用来确定政策工具的特征;(4) 逐渐透明化的货币政策策略,通过与公众和市场在货币当局的计划、目标和决策方面进行沟通来实现;(5) 中央银行为达到通货膨胀目标所应承担的更多的责任。上述五个方面说明,确立通货膨胀目标的关键不仅在于公开宣布来年的通货膨胀数字目标。这一点在广大新兴市场经济国家尤为明显,因为在这样的国家中,数字化通货膨胀目标经常被作为来年政府经济计划中的组成部分,但政府的货币政策不以单纯控制通货膨胀为目标,还需要从其他四个方面来维持中期目标。自 1990 年以来,通货膨胀目标便为很多工业化国家(新西兰、加拿大、英国、瑞典、以色列、澳大利亚和瑞士),以及相当一部分新兴市场经济国家(智利、巴西、韩国、泰国和南非)和一部分转型国家(捷克、波兰和匈牙利)所共同采纳。

通货膨胀目标需要对什么是实际中的价格稳定性作出判定。格林斯潘曾提出过一个被广为接受的定义:所谓价格稳定性是指通货膨胀率非常低,以至于一般家庭和企业在日常经济决策中不将其作为考虑的因素。这个关于价格稳定性的定义很有道理,且很有实践意义。根据这个定义,任何处于 0%—3% 之间的通货膨胀率都符合这一标准。尽管一些经济学家如费尔德斯坦(Feldstein,1997)认为,在长期中,通货膨胀率目标应该是零;另外一些人如阿克洛夫等(Akerlof et al.,1996)则认为,人为地将通货膨胀率设定在很低的水平上,会使经济运行缺乏整体效率,并且会导致较高的失业率。阿克洛夫的言论是自相矛盾的,因为我们显然不能将长期通货膨胀率假定为零,如果这样做,很容易发生通货紧缩,而通货紧缩会导致金融不稳定和严重的经济衰退(进一步的讨论见 Mishkin,2001)。事实上,所有被选定的长期通货膨胀目标在数值上都会大于零,一般情况下在 1%—3% 不等。一旦通货膨胀率达到低水平,通货膨胀目标制定者仍然会对这些指数的数值进行有计划的调整,因为无论是数值过大还是数值过小,对于政策制定者都没有意义。事实上,通货膨胀目标制定者认为,有计划的通货膨胀目标有助于中央银行稳定实际产出水平,因为面对疲软的经济,政策制定者可以不用担心会引起公众对通货膨胀率预期的上升,而能轻易消除经济中的不稳定因素。

将通货膨胀目标作为货币政策的中期策略,有以下几个方面的优势。与固定汇率不同,它能够使货币政策充分考虑本国经济运行的状况,因此能够对本国经济波动作出迅速反应。通货膨胀目标作为另外一种可行的货币政策策略,与单纯的货币目标不同,它并没有要求只有当货币与通货膨胀之间的关系稳定时,政策才能够发挥作用,通货膨胀目标并不依赖于货币与通货膨胀之间的稳定关系,而是动用所有可以获得的信息,确定最佳货币政策工具。通货膨胀目标还具备这样的优势,它很容易为公众接受,因此它非常透明。

因为明确的通货膨胀数字目标增加了中央银行的责任,因此,通货膨胀目标有能力减少中央银行落入时间不一致陷阱的可能性。而且,时间不一致性往往是由于(隐蔽或公开的)想让中央银行承担扩张性货币政策的政治压力所致。与之相比,通货膨胀目标能够将政策争论的焦点集中在中央银行能够在长期中利用货币政策做什么(控制通货膨胀),而不是强调中央银行在长期中通过货币政策不能做什么(提高总产出水平、降低失业率、增加外部竞争力)。

由于通货膨胀目标要传达这些结果,所以其本身必须具备一个很强的制度约束,以保证控制物价稳定是中央银行的头号任务。通货膨胀目标同样致力于保证在使货币政策透明化方面和保持与公众交流信息的正常渠道方面施加更大的影响。事实上,这些方面已经成为货币政策在工业化国家中发挥作用的主要原因。正如米什金和波森(Mishkin and Posen,1997)以及伯南克等人(Bernanke et al.,1999)所阐明的,通货膨胀目标化的中央银行能够与政府频繁沟通,同时他们的官员也有机会公开宣讲自己的货币政策措施。通货膨胀目标化的中央银行向公众化迈进了一步,他们发布通货膨胀报告类的官方文件(最早由英格兰银行在1993年2月发起),以向公众提供更加明晰的央行对于过去和将来通货膨胀运行的总体看法及所要采取的货币政策。

通货膨胀目标体制的另一个重要特征就是高度透明化的通货膨胀政策,这使得央行承担了更多的社会责任。与政府执行稳定货币政策所获得的重大成功相比,一个提前宣布并且经过精心设计的通货膨胀目标能够为独立的中央银行获得公众支持提供工具,即使不存在有关业绩评价和惩罚的严格界定的法规标准,这种作用也非常明显。

对于通货膨胀目标的批评主要认为这种货币政策策略有七点不足。其中四点不足主要是指通货膨胀目标过于严格,在执行过程中需要更多相机抉择,同时,过于严格的通货膨胀目标增加了总产出水平不稳定的可能性,并会最终影响到整体的经济增长速度,这在米什金(1999)和伯南克等人(1999)的文章中已有讨论。在现实中,以"有约束的相机抉择"为特征的通货膨胀目标没有受到太多批评。通货膨胀目标的第五点不足是指中央银行会因此而承担更少的责任,因为通货膨胀是难以控制的,而且通过货币政策工具达到抑制通货膨胀的效果,中间需要很长的时间。这一点在某些新兴市场经济国家中尤为明显。通货膨胀目标最后两点不足主要是指它不能够阻止财政独断,并且由通货膨胀目标所决定的汇率水平波动有可能会引发金融不稳定,新兴市场经济国家中也存在这一不足。

与汇率水平和货币总额不同,通货膨胀率不会轻易被中央银行控制,而且,通货膨胀的后果加上含政策工具变化的效应,在很长时间之后才会释放出来。这就需要中央银行进行斯文森所说的"通货膨胀目标预测"(Svensson,1997),即中央银行力图在目前政策水平上使预期的通货膨胀水平符合实际发生的通货膨胀水平。当通货膨胀率逐渐变低的时候,我们在进一步控制通货膨胀水平方面会遇到更加棘手的问题。在这种情况下,通货膨胀预测误差可能会很高,通货膨胀目标可能会迷失方向,最重要的是,在这种条件下,中央银行的通货膨胀政策很难为公众所接受,公众会要求央行对于偏差作出合理解释。正如马森等人(Masson *et al.*,1997)、伯南克等人(Bernanke *et al.*,1999)、米什金和萨瓦斯塔诺(Mishkin and Savastano,2001)所说的那样,通货膨胀目标只有在反通货膨胀成功之后,才有可能成为一种有效策略。

通货膨胀目标的第六点不足是指它可能不足以保障财政纪律,或不能防止财政独断。即使这样,政府仍然能够在通货膨胀目标不变的情况下,实施不负责任的财政政策。在长期中,巨额的财政赤字将会导致通货膨胀目标的解体:财政赤字将会在币值严重下降的情况下,最终货币化或者转化为公共债务,高通货膨胀将随之而来。因此,不存在财政独断是通货膨胀目标发挥作用的先决条件,设置能够有效监控财政政策的制度是通货膨胀目标发挥作用的重要基础(Masson *et al.*,1997;Mishkin and Savastano,2001)。与之相似的是,一个健全的金融体系也是通货膨胀目标发挥作用的先决条件。这是因为,在新兴市场经济国家中,当金融体系不稳定之时,通货膨胀将更加起伏不定。然而,正如米什金和萨瓦斯塔诺(2001)所指出的那样,一个健全的金融体系以及非独断的财政政策对于其他任何货币政策的稳定性和有效性,其中包括货币局制度或完全美元化,都起到至关重要的作用。事实上,通货膨胀目标政策(包括对政府控制价格未来调整的配合)有助于将财政政策约束在政府主动设定的目标范围内。

最后,高度的美元化会给通货膨胀目标带来潜在危险。事实上,很多新兴市场经济国家中的企业、家庭和银行收支表都已经美元化,大量的长期贷款也以美元作为结算方式(Calvo,1999)。因为通货膨胀目标需要名义汇率弹性,因此,汇率波动是不可避免的。但是,严重的币值低估就会增加以美元为结算方式的债务负担,同时会导致收支表上的利润大幅下降,这一切将会使国家所面临的金融危机的风险成倍增加(Mishkin,1996)。这表明,广大新兴市场经济国家在通货膨胀目标下执行货币政策时,不能无视汇率,而汇率的作用应该服从于通货膨胀目标(至于如何做到这一点的细节,见 Mishkin and Savastano,2001)。

通货膨胀目标在推行这一策略的国家中无不获得了巨大的成功。这一证据表明,实行通货膨胀目标的国家比不实行这一目标的国家能够更好地控制通胀水平。但是与某些采取其他货币政策的工业化国家相比,这一目标政策在控制通胀方面显得不尽如人意(Bernanke *et al*,1999;Corbo and Schmidt-Hebbel,2000)。在通货膨胀目标政策的影响下,当货币政策更明确地将其重心放在抑制通货膨胀上,很可能被通货膨胀目标加强时,中央银行的独立性和通货膨胀目标得以相互强化(Bernanke *et al*,1999;Cecchetti and Ehrmann,2000;Corbo and Schmidt-Hebbel,2000)。尽管通货膨胀目标政策取得了巨大的成功,但它并不是一副万能的灵丹妙药:该政策充分发挥作用需要一套健全的并且能够对政府的财政政策做出及时反应的内部机制,一个运转良好的并且能够不断改良的金融机构,只有这样,通货膨胀目标政策才有可能达成并且保持低通货膨胀水平。

弗里德里克·S.米什金(张鹏译)

参见:

Central Bank Accountability and Transparency; Central Bank Independence; Monetary Policy: Role of; Time inconsistency.

参考文献:

Akerlof. G., W. Dickens and G. Perry (1996), "The Macroeconomics of Low Inflation", *Brookings Papers on Economic Activity*, 1, pp. 1 - 59.

Bernanke, B. S., T. Laubach, F. S. Mishkin and A. S. Posen(1999), *Inflation Targeting: Lessons from the International Experience*, Princeton, NJ: Princeton University Press.

Calvo, G. (1999), "Capital Markets and the Exchange Rate", mimeo, University of

Maryland, October.

Cecchetti, S. and M. Ehrmann (2000), "Does Inflation Targeting Increase Output Volatility? An International Comparison of Policymakers' Preferences and Outcomes", *Central Bank of Chile Working Papers*, 69, April.

Corbo, V. and K. Schmidt-Hebbel(2000), "Inflation Targeting in Latin America", paper presented at the Latin American Conference on Financial and Fiscal Policies, Stanford University, November.

Feldstein, M. (1997), "Capital Income Taxes and the Benefits of Price Stability", *NBER Working Paper*, no. 6200, September.

Masson. P. R., M. A. Savastano and S. Sharma(1997), "The Scope for Inflation Targeting in Developing Countries", *IMF Working Paper*, 97/130, October.

Mishkin, F. S. (1996), "Understanding Financial Crises: A Developing Country Perspective", in M. Bruno and B. Pleskovic (eds) *Annual World Bank Conference on Development Economics*, Washington, DC: World Bank, pp. 29 – 62.

Mishkin, F. S. (1999), "International Experiences with Different Monetary Regimes", *Journal of Monetary Economics*, 43, pp. 579 – 606.

Mishkin, F. S. (2001), "Issues in Inflation Targeting", in *Price Stability and the Long-Run Target for Monetary Policy*, Ottawa: Bank of Canada.

Mishkin, F. S. and A. S. Posen (1997), "Inflation Targeting: Lessons from Four Countries", *Federal Reserve Bank of New York Economic Policy Review*, August, pp. 9 – 110.

Mishkin, F. S. and M. A. Savastano (2001), "Monetary Policy Strategies for Latin America", *Journal of Development Economics*, October.

Svensson, L. (1997), "Inflation Forecast Targeting: Implementing and Monitoring Inflation Targets", *European Economic Review*, 41, June, pp. 111 – 46.

207. 通货膨胀税 Inflation Tax

由于政府发行货币和银行准备金导致通货膨胀水平上升而带来的收入的增加,也称铸币税。

208. 内在时滞 Inside Lag

内在时滞是指官方在进行政策转变时所花费的时间。内在时滞可以被分解为以下几个部分：认识时滞、决策时滞和实施时滞。认识时滞或发现时滞的产生，是由于官方在试图变更政策初期需要收集、处理、分析重要经济变量的相关数据。因此，在政府试图变更政策与政府决定变更政策之间会产生一段时滞。决策时滞是指政府必须通过分析相关数据确定政策对于经济的影响或冲击是短期的还是相对小的或者是永久的，因为正确的经济政策变更必须能够使实际经济运行状况与计划经济目标相符合。即使政府认为进行经济政策变更是必要的，在实际实施这一新经济政策的过程中仍然会出现一个更长的时间延迟。以上时间延迟很大程度上取决于政策的制定者能否迅速让政策变化获得支持。例如，美国货币政策的时滞往往比财政政策的实施时滞要短。因为美国联邦储备委员会可以相对独立和公正地制定所需要的经济政策，然而，大部分的财政政策变化需要白宫和国会的共同支持才能够实现，因此在实际实施过程中往往会花费更多的时间。

参见：

Federal Reserve System; Fiscal Policy: Role of; Monetary Policy: Role of.

209. 内在货币 Inside Money

主要基于私人部门负债的货币。内部货币最主要的例子就是商业银行的存款，这些存款与私人部门向银行贷款所承担的债务相对应。

参见：

Outside Money.

210. 内部人-外部人理论 Insider-Outsider Theory

真实工资刚性的内部人-外部人理论最初是用来解释非自愿失业的。20世纪

80年代,阿萨尔·林德贝克和丹尼斯·斯诺通过一系列合作提出了这一理论,并作为新凯恩斯经济理论的重要组成部分在当时受到广泛推崇。参见林德贝克和斯诺(Lindbeck and Snower,1988,《就业和失业的内部人-外部人理论》,麻省理工学院出版社)。在这一理论中,所谓内部人是指在职雇员,而外部人是指失业工人。内部人的力量来源于劳动转换成本,主要包括雇用和解雇成本(比如广告支出和服务支出)以及培训新雇员的成本。如果内部人感觉到他们的岗位受到外部人的威胁,他们往往拒绝与新雇员合作,并干扰外部来的新工人。这一事实加强了内部人的能力。结果,内部人可以影响新雇员的生产率。而且,大量无效工作的出现使外部人的保留工资上升,这使企业没有足够的动力去雇用他们。在这种情况下,人们普遍认为,内部人有足够的议价能力,可以使自己的工资水平高于市场出清的平均工资水平,而不用担心被雇主解雇或被外部人替代。因此,内部人-外部人理论可以解释为什么实际工资水平导致了非自愿失业。

参见:

Involuntary Unemployment in Keynesian Economics; New Keynesian Economics; Real Rigidity.

211. 国际货币基金组织 International Monetary Fund

1944年7月,在美国新罕布什尔州举行的布雷顿森林会议上,45个国家的政府同意组建一个经济合作框架,该组织的目标是避免导致20世纪30年代大萧条的灾难性事件和政策的重演。1945年12月,29个国家签署了相关协议条款(宪章)后,国际货币基金组织(IMF)宣告正式成立。国际货币基金组织终于在1947年3月1日开始金融运作。目前,世界上193个国家中有183个国家是该组织的会员国。根据国际货币基金组织宪章的第一条款,该组织的目标如下:

1. 通过一个能够在国际货币问题方面提供咨询和帮助的永久性组织促进国际货币的进一步合作;

2. 帮助扩大国际贸易总量,保证其稳定均衡增长,在一定程度上帮助提高并维持各成员国的高就业水平和高收入水平,尽力提高各成员国资源利用效率是该组织的首要经济目标;

3. 促进汇率稳定,维护成员国间的有序货币安排,避免各国货币竞相贬值;

4. 在目前各成员国货币交易机制的基础上建立一个多边货币支付平台,削减由于成员国实行外汇交易管制所带来的对世界贸易增长的负面影响;

5. 在合适的担保条件下,为成员国提供资源,以提升成员国的信心,因此给他们提供调节国际收支失衡的机会,而不用去采用那些会造成国内和国际经济崩溃的措施;

6. 缩短成员国国际收支失衡的持续时间和程度。

在运作过程中,国际货币基金组织对其成员国的国际货币收支进行了有效的监督,并及时提供了金融和技术方面的帮助。该组织的监督活动主要是指对成员国的经济政策进行评估。金融帮助主要指用信用和贷款方式,对那些出现国际收支问题的成员国及正在进行经济政策调整和改革的成员国进行帮助。技术帮助主要是指该组织向成员国提供经济政策的专家性建议和咨询,包括在相关机构和制度建立、金融和货币政策、相关统计数据的收集和分析以及培训有关技术人员方面的意见(见 *http://www.imf.org*)。国际货币基金组织对借款国所采取的政策是有条件的。该组织的金融资源来源于各成员国的承购份额,份额的大小与各成员国的实际经济水平相一致。因此,美国占目前总份额的 17.6%。在最近几年中,随着全球化的发展,国际货币基金组织面临着新的困难和挑战,尤其是近年来不断爆发严重的金融危机。21 世纪,国际货币基金组织面临的首要任务是建立一个更加稳定的国际货币体系,该体系拥有更多的开放性、透明性和责任性。近年来,国际货币基金组织受到诺贝尔奖得主斯蒂格利茨的尖锐批评,斯蒂格利茨指责该组织造成了某些经济危机(见 B. 斯诺登,《重新定义政府的作用:约瑟夫·斯蒂格利茨论后华盛顿共识的建立》,载《世界经济学》,2,2001 年 7—9 月;参见 P. 科利尔和 J. 坎宁,《国际货币基金组织在结构调整中的作用》,载《经济学杂志》,109,1999 年 11 月;B. 艾肯格林,《全球化的资本:国际货币体系的历史》,普林斯顿大学出版社,1998;B. 艾肯格林,《新国际金融结构初探:后亚洲的实际议程》,国际经济学研究所出版社,1999;S. 费希尔,《国际金融体制改革》,载《经济学杂志》,109,1999 年 11 月和 A. 克鲁格尔,《世界银行和国际货币基金组织向何处去》,载《经济学文献杂志》,36,1998 年 12 月)。

参见:

Bretton Woods;Globalization;Great Depression.

212. 劳动的跨时替代 Intertemporal Substitution of Labour

罗伯特·卢卡斯和伦纳德·拉平在《真实工资、就业和通货膨胀》(载《政治经济学杂志》,77,1969年9—10月)一文中,提出了劳动跨时替代假说,根据这一假说,居民通过改变劳动的供给来应对真实工资的暂时变动,当真实工资暂时上升时,他们一般愿意工作更长的时间,或者当真实工资降低时工作更短的时间。这一分析方法的要旨可以概括如下。在任何时候,劳动者都必须就劳动与休闲之间的时间分配作出决策。根据假设,劳动者了解名义的或预期的真实平均工资水平。如果现阶段的真实工资高于名义真实工资,那么劳动者有增加劳动时间的动力(闲暇时间会相对减少);当真实工资低于预期水平时,劳动者具有增加闲暇时间的动力(劳动时间会相应减少)。同时,如果当前真实工资低于名义工资,工人则在当前有增加闲暇的动力,并期望在未来真实工资上升时,工作更长时间(减少闲暇)。因此,劳动的供给是由可以预期到的真实工资的暂时变动所决定的。这种以目前闲暇来替代未来闲暇或者以未来闲暇替代目前闲暇的行为,被称作劳动的跨时替代。

213. 投资加速理论 Investment: Accelerator Theory of

固定资产投资的加速理论假定净投资是过去产出增长的函数。简单的加速理论强调现阶段产出水平的增加是净投资的决定性因素。因为净投资被定义为生产能力的增长过程,也就是资本存量的增长过程。如果投资者预期未来产出的需求会增加,那么固定资产投资者会需要大量的资本存量。这就意味着,在给定固定资本—产出比 v 的前提下,所需的资本存量是

$$K_t^* = vY_t^e$$

其中,K_t^* 代表 t 时期所需的资本存量,v 是资本-产出比。Y_t^e 代表 t 时期的预期产出水平。因此净投资可以表示为

$$I_{nt} = \Delta K_t^* = v\Delta Y_{t+1}^e$$

其中,I_{nt} 表示 t 时期的净投资。

假设投资者根据目前产出水平形成了对未来产出水平的预期。则有:

$$I_{nt} = v\Delta Y_t$$

简单加速理论认为,在同一时期内,存在对任何所需资本存量的完全调整。这就是说,投资决策过程不存在任何时滞。弹性加速理论适应这一模型而为时滞效应留有余地:

$$I_{nt} = v\sum_{j=0}^{\infty}\beta_j\Delta Y_{t-j},$$

在这里,弹性加速理论模型在产出增加方面引入了分配时滞。通过这种方式,弹性加速理论承认过去总产出水平增加所带来的效应的传播是滞后的——反映出决策、融资、订单、传递以及实施的滞后。对于建立在适应性预期假说基础之上的局部投资调整模型,时滞代表了预期因素以及向所需资本存量调整过程中的时间延迟。在弹性加速模型中,通过假设产出分配滞后的递减,时滞结构可以通过滞后的资本存量进行掌握(Koyck,1954)。

在弹性加速模型中,尽管固定资产投资的加速理论倾向于与凯恩斯的宏观经济分析方法相联系,但这一思想最早的提出者克拉克(Clark,1917)认为:"扩大生产方式的需求并不随对最终产品的需求量的变化而变化,而是随需求的累积变化而变化,这里考虑的是,设备不能像需求变化那样,迅速得到调整这一事实"(第234页)。至少粗略看来,这一点与凯恩斯的分析方法并不一致。因为凯恩斯在资本的边际效率和预期收益的讨论中,始终强调价格因素的重要作用,这一点在《通论》第11章有过表述。但在《通论》第12章,凯恩斯认为,已经形成的对于投资收益的合理预期是有问题的,因为这一预期充满了不确定性。马修(Matthews,1959)进一步解释,固定资产投资者使用当前需求作为对未来预期收益的替代变量。这就在凯恩斯理论与加速理论之间建立了一种联系:给定不确定性,就可以用量的变量值作为未来预期收益的参考值。

自克拉克1917年发表了关于加速理论模型的讨论文章后,众多加速模型蜂拥而出。早期加速模型的建立要归功于哈罗德(Harrod,1939)、丁伯根(Tinbergen,1938)和钱纳里(Chenery,1952)。他们的分析强调了产出水平与需求变量是固定资产投资活动的重要决定因素。但是,自乔根森(Jorgenson,1963)提出他的新古典理论起,实证分析对传统观点进行了彻底颠覆。在其基本理论框架中,新古典理论与加速理论相似,两者都是关于所需资本存量或最优资本存量调整过程的模型。但是,两者之间最大的不同在于,两套理论采用的相对要素价格的可信度的作用。新古典理论认为,资本-劳动比能够对相对要素价格的变化作出适时的反应,并且相对要素价格变化的替代弹性是相同的。与此相反,加速理论认为生产过程是刚性的,资本-劳动比恒定不变,因为资本与劳动是互补的,因此,在现有技术水平约束条件下,必须按固定比例投入。在加速理论中,由相对要素价格变化引起的要素之间的替代弹性为零。

随后,大量的实证分析如雨后春笋般涌现出来,分别对这两套理论进行实证评估。这些实证分析主要是对"弹性-刚性"模型的替代弹性进行估算。多数结果表明,替代弹性介于 0—1 之间。因此人们普遍认为,加速理论与新古典理论相比具有更强的解释能力。然而,这种更强的解释能力并不是在任何条件下都有效。例如新古典理论能够很好地对资本的出租成本(新古典理论中包含的要素价格变量)作出评估,而加速理论却做不到这一点。而且,对乔根森新古典理论的某些重要批判(在其最基本的形式中,它将静态预期与用特定方法引入的经验说明中的时滞结合起来)对于加速理论同样适用。实际上,认为长期中资本存量是弹性的,而在短期中资本存量是刚性的这样一个观点,只是貌似有理。

对于加速理论的实证支持,由于其不断同义反复也应该受到批判:既然资本是生产过程的投入要素,因此在资本累积(净投资)与产出之间具有某种关系并不令人惊异。所以对于加速理论的评估,没有必要拘泥于这种因果关系。但加速理论确实有它自身的优势:即它是一个前后一致的宏观经济模型,而乔根森的理论建立在严格的微观假设基础上,并且忽略了当微观经济理论转化为宏观经济理论时所必然要面对的问题。

鉴于加速理论(以及乔根森的新古典理论)的实证问题,近年对固定资产投资的研究集中在调整成本的作用(见于托宾 q 的文献)和不确定性(见于后凯恩斯学派的文献,以及具有讽刺意味的是,见于其意识形态的对立面——公共选择学派的文献)。所有的这些理论确实考虑到了数量要素的变化,因为未来预期的总产出水平与需求水平将不可避免地决定未来的盈利能力。从这个意义上出发,克拉克早期的分析以及后来加速理论的发展为我们理解固定资产投资作出了贡献。

米歇尔·巴德利(安佳译)

参见:

Adaptive Expectations;Cycles:Keynesian Approach;Investment:Neoclassical Theories of;Keynesian's *General Theory*;Multiplier-Accelerator Model.

参考文献:

Baddeley, M. (forthcoming), *The Analysis of Investment*, London: Palgrave.

Chenery, H. B. (1952), "Overcapacity and the Acceleration Principle", *Econometrica*, 20, January, pp. 1–28.

Clark, J. M. (1917), "Business Acceleration and the Law of Demand: A Technical Factor in Economic Cycles", *Journal of Political Economy*, 25, March, pp. 217–35.

Harrod, R. F. (1939), "An Essay in Dynamic Theory", *Economic Journal*, 49, March, pp. 14–33.

Jorgenson, D. W. (1963), "Capital Theory and Investment Behaviour", *American Economic Review*, 53, May, pp. 247–59.

Jorgenson, D. W. (1971), "Econometric Studies of Investment Behaviour: A Survey", *Journal of Economic Literature*, 9, December, pp. 681–712.

Jorgenson, D. W. (1996), *Investment*, Cambridge, MA: MIT Press.

Junankar, P. N. (1972), *Investment: Theories and Evidence*, London: Macmillan.

Keynes, J. M. (1936), *The General Theory of Employment, Interest and Money*, London: Macmillan.

Koyck, L. M. (1954), *Distributed Lags and Investment Analysis*, Amsterdam: North-Holland Publishing Company.

Matthews, R. C. O. (1959), *The Trade Cycle*, Cambridge: Cambridge University Press.

Tinbergen, J. (1938), "Statistical Evidence on the Acceleration Principle", *Economica*, 5, May, pp. 164–76.

214. 新古典投资理论 Investment: Neoclassical Theories

最近几年,企业对真实资本品投资的模型层出不穷。在多数研究中,企业被假定在给定的生产技术水平并面对竞争性信贷和投入产出市场对最佳资本存量进行选择。对投资路径的推导通常需要对调整成本或传递时滞进行进一步假设。人们通常假定:一、资本存量按固定外生比率贬值;二、旧的资本存量会被同质的新资本存量(或相同水平的技术)所代替。由于相当多的资本品价格昂贵,并且可以连续使用多年,企业必须考虑未来市场对于产品的需求会如何变化,投资品和产出的价格在未来是否会遭受冲击等诸如此类的问题。换言之,企业是根据对未来的预期进行投资的。很明显,预期因素在我们对于投资决策的理解过程中扮演了十分重要的角色:企业是如何预测未来的?什么样的变化会使企业对未来的预期发生改变?有一个十分重要却经常被忽略的问题,即企业投资总额构成了整个经济系统的投资总额。这显然意味着大多数投资理论所基于的假设是不切实际的,这些理论的价值只有当它们(在经济计量学意义上)成功解释了企业的投资支出时才能显现出来。

大多数新古典投资理论都建立在给定生产函数的厂商(预期)利润最大化或者现值最大化的基础上。这些理论中的相当一部分对最优资本存量进行了解释,然后便转向了投资(流动)方程。理论中几个变量取决于是否存在调整成本,是否存在不确定性,市场是否是完全竞争的信贷或投入产出市场。

在乔根森(Jorgenson,1967)的新古典投资理论中,企业被假设为在具有最佳资本存量的(凹型)生产函数条件下,最大化其回报的流动现值。乔根森随后假定,投资函数可以从两个相互替代的资本存量的均衡路径差中推导出来。正式模型可以描述为下列最大化未来利润现值的过程:

$$PV = \int_0^\infty e^{-rt}[pY - wL - qI]dt$$

s. t.

$$Y = Y(K, L)$$

$$NI_t = I_t - \delta K_{t-1}$$

根据生产函数和既定的关系,净投资等于扣除贬值后的总投资额(=资本存量的固定比率)。因此:

$$K_t^* = K_t^*(w_t, c_t, p_t)$$

以及

$$I_t^* = I_t^*(w_t, c_t, p_t, K_{t-1})$$

其中 I 代表总投资,NI 代表净投资,Y 代表产出水平,p 代表产出价格,K 代表资本存量,L 代表劳动,w 代表工资率,c 代表资本使用的成本(见下文),r 代表利率,q 代表投资品的价格,星号指预期价值。注意,为简单起见,没有在符号中下标时间。资本的使用成本 c 是:

$$c_t = q_t(r_t + \delta) - (dq_t/d_t)$$

用文字表述,资本使用成本是指资本品中相关资金(q_t)的机会成本加上贬值的资本品,再减去由于资本品价格上升而带来的所有资本收益。在乔根森的理论框架中,计划总是可以实现的。给定静态预期和可回收资本,我们会作出一个缺乏远见的决策:由于企业可以无成本地调整其资本存量,所以企业只注意当前价格。在实证研究中,乔根森为各种不同的滞后分布留下了空间。

艾斯纳和斯特罗茨(Eisner and Strotz,1963)批评了上述理论框架,他们在给定生产函数和二次调整成本函数基础上构建了现值最大化模型。这些调整成本可以是"内部的"也可以是"外部的"。内部调整成本是指企业为了弥补产出的损失而追加新的资本品时所产生的成本(一些投入要素如劳动,可能会从生产中撤出而追加到新资本品中)。外部调整成本是指企业在投资过程中会导致资本品价格上涨的成本。参见凯恩斯(1936)。上述调整成本是凸型的(边际调整成本递增),这一点至关重要,否则可用所谓"两极"解法,瞬时调整资本存量。该模型将投资看作相对价格和滞后产出的函数(了解更多细节请参见 Junankar,1972;Nickell,1978)。

投资理论中非常重要的一点是判断投资究竟可回收(意即我们是否可以按照资本品的实际贬值程度出售旧的资本品)还是不可回收。不可回收是指对于已经使用的资本品不存在二手交易市场。投资于特殊企业或行业的投资支出,因其无法回收而成为企业的沉没成本。资本品的不可回收性产生于"柠檬问题"(资本品的质量对潜在的购买者是不确定的,如果它被出售,那它一定是坏的!)或体制问题如资本管理(企业不能卖掉它的资产或在这个国家再投资)。与之相类似的是,人力资本的投资也受雇佣以及解雇劳动成本的影响。阿罗在一篇早年论文(Arrow,1968)中曾经指出,如果投资是不可回收的,那么简单的投资理论就失去了作用。

托宾(Tobin,1969)为这一问题的研究作出了重要贡献,他认为,投资是企业资本存量市场价值与其资本存量之比的正函数。这就是托宾 q 理论,该理论假设,企业通过比较一增量单位资本的市场价值和该增量资本的置换成本来决定是否对资本品进行投资。换言之,与投资相关的是边际 q。在确定的条件下(即生产函数与调整成本函数是线性的,且劳动与资本具有同质性),边际 q 与平均 q 相等,见海亚什(Hayashi,1982)。

随后,阿贝尔(Abel,1983)、伯南克(Bernanke,1983)以及麦克唐纳和西格尔(McDonald and Siegel,1986)又对这一理论作出了重要革新。他们将不确定因素引入投资过程,认为投资如同在金融市场进行选择。这一将投资置于不确定性条件下的分析方法继而被迪克斯特与平狄克加以精心"修缮",并逐渐成形(Dixit and Pindyck,1994)。他们认为,投资如同在金融市场上进行选择,其结果都是不可逆的:一个企业既可以现在投资也可以等到将来再去投资。如果准备将来投资,那么就会存在一个等待的机会成本,为了弥补这个成本,这一等待中就会存在一个预期回报。在日常生活中,那些打算给自己买电脑的消费者也必须在是现在买还是等将来电脑价格下降之后再买或者将来买一个功能更加强大的电脑之间作出选择。这里存在一个机会成本(由于等待而失去了的使用),但也存在一个潜在收益(一个更低的价格或者一台功能更强大的电脑)。

值得注意的是,在这个理论框架中,对一个企业来说,如果未来比现在预期的更坏,那么在不考虑有可能出售资本的条件下,最大化其净现值可能不是最优选择;如果未来比预期要好,才会买卖资本存量。阿贝尔等(Abel et al.,1996)提出了一个有趣的解释,表明了托宾 q 理论与迪克斯特和平狄克的最优选择理论之间的联系。

这个理论的重要含义是它引出了投资的滞后现象。当前的投资取决于先前投资的时间路径,在这个理论中,不确定性对于投资决策起着非常重要的影响,一般而言,不确定因素越大,企业对投资的限制越多,投资水平越低。经济计量学的结果表明,不确定性对投资有负面效应,尽管人们目前对于不确定性因素的计量仍有很多问题。

在投资方面有一些经济计量学估算(包括企业层面的投资和宏观总量投资)。对这些结果(见 Jorgenson,1971;Chirinko,1993;Carruth et al.,2000)进行大致粗略的总结,可以发现产出水平是决定投资的一个非常重要的因素,而相对价格(包括利率与税率)在投资决策方面的作用非常有限。而且,由于投资的不可逆转性,我们可以发现不确定因素导致低水平投资。其他一些重要问题是:投资模型的细分问题(包括我们是否应该在要素需求方面建立相互联系),以及关键变量的量度问题,动态滞后结构和预期的作用。

对于政府应该采取何种措施来鼓励投资,人们早已有了很多讨论。根据乔根森的模型,税收减让可以降低资本的成本从而鼓励投资。然而多数经济计量学结果表明,税收变化的作用没有统计显性,或者作用相对较小。从现代观点看,最优选择方法表明,通过稳定利率、价格以及汇率从而降低不确定性,可以提高投资水平。一般而言,稳定可靠的(不变的)政府政策对于投资的增加是有百利而无一弊的。

一些被忽略的重要问题

技术变化在影响投资方面所起的作用非常重要,但常常被忽略。在把资本视为一种弹性-刚性商品方面,人们做了很多尝试,例如认为资本与劳动可以相互替代。但是资本品却不存在替代可能性。这导致在不确定性条件下推导投资函数时,会遇到一些复杂情况。因此,特殊形式的资本品投资可以降低生产的不确定性(例如,置换劳动的投资会降低产品或者质量的不确定性)。由于技术变化迅速,企业采取观望态度往往在竞争中处于较为优势的地位。与之类似,企业也可以通过买断竞争性的生产者或者通过垂直兼并其中间投入厂商来降低生产的风险。

总量方面仍然存在严重问题:将一个企业的投资方程简单放大,使之代表整个社会的总投资函数。然而,如果存在外部性(一个企业的投资决策会被其他企业的行为所影响),那么,社会的总投资水平就不是单个企业投资水平的简单加总。这一点见阿贝尔等人的论述(Abel et al., 1996)。进一步说,尽管外部性通常被忽略,但私人投资决策可能取决于基础建设的公共投资。对投资贬值或置换投资的分析都非常简单,好像这种投资都按固定指数率进行,这种做法过于简单了。策略要素在投资决策方面的作用在这里也常常被忽略。最后,有关为预期在影响投资决策中的作用构建模型的方式,尤其是在实证方式方面,我们还有很多需要了解的东西。

总之,新古典投资理论仍然是一个正在发展变化的理论,有证据表明,在解释宏观经济的重要变量方面,其构建模型的方式已经有了小小的变化。

P. N. 朱南卡尔(安佳译)

参考文献:

Abel, A. B. (1983), "Optimal Investment under Uncertainty", *American Economic Review*, 73, March, pp. 228 – 33.

Abel, A. B., A. K. Dixit, J. C. Eberly and R. S. Pindyck (1996), "Options, the Value Capital, and Investment", *Quarterly Journal of Economics*, Ⅲ, August, pp. 753 – 77.

Arrow, K. (1968), "Optimal Capital Policy with Irreversible Investment", in J. N. Wolfe (ed.), *Value, Capital and Growth: Essays in Honour of Sir John Hicks*, Edinburgh: Edinburgh University Press.

Bernanke, B. S. (1983), "Irreversibility, Uncertainty and Cyclical Investment", *Quarterly Journal of Economics*, 98, February, pp. 85 – 106.

Caballero, R. J. (1999), "Aggregate Investment", in J. B. Taylor and M. Woodford (eds), *Handbook of Macroeconomics*, Volume I B, Amsterdam: North-Holland, Elsevier.

Carruth, A., A. Dickerson and A. Henley (2000), "What Do We Know about Investment under Uncertainty?", *Journal of Economic Surveys*, 14, April, pp. 119 – 53.

Chirinko, R. S. (1993), "Business Fixed Investment Spending: Modeling Strategies, Empirical Results, and Policy Implications", *Journal of Economic Literature*, 31, December, pp. 1875 – 911.

Dixit. A. K. (1992), "Investment and Hysteresis", *Journal of Economic Perspec-*

tives,6,Winter,pp. 107-32.

Dixit,A. K. and R. S. Pindyck(1994),*Investment under Uncertainty*,Princeton:Princeton University Press.

Eisner,R. and R. Strotz(1963),"Determinants of Investment Behavior",*Commission on Money and Credit*: *Impacts of Monetary Policy*,Englewood Cliffs,NJ:Prentice Hall.

Hayashi,F.(1982),"Tobin's Marginal q and Average q:A Neoclassical Interpretation",*Econometrica*,50,January,pp. 213-24.

Jorgenson,D. W.(1967),"The Theory of Investment Behavior",in R. Ferber(ed.),*Determinants of Investment Behavior*,New York:Columbia University Press.

Jorgenson,D. W.(1971),"Econometric Studies of Investment Behavior:A Survey",*Journal of Economic Literature*,9,December,pp. 1111-47.

Junankar,P. N.(1972),*Investment*:*Theories and Evidence*,London:Macmillan.

Keynes,J. M.(1936),*The General Theory of Employment*,*Interest and Money*,London:Macmillan.

McDonald,R. and D. Siegel(1986),"The Value of Waiting to Invest",*Quarterly Journal of Economics*,101,November,pp. 707-28.

Nickell,S. J.(1978),*The Investment Decisions of Firms*,Welwyn:Cambridge University Press.

Pindyck,R. S.(1991),"Irreversibility,Uncertainty,and Investment",*Journal of Economic Literature*,29,September,pp. 1110-48.

Tobin,J.(1969),"A General Equilibrium Approach to Monetary Theory",*Journal of Money*,*Credit and Banking*,1,February,pp. 15-29.

215. 凯恩斯《通论》中的非自愿失业 Involuntary Unemployment in Keynes's *General Theory*

尽管凯恩斯本人并没有创造非自愿失业这个术语,但他至少要为这个术语成为经济学理论中的"热门"话题负责(例如,见 Corry,1996)。凯恩斯承认,非自愿失业是实际存在的一种现象,但当时却找不到任何经济学理论对其加以解释。填补这项理论空白的任务落在了凯恩斯肩上。

根据定义,凯恩斯认为,非自愿失业违背了古典经济学的第二假说,根据这一假说,只要存在经济行为人愿意为现行工资而工作,但仍然无法参与劳动交换的情况,就存在非自愿失业。非自愿失业描述的是,尽管经济人愿意在现行工资水平下工作,但他们却不能在劳动市场与企业达成交易(见 Keynes,1936,第 15 页)。因此,非自愿失业必定被看成是"强制闲暇"的情况。正如它所描述的某些经济人的命运那样,非自愿失业是一种"个体失衡"的表现。这就是说,处于该点上的经济人无法按需要作出自己的最优选择。劳动的超额供给或劳动市场配额是劳动市场水平上的必然结果。

凯恩斯试图将非自愿失业这一概念限定在一个较小的范围内。因此,他排除了其他几种相关的失业形式——摩擦失业,由于市场的非完全竞争导致的失业,以及由于不满意现行工资水平而自愿选择闲暇所造成的失业(前引书,第 6 页)。但模棱两可的是,他把上述几种形式全都列为自愿失业的范畴。事实上,严格按照《通论》中所描述的模型,并且抛开凯恩斯超理论的注解,只有两类失业是可以被保留的,即非自愿失业以及选择闲暇,但后面这个词凯恩斯原著中并未使用。

现在我们具体研究凯恩斯是如何解释非自愿失业这一现象的(更加详细的分析见 De Vroey,1997)。在这方面值得关注的是他在非自愿失业理论与有效需求不足理论之间反复的转换。他的《通论》第 2 章的前 5 节都用来讨论非自愿失业问题。在这之后的第 6 节,他在批评萨伊定律时突然转而讨论总需求。最后在第 7 节,他将两条线索放到一起,讨论了非自愿失业与有效需求不足的等价形式。在《通论》的后面部分(即从第 3 章起)对非自愿失业问题的讨论逐渐减少,而对充分就业与有效需求不足这两个密切相关概念的讨论逐渐增多。事实上,在后续的几章中,就像提出有效需求时所主张的必然结果一样,非自愿失业问题只是偶尔提及。

对于凯恩斯而言,有效需求决定了总供给函数与总需求函数的交点。他认为,这个交点可以出现在不同的就业水平中,充分就业只是其中的一种。只要生产与产品市场上总需求和总供给相配的一定量的产出所需的就业水平低于充分就业水平,那么就会出现有效需求不足。但是有效需求不足的部分可以通过总需求的自动增加来弥补(在这个过程中,就业率就会逐渐提高)。

凯恩斯认为,非自愿失业与有效需求不足是一个问题的两个方面。我们可以称其为对等问题。如果这种说法正确,那么凯恩斯从非自愿失业转换到有效需求不足的讨论就是有意义的。因为任何关于总需求不足的结果都同样适用于非自愿失业问题。

这个观点最核心的部分已经被许多凯恩斯主义者所接受——比如西摩·哈里斯、詹姆斯·托宾、阿克塞尔·莱琼霍夫德以及保罗·戴维森等人。然而,令人吃惊的是,这个核心部分常常被认为是理所当然的,而不是经过深思熟虑、反复论证的结果。现在,让我们用两种方式对其进行检验,一是从概念上,一是从经济理论上进行分析。

根据第一种方式,我们所要做的是探求充分就业的真实含义,因为这个概念在自愿失业与有效需求不足之间建立了联系。凯恩斯在《通论》的第2章指出,只要在讨论中没有指明是非自愿失业,都可以认为是在充分就业条件下进行讨论(Keynes,1936,第15—16页)。充分就业因此被描述为非自愿失业的相反状况。在《通论》第3章,凯恩斯指出,只要就业对产出的有效需求增加的反应是缺乏弹性的,那么我们就可以认为此时已经达到了充分就业水平(前引书,第26页)。凯恩斯继而指出,这两个定义是一致的。粗略地看,没有人会反对这个观点,但遗憾的是,这个观点是错误的。

关于第一个定义,充分就业与市场出清在内涵上是一致的。更确切地说,它决定了市场均衡时供给与需求的量。事实上,这个概念毫无用处。因为它与市场出清的概念重复。根据这一定义,充分就业是一个内生变量。只有当经济行为人选择零闲暇时,充分就业才等同于最大就业。关于第二个定义,情况完全不同。充分就业在这里是指最大可能的就业水平,其做法是假定一个外生的量值,然后用内生的充分就业水平与之作比较。

凯恩斯对于充分就业概念的两个解释相互矛盾,无法吻合。根据第一个定义,充分就业状态确实存在;而根据第二个定义,经济系统中不存在充分就业这种状态。例如,假定一个标准的劳动市场(具备弹性工资)。如果对于制成品的需求在下降,而对于非制成品的需求在上升,那么就业的均衡水平也会下降,在这个例子中,我们是在市场出清意义上使用充分就业概念,但是这一概念明显不同于凯恩斯充分就业的第二个定义。

宏观经济学最近几年的历史也证明了这一结论。只要研究能够证明非自愿失业与有效需求不足之间并不存在直接相关的可能性,那么之前凯恩斯所提出的对等理论就是无效的。确切地说,这就是现代凯恩斯理论所不得不面对的一个问题(见"*Involuntary Unemployment in Keynesian Economics*"条)。与凯恩斯所做的假设相反,非自愿失业与有效需求不是什么情况下都能放在一起,因此也就不能在逻辑上相互包容。所以,我们既不能将有效需求不足视为非自愿失业的充分条件,也不能反观。

接下来,我们需要考察工资刚性在凯恩斯假设中的作用。正如他所承认的那样,《通论》中的大多数讨论都是基于名义工资刚性的前提展开的。这表明,导致非自愿失业的原因不是别的,正是这个外生工资下限。这个解释似乎除了起削弱凯恩斯观点的意义之外,没有任何可用的价值。凯恩斯说他只是暂时做了这样的假设以回避批评。他宣称,即使抛开这一点,他的最终结论也不会发生变化。他在《通论》第 19 章对此做过证明,帕廷金认为这是全书最精彩的部分(Patinkin,1987,第 28 页)。

那么我们可以接受这个结论吗?答案是不能。首先我们有必要对调整进行区分,即调整分为给定交易过程的调整(瞬时调整)与横跨整个交易过程的调整(跨时调整)。当我们谈到调整这个概念时,必须弄清楚指的究竟是哪一种调整。在这里,那些需要被移除的刚性因素属于给定交易过程的调整。确切地说,凯恩斯的说法是,在用"瞬时弹性"假设替代"瞬时刚性"假设之后,市场不出清的结果仍然存在。

《通论》第 19 章的漏洞随后被人们发现。根据第 19 章的内容,我们发现,凯恩斯的推理并不是围绕上述替代过程展开的。他讨论的是另一个话题,即"跨时刚性",而"瞬时刚性"概念仍然保持不变。换言之,这里的问题是,现有工资下限的降低,即 t_1 与 t_0 时相比较,会增加就业吗?既然在每一轮交易中凯恩斯都假设名义工资刚性,为什么又在每一轮的交易过程中违背了这一假设呢?凯恩斯在讨论这个问题的过程中可能基于这样一种认识,即认为"跨时刚性价格"与"跨时弹性价格"相比,前者明显更合意,尽管这与抛弃的瞬时刚性假设并不相同。与凯恩斯、帕廷金以及众多经济学家的观点相矛盾的是,刚性工资假设在交易过程的分析中并没有被抛弃。

据此我们可以得出结论,凯恩斯也许已经启动了一个新的研究计划,即在最小范围内摆脱古典理论框架来证明非自愿失业的存在。但他没能切实完成计划。这项工作留给了他的追随者。

我们需要解决的最后一个问题是,如果我们正确地认定凯恩斯并没有提出一个强有力的理论来论证非自愿失业的存在,那么对凯恩斯之失败的解释何以长时间内没有引起人们的注意呢?解决这个谜团的关键是方法论问题。在大萧条背景下,所有经济学家都认同这一说法,即他们所观察到的失业现象都是非自愿的。然而,无论真实世界是否存在这一现象,就其本身而言,已经足以被其所涉及的理论接受。事实上,凯恩斯正面回答了这个问题。尽管他的观点至今仍为很多人所信奉,但这个观点是错误的。"真实世界"与理论虚构的世界不能混为一谈。关于前者的讨论关注以经验手段断言现象的"真实存在",而关于后者的讨论则关注通过演绎推理的方法来证明"逻辑的存在"。一个人也许能够对非自愿失业的经验存在进行严格论证,但他却不能成功地在理论层面上加以证明。相反,一个令人无法反驳的关于非自愿失业不可能存在的理论证明,也不能让所有人都信服真实世界中不存在非自愿失业。一旦认识到理论虚构世界已无多少发挥余地,真实世界的存在可能会作为把相关概念引入经济理论的激励因素。但是,"现实的权威",即现实世界中某个现象无可争议的存在,本身不能保证其理论的可接受性。为此,概念的引入应该采用"方法论上正确"的方式。

米歇尔·德弗罗伊(张鹏译)

参见:

Involuntary Unemployment in Keynesian Economics;Keynes's *General Theory*.

参考文献:

Corry, B. (1996), "Unemployment in the History of Economic Thought: An Overview and Some Reflections" in B. Corry (ed.), *Unemployment and the Economists*, Cheltenham, UK and Brookfield, US: Edward Elgar.

De Vroey, M. (1997), "Involuntary Unemployment: The Missing Piece in Keynes's *General Theory*", *The European Journal of the History of Economic Thought*, 4, Summer, pp. 258-83.

Keynes. J. M. (1936), *The General Theory of Employment, Interest and Money*, London: Macmillan.

Patinkin, D. (1987), "Keynes, John Maynard" in J. Eatwell, M. Milgate and P. Newman(eds), *The New Palgrave: A Dictionary of Economics*, London: Macmillan, pp. 19-41.

216. 凯恩斯学派经济学中的非自愿失业 Involuntary Unemployment in Keynesian Economics

在上一条目关于《通论》中的非自愿失业的讨论中,我们得到这样一个结论,凯恩斯并没能够使用坚实的理论证明非自愿失业的存在。本条目主要是为了评估下一代的凯恩斯学派经济学家是否有能力弥补凯恩斯的不足(更详细的分析,见 Lindbeck and Snower,1988,第 2 章;De Vroey,1998)。

我们从对凯恩斯学派经济学的形成产生重大影响的两篇论文,即希克斯(Hicks,1937)和莫迪利亚尼(Modigliani,1944)的文章开始讨论。德弗罗伊(De Vroey,2000)对这两篇论文的重要地位也做了恰当的评价。希克斯的论文由于引入了 IS-LM 模型而广受关注,该模型假设存在刚性的货币工资,其隐含的含义为,这一刚性货币工资高出市场出清的工资水平。希克斯的目的仅仅是评估在这种情况下,究竟是财政政策(凯恩斯的观点)还是货币政策(古典主义的观点)对于提升就业水平效果更加明显。他的论文中并没有涉及非自愿失业的讨论。事实上,他并没有解释非自愿失业产生的原因,希克斯的目标只是想弄清楚假设的非自愿失业状况的持续性。

莫迪利亚尼在文章中强调,凯恩斯模型的特点不是缺少投资,而是货币数量与货币工资之间的失调,货币工资相对于货币数量来说太高。莫迪利亚尼也假定了一个刚性货币工资,他假设这一工资是工人对凯恩斯《通论》第 2 章所提及的削减工资的抵制。它的表达式是逆 L 形的供给曲线。"非自愿失业"一语随处可见,只要劳动需求与劳动供给相交于供给曲线的平行部分,那么市场不可能达到充分就业水平。莫迪利亚尼的论文并没有对非自愿失业提出一个坚实的理论,因为在他的观点中存在工资刚性假说,并且,他也没有区分非自愿失业与低于充分就业的失业这两个概念。

20 世纪 50 年代和 60 年代盛行的大部分教科书,要么采用了希克斯的解释,要么采用了莫迪利亚尼的解释(或者两者兼而有之)。但是他们在谈及非自愿失业时常常忽略对非自愿失业下一个严谨的定义,这暴露出他们对于概念问题及其运用认识不足。工资刚性仍然是解释非自愿失业的重要因素。然而在同一时期,一小部分经济学家尤其是帕廷金、克洛尔以及莱琼霍夫德等人提出了更新的观点,他们对凯恩斯理论进行了再批判。这些人的观点都收录在本书的具体条目中(见 "Keynesian Economics: Reappraisals of"条)。

巴罗和格罗斯曼(Barro and Grossman,1971,1976)综合了帕廷金与克洛尔的模型。他们的研究具有里程碑的意义,因为他们的研究可能宣告了非均衡学派的诞生(非均衡学派向来被人们认为是异端经济学说)。随后,大批经济学家涌入了非均衡学派支持者的行列,其中包括贝纳西、德勒泽、格兰蒙特以及马林沃德(后来的综合表述,见 Benassy,1993;Picard,1993)。他们所有人都认为,凯恩斯理论中失业产生的根本原因是由于市场相互依赖功能的缺陷。换言之,在他们眼中,凯恩斯是一个不自觉的一般均衡经济学家。由于他们认为一般均衡分析只有一个途径,即瓦尔拉斯方法,所以他们在瓦尔拉斯框架下重新构建凯恩斯对于非自愿失业问题的解释。

在一般均衡模型中,价格是在拍卖者的支持下形成的。巴罗与格罗斯曼假定,价格在没有形成之前就已经被限定。这就好比当拍卖人喊出第一轮报价时,虽然没有人反应,但最终的价格已经被限定在第一轮报价的范围内。最貌似合理的说法是,我们可以根据获得的拍卖价格对不同的经济结构进行区分。例如,马林沃德(Malinvaud,1977)根据巴罗与格罗斯曼的理论,将经济划分为相互独立的三个状态,包括"古典失业状态"、"凯恩斯失业状态"和"被抑制的通货膨胀状态"。人们认为,前两种状态的对比很有意思。古典失业状态往往发生在实际工资水平高于瓦尔拉斯市场出清状态的实际工资水平之时,所以只有实行降低实际工资水平的政策,才能够提升就业水平。正是基于此,古典经济学家为政府削减工人工资的政策进行辩解。与之不同的是,凯恩斯意义上的失业往往发生在实际工资水平等于瓦尔拉斯均衡值之时。在这种情况下,政府的政策应该是鼓励人们增加对于商品的需求而不是想方设法降低工人的工资。后一种情况也非常符合凯恩斯政策目标:它采取了凯恩斯对非自愿失业的定义,提出了对商品需求的一种外生刺激,即刺激人们对于商品的需求。而且,在他看来,实际工资根本不是导致非自愿失业的原因。

有段时间,非均衡的研究方法被认为是解决实际问题的一剂灵丹妙药。但是它的衰落与它的兴起同样迅速。巴罗与格罗斯曼在不久之后便纷纷改变了各自的观点,并且公开放弃了他们以前的结论。在非均衡研究方法彻底倒塌的过程中,卢卡斯起到了至关重要的作用。他对这一研究方法提出了两大质疑。首先,他断然否认了非自愿失业概念的理论价值。如他所说:

> 这里没有任何明显的证据证明我们有必要区分[非自愿失业与自愿失业]这两个概念……因此,我们认为,一旦人们在好运坏运中选择坏的运气,那么任何失业都有非自愿的一面。同样,如果我们认为尽管人们不慎作出了错误的选择,但是他总是会学着适应这种局面。因此,任何失业中都会有自愿的一面。非自愿失业既不是一个事实也不是理论中的一种现象,我们没有必要去研究它(Lucas,[1978]1981,第 242—243 页)。

其次,卢卡斯对坚持瓦尔拉斯分析方法的非均衡理论进行了批判。他列举了瓦尔拉斯分析方法的不足并指出非均衡理论并没有考虑这些不足。同时他坚持认为瓦尔拉斯的分析方法完全不能够将例如就业关系、工作或者失业这些范畴概念化。因为事实上,这些范畴是建立在反复探索(tâtonnement)假设基础之上的。既然在上述理论中没有涉及失业概念,那么自然他们也无需讨论非自愿失业问题(Lucas,1987,第52—53页)。

当然,卢卡斯的批判并没能够结束这场论战。但他至少使凯恩斯学派经济学家置于守势(至少对那些自认为是新古典学派的人适用)。现在,他们不得不去考虑像非自愿失业这些概念,尽管它在真实世界中的存在是毋庸置疑的,但是在理论上要想把它阐述清楚似乎并不是一件容易的事。

在对卢卡斯论断的众多反驳中,有两个观点值得我们关注。一个是隐性契约,一个是夏皮罗和斯蒂格利茨的有效工资模型(Stiglitz,1984)。至关重要的是,上述两种观点的持有人都同意卢卡斯关于"工资战"的说法。这就是说,他们都将微观分析基础作为各自理论命题的必要条件。

阿扎利亚蒂斯(Azariadis,1975)提出了著名的隐性契约模型。他认为,在不确定的环境中,假定工人是风险规避者,而企业是风险中性者,那么,工人签订一个暗含着当经济不景气时可能被解雇的条件的合同,对工人来说是一个最优选择。对于隐性合同的批判集中在它是建立在特定假设基础上的,这些假设包括劳动时间的不可见性,以及企业不可能给遭解雇的工人支付赔偿金等。但即使我们对上述假设不加考虑,对于阿扎利亚蒂斯的结果是否与凯恩斯的目标相一致我们仍然存疑。事实上,阿扎利亚蒂斯遵守了凯恩斯关于非自愿失业的假定,即某些经济人即使希望在现行工资标准下得到工作,但他们仍然找不到工作。要在坚实的微观分析基础上得到这样一个结果确实是一大业绩。然而,这样一个结果是否有助于凯恩斯的理论就是另一个问题了。很可惜的是,这个问题的答案是否定的。在阿扎利亚蒂斯的模型中,非自愿失业概念受到了更加严格的限制。事实上,它已经脱离了凯恩斯所认为的非自愿失业本应具有的最主要的特征。他们失业并不是自身错误的结果。唯一一个与非自愿失业概念相关的内容也令人沮丧,这就是阿扎利亚蒂斯模型中的非自愿失业理性地选择了撞大运,却不走运。阿扎利亚蒂斯的非自愿失业的效用在于,按照经济人的效用,非自愿失业优于充分就业。

夏皮罗和斯蒂格利茨(Shapiro and Stiglitzs,1984)提出的"怠工"模型,就是想使没有办法时刻监督工人的雇主可以不费力气地观察工人工作的努力程度。均衡的非自愿失业由此出现,其基本内容已经广为人知。工作是非自愿的,因此一旦没有监督,工人倾向于怠工。监督工人的行为对企业而言很难或者成本很高。因此,要想让工人努力工作既需要大棒也需要胡萝卜。胡萝卜就是高于市场出清水平的工资,大棒就是可能被解雇的恐惧。在这种情况下,市场出清的工资是非均衡的,或者,均衡状态的实现需要工资保持在能够造成一定失业的水平之上。

遗憾的是,夏皮罗和斯蒂格利茨都没能够成功实现凯恩斯的构想。首先,工人是否缺乏责任仍然值得商榷。正如隐性契约理论所描述的那样,非自愿失业仅仅意味着一些经济行为人受到了不公平的对待。其次,在模型中,对于非自愿失业的讨论更多地集中在解决途径方面,即解决怠工和道德风险问题。因此,非自愿失业可能是一种罪过,但却是不可或缺的部分。再次,夏皮罗和斯蒂格利茨的结果很难支持凯恩斯所提出的拉动总需求的政策。

最后,值得一提的是,凯恩斯虽然最后论证了非自愿失业,但这与他引入这个概念的初衷似乎没有任何联系!因此,对于凯恩斯学派经济学家而言,是否需要抛弃非自愿失业这个概念成为他们急需解决的问题之一。但这种情况可能不会出现。

米歇尔·德弗罗伊(安佳译)

参见:

Involuntary Unemployment in Keynes's *General Theory*; Keynesian Economics; Keynesian Economics: Reappraisals of.

参考文献:

Azariadis, C. (1975), "Implicit Contracts and Underemployment Equilibria", *Journal of Political Economy*, 83, December, pp. 1183 - 2002.

Barro, R. and H. Grossman (1971), "A General Disequilibrium Model of Income and Employment", *American Economic Review*, 61, March, pp. 82 - 93.

Barro, R. and H. Grossman(1976), *Money, Employment and Inflation*, Cambridge: Cambridge University Press.

Benassy, J-P. (1993), "Nonclearing Markets: Microeconomic Concepts and Macroeconomic Applications", *Journal of Economic Literature*, XXXI, June, pp. 736 - 61.

De Vroey, M. (1998), "Accounting for Involuntary Unemployment in Neoclassical Theory: Some Lessons from Sixty Years of Uphill Struggle", in R. Backhouse, D. Hausman, U. Mäki and A. Salanti(eds), *Economics and Methodology: Crossing Boundaries*, London: Macmillan, pp. 177 - 224.

De Vroey, M. (2000), "IS-LM' à la Hicks' versus IS-LM' à la Modigliani'", *History of Political Economy*, 32, Summer, pp. 293 – 316.

Hicks, J. R. ([1937]1967), "Mr Keynes and the 'Classics'", *Critical Essays in Monetary Theory*, Oxford: Clarendon Press, pp. 126 – 42.

Keynes, J. M. (1936), *The General Theory of Employment, Interest and Money*, London: Macmillan.

Lindbeck, A. and D. Snower (1988), *The Inside-Outsider Theory of Employment and Unemployment*, Cambridge, MA: MIT Press.

Lucas, R. E. Jr ([1978] 1981), "Unemployment Policy", *Studies in Business Cycle Theory*, Cambridge, MA: MIT Press, pp. 240 – 7.

Lucas, R. E. Jr, (1987), *Models of Business Cycles*, Oxford: Basil Blackwell.

Malinvaud, E. (1977), *The Theory of Unemployment Reconsidered*, Oxford: Basil Blackwell.

Modigliani, F. (1944), "Liquidity Preference and the Theory of Interest and Money", *Econometrica*, 12, January, pp. 44 – 88.

Picard, P. (1993), *Wages and Unemployment: A Study in Non-Walrasian Macroeconomics*, Cambridge: Cambridge University Press.

Shapiro, C. and J. Stiglitz(1984), "Equilibrium Unemployment as a Worker Discipline Device", *American Economic Review*, 74, June, pp. 433 – 44.

217. 封闭经济的 IS – LM 模型 IS – LM Model: Closed Economy

IS – LM 模型的目的是为凯恩斯《通论》(1936)提出一个简单的分析架构。在《通论》出版后,一些经济学家一直尝试提供一个简化版本,使大多数人觉得难以理解的内容变得通俗易懂。约翰·希克斯正是这批经济学家中的一员。他发表于 1937 年的论文引起了广泛影响,这篇论文也对宏观经济理论的形成方式产生了深远影响。作为一个解释模型,IS – LM 模型过去没有且现在也没有对凯恩斯所说的内容提供一个完整或详细的解释。但在现代宏观经济学发展的初期阶段,作为一种技术分析方法对于理论的演进已经很有帮助了,而且直到今天,这一方法仍然起着其他理论所不可替代的作用。如同当今所有宏观经济学理论,IS – LM 模型的表达方式多种多样,但是它的意义却只有一个。(少数经济学家,如戴维·罗默[David Romer,2000]似乎对于 LM 曲线的价值有不同看法,但是就连他本人也承认,持这种看法的人为数甚少。)IS-LM 模型至少通过三种方式说明了这一点。首先,不管其声称的理论微观基础多么复杂,多么让人费解,宏观经济学仍然以直白简洁的形式表达出来,而不是仅仅提出一个简易方程系统。其次,在这一体系中,产品市场和货币市场均衡是有区别的,但这两个均衡必须一致。再次,尽管这个问题与 1936 年时相比已经被大大数学化了,但是部分经济学家仍然以二维图式来呈现模型。

模型中的 IS 部分是指商品市场均衡,在很多基础性的教材中,总产出需求包括投资 I 与消费 C。为了达到均衡,这两部分之和必须等于总产出水平,总产出也与从供给中获得的总收入相同。因此,

$$I+C=Y \tag{1}$$

投资可以被假定成是利率(r)的函数,

$$I=I(r) \tag{2}$$

消费可以被认为是收入的函数:

$$C=C(Y) \tag{3}$$

因此,

$$I(r)+C(Y)=Y \tag{4}$$

储蓄等于收入减去消费

$$S=Y-C \tag{5}$$

在均衡状态下,投资等于储蓄

$$I(r)=S(Y) \tag{6}$$

这就是 IS。

对此我们要做两个进一步假设。投资与利率反向相关,而储蓄水平与收入水平正相关。因此,如果收入增加,S 就会增加,投资要增加,利率就必须下降。这就意味着如果商品市场达到均衡,在 r 与 Y 之间存在负相关关系。这就是 IS 曲线,如图 1 所示。

模型的 LM 部分源自货币市场均衡,也叫作"流动性偏好"。资产可以以能够产生利息的债券形式存在,也可以以现金形式存在,尽管现金不会带来利息,但它具备很强的流动性。现金需求可以基于不同的动机,要么与收入水平有关,要么受收入水平控制。收入水平越高,现金需求越大。持有现金意味着损失了债券的利

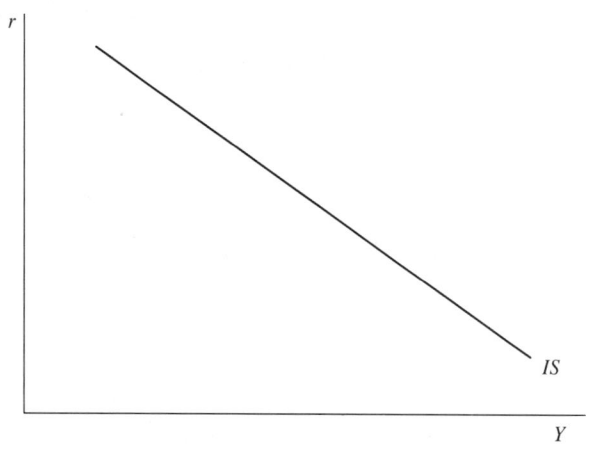

图 1　IS 曲线

息,也就是说,利息可以被视为持有现金的机会成本。所以利率水平越高,持有现金的需求也就越低。总之,现金需求 M_d 是收入水平与利率的函数。

$$M_d = L(Y, r) \tag{7}$$

其中,L 代表流动性偏好,如果给定货币供给 M,那么货币市场的均衡是

$$L(Y, r) = M \tag{8}$$

Y 的增加会导致货币需求的增加。在给定货币供给的条件下,为了保证等式的平衡,即总需求等于总供给,利率水平必须上升。换言之,货币市场要取得均衡,Y 与 r 之间必然存在正相关关系。这也是为什么将其称为 LM 曲线的原因。LM 曲线如图 2 所示。

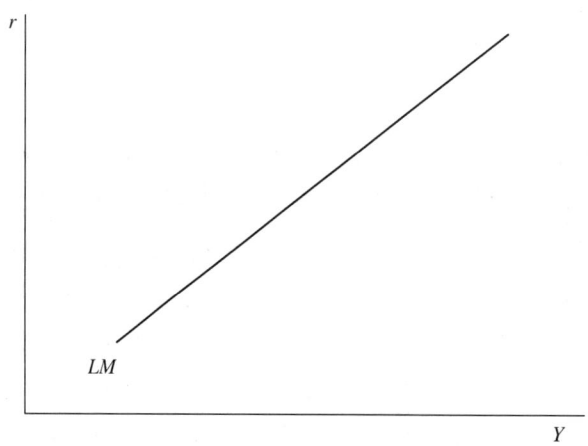

图 2　LM 曲线

因为完全均衡需要商品市场与货币市场同时达到均衡,所以 r 与 Y 在各条曲线的位置必须一致。很明显,当 IS 曲线与 LM 曲线相交时,就实现了完全均衡。如图 3 所示。其中,r^* 与 Y^* 分别代表利率与收入的均衡水平。

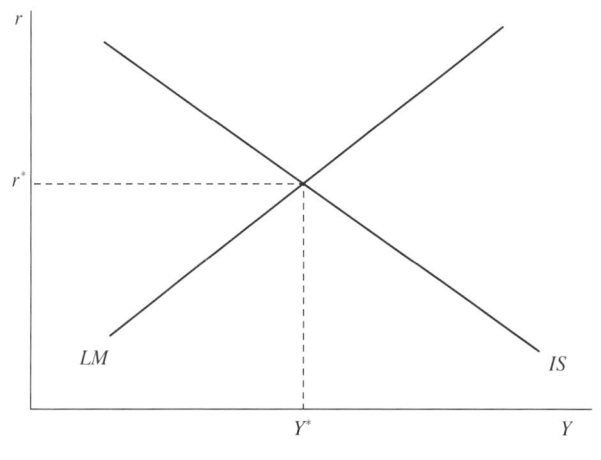

图 3　IS-LM 均衡

曲线会由于不同原因而发生变动。例如,投资偏好的增加意味着在任意利率水平上都有更高水平的 I。因此,收入必须增加才能产生足以与之相匹配的储蓄水平。换言之,IS 曲线会向右移动。再例如,在任何利率条件下,货币供给的增加都意味着,收入也肯定随之增加。只有这样,货币需求的增长才能与供给需求的增长相适应。图中的 LM 曲线将会向右移动。

在第一个例子中,IS 曲线向右移动,意味着与给定的 LM 曲线的相交点形成的 Y 与 r 都高于以前。在第二个例子中,LM 曲线向右移动形成的新交点与原交点相比,Y 升高而 r 降低了。

IS-LM 分析可以用于做比较静态分析。而且,人们喜欢关心曲线的倾斜程度。这取决于潜藏在行为关系中的利率与收入的敏感度。以 IS 曲线移动为例,我们可以充分意识到曲线形状的重要性。很明显,对于一个更加平坦的 LM 曲线而言,IS 曲线移动对于 Y 造成的影响要远远大于对 r 造成的影响。

在如上所述的 IS-LM 模型的基本表达式中,只包括了私人消费与投资。但我们可以很容易就在总需求中增加公共支出,这一公共支出可以是货币形态,也可以是资本形态。在这种情况下,财政政策,即此类公共支出的增加会使 IS 曲线向右移动,从而提高总产出水平和就业水平。我们刚才提到货币供给的增加,这可以看成是央行货币政策的一例。一个更加符合实际的例子是央行固定利率水平,并且提供所需要的货币量。这可以由一条水平的 LM 曲线表示,央行可以根据情况确定利率水平。两种政策的相对效应可以通过 IS 与 LM 两条曲线受不同利率与收入水平的行为关系的灵敏程度的影响而形成的斜度来加以检验。

最后,我们还要对 IS-LM 模型另做一些评论。任何人读过凯恩斯理论以及近期的理论,总会强调每条曲线都建立在预期基础上。例如,如果增加不确定性,人们的投资偏好就会减弱,从而导致 IS 曲线向左移动。同时,这也会增加人们对于现金的需求,使 LM 曲线也向左移动。这种变化所导致的结果是收入水平降低,而利率水平可能上升也可能降低。其次,此处所提及的均衡只是一种暂时均衡,因为投资终究会增加,而投资增加必然导致产出增加。再次,固定价格(或实际价格)条件下的支出是可变的。如果不存在通货膨胀,那么利率既是名义利率也是实际利率。但是如果存在通货膨胀,名义利率与实际利率就不同了。名义利率会高于实际利率。一般认为,投资是由实际利率决定的,而货币需求是由名义利率决定的。在这种情况下,IS-LM 架构下的分析便无法进行。第四,一旦引入公共部门,财政政策的地位就会得以考虑。因为无论是财政盈余还是财政赤字,都会影响政府所需的借贷。如果真的如上所述,那么无论是长期还是短期,政府行为都将影响货币供给。那么 IS 曲线与 LM 曲线便不再相互独立。最后,在目前大多数情况下,我们所认为的货币实际上是一种资产,资产不会失去它的名义价值,而且也适合于各种买卖,并且可以频繁获得利息。这就使流动性偏好理论和 LM 曲线具有了某种复杂性。

总之,作为一个入门级的静态模型,IS-LM 模型非常有帮助。然而,要分析诸如通货膨胀和增长这些基本可能性时,还需要增加大量的条件。

莫里斯·佩斯顿(张鹏译)

参见:

Demand for Money; Keynesian Approach; Keynes's General Theory; Keynesian Economics; Multiplier.

参考文献:

Hicks, J. R. (1937), "Mr. Keynes and the 'Classics': A Suggested Interpretation", *Econometrica*, 5, April, pp. 147-59.

Keynes, J. M. (1936), *The General Theory of Employment, Interest and Money*, London: Macmillan.

Patinkin, D. (1990), "On Different Interpretations of the *General Theory*", *Journal of Monetary Economics*, 26, October, pp. 205-43.

Romer, D. (2000), "Keynesian Macroeconomics without the LM Curve", *Journal of Economic Perspectives*, 14, Spring, pp. 149-69.

218. 开放经济的 IS–LM 模型 IS–LM Model: Open Economy

经济正以多种形式呈现日趋强烈的开放性。首先,总需求可能来自于国外。这就是说,我们可以出口商品和服务。而且,也可能存在本国对于外国商品和服务的需求:我们有可能从国外进口某些商品和服务。从金融方面考虑,本国储蓄也可能被用来获得以各种形式表现的国外资产,而外国的储蓄也可能用来获得本国的资产。这种借贷关系既可以是长期的也可以是短期的。一般而言,国内居民和厂商所持有的金融财富存量包含不同流动性的外国资产(下文为了简洁的缘故,假定本国财富不包括外国货币。但值得注意的是,这一假设并不符合实际情况)。因此,我们需要对封闭经济条件下货币市场均衡的分析加以扩展。最后,严格说来,开放经济的范围应该包括国际劳动力流动以及资本流动。这种流动遵循什么方式我们可以忽略不计。因为它与IS-LM分析并不直接相关。

开放经济造成了两个明显的后果。一个是由于外国商品、服务以及资产的价格是用外币定价,因此在决定是购买还是出售它们时,我们必须将它们的价格与国内同类商品的价格进行比较。汇率,即外国货币的购买力,是将外国商品价格转化为本币价格的一种方式。简而言之,在决定购买外国商品之前,我们必须经历一个中间过程,即把本币兑换成外币(或者申请国外贷款)。与之相似,出售国外资产也牵涉外币的收支。

开放经济的第二个后果是在我们决定是否进行海外投资或借贷时,需要对国内资产和国外资产的收益进行比较。这意味着,比较各自资产的利息所得。但是,资产收益还包括资本收益。一项外国资产的价格往往(并不是永远)用外币表现。出售时,外国资产的国内价格取决于当时的汇率水平。因此汇率水平与商品市场和货币市场的均衡密切相关。

所有这些都比原来的 IS-LM 分析要复杂得多。但我们仍然可以推出一些相对简单的结果。(弗莱明[Fleming,1962]和蒙代尔[Mundall,1962,1963]对这个问题作出了重要贡献。)假设汇率是固定的(例如,是央行干预汇市的结果),现在的总

需求包括出口 EX,再加上本国的投资和消费。总供给包括进口 M,同时也包括国内产出。这里仍然是供给与需求平衡的问题:

$$I+C+EX=Y+M \tag{1}$$

或者

$$I+C+EX-M=Y \tag{2}$$

IS 曲线可以通过通常方式推导出来,并且仍然保持向右下方倾斜的形状。现在假设外国居民收入增加,他们将购买更多的商品和服务,其中包括由我们生产的商品和服务。换句话说,他们将增加进口,因此,我们将增加出口。由于在任何条件下只要 Y 升高,IS 曲线就会向右移动,因此通常的结果是,在新的均衡条件下,r 和 Y 的水平都提高了。

这使我们能够着眼于货币一旦贬值,我们会遭受何种影响这一问题。也就是说,如果外币的本币购买价格升高,对于我们的生活会产生什么样的影响。外国商品将会变得更加昂贵,而本国商品相对于外国消费者而言则会更便宜,这会导致本国需求与外国需求转向国内供给。出口将会增加,而进口将会降低,并且由于总需求的增加,IS 曲线会相应地向右平移,这与封闭条件下 IS-LM 的分析结果一致。(但在这里,我们认为有必要提醒大家注意,无论出口还是进口净支出的增长都取决于它们各自的需求弹性。因此,如果各自的弹性较低,那么,反映国际收支的净支出可能下降。)

现在我们转而分析 LM 曲线。在封闭条件下,不是持有一个无息资产,即货币,就是持有一个付息资产,如国内债券。现在,我们又有了另一种选择,即持有外国债券。因此,货币需求不但与本国的利率水平 r 有关,而且与外国利率水平 r^* 有关。

货币需求等式就可以表示为:

$$M_d = L(Y, r, r^*) \tag{3}$$

当货币市场实现均衡时,货币供给等于货币需求。

$$L(Y, r, r^*) = M \tag{4}$$

假设外国利率升高,外国资产与本国资产相比将更具有吸引力。对于国内有息债券的需求将会下降,下降程度取决于本国债券能够在多大程度上对外国债券进行替代。在给定国民收入条件下,为保持本国财政平衡,本国利率水平趋向于上升。换言之,LM 曲线将会向左移动。这里有两点值得注意。外国资产的流入意味着资本流出(很可能是暂时的),并恶化资本账户。收入下降则意味着进口下降,以及国际收支平衡表中经常账户的改善。

汇率固定时,有必要谈谈国际资本完全流动这个重要条件。假设(a)本国资产的持有者可以在全世界自由地获取资产或负债,(b)这样做的风险并不取决于资产的国际属性,(c)交易成本差小到足以被忽略,那么,同一资产的收益在世界上任何地方都是相同的。这意味着,一国利率水平在简单条件下,取决于国际市场而不是国内市场。LM 曲线的水平状态代表利率水平并不取决于国内货币政策。它同时意味着,如果世界利率升高,本国的利率必须上升至同一水平,其结果将导致本国总产出水平的下降。

国内消费上升又会发生什么情况呢?这将立即导致本国利率上升。随着利率上升,外国资本将会大量涌入以购买本国债券。这将增加人们对于本币升值的预期。中央银行将通过发放债券购买外国货币以保持汇率稳定,因此在保持利率水平与世界利率水平相同的条件下增加了本国货币供给。按照政策,本国支出的增加来自于政府支出。我们在这里提到这一点是为了表明,在这个例子中公共支出是有效的。

假设中央银行试图增加货币供给,这会导致本国利率下降,所以拥有额外货币存量的人会用它们去购买外国债券。外国公司或者银行当然会出售各自的债券,这会导致汇率下降。为了保持汇率稳定,国内中央银行必须获取这些资金。与此同时,本国债券的价格将会上升,并导致利率水平重新回到原来的世界水平。因此,增加货币供给的企图会逐渐减弱,货币政策最终无效。

与此相反,在国际资本完全流动以及浮动汇率条件下,又会出现什么变化呢?假设本国支出增加,特别是公共支出增加,IS 曲线会向右移动,利率水平也会随之上升。这将导致外国资本流入,且汇率上升。在浮动汇率条件下,总支付将保持平衡,因此不存在资本的净流入或净流出,也不存在货币供给的变化。但是,本币升值将会因为进口增加、出口下降而导致国内总需求水平下降。因此,IS 曲线将会回到原来的位置。汇率上升的结果使贸易余额减少,从而抵消了公共支出的增加。

换言之,如果货币供给增加,对于利率的初始影响将会减弱,这会导致资本流出和汇率下降。任何贸易收支的改善都会使 IS 曲线向右移动,因而收入会进一步增加,同时利率水平也会上升。这一过程直到收入增加足以引起新的货币供给时才会停止。这一点实现时,利率将会恢复到世界水平。在完全均衡时,货币供给的增加将会导致收入增加和汇率下降,国际收支平衡得到改善,因此总的来说货币政策是有效的。

总之,给定国际资本完全流动,在固定汇率条件下,财政政策有效而货币政策无效。在浮动汇率条件下,货币政策有效而财政政策无效。在后一种条件下,货币扩张将会立即导致利率下降,由于政策对汇率产生直接影响,所以政策有效。

到目前为止,这一分析已经接近弗莱明和蒙代尔的最初阐述。如果在模型中引入一个新的要素,即汇率预期,会更有用(见 Dornbusch,1980)。如果有人持有一项外国资产,凭借这项资产他将获取利息。如果外国资产的本币价格上升,他也可能获得资本收益。有可能发生这种情况的一种重要方式是外币升值(或本币贬值)。

现在我们用 E_t 代表 t 时期的汇率水平,$\hat{E}_{t+1}$ 代表 $t+1$ 时期人们预期的汇率水平,那么持有外国资产的资本预期收益是 $(\hat{E}_{t+1}-E_t)/E_t$。

而且,这里存在一个外国利率水平 r^*。国内资产的收益是 r。在一个完全资本市场中,投资者认为这两者之间不存在差异:

$$(\hat{E}_{t+1}-E_t)/E_t+r^*=r \tag{5}$$

这就是无抛补利率平价。值得注意的是,因为 $\hat{E}_{t+1}$ 与 E_{t+1} 不相同,因此投资者需要承担一部分风险。如果预期汇率保持在原有水平,国内利率和国外利率应该相同。然而,如果预期汇率下跌,左边的资本收益将是正的,也就是说 $\hat{E}_{t+1}$ 大于 E_t。这意味着 r 必须大于 r^*。而且,持有外国债券的资本收益预期将会导致资本流出,并且使国内债券的回报上升。

这就使货币政策有效性存在一个非常有意思的结果。给定一个初始状态,如当期汇率水平被认为固定。换言之,$\hat{E}_{t+1}$ 和 E_t 相等。现在假设货币供给增加:LM曲线将向右移动,本国利率将会下降。这将导致利率敏感性支出以及收入增加,如 IS 曲线所示。如果预期保持固定,实现利率平价的唯一方式是现行汇率下降,这就是说,E_t 必须升高。换言之,汇率贬值对于固定预期就是预期汇率上升。因 r 的下降而导致的贬值会引发资本流出。

货币贬值将会导致净出口增加,并会对投资产生利率效应。这里两种力量共同作用使产出水平增加。这两种力量都内生于 IS 曲线,在这里,我们将利率对汇率的影响看作内生的。然而,问题到此并没有结束。很明显,随着货币供给上升,汇率下降,人们的期望也会随着发生变化。一种可能是,预期汇率迅速调整至与完全均衡相适应的贬值状态。如果市场真的是这样,那么实际汇率将会进一步下降。总之,只要保证利率平价,并且国内利率水平低于世界水平,人们必然预期汇率上升。因此,无论是外币的实际购买价格上升还是外币预期的购买价格上升,前者总会比后者上升得更快。这就是所谓汇率超调现象(见 Dornbusch,1976)。

最后,我们必须认识到,如果存在完全均衡,那么实际汇率水平与预期汇率水平最终会重合。资产持有者认为这一重合必然发生。持有国内资产的预期收益或者持有外国资产的预期损失将会消失。因此,这里存在一个趋势,本国债券将不再那么吸引人。随之而来的是本国债券价格下降,本国利率上升。这一过程将会持续到本国利率与世界利率水平一致,并且预期汇率水平与实际汇率水平相等。

莫里斯·佩斯顿(张鹏译)

参见:

Fixed Exchange Rate System; Flexible Exchange Rate System; IS - LM Model; Closed Economy.

参考文献:

Dornbusch, R. (1976), "Expectations and Exchange Rate Dynamics", *Journal of Political Economy*, 84, December, pp. 1161 - 76.

Dornbusch, R. (1980), *Open Economy Macro-Economics*, New York: Basic Books.

Fleming, J. M. (1962), "Domestic Financial Policies under Fixed and Floating Exchange Rates", *IMF Staff Papers*, November, pp. 369 - 79.

Mundell, R. A. (1962), "The Appropriate Use of Monetary and Fiscal Policy for Internal and External Balance", *IMF Staff Papers*, March, pp. 70 - 79.

Mundell, R. A. (1963), "Capital Mobility and Stabilisation Policy under Fixed and Flexible Exchange Rates", *Canadian Journal of Economics and Political Science*, 29, November, pp. 475 - 85.

219. 约翰·贝茨·克拉克奖 John Bates Clark Medal

1947 年由美国经济学学会设立,约翰·贝茨·克拉克奖(以美国经济学家约翰·贝茨·克拉克命名)每两年奖励一位 40 岁以下、对"经济学思想和知识作出重要贡献"的美国经济学家。对宏观经济学有突出贡献的获奖者,其中包括:保罗·A. 萨缪尔森(1947)、米尔顿·弗里德曼(1951)、詹姆斯·托宾(1955)、劳伦斯·R.

克莱因(1959)、罗伯特·M.索洛(1961)、戴尔·W.乔根森(1971)、马丁·费尔德斯坦(1977)、约瑟夫·E.斯蒂格利茨(1979)和罗伦斯·H.萨默斯(1993)。

参见：

American Economic Association.

220. 哈里·G.约翰逊 Johnson, Harry G. (1923—1979)

  哈里·G.约翰逊1923年生于加拿大多伦多,1943年从多伦多大学获得学士学位,1947年获得硕士学位,并从剑桥大学获得学士学位(1946)和硕士学位(1951),从哈佛大学获得硕士学位(1948)和博士学位(1958)。他的主要学术职位包括：剑桥大学助理讲师(1949)和讲师(1950—1956);曼彻斯特大学教授(1956—1959);芝加哥大学教授(1959—1974);伦敦经济学院教授(1966—1974);日内瓦国际研究生院教授(1976—1979)。他曾任加拿大经济学和政治学学会会长(1965—1966),历任《政治经济学杂志》(1960—1966,1969—1977)、《经济学》(1969—1970)和《国际经济学杂志》(1969—1976)编辑。他以研究国际经济学,尤其是新古典国际贸易理论和国际收支货币分析法、货币经济学而出名;他在经济学领域作出了很多贡献,其中包括在宏观经济学领域内货币主义和凯恩斯主义的论争。他的名著有：《国际贸易与经济增长：纯理论的研究》(乔治·艾伦和昂温出版公司,1958);《货币、贸易和经济增长：经济理论综述性讲稿》(乔治·艾伦和昂温出版公司,1962);《货币经济学论文集》(乔治·艾伦和昂温出版公司,1967);《税收理论面面观》(乔治·艾伦和昂温出版公司,1971);《货币经济学论文续集》(乔治·艾伦和昂温出版公司,1972);《通货膨胀及货币主义论争》(诺斯-荷兰出版公司,1972);《国际收支的货币分析方法》(与J.A.弗兰克尔合编,乔治·艾伦和昂温出版公司,1976)以及《汇率经济学》(与J.A.弗兰克尔合编,艾迪生-威斯利出版公司,1978)。他最具影响的论文有：《凯恩斯革命和货币主义的反革命》(载《美国经济评论》,61,1971年5月)。

参见：

Balance of Payments: Monetary Approach.

221. 戴尔·W. 乔根森 Jorgenson, Dale W.

戴尔·W. 乔根森 1933 年生于美国蒙大拿州波兹曼,1955 年从里德学院获得学士学位,从哈佛大学获得硕士学位(1957)和博士学位(1959)。他的主要学术职位包括:加州大学伯克利分校助教(1958—1961)、副教授(1961—1963)和教授(1963—1969)。自 1969 年起,他一直任哈佛大学弗里德里克·伊顿·阿贝经济学教授。1971 年,他获得美国经济学学会(AEA)颁发的约翰·贝茨·克拉克奖。1967—1969 年间,他任《美国经济评论》主编;1987 年任美国经济计量学会会长,1999 年任美国经济学学会会长。他以研究投资和资本理论,尤其以研究把资本作为与资本成本概念相关的生产要素的资本模型、经济计量学和经济增长而知名。他的名著有:《生产率与美国经济增长》(与 F. M. 戈洛普和 B. M. 弗劳米尼合著,哈佛大学出版社,1987);《经济增长的国际比较》(麻省理工学院出版社,1995);《资本理论与投资行为》(麻省理工学院出版社,1996);《税收政策与资本成本》(麻省理工学院出版社,1996)。他影响最大的论文有:《资本理论与投资行为》(载《美国经济评论》,53,1963 年 5 月);《生产率变化的解释》(与 Z. 格里利切斯合撰,载《经济研究评论》,34,1967 年 7 月);《投资行为的经济计量学研究》(载《经济学文献杂志》,9,1971 年 12 月);以及《信息技术与美国经济》(载《美国经济评论》,91,2001 年 3 月)。

参见:

American Economics; Econometric Society; Investment: Neoclassical Theories of; John Bates Clark Medal.

222. 理查德·F. 卡恩 Kahn, Richard F. (1905—1989)

理查德·F. 卡恩 1905 年生于英国伦敦,1927 年从剑桥大学获得学士学位,1931 年获得硕士学位。他的主要学术职位包括:剑桥大学讲师(1935—1951)和经济学教授(1951—1972);剑桥大学国王学院首席司库(1946—1951);剑桥大学经济学荣休教授(1972—1989)。他以对凯恩斯学派经济学的发展,尤其是 1931 年发表他论就业乘数的名文而著称。他的名著有：《就业和增长论文选》（剑桥大学出版社，1972）；《凯恩斯〈通论〉的诞生》（剑桥大学出版社，1984）；他最具影响的论文有：《家庭投资和失业的关系》（载《经济学杂志》，41，1931 年 6 月）；《关于理想产出的若干意见》（载《经济学杂志》，45，1935 年 3 月）；以及《凯恩斯理论发展的诸方面》（载《经济学文献杂志》，16，1978 年 6 月）。

参见：

Keynesian Economics；Multiplier.

223. 尼古拉斯·卡尔多 Kaldor, Nicholas（1908—1986）

尼古拉斯·卡尔多 1908 年生于奥匈帝国布达佩斯，1930 年从伦敦经济学院获得理学士学位。他的主要学术职位有：伦敦经济学院助理讲师（1932—1941）和经济学讲师（1942—1947）；剑桥大学国王学院研究员（1949—1986）；剑桥大学经济学讲师（1952—1965）和经济学教授（1966—1975）；剑桥大学国王学院荣誉教授和研究员（1975—1986）。1964—1968 年和 1974—1976 年，他担任英国（工党政府）财政大臣的特别顾问，1974 年获封终身贵族。他以对税收政策、贸易周期理论、收入分配、增长与发展的贡献而知名。他还是后凯恩斯经济学派的主要奠基人。他的名著有：《消费支出税》（乔治·艾伦和昂温出版公司，1955）；《英国经济增长缓慢的原因》（剑桥大学出版社，1966）；《经济学论文集》（1—9 卷，杰拉德·达克沃斯出版公司，1960，1964，1978，1980，1989）；以及《货币主义的灾难》（牛津大学出版社，1982）。他最具影响的论文有：《一个贸易周期模型》（载《经济学杂志》，50，1940 年 3 月）；《经济增长与周期性波动的关系》（载《经济学杂志》，64，1954 年 3 月）；《另一种分配理论》（载《经济研究评论》，23，1956 年）以及《经济增长模型》（载《经济学杂志》，67，1957 年 12 月）。

参见：

Post Keynesian Economics.

224. 米恰尔·卡列茨基 Kalecki, Michal（1899—1970）

米恰尔·卡列茨基 1899 年生于俄罗斯的罗兹（今属波兰），曾就读于华沙和格但斯克工业大学。他的主要学术职位包括：经济问题记者；华沙经济周期和价格研究所经济学家(1929—1936)；牛津大学统计研究所职员(1940—1945)；纽约联合国经济学家(1945—1954)；波兰政府经济顾问(1955—1970)。他以研究经济周期理论而知名，其中包括(独立于凯恩斯)提出了有效需求理论和政治周期理论，经济动态和增长理论。在后凯恩斯经济学派的后期发展上扮演了重要角色。他的名著有：《经济波动理论论文集》(乔治·艾伦和昂温出版公司，1939)；《动态经济学研究》(乔治·艾伦和昂温出版公司，1943)；《1933—1939年经济周期理论研究》(巴兹尔·布莱克维尔出版公司，1966)；《1933—1970年资本主义经济动态论文选》(剑桥大学出版社，1971)；《社会主义经济与混合经济的经济增长论文选》(剑桥大学出版社，1972)。他最具影响的论文有：《充分就业的政治方面》(载《政治学季刊》，1943年10—12月)。

参见：

Post Keynesian Economics.

225. 凯恩斯效应 Keynes Effect

凯恩斯效应是指因利率下降而引起的对总需求(最明显的是投资支出)的间接刺激。这是由于一般价格水平下降而引致的实际货币余额增加的结果(见凯恩斯《通论》第19章，第266页)。根据IS-LM模型，凯恩斯效应可以用 LM 曲线向右下方移动来表示。凯恩斯效应在两种特殊条件下无法运行，即如果经济陷入流动性陷阱，或投资对利率没有反应(见凯恩斯《通论》第18章，第250页)。根据《通论》，在这两种特殊条件下，通过真实余额效应，经济能够自动调整至充分就业均衡。真实余额效应与凯恩斯效应不同，它使 IS 曲线向右移动，这是指在一般价格水平下降，真实货币余额增加的情况下，消费支出对经济的直接刺激。

参见：

IS-LM Model；Closed Economy；Keynes's *Gereral Theory*；Keynesian Economics；Liquidity Trap；Real Balance Effect.

226. 约翰·梅纳德·凯恩斯 Keynes, John Maynard (1883—1946)

人们大多把约翰·梅纳德·凯恩斯描述为一个知识分子、政治家、教师、哲学家、逻辑学家、数学家、改革者、谈判高手,当然,还有自由经济学家和政治学者。大量的凯恩斯传记,包括罗伊·哈罗德(Harrod, 1951)、罗伯特·斯基德尔斯基(Skidelsky, 1983, 1992, 2000)和唐纳德·莫格里奇(Moggridge, 1992)的传记,描述了凯恩斯生活中的方方面面,比如他的孩提时代、他所受的教育、他对戏剧和诸门艺术的赞助、积极担任学院司库、参与保险业务、对股票交易进行投资的兴趣、对政治事务的影响。诸种文献记载了凯恩斯非常丰富的人生,本条目只是着眼于他的理论贡献,并对凯恩斯作为宏观经济学家的一面进行补充。

不容否认,自从 1906 年凯恩斯在他 23 岁时加入印度事务部直到 1946 年去世,凯恩斯不懈地积极投身英国国内经济和国际政治。他亲身见证了纷纭世事和第一次世界大战后社会的、政治的和经济的密切关系,英镑本位制的衰落,1929 年的大萧条,第二次世界大战和两次大战的赔偿。能在英国政府中拥有高级职务的学术界人士还不多见;在 20 世纪上半叶那个纷乱的世界,受到特定政治决策圈注意的人则更少。凯恩斯先在伊顿公学、后在剑桥大学受到良好的教育,他在政府的经历,以及对改良社会福利的兴趣、对欧洲市场经济由于资本主义和左翼的极权主义而趋向于极端自由放任经济这一当代政治趋势的危险的认识,都把他锻造成一位思想家,并使他在推动倡导政府适度干预市场经济的独创的、雄心勃勃的宏观经济政策方面,不仅技巧高明,而且具有说服力。

凯恩斯关于政治、经济政策和经济理论的思想见于他的大量作品。快速浏览一下他的著述文献,除了《概率论》(1921)——写这篇文章时,他还是马歇尔的学生,又擅长数学——之外,他的大部分经济学文章都关涉货币、财政和贸易问题。他随后讨论的所有其他经济学问题都是由这些论题引发的。与他的经济学同道不同(他把从李嘉图到庇古的经济学家,都归入"古典经济学"一类),凯恩斯把货币视为其宏观经济理论的核心变量,而那些同道则把货币贬为二等重要的问题,把真实经济部门和货币经济一分为二。

凯恩斯经济理论直接源自他所关心的实际问题,这一点毫不足怪:比如财政如何支撑一场战争；战时如何保证外币的供给；德国如何才能进行战争赔偿；如何处理英国的外汇和国际收支；英镑和国际本位制有什么作用；在英美贷款谈判中，什么是公平的条款；为了使国际货币体制能有效运作需要进行什么改革。他一直考虑着这些问题在就业、通货膨胀、繁荣和公平收入分配方面的广泛意义。凯恩斯的方法论在很大程度上是地道的马歇尔主义的。如果说他脑子里有实际运用的经济政策，那他总是不得不在理想的和切实可行的经济政策之间找平衡，即在他所认为的理论的和普世的经济政策与在这个竞争的世界为英国赢得利益之间找平衡。例如在理论上，他认为自由贸易是理想的，但实际上他承认现实环境要求一个更为复杂的方法。

剑桥是凯恩斯的学术基地和家，他在伦敦担任过三个职位：从 1906 年到 1908 年，在白厅印度事务部任职；1915 年到 1919 年，在财政部任职；1940 年到 1945 年则任财政大臣顾问。

在印度事务部任上，凯恩斯把大部分时间用于撰写他的概率论，该书后来为他赢得了国王学院的研究员身份。1913 年，他应邀担任印度财政与通货督察委员会秘书，这使他写出了第一部著作《印度通货与财政》(1913)。在这本书中，凯恩斯检讨了金汇兑本位制。

由于第一次世界大战爆发，凯恩斯撰写的两篇学术文章迟至战后才得以发表。1915 年，他应召为财政部从事财政和通货研究，他在财政部的有利地位，使他得以接近政府的核心圈子，并使他作为首相劳合·乔治的顾问参加了巴黎和会。由于不喜欢当时政治领袖之间的争吵，以及不满于强加给德国的不切实际的战争赔款要求，凯恩斯从财政部辞职，回到了剑桥。同年，也就是 1919 年，他出版了《和平的经济后果》，在书中，他质疑巴黎和会的结论，批评那些政治领袖缺乏切实的经济眼光。虽然这本书在国内受到好评，并使凯恩斯获得国际声誉，却使他失去了英国政府官员和政界的信任。

对第一次世界大战的关注平息之后，凯恩斯把注意力转向理论议题，并在 1921 年首先推出了他的《概率论》一书。由于概率可以定义为一种对"相信程度"的度量，凯恩斯在一篇困扰哲学家的论文中，给概率理论提出了另一种频率论者的理论。《概率论》为凯恩斯基于他的货币不稳定经济理论的风险和不确定性概念，提供了基础。

一战后的欧洲经济学都在探讨稳定性、通货膨胀和通货紧缩，以及关系到就业的改革。在《货币改革论》(1923)中，凯恩斯为稳定的货币环境设计了蓝图，这也是那十年中凯恩斯许多文章的主题。在《货币改革论》中,他反对古典经济学家倡导的长期均衡的看法,强调公共财政和币值变化之间的短期动态分析以及货币和外汇理论。凯恩斯提议,一旦汇率的购买力平价过高,比如类似20世纪20年代的情形,为了避免劳动市场的波动,应该采用贬值而不是通货紧缩的方法进行纠正。因此,1925年凯恩斯反对英国恢复战前的金本位制,就没有什么可惊讶的了(Keynes,1925)。整个20世纪20年代,凯恩斯在许多文章中表达了对失业的担心。大萧条驱使他更多地致力于对货币和就业的理论研究。

凯恩斯对货币的看法在两卷本的《货币论》(1930)中做了集中阐述。除了对货币和指数的分析,凯恩斯还热衷于探讨储蓄-投资的关系。在关于生产成本的价格水平以及用货币表示的利润率基本方程中,他提出了一个混合理论,该理论通过一种独创的宏观价值理论将短期分析和长期分析整合起来,这是人们迄今还在探讨的《货币论》的一个方面。

凯恩斯最为人知也是被研究最多的著作当然是《就业、利息和货币通论》(1936),在书中,他试图"揭示经济体没有达成充分就业的自然趋势"(Skidelsky,1992,第24页)。他关于均衡和失业、有效需求和消费函数、储蓄和投资、乘数和总需求、边际投资效用和流动性偏好、税赋和公共开支、财政和政府赤字、货币供给和价格水平的思想,在批评家和继起的各种活跃的思想流派中都引起了长期的争论(见Patinkin,1990)。

1937年后,尽管健康状况迅速恶化,凯恩斯仍然保持着旺盛的创造力。他积极参与了讨论国际货币体系改革的布雷顿森林会议,尽管后来成立的机构,即世界银行(WB)和国际货币基金组织(IMF)并不符合凯恩斯心目中世界中央银行的思路。

不久前,人们庆祝《通论》出版五十周年;在《通论》出版一百周年后,人们还会重新评估凯恩斯的学术贡献。就像亚当·斯密和大卫·李嘉图的神话不断被重新评估一样,凯恩斯的贡献也会如此。

奥马尔·哈默达(安佳译)

参见:

Absolute Income Hypothesis; Bretton Woods; Gold Standard; Great Depression; Keynes's *General Theory*; Keynesian Economics.

参考文献:

Harrod, R. (1951), *The Life of John Maynard Keynes*, London: Macmillan.

Keynes, J. M. (1913), *Indian Currency and Finance*, London: Macmillan.

Keynes, J. M. (1919), *The Economic Consequences of the Peace*, London: Macmillan.

Keynes, J. M. (1921), *A Treatise on Probability*, London: Macmillan.

Keynes, J. M. (1923), *A Tract on Monetary Reform*, London: Macmillan.

Keynes, J. M. (1925), *The Economic Consequences of Mr. Churchill*, London: Hogarth Press.

Keynes, J. M. (1930), *A Treatise on Money*, London: Macmillan.

Keynes, J. M. (1936), *The General Theory of Employment, Interest and Money*, London: Macmillan.

Moggridge, D. (1992), *Maynard Keynes: An Economist's Biography*, London: Routledge.

Patinkin, D. (1990), "On Different Interpretations of the General Theory", *Journal of Monetary Economics*, 26, October, pp. 205-43.

Skidelsky, R. (1983), *John Maynard Keynes: Hopes Betrayed 1883-1920*, London: Macmillan.

Skidelsky, R. (1992), *John Maynard Keynes: The Economist as Saviour 1920-1937*, London: Macmillan.

Skidelsky, R. (2000), *John Maynard Keynes: Fighting for Britain 1937-1946*, London: Macmillan.

227. 凯恩斯的《通论》Keynes's *General Theory*

约翰·梅纳德·凯恩斯的《就业、利息和货币通论》(*The General Theory of Employment, Interest and Money*,以下简称《通论》)出版于1936年2月。《通论》作为经济学发展的里程碑意义,至今仍未被超越,而且只有斯密的《国富论》可以与之相提并论。凯恩斯的《通论》开创了宏观经济学领域,定义了宏观经济学的基本概念,阐明了关键的理论问题,提出了国民收入账户和宏观经济计量学的发展框架,宣传了为确保充分就业而实施政府干预的必要性。

凯恩斯的《通论》有24章,分为6篇。第1篇有3章,阐述了凯恩斯的主要观点。第1章只有一段,是对书名的解释。凯恩斯写道:"古典理论的假设前提只适用于一种特例,而不适用于一般情况;它所假定的情况是各种可能的均衡状态的一个极端点"(1936,第3页)。这里的古典理论,凯恩斯是指斯密和李嘉图的早期古典理论,以及后来杰文斯、门格尔和埃奇沃思的新古典理论。尽管理论分析的框架与古典理论不同,但凯恩斯认为,在经济向充分就业的均衡位置自我调整这一信念上存在根本的连续性。

第2章阐述了古典理论的两个基本假设前提。第一个是工资等于劳动的边际产品。第二个是工资的效用等于就业的边际负效用。第一个假设描述了利润最大化时的供给条件,在新古典理论那里,这一条件被看作劳动需求曲线。第二个假设描述了劳动的供给条件。凯恩斯反对第二个假设。与古典理论的这一决裂对理解凯恩斯的《通论》至关重要。其实,否决第二个假设就是否决了这样一种观念:总体劳动市场通过实际工资的变动向充分就业均衡自我调整。这样看来,低于充分就业的结果主要是由工资刚性造成的。凯恩斯否认宏观经济中的这种因果过程概念。他指出,古典理论只允许摩擦性失业和自愿失业的存在,而自愿失业被定义为包括由于劳资双方工资谈判结果而造成的失业。凯恩斯提出了一个完全不同的因果过程概念。就业和实际工资并不是在一个分配过程中同时决定的。实际工资是一种剩余的结果而不是因果驱动的结果。货币工资是在工资谈判中决定的。价格水平和产出水平取决于有效需求。给定产出水平,第一个假设前提(即利润最大化产出)描述了决定就业水平的总供给条件。如果均衡就业水平低于充分就业,这就是非古典的非自愿失业的一般情况。

第3章阐述的是有效需求原理,充实了第2章关于就业总水平完全取决于需求条件的观点。凯恩斯指出,对第二假设前提的否决,以及对非自愿失业的可能性的认识,都是对萨伊定律,即供给自行创造需求的否决。凯恩斯颠倒了因果过程:需求自行创造供给。特别是,就业取决于消费倾向、投资量以及总供给函数。凯恩斯《通论》的核心就是对消费和投资的决定因素,以及它们通过乘数效应的相互作用进行详尽的分析。

第2篇用4章篇幅论述了定义与观念。第4章阐述了单位的选择。工资单位应该作为度量的主要货币单位,这一点颇有道理,总供给函数也由此推出。第5章集中阐述了预期概念。凯恩斯特别把短期预期定义为与每日生产进程相关且不断修正的预期。如果短期预期弄错了,尤其是低估了市场需求,就会造成就业的暂时性下降,这就是凯恩斯所谓摩擦性失业的一种类型。短期预期弄错不会造成非自愿失业。第6章和第7章给出了收入、储蓄和投资的详细定义。第6章有一个关于使用者成本的附录。

第 3 篇用 3 章篇幅阐述了消费倾向，也就是消费和收入的关系。凯恩斯意识到消费决策非常复杂，受很多因素影响。第 8 章详细阐述了影响消费决策的客观因素，包括工资单位的变动、收入的变动、贴现率的变动和未来收入预期的变动。第 9 章阐述了主观因素，凯恩斯将主观因素概括为八种动机：谨慎、远虑、计算、改善、独立感、事业、骄傲和贪婪动机。第 10 章定义了边际消费倾向，并得出了乘数关系，乘数这个概念是由卡恩(Kahn,1931)首先引入经济学的。凯恩斯指出，均衡的需求水平(因此产出和就业)取决于投资量和乘数，而乘数反过来又取决于边际消费倾向。乘数效应提供了一种非分配的调节方式，通过这种方式，宏观经济可以通过均衡状态的收入水平变动进行调节，而均衡状态的收入水平是由均等的总计划储蓄和总计划投资决定的。如果假定影响消费的主客观因素相对稳定，那么乘数也相对稳定。因此，总就业水平最终取决于投资量，这就是第 4 篇的主题。

第 4 篇共 8 章，阐述投资诱导。第 11 章和第 12 章分别阐述了资本边际效率(MEC)和长期预期状态。第 13—17 章阐述了利率和一些相关内容。第 18 章简短地重述了凯恩斯《通论》的主要观点。凯恩斯把资本边际效率定义为一个投资项目的预期货币收益。企业家将承接那些资本边际效率超过利率的投资项目。然而，资本边际效率概念有一个容易混淆的地方，它经常被错误地理解为等同于新古典理论中的资本边际物质产品概念，因此所有理论的和度量的问题容易在资本争论中被提出来。这一系列批评错误地理解了资本边际效率，而且忽视了凯恩斯在其他地方对总资本概念基本问题的认识。

资本边际效率是未来的货币收益，因此取决于对未来的预期。与影响生产决策的短期预期相反，凯恩斯把那些影响投资决策的预期定义为长期预期状态。长期预期状态不仅包括最可能的预测，还包括信心状态。信心状态表示不确定的程度，这里凯恩斯指的是他早期著作《概率论》(*A Treatise on Probability*, 1921)中提出的权重概念(也就是说，知识和无知的程度都对应一个概率)。凯恩斯指出，私人企业意识到了以对未来结果的不确定预期为基础的资本边际效率的脆弱性，因此投资不仅仅是理性的计算，而且还受动物本能和对现有情况可以持续的信心所驱使(不考虑有特定原因而使预期发生变化)。这就得出了一个重要的政策结论，影响利率的货币政策不可能以一己之力、在维持充足的投资量以保证充分就业方面取得成功。

剩下的关键问题是利率的决定。有效需求原理意味着对作为保证投资与储蓄均等的均衡机制的古典可贷资金利率理论的否定。凯恩斯提出了流动性偏好理论，按照这个理论，利率使货币需求与中央银行所确定的货币供给相均衡。对凯恩斯来说，利率是确保货币和金融市场而不是总体商品市场均衡的货币现象。凯恩斯认为货币需求有三种动机：交易动机、谨慎动机和投机动机。投机动机适用于作为财富贮藏的货币需求（与作为交易中介的货币需求明显不同）。他指出，对货币和其他金融资产的选择，是在流动性和货币收益之间的权衡，而货币收益则是由分配市场的利率控制。

第5篇和第6篇阐述了凯恩斯基本理论的进一步推论。第5篇阐述货币工资的变动（第19章，有一个关于庇古的《失业论》的附录）、就业函数（第20章）和价格论（第21章）。尤其值得注意的是，凯恩斯对货币工资下降可能产生的影响的研究，以及对公众失业的传统补救方法。凯恩斯指出，货币工资的下降对有效需求有一系列复杂且经常相互冲突的影响，他的结论是，在均衡时，货币工资的下降更可能对产出和就业水平产生净负面效应。

第6篇阐述了经济周期（第22章）、重商主义和消费不足论（第23章）以及社会哲学含义（第24章）。凯恩斯重申，古典理论的问题并不是一个逻辑错误的问题，而是它所暗含的假设前提极不可靠。古典理论只是一个特例，因为古典理论提供的是通过价格机制配置稀缺（也就是充分利用）资源的理论。凯恩斯的基本主张是，古典理论由于没有使用有效需求，所以不能解释资源的总体利用不足（也就是非自愿失业）。因此，需求方需要政府的干预，以保证充足的投资量和有效需求水平。于是凯恩斯得出结论："如果我们的中央控制机构能够成功地使总产量推进到相当于实际可以达到的充分就业水平，那么，从这一点开始，古典理论还是对的"（1936，第378页）。凯恩斯的《通论》理论，总体上是对古典理论的否定。凯恩斯证实了古典理论作为一个特殊的分配理论的局限性，并且指出了拥有一个包含古典理论且更一般的研究资源效用理论的必要性。这基本上就是凯恩斯《通论》的革命性内容。

比尔·杰拉尔德（李向丽译）

参见：

Classical Economics; Demand for Money: Keynesian Approach; Involuntary Unemployment in Keynesian's *General Theory*; Kahn, Richard F.; Keynes, John Maynard; Multiplier; Say's Law.

参考文献：

Kahn, R. F. (1931), "The Relation of Home Investment to Unemployment", *Economic Journal*. 41, June, pp. 173-98.

Keynes, J. M. (1921), *A Treatise on Probability*, London: Macmillan.

Keynes, J. M. (1936), *The General Theory of Employment, Interest and Money*, London: Macmillan.

228. 凯恩斯交叉线 Keynesian Cross

凯恩斯交叉线亦称为"45度线模型"(45-line model),是对凯恩斯收入决定理论的最简单描述。如图1所示,支出函数($E=I+A+bY$,这里,E 是支出,I 是投资,A 是自助消费,b 是边际消费倾向)和 $E=Y$ 线相交于 Y_0,Y_0 是收入或产出的均衡水平。这与投资曲线和储蓄曲线[$S=-A+(1-b)Y$]相交的图示等效,也如图1所示。图1显示了产出水平的调整怎样使支出和产出达到均衡。在 Y_0 点的左边,支出超过产出,意味着公司的存货在减少,因此将促使公司增加生产。相反,在 Y_0 点的右边,计划外的存货累积将促使公司减少生产。将此曲线叫做凯恩斯交叉线是为了表明它与马歇尔曲线的相似性:马歇尔曲线是微观经济学中用来描述个体市场供给和需求关系的图形。

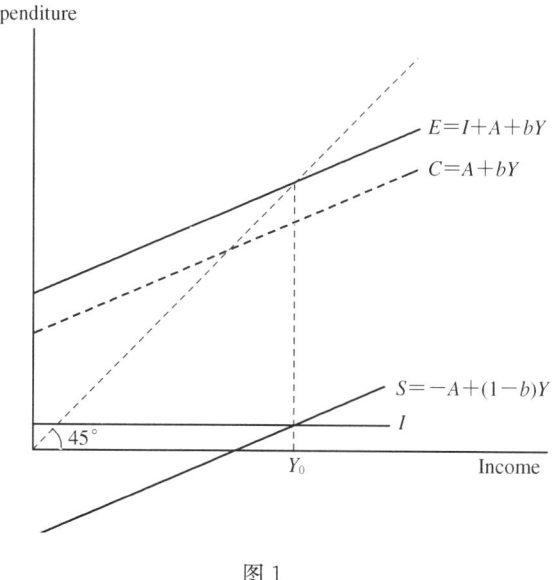

图1

凯恩斯交叉线最初是保罗·萨缪尔森提出的。1937—1940年间,萨缪尔森在哈佛的财政政策研讨班上,用这一交叉线来说明阿文尔·汉森等人的深刻见解所在。凯恩斯交叉线可以用来解开经济学家的困惑,例如罗宾逊(Robinson,1937)所说的储蓄与投资完全相等以及收入的调整使储蓄与投资相等。凯恩斯交叉线出现在萨缪尔森的著作中(1939,第790页),并且成为1940年后萨缪尔森在麻省理工学院所写《经济学》(1948)宏观经济学部分的基础,该书的封面印有 $S=I$ 图形。这段时期,凯恩斯交叉线也出现在梅布尔·蒂姆林的《凯恩斯主义经济学》(Timlin,1942,第102页)中,并且除哈佛大学和麻省理工学院之外,其他学校也采用它来教授凯恩斯主义经济学,例如芝加哥大学的奥斯卡·兰格(Oskar Lange)。凯恩斯交叉线出现在萨缪尔森的教科书里时,劳伦斯·克莱因的《凯恩斯革命》(1947,第115页)和肯尼思·博尔丁的《经济分析》(第二版,1948,第405页)里也出现了该曲线。

凯恩斯《通论》中并没有凯恩斯交叉线。凯恩斯采用的是总供给和总需求函数(1936,第3章)。总供给函数或 N 人就业量产出的总供给价格(Z),"就是企业主值得提供该就业量的预期收益"(1936,第24页)。凯恩斯将此表示为 $Z=\phi(N)$。总需求函数或企业主预期从 N 人就业量中得到的收益(D),为 $D=f(N)$。尽管凯恩斯没有画出一个图来表明这两个函数之间的关系,但他指出,需求的增加少于收入的增加,并且,随着就业和产出的增加,$\phi(N)$ 和 $f(N)$ 之间的差距也将加大。因此可以说,凯恩斯分析中的革命性元素就是凯恩斯交叉线所描述的部分。

凯恩斯模型和萨缪尔森模型的不同之处在于,萨缪尔森模型忽视了总供给函数。在《通论》里,总供给函数与传统完全相符,所以大多数经济学家喜欢把注意力放在需求方。然而,大约十年后,一些凯恩斯主义者,尤其是西德尼·温特劳布(Weintraub,1961)指出,凯恩斯交叉线过于简单化了凯恩斯的理论,因为供给因素在决定收入水平时至关重要。这种观点与凯恩斯的论述(1936,第29页),即就业量取决于消费倾向、投资量和总供给函数是一致的。

现在,凯恩斯交叉线已经逐渐定形,它与希克斯-汉森的 IS-LM 模型一起成为标准的凯恩斯理论教科书内容。把凯恩斯主义经济学简化成一个可以用来进行比较静态分析的简单图形,使凯恩斯主义教学简单易行。凯恩斯交叉线可以很方便地提供清晰的政策结论,毫无疑问,它也对凯恩斯革命(Colander and Landreth,1996)的迅速普及有所贡献。20世纪70年代后期,由于分析通货膨胀的需要,教科书的作者(例如 Dornbusch and Fischer,1978)引入了现代总供给和总需求分析,凯恩斯交叉线的地位才被取代。IS-LM 模型和凯恩斯交叉线被保留下来只是为了对模型的总需求方进行推导。

比尔·E.贝克豪斯(李向丽译)

参见：

IS‐LM Model; Closed Economy; Keynes's *General Theory*; Keynesian Economics; Samuelson, Paul A.

参考文献：

Ambrosi, G. M. (1981), "Keynes and the 45 Degree Cross", *Journal of Post Keynesian Economics*, 3, Summer, pp. 503–9.

Boulding, K. (1948), *Economic Analysis*, 2nd edn, London: Hamish Hamilton.

Colander, D. C. (1988), "The Evolution of Keynesian Economics: From Keynesian to New Classical to New Keynesian", in O. F. Hamouda and J. N. Smithin(eds), *Keynes and Public Policy after Fifty Years*, vol, 1: *Economics and Policy*, Aldershot, UK and Brookfield, US: Edward Elgar.

Colander, D. C. and H. Landreth (1996), *The Coming of Keynesianism to America*, Cheltenham, UK and Brookfield, US: Edward Elgar.

Dornbusch, R. and S. Fischer(1978), *Macroeconomics*, New York: McGraw Hill.

Keynes, J. M. (1936), *The General Theory of Employment, Interest and Money*, London: Macmillan.

Klein, L. R. (1947), *The Keynesian Revolution*, New York: Macmillan.

Pearce, K. and K. D. Hoover (1995), "Paul Samuelson and the Textbook Keynesian Model", *History of Political Economy*, 27, annual supplement, pp. 183–216.

Robinson, J. (1937), *Essays in the Theory of Employment*, London: Macmillan.

Samuelson, P. A. (1939), "A Synthesis of the Principle of Acceleration and the Multiplier", *Journal of Political Economy*, 47, December, pp. 786–97.

Samuelson, P. A. (1948), *Economics*, New York: McGraw Hill.

Timlin, M. F. (1942), *Keynesian Economics*, Toronto: University of Toronto Press.

Weintraub, S. (1961), *Classical Keynesianism, Monetary Theory and the Price Level*, Philadelphia: Chilton.

229. 凯恩斯学派经济学 Keynesian Economics

1936年《通论》出版后,在相当短的一段时间内,世人理解经济问题的方式就发生了令人惊奇的转变。为了有利于微观/宏观的区分,盛行的价值论和货币论二分法被抛弃,现代宏观经济学诞生了。这一时期的经济学态度也有了显著变化。因为相信经济周期现在已是过去的事情,政府为控制人们的经济命运可以积极干预经济,所以对经济学这门令人沮丧的学科的悲观态度一扫而空。简而言之,干预主义需求管理政策的基本原理已经确立,并且有了理论确信。无疑,这其中包含着对年度平衡预算原理的否决,并且也改变了财政政策的地位。接下来,就是传统的货币数量论的让位。

毫无疑问,这种显著的转变已经发生,并且这种转变是由约翰·梅纳德·凯恩斯引发的,然而,是什么构成了这次对经济学颠覆性重新评估的基础,却难以达成一致意见。值得注意的是,《通论》问世 65 年以后,它的主要观点依然被人们争论和怀疑,尽管事实上,在《通论》问世后的十年内,对它的认可似乎已经彻底完成了。(这个明显的悖论始于帕廷金[Patinkin,1990],杰拉德[Gerrard,1991]也对这种争议提出了解释。)

对这种情况的解释主要是时间问题。凯恩斯学派经济学是随着古典范式的衰落而出现的,古典范式认为,在完全竞争的假设前提下,经济将显示出向充分就业收入调整的内在趋势。按照这种观点,政府除了确保整个经济的完全竞争,没有必要对经济进行干预。《通论》实际上有两个方面:第一,从理论上指出了古典理论的缺陷,因为它不能解释像 20 世纪 30 年代那样大规模的持续性失业存在的原因;第二,源于这种分析的政策结论。如果是 20 世纪 30 年代那样的情况,第一个命题看来是不言而喻的。没有必要再对其进行详尽的验证。只要一个人相信凯恩斯模型的价值,只要他相信凯恩斯已经说明了古典观点是错误的,那么,凯恩斯否定古典论点的基础就无关紧要。引起想象的是内含的政策结论。的确,在紧接下来的那些年里,凯恩斯和古典派的实质性争论,更多转向了政策含义——例如,财政干预和货币干预的相对效应——而不是理论的细微差别。

古典经济学依赖对竞争的阻碍来解释持续性失业。然而在大萧条时期经济萧条的情况下,依赖工会的垄断力量或类似的影响市场出清的因素来进行解释日益困难。凯恩斯主义经济学设定了一个新的解释,即需求不足。需求不足揭示出市场经济的内在缺陷,即不能依赖市场经济形成足够的需求以确保充分就业。凯恩斯理论最基本的 $Y=C+I$ 框架,强化了《通论》的经济学基础,它指出,消费是收入稳定的且可预测的函数。也就是说,对任何给定的目标收入水平 Y^*,意味着一个已知的消费支出量 C^*,所以我们需要确定的是投资支出量 I^*。但是投资需求在很大程度上是自主决定的。这就是凯恩斯主义悖论的本质,不能保证所需的投资需求数量可以随时得到。而且,在凯恩斯理论的分析中,对投资支出很可能不足的原因作出了令人信服的解释。投机因素将使利率维持在一个很高的水平,同时,过度的悲观及不稳定的长期经济预期都将阻碍投资。另外,发达经济的困难是双重的,因为凯恩斯的消费函数意为,储蓄率将随着收入的增加而上升(迫使投资在绝对值和百分比上都增加),同时,投资诱导(资本之边际效率)将随着资本存量的增加而下降。

凯恩斯主义经济学坚定地把争论的焦点集中在总需求方。古典派的一致意见是,失业的成因和对策都在劳动市场,而劳动市场又被相关市场实际上就是商品市场的断言所取代。均衡——不一定是充分就业均衡——取决于商品市场的总需求水平。的确,凯恩斯主义经济学很容易就等同于萨缪尔森著名的教科书里所介绍的45度交叉图(Samuelson,1948)。这个图描绘的是产出和就业的调整将使经济达到均衡。表面上看,不相容的储蓄和投资决策通过产出水平的变化而不是通过价格(利率)的变化而达到均等。尤其是,如果产出超过了需求,产出和需求都将下降。因为边际消费倾向小于1,所以产出的下降大于总需求的下降,才能重新达到均衡。如果边际消费倾向是1,均衡机制将不存在:收入和需求都将同量下降。"基本心理规律,……即在一般情况下,平均说来,当人们收入增加时,消费也增加,但消费的增加不如收入增加得那么多"(Keynes,1936,第96页),这一基本心理规律对调整过程至关重要。我们有一个经济的需求决定模型,在这一模型中,供给只是消极地起作用,"有效需求"原理仍然是《通论》独特的分析特色。

正如所显示的那样,凯恩斯主义经济学的出现是及时的,并且对古典框架未能充分解释大萧条时期的经验证据作了补充。但实质上,这并不足以解释凯恩斯主义经济学不仅在学术界而且在经济界和政界的成功。事实是,它不仅结合对古典经济学的猛烈批评对经济萧条做了新的解释,更重要的是,它所提出的在经济中使用更多政府干预的办法,确立了凯恩斯理论的支配地位。凯恩斯革命引进了需求管理原理,引进了这样一种信念,即政府可以而且应该干预经济以确保充分的总需求水平。

至于对古典经济学的批评,凯恩斯理论的论题有三个基本要素:即对萨伊定律的否定,对财政部观点的批判,对削减货币工资是解决失业的方法这一观点的摒弃。对萨伊定律的否定显然不合时宜。萨伊定律试图表明,长期经济增长是没有限制条件的,或者,按照李嘉图的解释,经济中可用的资本积累范围是没有限度的。萨伊定律并没有打算否定短期缺口现象,以及与之相关的失业。把萨伊定律解释为对需求不足的否定,凯恩斯无疑是设立了一个随之要打倒的稻草人。对财政部观点的否定有坚实的基础。财政部观点一直认为,促进就业的公共部门支出会被私人部门撤出的资源挤出。凯恩斯的乘数概念否定了这一论题,即这些公共支出可以通过提高收入(然后是储蓄和税收)并超过最初的支出来部分融资。至于工资削减,按照庇古效应的逻辑,可以有效地否定凯恩斯的论题。庇古效应显示,给定无限的工资和价格弹性,不考虑任何流动性陷阱的因素,经济有向充分就业的收入自发调整的趋势。所以,从来没有令人信服的证据表明,凯恩斯在严格的理论基础上成功地否定了古典学派的论题。

但是这个事实并不妨碍凯恩斯学派经济学的适用性。正是解决持续性失业问题的幽灵(spectre),确保了凯恩斯分析方法的成功。凯恩斯理论的成功与其说是理论权威的胜利,不如说是对干预主义的需求管理政策的认可,以及对有效微调经济可以使社会所有阶层都受益的信念的认可,这样就确保了资本主义的未来,也保证了凯恩斯学派的支配地位。

这一事实显示,凯恩斯学派经济学尤其是战后被人广泛接受的精髓,就是希克斯在其《凯恩斯先生与"古典经济学":一个建设性的解释》(Hicks,1937)一文中提出的分析。在这篇影响深远的文章中,希克斯提出了古典模型与凯恩斯模型的一致性。实际上,希克斯是将古典分析应用于凯恩斯主义的货币利息决定,这样就可以使利息与收入同时决定,而收入就不必等同于充分就业收入。充分就业的结果在总需求刚好足以维持充分就业收入时只是一个特例。

初看起来,希克斯的陈述与凯恩斯的重点非常一致。低于充分就业的稳定均衡含义,很快被凯恩斯理论的信徒抓住,并用来证实凯恩斯的主要思想。而且,这个工具充满了政策含义。货币政策(移动 LM 曲线)或财政政策(移动 IS 曲线)在调整经济使其接近充分就业目标时都适用。最后,利息决定理论推翻了古典学派的二分法;货币存量的变化能通过影响利率作用于投资支出,并影响实际经济部门的就业和产出水平。

但显而易见的是,IS-LM 框架没有消除所有自发调整的趋势。如果失业造成名义工资的下降,并反过来又引起价格下降,那么货币和商品市场里都会有反应。给定无限制的工资和价格弹性,IS-LM 模型意味着,经济将最终向充分就业的收入调整。这一点在莫迪利亚尼(Modigliani,1944)和帕廷金(Patinkin,1948)的著作中反映得很清楚,并引申出这样一种观点,凯恩斯主义的失业均衡只不过是一个特例——即工资和价格无弹性时的特例。然而 IS-LM 分析作为凯恩斯主义经济学的代表被广泛接受。最后,人们赞许凯恩斯主义的理论建构维护了古典学派的就业理论!

形成凯恩斯经济学正统观念的东西与一种折中有关。一方面,人们相信,古典学派的自我调整趋势需要太长的时间,因此不能代替直接干预主义措施。实际上这与这样的信念是相互结合的,即经济实质上是由需求决定的,而政府通过审慎而明智的需求管理,可以加速调整的过程。就此而论,相对于货币干预而言,人们对财政政策有明显偏好,因为相较于对利率变化的不确定反应,财政政策的干预更为直接。这一点又与通常低估财政赤字的融资意义结合在一起,而低估财政赤字的融资意义,反映出这样的信念,即在萧条时期,供给具有充足弹性,它可以使总需求的变动相对于价格的变动,转化为产出和就业的变动。

上述阐述只不过是对凯恩斯主义经济学的一种解释。这种观点无疑反映了主流经济学的传统智慧,但没有得到广泛的尊重。我们也应该意识到,这种观点忽视了凯恩斯的其他重要贡献,比如与《通论》一起构成著名三部曲的《货币改革论》(1923)和《货币论》(1930)(Patinkin,1987)。

G. K. 肖(安佳译)

参见:

Absolute Income Hypothesis; Aggregate Demand Management; Classical Model; Great Depression; IS-LM Model; Closed Economy; Involuntary Unemployment in Keynes's *General Theory*; Involuntary Unemployment in Keynesian Economics; Keynes, John Maynard; Keynes's *General Theory*; Keynesian Cross; Keynesian Economics: Reppraisals of; Liquidity Trap; Multiplier; Say's Law; Pigou Effect.

参考文献:

Gerrard, B. (1991), "Keynes's *General Theory*: Interpreting the Interpretations," *Economic Journal*, 101, March, pp. 276-87.

Hicks, J. R. (1937), "Mr. Keynes and the 'Classics': A Suggested Interpretation", *Econometrica*, 5, April, pp. 147-59.

Keynes, J. M. (1936), *The General Theory of Employment, Interest and Money*, London: Macmillan.

Modigliani, F. (1944), "Liquidity Preference and the Theory of Interest and Money", *Econometrica*, 12, January, pp. 45-88.

Patinkin, D. (1948), "Price Flexibility and Full Employment", *American Economic Review*, 38, September, pp. 543-64.

Patinkin, D. (1987), "Keynes, John Maynard(1883-1946)" in J. Eatwell, M. Milgate and P. Newman(eds), *The New Palgrave: A Dictionary of Economics*, London: Macmillan Press, pp. 19-42.

Patinkin, D. (1990), "On Different Interpretations of the *General Theory*", *Journal of Monetary Economics*, 26, October, pp. 205-43.

Samuelson, P. A. (1948), *Economics*, New York: McGraw-Hill.

230. 凯恩斯学派经济学：重新评价 Keynesian Economics: Reappraisals of

本条目专门论述对凯恩斯《通论》(1936)的重新评价，这种重新评价一方面是帕廷金对《通论》的评价，另一方面是克洛尔和莱琼霍夫德的评价（还有一种对凯恩斯的非正统解释是后凯恩斯主义理论；参见该词条）。

帕廷金

帕廷金的名著《货币、利息与价格》(1965)的首要目标，是在一般均衡分析的框架下研究货币论与价值论的综合。然而，在第13章和第14章，帕廷金也对凯恩斯的《通论》进行了解释。特别是他论证了非自愿失业发生的可能性。

因为意识到这样一种综合讨论采用的是一般均衡理论，所以帕廷金肯定地承认，只要分析局限于现有的均衡范围，非自愿失业就是令人难以置信的结果。尽管如此，根据他的理论，为非自愿失业提供理论依据的途径仍然是开放的：即把非自愿失业看作均衡过程中出现的非均衡现象。按照这种观点，非均衡概念应该理解为获得一般均衡结果的调整过程，而不是经济的某种最终状态。因此，非自愿失业的出现取决于价格机制缓慢作用的假定。当然，这种观点也有一个缺陷，那就是非自愿失业的存在是暂时的，因为市场力量会逐渐消除它的存在。

从术语的严格意义上说，帕廷金没有给出非自愿失业的模型。非自愿失业是怎么出现的，帕廷金也没有给读者提供一个理由充分的描述或一种理论的设想。从均衡状态开始，就假定债券的需求出现了增加，从而导致商品需求的减少。它的效应则根据两种不同的背景进行研究。第一个背景，假定商品市场的调整过程是快速的。结果，新的均衡很快建立。第二个背景，按照帕廷金的观点，假定调整过程是缓慢的，非自愿失业一定会出现。商品需求减少的直接效应就是商品的供给超过了需求。公司对此的第一反应是增加存货。然而,不久之后,当存货逐渐增加,公司只好选择减产。因此,他们对劳动的需求也会减少;用后来的术语来说,对劳动的"名义"需求不再起作用。劳动市场的交易偏离了供给曲线,这就是非自愿失业。商品市场的超额供给造成了劳动市场的超额供给。非自愿失业可能与瓦尔拉斯的实际工资共存,所以,过高的工资不再被看作引起问题的原因。

遗憾的是,尽管很吸引人,这一设想并不令人满意(更详细的分析,见 De Vroey,2001)。第一,帕廷金混淆了快速调整和瞬时调整。因此,他毫不犹豫地在无变化的瓦尔拉斯框架中引入了缓慢调整假说,且并未意识到两者的不一致。按照瓦尔拉斯的价格形成概念,每一笔交易的均衡价格都假定是在瞬间或合理的时间内形成的。帕廷金所希望的起积极作用的错误交易现象没有机会出现。帕廷金也无法求助于马歇尔的市场运转模型,因为市场出清是马歇尔市场模型的周期性特征之一。于是读者就很困惑,是什么贸易技术支持了帕廷金的推理。第二个错误是,帕廷金假定冲击过后,经济将回到原来的均衡。但他只是说了这个结果,并没有给出证明,所以也不能接受。

现在已经证实,将帕廷金的阐述转换成模型是一个难以完成的任务。这个缺陷已经超越了非自愿失业问题本身。其缺陷来自于这样一个事实,到目前为止,它仍然缺乏先决条件(行为人非均衡行为和经济非均衡状态的一般均衡理论)。如果存在这样一个一般性理论,那么非自愿失业的分析可以作为一个特例进行推导。

这里还要做两点评论。第一,纵观帕廷金漫长的研究生涯,他一直坚定地为这样一种观点辩护,他采用的非均衡线符合凯恩斯在《通论》中的详细阐述(例如,见 Patinkin,1987)。然而我们找不到对这个说法的支持,也没有发现相关的论据来证明《通论》第 19 章就是理论的顶点。第二,是帕廷金的影响问题。这里所做的评价有些复杂。的确,许多学者(例如,托宾、马林沃德、莫迪利亚尼、巴罗以及格罗斯曼)都称颂过帕廷金,而且似乎也采用他的观点,诸如配额是由于调整缓慢的观点。然而,这些认可通常都局限于超理论评论的范围内。如果看看这些学者建立的模型,我们会发现,这些学者都没有采用缓慢调整的观点。

克洛尔和莱琼霍夫德

克洛尔的名文《凯恩斯主义的反革命:一个理论评价》(Clower,[1965]1984)是对标准凯恩斯主义的批判,其中也包括对他视为凯恩斯叛徒的希克斯和帕廷金的批判。克洛尔的明确目标是瓦尔拉斯法则,他毫不犹豫地断言——相当大胆,还要冒适得其反的风险——"要么是瓦尔拉斯法则与凯恩斯主义经济学相抵触,要么是凯恩斯没有在正统经济学理论中添加新的内容"(前引书,第41页)。

上文隐含的内容如下:在当前的工资水平下,家庭无法出售他们所希望交易的劳动量。结果,他们对商品市场的需求小于他们在售完劳动量情况下的需求。这样,家庭对商品的"名义需求"被"有效需求"所代替,同时,一个不变参数——交易的劳动量——进入了他们的预算约束。在克洛尔的模型中,商品市场最后可能达到一种"假均衡"状态,在这种状态下,企业对商品的名义供给与家庭对商品的有效需求相匹配,而不是与家庭的名义需求相匹配。在这种假均衡中所形成的价格和数量与瓦尔拉斯的量不同,并且是次优状态。违背瓦尔拉斯法则是因为只有劳动市场是非市场出清的。

克洛尔的文章可以用两种不同的方式来看。首先看它所包含的模型,从他的模型中,我们可以发现克洛尔与帕廷金相类似的情况,即一个定量配给的市场对另外一个市场有外溢效应。只有在这种情况下,劳动市场才出现配额,工资率的结果才是"错的",才会延伸到商品市场。另外,克洛尔也谈到了均衡时发生非自愿失业的可能性问题,他不像帕廷金,声称非自愿失业只存在于价格形成过程中。但是克洛尔的文章也包含另一个推理思路,当我们依照克洛尔和莱琼霍夫德后来合写的文章(Clower and Leijonhuvud,1975)来了解这个思路时,它就浮现出来。克洛尔似乎希望将重点放在价格信号问题和分散经济中协调失灵的可能性上,除了后者之外,他尤其重视自我实现预测使经济陷入无效率状态的问题。

莱琼霍夫德的《论凯恩斯学派经济学和凯恩斯经济学》(1968)是一本很成功的书。莱琼霍夫德声称,标准的凯恩斯学派经济学(即,IS-LM模型)是一个解释凯恩斯思想的完全不适当的工具。他这样说有两个基本原因,因为 IS-LM 模型采用了工资刚性假设且忽略了货币的作用。

莱琼霍夫德指出,为了理解凯恩斯的理论必须放弃瓦尔拉斯而回到马歇尔。还必须舍弃用于解围的拍卖人。这样,信息问题成为中心问题,并进一步引出了"有效需求不足"和非自愿失业问题。这一可能性的核心,就是凯恩斯所谓隐含于马歇尔对定期和短期市场区分中的价格序列与数量调整速度的颠倒。这说明,对需求下降的最初反映是数量调整(从而弥补了帕廷金对最初的配给结果缺乏解释的缺陷)。莱琼霍夫德声称,到这里为止,工资刚性的假设还没有必要。这一解释也足以放弃瞬时价格调整假设。不完全工资弹性作为工资刚性的替代被提了出来,这种做法使莱琼霍夫德更接近于帕廷金。让人奇怪的是,莱琼霍夫德很少赞扬帕廷金,反而认为他属于"凯恩斯学派"。

不论是在合著还是专著中,克洛尔和莱琼霍夫德努力推动他们批评的积极方面,用贸易技术理论替换拍卖人假说,并重视现实世界分散经济的主要特点。他们的起点是马歇尔的理论,但他们试图从两个方面对马歇尔理论加以改进。第一,需要对其一般化,使它从局部分析过渡到整体分析。第二,他们考虑把研究重点从均衡的逻辑存在的研究转向对均衡过程的研究。在马歇尔"一般过程分析"标签下,他们提出了一个分散经济理论,该理论

(1) 缺乏中央信息处理以及票据收集机构;(2) 在每个产出市场都有经纪人努力协调生产和消费活动;(3) 存货存量管理成为协调这些活动的基础;和(4) 有一个易受与银行和非银行信用量扩张和收缩相关的商业危机影响的系统。所有这些可能都是 J. S. 穆勒或阿尔弗雷德·马歇尔的观点(Clower and Leijonhufvod,[1975]1984,第 217 页)。

遗憾的是,现在已经证实,要把克洛尔和莱琼霍夫德的观点推进一步相当困难。迄今为止,他们关于现实分散经济的设想几乎没有转换为成熟理论的可能。

米歇尔·德弗罗伊(安佳译)

参见:

Clower, Robert W. ; Keynes's *General Theory*; Leijonhufvod, Axel; Patinkin, Don; Post Keynesian Economics.

参考文献:

Barro, R. and H. Grossman (1971), "A General Disequilibrium Model of Income and Employment", *American Economic Review*, 61, March, pp. 82 - 93.

Clower, R. ([1965]1984), "The Keynesian Counter-Revolution: A Theoretical Appraisal", in D. Walker (ed.), *Money and Markets: Essays by Robert W. Clower*, Cambridge: Cambridge University Press, pp. 34 - 58.

Clower, R. and A. Leijonhufvud ([1975] 1984), "The Coordination of Economic Activities: A Keynesian Perspective", in D. Walker (ed.), *Money and Markets: Essays by Robert W. Clower*, Cambridge: Cambridge University Press, pp. 209 - 17.

De Vroey, M. (2001), "Price Rigidity and Market Clearing. A Conceptual Clarification", *Cambridge Journal of Economics*, 25, September, pp. 639 - 55.

Keynes, J. M. (1936), *The General Theory of Employment, Interest and Money*, London: Macmillan.

Leijonhufvud, A. (1968), *On Keynesian Economics and the Economics of Keynes*, Oxford: Oxford University Press.

Patinkin, D. (1965), *Money, Interest and Prices*, 2nd edn, New York: Harper & Row.

Patinkin, D. (1987), "Keynes, John Maynard" in J. Eatwell, M. Milgate and P. Newman(eds), *The New Palgrave: A Dictionary of Economics*, London: Macmillan pp. 19-41.

231. 查尔斯·P. 金德尔伯格 Kindleberger, Charles P. (1910—2003)

查尔斯·P. 金德尔伯格1910年生于美国纽约州纽约市，1932年从宾夕法尼亚大学获得学士学位，从哥伦比亚大学获得硕士学位(1934)和博士学位(1937)。他的主要学术职位包括：纽约联邦储备银行经济学家(1936—1939)和联邦储备体系董事局经济学家(1942—1943)；美国国务院经济学家(1945—1948)；麻省理工学院副教授(1948—1951)和教授(1951—1976)。自1976年起，他一直担任麻省理工学院福特国际经济学荣誉教授。1986年，他当选美国经济学学会会长。他以研究国际经济学，特别是美元短缺、汇率、金融稳定性、国际支付、流动性和国际货币体系而知名。他的名著有：《国际短期资本运动》(哥伦比亚大学出版社，1937)、《美元短缺》(麻省理工学院出版社，1950)、《欧洲和美元》(麻省理工学院出版社，1966)、《欧洲战后的增长：劳动供给的作用》(哈佛大学出版社，1967)、《经济过热、经济恐慌及经济崩溃：金融危机史》(基本丛书，1978)、《国际经济学》(与 P. 林德特合著，理查德·D. 欧文出版公司，1978年第6版)、《国际货币：论文集》(乔治·艾伦和昂温出版公司，1981)、《国际资本运动》(剑桥大学出版社，1987)。

参见：
American Economic Association; Federal Reserve System.

232. 劳伦斯·R. 克莱因 Klein, Lawrence R. (1920—2009)

劳伦斯·R. 克莱因1920年生于美国内布拉斯加州奥马哈，1942年在加州大学伯克利分校获得学士学位,1944年在麻省理工学院获得博士学位。他的主要学术职位有:考尔斯委员会研究助理(1944—1947);国家经济研究局副研究员(1948—1950);密歇根大学调查研究中心副研究员(1948—1954);牛津大学统计学研究所资深研究员(1954—1958);牛津大学高级讲师(1956—1958);宾夕法尼亚大学教授(1958—1968)。自1968年起,他任宾夕法尼亚大学本杰明·富兰克林经济学荣誉教授。他的主要职位和荣誉包括:1959年获得美国经济学学会(AEA)颁发的约翰·贝茨·克拉克经济学奖;1960年当选经济计量学学会会长;1977年任美国经济学学会会长;1980年因对经济计量模型和应用经济计量学的诸多贡献,荣获诺贝尔经济学奖。他以率先研究经济计量模型,尤其是(与 A. S. 戈德伯格一道)在20世纪50年代初建构美国第一个经济计量模型,20世纪60年代初帮助建构了布鲁金斯-社会科学研究委员会的美国经济模型而闻名。他的名著有:《凯恩斯革命》(麦克米伦出版公司,1947);《1921—1941年的美国经济波动》(约翰·威利出版公司,1950);《1929—1952年的美国经济计量模型》(与 A. S. 戈德伯格合著,约翰·威利出版公司,1950);《英国的经济计量模型》(与 R. J. 巴尔等人合著,巴兹尔·布莱克维尔出版公司,1961);《布鲁金斯美国经济计量模型季评》(与 J. 杜伊森伯里、G. 弗罗姆、E. 库合编,蓝德·迈纳利出版公司,1965);《沃顿经济计量预测模型》(与 M. K. 埃文斯合著,沃顿财经和商业学校出版,1967);《宏观经济计量建模史》(与 R. G. 博德金和 K. 马尔瓦合著,爱德华·埃尔加出版公司,1991)。

参见:

American Economic Association; Cowles Commission; Econometric Society; Macroeconometric Models; National Bureau of Economic Research; Nobel Prize in Economics.

233. 西蒙·S. 库兹涅茨 Kuznets, Simon S. (1901—1985)

西蒙·S. 库兹涅茨1901年生于俄国平斯克,在哥伦比亚大学获得理学士学位(1923)、硕士学位(1924)和博士学位(1926)。他的主要学术职位包括:国家经济研究局成员(1927—1961);宾夕法尼亚大学教授(1930—1954);约翰·霍普金斯大学政治经济学教授(1954—1960);哈佛大学经济学教授(1960—1971)。1949年他当选美国统计学会会长,1954年当选美国经济学学会会长。1971年,因为在收集、评估和解释有关经济发展的统计数据方面的工作而荣获诺贝尔经济学奖。他最有影响的工作是关于国民收入账户、经济周期(包括所谓库兹涅茨周期)、经济增长的原因及其对收入分配的后果的研究。他最知名的著作有:《生产和价格的长期趋势:其性质及对周期性波动的意义》(霍顿·米夫林出版公司,1930);《1929—1932年的国民收入》(NBER,1934);《1919—1935年的国民收入和资本形成》(国家经济研究局,1941);《1919—1938年的国民收入及其构成》(与 E. 詹克斯和 L. 爱泼斯坦合著,国家经济研究局,1941);《1869年以来的国民生产》(与 E. 詹克斯和 L. 爱泼斯坦合著,国家经济研究局,1961);《现代经济增长:速率、结构和传播》(耶鲁大学出版社,1966);《各国的经济增长:总产量和生产结构》(哈佛大学出版社,1971);《增长、人口和收入分配:论文选》(W. W. 诺顿出版公司,1979)。

参见:

American Economic Association; National Bureau of Economic Research; Nobel Prize in Economics.

234. 芬恩·E. 基德兰德 Kydland, Finn E.

芬恩·E. 基德兰德1943年生于挪威,1968年从挪威经济学院得到工商管理学位,从卡内基-梅隆大学获得理科硕士学位(1972)和博士学位(1973)。他的主要学术职位包括:挪威经济和工商管理学院助教(1973—1976);明尼苏达大学客座教授(1976—1977);卡内基-梅隆大学客座研究员(1977)和经济学副教授(1978—1982)。自1982年起,他一直任卡内基-梅隆大学经济学教授。他以对时间不一致性的研究和对经济波动的实际经济周期分析而知名。他最具影响的论文有:《规则与相机抉择:最佳方案的矛盾》(与 E. C. 普莱斯科特合撰,载《政治经济学杂志》,85,1977年6月);《对波动形成和累积的调整》(载《经济计量学》,50,1982年11月);《经济周期:事实和货币神话》(载《明尼阿波利斯联邦储备银行季评》,14,1990年春季号);《研究经济周期的一般均衡经济计量学》(载《斯堪的纳维亚经济学杂志》,93,1991);《经济周期理论中的时间和就业变量》(载《经济理论》,1,1991年1月);《计算实验:一个经济计量学工具》(载《经济展望杂志》,10,1996年冬季号)。

参见:

Business Cycles; Real Business Cycles Approach; Time Inconsistency.

235. 拉弗曲线 Laffer Curve

请先完成以下类比：油之于水就像：
  a. 米尔顿·弗里德曼之于弗里德里希·哈耶克
  b. 亚当·斯密之于看不见的手
  c. 芝加哥学派之于约翰·梅纳德·凯恩斯
  d. 阿瑟·拉弗之于餐巾纸（"诺贝尔奖小测试"，载《经济学家》，2001年6月25日）

拉弗曲线描述了税率与税收收入的关系。如果以横轴表示税收，纵轴表示税率的函数，拉弗曲线通常是一条向下的曲线。税收收入在一个临界的税率水平上达到最大值，超出这个临界值再进一步提高税率，税收收入实际上减少，在更高的税率水平上，税收收入将退回到零。

拉弗曲线阐明了一个观点，这个观点对任何宏观经济学家来说，都是一个很重要的工具。拉弗曲线能够提供对税收结构进行理论分析的框架，能够支持税收改革的政治主张，这有助于我们理解由受欢迎的专业新闻杂志所提供的诺奖小测试中的幽默。

这条著名的曲线是1974年12月4日在华盛顿特区洲际饭店的午餐上首次提出并获得声誉的。当天，阿瑟·拉弗（时为芝加哥大学商学院副教授）为说明一个税收改革策略，在餐巾纸上画了一条曲线。作为拉弗曲线出现时的在场人之一，记者裘德·万尼斯基（Jude Wanniski）随后将餐巾纸上画曲线一事弄得家喻户晓，这条曲线因而被命名为拉弗曲线（Wanniski, 2001）。

拉弗曲线对倡导税收削减的人具有奇特的吸引力。作为财政政策供给方的一部分，拉弗曲线可以显示在特定条件下，税收削减可以是自融资型。这种观点吸引了减税倡导者及其支持者，同时也使反对者不知所措，迫使那些反对者对特定条件是否存在展开争论，或是把供给方或供给方范式恶魔化（最近一个例子，见 Krugman, 1998）。

20世纪70年代，拉弗曲线反对者以及怀疑者的这些批评，在随后出现的关于税收改革和税收削减的意识形态的斗争中没有出现，这表现出里根成为总统候选人及担任总统初期的情况。乔治·布什在反对里根作为共和党1980年的提名人时,把里根的供给方税改计划描述为"巫毒经济学"(Voodoo Economics)①。后来,由于在提名问题上输给了里根,布什通过成为里根的副总统而表演起了与"巫毒教母"(Voodoo Mama)媲美的政治巫术供给方税改计划"起死回生"。——至少在他接任总统之前,用他自己的话来说,要给每个人一个机会,"看清楚我的口型,不增税!"

偏离布什口型的"曲线"不是拉弗曲线。布什政府征收了新的税收。由于投票者不能原谅布什的行为,所以投票否决了他的第二次当选。

千禧年后,老布什总统的儿子小乔治·布什当选总统,随后,小布什把实施里根式的税收削减政策作为他的首要行动。具有讽刺意义的是,小布什的副总统,即美国事实上的 CEO 是狄克·切尼,1974 年那个众所周知画在餐巾纸上的著名曲线就是画给他的。20 世纪 70 年代中期,切尼用拉弗的观点劝说福特总统把政策从增加税收转向小幅度的削减税收(Wanniski,2001)。2000—2001 年,切尼可能也用拉弗曲线来支持和合理化小布什的税收削减政策。很显然,政治经济的发展能使一条曲线变成一个完整的圆圈。

这些税收改革的政治方法,尤其是税收削减方法,不仅限于 20 世纪末和 21 世纪初使用。拉弗(1981,第 10 页)认为,他的曲线可追溯到 14 世纪一个无名的阿拉伯哲学家。当然,18 世纪末和 19 世纪初,亚当·斯密和 J. B. 萨伊也意识到了这个概念。确实,正如拉弗所说(同上),他们也引用了一些著名的段落,从文字上描述了拉弗曲线的内容。

当然,这是在整个税收负担逐步增加到现在占国内生产总值 30%—50% 水平以前的情况。在斯密的时代,政府主要依靠土地税收和关税,过高的税率可能使农民离开土地或者使进口商人成为走私者。因此,在斯密和萨伊时代的和平时期,税收收入通常少于国内生产总值的 10%(Tanzi and Schuknecht,1997)。

既然现代宏观经济学教科书很少提到拉弗曲线,而且更少详细阐述它的性质和重要性,我们在这里将从技术角度进行简要陈述。先做一些重要的区分:(1) 曲线的"向上"与"向下";(2) "收入"效应与"赤字"效应;(3) "短期"形状与"长期"形状;(4) "供给方"与"需求方";(5) "边际"税率与相关"平均"税率;(6) "微观"效应与"宏观"效应。我们将依次讨论这些内容,重点则放在政治经济方面。

---

① 原指伏都教经济学,伏都教是海地民间宗教,在古巴、巴西和美国南部流行,善行巫术,布什借此讽喻。——译注

关于区分(1)。拉弗曲线最基本的政治用途是支持游说降低税率——或者,自相矛盾地提高税率。对拉弗曲线的逻辑进行解释,政客甚至投票人也能马上领会。例如,一个简单的智力测试,问在收入的 0% 和 100% 税率下能够收到多少税收。思考片刻就明白,答案是同样的——零! 然而,在这两个极限之间的正的税率也很明显:(a)税收收入为正,(b)在某一税率下,税收收入最大,以及(c)在较低的收入水平下,两个不同的税率可以获得同样的收入——一个税率低于另一个税率,因此低税率是更好的。政府采用较低税率的税收制度来收税比较合适,税收曲线"向上"倾斜。相反,采用较高的税率会使表示政府税收制度的曲线"向下"倾斜。

如果一个经济已经处于曲线的下方,那么,降低税率可以增加税收收入。这是一个非常合理的新古典结果,但一些人则认为是巫术(magic)或巫毒(voodoo),因为看起来好像是自己在空头许诺什么,或者"免费的午餐"。然而,这与企业降低自己那些富有需求弹性的产品的价格时,厂商的总收入会增加完全类似。(自相矛盾的是,经济学家惯于发现这些"免费的午餐",即所谓剩余价值或"租",但他们同时又宣称"天下没有免费的午餐",原因是剩余价值已经被"寻租"的成本耗费掉了。)相反,当经济位于曲线的上方时,降低税率将减少税收,反之亦然。这就是大部分漫不经心的观察者视为正常的情况。在这两种都可选用的政策,即用税赋提供公共物品和税率削减之间,存在替换关系。如果经济是在曲线下方,则不存在替换关系,两种政策都有可能采用。

接下来的关键问题是:"经济是在曲线的上方还是下方?"答案有很多争议,并且很难证实——回顾一下,肯尼迪、里根以及小布什是减税,而老布什和克林顿是增税。然而,选民们可能很容易对因为沉重的税收负担而自愿放弃的正式收入作出反应,而且高税率下的税收相应地更招人厌恶。从而,高税率会使"位于拉弗曲线之下"的观点更可信,因此不管这一观点正确与否,在政治上都更受欢迎。

区分(2),致力于验证有时很容易混淆的度量问题。拉弗曲线给出了税率和税收收入的关系,并且保证位于曲线的下方时,税率的降低会使税收收入最终增加。然而,这种观点的反对者通常只是考虑政府赤字(支出减去收入)发生了什么变动,而不考虑税收收入本身。

这种错误是混淆里根税收削减政策的一个原因,里根的税收削减政策并没有相应地削减支出,反而增加了支出。另外,非同寻常的紧缩利率政策会引致利率的反常上升,利率的上升又使偿债成本大量增加。结果,赤字又因为这两方面的原因而增加。这就导致一些反对者声称,经济一直处在曲线的上方。税收收入的短期数据也支持他们的说法(Feldstein,1986;Modigliani,1988)。然而,这里也有一些让人困惑的因素,例如前面提到的紧缩性货币政策,这种政策限制了经济的扩张能力,因此,里根早期实施税收削减时税收的增加也受到了限制。

税收收入的长期结果倾向于支持这样一种主张,即里根以前的税率是在曲线的下方。例如,里根在位期间,所得税收入实际上增加了76%(Sowell,1996,第82页)。此外,邢虞(Hsing,1996)根据1959—1991年的美国数据估计,最大税率在32.67%和35.21%之间,个人所得税收入是一个钟形的拉弗曲线。在里根税收削减政策之前,美国的边际税率高于这个范围,在克林顿税收增加政策期间,美国的边际税率接近这个范围。

事后来看,里根的政治支持者可能过分夸大了里根税收削减政策对早期税收收入增加(及赤字减少)的潜在能力。然而,没有这种夸大,没有拉弗曲线形象化描述的帮助与支持,里根的税收削减和改革政策可能根本就不会出台。

这与一些凯恩斯概念的政治运用相似,比如"流动性陷阱"、"无弹性投资"和"刚性货币工资"等,这些概念促使美国政府在20世纪30年代推行积极的财政政策。事后看来,对现存的或相关的这些凯恩斯概念,比对增加政府积极财政的可行性,存在更多专业上的不同意见。具有讽刺意味的是,在现代经济中,流动性陷阱的概念也再次用作为"目标通货膨胀"的论据(Krugman,1999)。同样,拉弗曲线也有可能再次从政治和分析上证明其有用性。

最近,阿吉尔和佩尔森(Agell and Persson,2001)把"表面上自相矛盾"的拉弗曲线结果归因于"在动态模型里定义其他条件相同的税收削减的另一种方式"。阿吉尔和佩尔森使用他们偏好的"转移调整"税率定义而不是税率本身,说明了按照拉弗的方式降低自我融资费用的可行性。他们也估计,经济合作与发展组织国家中那些"最有可能降低自我融资费用的是北欧和西欧的福利国家"(前引书,第410页)。

最后,根据理性预期的观点,度量问题更加复杂,因为在这种情况下,预期税收削减的整个影响可能在税收削减之前就发生了!税收削减之后度量其效果则无法测出拉弗曲线的真实形状。

现在我们来看区分(3)。因为一种税收制度所形成的机制和习惯,对另一种新的税收制度很快就产生反应并加以接纳,可能成本太高,那么短期拉弗曲线可能要比长期拉弗曲线平缓一些。实际上,短期曲线不可能有长期拉弗曲线向后弯曲的形状。如果决策者通常依据他们对短期曲线的预测来制定税收政策,那么就很容易解释,在一系列理性的短期交替决策后,经济可能是在长期曲线的错误的一面(见 Buchanan and Lee,1982)。短期曲线的移动经常比长期曲线显出更为吸引人的交替——就像在 20 世纪 70 年代,短期和长期菲利普曲线使决策者盲目地陷入过度通货膨胀一样。

关于区分(4)。拉弗曲线的支持者关注的主要是经济的"供给方"。生产函数和要素供给对税收变动的反应,在决定其对税收收入和实际产出的冲击和效应时很重要。对拉弗曲线的支持者来说,即使经济是在"税收收入"拉弗曲线的上方,税收削减仍然有利于刺激实际产出的增长和降低通货膨胀的压力。也就是说,经济可能仍然在"实际产出"拉弗曲线(或"增长率拉弗曲线")的下方,这种观点将税率和实际产出(或增长率;见 Barro,1990;Chao and Grubel,1998)联系了起来。使实际产出(或增长率)最大化的税率,可能比使税收收入以及暗含的政府规模最大化的税率要低得多。

对这种现象的供给方分析,最好地阐明了作为生产要素的劳动供给。提高工人净工资的税收削减有两方面的效应:减少劳动供给的"收入效应"和增加劳动供给的"替代效应"。两方面合起来就是"总效应",在正常的范围内,总效应为正。也就是说,正常情况下,税率降低将增加劳动供给。如果不受劳动市场制度所限,劳动供给增加将使就业、产出和总收入增加。收入增加将增加税收收入——或许足够抵消刚刚减税时减少的税收收入。如果情况是这样的话,经济即在实际产出拉弗曲线的下方,又在税收收入拉弗曲线的下方。

同样的分析可以用来研究其他生产要素或生产函数本身。对"官方"生产函数有特殊兴趣,是因为税率对为避税而发生的"非官方"或"地下"经济活动所产生的影响。逃税和避税行为是税率水平的直接函数(Mirus and Smith,1994)。这样,由于非官方活动官方化了,税率降低可能获得更高的税收收入,而且整个经济也不会发生任何变化。

最后,应该回想,凯恩斯宏观经济学或"需求方"宏观经济学也表明,税率的降低不一定会降低税收收入,还有可能增加税收收入。凯恩斯理论的"节俭悖论"的观点在这里可能被重贴上"税率降低悖论"的标签。在凯恩斯理论模型中,政府支出是总收入的正函数,边际税率的降低将增加均衡收入,也将增加政府支出及其补充项目,即税收。由于总需求曲线向外移动,均衡结果取决于它与总供给曲线的相互作用。如果税收削减的供给方效应也是总供给曲线向外移动,那么收入肯定会增加，税收收入也会增加。

关于区分(5)。通常对拉弗曲线的解释把税率理解为"平均"税率，或可能理解为"代表性"税率，这很像宏观经济分析中"利率"的使用。然而，从供给方的观点来看，边际税率是在税收权限内生产要素的关键税率（尽管相关的平均税率可能提供在税收权限之间关于要素转移决策的适当"边际"）。

降低边际税率可能比降低平均税率对税收收入和产出有更合适的影响和效应，只要边际税率在"收入效应"和"替代效应"之间的平衡效应比平均效率稍微有利一些（Goolsbee，1999）。降低最大边际税率也被认为对纳税人逃税和避税（Mirus and Smith，1994；Palda，2001），以及税务官的腐败（Sanyal et al.，2000）有很大影响。通常，现代财政制度中的最大边际税率（尤其是那些由通货膨胀所引起的税档潜升）不仅适用于富人，而且也适用于中上等收入人群，因为这些人比低收入和中低收入人群在安排自己的工作和避税行为时，有更大的灵活性。

当然，从政治上说，降低最大边际税率在平民民主制下通常极难达成，人们通常谴责它为有利于"富人"，尽管最终每个人都可以获益。平民党政客比较喜欢为"穷人"和／或"一般纳税人"减税。这种税收让步对提高工作业绩、产出和税收收入没有多少有利的前景，但对这些政客及其政党则有更有利的选举前景。从供给方的观点来看，最坏的政策是较受欢迎的、普遍认可的一次性征税退税。这种政策对经济的影响最多就是凯恩斯式的需求方影响。更为重要的是，这将会对那些在邮寄出去的退税支票上签了名的政客，产生最大可能的选举效应。

最后，我们来看区分(6)。简单的"宏观经济学的微观基础"有时候会因为总体现象而引起误解。尤其是，在个人收入构成不同的情况下，并不是每个人都获得了税收削减。每个人也不可能有同样的资质来改变他们的经济行为。而且，改变税收构成、税基和／或政府支出，可能会伴随混淆和抵消效应，从而造成拉弗曲线的移动，或者造成长期（和短期）拉弗曲线的移动。这种可能性以及对这种可能性的解释没完没了——对本条目来说是如此。

所以，尽管我们还没有把拉弗曲线（或关于拉弗曲线的评论）完全讲完，但我们必须停下来。拉弗曲线的价值已经证实要比它最初的应用广泛得多。它尤其适用于政府关于通货膨胀率的选择，即最大化铸币税和/或最小化债务的利息支出（Claessens，1990）。拉弗曲线已经被创新地运用到许多领域，例如救生救援（Clark and Lee，1997），甚至"生命的其他选择"（Felkins，1996）。拉弗曲线的日益普及，可以用古希腊的"适度"原则和/或古典"中庸之道"来形象化地解释。

哦,对了,《经济学家》对前面提出的问题的答案是"c"。然而,在"特殊情况下","d"更为可信。正如油漂浮在水上,阿瑟·拉弗的名声也"漂浮"在餐巾纸上。

(感谢 R. J. 桑迪兰兹、X. 德万塞、H. G. 格鲁贝尔和编辑们的有益建议)

赞恩·A. 斯平德勒(李向丽译)

参见:

Fiscal Policy: Role of; Liquidity Trap; Supply-Side Economics.

参考文献:

Agell, J. and M. Persson (2001), "On the Analytics of the Dynamic Laffer Curve", *Journal of Monetary Economics*, 48, October, pp. 397 – 414.

Barro, R. J. (1990), "Government Spending in a Simple Model of Endogenous Growth", *Journal of Political Economy*, 98, October, pp. S103 – 25.

Buchanan, J. M. and D. R. Lee (1982), "Tax Rates and Tax Revenues in Political Equilibrium: Some Simple Analytics", *Economic Inquiry*, 20, July, pp. 344 – 54.

Chao, J. C. P. and H. G. Grubel (1998), "Optimal Levels of Spending and Taxation in Canada", in H. G. Grubel (ed.), *How To Use the Fiscal Surplus: What is the Optimal Size of Government?*, Vancouver, B. C.: Fraser Institute.

Claessens, S. (1990), "The Debt Laffer Curve: Some Estimates", *World Development*, 18. pp. 1671 – 7.

Clark, J. R. and D. R. Lee (1997), "Too Safe to Be Safe: Some Implications of Short- and Long-Run Rescue Laffer Curves", *Eastern Economic Journal*, 23, pp. 127 – 37.

Feldstein, M. (1986), "Supply-Side Economics: Old Truths and New Claims", *American Economic Review*, 76, May, pp. 26 – 36.

Felkins. L. (1996), "Using the Laffer Curve for Life's Other Choices" (*http://www.magnolia.net/~leonf/common/laffer.html*).

Goolsbee, A. (1999), "Evidence on the High-Income Laffer Curve from Six Decades of Tax Reform", *Brookings Papers on Economic Activity*, 99, pp. 1 – 47.

Hsing, Y. (1996), "Estimating the Laffer Curve and Policy Implications", *Journal of Socio-Economics*, 25, pp. 395 – 401.

Krugman, P. (1998), "Supply-Side Virus Strikes Again" and "Supply-Side's Silly Season", in *The Accidental Theorist*, New York: W. W. Norton.

Krugman, P. (1999), "Thinking About the Liquidity Trap" (*http://web.mit.edu/krugman/www/trioshrt-html*).

Laffer, A. B. (1981), "Government Exactions and Revenue Deficiencies", *Cato Jour-*

nal,1,Spring,pp.1-22.

Mirus, R. and R. S. Smith (1994), "Canada's Underground Economy Revisited: Update and Critique", *Canadian Public Policy*, 20, June, pp. 235-52.

Modigliani, F. (1988), "Reagan's Economic Policies: A Critique", *Oxford Economic Papers*, 40, October, pp. 397-426.

Palda, F. (2001), "Why Fairness Matters: A New Look at the Laffer Curve and the Displacement Loss From Tax Evasion", CERGE-EI Discussion Paper 2001-65.

Sanyal, A., I. N. Gang and O. Goswami(2000), "Corruption, Tax Evasion and the Laffer Curve", *Public Choice*, 105, October, pp. 61-78.

Sowell, T. (1996), *The Vision of the Anointed: Self-Congratulation As a Basis for Social Policy*, New York: Basic Books.

Tanzi, V. and L. Schuknecht (1997), "Reforming Government: An Overview of Recent Experience", *European Journal of Political Economy*, 13, August, pp. 395-417.

Wanniski, J. (2001), "Memo To: Website Fans, Browsers, Clients", 4 January (http://www.polyconomics.com/).

236. 阿克塞尔·莱琼霍夫德 Leijonhufvud, Axel

阿克塞尔·莱琼霍夫德1933年生于瑞典斯德哥尔摩,1960年从隆德大学获学士学位。1961年从匹茨堡大学获得硕士学位;1967年从西北大学获得博士学位。他的主要学术职位包括:加州大学洛杉矶分校代理助教(1964—1967)、副教授(1967—1971)和教授(1971—1994)。1994年起,他一直任意大利托伦托大学货币经济学教授。他以研究凯恩斯学派经济学和凯恩斯经济学,以及协调问题、通货膨胀的成本和后果等而著称。他的名著有:《论凯恩斯学派经济学和凯恩斯的经济学:货币理论研究》(牛津大学出版社,1968);《凯恩斯和古典学派:凯恩斯对经济理论的贡献两讲》(经济事务研究所,1969);《信息和协调:宏观经济理论论文集》(牛津大学出版社,1981);《高通胀》(与D.海曼合著,牛津大学出版社,1995)。他最具影响的论文有:《凯恩斯和凯恩斯学派:一个建设性的解释》(载《美国经济评论》,57,1956年5月);《经济行为的协调:凯恩斯式的展望》(与R.W.克洛尔合撰,载《美国经济评论》,65,1975年5月);《宏观经济学议程三题》(载《学术界》,51,1998);《凯恩斯先生和现代人》(载《欧洲经济思想史杂志》,5,1998年春季号)。

参见：

Keynesian Economics：Reappraisals of.

237. 最后贷款人 Lender of Last Resort

中央银行的主要功能之一就是在金融危机中作为银行的最后贷款人，以保证银行有充足的储备来满足存款人对现金的需求，以及银行的准备金要求。

238. 阿巴·P.勒纳 Lerner, Abba P.（1903—1982）

阿巴·P.勒纳 1903 年生于俄国比萨拉比亚，从伦敦大学获得理学士学位（1932）和博士学位（1943）。他的主要学术职位包括：伦敦经济学院助理讲师（1935—1937）；堪萨斯城大学助教（1940—1942）；纽约新社会研究学院副教授（1942—1946）和经济学教授（1946—1947）；罗斯福大学经济学教授（1947—1959）；密歇根州立大学教授（1959—1965）；加州大学伯克利分校教授（1965—1971）；纽约女王学院教授（1971—1978）以及佛罗里达大学教授（1978—1980）。他以研究垄断力量、解释和发展凯恩斯经济学、包括职能财政原理而著称；他（与 D.C.科兰德一起）设计了在混合经济条件下控制通货膨胀的计划。他的名著包括：《统制经济学：福利经济学原理》（麦克米伦出版公司，1944）；《就业经济学》（麦格劳-希尔出版公司，1951）；《经济分析论文集》（麦克米伦出版公司，1951）；《价格稳定：价格不上涨，就业机会不缩减》（夸德兰格尔丛书，1972）；以及《市场反通货膨胀计划》（与 D.C.科兰德合著，HBJ 出版公司，1980）。

参见：

Keynesian Economics.

239. W.阿瑟·刘易斯 Lewis, W. Arthur（1915—1991）

W.阿瑟·刘易斯 1915 年生于西印度群岛圣卢西亚，1937 年从伦敦经济学院获得学士学位，1940 年从曼彻斯特大学获得硕士学位；1942 年从伦敦大学获得博士学位。他的主要学术职位包括：伦敦经济学院讲师(1938—1948)；曼彻斯特大学经济学教授(1948—1958)；西印度群岛大学学院副校长(1959—1963)；普林斯顿大学经济学教授(1963—1970)；加勒比发展银行行长(1970—1973)；普林斯顿大学经济学教授(1973—1991)。他于 1963 年获封爵士头衔；1979 年与 T. W. 舒尔茨共享诺贝尔经济学奖。1983 年当选美国经济学学会会长。他以研究经济发展理论而著称，其中，他分析了由将利润再投资，并从传统部门吸收无限制的劳动供给的当代部门所构成的"二元经济"。他的名著有：《经济增长理论》(乔治·艾伦和昂温出版公司，1955)；《发展计划：经济政策的要素》(乔治·艾伦和昂温出版公司，1966)；《1870—1913 年的增长与波动》(乔治·艾伦和昂温出版公司，1978)；《国际经济秩序的演变》(普林斯顿大学出版社，1978)；《W. 阿瑟·刘易斯经济学著作选》(M. 戈索维茨编，哥伦比亚大学出版社，1980)。他最具影响的论文有：《劳动无限供给条件下的经济发展》(载《曼彻斯特经济学和社会研究学报》，22，1954 年 5 月)；《增长动力的放缓》(载《美国经济评论》，70，1980 年 9 月)。

参见：

American Economic Association; Nobel Prize in Economics.

240. 生命周期假说 Life Cycle Hypothesis

消费的生命周期假说是与弗兰科·莫迪利亚尼及其合作者阿尔伯特·安多以及理查德·布伦伯格所承担的工作相联系的一个理论。例如可见 F. 莫迪利亚尼和 R. 布伦伯格收在 K. K. 库里哈拉(编)《后凯恩斯主义经济学》(拉格斯大学出版社，1954)中的论文《效用分析与消费函数：对剖面数据的分析》，以及 A. 安多和 F. 莫迪利亚尼的《储蓄的生命周期假说：总的结论及检验》(载《美国经济评论》，53，1963 年 3 月)。按照这一假说，个人的当前消费部分取决于品味和偏好，以及他或她一生资源的现值，一生资源包括个人的财富和一生的收入(既包括当前的收入又包括就业的预期未来收入)。假定个人在整个一生中，将通过维持稳定的或平稳的消费方式来最大化他或她的效用。

为了说明一个人的收入和储蓄将怎样随着生命周期而变化，下面我们概述一个简单的假说版本。在工作年代的初期，个人的收入相对较低，因此这个人通常支出大于收入,或者是净借款人,例如为购买住房和消费耐用品而借款。随着他或她工作年代的推移和收入的增加,个人为偿还早期的债务以及为个人生命周期中从退休到死亡阶段的消费,个人会努力积累资产。这个假说能够解释典型人群预算研究中的现象,即边际消费倾向(MPC)低于平均消费倾向(APC),并且平均消费倾向随着收入的增加而下降。有代表性的典型人群(其财富不变)包括大量消费不相称的低收入的个人,即处于工作年代初期或已经退休的个人。这些人的平均消费倾向很高,通常是支出大于收入。相反,高收入人群(brackets)包括大量消费不相称的位于生命周期中期阶段的人,这些人通常为了偿还早期的债务和储蓄退休后收入低时的消费,而储蓄一大部分当前收入(低平均消费倾向)。

生命周期假说也能够解释短期总时间序列数据(小于1,并低于平均消费倾向的正边际消费倾向)和长期时间序列数据(固定的 APC=MPC)的现象。如果人口的收入分布以及年龄分布(工作人群和退休人群)随着时间的推移仍然相对稳定,个人消费函数可以集合产生稳定的总消费函数,并且可以解释长期平均消费倾向不变的现象。总消费(C)则取决于收入(Y)和财富(W):

$$C = \alpha W + \beta Y,$$

这里,α 和 β 分别是对于财富和收入的边际消费倾向。平均消费倾向(C/Y)可以通过除以 Y 得到,于是,

$$C/Y = \alpha(W/Y) + \beta。$$

在短期内,财富(提供了短期消费函数的截距)近似不变,因此平均消费倾向随着 Y 的增加而下降。然而,在长期,随着财富和收入一起稳定增加,短期消费函数将向上移动,结果平均消费倾向随着 Y 的增加保持不变。

为了对生命周期假说的起源和含义有比较全面的了解,读者可以参考弗兰科·莫迪利亚尼的文章《生命周期、个人节俭和国民财富》(载《美国经济评论》76,1986年6月)。

参见:

Absolute Income Hypothesis; Modigliani, Franco; Permanent Income Hypothesis; Relative Income Hypothesis.

241. 理查德·G. 利普西 Lipsey, Richard G.

理查德·G. 利普西1928年生于加拿大不列颠哥伦比亚省维多利亚,1950年

从不列颠哥伦比亚大学获得学士学位,1953年从多伦多大学获得硕士学位,1957年从伦敦大学获得博士学位。他的主要学术职位包括:伦敦经济学院助理讲师、讲师、高级讲师和教授(1955—1963);埃塞克斯大学经济学教授(1964—1970);安大略省金斯敦女王大学爱德华·皮科克爵士经济学教授(1970—1985)。自1986年起,他一直任温哥华西蒙·弗雷泽大学经济学荣誉教授。1961—1964年间,他主编了《经济研究评论》杂志。从1980年到1981年,他任加拿大经济学会会长。他以研究次优理论、菲利普斯曲线,特别是菲利普斯曲线的微观基础及在宏观经济模型中的地位而知名。他的主要著作有:《关税同盟理论:一般均衡分析》(威登菲尔德和尼科尔森出版公司,1973);《理查德·G.利普西经济学论文选:第1卷,宏观经济学;第2卷,宏观经济理论和经济政策;第3卷,垄断竞争和经济地理学基础》(爱德华·埃尔加出版公司,1977)。他最具影响的论文有:《1962—1957年英国失业率与货币工资变化率之间的关系:进一步的分析》(载《经济学》,27,1960年2月);《关税同盟理论:一个概观》(载《经济学杂志》,70,1960年9月);《收入政策:一个回顾》(与J.M.帕金合撰,载《经济学》,37,1970年5月);以及《对通货膨胀的认识和控制:宏观经济学存在危机吗?》(载《加拿大经济学杂志》,14,1981年11月)。

参见:

Phillips Curve.

242. 流动性 Liquidity

资产无损失变现的便利和速度。

243. 流动性偏好 Liquidity Preference

凯恩斯术语,指对货币的需求。

参见:

Demand for Money: Keynesian Approach.

244. 流动性陷阱 Liquidity Trap

流动性陷阱是指利率很低,且当局不能通过增加货币供给来进一步降低利率的情况。由于货币需求相对于利率具有完全弹性,货币供给的任何增加都将作为货币需求完全闲置/投机的余额。

流动性陷阱出现的可能性是凯恩斯1936年在他的《通论》第15章(第207页)里提出来的,来自于凯恩斯对人们持有货币动机的分析。在《通论》里,凯恩斯强调持有货币有三种主要动机,即交易动机、谨慎动机和投机动机。对交易余额的需求来自货币作为交易媒介的功能,这一动机主要取决于收入水平并与其成比例。对谨慎余额的需求是指为无法预料的情况做准备,以及"持有货币价值不变的资产,以便偿付未来价值额固定的债务"(《通论》,第196页),这一动机在很大程度上也取决于收入水平。对投机或闲置的余额的需求,是因为货币不仅是交易媒介而且是价值贮藏,所以被认为要取决于当前利率水平和正常利率水平两者之间的关系。

凯恩斯在分析中把注意力集中在两种不同的持有金融资产的方式上,即在给定价格水平稳定的假设前提下价值不变的货币,价值随着利率变化而变化的长期债券。一个人在货币和债券之间分配财富的决策,取决于他对相对于正常利率水平的未来利率的预期。凯恩斯假定,不同的人对未来时期的利率有不同的预期,因此,可以假定货币投机需求总函数,这个函数是当前利率的平稳和负函数。当前利率水平越高(相对于正常利率水平),越来越多的个人将预期未来利率下降,因此个人愿意持有债券而不是货币。持有债券不仅可以因为高利率获益,而且那些预期利率下降的个人也将从他们持有的债券中获得资本收益。

相反,如果当前利率相对于正常水平下降,越来越多的个人将预期利率上升。越来越多的个人将偏好货币而不是债券,因为他们将预期持有债券的资本损失超出持有债券可以获得的收益。

凯恩斯提出了理论的可能性,即在失业均衡状态下实施低利率,货币需求相对于利率变得具有完全弹性,这就是所谓流动性陷阱。在这种情况下,利率低到与预期一致,所以,每个人都预期未来的利率将会上升。结果,个人将或不愿意持有债券(预期的债券资本损失超过了利息收入),或对持有货币和债券无所谓(预期的资本损失与利息收入相当)。

尽管凯恩斯提出了流动性陷阱理论的可能性,人们还是认为他从来没有意识到流动性陷阱的实际可行性,但流动性陷阱对于传统的凯恩斯理论模型中的失业均衡分析非常重要。在流动性陷阱的情况下,因为当局不能降低利率,所以货币政策作为提高总需求,进而提高产出水平和就业的方法无效。而且,提高货币供给实际价值的任何价格下降,都不能降低利率和增加总需求水平;也就是说,凯恩斯效应在流动性陷阱情况下无效。总需求将只随着价格水平的下降而增加,如果增加的实际货币余额使消费者更富有并且促使他们消费更多的话,这就是所谓"真实余额或庇古效应"。

20世纪90年代以前,虽然对货币需求的大量实证研究无法提供证据以支持流动性陷阱的存在,但经济学家们"现在知道,流动性陷阱并不是一个历史神话"。在《日本经济衰落和流动性陷阱的回归》(载《布鲁金斯经济活动论文集刊》,第2辑,1998)一文中,保罗·克鲁格曼指出,日本这个世界第二经济大国,在过去的十年里就经历了流动性陷阱的问题。尽管十年内日本一直实施低利率,但经济相对于潜力来说仍然处于萧条。而且,克鲁格曼已经警告经济学家,20世纪90年代已经见证了《萧条经济的回归》(企鹅出版公司,1999),如果流动性陷阱可以在日本出现,那么就"可能在任何地方出现"。有兴趣的读者可以参看B. S. 伯南克的《日本货币政策:一个自引致经济瘫痪的例证》(B. S. Bernanke, 2000),载 R. 米基塔尼和 A. S. 波森(编),《日本金融危机及其与美国经验的相似性》,国际经济学研究所。

参见:

Demand for Money: Keynesian Approach; Keynes Effect; Keynes's *General Theory*; Keynesian Economics; Real Balance Effect.

245. 可贷资金理论 Loanable Funds Theory

一种与很多古典学者包括克努特·威克塞尔相关的利率理论,在这一理论中,市场利率由可贷资金的供给和需求决定。可贷资金的需求包括投资需求(I)加上对静止货币余额的净储蓄需求(ΔH)。可贷资金的供给包括储蓄(S)加上通过净信用创造而获得的任何货币供给净增加(ΔM)。这个理论认为,实际经济和货币因素都影响利率,市场利率由下列等式决定:

$$I + \Delta H = S + \Delta M$$

总之,在均衡条件下,当 $I=S, \Delta M=\Delta H$,实际利率或维克塞尔所谓自然利率(取决于生产率和节俭)将与市场利率相等。

参见:

Wicksell, Knut.

246. 长期菲利普斯曲线 Long-Run Phillips Curve

长期中的通货膨胀和失业的关系。一般的意见是,短期中在给定的短期菲利普斯曲线上也存在这一关系,即通货膨胀-失业交替关系,一旦行为人充分调整其通货膨胀预期,这一交替就消失了,结果形成了自然失业率条件下的垂直的长期菲利普斯曲线。

参见:

Expectations-Augmented Phillips Curve; Natural Rate of Unemployment; Phillips Curve; Short-Run Phillips Curve.

247. 卢卡斯批评 Lucas Critique

20世纪70年代,罗伯特·卢卡斯和其他"新古典"经济学家一起,发起了一场"理性预期革命",完全改变了未来宏观经济学模型建立和政策分析的过程。这一方法论变革的核心,是把"理性预期"理论与理论的和实证的宏观经济模型融合到一起,用来评估财政政策以及货币政策发生变化时的经济效应。理性预期理论的基本原理,最初是由约翰·穆思(Muth,1960)提出的,穆思主张,个人和企业在做出影响他们行为的经济事件的预测时,是有远见的,并且努力寻求使用所有的相关信息,这些信息既包括过去的经济行为,又包括对未来经济政策的预期。卢卡斯对理性预期理论的强调,使宏观经济学模型发生了根本的变化,宏观经济学模型开始集中注意预期在决定经济行为中所起的作用,以及经济政策变化影响经济行为的方式。因为"理性"经济行为人的行为是基于对未来经济事件,包括未来政策变化的预期,所以,当宏观经济政策发生变化时,个人以及企业的经济行为很可能以重大的方式发生改变。经济行为的这些变化,反过来又改变了用以描述这一行为的宏观经济模型的总体结构。

宏观经济模型参数和政策不变性

20世纪70年代中期以前,大多数用来进行政策分析的大规模宏观经济模型,都是建立在这样的假设前提上,即模型的方程概括了各经济总量之间的关系,但相对于政策变化,经济总量本身是不发生变化的。在这样的设定下,决定其他宏观经济政策的经济效应就简化为,仅仅规划出模型变量对政策变量的离散变化的动态反应,例如货币供给的增长率或政府支出水平和税收。卢卡斯在20世纪70年代的工作,尤其是他1976年的一篇文章"经济计量政策评价:一种批评"——以下提到时简称为"卢卡斯批评"——清楚地阐明了以政策不变性假设为基础的模型的根本错误,以及所导致的不正确的政策结论。按照卢卡斯的观点,个中原因是,理性的、最优化行为的经济行为人,将随着所预期的未来政策变化而改变他们的经济行为,这种做法反过来又改变宏观经济模型中定义总体经济行为的关系。将理性预期理论引入大规模宏观经济模型,使模型方程的系数之间产生了相互联系,模型方程清楚地把经济政策的变化,即不仅与政策变量的值的变化,而且与系数本身联系起来。而在20世纪70年代中期以前所使用的传统模型,则假定这些系数值属于政策不变。

按照卢卡斯的观点,为了对政策分析有用,经济学家们必须清楚地描述出以"深度"行为关系,例如消费者偏好为基础的模型参数,怎样受宏观经济政策变化的影响。没有这样一个描述,传统的宏观经济模型很可能给出令人误解的结论。例如,简单地改变货币供给的水平或其增长率,再使用从过去的数据中估计出的模型参数,来描绘模型变量对政策变量变化的动态反应,将不能提供经济政策效应的正确迹象,因为在政策变量变化的同时,模型参数本身很可能也发生了变化。由于理性经济行为人是有远见的,并且他们的预期不仅以当前的政策行为而且以对未来的预期为基础,所以新古典经济学家们坚持,宏观经济政策应该被视为正处于设置中的一个政策规则,而不是为政策变量选择新值。卢卡斯的主要贡献表明,如果经济行为人具有理性预期,那么政策规则的变化就不可避免地与调节模型变量的动态行为的参数联系起来了。因此卢卡斯认为,只有当经济学家们能确定与两者相联系的明确结构,并且把这个结构合并到他们的宏观经济模型中时,才可能做出有意义的政策分析。

基于马尔夏克(Marschak,1953)的卓见,卢卡斯关于经济计量政策评价的批评,对宏观经济模型的建立及理论的和实证的分析,都有深远的影响。卢卡斯是基于微观经济基础和理性预期,建立明确的宏观经济模型的第一人。他所建立的模型清楚地阐明了模型参数值与宏观经济政策规则变化之间的关系。这一模型内在的逻辑连贯性,为反对宏观经济模型在进行宏观经济政策分析时所使用的专门结构,提供了强大的理论依据。卢卡斯批评使卢卡斯和萨金特(Lucas and Sargent,1978)认为,凯恩斯学派的宏观经济模型"在指导政策方面没有价值,并且这种情况不能通过当前实施的任何政策修正加以补救"。另外,由于 20 世纪 70 年代早期广泛使用的预测通货膨胀和失业的大规模宏观经济模型的彻底失败,卢卡斯的观点获得了重要的实证支持。这些传统模型假定,通货膨胀和失业之间是一个政策不变的"菲利普斯曲线"关系,这一假定造成了这个时期的严重预测错误。逻辑连贯的理论观点和现实世界对卢卡斯批评的实证支持这两者联合起来,为卢卡斯批评提供了令人信服的证据,以反对政策分析中使用的传统(凯恩斯学派)的宏观经济模型,并且刺激了新的宏观经济模型的发展。由于新的宏观经济模型与微观经济基础的一致性,所以也能用来解释可观测的现实世界经济周期行为。

宏观经济模型建立的新方向

卢卡斯(Lucas,1976)对传统的宏观经济计量政策分析展开批评之后,宏观经济模型的建立开始沿着三个独立但又相关的方向发展。像卢卡斯和托马斯·萨金特这样的经济学家,发起了一个涉及面很广的研究计划,希望发展一个完全关联的、随机的、动态的理性预期模型,并可以用这种模型准确预测当政府政策规则发生变化时,经济行为人将怎样作出反应。这些模型是基于微观经济学基本原理提出的,与当时占主导地位的传统宏观经济模型所使用的静态均衡分析框架相反,这些模型采用了一般均衡分析的方法。这个领域研究的一个重要成果就是经济周期建模中的"真实经济周期"方法,20 世纪 80 年代和 90 年代新古典经济学家提倡的就是这一研究方法。基德兰德和普雷斯科特(Kydland and Prescott,1982)就是首批全力发展有代表性的真实经济周期模型的人,这个模型旨在达到卢卡斯(1977)的目标,建成"一个完全关联的人工经济,并且按照时间来行为,因此可以近似模仿现实经济中的时间序列行为"。

同时,凯恩斯学派的宏观经济学家们通过发展"新凯恩斯学派"宏观经济模型来回应卢卡斯批评,这个模型结合了理性预期的主张,又结合了使市场难以达到一般均衡的工资或价格刚性。类似长期劳动合同和有效工资理论,也进入了这些模型。同时,由于过于"专门",因而不能是个人和企业最大化的结果,从而受到卢卡斯和其他经济学家批判的宏观经济稳定政策,在模型中也具有更大作用。为此卢卡斯指出,尽管这些模型有能力描述历史数据,但仍然要受到政策分析的批评。

克里斯托夫·西姆斯(Sims,1982)采用不同的方法,来挑战卢卡斯和萨金特发展充分明确的理性预期模型,他主张在政策分析中使用"非理论的"向量自回归。虽然西姆斯的方法与卢卡斯和萨金特的方法有同样的理性预期基础,但西姆斯主张使用其参数在很大程度上不受经济理论约束的统计简化模型,这一想法基于这样一种信念:"一种政策行为最好表现为履行固定的或缓慢变动的规则"而不是永久变动的政策规则。在西姆斯的框架中,采用一组不需要深度行为参数支持的相对简单的简化方程,就可以用来正确分析与以往政策差别不大的政策行为。

对卢卡斯观点的另一个挑战是由泰勒(Taylor,1989)提出的,泰勒指出,虽然卢卡斯批评在方法论上很重要,但是在量上的重要性不是特别清晰。泰勒发现,使用一个定量的理性预期经济计量框架,宏观经济模型参数在完全不同的政策体制中,令人惊奇地稳定。泰勒的结果对卢卡斯批评的量的重要性,以及需要提出与深度行为参数相联系的充分明确的宏观经济模型来进行重大政策分析表示怀疑。他们提出,尽管有卢卡斯的理论,但以政策不变性参数为基础的传统宏观经济模型,对宏观经济政策变化的经济效应的实证分析,可能仍然有效。

总结

尽管对卢卡斯针对宏观经济计量政策分析所作的批判的实证意义一直存在不同意见,但卢卡斯的观点深刻地影响了20世纪70年代以来宏观经济模型的建立和政策分析。新凯恩斯学派以及新古典经济学家们现在在他们的模型中,都谨慎地关注理性个人和企业的预期的形成,以及经济政策影响这些预期的方式。此外,卢卡斯的观点清楚地显现出了经济政策变化和经济行为之间内在的相互依赖,强调了为进行重大的政策分析而更好地理解这种关系的必要性。因此,今天的经济学家和政策制定者在进行宏观经济政策分析时都更加仔细,并更加清楚地意识到,预测的政策结果依赖于实证模型,而实证模型的结构可能受他们正试图分析其效应的政策的影响。

斯科特·P.西姆金斯(安佳译)

参见:

Business Cycles: Real Business Cycles Approach; Lucas, Robert E. Jr; Macroeconometric Models; New Classical Economics; New Keynesian Economics; Rational Expectations; Vector Autoregressions.

参考文献:

Kydland, F. E. and E. C. Prescott(1982),"Time to Build and Aggregate Fluctuations",

Econometrica, 50, November, pp. 1345 - 70.

Lucas, R. E., Jr(1976), "Econometric Policy Evaluation: A Critique", in K. Brunner and A. H. Meltzer(eds). *The Phillips Curve and Labor Markets*, Carnegie-Rochester Conference Series on Public Policy, 1, Amsterdam: North-Holland.

Lucas, R. E., Jr (1977), "Understanding Business Cycles", in R. E. Lucas, Jr(ed.), *Studies in Business Cycle Theory*, Cambridge, MA: MIT Press.

Lucas, R. E., Jr (1981), *Studies in Business Cycle Theory*. Cambridge, MA: MIT Press.

Lucas, R. E., Jr and T. J. Sargent (1978), "After Keynesian Macroeconomics", reprinted in P. Miller (ed.)(1994), *The Rational Expectations Revolution: Readings from the From Line*, Cambridge. MA: MIT Press.

Lucas, R. E., Jr and T. J. Sargent (eds) (1981), *Rational Expectations and Econometric Practice*, Minneapolis: University of Minnesota Press.

Mankiw, N. G. (1988), "Recent Developments in Macroeconomics: A Very Quick Refresher Course", *Journal of Money, Credit and Banking*, 20, August, pp. 436 - 49.

Marschak, J. (1953), "Economic Measurements for Policy and Prediction", in W. Hood and T. Koopmans (eds), *Studies in Econometric Method*, Cowles Foundation for Research in Economics, New Haven and London: Yale University Press.

McCallum, B. T. (1980), "Rational Expectations and Macroeconomic Stabilization Policy: An Overview", *Journal of Money, Credit and Banking*, 12, November. pp. 716 - 46.

McCallum, B. T. (1988), "Postwar Developments in Business Cycle Theory: A Moderately Classical Perspective", *Journal of Money, Credit and Banking*, 20, August, pp. 459 - 71.

Miller, P. (1994), *The Rational Expectations Revolution: Readings from the Front Line*, Cambridge, MA: MIT Press.

Muth, J. (1960), "Optimal Properties of Exponentially Weighted Forecasts", reprinted in R. E. Lucas and T. J. Sargent (eds) (1981), *Rational Expectations and Econometric Practice*, Minneapolis: University of Minnesota Press.

Sargent, T. J. (1984), "Autoregressions, Expectations and Advice", *American Economic Review*, 74, May, pp. 408 - 15.

Sims, C. A. (1982), "Policy Analysis with Econometric Models", *Brookings Papers on Economic Activity*, 1, pp. 107 - 64.

Taylor, J. B. (1989), "Monetary Policy and the Stability of Macroeconomic Relationships", *Journal of Applied Econometrics*, 4, December, pp. S161-78.

248. 小罗伯特·E. 卢卡斯 Lucas, Robert E. Jr.

小罗伯特·E. 卢卡斯 1937 年生于华盛顿州亚基马，1959 年从芝加哥大学获得（历史学）学士学位，1964 年获得经济学博士学位。1963—1974 年，他担任卡内基—梅隆大学经济学助教、副教授和教授。1974 年，卢卡斯回到芝加哥大学，担任约翰·杜威经济学杰出教授。卢卡斯教授的出名源于他是广为人知的宏观经济学新古典分析方法的创始人和核心人物。1995 年 10 月，为了表彰卢卡斯在宏观经济学方面的开创性研究，瑞典皇家科学院决定授予卢卡斯诺贝尔经济学奖。"卢卡斯提出并运用理性预期假说，改造了宏观经济分析，深化了我们对经济政策的理解。"

在很多经济学家看来，卢卡斯获得这一殊荣确实实至名归，因为毫无疑问，他对宏观经济学的重要贡献使他成为过去 25 年来最有影响的宏观经济学家（见 Fischer, 1996; Hall, 1996; Svenson, 1996; Chari, 1998; Snowdon and Vane, 1988, 1999; Hoover, 1988, 1992, 1999)。在经济周期的研究方面，卢卡斯也作出了很多重要贡献，其中包括投资理论（Lucas and Prescott, 1971）、金融理论（Lucas, 1978b）、货币理论（Lucas and Stokey, 1987）、经济动态的递推方法（Lucas et al., 1989）以及近年的增长理论（Lucas, 1988, 1990, 1993, 2001）。有些评论家认为，卢卡斯对经济周期分析所作的贡献，"部分是经济学的自然进步"（Chari, 1998），或者"部分是知识持续累积的结果"（Blanchard, 2000），还有一些人在讨论卢卡斯对宏观经济学的贡献时，常常提到"革命"和"反革命"字样（Tobin, 1996; Woodford, 2000）。

考虑到凯恩斯学派宏观模型中对内生预期的忽视，借助于米尔顿·弗里德曼（1968）和埃德蒙·费尔普斯（1968）的洞见，卢卡斯的工作（1972，1973，1975，1976）对宏观经济学家了解穆思（1961）的理性预期假说及其对理论研究和实证研究的巨大意义（Lacas and Sargent, 1981）至关重要，尤其是理性预期的引入，使标准的凯恩斯模型无法再提出传统的政策结论。显然，与长期持续的货币主义批判相比，"卢卡斯革命"对凯恩斯主流的挑战，其威胁性更大而且更为有力（见 Snowdon, 2001）。尽管正统货币主义认为自己的模型可以替代标准的凯恩斯模型，但货币主义并没有构成对凯恩斯主义的根本性挑战（见 Laidler, 1986）。因此，在 20 世纪 70 年代新古典宏观经济学的第一标志刚刚从货币主义宏观经济学中发展出来之时，它就清楚地表明,新古典经济学是不同于正统货币主义的流派。

卢卡斯记得自己是"20世纪60年代成长起来的货币主义者",弗里德曼对其"有巨大影响"。事实上,卢卡斯现在仍然认为自己是个"货币主义者"(Lucas,1994;Snowdon and Vane,1998)。按照胡佛(Hoover,1984)的说法,卢卡斯和弗里德曼主要的理论区别在于,采用更为激进的说法对新古典经济学所作的结论,在整个20世纪70年代,新古典经济学派毫无疑问还是"货币主义者"。理论分歧的根源在方法论上:弗里德曼采用马歇尔方法,卢卡斯采用瓦尔拉斯的方法。

卢卡斯在批评凯恩斯学派宏观经济学时采取的立场是:主流的凯恩斯学派新古典综合模型既不能补缀也不能修正,这与凯恩斯主义者艾伦·布兰德(Blinder,1988)和货币主义者大卫·兰德尔(laidler,1986)的看法一样。根据卢卡斯的看法,凯恩斯学派理论面对的问题是些更为基本的问题,而且尤其与下列问题相关:(a)假定没有市场出清的不恰当微观基础;(b)考虑预期形成并包含凯恩斯学派模型和货币主义模型在内的假设,与最大化行为不一致,也就是说,使用的是适应性预期,而不是理性预期。卢卡斯的一个主要目的,就是通过竞争市场框架,构建一个持续市场出清模型,恢复主流宏观经济理论的经典均衡分析模型。但是,持续市场出清假设意味着完全的、瞬时的弹性价格,这一概念仍然是新古典理论中最具争议的一个方面。

尽管在1965年,卢卡斯就在对最优投资行为的分析中采用了理性预期假说,但直到他开始用一般均衡架构努力解决总供给问题,理性预期假说的重大意义才得以彰显(见Fischer,1996)。凯文·胡佛(Hoover,1988)认为,卢卡斯和拉平(Lucas and Rapping,1969)的贡献"真正称得上是新古典的第一篇论文",因为这篇论文的重点是(自愿)失业的均衡本质,强调了瞬时劳动替代假说的用途,卢卡斯在1972—1976年期间发表的一系列文章建立了宏观经济学理性预期—均衡分析方法的分析基础(Lucas,1972,1973,1975,1976,1981)。总体上,这些文章对20世纪70年代的宏观经济学研究产生了巨大影响,并随之影响了宏观经济学发展方向。

卢卡斯在20世纪70年代的论文和同时期其他新古典经济学家中的杰出人物如罗伯特·巴罗、芬恩·基德兰德、爱德华·普雷斯科特、詹姆斯·萨金特以及尼尔·华莱士的研究工作一起,在20世纪70年代引发了宏观经济学领域的"理性预期革命"。正如胡佛(Hoover,1992)所指出的,"不管是赞成还是反对,新古典学派的观点一直是争论的观点,新古典学派提出的问题一直是需要解决的问题;新古典学派使用的技术一直是为人们所采用的技术。"我们可以通过社会科学引用指数(见

Snowdon and Vane,1998)来看一下卢卡斯对宏观经济学的影响。从1971年到1997年,卢卡斯的三篇论文(1972,1973,1976)被引用了2101次。

费希尔(Fischer,1996)对卢卡斯的宏观经济学论文进行了分类,他把文章分为"预期和货币中性的根本性分析贡献"(Lucas,1972)和有争议的"后凯恩斯宏观经济学"(Lucas and Sargent,1978)。这两类文章勾画出了卢卡斯对这一领域所作贡献的范围和多样性。罗伯特·霍尔(Hall,1996)将卢卡斯的文章(1972)描述为"自凯恩斯以来理论宏观经济学最为重要的文章"。在这篇论文中,卢卡斯在所有的经济行为人都具有理性预期的连续市场出清条件下,采用了弗里德曼—菲利普斯自然失业率假说。因此,卢卡斯可以证明,在"所有的经济行为人都根据自己的目的和预期而最优化行为"的经济中,菲利普斯曲线所指出的非中性也有可能出现。由于短期内真实的变量(失业或产出)和名义变量(通货膨胀或一般价格水平)的"替换",破坏了古典的二分法,所以卢卡斯1972年论文的重要意义在于,它证明了古典市场出清模型与提出放弃古典完全信息假设的实证菲利普斯曲线现象的一致性。由于卢卡斯1972年论文过于正式,而且从数学上讲,也过于复杂,所以,为了吸引更多的读者,对卢卡斯来说,写出一篇更为易懂的文章非常重要。这就是后来发表于《美国经济评论》的具有极大影响的论文,《产出-通货膨胀交替的若干国际证据》(Lucas,1973)。

这些早期文章中包含的一个重要结果就是阐明了我们只能看到未预期货币冲击对真实变量的暂时影响,也就是说,未预期货币是一种非中性货币。严格地说,由于在一个弹性价格均衡框架中,货币扰动接近于中性,所以,卢卡斯对短期货币非中性的解释是一种重要的智性成就。实际上,卢卡斯本人(1996)认为,货币增长中预期的和未预期的变化具有不同的效应,这一发现是战后宏观经济学的重要思想(Snowdon and Vane,1999)。另外,卢卡斯(1996)指出,预期和未预期货币变化的区分,是所有20世纪70年代发展起来的理性预期模型在解释短期替换中表现出来的货币非中性的特征。为了发展这一思想,卢卡斯(1975,1977)试图基于兼有传导机制的货币冲击,构建一个均衡经济周期的货币解释(例如,长期资本存量、加速效应、不完全信息)。他的努力在方法论上产生了巨大影响,尽管最终证明在理论和实证上都不太令人满意。

另外,尽管新生代经济学家受卢卡斯的启发,将宏观经济学与"理性预期学派"联系在一起,但现在已经清楚了,在宏观经济学中引入约翰·穆思(1961)的理性预期假说,并不是新古典经济学家唯一确切的特征。比如说,在20世纪70年代末期,具有凯恩斯学派特点的理性预期模型也开始出现(见 Snowdon et al.,1994)。新古典模型中引起争议的部分,与意味着充分并瞬时价格弹性的持续市场出清相关联(Tobin,1996)。在这样一个非凯恩斯世界中,所有失业都是自愿失业,这是一个坚定的凯恩斯主义者难以接受的概念(Lucas,1978a;Snowdon,2001)。

与卢卡斯1972年的论文相比,卢卡斯和萨金特(1978)的贡献则出色运用了经济学的修辞(Backhouse,1997)。在许多经济学家无法接受反凯恩斯学派经济学的情况已经有了定论的时候,卢卡斯和萨金特指出,凯恩斯学派经济学的缺陷是致命的,这种模型一定会"在很大程度上导致经济计量的失灵"。这一结论也与卢卡斯另一篇影响深远的论文有关。卢卡斯(1976)说:传统的(凯恩斯学派主导的)政策评价方法在考察政策之于预期的影响方面,并不能让人满意。用卢卡斯的话来说,"假如经济计量学模型的结构中包含了经济行为人的最优决策规则,并且,这个最优决策规则随着和决策者有关的序列结构的变化而变化,那么,任何政策变化将系统改变经济计量学模型的结构。"因此,在政策发生变化、从而经济行为人可能会针对新的环境调整自己行为的条件下,在凯恩斯主义影响下大规模引入宏观经济学模型的关键参数,就不可能保持不变。

这就是著名的"卢卡斯批评"。卢卡斯和萨金特(1978)从这里得出了结论,凯恩斯学派对同一结构模型问题的解决,"已经由于理论和统计的研究发展,越来越遭人质疑"。因此,凯恩斯学派宏观经济计量模型"不能在形成货币政策和财政政策以及其他类型的政策方面,提供可信的指导"。由卢卡斯和萨金特给出的经济计量失灵的例证,就是20世纪70年代菲利普斯曲线的失败,而起初,人们一直将这一曲线解释为通货膨胀和失业之间的长期稳定的交替关系。对于卢卡斯和萨金特来说,凯恩斯学派将菲利普斯曲线解释成一种结构关系,对政策形成来说是一种灾难,而且是20世纪70年代通货膨胀加速的原因。

构建宏观经济动态模型的均衡分析法,一直是卢卡斯对宏观经济理论最重要的贡献,费希尔(Fischer,1996)指出,理性预期的发展和应用"是对经济政策分析的最重要贡献"。20世纪70年代的新古典货币模型和80年代初期由弗里德曼加以充实的观点则偏向于宏观经济政策行为的规则框架。在经济行为人具有理性预期的情况下,政策制定者"不能忽视自己的政策规则与理性行为人之间的相互作用"。因此,由于经济行为人的预期取决于许多事情,其中包括由政府实施的经济政策,所以,政策制定者在设计策略时,必须将这种相互作用考虑在内。现在的分析方法已经考虑到货币政策和财政政策都已经吸收了卢卡斯关于经济行为人前瞻性的观点,因此,人们现在大多承认,政府行为对经济行为人预期的影响会极大影响政策结果。当前,中央银行对基于规则的货币政策行为中信用、声誉和承诺之重要性的强调,很大程度上是受到卢卡斯的影响(Taylor,1999;Woodford,2000)。

虽然20世纪70年代,卢卡斯对宏观经济学的影响已经渗透到宏观经济学课程,他的研究也永久性地改变了宏观经济分析方法,但很多人,其中包括支持新古典研究方法的人认为,他试图构建一个满意的均衡经济周期的努力并不成功(见Snowdon et al.,1994),因此而产生的宏观经济学"危机"催生了两条不同的探索路径(Blanchard,2000)。在20世纪80年代后期新的探索中,有一组人被称为新凯恩斯学派经济学家,这组人致力于深化我们对市场不完全信息影响的理解(比如价格黏性和不完全信息)。另一组以真实经济周期研究著名、由芬恩·基德兰德和爱德华·普雷斯科特(Kydland and Prescott,1982)领军的经济学家,则采用新古典方法论,开始探索在不借助货币冲击和不引入不完全信息的条件下,用均衡理论来解释总体波动到底是否合适。真实经济周期理论家由于发展了一个基于偏好、资源禀赋和技术的随机动态一般均衡模型,所以,在方法论上作出了重大贡献。这项研究非常有名,因为它类似于卢卡斯(Lucas,1980)在他的论文"经济周期理论的方法和问题"中提倡的类似研究。在那篇文章中,卢卡斯为了更好地理解经济周期现象,提出构建"清晰明确的人造经济体系"。

自20世纪80年代中期以来,对经济增长进行分析的兴趣开始复苏。在很大程度上,这场复兴是由于保罗·罗默和罗伯特·卢卡斯的新的理论洞见的启发而产生的。这些理论洞见导致了内生增长理论的发展,以及对经济增长经验的重新探索(Temple,1999)。卢卡斯在最近的研究(Lucas,2000)中,用一个简单的模型模拟了一系列世界动态收入,其中抓住了产业革命在世界经济中传播的具体特点。在展望21世纪的讨论中,卢卡斯本人从自己的仿真实践中得出结论:"社会内部收入均等的回归,将是即将到来的新世纪的主要事件之一。"换句话说,在21世纪,我们将见证这个趋同的大时代!

保罗·萨缪尔森(Samuelson,1946)曾经评论道:"《通论》用一种首次进攻就灭杀了南海诸岛岛民部落的未预期到的病毒,感染了大多数35岁以下的经济学家,但50岁以上的经济学家却对这一疾病具有免疫力。"萨缪尔森对经济学界对《通论》的反应,也可以用来描述20世纪70年代经济学家对卢卡斯采用均衡分析方法分析总体不稳定性的反应。

布赖恩·斯诺登　霍华德·R.文(安佳译)

参见：

Business Cycles；New Classical Approach；Lucas Critiques；New Classical Economics；Nobel Prize in Economics；Rational Expectations.

参考文献：

Backhouse, R. E. (1997), "The Rhetoric and Methodology of Modern Macroeconomics", in B. Snowdon and H. R. Vane (eds), *Reflections on the Development of Modern Macroeconomics*, Cheltenham, UK and Lyme, US：Edward Elgar.

Blanchard, O. (2000), "What Do We Know about Macroeconomics that Fisher and Wicksell Did Not?", *Quarterly Journal of Economics*. 115, November, pp. 1375 – 411.

Blinder, A. S. (1988), "The Fall and Rise of Keynesian Economics", *Economic Record*, 64, December, pp. 278 – 94.

Chari. V. (1998), "Nobel Laureate Robert E. Lucas, Jr：Architect of Modern Macroeconomics", *Journal of Economic Perspectives*, 12, Winter, pp. 171 – 86.

Fischer, S. (1996), "Robert Lucas's Nobel Memorial Prize", *Scandinavian Journal of Economics*, 98, March, pp. 11 – 31.

Friedman, M. (1968), "The Role of Monetary Policy", *American Economic Review*, 58, March. pp. 1 – 17.

Hall, R. E. (1996), "Robert Lucas, Recipient of the 1995 Nobel Memorial Prize in Economics", *Scandinavian Journal of Economics*, 98, March, pp. 33 – 48.

Hoover, K. D. (1984), "Two Types of Monetarism", *Journal of Economic Literature*, 22, March, pp. 58 – 76.

Hoover. K. D. (1988), *The New Classical Macroeconomics：A Sceptical Inquiry*, Oxford：Basil Blackwell.

Hoover. K. D. (ed.) (1992). *The New Classical Macroeconomics*, Aldershot, UK and Brookfield, US：Edward Elgar.

Hoover, K. D. (ed.) (1999), *The Legacy of Robert Lucas Jr*, Cheltenham, UK and Northampton, MA, USA：Edward Elgar.

Kydland, F. E. and E. C. Prescott (1982), "Time to Build and Aggregate Fluctuations", *Econometrica*, 50, November, pp. 1345 – 70.

Laidler, D. E. W. (1986), "The New Classical Contribution to Macroeconomics", *Banca Nazionale Del Lavoro Review*, 156, March. pp. 27 – 55.

Lucas, R. E. Jr (1972), "Expectations and the Neutrality of Money", *Journal of Economic Theory*, 4, April, pp. 103 – 24.

Lucas, R. E. Jr (1973), "Some International Evidence on Output-Inflation Tradeoffs", *American Economic Review*, 63, June. pp. 326 - 34.

Lucas, R. E. Jr (1975), "An Equilibrium Model of the Business Cycle", *Journal of Political Economy*, 83, December. pp. 1113 - 44.

Lucas, R. E. Jr (1976), "Econometric Policy Evaluation: A Critique", in K. Brunner and A. H. Meltzer (eds), *The Phillips Curve and Labour Markets*, Amsterdam: North-Holland.

Lucas, R. E. Jr(1977), "Understanding Business Cycles", in K. Brunner and A. H. Meltzer(eds), *Stabilisation of the Domestic and International Economy*, Carnegie-Rochester Conference Series in Public Policy, Amsterdam: North-Holland.

Lucas, R. E. Jr(1978a), "Unemployment Policy", *American Economic Review*, 68, May, pp. 353 - 7.

Lucas, R. E. Jr(1978b), "Asset Prices in an Exchange Economy", *Econometrica*, 46, November, pp. 1429 - 45.

Lucas, R. E. Jr(1980), "Methods and Problems in Business Cycle Theory", *Journal of Money, Credit and Banking*, 12, November, pp. 696 - 717.

Lucas. R E. Jr(1981), *Studies in Business Cycle Theory*, Oxford: Basil Blackwell.

Lucas, R. E. Jr(1987), *Models of Business Cycles*, Oxford: Basil Blackwell.

Lucas, R. E. Jr(1988), "On the Mechanics of Economic Development", *Journal of Monetary Economics*, 22, July, pp. 3 - 42.

Lucas, R. E. Jr(1990), "Why Doesn't Capital Flow From Rich To Poor Countries?", *American Economic Review*, 80, May, pp. 92 - 6.

Lucas, R. E. Jr(1993), "Making a Miracle", *Econometrica*, 61, March, pp. 251 -72.

Lucas, R. E. Jr(1994). "Review of Milton Friedman and Anna J. Schwartz's *A Monetary History of the United States* 1867 - 1960", *Journal of Monetary Economics*, 34, August. pp. 5 - 16.

Lucas, R. E. Jr (1996), "Nobel Lecture: Monetary Neutrality", *Journal of Political Economy*, 104, August, pp. 661 - 82.

Lucas, R. E. Jr (2000), "Some Macroeconomics for the 21st Century", *Journal of Economic Perspectives*, 14, Winter, pp. 159 - 68.

Lucas, R. E. Jr (2001), *Lectures on Economic Growth*, Cambridge, MA: Harvard University Press.

Lucas, R. E. Jr and E. C. Prescott (1971), "Investment Under Uncertainty", *Econo-

metrica, 39, September, pp. 659 – 81.

Lucas, R. E. Jr and L. A. Rapping (1969), "Real Wages, Employment and Inflation", *Journal of Political Economy*, 77, September/October, pp. 721 – 54.

Lucas, R. E. Jr and T. J. Sargent (1978), "After Keynesian Macroeconomics", *After the Phillips Curve: Persistence of High Inflation and High Unemployment*, Boston, MA: Federal Reserve Bank of Boston.

Lucas, R. E. Jr and T. J. Sargent (eds.) (1981), *Rational Expectations and Econometric Practice*, Minneapolis: University of Minnesota Press.

Lucas, R. E. Jr and N. L. Stokey (1987), "Money and Interest in a Cash in Advance Economy", *Econometrica*, 55, May, pp. 491 – 514.

Lucas, R. E. Jr, N. L. Stokey and E. C. Prescott (1989), *Recursive Methods in Economic Dynamics*, Cambridge, MA: Harvard University Press.

Muth, J. (1961), "Rational Expectations and the Theory of Price Movements", *Econometrica*, 39, July, pp. 315 – 34.

Phelps, E. S. (1968), "Money Wage Dynamics and Labour Market Equilibrium", *Journal of Political Economy*, 76, August, pp. 678 – 711.

Samuelson, P. A. (1946), "Lord Keynes and the General Theory", *Econometrica*, 14, July, pp. 187 – 200.

Snowdon, B. (2001), "Keeping the Keynesian Faith: An Interview with Alan Blinder", *World Economics*, 2, April-June, pp. 105 – 40.

Snowdon, B. and H. R. Vane (1998), "Transforming Macroeconomics: An Interview with Robert E. Lucas Jr.", *Journal of Economic Methodology*, 5, June, pp. 115 – 46.

Snowdon, B. and H. R. Vane (1999), *Conversations with Leading Economists: Interpreting Modern Macroeconomics*, Cheltenham, UK and Northampton, MA, USA: Edward Elgar.

Snowdon, B., H. R. Vane and P. Wynarczyk (1994), *A Modern Guide to Macroeconomics: An Introduction to Competing Schools of Thought*, Aldershot, UK and Brookfield, US: Edward Elgar.

Svensson, L. (1996), "The Scientific Contributions of Robert E. Lucas, Jr.", *Scandinavian Journal of Economics*, 98, March, pp. 1 – 10.

Taylor, J. B. (ed.) (1999), *Monetary Policy Rules*, Chicago: University of Chicago Press.

Temple, J. (1999), "The New Growth Evidence", *Journal of Economic Literature*,

37, March, pp. 112-56.

Tobin, J. (1996), *Full Employment and Growth: Further Keynesian Essays on Policy*, Cheltenham, UK and Brookfield, US: Edward Elgar.

Woodford, M. (2000), "Revolution and Evolution in Twentieth-Century Macroeconomics", in P. Gifford (ed.), *Frontiers of the Mind of the Twenty-First Century*, Cambridge, MA: Harvard University Press.

249. 卢卡斯"突发性"供给函数 Lucas "Surprise" Supply Function

20世纪70年代，卢卡斯构建了一个经济周期的均衡货币理论，该理论隐含三个重要的亚假说：理性预期假说、持续市场出清和"突发性"总供给假说。突发性总供给假说是卢卡斯用来解释通胀率和真实产出水平（就业）之间的系统关系（菲利普斯曲线）以及作为均衡现象的经济周期的关键要素（1972,1973,1975,1977）。根据弗里德曼的自然率理论（Friedman,1968），卢卡斯假想了一个经济行为人的决策只取决于相对价格的世界。但是，虽然经济行为人形成了理性预期，但他们拥有的是不完全信息，由于他们必须对实际价格的变化和名义价格的变化作出区分，所以，他们面临一个信号提取问题。在未预期到的一般价格水平上升的情况下，经济行为人将其解释为自己的产品/服务价格的上涨（即相对价格的上涨），并提供更多的商品和服务。因此，相对于未预期到的绝对（名义）价格水平的上升，总体真实产出（供给）和就业也将增加。总支出（Y_t）和价格水平（P_t）之间的这种关系就是卢卡斯突发性总供给函数，以方程(1)表示如下：

$$Y_t = Yn_t + \alpha[P_t - E(P_t \mid \Omega_{-1})] + \varepsilon_t, \qquad \alpha > 0 \qquad (1)$$

方程式(1)表明，当前总供给（Y_t）等于一个永久组成部分，即总供给（Yn_t）的自然或均衡水平，再加上一组取决于价格突发性震动的部分，其中，P_t为实际价格水平，$E(P_t \mid \Omega_{-1})$为取决于以前价格（Ω_{t-1}）信息的理性预期价格水平，ε_t是随机错误过程。对于任何给定的价格水平预期，总供给曲线将沿着$P-Y$空间上升，α值越大，"突发性"总供给曲线的弹性越高，对未预期到的一般价格水平上升的真实变量的影响也越大。因此，按照卢卡斯的说法，通货膨胀相对稳定的国家对通货膨胀冲动表现出更大的供给反应，反之亦然。在其著名的实证论文中，卢卡斯（Lucas,1973）

坚信,"在类似美国这样价格稳定的国家,增加名义收入的政策将与通货膨胀率较小的正面影响一起,对实际产出产生较大的初始影响……反之,在类似阿根廷这样价格多变的国家,名义收入变动与同等的而且同时出现的价格一起发生变动,让人很难察觉出对实际产出的影响。"方程式(1)中可加入滞后产出条件$(Y_{t-1}-Yn_{t-1})$并重新构建,卢卡斯(Lucas,1973)在其实证研究中使用这一修正方程式分析经济总体运动的持续性问题(序列相关)。经修正的突发性总供给函数如方程式(2):

$$Y_t = Yn_t + \alpha[P_t - E(P_t \mid \Omega_{-1})] + \beta(Y_{t-1} - Yn_{t-1}) + \varepsilon_t, \qquad (2)$$

本质上,卢卡斯突发性总供给函数方程式是附加了理性预期的菲利普斯曲线的另一种表达,如方程式(3)所示:

$$\dot{P}_t = E(\dot{P}_t \mid \Omega_{-1}) - \lambda(U_t - Un_t), \quad \lambda > 0 \qquad (3)$$

这里,$\dot{P}_t$ 为当前的通货膨胀率,$E(\dot{P}_t \mid \Omega_{-1})$ 为通货膨胀的理性预期,U_t 为当前失业率,Un_t 为自然失业率。对(3)进行调整,有方程式(4):

$$U_t = Un_t - 1/\lambda[\dot{P}_t - E(\dot{P}_t \mid \Omega_{-1})] \qquad (4)$$

在这一方程式中,一次突发性通货膨胀导致失业率暂时下降到自然失业率之下。在方程式(1)和(4)中,真实变量与名义变量相关。但正如卢卡斯所说,古典二分法只是在名义变量的变化是"突发"的情况下才失灵(见弗里德曼,《货币政策的作用》,载《美国经济评论》,58,1968 年 3 月;R. E. 卢卡斯,《预期与货币中性》,载《经济理论杂志》,4,1972 年 4 月;R. E. 卢卡斯,《产出-通货膨胀交替的若干国际证据》,载《美国经济评论》,63,1973 年 6 月;R. E. 卢卡斯,《经济周期的均衡模型》,载《政治经济学杂志》,83,1975 年 12 月;R. E. 卢卡斯,《理解经济周期》,载 K. 布伦纳和 A. H. 梅尔泽[编]《国内经济和国际经济的稳定》,卡内基-罗切斯特公共政策研讨会丛书,诺斯-荷兰出版公司,1977)。

参见:

Bussiness Cycles: New Classical Approach; Natural Rate of Unemployment; New Classical Economics; Rational Expectations.

250. 宏观经济计量模型 Macroeconometric Models

传统的建模

经济计量模型建构的历史要追溯到丁伯根(Tinbergen,1939)的工作,人们一般认为,丁伯根构建了最早的经济计量模型。二战后,克莱因及其合作者的研究(比如 Klein and Goldberger,1955)为美国和其他工业化国家经济计量模型的建立作出了贡献。这些模型被用来进行事前的预测和政策分析。

构建这些模型所采用的方法与考尔斯分析法或"传统的"经济计量模型有关,其特定程式由下列阶段组成:

1. 选用合适的经济理论来确定解释宏观经济行为时所属意的变量。然后,再将这些变量分类为可用模型解释的变量(内生)和由模型外因素决定的变量(外生)。

2. 以一系列与变量相关的方程对理论进行系统阐述。这就需要对单位时间间隔进行选择。要对变量的精确调整进行确定(所以要选择提前和滞后),并要确定所使用的形成预期变量的方法。

3. 取得每个变量的数据。这一点涉及与可得到的变量相关的理论概念。

4. 应用合适的经济计量技术对方程式进行分析,并用数据获取参数的估计数值。

5. 检验结果是否满意。如果情况不令人满意,则重复变化上述各阶段,直到取得满意的结果为止。

6. 给定参数的估计值以及预测的外生变量未来值,就可以对内生变量的未来值进行预测。也可以对所选定的政策效应进行检查。

对传统经济计量建模分析方法的阐述有助于我们说明在特定环境下应用该方法时所引发的某些问题。在分析过程中,如果模型的结论不充分,人们通常会重新考虑之前的分析阶段。对经济理论的回顾会使我们选择另外的公式,这就涉及不同的变量。数据问题会使我们使用新的信息。自相关或对假设的违背,意味着将要采用不同的说明方法或估值方法。最后,重复(1)到(5)阶段,将使模型满足与理论和所采用数据相符的重要标准。

正是在产生预测这一点上,作出了最有争议的调整。原因是,预测者一般不采用得自模型的低级的预测,而是利用判断来改变预测。这就是人所共知的"悉心照料"(见 Howrey et al.,1974),同时也牵涉预测者所考虑的诸多因素,比如,没有被模型涵盖的冲击效应和政策宣告。同时,对最近的过去的预测会不同于所观察的结果,所以,有可能使用"残差调整"来使模型不至于偏离目标。

对经济计量建模方法最重要的异议或许就是卢卡斯批评(1976),卢卡斯批评基本是说,一个模型的参数是在对政策行为的具体假设条件下得到的,如果这些假设条件发生变化,参数也会发生变化,因此,任何预测(以及政策模拟)都将使人产生误解。

现代技术

在讨论建模的近期发展之前,有必要提一下早期经济计量模型应用中的两个重要局限。第一是缺乏数据。比如,丁伯根(Tinbergen,1939)做过 14 个年度的观察数据,克莱因和戈德伯格(Klein and Goldberger,1955)模型有 20 个年度观察数据。布鲁金斯项目(Duesenberg et al.,1965)做过 30 个季度观察数据。第二,20 世纪 70 年代,计算设备十分有限,用矩阵代数来估算一个多元回归方程就要花费好几个小时。这两个局限意味着,对先前的理论的重视和对滞后条件的分析尚未发展成熟。

20 世纪 70 年代和 80 年代,这两个局限不再重要,对多数工业化国家来说,季度数据已经回溯到 50 年代,这样,到 20 世纪 80 年代,在实证估算中至少有 100 个季度观察数据可供使用。个人计算机和远程大型计算机的使用,以及使用方便的软件,都使估算可以在瞬间完成,并加速了说明、估算和判定测试的过程。

这些发展促进了经济计量模型新的分析方法的产生。豪里及其合作者(比如 David et al.,1978)批评说:传统的经济模型分析方法是一种"从具体到一般"的分析方法。他们认为,用这种分析方法会得到一个特定的方程,如果发现这个方程不能让人满意,就会扩展方程来考察特殊的实证问题。其结果就是出来一个更为复杂的与数据一致的模型。豪里指出,这样一种分析方法根本无法测试理论是否正确,因为最终的模型一定获得数据的支持。认识到这一点就不大可能相信这一过程最终会带来正确的模型。其他的批评包括利默(Leamer 1983)所称的全部过程的"数据微调"或对所需结果的"搜寻"。

豪里提出以一般模型开始的另一种分析过程,这一模型包括所有经济理论中的相关变量,并具有不严格的动态过程。这种模型一定会得到数据支持(所以具有白噪声残差),也具有很多参数。但这并不是一个实用模型。另外,这种一般模型也需要重新调整,以减少多重共线性(multicolinearity),并将与均衡条件相关的变量包括进来,如下面将要讨论到的纠错等式。通过测试系数的重要性而对模型进行估算,并缩小模型的规模以和数据保持一致。在最终使用模型进行预测之前,通过残差分析、结构稳定性分析和预测表现分析,对模型的可接受性进行评价。在英国,这种对模型的广泛测试对模型的报告方式有巨大影响,其隐含的含义为,对模型的性质和预测表现也有巨大影响。

这种"从一般到具体"的分析方法取决于：（a）指出哪些变量应包括进一般模型所使用的经济理论；（b）设定的数据足够多，能对不同的模型方程进行区分；（c）要有一个唯一的秩序可以用来对一般模型的可能约束因素进行测试。其中，至少（c）看起来是对的。

如上所述，"从一般到具体"的分析方法区分了模型的长期性质——经济理论在这方面提供了很多知识——和模型的短期动态——经济理论在这方面有些含糊其辞。这与协整概念有关（见 Engle and Granger, 1987）。在这里，对不稳定变量来说，纠错模型给定的是短期关系，而协整向量则给出长期关系。

另一个重要发展就是运用基于数据的统计模型或非理论模型。西姆斯（Sims, 1980）指出，经济理论给定的约束条件常常不太可信，而且，最终模型的参数也不一致。因此，任何政策模型都可能会有误导。西姆斯提出了另一种方法，即不严格的估算简化形式，在这一形式中，所有的变量都是内生变量。这就是大家熟悉的提出了有效估算方式的向量自回归（VARs）和贝叶斯推论。

实际建模

现在，政府和产业部门都在广泛使用宏观经济计量模型进行预测和政策分析。多数模型一开始都是用于学术研究，但现在已经成了商业预测行业的组成部分。比如说，由沃顿经济计量预测有限公司使用的基于克莱因的美国模型和伦敦国家经济研究所的英国模型经济预测模型。英格兰银行所采用模型的全部细节，可以在其网站（*http://bankofengland.co.uk*）找到。

肯·霍尔登（安佳译）

参见：

Cowles Commission; Forecasting; Klein, Lawrence R.; Lucas Critique; Tinbergen, Jan; Vector Autoregressions.

参考文献：

Davidson, J. E. H., D. F. Hendry, F. Srba and S. Yeo (1978), "Econometric Modelling of the Aggregate Time-Series Relationship between Consumers' Expenditure and Income in the United Kingdom", *Economic Journal*, 88, December, pp. 661–92.

Dusenberry, J. S., G. Fromm, L. R. Klein and E. Kuh(eds) (1965), *The Brookings Quarterly Econometric Model of the United States Economy*, Chicago: Rand McNally.

Engle, R. F. and C. W. J. Granger (1987), "Cointegration and Error Correction: Representation, Estimation and Testing", *Econometrica*, 55, March, pp. 251–76.

Howrey, E. P., L. R. Klein and M. D. McCarthy (1974), "Notes on Testing the Predictive Performance of Econometric Models", *International Economic Review*, 15, June, pp. 366 - 83.

Klein, L. R. and A. S. Goldberger(1955), *An Econometric Model of the United States 1929 - 1952*, Amsterdam: North-Holland.

Leamer, E. E. (1983), "Lets Take the Con out of Econometrics", *American Economic Review*, 73, March, pp. 31 - 43.

Lucas, R. E. Jr (1976), "Econometric Policy Evaluation: A Critique" in K. Brunner and A. H. Meltzer (eds), *The Phillips Curve and Labour Markets*, vol. 1, Carnegie-Rochester Conferences on Public Policy, supplement to *Journal of Monetary Economics*, Amsterdam: North-Holland, pp. 19 - 46.

Sims, C. A. (1980), "Macroeconomics and Reality", *Econometrica*, 48, January. pp. 1 - 48.

Tinbergen, J. (1939), *Statistical Testing of Business Cycle Theories*, Geneva: League of Nations.

251. 埃德蒙·马林沃德 Malinvaud, Edmond

埃德蒙·马林沃德1923年生于法国利摩日，1946年获得巴黎综合工科学校文凭，1948年获得国家统计学和经济管理学校（ENSAE）文凭。他的主要学术职位有：巴黎国家统计学和经济研究所统计学家(1948—1956)、研究顾问(1967—1971)和主管(1974—1987)；国家统计学和经济管理学校的教授级主管(1957—1966)。自1987年起，他一直任巴黎法兰西学院教授。他还是经济计量学会会长(1963)、国际经济学会会长(1974—1977)和国际统计研究所所长(1979—1981)。他以对经济计量学和失业原因的研究，尤其是在自愿失业的一般均衡框架内使用理性模型而知名，在这一模型中，他区分了两种形式的失业，即凯恩斯失业和古典失业。他的名著有：《重审失业理论》(巴兹尔·布莱克维尔出版公司,1977)；《经济计量的统计方法》(第3版,诺斯-荷兰出版公司,1980)；《利润率和失业》(剑桥大学出版社,1980)；《大众失业》(巴兹尔·布莱克维尔出版公司,1984)；《诊治失业》(剑桥大学出版社,1994)。

参见：

Econometric Society.

252. 管理浮动 Managed Float

见：

Dirty Float.

253. N. 格里高利·曼昆 Mankiw, N. Gregory

N. 格里高利·曼昆 1958 年生于美国新泽西州特伦特，1980 年从普林斯顿大学获得学士学位，1984 年从麻省理工学院获得博士学位。他的主要学术职位包括：哈佛大学助教(1985—1987)；自 1987 年起，一直任哈佛大学经济学教授。他以对价格调整、消费开支的决定、经济增长的理论与实证研究而知名，公认为凯恩斯经济学派的领军人物。他的名著有：《新凯恩斯经济学，第 1 卷：不完全竞争和黏性价格；第 2 卷：协调失灵和实际刚性》（与 D. 罗默合编，麻省理工学院出版社，1991）；《货币政策》（编，芝加哥大学出版社，1994）；《宏观经济学》（第 4 版，沃斯出版公司，2000）。他最具影响的论文有：《霍尔的消费假说和耐用商品》（载《货币经济学杂志》，10，1982 年 10 月）；《小菜单成本和大经济周期：一个垄断宏观经济模型》（载《经济学季刊》，100，1985 年 5 月）；《对经济增长的实证研究的贡献》（与 D. 罗默和 D. 维伊合撰，载《经济学季刊》，107，1992 年 5 月）；《国力的增长》（载《布鲁金斯经济活动论文集刊》，1995）；《通货膨胀和失业交替的不可变性和神秘性》（载《经济学杂志》，111，2001 年 5 月）。

参见：

New Keynesian Economics.

254. 资本边际效率 Marginal Efficiency of Capital

指贴现率。贴现率刚好等于得自具有资本成本的资本资产投资中未预期到的收入流的现值。资本边际效率表用来描述所需资本存量与利率的关系。由于每增加一单位资本将引起资本边际效率下降,表的斜度将向右下方倾斜,其原因在于,预期净回报因资本边际产出递减而下降。

255. 投资边际效率 Marginal Efficiency of Investment

指贴现率。贴现率刚好等于得自具有资本资产成本的资产投资中一笔收入流的现值。在这里,资本资产价值短期内可以增加;投资边际效率也称为内在回报率。投资边际效率表表明,每一时期的投资支出率(或流动)与每一可能出现的市场利率相对应。

256. 边际消费倾向 Marginal Propensity to Consume

一额外单位收入引出的消费支出的变化,也是消费函数的斜率。边际消费倾向还可以用来表示总的可支配收入的消费倾向或国民收入的消费倾向。

参见:

Consumption Function.

257. 边际进口倾向 Marginal Propensity to Import

每增加一单位收入所导致的进口支出变化。

258. 边际储蓄倾向 Marginal Propensity to Save

每增加一单位收入引出的储蓄的变化。边际储蓄倾向可以用来表示总体可支配收入的储蓄倾向或国民收入的储蓄倾向。

259. 边际提取倾向 Marginal Propensity to Withdraw

从收入流中提取的每增加一单位收入的部分。

260. 边际税率 Marginal Tax Rate

每增加一单位收入而交付的税。

261. 马歇尔-勒纳条件 Marshall – Lerner Condition

马歇尔-勒纳条件(也称为马歇尔-勒纳-罗宾逊条件,即 MLR 条件),是国民收支弹性分析法的核心。其名源自分别发现了这一条件的三位经济学家:阿尔弗雷德·马歇尔(1842—1924)、阿巴·勒纳(1903—1982)和琼·罗宾逊(1903—1983)。马歇尔-勒纳条件主要回答以下问题:在什么情况下,货币的实际贬值(固定汇率制度下)或实际下浮(浮动汇率制度下)可以改善一国经常账户问题?

简而言之,假定服务贸易、投资收入流动和单方转移等于零,那么,贸易账户就等于经常账户,其中,马歇尔-勒纳-罗宾逊条件说明,如果进口需求和出口需求弹性(绝对值)相对于实际汇率大于1($\varepsilon+\varepsilon^* > 1$),货币的实际贬值(或下浮)将改善贸易收支。(注意:实际汇率是按照国内商品计价的外国商品的相对价格。如果国内价格和外国价格不变,一次实际贬值就等于一次名义贬值。)

为了弄清楚这一点,设贸易收支用单位本币来表示,一方面,如果进口需求弹性为零,本币的进口值将完全按照实际贬值的百分比而上升。要改善贸易收支,本币的出口值的变动必须大于实际贬值的百分比。这就是出口弹性大于 1 的情况。

另一方面,设出口需求弹性为零,那么,紧随实际贬值,本币的出口值将保持不变。要改善贸易收支,本币的进口值必须紧随实际贬值而下降。这就是进口需求弹性大于 1 的情况。

所以,马歇尔-勒纳-罗宾逊条件是说,在实际贬值条件下,如果弹性值小于1,但数量变动大于1,进口的增加(用本币度量)将被出口增加(也用本币度量)所抵消,贸易收支将得到改善。我们可以在任何一本国际经济学教科书中找到相关的代数证明(比如,Caves et al.,2002)。

这一条件取决于两个假设。第一个假设是,分析开始于贸易平衡。第二个假设是,供给弹性无穷大。我们还需要研究这些假设。

如果初始情况是贸易赤字,马歇尔-勒纳-罗宾逊条件就只是必要条件,而不是充分稳定条件(在用本币度量时)。事实上,(再次)考虑进口需求弹性为零的情况。本币的进口值将完全按照实际贬值/下浮的百分比上升。但是,由于有贸易赤字,最初的进口值将大于出口值。为了改善贸易收支,出口增长所需要的百分比必须大于实际贬值(部分抵消规模相对较小的出口)的百分比。应该注意的是,在贸易收支是用外币表示的情况下,如果初始条件是贸易赤字,马歇尔-勒纳-罗宾逊条件就是充分条件,但不是必要的稳定条件。

更复杂的马歇尔-勒纳-罗宾逊条件与供给弹性小于无穷大有关。很简单,供给弹性如果小于无穷大,马歇尔-勒纳-罗宾逊条件就可能获得满足(即使 $\varepsilon+\varepsilon^* < 1$)。第一位构建这一稳定条件的经济学家马歇尔(Marshall,1923,第354页)没有设想这一条件得不到满足。"真实世界不会出现这种情况,我们确信这一点可信,而且,这种情况绝对不可能出现。"但马歇尔并没有对自己的断言提出任何证据。早期的经济计量估算发现,贸易弹性低到无法满足马歇尔-勒纳-罗宾逊条件(Chang,1951)。这种情况引发了"弹性悲观主义"恐慌(Machlup,1950)。在对相关统计问题进行了仔细的重新研究之后,奥克特等人(Orcutt,1950)驳斥了早期的这种悲观主义的估算。

胡珀等人(Hooper et al.,2000,第8—9页)估算了七国集团成员国的短期和长期进出口价格水平弹性(见表1):

表1

国家	短期出口价格弹性	短期进口价格弹性	长期出口价格弹性	长期进口价格弹性
加拿大	-0.5^*	-0.1	-0.9^*	-0.9^*
法国	-0.1	-0.1	-0.2	-0.4^*
德国	-0.1	-0.2^*	-0.3	-0.06^*

续 表

国家	短期出口价格弹性	短期进口价格弹性	长期出口价格弹性	长期进口价格弹性
意大利	-0.3^*	-0.0	-0.9^*	-0.4^*
日本	-0.5^*	-0.1	-1.0^*	-0.3^*
英国	-0.2^*	-0.0	-1.6^*	-0.6
美国	-0.5^*	-0.6	-1.5^*	-0.3^*

注：星号表示5%的统计显性水平

表中的信息表明，交易弹性随时间的推移而增加。根据长期弹性，几乎所有七国集团成员国都符合马歇尔-勒纳-罗宾逊条件。法国和德国是个例外。但从短期看，弹性非常小，不能满足马歇尔-勒纳-罗宾逊条件。短期和长期弹性的区别非常关键，因为它可以引出众所周知的J曲线效应。短期中，实际贬值（或下浮）将恶化经常账户，但在较长时期中，在马歇尔-勒纳-罗宾逊条件得到满足的条件下，经常账户将得到改善。

马歇尔-勒纳-罗宾逊条件作为一种理论，缺少一般均衡基础，尤其是，它认为（进口和出口）两个市场相互独立。在预算约束条件下，并不是所有的市场都相互独立。所以，这里至少有一个其他市场没有被马歇尔-勒纳-罗宾逊条件考虑。另外，根据吸收分析法，我们知道，一国如果有经常账户盈余，则表明该国收入大于支出。马歇尔-勒纳-罗宾逊条件闭口不谈随贬值而来的支出调整机制将会怎样运行。多恩布什（Dornbusch,1975）引入了一个非贸易品部门和财政政策，试图使马歇尔-勒纳-罗宾逊条件与吸收分析法保持一致。

泽维尔·德万塞（安佳译）

参见：

Absorption Approach to the Balance of Payments；Elasticities Approach to the Balance of Payments；Expenditure Switching Policy；Fixed Exchange Rate System；Floating Exchange Rate System.

参考文献：

Caves, R. E., J. A. Frankel and R. W. Jones (2002), *World Trade and Payments*: *An Introduction*, 9th edn, New York: Addison-Wesley.

Chang, T. C. (1951), *Cyclical Movements in the Balance of Payments*, Cambridge: Cambridge University Press.

Dornbusch, R. (1975), "Exchange Rates and Fiscal Policy in a Popular Model of International Trade", *American Economic Review*, 65, December, pp. 859-71.

Hooper, P., et al. (2000), "Trade Elasticities for the G-7 Countries", *Princeton Studies in International Economics*, no. 87, Department of Economics, Princeton University.

Lerner, A. (1944), *The Economics of Control*, New York: Macmillan.

Machlup, F. (1950), "Elasticity Pessimism in International Trade", *Economic Internazionale*, III, February, pp. 118-41.

Marshall, A. (1923), *Money, Credit and Commerce*, London: Macmillan and Co.

Orcutt, G. H. (1950), "Measurement of Price Eiasticities in International Trade", *Review of Economics and Statisitcs*, XXXII, May, pp. 117-32.

Robinson, J, (1937), "The Foreign Exchanges", reprinted in H. Ellis and L. A. Metzler(eds)(1950) *Readings in the Theory of International Trade*, Homewood: Irwin, pp. 83-103.

262. 马克思主义宏观经济学概述 Marxian Macroeconomics: An Overview

马克思主义经济分析方法源于马克思对资本主义经济运行的分析，主要见于他的著作《资本论》（三卷本，1867，1885，1894）。尽管专家对这些著作很有兴趣，但他们很少致力于介绍马克思主义经济学的当前研究。一百多年来，马克思主义经济学的研究主题、研究方法和研究技巧曾几经演变（这一说法同样适用于新古典经济学之于杰文斯和马歇尔，后凯恩斯学派经济学之于凯恩斯，但在某些方面，这是阅读经典的好处）。

由于大多数大学通常并不讲授非正统的少数派观点，比如马克思主义经济学，所以，这里首先注意一下马克思主义理论的几个基本特征（对马克思主义经济学的一般性介绍，可见 Foley, 1986；或更早的 Desai, 1979；以及 Fine and Harris, 1979；对当前争论和进一步的研究，可看 Bellofiore, 1998）。

首先，马克思主义范式的核心是，从历史来看，资本主义制度是一种特殊的生产和分配模式。资本主义不仅是一种分配资源的市场经济，历史上，每一种特殊的经济体制都一定通过作为主要标准的特殊"社会形式"运行并对生产进行度量。对资本主义来说，这就是货币价值形式，货币价值形式不仅主导市场交换，而且主导生产过程。因此,生产技术和技术轨迹不是"自然"现象,对资本主义来说,生产技术和技术轨迹由价值形式决定(见 Murray,2002)。

第二,从价值形式中推导出来的资本主义生产重要标准是利润和利润率(利润和利润率并不总是向相同方向移动)。利润和利润率一起决定资本积累(率)——即资本增长——这是生产更多利润的手段。因此,利润和资本增长决定生产,而不是其他可能的标准如人的需求和使用价值决定生产。但这里应该注意,人的需求并不是技术发展的"自然需求",在资本主义制度条件下,人的需求本身由社会形式决定,而且是社会形式的一部分(见 Campbell,1993)。

第三,利润是剥削劳动的结果(劳动的产出大于工资,利润是产出与工资的差额)。但是,工资水平只是收入分配的两个决定因素之一。另一个因素则是在生产阶段包括一个具体的劳动强度的劳动过程,因此,我们就能明白资本与劳动的斗争,双方都在工资和生产阶段上进行斗争(这就是说,都在劳动条件上进行斗争)。

许多马克思主义者都对这三个言之凿凿的命题:即价值形式、利润准则和剥削,分别进行规范性判断。但从原则上讲,对这三个命题的道德判断和政治判断可以与这三个分析命题分别对待。这样,人们就可能认可马克思主义的分析手段优于新古典的分析手段,比如说,新古典就没有规范性判断。(相反,如果一个人坚定地反对资本主义制度,就有可能认可新古典分析手段的分析性。)

我们现在专门讨论宏观经济学,尽管凯恩斯及其追随者在建立宏观经济学方面影响巨大,但马克思《资本论》中的宏观经济学却是独立产生的。在《资本论》第一卷中,除了货币理论和对萨伊定律的一般性批评外,这部著作还包含三个重要的宏观经济学建筑材料。

第一个是资本循环模型(Marx,1885,第1卷)。这一模型强调资本通过四种表现形式的持续运动,构成了宏观经济的资本循环:

$$M-\in-C<mp;lp>\cdots\cdots P\cdots\cdots C^*-\in-(M+\Delta M)$$

从货币资本开始,"货币资本"的形式(M)在交换过程(—∈—)中转换为"商品资本"(C),具体为生产手段(mp)和劳动力(lp);劳动力和生产手段在生产过程中结合(……)。在生产中,我们看到了"资本的形成"过程(P),资本的形成过程在生产中又变化为"商品资本"的形成(C^*),在数量上,C^* 不同于C,其价值量也不同($C^* > C$)。最后,另一次市场交换(—∈—)将扩大的商品价值 C^* 转换成相等的货币价值

M+△M,这就是扩大的"货币资本"的形成。这一过程现在又以扩大的形式重新开始。这里注意,在宏观经济概念的部类分析中,M—∈—C 交换的同时,就是另外的资本 C*—∈—(M+△M)的交换过程(对这一循环更为详细的讨论,见 Arthur,1998)。

第二个重要的建筑材料就是资本主义经济的再生产图式(Marx,1885,第 3 卷)。用当代术语来说,可以称为生产和实现的动态两部门宏观经济模型(马克思是第一位提出这种模型的经济学家,而模型这一术语 1950 年才在经济学中使用,"图式"这一名称源自马克思,可参见丁伯根)。模型中的第一部类生产生产品(投资品),第二部类生产消费品。马克思基于这一模型详细说明了资本主义经济运行中的一系列动态的内在联系。他特别指出,在经济增长背景下,经济两大部类的比例或平衡,是最不可能的事情。换句话说,不成比例或非均衡增长与经济危机的潜在性,才是正常情况。50 年后,哈罗德和多马基于他们著名的经济增长"刀刃"模型,确定了这一结果。在实证研究上,这一图式可以解释我们今天仍然认识到的投资(资本形成)的极端易变性(对这一模型更详细的讨论,见 Reuten,1998)。

在《资本论》第二卷的中间部分,我们可以看到一段冗长而单调(因此也很难读)的"周转时间"分析。这是经济学常常忽视的问题(虽然在"财务计算"中没有这一问题),在马克思主义经济学中也常被忽视(见 Mandel,1975,第 7 章;Smith,1998;和 Campbell,1998,尤见其货币分析部分)。

第三个重要的建筑部件不是这一周转时间分析,而是平均利润率发展的分析(《资本论》第 3 卷,第 3 篇)。这一特殊的理论在马克思主义经济学中也存在争议(最近的评价,见 Reuten,2002)。尽管如此,利润率的形成仍然是不同流派马克思主义宏观经济学的中心主题——这与主流经济学形成了很有意思的区别。在主流经济学那里,利润率很少有什么作用,或者说,对利润率的研究逐渐弱化。

20 世纪初,马克思主义经济学对宏观经济学最大的影响是《资本论》第二卷中的再生产模型。第一个采用这一模型的学者是研究经济周期的图甘巴拉诺夫斯基(Tuganbaranowski),时间约在 1900 年。由于他的研究,《资本论》第二卷的框架影响了 20 世纪上半叶很多重要的非马克思主义经济学家,比如斯皮特霍夫、卡塞尔、阿夫塔里昂、W. 米切尔、熊彼特、J. M. 凯恩斯和里昂惕夫。

《资本论》第二卷的这一模型与我们提到的第三个建筑部件一起,启发了 20 世纪初的马克思主义宏观经济学家,比如奥托·鲍威尔、罗莎·卢森堡、亨利克·格罗斯曼、莫里斯·多布、保罗·斯威齐、米恰尔·克列茨基,在某种程度上还有琼·

罗宾逊。(见 Howard and King,1989,1992;要了解马克思主义经济学说史,见霍华德和金 1992 年的著作,第 16 章;对近期宏观经济学问题的概述;也可参照 Hardach et al.,1978,前 90 页的概述。)

在马克思主义宏观经济学的新近发展中,所有这三个建筑部件都还在发挥作用,尽管其间也有不同的发展。这一点也与宏观货币和宏观金融问题密切相关。马克思自己在这方面的研究——尤其在《资本论》第三卷的第 4 篇和第 5 篇——只是一个概要性的研究,尽管他在这一问题上写了 350 页的篇幅(参见 Crotty,1985;Campbell,2002;Reuten,2002)。虽然希法亭在自己的著作《金融资本》(1910)中发展了马克思的分析,而且很长一段时间以来,他的著作是马克思主义者的标准教科书,但实际上只是从 20 世纪 70 年代开始,这些问题才成为马克思主义宏观经济学的重要问题。比如苏珊·德·布吕诺夫(Brunhoff,1976)和米歇尔·阿列塔(Aglietta,1976)的研究,就与奥古斯托·格拉齐亚尼(Augusto Graziani)的马克思主义金融循环分析方法有明显的关系(见 Bellofiore and Realfonzo,1997)。哈维(Harvey,1982)对所有这些问题从马克思到现在的联系有一个全面论述。伊藤和莱帕维特萨斯(Itoh and Lapavitsas,1999)对此也有全面介绍。

"马克思主义宏观经济学"的起步可参见 Laibman,1997。布伦纳(Brenner,1998)也对 20 世纪下半叶资本主义的发展提供了一个理论的和实证的记录。与法恩等人(Fine et al.,1999)的文章一起,《布伦纳和世界危机研究论集》(1999)也提供了关于当前马克思主义的地位和争论的样本,为我们提供了更多的参考资料。

另外,读者还可以看莱伯曼(Laibman,1997)的著作,再看奥尔布里顿等(Albritton et al.,2001)编写的关于资本主义长期发展,尤其是过去五年内发展状况的论文集。

格特·鲁滕(安佳译)

参见:

Business Cycles:Marxian Approach;Marxian Macroeconomics:Some Key Relationships.

参考文献:

Aglietta, M. ([1976] 1979), *Régulation et Crises du Capitalisme*, Calmann-Lévi, Engl, trans, D, Fernbach, *A Theory of Capitalist Regulation:The US Experience*, London:NLB.

Albritton, R., M. Itoh, R. Westra and A. Zuege (eds) (2001), *Phases of Capitalist*

Development: Booms, Crises and Globalizations, Basingstoke/New York: Palgrave.

Arthur, C. J. (1998), "The Fluidity of Capital and the Logic of the Concept", in C. J. Arthur and G. Reuten (eds), pp. 95 – 128.

Arthur, C. J. and G. Reuten (eds) (1998), *The Circulation of Capital: Essays on Volume II of Marx's "Capital"*, London/New York: Macmillan.

Bellofiore, R. (ed.)(1998), *Marxian Economics: A Reappraisal*, two vols, London/New York: Macmillan.

Bellofiore, R. and R. Realfonzo (1997), "Finance and the Labour Theory of Value: Toward a Macroeconomic Theory of Distribution from a Monetary Perspective", *International Journal of Political Economy*, 27, pp. 97 – 118.

Brenner, R. (1998), "Uneven Development and the Long Downturn: The Advanced Capitalist Economics from Boom to Stagnation, 1950 – 1998; or, the Economics of Global Turbulence", *New Left Review*, 229 (special issue), pp. 1 – 265.

Brunhoff, S. de ([1976] 1978), *État et Capital*, Engl. trans. *The Stata, Capital and Economic Policy*, London: Pluto Press.

Campbell, M. (1993), "Marx's Concept of Economic Relations and the Method of 'Capital'", in F. Moseley (ed.), pp. 135 – 55.

Campbell, M. (1998), "Money in the Circulation of Capital," in C. J. Arthur and G. Reuten (eds), pp. 129 – 58.

Campbell, M. (2002), "The Credit System", in M. Campbell and G. Reuten(eds), pp. 212 – 27.

Campbell, M. and G. Reuten(eds) (2002), *The Culmination of Capital: Essays on Volume III of Marx's "Capital"*, Basingstoke/New York: Palgrave-Macmillan.

Crotty, J. (1985), "The Centrality of Money, Credit and Financial Intermediation in Marx's Crisis Theory: An Interpretation of Marx's Methodology", in S. Resnick and R. Wolff(eds), *Rethinking Marxism*, Brooklyn: Autonomedia, pp. 45 – 81.

Desai, M. (1979), *Marxian Economics*, Oxford: Basil Blackwell.

Duménil, G. and D. Lévy(1993), *The Economics of the Profit Rate: Competition, Crises and Historical Tendencies in Capitalism*, Aldershot, UK and Brookfield, US: Edward Elgar.

Fine, B. and L. Harris (1979), *Rereading Capital*, London: Macmillan.

Fine, B., C. Lapavitsas and D. Milonakis (1999), "Addressing the World Economy: Two Steps Back", *Capital and Class*, 67, Spring, pp. 47 – 90.

Foley, D. (1986), *Understanding Capital*, Cambridge, MA/London: Harvard University Press.

Hardach, G., D. Karras and B. Fine (1978), *A Short History of Socialist Economic Thought*, London: Edward Arnold.

Harvey, D. ([1982]1999), *The Limits to Capital*, London/New York: Verso.

Hilferding, R. ([1910] 1981), *Finance Capital; A Study of the Latest Phase of Capitalist Development*, London: Routledge & Kegan Paul.

Howard, M. C. and J. E. King (1989 – 1992), *A History of Marxian Economics*; Volume *I*, 1883 – 1929; Volume *II*, 1929 – 1990, London: Macmillan.

Itoh, M. and C. Lapavitsas (1999), *Political Economy of Money and Finance*, London/New York: Macmillan.

Laibman, D. (1997), *Capitalist Macrodynamics: A Systematic Introduction*, London: Macmillan.

Mandel, E. (1975), *Late Capitalism*, London: New Left Books.

Marx, K. ([1867 – 1885 – 1894], 1976 – 1978 – 1981), *Capital*, Vol. *I* [The Production Process of Capital]; Voll. *II* [The Circulation Process of Capital]; *Vol. III* [The Process of Capitalist Production as a Whole], Harmondsworth: Penguin.

Moseley, F. (ed.)(1993), *Marx's Method in "Capital", A Reexamination*, Atlantic Highlands, NJ: Humanities Press.

Murray, P. (2002), "The Illusion of the Economic: The Trinity Formula and the 'Religion of Everyday Life'", in M. Campbell and G. Reuten(eds), pp. 246 – 72.

Reuten, G. (1998), "The Status of Marx's Reproduction Schemes", in C. J. Arthur and G. Reuten(eds), pp. 187 – 229.

Reuten, G. (2002), "The Rate of Profit Cycle and the Opposition Between Managerial and Finance Capital", in M. Campbell and G. Reuten(eds), pp. 174 – 211.

Smith, T. (1998, "The Capital/Consumer Relation in Lean Production", in C. J. Arthur and G. Reuten(eds), pp. 67 – 94.

Symposium on Brenner and the World Crisis(1999); Part 1, by A. Callinicos, G. Carchedi, S. Clarke, G. Dumenil and D. Lévy, C. Harman, D. Laibman, M. Lebowitz, F. Moseley, M. Smith, E. M. Wood(in *Historical Materialism*, 4, pp. 3 – 179); Part 2, by W. Bonefeld, A. Freeman, M. Husson, A. Shaikh, T. Smith, R. Walker, J. Weeks(in *Historical Materialism*, 5, pp. 3 – 230).

263. 马克思主义宏观经济学的某些重要关系 Marxian Macroeconomics: Some Key Relationships

本词条旨在说明马克思主义对资本主义经济的宏观经济分析方法的某些重要方面。我们没有打算给出一个模型,所以,解释也比较简单,所提出的关系只是模型的一般概念性图解。讨论的重点是马克思主义分析方法与其他分析方法有差别的四个方面:生产(B 部分)、"非均衡"观点(C 部分)、与融资相关的投资(F 部分)和对利润率重要性的重视(G 部分)。因此,对政府和消费的非正式解释(D 部分和 E 部分),或者缺少国际关系分析,都不意味着这些因素在马克思主义理论中没有作用。应该说明的是,为简洁起见,以下表述在某些细节上会与马克思主义的通常表述有些偏差。

制度条件:财产权和劳动市场

资本主义的一个重要制度特征,就是工人并不拥有他们用之于工作的生产手段,这些生产手段由资本主义企业主拥有。与之相应的是市场的存在,市场是工人将自己的劳动出售给生产手段的所有者或经理人的地方。接下来,为简单起见,我们假设,所有企业都有一个共同的机构,而且所有融资都通过银行进行(因此,银行是金融"市场"的中心)。

(**K**)是由商业企业所拥有的现存生产手段的宏观经济存量,K 由股份资本(**S**)、净利润(储蓄,**þ**)和银行信贷(**B**)以及其他贷款(债券,**O**)的现有存量提供资本支持,所有这些变量包括 K 在内,都用货币形式表示。

$$\mathbf{K}=\mathbf{S}+\mathbf{þ}+\mathbf{B}+\mathbf{O} \tag{1}$$

[资产负债等式]

所有存量变量(黑体)自始至终都在年初进行度量(年中进入存量的不用黑体表示)。与所有流动相关的隐含时间为年(t)。等式(1)的右边是企业资产负债表的"负"方,左边是"正"方(由于删去了贸易信用,并忽略流动性的组成,所以,**B** 是商业企业的净信用)。虽然 **K** 的所有变化都取决于金融存量的变化(右边为 1),但后者的变化并不是前者变化的动力。

现行的生产技术为《K/L》,设 **K** 取决于劳动力 L 的使用(用劳动使用年份度量):

$$K/L \| L = \mathbf{K}/《K/L》 \qquad (2)$$
[计算装置]

货币工资率(w,每劳动年)取决于(a)一个经济区域的风俗和传统,其本身是过去斗争的结果;(b)结构性的和周期性的相对劳动短缺/丰裕情况,以及由此而来的讨价还价的地位;(c)法律,我们准备将第一个和第三个因素看成自动形成($*$),用失业率度量第二个因素(U,后者的影响在 ε 的范围之内):

$$w = w^* + U^\varepsilon \qquad [近似估算](3)$$
$$U = (N^* - L)/N^* \qquad [定义](4)$$

其中,N^* 是可获得劳动(由社会人口因素决定,包括人口政策,比如劳动的进口)。因此,所有希腊字上标都是变量或参数;罗马字上标为指数(p,r,如下所示)。

B 生产

接下来考虑我们所引入的对生产的说明在哪些地方类似于一个特殊的"生产函数"。必须谨记,这里的概念与传统的含义不同(尤其与变量的含义,以及定义技术的方法不同)。

K 是固定的和循环的生产手段的具体存量(也是用货币来计算,即价格乘以量)。它在一年内耗尽的部分(μ)可通过复杂的会计方法计算。这部分由技术、经济技术和经济策略因素决定。虽然这一计算适用于多数固定部分,但 μ 是对所有生产手段的综合权重。在一个年度之内,循环生产手段按照生产的周转时间替换。因此,我可以将 μK 看成一个流量,在任何情况下,$\mu K/L$ 都是生产技术的对应流量部分,所以,在短期内,我们可以将其视为"几乎"固定:《$\mu K/L$》。换句话说,我们是在一个特殊技术状况下——或者是在一种特殊技术轨迹中分析问题,在这一技术条件下,只有 $\mu K/L$ 中的小部分变化量,比如说 5% 的幅度,可以用于营利(这就是说,宏观经济学的微观变化程度可能更大)。这里,没有技术蓝皮书可供使用——即没有正统意义上的替代物——因为我们是按一条单向轨迹前进。因此,我们可以描述一个最简单的生产形式(X^p),货币形式的总产出如下:

$$\mu K/L \| X^p = 《\mu K/L》 L^\beta \qquad [1 > \mu > 0; \beta > 1] \qquad (5)$$
[近似估算]

L 是对应于 **K**(等式 2)的经济规模。β 可以在一个极其有限的范围内变动。等式(5)的右边是每一劳动者预先确定的生产手段($\mu K/L$);工厂在工人进入工厂大门但还没有工作之前就应该设想到这一点。在实际劳动过程中,劳动者对生产手段的掌握有质的差异。这种质的转换是劳动力的一个方面。另一个方面就是量的转换。β就是转换的参数：即这两个方面的劳动力。一般来说，劳动力要面对体力的、社会的和技术的约束，因此在一定范围内是可变的(另外，不容易将技术与技术进行比较——β的范围只与每种主要技术相关)。

这里，$\mu K/L$是技术或可能生产的简单表达方式，劳动力决定实际生产多少产出。事实上，这就是那个巨大的经济学飞跃，其中隐含劳动对资本主义生产关系的包摄，这是相对于失业威胁而言的所有指向货币、管理和技术等企业利润创造的资本主义准则的接受或抵制程度的意识形态综合体。

根据本词条的目的，我们采用失业率(U)为劳动力有限变动量($^\mu$)的简单计量单位，

$$\beta^* \text{ at} \langle\!\langle \mu K/L \rangle\!\rangle \| \beta = \beta^* + U^\mu \tag{6}$$

[近似估算]

总之，参考等式(5)，在宏观经济学的K/L技术比状况下，$\mu K/L$不能任意改变。一名劳动者(或一组劳动者)也不"可能"掌握任意量的生产手段；然而，相对较小的变动是可能的。同样的约束也适用于劳动力。(生产线上的操作工和超市收银员都无法同时操作两台机器，尽管在一条技术轨迹条件下，可以从技术和组织管理方面加快生产进度。因此，我们有了等式5的近似估算。虽然μK的固定部分确实是固定的，但β的增加可能需要生产手段的更快周转，或者说，β的增加意味着周转时间的加快。在更为复杂的情况下，我们将用周转部分作为β的函数。)这种生产方式的关键在于，资本投资和技术并不能决定生产，但是，在每一投资水平上，实际劳动力引致的生产变化由劳动包含的资本主义生产关系决定。

当然，能够使生产过程开始(等式1)的生产手段的物质结构(货币表示的**K**和μK)本身就是以前劳动(和自然)的产出。同样，技术也是以前包括劳动在内的产出。

在生产期结束时，由于X^p已确定，我们原则上可以这样管理资产负债表：

$$R^p = X^p - (\mu K + wL) \tag{7}$$

[会计等式]

其中，R^p是产出利润，μK和wL是成本。R^p和X^p是"理想的"价值而不是现实价值——实际上的周转存量。最大化R^p是(5)中表示的生产过程的目的。

C 实现的分类

在多数马克思主义经济学中，相对于实现的生产过剩，被视为资本主义经济的特有弊病。竞争以生产过剩为先决条件——只在存在生产过剩的条件下才有竞争的压力。这里，我们假定一个经济的状态处于实现率接近于其当前结构性价值($\underline{\ddot{o}}$)

的情况,将生产过剩的周转意义和过程归为一类,这样,一般来说,已实现的生产(X^r)或销售量,是 X^p 的某个部分,

$$X^r = öX^p \quad [ö < 1] \tag{8}$$

[假设的定义]

实现的分类与传统支出的分类相同:

$$X^r = C_w + C_R + G + \mu K + \Delta K \tag{9}$$

[资产负债等式]

C_w 和 C_R 是工资和利润的消费支出,G 为政府支出,μK 和 ΔK 是替代品和净投资。接下来,我们仅只扩展投资函数,并尽可能简单地保持其他分类不变。

假定我们将实现作为已实现宏观利润(R^r)的结果:

$$R^r = X^r - (\mu K + wL) \tag{10}$$

[会计等式]

D 利润的分配:金融资本家和政府

与(1)的表示相似,利润是分配给银行的利息(I_B)和债券持有者的利息("债券",I_o),D 为红利。(þ)为保留的利润,T 为税收。(其中,只有 þ 直接流入存量 þ)

$$D + þ + I_B + I_o + T = R^r \tag{11}$$

[会计等式]

在马克思主义理论中,对这一问题的看法非常重要(包括[11]中从右到左的约束)。(11)中左边的分类都不是"成本",实际上只是被分配的已实现的利润(或者全部"剩余价值")的分类。

为简化表述,假定利润中只有单一税(T)(这就是说,分配后则不存在税收)。

$$T = tR^r \tag{12}$$

[简化的假设]

因此,已实现的税后净利润:

$$R^{rN} = R^r - T \qquad [定义](13)$$

政府支出包括对法律体系、基础设施、"社会工资",比如健康医疗和失业补助的支出。为简单起见,这些支出都自动包括在(G^*)中。政府预算设为平衡预算。(不要因为这样就认为,对这些问题的更详细、更复杂的讨论不在马克思主义经济学家的考虑之内。这里的表示是在有限空间内的一种选择。)

$$G = G^* = 7 \tag{14}$$

[简化的假设]

E 消费

工人消费掉部分工资 C:

$$C_w = cW = cwL \quad \text{[近似估算]}(15)$$

资本家消费掉税后利润的预期部分 ç:

$$C_R = çR^{rN} \quad \text{[近似估算]}(16)$$

分配的利息(I_o)和红利(D)的消费不需要在这里说明。给银行的利息自然部分归于放款人,部分归于银行家(见下文),各方消费相同的部分。保留的利润的消费则部分通过奖金等形式给了管理层。

F 资本积累,金融和银行

将(10)和(14)—(16)代入(13),就得到一个中间结果:

$$R^{rN} = -(1-c)W + C_R + \Delta K \quad \text{[隐含式]}(13a)$$

这里,我们得到换了一种说法的卡列茨基格言:"资本家的所得就是他们的支出"。这里的关键在于,资本积累决定了所实现的利润。

资本积累等于投资 ΔK,ΔK 则等于融资,或通过融资形成投资。一般来说,融资由两部分组成:内部融资(即保留的利润þ)和外部融资。我们将外部融资限制为银行信贷(B)。每一流动都增加了þ和B的存量(参见等式1)。银行是企业债券和追加股份资金的中介。我们假定,银行是这一方面的主导方,它可以按自己的意愿用自己贷给企业的贷款替换追加股份资金或债券:$\lambda B = \Delta S + \Delta O$(注意:这里为简单起见,"缩小了"银行资产负债表的两方)。因此,我们有:

$$\Delta K = \Delta K_þ + \Delta K_B \quad (17)$$

[特定近似估算]

银行信贷尽管重要,却并不复杂。但是,从宏观经济看,þ可以双向运动:支出(ΔK的一个部分)=实现(þ的累积)=它的融资。(这就是企业资产负债表的微观经济学意义:资产负债表的正方和负方相等;注意,从实证看,保留的利润构成了资金的主体——1970 年到 1989 年,主要资本主义国家的融资占了 69%到 97%。参见 Glyn,1997;引自 Corbett and Jenkinson。但是,这一量值并没有使银行信贷的重要性降低,还需要让资本积累运行起来。)

投资则由 4 个因素决定:(a)上年的实现率 ö;(b)上年利润率的变化 Δr(对 G 部分准确定义的扩展);(c)上年累积的保留的利润 þ;(d)银行的资金贷款需求。

$$\Delta K_þ = [(1 + ö_{t-1} - ö) + \chi(r_{t-1} - r_{t-2})][(1-ç)þ_{t-1}] \quad (18)$$

[近似估算]

这里，$\ddot{o}$是实现的当前结构比（标示结构性生产过剩或错配），比如 0.85。如果现行 $\ddot{o}_{t-1}$ 高于这一比率，就造成 K_p 递增增长，反之亦然。第二个决定性因素则是利润率的变化（χ是参数）。在循环的特定阶段，利润率可能为负。积累取决于实现的结果，在这种条件下也可能仍然为正（$\Delta K_p > 0$）。（注意：在衰退阶段，保留的利润的存量部分[þ]可能会被变现。）

经济增长，尤其是生产手段的增长（ΔK），需要由银行体系为其进行融通（部分原因是，如果价格降低，货币/信用量必须增加，才能避免萎缩效应）。在当前的叙述中，这一要求是唯一的和直接的，即通过银行的净投资融资。我们假设，利息（I）和红利（D）在消费掉一个 c 的份额后，就流入银行体系，所以，银行体系处于完全中介地位。所有的工资储蓄部分$(1-c)W$，也流入银行体系。因此我们有：

$$\Delta K_B = \{(1+\ddot{o}_{t-1} - \underline{\ddot{o}}) + \psi(r_{t-1} - r_{t-2}) + (\varphi r_{t-1})\} \tag{19}$$
$$[(1-\varsigma)(I_o + I_B + D)_{t-1} + (1-c)W_{t-1}] \qquad [近似估算]$$

这里，大括号部分为信贷乘数，累积的银行投资部分（ΔK_B）与等式(18)相同，再加上利率水平 r_{t-1}（ψ 和 φ 是参数）。这里的隐含意义是，后一个因素 r_{t-1} 要与银行现行利率相比较。注意：在循环的具体阶段，利润率可能递减，但仍然足以支付债务；即使 r 小于利率（对商业企业有重大意义），绝对 R^{rN}（$\ddot{o}$ 为指标）仍然足以支付利息（对银行意义重大）。（给定 ςR^{rN}，银行决定提供少于等式[19]中的方括弧部分的信贷，则意味着事实上的"贮存"。相反，在一个更为复杂、包括一般价格水平的表述中，信贷乘数则是通货膨胀率的重要杠杆——一种 De Brunhoff(1976)的分析，见 Reuten and Williams,1989,第 2 章和第 5 章。）

最后请注意，在等式(19)中，我们将"新"的储蓄（I_o, I_B, D 和 W 之外的部分）作为决定因素。每年我们有下列流动进入银行储蓄账户：$(1-\varsigma)(I_o+D)+(1-c)W$。每一年，我们也有流动$(1-\varsigma)I_B$。这笔流动有两个目的，首先，银行用其支付储蓄账户的利息（其中，$1-\varsigma$ 为剩余）；第二，剩余部分又加入银行储蓄（银行的资本）。这一剩余部分事实上是利润量中得益于过去"信贷增加"量的部分。

资本累积（ΔK）已定，已实现利润 R^r (10)或 R^{rN} (13)也决定下来。传统的价值增值的事后值和净收入结果如下：

$$Y = X^r - \mu K \tag{20}$$
$$[价值增值定义]$$

$$Y = W + R^r \tag{20a}$$
$$[净收入定义]$$

G 利润和利润率

税后利润率(r)定义为：

$$Y = R^{rN} / \mathbf{K} \qquad [定义](21)$$

这里，$\mathbf{K}$ 是累积资本的价值（视为与生产手段存量相等，流动性的各组成部分可忽略不计，公式以工资从收入中支付为先决条件）。将(12)、(13)、(10)、(8)和(5)代入(21)，我们有：

$$r = \frac{\{1-t\}\{[ö《\mu K/L》L^\beta] - [\mu K + wL]\}}{\mathbf{K}} \qquad (21a)$$

[隐含式]

公式由税后的($1-t$)和实际生产(ö)减去生产成本，再除以用于投资的资本。$\mathbf{K}$ 和 L 计量的是经济规模。这里再请注意，短期中，《$\mu K/L$》固定于一个狭小范围内，β 被限定为变量，t 和 ö 也是变量，μ 则是事实上的有效因素。

在马克思主义经济学中，利润率是一个重要的动态因素。打个比方，利润率就是资本主义制度的温度计。因此，从一方面说，它也是诸多决定因素的核心，即工资(w)的核心，生产(K/L 和 β)的核心，实现和融资(以 ö 表示)以及税收(t)的核心。另一方面，利润率也是重要的未来决定因素的核心：通过银行信贷和保留的利润为进一步积累融资的资本积累的核心。反过来，ΔK 是生产和收入增长的重要决定因素（就是说，在其他情况相同的条件下，是 K/L、β 和 ö 的决定因素）。

H 短期情况

上述介绍过于简缩，所以无法作出准确表述。然而，上述介绍还是可以让我们明白一些事情。（我们让 g_x 为 x 的增长率。）在 $g_k < g_{N*}$ 时，失业 $U \uparrow$；$w \uparrow$ 开始下滑，或 $w \downarrow$。与此同时，劳动力向上限移动。所以，$\beta \uparrow$；$\beta \uparrow \to X^p$ 和 $R^p \uparrow$；$\to$ 实现的缺口 ö $\uparrow$（其程度取决于隐含的失业补助）。最初，ΔK 保持递增，首先是因为 R^r 不受影响(见 13a)；其次，由于累积滞后(见 18,19)——含义为，微观的乐观取决于 $\beta \uparrow$ 和 w 的下降。然而接下来，缺口的增加会通过(ö−ö)影响到 ΔK 和 r（因此影响到 R^r 而不是通过 R^r）。这样，初始的失业上升会加剧。但在 β 达到最大限度时，w 达到最小，缺口缩小。

如果 $g_k > g_{N*}$，则失业 $U \downarrow$，因而 $w \uparrow$，同时 $\beta \downarrow$ 至低限；$\beta \downarrow$ 至低限$\to X^p \downarrow$ 和 $R^r \downarrow$；并$\to$ö$\downarrow$。但 ΔK 出现效应滞后。所以最初的条件($U \downarrow$)得到加强。但是，与之前的情况相比，$w \uparrow$ 和 $\beta \downarrow$ 还存在不同的约束条件，尤其是使 ΔK 减少的利润率递减的时间。

这一半途中止的情况隐含着马克思主义关于资本主义经济运行的结论，即资本主义是一个内在不均衡的体系（但没有爆发）。这一体系让工人时刻担心自己的工作和收入，这一体系并不按工人的意愿行事：是利润动机决定一切事情，尤其是，工人的日常生活都耗费在了生产阶段。

I 长期决策

"短期"是一个有各种解释的概念。事实上，这里的短期是由技术轨迹，或者 $\mu K/L$ 和 β 的限制定义的。对于一些"长期"决策来说，我们首先将其定义为税前增值利润：

$$\ddot{e} = R/Y = R/(X - \mu K) \qquad [定义](22)$$

上式除以(21a)右边的 L，并将 $\ddot{e}$ 代入，则有：

$$r = \frac{\{1-t\}\{《\mu K/L》(\ddot{o}L^{\beta-1}-1)\ddot{e}\}}{K/L} \qquad (21b)$$

[隐含式]

(21b)就是每工人资本除去每工人已实现净产出的税后利润额（或，每工人税后已实现净产出减去工资率）。

因此，利润率取决于(1) 劳动力(L^β)；(2) 生产技术($\mu K/L$)；(3) 收入对资本—劳动的分配（由 w 或 $\ddot{e}$ 度量）；(4)实现率($\ddot{o}$)；以及(5)税率(t)。在长期中，所有这些因素都是变量。我们能弄明白这些因素随时间变化而发展的情况吗？

马克思主义经济学中有一个长期发展的思路(1970 年前后通过 Mattick, Yaffe 的研究，某种意义上是通过 Fine and Harris, 1979 的研究而振兴)，即重点讨论 K/L 之比，L^β 和 $\ddot{e}$，而闭口不谈 t 和 $\ddot{o}$(事实上，他们的见解在于"生产利润"率 $r^p = R^p/K$，$r^p = R^p/K$ 可归结为(21a)和(21b)的 $t=0$ 和 $\ddot{o}=1$)。在这样一个逻辑条件下，首先假设 K/L(以及 $\mu K/L$)在短期内增加，这貌似合理。第二，假设（经常隐含假设）劳动力(L^β)不能无限制地与 K/L 之比（或 $\mu K/L$)的增长保持同步。这背后的直觉看法是，劳动不能在同一空间无限制地增加使用更多的生产手段。因此，K/L 之比的递增会被劳动力的递减所抵消。由于在净产出中劳动占有一个固定份额($\ddot{e}$ 是固定的)，利润率就会下降。

尽管这种想法在一种技术条件下(一种技术轨迹)具有意义，却不适合技术交替发展的状况。所谓"长波理论"(Mandel, 1995)就适用于这种技术交替发展的状况，即每种技术都在最小利润率时过时。然后，在一段灾难性时间后，一种新的技术轨迹又在一个新的上升时期出现。(尽管过去的某些技术轨迹要花费 50 年才能到"成熟期"，但这只是偶然现象。)

相反，第二个重要的逻辑思路(参见 Sweezy, 1942; Baran and Sweezy, 1966)重

在 ö, ë 和 t,闭口不谈技术（应该多说一句,这里着眼的时间似乎较之前一种思路更短）。巴兰和斯威齐分别指出,随着时间的推移,劳动的密集度（有些像 $L^β$）趋向于增加,由于劳动较为丰裕,所以,工资的增长率将会压低（至少滞后于生产力的上升）。这种状况会引致结构性实现问题。但与此相对应的说法则是所谓"非生产性支出",即企业或政府的非生产性支出部分。非生产性支出是一种吸收能力,是一种本身不产生生产力增长效应的吸收能力。根据巴兰和斯威齐的说法,主要是指企业的广告和包装,以及政府的军费支出。

虽然这些思路都有不同的理论和实证重点,但从原则上讲,这些思路并无质的差别。我们可以在莫斯利（Morseley,1991,1997）那里看到一种综合思路,这一思路从第一种分析方法入手,但考虑的是第二种分析方法的各种因素。另有一种综合分析方法（Reuten and Williams,1989）。长期分析方法中（从不同方面指出累计的"阶段"、"体制"或"社会结构"）还有将上面提到的因素与长期制度变化,包括国际因素综合在一起进行讨论。奥尔布里顿等（Albritton et al.,2001）就从这一方面提出过很好的概述。莱伯曼（Laibman,1997）的著作可以说是对马克思主义宏观经济学的简要导论,奥尔布里顿的文集对现在正在使用的资本主义经济研究的分析方法做了很好的梳理。

格特·鲁滕（安佳译）

参见：

Business Cycles：Marxian Approach；Marxian Macroeconomics：An Overview.

参考文献：

Albritton, R., M. Itoh, R. Westra and A. Zuege (eds)(2001), *Phases of Capitalist Development: Booms, Crises and Globalizations*, Basingstoke/New York: Palgrave.

Baran, P. and P. Sweezy (1966), *Monopoly Capital*, Harmondsworth: Penguin.

Brunhoff, S. de ([1976] 1978), *Etat et Capital*, Engl. tr. *The State, Capital and Economic Policy*, London: Pluto Press.

Fine, B. and L., Harris (1979), *Rereading Capital*, London: Macmillan.

Glyn, A. (1997), "Does Aggregate Profitability *Really* Matter?", *Cambridge Journal of Economics*, 21, pp. 593–619.

Laibman, D. (1997), *Capitalist Macrodynamics: A Systematic Introduction*, London: Macmillan.

Mandel, E. (1995), *Long Waves of Capitalist Development: A Marxist Interpretation* (revised edn; 1st edn. 1980), London: Verso.

Moseley, F. (1991), *The Falling Rate of Profit in the Postwar United States Economy*, London: Macmillan.

Moseley, F. (1997), "The Rate of Profit and the Future of Capitalism", *Review of Radical Political Economics*, 29, pp. 23-41.

Reuten, G. and M. Williams (1989), *Value-Form and the State: The Tendencies of Accumulation and the Determination of Economic Policy in Capitalist Society*, London/New York: Routledge.

Sweezy, P. A. (1942), *The Theory of Capitalist Development*, New York/London: Modern Reader Paperbacks.

264. 托马斯·迈耶 Mayer, Thomas

托马斯·迈耶1927年生于奥地利维也纳,1948年从纽约女王学院获得学士学位,从哥伦比亚大学获得硕士学位(1949)和博士学位(1953)。他的主要学术职位包括:西弗吉尼亚大学客座助教(1953—1954);圣母大学副教授(1954—1956);密歇根州立大学助教和副教授(1956—1961);加州大学伯克利分校客座副教授(1961—1962);加州大学戴维斯分校教授(1962—1993)。1993年以后,他任加州大学戴维斯分校荣誉教授。他以对货币政策的滞后、凯恩斯学派—货币学派论争以及经济学方法论的研究而闻名。他最主要的著作有:《货币主义的结构》(合著,W.W.诺顿出版公司,1978);《货币主义和宏观经济政策》(爱德华·埃尔加出版社,1990);《经济学的真实和精确》(爱德华·埃尔加出版社,1993);《从事经济学研究:经济学的实用方法论文集》(爱德华·埃尔加出版社,1995)。他影响广泛的论文有:《自主性支出和货币的相对重要性测试》(与M.德·普拉诺合撰,载《美国经济评论》,55,1965年9月);《货币主义的结构》(载《信用和资本》,1975);《大卫·休谟和货币主义》(载《经济学季刊》,95,1980年8月)。

参见:

Monetarism.

265. 詹姆斯·E. 米德 Meade, James E. (1907—1995)

詹姆斯·E. 米德1907年生于英格兰多塞特郡斯沃尼奇,1930年从剑桥大学获得学士学位,1957 年获得硕士学位(1957),同时从牛津大学获得学士学位(1930)和硕士学位(1933)。他的主要学术职位包括：牛津大学哈特福德学院研究员(1930—1937);国际联盟经济部成员(1938—1940);英国内阁办公厅经济处助理(1940—1945)和处长(1946—1947);伦敦经济学院商学教授(1947—1957);剑桥大学基督学院教授研究员(1959—1969)和纽菲尔德研究员(1969—1974);剑桥大学政治经济学教授(1957—1968)。1964—1966 年,他任皇家经济学学会会长。1977 年他因为对国际贸易的研究而与伯蒂尔·俄林一道,共同获得诺贝尔经济学奖。他以提出影响广泛的"复式簿记"国民收入账户(与理查德·斯通合作)及对国际经济学,尤以对贸易、保护和福利之间的关系以及经济政策,包括分析实现内外均衡的必要条件的研究而著名。他最著名的著作包括：《经济分析和政策导论》(牛津大学出版社,1936);《国民收入和支出》(与理查德·斯通合著,牛津大学出版社,1944);《国际经济政策理论：第 1 卷,国际收支;第 2 卷,贸易和福利》(牛津大学出版社,1951,1955);《国际贸易几何学》(乔治·艾伦和昂温出版公司,1952);《关税同盟理论》(诺斯-荷兰出版公司,1955);《经济增长的新古典理论》(乔治·艾伦和昂温出版公司,1961);《政治经济学原理：第 1 卷,稳定的经济;第 2 卷,增长的经济;第 3 卷,管制的经济;第 4 卷,恰到好处的经济》(乔治·艾伦和昂温出版公司,1965,1968,1971,1976)。

参见：

Royal Economic Society;Nobel Prize in Economics.

266. 艾伦·H. 梅尔泽 Meltzel,Allen H.

艾伦·H. 梅尔泽 1928 年生于美国马萨诸塞州波士顿,1948 年从杜克大学获得学士学位,从加州大学洛杉矶分校获得硕士学位(1955)和博士学位(1958)。他的主要学术职位包括：宾夕法尼亚大学沃顿学院讲师(1956—1957);卡内基技术学院助教(1957—1961)和副教授(1961—1964);芝加哥大学福特基金客座教授(1961—1965);卡内基技术学院教授(1964—1980)。1980 年后,他任卡内基-梅隆大学政治经济学和公共政策教授。他以对货币理论和政策,特别是对货币政策相机抉择和提倡规则的批评以及对货币主义的贡献而闻名。他的名著有：《联邦储备货币政策决策分析》(与 K. 布伦纳合著,美国政府印刷局,1964);《凯恩斯的货币理论：一种独特解释》(剑桥大学出版社,1988);《货币和经济：货币分析问题》(剑桥大学出版社,1993)。他最具影响的论文有：《1938—1954年法国货币供应的行为》(载《政治经济学杂志》,67,1959年6月);《货币需求：时间序列证据》(载《政治经济学杂志》,71,1963年6月);《货币与引发大萧条的另一种解释》(载《货币经济学杂志》,2,1976年11月)以及《货币与货币传递过程中的信贷》(载《美国经济评论》,78,1988年5月)。

参见：

Monetarism.

267. 菜单成本 Menu Costs

近二十年来,菜单成本的重要性在经济学分析中发生了相当大的变化。在通货膨胀的20世纪70年代,货币主义者将菜单成本看成通货膨胀的负效应之一,对其予以了特别的关注,并将其视为以增加失业为代价来消除通货膨胀而引发的现象。当前,菜单成本的重要性宽泛了很多,尤其是新凯恩斯学派宏观经济学家认为,虽然菜单成本本身很小,但是它有可能引发比它自身大得多的经济现象,诸如萧条及由此带来的失业增加等。

很多年来,经济学家将菜单成本视为通货膨胀的成本之一,因而对其感兴趣。菜单成本和皮鞋成本有两个共性：即使人们完全预期到了通货膨胀,它们也会发生;在恶性通货膨胀期间,这两笔成本是经济行为人的本能要求,经济行为人改变名义价格就是通货膨胀的一个过程。在调整名义价格过程中,他们消耗了稀缺资源,因此导致了成本的发生。例如,众所周知,在恶性通货膨胀期间,餐厅老板有时在一天中就提高菜单上的价格。因为虽然饭菜的量并没有增加,但在菜单的修改过程中,餐厅老板们要使用劳动力、墨水和纸张,所以导致了成本的上升。目录的重新印制、价格标签的更改和自动贩卖机中商品价格的更正等情况也与此相同。名义价格发生变化可能或不可能反映出相关稀缺性的变化,所以菜单成本还包括收集市场信息的成本,因为是否改动名义价格需要投入更多的管理时间才能作出决定。不过,史密斯恩(Smithin,1990)表述了一个广受质疑的关于通货膨胀菜单成本重要性的观点,他说:"很难看出菜单成本确实有这么大的重要性"(第144页)。

明福德和希里亚德(Minford and Hilliard,1978)提出了一个应该更加认真对待通货膨胀的菜单成本的理由。他们指出,有一种价格,即劳动力的价格不是轻而易举就能调整的。调整名义工资率也不像重写菜单那样简单;这个调整包含冗长而激烈的谈判过程,而且产出也会在产业行为中下降。为了测算温和通货膨胀的非货币或菜单成本,明福德和希里亚德计算了由于调整工资的争论而误工的时间在总工作时间中所占的比例,以此评估工资谈判的成本。他们还对一家有代表性的制造公司的数据进行了分析,目的是要弄清负责公布价格上升的雇员们的工资成本以及印刷新的价目表的成本。已知通货膨胀的菜单成本是调整工资的成本和改变价格的成本之和。布特尔(Bootle,1981)的结论是:"虽然并非无关紧要,但这些估算出的损失几乎没有实在意义,……而且,与成比例的伴随着通货膨胀水平而增长的损失相比,这些损失很小"(第38页)。

此外,和皮鞋成本一样,我们有理由相信,即使低估菜单成本,也可能夸大了它的重要性。首先,由于已经预期到了通货膨胀的程度,企业的决策者会通过传达价格信息的方法来使改变价格的成本最小化。例如,在以色列的高通货膨胀期,许多超市的商品编码都通过计算机在结账时迅速反映出商品的最新价格(Brown,1984,第124—125页)。其次,工资谈判明显是针对名义工资率的调整,而这个问题在价格稳定条件下也是需要解决的问题,但价格通货膨胀为工人与股东之间争夺各自利益的斗争提供了舞台。

近来更多关于菜单成本的研究指出,菜单成本即使本身很小,也可能会有较大的影响。首先,这种研究可能会导致重新评估作为通货膨胀成本的菜单成本的重要性(见 Ball and Mankiw,1994a)。用这种方法重新解释菜单成本,有助于解释名义价格刚性和货币非中性;即这样一个观点,货币供给的改变对实际经济增长和就业有影响。菜单成本模型假设,企业在非完全竞争市场上运营,因此,企业有一定的价格决定能力。作为价格制定者,厂商可以选择延迟价格提升,作为对扩张性货币冲击引起的加速通货膨胀的反应。还可以假定,企业仅仅在一定的时间内,或者,仅仅当实际价格与其最理想水平偏离太远时,才会改变名义价格(见 Blanchard,1983;Blinder,1991;Ball and Mankiw,1994b)。改变价格的成本——即改变菜单成本——并不保证不间断的监测和及时修改。从而,在货币冲击前采用的相对价格可能受到扰乱。即使通货膨胀完全被预期(Briault,1995,第36页),作为通货膨胀过程自身的结果,相对价格也会因此而变动。假如这样的话,菜单成本会强化关于"通货膨胀噪音"的争论,即通货膨胀导致资源的不合理分配。相对价格变动的增大破坏了价格传达相对稀缺性信息的信号功能。这就意味着最佳通货膨胀率为零。

近来对菜单成本的研究具有了更宽泛的意义,这些研究将菜单成本视为导致萧条的过程之一。这个观点和新凯恩斯学派宏观经济学家们有关,这些经济学家试图通过菜单成本来修正传统凯恩斯理论存在的最具破坏性的缺陷之一,即传统凯恩斯理论缺少合理的微观经济学基础的问题(见 Akerlof and Yellen,1985;Mankiw,1985;Rotemberg,1987)。问题在于,凯恩斯学派借以解释在面对超额劳动力供给时劳动市场缓慢调整到均衡水平的新古典微观经济学的价格和工资刚性的理性最佳模型,并不是一个合理的解释。菜单成本提供了另一条理论思路,即对单个厂商来说,保持价格和工资不变的决策,对社会来说可能具有大于最优选择的总体效应。这个观点的核心在于,即使菜单成本本身很小,对企业来说,只要保持价格和工资不变,通过调整产出和就业的数量来避免类似成本的发生,是最佳的选择。

菜单成本模型也提出了不完全竞争假设,这个假设赋予企业对价格的某种决定能力,也使实际价格和最佳价格至少在短期内存在不一致的可能。在解释衰退时,企业面临的问题是如何应对向左移动的需求曲线。从现实角度看,不完全竞争市场通常具有合理性,而且也同样与边际成本(MC)不变的假设有关。在其他条件不变时,由于价格没有随着需求的下降而相应降低,销售量会减少,因此利润会下降。仅当因更高的销售量而导致利润的增加超过调整成本时,即当菜单成本能够被降低的价格所弥补时,降低价格才是最优选择。利润的增加是低于还是高于菜单成本纯属一个实证问题。在需求下降后,基于边际成本不变的假设,因销售量下降而导致的利润的降低,小于在完全竞争市场上因边际成本曲线上升而导致的利润降低。也就是说,降低价格的动机比较小,因此,即使很小的菜单成本也能有效地使企业保持价格不变。

如果在同一部门中,受初始需求下降影响的所有公司都采取同样的应对措施的话,这种结果就将传导到更广阔的经济领域。因此,很小的菜单成本就足以将部门性的需求减少扩大为总需求的不足。这个过程被解释为总需求的外部性,菜单成本导致了个别企业的最佳抉择与整体经济社会的最佳产出的不一致(Blanchard and Kiyotaki,1987)。在一个不完全竞争的经济体中,企业面对菜单成本时,将不会进行自我调节。新凯恩斯学派采用这种方式试图恢复传统凯恩斯学派的政策措施在应对总需求不足时采取的扩张性财政政策或货币政策的基础。然而,布林德(Blinder et al.,1998)在试图确定价格刚性的原因时发现,菜单成本不是企业在面对需求下降时不调整名义价格的最重要的原因。

格雷厄姆·道森(夏雨仙译)

参见：

Inflation：Costs of；New Keynesian Economics；Shoe Leather Costs.

参考文献：

Akerlof, G. A. and J. L. Yellen (1985), "A Near-Rational Model of the Business Cycle, with Wage and Price Inertia", *Quarterly Journal of Economics*, 100, Supplement, pp. 823–38.

Ball, L. and N. G. Mankiw (1994a), "A Sticky-Price Manifesto", *Carnegie-Rochester Series on Public Policy*, 41, December, pp. 127–51.

Ball, L. and N. G. Mankiw (1994b), "Asymmetric Price Adjustment and Economic Fluctuations". *Economic Journal*, 104, March, pp. 247–61.

Blanchard, O. J. (1983), "Price Asynchronisation and Price Inertia", in R. Dornbusch and M. Simonsen (eds), *Inflation, Debt and Indexation*, Cambridge. MA：MIT Press.

Blanchard, O. J. and N. Kiyotaki (1987), "Monopolistic Competition and the Effects of Aggregate Demand", *American Economic Review*, 77, September, pp. 647–66.

Blinder, A. S. (1991), "Why are Prices Sticky? Preliminary Results from an Interview Study", *American Economic Review*, 81, May, pp. 89–100.

Blinder, A. S., E. Canetti, D. Lebow and J. Rudd (1998), *Asking About Prices：A New Approach to Understanding Price Stickiness*, New York：Russell Sage Foundation.

Bootle, R. (1981), "How Important is it to Defeat Inflation? The Evidence", *Three Banks Review*, 132, pp. 23–47.

Briault, C. (1995), "The Costs of Inflation", *Bank of England Quarterly Bulletin*, February, pp. 33–45.

Brown, C. V. (1984), *Unemployment and Inflation*, Oxford：Basil Blackwell.

Mankiw, N. G. (1985), "Small Menu Costs and Large Business Cycles：A Macroeconomic Model of Monopoly", *Quarterly Journal of Economics*, 100, May, pp. 529–39.

Mankiw, N. G. (1990), "A Quick Refresher Course in Macroeconomics", *Journal of Economic Literature*, XXVIII, December, pp. 1645–60.

Minford, A. P. L., and G. W. Hilliard (1978), "The Costs of Variable Inflation", in M. Artis and A. R. Nobay (eds), *Contemporary Economic Analysis*, London：Croom Helm.

Rotemberg, J. J. (1987), "The New Keynesian Microfoundations", *NBER Macroeconomics Annual*, pp. 69–104.

Smithin, J. N. (1990), *Macroeconomics After Thatcher and Reagan*, Aldershot. UK and Brookfield, US: Edward Elgar.

268. 海曼·P. 明斯基 Hyman P. Minsky(1919—1996)

海曼·P. 明斯基1919年生于美国伊利诺伊州芝加哥,1941年从芝加哥大学获得理学士学位,从哈佛大学获得硕士学位(1947)和博士学位(1954)。他的主要学术职位包括：布朗大学助教(1949—1957);加州大学伯克利分校副教授(1957—1965)和圣路易华盛顿大学经济学教授(1965—1990)以及荣誉教授(1990—1996)。他以研究金融不稳定性以及对后凯恩斯学派经济学的贡献而知名。他的名著有：《约翰·梅纳德·凯恩斯》(哥伦比亚大学出版社,1975);《重蹈覆辙：不稳定性和金融论集》(M.E.夏普出版公司,1982);《稳定不稳定的经济》(耶鲁大学出版社,1986)。他最具影响的论文有:《金融不稳定假说：一个重新表述》(载《泰晤士政治经济学论文集》,1978年秋季号);《货币、金融市场和市场经济的一致性》(载《后凯恩斯学派经济学杂志》,3,1980年秋季号);以及《金融不稳定假说：资本主义过程和经济行为》(载C.P.金德尔伯格和J.-P.拉法格编《金融危机：理论、历史和政策》,剑桥大学出版社,1982)。

参见：

Financial Instability; Post Keynesian Economics.

269. 不协调失业 Mismatch Unemployment

见：

Structural Unemployment.

270. 威斯利·C. 米切尔 Mitchell, Wesley C.（1874—1948）

威斯利·C.米切尔1874年生于美国伊利诺伊州拉什维尔,1896年从芝加哥大学获得学士学位,1899年获得博士学位。他的主要学术职位包括:加州大学教授(1903—1913);哥伦比亚大学教授(1913—1919,1922—1944),以及新社会研究学院院长(1919—1931)。1920—1945年间,他任国家经济研究局局长。他以参与创建国家经济研究局(1920)和在经济周期方面的开拓性研究而闻名。他的名著有:《经济周期》(加州大学出版社,1913);《经济周期:问题及其解决》(国家经济研究局,1927);《经济周期的度量》(与 A. F. 伯恩斯合著,国家经济研究局,1946)。

参见:

National Bureau of Economic Research.

271. 弗兰科·莫迪利亚尼 Modigliani, Franco(1918—2003)

弗兰科·莫迪利亚尼1918年6月18日生于意大利罗马,17岁时(比正常年龄小两岁)进入罗马大学学习法律,第二年即以论价格控制而赢得国家经济学论文竞赛奖。1939年获得法学学位后,由于强烈反对墨索里尼的法西斯政权,他在第二次世界大战之初移民至美国。1939年秋,他获得奖学金在纽约新社会研究学院继续学习经济学。1942年到1944年间,他在哥伦比亚大学巴德学院担任经济学和统计学教员。1943年,他回到(他1944年在此获得博士学位)新社会研究学院,起先担任讲师(1943—1944),继而担任数理经济学和经济计量学助教(1946—1948),后来离开纽约,前往考尔斯委员会担任研究顾问(1949—1954)。1949年,他加入伊利诺伊州立大学,担任经济学副教授,随后任经济学教授(1950—1952)。1952年到1960年间,他担任卡内基技术学院(今卡内基-梅隆大学)经济学和工业管理教授,后短期执教于西北大学,任经济学教授(1960—1962)。1960年他转任麻省理工学院经济学和金融学教授,并在麻省理工学院执教直至1988年退休。此后他任麻省理工学院荣誉教授。

1964—1972年,莫迪利亚尼任美国财政部顾问,自1966年起,他还一直任联邦储备委员会顾问。1971年起,他一直是布鲁金斯经济活动专家小组(BPEA)的资深顾问。他的许多职位和荣誉还包括经济计量学会会长(1962),美国经济学学会会长(1976),美国金融学会会长(1981),国际经济学会荣誉会长(1983)。1985年,他荣获诺贝尔经济学奖,以表彰他"对家庭储蓄生命周期假说的建立和发展,以及关于公司和资本成本评估的莫迪利亚尼-米勒定理"（见 Kouri,1986；Merton,1987；Modigliani,1995）。

莫迪利亚尼的研究成果以其深度和广度引人注目，这些成果以为数惊人的著作和高水平的论文体现出来，他以在三个领域的创新性研究而知名，这三大领域是：宏观经济学和货币理论、储蓄理论以及金融理论。他在宏观经济学和货币理论方面出版的研究成果，以 1944 年发表在《经济计量学》上的论文《流动性偏好、利率和货币理论》影响至深。这篇论文以他的博士论文为基础，"是将货币整合进凯恩斯经济学体系的一个里程碑"（Blaug,1998）。在这篇论文中，莫迪利亚尼认为，工资刚性是解释凯恩斯经济学中失业均衡的重要假说，而且，不同于流动性陷阱，稳定政策的主要武器是货币政策，而不是财政政策。在随后的一篇论文中，莫迪利亚尼（1963）改进了他的分析，并于 1976 年美国经济学学会会长就职演说中重又说明了这一问题："货币主义者的矛盾，或我们应该抛弃稳定化政策吗？"（Modigliani,1977）。除了在这一领域的理论贡献之外，他还试图检验经济政策变化的效应。20 世纪 60 年代中期，他与（宾夕法尼亚大学的）阿尔伯特·安多合作，为联邦储备委员会设计和建立了美国经济的计量模型，即 FMP 模型（联邦储备委员会-麻省理工学院-宾夕法尼亚大学模型），以用于预测和稳定化。为了帮助扩展凯恩斯学派经济学，莫迪利亚尼一直提出，市场经济"需要稳定，也能够稳定，因此，应该通过适当的货币和财政政策加以稳定"（Modigliani,1977；参见 Modigliani,1988）。

莫迪利亚尼对储蓄理论的研究始于 20 世纪 50 年代初期，当时他执教于伊利诺伊大学，与当时刚刚大学毕业的理查德·布伦伯格合作。他们的这项研究，后来被称为储蓄和消费的"生命周期假说"，这一假说是在他们离开伊利诺伊大学后发表的两篇研究论文中提出的（1954,1980）。虽然第二篇论文在理查德·布伦伯格 1955 年英年早逝前已经完成，但莫迪利亚尼为朋友的早逝而悲伤，很长时间不忍重睹这篇论文，直到 1980 年才将文章付样。根据生命周期假说，个人的当下消费基于或部分基于（品味和偏好）他或她一生资源的现在价值。个人一生的资源由两部分组成，即个人财富和一生的收入（当前收入和预期的未来就业收入）。该理论假定，一个人会通过终身保持一种稳定或平缓的消费模式来最大化他或她的效用。1963 年，他与阿尔伯特·安多合写了一篇论文，发表在《美国经济评论》上，目的是检验这一假说及其实际应用。

众所周知，莫迪利亚尼的第三个学术领域是金融理论。在与默顿·米勒合写的两篇论文中，他们建立了大家熟知的现代金融理论"莫迪利亚尼-米勒定理"。

在第一篇文章中,莫迪利亚尼和米勒(1958)指出,在理性投资的竞争市场中,在不考虑税收效应条件下,公司的财务结构(债务-权益比)不会对其市场价值产生影响。在第二篇论文中,莫迪利亚尼和米勒(1961)认为,分配政策不会对一家公司股份的市值产生影响。换句话说,公司股份的市值不受公司分红或者保留利润的政策选择的影响。

除了在这三大领域的贡献之外(见 1980 年阿贝尔编辑的《莫迪利亚尼论文集》),莫迪利亚尼在"货币和稳定化政策"及"储蓄、赤字、通货膨胀和金融理论"方面还发表了大量论文(这些论文都收集在 1989 年约翰逊编辑的文集中)。

布赖恩·斯诺登　霍华德·R. 文（安佳译）

参见：

American Economic Association; Cowles Commission; Econometric Society; Federal Reserve System; Keynesian Economics; Life Cycle Hypothesis; Liquidity Trap; Macroeconometric Models; Nobel Prize Economics.

参考文献：

Abel, A. (ed.) (1980), *The Collected Papers of Franco Modigliani*, vol. 1, *Essays in Macroeconomics*, vol. 2, *The Life Cycle Hypothesis of Saving*, vol. 3, *The Theory of Finance and Other Essays*, Cambridge, MA: MIT Press.

Ando A. and F. Modigliani (1963), "The 'Life Cycle' Hypothesis of Saving: Aggregate Implications and Tests", *American Economic Review*, 53, March, pp. 55–84.

Blaug, M. (1998), *Great Economists Since Keynes*, 2nd edn, Cheltenham, UK and Lyme, US: Edward Elgar.

Johnson, S. (ed.) (1989), *The Collected Papers of Franco Modigliani*, vol. 4, *Monetary and Stabilisation Policies*; vol. 5, *Savings Deficits, Inflation and Financial Theory*, Cambridge, MA: MIT Press.

Kouri, P. J. K. (1986); "Franco Modigliani's Contributions to Economics", *Scandinavian Journal of Economics*, 88, pp. 311–34.

Merton, R. C. (1987), "In Honour of Nobel Laureate Franco Modigliani", *Journal of Economic Perspectives*, 1, Fall, pp. 145–55.

Modigliani, F. (1944), "Liquidity Preference and the Theory of Interest and Money", *Econometrica*, 12, January, pp. 45–88.

Modigliani, F. (1963), "The Monetary Mechanism and Its Interaction with Real Phenomena", *Review of Economics and Statistics*, 45, February, pp. 79–107.

Modigliani, F. (1977),"The Monetarist Controversy or, Should We Forsake Stabilization Policies?", *American Economic Review*, 67, March, pp. 1-19.

Modigliani, F. (1988), *The Debate Over Stabilization Policy*, Cambridge: Cambridge University Press.

Modigliani, F. (1995),"Ruminations on My Professional Life", in W. Breit and R. W. Spencer (eds), *Lives of the Laureates: Thirteen Nobel Economists*, 3rd edn, Cambridge, MA: MIT Press, pp. 139-64.

Modigliani F. and R. Brumberg (1954),"Utility Analysis and the Consumption Function: An Interpretation of Cross-Section Data", in K. K. Kurihara (ed.), *Post-Keynesian Economics*, New Brunswick, NJ: Rutgers University Press.

Modigliani F. and R. Brumberg (1980),"Utility Analysis and Aggregate Consumption Functions: An Attempt at Integration" in A. Abel (ed.), *The Collected Papers of Franco Modigliani*, vol. 2, *The Life Cycle Hypothesis of Saving*, Cambridge, MA: MIT Press.

Modigliani, F. and M. H. Miller (1958),"The Cost of Capital, Corporation Finance and the Theory of Investment", *American Economic Review*, 48, June, pp. 261-97.

Modigliani, F. and M. H. Miller (1961),"Dividend Policy, Growth and the Valuation of Shares", *Journal of Business*, 34, October, pp. 411-33.

Snowdon, B. and H. R. Vane (1999),"Interview with Franco Modigliani, in *Conversations With Leading Economists*, Cheltenham, UK and Northampton, MA, USA: Edward Elgar.

272. 货币主义 Monetarism

货币主义至少可以追溯到大卫·休谟的理论,1911年,欧文·费雪重新阐述了作为休谟理论核心的货币数量论。然而,在1936年凯恩斯革命开始以后,货币主义逐渐式微。自那以后,大多数经济学家只是把货币供给视为决定名义收入的几个因素之一,而且绝对不是最重要的因素。经济学家们认为,由于支出的利率弹性很小,所以利率的变化对名义收入的影响很小,货币供给的最初变化会被货币周转率的变化抵消。由于对大萧条的经历记忆犹新,所以,经济学家相信,宏观政策的主要目标是维持充分就业。就算维持充分就业会带来一定的通货膨胀,也可以接受。经济学家们的这些观点是基于不经意的推理和简单的观察,而不是基于严格的理论和经济计量学的论证。

尽管早期有克拉克·沃伯顿(Warburton,1950)的批评,但直到20世纪50年代中期,经济学家们的这些观点才面临米尔顿·弗里德曼及其学生们的严峻挑战。弗里德曼(Friedman,1956)根据耐用品需求函数,将货币数量论重新表述为货币需求函数,并称之为稳定需求函数。这种重新表述究竟是接近于传统的货币数量理论还是接近于凯恩斯学派理论一直存在争议(例如,Patinkin,1969)。但无可争辩的是,弗里德曼的重新表述——连同他的实证研究一起——得出了传统货币数量论的结果。同时也可以看出,唯有实证检验可以确定货币数量论的正确性。这与弗里德曼强调的要对理论的结果进行验证是一致的,而这种认识在当时正越来越获得认可。

弗里德曼的实证主义宗旨可以通过他对财政政策的分析很好地表现出来。流行的凯恩斯学派理论认为,财政政策对收入的决定作用,显而易见比货币政策的决定作用要重要得多,弗里德曼和迈泽尔曼(Friedman and Meiselman,1963)虽然没有对基础理论做过多讨论,但提出了回归结果表明自己的反对立场。安德森和乔丹(Anderson and Jordan,1968)随后在自己的研究中也得到了类似结果,他们在研究时避免了一些(但不是全部)针对弗里德曼-迈泽尔曼论文的批评。他们尤其对货币增长率(或货币基础,即通货与银行储备)和财政政策措施进行了收入回归分析。他们发现,货币政策可以更好地解释收入变动,而财政政策仅在短期内对收入变动具有重要性。他们的论文引发了广泛的讨论,讨论的焦点大多集中在,在这种回归分析中,货币是否可以视为外生变量。

卡尔·布伦纳(Karl Brunner,他创造了"货币主义"这一术语)同艾伦·梅尔泽一起,用一种更充实的理论结构,发展出另一种货币主义。弗里德曼把重点放在货币需求上,把对其他物品的需求视为剩余,而布伦纳和梅尔泽则将债券和资产纳入研究中。他们也对政府的预算约束给予关注,因为除非预算平衡使政府债务存量发生变化,否则,经济不可能处于均衡状态。完全均衡要求经济在长期内具有垂直的菲利普斯曲线。对财政政策而言,这个理论模型和一些冠以"凯恩斯学派"名义的模型有类似之处,但是,布伦纳和梅尔泽运用这个模型及他们的实证研究指出,货币需求函数,或晚近的货币基础(通货加上银行储备)是稳定的,因此货币供给的变动是经济波动的决定性因素。

任何宏观经济理论的重要一面是把短期和长期区分开来。货币主义者和凯恩斯主义者都把价格视为不变,尽管在货币主义模型中的市场出清要快于在典型的凯恩斯主义模型中的市场出清。因此,货币主义者同凯恩斯主义者一致的地方在于货币增长率加快最初会降低利率和失业。但货币主义者认为，大约两年之后，货币恢复中性。因此，货币主义者批评凯恩斯主义者没能掌握名义利率和实际利率两者之间至关重要的区别。

货币主义者轻而易举地证明，在 20 世纪 60 年代和 70 年代，货币增长率和名义收入增长率之间具有很强的相关性。但要证明它们之间的因果关系则非常困难。在这个问题上，货币主义者将重点更多地放在历史叙述上。在《美国货币史》(Friedman and Schwartz, 1963)一书中，米尔顿·弗里德曼和安娜·施瓦茨指出，在 1867 年到 1960 年间美国经济的几次重大波动中，货币供给的变动可以追溯到某些外生原因，比如炼金术的进步。但他们没有研究构成大多数经济周期的较小波动的原因。

1963 年《美国货币史》出版前，大多数经济学家在分析大萧条时，都是按照凯恩斯学派的消费动机进行解释。经济学家们指出，由于美国联邦储备委员会将短期利率维持得非常低，所以大萧条的长期性和严重性证明了货币政策的不足和财政政策的必要性。然而，弗里德曼和施瓦茨却提出相反的观点，联邦储备委员会应该对大萧条的长期性和严重性负责。联邦政府在银行破产时，没有采取一贯采用的大规模公开市场买卖的干预手法，而是提高了现金/存款率和储备金/存款率，使（广义的）货币供给减少了 1/3。到了 20 世纪 30 年代，国库券的名义利率和商业票据的名义利率急剧下降，但只是掩盖了在商业借贷中迅速上涨的实际利率。因此，大萧条证明了货币供给变化的重要性。

随后，布伦纳和梅尔泽(Brunner and Meltzer, 1964)指出，战后初期，联邦储备委员会在货币政策上的观点没有连贯性，却有误导性。他们同其他货币主义者一起指出，试图通过货币需求的适应性变化来稳定利率，具有内在危险性。

货币主义者还对当时盛行的凯恩斯主义者的一个观点提出了质疑，即在通货膨胀和失业率之间存在交替关系，且失业是政策应该首要关注的问题。货币主义者指出，货币政策最应该实现的目标，应该是稳定物价水平，或者至少是维持稳定的通货膨胀率。既然长期菲利普斯曲线是垂直的，且通货膨胀成本很高，所以试图维持低于自然失业率的失业率，不仅代价高昂，且只能以失败告终。

由于中央银行的政策效应有很长的时滞，所以中央银行应该有一个物价水平的近期目标。货币主义者指出，由于维持物价稳定的预期实际利率是未知的，所以这个目标应该是货币或货币基础的增长率，而不是利率。此外，中央银行控制的短期名义利率并不能代替基于各种票据或证券的到期时间或风险等级的预期实际利率。货币主义者指出，如果货币增长稳定，其增长率也就可以预测，所以，增加货币政策的透明度,就可以减少中央银行的相机抉择。进一步说,这就需要中央银行按一个既定比率改变货币存量(或储备),这样就会消除所有的相机抉择政策。

当前的共识包含了货币主义的许多重要因素,同时摒弃了一些其他因素。现在很少有主流经济学家否认货币增长率在长期通货膨胀中的重要作用,以及在周期性波动中的作用。经济学家们不再置长期或名义利率与实际利率之间的区别于不顾,他们也接受了长期中垂直的菲利普斯曲线。人们已经接受了货币政策应该关注通货膨胀而不是失业的观点,许多经济学家也认可了弗里德曼和施瓦茨关于大萧条的解释。中央银行现在也懂得了货币需求适应性变化的不稳定效应和中央银行政策透明性的重要意义。明确的通货膨胀目标不仅受到推崇,也已经被一些国家实际采用。

但是并非所有的货币主义观点都获得认可。经济计量模型和许多理论模型通常都是按凯恩斯范式运行,而且更为关注凯恩斯主义变量,诸如消费倾向和资本边际效率。此外,假定短期内周转率不稳定,也很少有经济学家认为货币应按固定比率增长,或者,中央银行的目标只是货币而不是利率。然而,这些政策情况表达了一个潜在的理念,即中央银行应该遵循将利率(或储备或货币基础)与滞后的通货膨胀率以及产出量相联系的政策。

托马斯·迈耶(安佳译)

参见:

Brunner, Karl; Demand for Money: Friedman's Approach; Discretionary Policy; Federal Reserve System; Fisher, Irving; Friedman, Milton; Great Depression; Hume David; Inflation Targeting; Keynesian Economics; Macroeconometric Models; Meltzer, Allan H. ; Natural Rate of Unemployment; Neutrality of Money; Phillips Curve; Quantity Theory of Money; Schwartz, Anna J. ; Velocity of Circulation.

参考文献:

Anderson, L. and J. Jordan(1968), "Monetary and Fiscal Actions: A Test of Their Relative Importance in Economic Stabilization", *Federal Reserve Bank of St, Louis Revtew*, November, pp. 11-24.

Brunner, K. and A. H. Meltzer (1964), *Some General Features of the Federal Reserve Approach to Policy*, US Congress. House Committee on Banking and Currency, Subcommittee on Domestic Finance, 88th Congress, 2nd session, Washington, DC.

Brunner, K. and A. H. Meltzer (1989), *Monetary Economics*, Oxford: Blackwell.

Brunner, K. and A. H. Meltzer (1993), *Money and the Economy: Issues in Monetary*

Analysis, Cambridge: Cambridge University Press.

De Long, J. B. (2000),"The Triumph of Monetarism", *Journal of Economic Perspectives*, 14, Winter, pp. 83–94.

Fisher, I. (1911), *The Purchasing Power of Money*, New York: Macmillan.

Friedman, B. and K. Kuttner (1988), "Money, Income, Prices and Interest Rates", *American Economic Review*, 82, June, pp. 472–92.

Friedman, M. (1956), *Studies in the Quantity Theory of Money*, Chicago: University of Chicago Press.

Friedman, M. (1968),"The Role of Monetary Policy", *American Economic Review*, 58, March, pp. 1–17.

Friedman, M. and D. Meiselman (1963),"The Relative Stability of Monetary Velocity and the Investment Multiplier in the United States, 1837–1958", *Commission on Money and Credit: Stabilization Policies*, Engelwood Cliffs, NJ: Prentice-Hall.

Friedman M. and A. J. Schwartz (1963), *A Monetary History of the United States, 1867–1960*, Princeton: Princeton University Press.

Laidler, D. (1982), *Monetarist Perspectives*, Cambridge, MA: Harvard University Press.

Mayer, T. et al. (1978), *The Structure of Monetarism*. New York: W. W. Norton.

Mayer, T. (1997),"Monetarists and Keynesians on Central Banking: A Case Study of a Flawed Debate", in R. Backhouse, D. Hausman, U. Maki and A. Salanti (eds), *Economics and Methodology: Crossing Boundaries*, London: Macmillan, in association with the International Economic Association, pp. 254–302.

Patinkin, D. (1969),"The Chicago Tradition, the Quantity Theory and Friedman", *Journal of Money, Credit and Banking*, 1, February, pp. 46–70.

Warburton, C. (1950),"The Theory of Turning Points in Business Fluctuations," *Quarterly Journal of Economics*, 64, November, pp. 525–49.

273. 汇率决定的货币方法 Monetary Approach to Exchange Rate Determination

见:

Exchange Rate Determination: Monetary Approach.

274. 国际收支的货币分析法 Monetary Approach to the Balance of Payments

见：

Balance of Payments: Monetary Approach.

275. 货币基础 Monetary Base

见：

High-Powered Money.

276. 货币政策的作用 Monetary Policy: Role of

货币政策之所以成为主要的宏观经济稳定工具，是因为它具有优于财政政策的几个优势。第一个优势是，在大多数发达国家，货币政策是由一个具有或多或少独立性的中央银行来执行，与财政政策相比，货币政策较少受到会导致过度扩张政策的政治压力的影响。第二个优势是，财政政策的调整相较于货币政策的调整，往往需要更长时间才能实施和生效。政策的长期滞后再加上长期预测的根本性误差，是一件很危险的事情。

我们把货币政策称为稳定政策，这里的稳定政策不应该被狭义地定义为是稳定具有内在不稳定性的私人部门的政策，而应该被赋予足够宽泛的定义，其中包括私人部门或多或少稳定的可能性，而且，货币政策的主要问题就是避免造成不稳定性。

把货币政策称为稳定政策引出了两个问题。第一，稳定是什么意思？第二，货币政策应该稳定什么？例如，"稳定国内生产总值"这一说法，有时并不严谨地意味着维持充分就业水平下的国内生产总值，而不是它更正确的含义，即减少围绕国内生产总值均值波动的变量。在许多新古典模型中，这个问题并没有多大关系，因为真实国内生产总值的平均水平被认为接近于充分就业水平。然而,在某些凯恩斯主义模型中,国内生产总值的均值往往低于充分就业水平下的国内生产总值。在这些凯恩斯主义模型中,货币政策可以通过增加总需求来提高真实国内生产总值的平均水平。

对于货币政策应该稳定什么这个问题,不同时期的答案各有不同。虽然就一般意义而言,第一个货币本位的建立以及中世纪的降低铸币成色,已经代表了货币政策的出现,但就货币政策的现代意义而言,货币政策起源于19世纪的英国。19世纪的英国对这个问题的回答是,货币政策应该稳定的是黄金价格、汇率和物价水平(见 Eichengreen,1992)。对这个问题的第二个答案是,货币政策应该稳定金融体制,即当爆发金融危机时,中央银行可以借之行使最后贷款人职能的金融体制。金本位制的崩溃以及存款保险制度的建立对这一回答做了修改,但并未完全否定这些答案。即使是在拥有大量存款保险的国家,例如美国,在整个银行业遭遇破产危机时,货币政策仍然通过向银行提供流动性,为存款保险制度提供支持。

货币政策的另一个作用是稳定名义(但是并不一定是实际)利率,这个作用和货币政策的其他目标作用可能有冲突。这个观点在央行行长之间比在经济学者之间更为普。例如,直到20世纪70年代,美联储在实践中经常将短期利率的稳定置于宏观经济稳定之前,虽然一般而言,并没有表现出这种替代意识。但人们现在并不相信名义利率的稳定,因为当总需求变化时,名义利率的稳定会导致顺周期性的政策。

19世纪货币政策维护金本位制的作用现在已发展成为更普遍的保持汇率稳定的观念,这一观念出于这样的考虑,即稳定的汇率可以促进国际贸易和投资。无论如何,它也提供了一道反对政府通货膨胀取向的屏障。由于采用更具通货膨胀的政策会对汇率产生压力,所以这样做容易让公众心中有数。汇率稳定的益处取决于一国的环境。小型开放经济体,尤其是那些只有一个贸易伙伴国,且经济面临同样冲击、同时又希望给外国投资者和本国国民以信心的国家,会采用低通货膨胀政策,而且有更多理由强调货币政策的这一作用。

稳定汇率可能与货币政策的其他作用相冲突。假定一个国家令它的货币钉住欧元。那么,如果欧洲发生了经济衰退或通货膨胀的冲击,这个国家就会进口这一冲击。此外,如果这个国家发生了冲击而欧洲没有,该国也不能采用货币政策改善这种状况。另外,采用钉住汇率制的货币可能更容易受到投机性冲击的攻击(见 Mishkin,2000)。

因此,由大萧条引起的凯恩斯革命将货币政策的另一个重要作用视为实现并维持充分就业,就不那么令人奇怪了。虽然在凯恩斯理论盛行的时期,价格稳定和汇率稳定仍然被认为是有益的目标,但很多国家显然把这些归为货币政策的次要作用。在主要工业化经济体中,对本国的恶性通货膨胀仍然记忆犹新的德国是唯一的例外。其他许多国家的政策行为都取决于他们所相信的在通货膨胀和失业之间存在交替关系的菲利普斯曲线。例如,从第二次世界大战结束到20世纪80年代,英国奉行的充分就业政策产生了高通货膨胀和周期性的国际收支危机,危机导致英国的货币贬值。当时,英国银行反向采用了紧缩政策,但在危机结束后,又放弃了这个政策。在美国,从20世纪60年代中期到70年代末,美联储奉行的扩张性政策引发了加速性通货膨胀,期间也被阶段性的紧缩政策中断过(见Mayer,1999)。

20世纪80年代,诸多因素一起,使货币政策回归到它的传统作用。因素之一是欧洲开始向统一货币迈进。统一货币的前提是各成员国必须运用货币政策使汇率相互联系。另一个因素是,欧洲和美国一样,对货币政策集中在充分就业上所带来的结果开始不满。一个广受认可的观点是,通货膨胀会降低生活水平,因而导致通货膨胀的货币政策失去了政治支持。此外,虽然总的来说经济学家们并不认为一位数的高通货膨胀会带来实质性的损失,但到了20世纪90年代,他们发现,通货膨胀在很多方面严重扭曲了资源配置效果,并减缓了经济增长。另外,经济学家们已经不再认为以实现充分就业为目标的货币政策会取得成功:20世纪70年代,许多国家伴随供给冲击而来的无法遏制的失业率上升,导致"滞胀"这个术语的流行。许多经济学家受理性预期革命的影响,也开始提出,除了在较短时间内的菲利普斯曲线可能有效外,长期内的菲利普斯曲线是垂直的,因此不能用通货膨胀来有效减少失业(见Lucas,1996)。而且,随着时间的推移,自20世纪70年代以来对该问题有了越来越多的研究,即使是由凯恩斯主义者修正过的附加预期的菲利普斯曲线,也不大可能揭示出通货膨胀和失业之间存在交替关系。后来,将滞后理论应用于失业分析在某种程度上修正了这些结论。真实经济周期理论家更进一步提出,失业是对生产力冲击的一种适当反应。除此以外,时间不一致理论也提出,中央银行的整体通货膨胀倾向,导致通货膨胀无法在长期内减少失业。

现在对货币政策作用的理解综合了各种因素。有的经济学家倡导固定汇率制,实际上也有许多小的经济体采用了这种政策,12个欧洲国家为了达成统一货币就采用了固定汇率制。但是在英格兰银行和欧洲中央银行的政策中,汇率的考虑位居次要位置,而美联储如果考虑汇率的话,也只给予汇率较少关注。此外,许多采用钉住汇率制的国家,在经济遭受极大压力时,也会放弃原来所采用的钉住汇率制度;比如,1992年英国发生的汇率机制危机和1997—1998年的东亚危机就是这方面的案例。

尽管很多国家不会再像它们曾经做过的那样,把就业和实际收入当成首要目标,但是就业和收入仍然是一个重要目标。在严重的经济衰退时期,多数国家的中央银行仍然致力于减少失业人数。其次,即使中央银行不能降低长期中的平均失业率,它可以通过增大通货膨胀的变动来降低失业的变动。因为一旦通货膨胀与通货膨胀目标相偏离,中央银行必须决定在多长时间里使其重新回到目标以减少通货膨胀与其目标的差距(见 Taylor,1998)。中央银行越快进行通货膨胀调整,调整对失业产生的影响就越大。因此,有些经济学家倡导一种能对真实国内生产总值和通货膨胀与其目标相偏离作出反应的规则。最著名的就是泰勒规则,泰勒规则认为,通货膨胀和失业的反应系数相等。该规则现在已经广受关注,并在近些年很好地代言了美联储的政策。与此类似,一些经济学家提出应该以名义收入为目标,这也意味着实际收入和价格与其目标的偏差比率同样重要。

但在长期中,现在广受认可的货币政策主要作用是保持低通货膨胀率,即通胀率大概保持在1%—3%之间,许多国家,如英国、加拿大和新西兰以及欧元区国家,都设定了明确的通货膨胀目标。明确的通胀目标大大增强了货币政策的透明度,同时中央银行也要为没能达到预期目标负责。美国的货币政策虽然没有正式提出以通货膨胀为目标,但它最关注的目标也是维持较低的通货膨胀(见 Bernanke et al.,1999)。

有的经济学家提出,货币政策应该稳定的是物价水平,而不是通货膨胀率,原因是,即使每年的通货膨胀率只有2%,物价也会每35年就翻一番。此外,这些经济学家认为,维持物价稳定的目标比维持2%的通货膨胀率目标更能得到政治上的支持。另一方面,假定许多价格指数都有向上的偏差,那么,在这些价格指数上升1%时,并不一定就意味着发生了通货膨胀。而且,稳定物价水平意味着可以抵消以下情况,包括由于供给冲击带来的通货紧缩,还包括由此而产生的大量失业。此外,假定货币工资具有弹性,又受到负需求冲击的影响,在这种情况下,在通货膨胀率为0时比在通货膨胀率为3%时更容易产生失业,因为当通货膨胀率为3%,且名义工资不变时,实际工资可以减去3%(见 Akerlof et al.,1996)。而且,因为名义利率不能小于0,零通货膨胀率是中央银行所能达到的降低实际利率的最低限度。有的经济学家由此提出,当经济出现严重衰退时,货币政策无效,就像日本在20世纪90年代末的情况那样。实际上,中央银行一般都不会以稳定物价为目标,而是以低通货膨胀为目标。

在此值得一提的货币政策的另一个潜在作用,即获取货币铸造税(政府通过发行货币和银行储备所获得的利润)。人们通常都不把获取货币铸造税看成货币政策的正当目标,但当一个失灵的政府没有能力征税时,获取货币铸造税却成了最坏的选择中最好的一个。

托马斯·迈耶(安佳译)

参见:

Central Bank Independence; Euro; Expectations-augmented Phillips Curve; Federal Reserve System; Fiscal Policy: Role of; Fixed Exchange Rate System; Gold Standard; Hysteresis; Inflation Targeting; Phillips Curve; Taylor's Rule; Time Inconsistency.

参考文献:

Akerlof, G. A., W. T. Dickens and G. L. Perry (1996), "The Macroeconomics of Low Inflation", *Brookings Papers on Economic Activity*, pp. 1–76.

Bernanke, B. S., T. Laubach, F. S. Mishkin and A. S. Posen (1999), *Inflation Targeting*, Princeton: Princeton University Press.

Blinder, A. (1998), *Central Banking in Theory and Practice*, Cambridge, MA: MIT Press.

Eichengreen, B. (1992), *Golden Fetters: The Gold Standard and the Great Depression*, New York: Oxford University Press.

Federal Reserve Bank of Kansas City (1984), *Price Stability and Public Policy*, Kansas City: Federal Reserve Bank of Kansas City.

Lucas, R. E. Jr (1996), "Nobel Lecture: Monetary Neutrality", *Journal of Political Economy*, 104, August, pp. 661–82.

Mankiw, N. G. (1994), *Monetary Policy*, Chicago: University of Chicago Press.

Mayer, T. (1999), *Monetary Policy and the Great Inflation in the United States*, Cheltenham, UK and Northampton, MA, USA: Edward Elgar.

Mishkin, ES. (2000), "What Should Central Banks Do?", *Federal Reserve Bank of St. Louis Review*, 82, November/December, pp. 7–13.

Taylor, J. B. (1998), "Monetary Policy Guidelines for Employment and Inflation Stability", in R. M. Solow and J. B. Taylor, *Inflation, Unemployment and Monetary Policy*,

Cambridge, MA: MIT Press.

277. 货币幻觉 Money Illusion

当人们把货币或货币的名义变化与实际变化相混淆时,货币幻觉就产生了。例如,如果工人没有意识到物价的上涨比货币工资的上涨要快的话,他们就会将货币工资的上涨误以为是实际工资的上涨,从而受到货币幻觉的不利影响。可参见 P. 戴蒙德、E. 沙菲尔和 A. 特韦斯基的文章"货币幻觉"(载《经济学季刊》,112,1997 年 5 月)。

278. 货币供应:内生变量还是外生变量? Money Supply: Endogenous or Exogenous?

长时期以来,宏观经济模型将货币供应归为外生变量已经成为惯例。这个惯例从 IS-LM 模型延续到货币主义模型,再到理性预期模型。货币供应在这些模型中取得了重要的因果作用,因此,货币供应在这些模型中被当成政策目标变量,用来支持政策制定者对货币政策的关注。在这些模型中,货币供应的传统意义就是真实货币余额。但是,货币供应目标的实际经验强化了一个疑问,即货币供应在政策意义上到底多大程度是外生的;也就是说,货币供应在多大程度上是由私人部门以外的力量决定的。因此,货币政策文献对于中央银行控制货币供应(见 Goodhart,1994;Dow and Saville,1990)的能力不太乐观。同时,由于真实经济周期理论认为,是实际经济冲击,而不是货币冲击,才是经济周期的重要起因,从而分散了人们对货币供应问题的注意。

除了传统宏观模型现在仍然使用的领域外,目前人们基本同意,货币供应从某种意义上说是一个内生变量。由此而出现的有意思的问题是,货币供应由什么决定。主要观点认为,货币仅只作为新信用的对应物而存在。于是焦点转移到资产负债表的另一方,即贷方供给。新凯恩斯学派理论认为,信息约束促使银行进行配额贷款(见 Stiglitz and Weiss,1981)。如果银行不能获得评估还款风险的充分信息,那么如果利率上升,信贷市场(具体指贷款率和信贷水平)不能出清。所以,银行宁愿使用经验法则,即利率上升会使低回报率/低风险的借款者退出,或者,促使他们转向高风险/高回报率的项目。因此贷款可能少于它在完全信息条件下的情况。由于银行不会选择全额外贷,所以,这是一种有限的内生性。

对于内生性更一般的理解,有一个基于凯恩斯《货币论》(Keynes,1930)和拉德克利夫《报告》(Radcliffe,1959)的长长的谱系。对货币供给内生性的研究集中在后凯恩斯学派的文献中(见 Cottrell,1994;Hewitson,1995,综述)。在货币主义的实际应用占主导地位之前,戴维森和温特劳布(Davidson and Weintraub,1973;Weintraub,1978)认为,货币供应在通货膨胀中不是起因,而是在为通货膨胀融资的信贷需求中,随贷款供给的变化而发生变化。但卡尔多(Kaldor,1982)则认为,权威机构没有随意控制信贷供给,因此也没有控制货币供给,即使他们打算这样做。首先,中央银行最后贷款人机制意味着,对可贷储备的超额需求可以得到满足(哪怕是不利价格)。任何去除央行这种机制的尝试,都会打击银行系统的信心。其次,即使中央银行根据具体的定义成功地控制了货币冲击,金融部门的创新也会产生货币替代,而且与货币资产的原有定义不再相关。控制货币供给的努力不断受到打击,并记录在古德哈特定律中。卡尔多的观点由莫尔(Moore,1988)根据美国的情况进行了补充。

卡尔多和莫尔关于信贷需求要与中央银行制定的利率相适应的理论,就是广为人知的与外生货币观的纵向理论相反的横向理论,试图控制货币供给的努力注定要失败,因为在任何情况下,讨论的都是通胀压力的症状而不是原因。这一理论也意味着与信贷需求相反的货币需求没有什么意义,因为货币需求的任何变化都与贷款偿还率相适应。

然而,后凯恩斯学派经济学中还有另一个主干,即结构主义。结构主义坚持货币供给的内生性,保留了凯恩斯对流动性偏好的重视,认为银行首先通过负债管理满足他们的流动性需要,并把向中央银行求助作为最后的手段(例如,见 Wray,1990;Pollin,1991)。与横向理论不同,银行并不是被动地适应信贷需求,而是在整个过程中起着积极作用。尤其是,横向理论的观点是根据贷款给值得贷款之人的信贷供给理论提出来的,而结构主义则根据经济周期、根据银行随周期而变化的贷款意愿,根据银行的流动性偏好,强调值得贷款之人的变化。它强调了在缺乏客观风险标准的情况下,银行对改变预期和预期信心的风险评估的重要性。这是后凯恩斯学派经济学和新凯恩斯学派经济学不完全信息假设之间的显著区别。

信贷的供给与需求都由流动性偏好决定,与投资组合的规模和配置相关的流动性偏好,已经得到了广泛的理解(见 Dow and Dow,1989)。由于人们对流动性偏好的理解又影响到储蓄需求,因而反过来产生了贷款和储蓄。信贷供给曲线描述的是一定时间内与贷款率相关的一定的贷款水平,向上倾斜的曲线表示,由于贷款人感知到风险的增加,对资金成本增加了升水。同时,非银行业公众从银行贷款以应付支出的意愿也是流动性偏好的函数。明斯基(Minsky,1982)的研究对结构主义经济学家采用的方法也很有启发,表明了货币市场与信贷市场在变化的经济环境下的相互作用。然而,他没有说明传统的供给与需求结构在实际经济中是如何引发信贷创造过程的(见 Winnett,1992)。阿雷蒂斯和豪厄尔斯(Arestis and Howells,1996)提出,用供给与需求曲线移动的框架来描绘代表这个过程的横向路径。

横向理论与结构主义观点之间关于内生货币观点的区别,内含着对货币本身的不同看法。横向理论把货币看成一种流量,这种流量是贷款流动的消极对应物。横向理论关注银行资产负债表的资产一方,而货币主义则强调负债一方。这也是内生货币循环方法的核心(见 Delaplace and Nell,1996)。货币由于对融资信贷的需求而创造,经过一个循环,在贷款偿还之时消亡。在银行资产负债表的两方只看重其中一方——资产或负债——的分析方法,就得出了一个令人遗憾的结果,即"货币"与"信贷"两个术语常被交替使用,由于其中一个被视为另一个的被动"镜像",所以又常常合成一个使用。因此横向理论把信贷看成起因,就是把信贷说成是"货币"。

因为结构主义把对货币更多的需求看成是存量需求,他们更倾向于探查需求和供给背后独立运行的因素,这就是信贷市场发展的副产品。对货币存在需求不仅是因为货币可以为支出融资,而且在存在不确定性时,货币也是一种安全资产。这也是目前横向理论、周期理论与结构主义之间可以就内生货币共同进行争论的活跃领域之一(如欲比较,见 Chick,2000)。现在,将所有分析方法合并为一个完整的存量-流量分析架构的尝试正在努力之中(见,Lavoie and Godley,2000;Fontana,2000)。

希拉·C.道(安佳译)

参考文献:

Arestis, P. and P. Howells (1996),"Theoretical Reflections on Endogenous Money: The Problem with 'Convenience Lending'", *Cambridge Journal of Economics*, 20, September, pp. 539–52.

Chick, V. (2000),"Money and Effective Demand", in J. Smithin (ed.), *What is Mon-*

ey?, London: Routledge.

Cottrell, A. (1994), "Post Keynesian Monetary Economies", *Cambridge Journal of Economics*, 18, December, pp. 587 – 605.

Davidson, P. and S. Weintraub, (1973), "Money as Cause and Effect", *Economic Journal* 83, December, pp. 1117 – 32.

Delaplace, G. and E. J. Nell, (eds) (1996), *Money in Motion: The Post Keynesian and Circulation Approaches*, London: Macmillan.

Dow, A. C. and S. C. Dow (1989), "Endogenous Money Creation and Idle Balances", in J. Pheby (ed.) *New Directions in Post Keynestan Economics*, Aldershot, UK and Brookfield, US: Edward Elgar, reprinted in M. Musella and C. Panico (eds) (1995), *The Supply of Money in the Economic Process: A Post Keynesian Perspective*, Aldershot, UK and Brookfield, US: Edward Elgar.

Dow, J. C. R. and I. D. Saville (1990), *A Critique of Monetary Policy*, Oxford: Clarendon.

Fontana, G. (2000), "Post Keynesians and Circuitists on Money and Uncertainty: An Attempt at Generality", *Journal of Post Keynesian Economics*, 23, Fall, pp. 27 – 48.

Goodhart, C. A. E. (1994), "What Should Central Banks Do? What Should be their Macroeconomic Objectives and Operations?", *Economic Journal*, 104, November, pp. 1424 – 36.

Hewitson, G. (1995), "Post Keynesian Monetary Theory: Some Issues", *Journal of Economic Surveys*, 9, July, pp. 285 – 310.

Kaldor, N. (1982), *The Scourge of Monetarism*, Oxford: Oxford University Press.

Keynes, J. M, (1930), *A Treatise on Money*, vols. I and II, London: Macmillan.

Lavoie, M. and W. Godley (2000), "Kaleckian Models of Growth in a Stock Flow Monetary Framework: A Neo-Kaldorian Model", *Levy Institute Working Paper*, no. 302, June.

Minsky, H. P. (1982), *Inflation, Recession and Economic Policy*, Brighton: Wheatsheaf.

Moore, B. J. (1988), *Horizontalists and verticalists: The Macroeconomics of Credit Money*, Cambridge: Cambridge University Press.

Pollin, R. (1991), "Two Theories of Money Supply Endogeneity: Some Empirical Evidence", *Journal of Post Keynesian Economics*, 13, Spring, pp. 366 – 95.

Radcliffe, Lord (1959), *Report of the Committee on the Workings of the Monetary*

System, London: HMSO.

Stiglitz, J. and M. Weiss (1981),"Credit Rationing with Markets with Imperfect Competition", *American Economic Review*, 71, March, pp. 22–44.

Weintraub, S. (1978), *Keynes, Keynesians and Monetarists*, Philadelphia: University of Philadelphia Press.

Winnett, A. (1992),"Some Semantics of Endogeneity", in P. Arestis and V. Chick (eds), *Recent Developments in Post-Keynestan Economics*, Aldershot, UK and Brookfield, US: Edward Elgar.

Wray, L. R. (1990), *Money and Credit in Capitalist Economics*, Aldershot, UK and Brookfield, US: Edward Elgar.

279. 乘数 Multiplier

> 然而,我们必须凭借乘数的一般原理来解释只占国民收入相对很小比重的投资,其数量的波动为何会造成总就业和收入的波动,而波动幅度远远超过投资本身波动的幅度。(约翰・梅纳德・凯恩斯,1936,第122页)

两次世界大战之间,资本主义市场经济显然无法持续提供充分就业,这一发现正是约翰・梅纳德・凯恩斯不能大力推崇的体系的一个主要缺陷。早在1929年,凯恩斯就曾强烈支持政府通过赤字财政扩大总需求。1929年,他在与休伯特・亨德森合写的政论小册子中就提出了公共工程项目,以支持劳合・乔治在1929年大选时对民众作出的"一年时间内把失业率降到正常水平"的竞选誓言(看Skidelsky,1992)。然而,凯恩斯和亨德森无法令人信服地反驳财政大臣1929年宣扬的保守的"财政部信条"(treasury dogma),该信条认为:"无论是否可能存在政治或社会优势,都很难通过政府借款和支出而增加就业,这实际上是一个普遍规律"(见Keynes,1929)。

凯恩斯和亨德森用公共工程项目减少失业的观点暗含就业乘数的思想。但是,乘数概念的第一次出现,是在理查德・卡恩于1930年夏向经济顾问委员会递交的备忘录中。1931年,卡恩在发表于《经济学杂志》的著名论文中,对乘数作了更为正式的表述。卡恩的文章分析了政府投资支出对就业的影响,其假设前提是:(a)经济有闲置资源,(b)可以实施货币政策调节,(c)货币工资保持稳定。卡恩写这篇文章是为了回应反对为减少失业而采用为公共工程贷款的财政"挤出效应"观点。第二年,詹斯·沃明(Warming,1932)批评、修正和扩展了卡恩的分析。沃明首次把消费函数的概念引入了乘数(见 Skidelsky,1992,第 451 页)。凯恩斯对乘数首次条理清晰的表述是在 1933 年 3 月发表在《泰晤士报》上的四篇系列文章中,文章题为《繁荣的途径》,随后又在 4 月出版的《新政治家》上发表了一篇题为《乘数》的文章。

然而,在正统的金融界中,在信奉古典传统的经济学家同行中,乘数的观点遭到了很大抵制。1933 年,凯恩斯把对乘数概念的异议归于下列情况:

> 我们是否意识到,我们所有关于经济……的观点都围绕着理论性的前提假设,这些假设只适用于均衡条件下全部生产能力得到充分利用的社会。许多人试图利用基于充分就业假设的理论,来解决失业问题……这些观点在适当条件下是完美的,但不适用于目前的环境。(引自 Meltzer,1988,第 137 页;参见 Dimand,1988,对这一时期乘数发展的精彩综述)

毫无疑问,乘数的发展在凯恩斯学派经济学中占有非常重要的地位。帕廷金(Patinkin,1976)认为,乘数的发展代表着"向《通论》迈出的重要一步",斯基德尔斯基(Skidelsky,1992)把乘数概念描述为"凯恩斯主义魔术中最声名卓著的部分"。凯恩斯(Keynes,1936)把投资乘数(k)定义为收入变化与支出变化之比,并指出"当总投资增加时,收入的增量将是投资增量的 k 倍"(第 115 页)。

凯恩斯的观点在假设没有政府部门的封闭经济中最容易说清楚。在这种经济条件下,产出(Y)由消费(C)产品和投资(I)产品组成:

$$Y = C + I (均衡条件) \qquad (1)$$

假设消费支出绝对取决于收入,消费函数的形式可由一个简单的线性行为方程表示:

$$C = \alpha + \beta Y (行为方程) \qquad (2)$$

其中,α 表示自主消费支出,β 表示边际消费倾向($\Delta C/\Delta Y$)。投资被假设为自主决定。

将(2)式代入(1)式,我们得到:

$$Y = \alpha + \beta Y + I \qquad (3)$$

移项、提取公因式得到:

$$Y(1-\beta) = \alpha + I \tag{4}$$

最后,将(4)式两边都除以(1−β),我们就得到熟悉的简化方程:

$$Y = (\alpha + I)\frac{1}{1-\beta} \tag{5}$$

方程(5)决定了收入的均衡水平。对于这个假设的经济体来说,乘数等于1减去边际消费倾向(β)的倒数[即:$k=1/(1-\beta)$];或者边际储蓄倾向的倒数。

从小于充分就业的情况入手,假设该经济体允许自主投资数量的增长。投资支出的增长会导致生产资本品的企业就业的增长。资本品产业新雇用的工人将把自己的收入部分花在消费品上,并储蓄剩余部分。对消费品需求的增长反过来会使消费品行业的就业增长,并产生新一轮的支出。结果,最初自主性投资的增长产生的不仅是收入成比例的增长,而是被称作乘数的过程;即,$\Delta Y = \Delta I \times k$。从投资支出($\Delta I$)的初始增长我们发现,总需求($\Delta AD$)的增长可用一系列逐渐变小的诱导性支出的形式表示,如(6)式所示:

$$\Delta AD = \Delta I + \beta \Delta I + \beta^2 \Delta I + \beta^3 \Delta I + \cdots = \Delta I(1+\beta+\beta^2+\beta^3+\cdots) \tag{6}$$

显然,一旦我们引入政府部门,并考虑到经济体会从事国际贸易,上述分析就需要进行修正。投资支出的初始增长将以完全相同的方式产生连续的支出增长,额外收入的一部分不仅会以储蓄(边际储蓄倾向$=\Delta S/\Delta Y=s$)的方式被收回,还会作为进口(M)支出(边际进口倾向$=\Delta M/\Delta Y=m$)和税收(T)付给政府(边际税收率$=\Delta T/\Delta Y=t$)。因此,乘数将取决于额外收入的一部分,即从额外收入中扣除将从收入的循环流动中经由储蓄、进口和税收被收回后的剩余部分,因此乘数可归纳为边际收回倾向(ω)的倒数。含有政府部门的开放经济乘数可由(7)式表示:

$$k = 1/\omega = 1/s+m+t \text{ 和 } \Delta Y = \Delta A 1/\omega \tag{7}$$

其中,A=自主性支出。如果其他条件不变,乘数在下列情况下会变大:(a)边际储蓄倾向变小;(b)边际进口倾向变小;以及(c)边际税率变小。同样的乘数过程不仅适用于投资支出变化,也适用于自主消费支出、出口或政府支出的变化。根据凯恩斯交叉模型,总需求曲线会随着乘数值增大而变得陡峭,反之亦然。在凯恩斯学派IS-LM模型中,乘数影响着 IS 曲线的斜率。IS 曲线会随着乘数值的增大变得平滑,反之亦然。

凯恩斯清楚地意识到,很多因素会限制乘数对其提出的公共支出所产生的效应,其中包括"利率上升的效应,……除非货币当局采取相反的步骤",从而挤出"其他方向的投资";对"信心"的潜在负面效应;以及在像英国这样的开放经济体下支出向进口行业渗出的效应(见 Keynes,1936,第 119—120 页)。凯恩斯认识到,在充分就业条件下,投资的任何增长都将"导致货币价格无限制的上升趋势,而与边际消费倾向无关"。

最后,我们还应该知道,乘数在凯恩斯学派的经济周期分析中占有非常重要的地位。简而言之,乘数过程和加速原理的相互作用解释了经济扩张和收缩会倾向于发展它们自身能量的原因。随着自主性投资的初始增长,乘数导致的工资增长通过加速器由新投资的增长得到加强,而加速器又对工资起到进一步的乘数效应,如此循环下去。所谓"乘数—加速模型"加上有关"上限"和"下限"的分析,使凯恩斯学派分析方法的支持者可以解释经济周期的上下拐点。

布赖恩·斯诺登　霍华德·R.文(夏雨仙译)

参见:

Balanced Budget Multiplier; Bussiness Cycles: Keynesian Approach; Crowding Out; IS-LM Model; Closed Economy; Keynesian Cross; Keynesian Economics; Marginal Propensity to Consume; Marginal Propensity to Import; Marginal Propensity to Save; Marginal Propensity to Withdraw; Marginal Tax Rate.

参考文献:

Dimand, R. W (1988), *The Origins of the Keynesian Revolution*, Aldershot, UK: Edward Elgar.

Kahn, R. F. (1931), "The Relation of Home Investment to Unemployment", *Economic Journal*, 41, June, pp. 173-98.

Kahn, R. F. (1984), *The Making of the General Theory*, Cambridge: Cambridge University Press.

Keynes, J. M. (1929), "A Programme of Expansion", reprinted (1963) in *Essays in Persuasion*, New York: W. W. Norton.

Keynes, J. M. (1936), *The General Theory of Employment, Interest and Money*, London: Macmillan.

Keynes, J. M. and H. Henderson (1929), *Can Lloyd George Do it?* London: Hogarth Press.

Meltzer, A. H. (1988), *Keynes's Monetary Theory: A Different Interpretation*, Cambridge: Cambridge University Press.

Patinkin, D. (1976), *Keynes's Monetary Thought: A Study of Its Development*, Durham, NC: Duke University Press.

Skidelsky, R., (1992), *John Maynard Keynes*, Vol 2. *The Economist as Saviour, 1920-1937*, London: Macmillan.

Warming, J. (1932),"International Difficulties Arising Out of the Financing of Public Works During a Depression", *Economic Journal*, 42, June, pp. 211-24.

280. 乘数-加速数模型 Multiplier-Accelerator Model

乘数-加速数模型试图解释在乘数和加速的相互作用下,经济活动的波动性。

例如,假设一个低于充分就业运行的经济体,其投资量出现了自主性增长。根据乘数原理,自主性投资的增长会导致收入更大比例的增长。由于增加的产出需求需要有新的资本设备来满足,所以收入的增长将导致投资进一步的增长。因为资本设备的成本通常大于其年产出价值,新的投资将大于产出的增长:于是引入了叫做"加速数"的现象。简而言之,随着自主性投资的初始增长,乘数导致的工资增长通过加速数经由新投资的增长得到加强,并反过来对工资起到进一步的乘数效应,如此循环下去。因此乘数过程和加速数的相互作用可以解释经济周期的扩张和收缩。

保罗·萨缪尔森提出了有关乘数-加速数相互影响的最著名解释("乘数分析与加速原理的相互作用",载《经济学和统计学评论》,21,1939年5月)。萨缪尔森指出,如果自主性支出发生变化,收入的增长会由于边际消费倾向和加速系数的不同组合而遵循不同的路径(正常路径、递减和递增路径)。乘数-加速数模型又加入了希克斯(《经济周期理论论稿》,牛津大学出版社,1950)的"上限"(由于资源限制)和"下限"(最终由于现有资本设备被消耗完后,需要用新设备替代,以创造对年产出的当前需求)分析,从而形成了凯恩斯学派经济周期分析的核心部分。这样就可以用来解释经济周期顶峰和低谷的拐点。

参见:

Bussiness Cycles: Keynesian Approach; Investment: Accelerator Theory of; Multiplier; Samuelson, Paul A.

281. 罗伯特·A. 蒙代尔 Mundell, Robert A.

罗伯特·A. 蒙代尔 1932 年生于加拿大安大略省金斯敦。1953 年,他从不列颠哥伦比亚大学获得学士学位,1954年从华盛顿大学获得硕士学位。在伦敦经济学院和麻省理工学院学习后,1956年他从麻省理工学院获得博士学位。他的博士论文涉及国际资本流动的方方面面,这一主题也是他以后研究的焦点。1956—1957年,他在芝加哥大学从事政治经济学的博士后研究;在斯坦福大学(经济学助教,1958—1959)和设在意大利博洛尼亚的约翰·霍普金斯大学高级国际研究院(经济学教授,1959—1961)执教,后加入国际货币基金组织研究部(高级经济学家,1961—1963),在马尔库斯·弗莱明领导下工作。他后来的职位包括:麦吉尔大学经济学客座教授(1963—1964);布鲁金斯研究所国际经济学客座研究员(1964—1965);瑞士日内瓦国际研究院国际经济学(暑期)教授(1965—1975);芝加哥大学经济学教授(1966—1971),并担任《政治经济学杂志》编辑(1966—1970);以及安大略省滑铁卢大学经济学教授(1972—1974)。自1974年起,他一直担任纽约哥伦比亚大学经济学教授。他的许多职务和荣誉包括:1997年美国经济学学会杰出研究奖,1998年美国艺术和科学学院院士。1999年,他"因为对不同汇率制度下货币和财政政策以及最优货币区的分析"而荣获诺贝尔经济学奖。

　　罗伯特·蒙代尔对开放经济或国际经济学的开拓性贡献可以分为三大领域:所谓弗莱明-蒙代尔模型及其在不同汇率制度条件下财政和货币政策效应;强调货币动态的重要性,以及最优货币区概念的发展。这些开拓贡献(收集在 Mundell,1968,1971a)可以追溯到20世纪60年代,这些成果现在仍然是开放经济的宏观经济学课程的核心部分。而且,他的这些贡献为20世纪60年代以来的学者拓展和完善他原有的分析提供了丰厚的基础。

　　蒙代尔-弗莱明模型得名于罗伯特·蒙代尔(1963b)和马尔库斯·弗莱明(1962)在两篇论文中的分析。他们当时供职于国际货币基金组织,在各自独立写出的论文中,都在封闭经济的 IS-LM 模型中引入了国际贸易和资本流动。蒙代尔证明了一个小型的开放经济,如果有充分的资本流动,货币政策和财政政策的效应主要取决于汇率是固定汇率还是弹性汇率。在固定汇率制度下,货币供应是内生的,货币政策在改变国内经济活动方面完全无效。任何增加货币供应的尝试都会由于开放市场的证券交易而导致外汇储备的抵补性损失。相反,财政政策会变得有效,因为国内利率与国外主导利率挂钩,所以不存在挤出效应。在弹性汇率制下,货币供应是外生的,货币政策在改变国内经济活动水平方面有效。货币供应的增长意味着利率的下降,因而导致资本外流,汇率下跌。反过来会引起总需求的增加(通过净出口增加)和较高的产出。相反,财政政策会完全无效。政府支出的增加加大了国内利率上浮的压力,导致资本的内流和汇率的升值。由于汇率升值导致净出口降低,所以政府支出增加的效应被完全抵消。财政扩张用这种方式挤出净出口,产出没有任何变化。

蒙代尔对开放经济宏观经济学的第二个重要贡献与他强调货币动态的重要性相关。我们可以从三种主要用法上看出这一点。一、蒙代尔分析了持续性国际收支失衡是怎样出现的,以及这种失衡最终又是如何消除的。在他的分析中,私人部门的货币持有(因此它的财富存量)变化,是对国际收支盈余或赤字的反应(流动)。比如说,在固定汇率制度并有较低程度资本流动条件下,货币供给的增加将使利率下降,从而国内需求增加,并引发国际收支赤字。赤字会使货币外流,从而需求下降,直到国际收支赤字消除。蒙代尔的分析随后被其他人采用,并发展成为国际收支的货币分析法。从蒙代尔的分析中可以得出一个重要结论,即货币当局试图消除国际收支赤字/盈余的努力,将干扰调整机制。二、蒙代尔(Mundell,1962)使用动态原则来解决所谓"指派问题"。蒙代尔将凯恩斯学派模型应用于固定汇率制度和不完全资本流动的情况,考察了货币政策对内部平衡和外部平衡的合理使用。他阐明了怎样指派货币政策来达到外部平衡,指派财政政策来达到内部平衡。如果反过来指派,经济将出现动态不稳定,经历逐渐上升的失业以及国际收支状况的持续恶化。这种解释也与他的"有效市场分类"原理相关(Mundell,1960)。在这种市场中,政策工具将指派给政策最具直接影响的目标。

蒙代尔在1962年的论文中还主张用降低利率以刺激就业和收紧货币政策来保证国际收支的政策组合工具。这里应该指出的是,这种政策组合与1962年肯尼迪总统的经济顾问委员会所主张的政策组合相反,他们想用低利率来刺激增长,用预算盈余来防止通货膨胀(见Mundell,2000)。三、蒙代尔对货币动态的研究引出了他的"不相容三角"(incompatibility trinity),即如果存在资本流动,货币政策要么用于外部目标(比如汇率),要么用于内部目标(比如价格水平),但不能同时兼顾二者。

蒙代尔对开放经济宏观经济学的第三个重要贡献,是提出最优货币区概念。在布雷顿森林体系的固定汇率制度时期,蒙代尔(1961)提出了一个激进而又有远见的问题:"什么时候一些区域国家才能因共同货币的优势而放弃自己的货币主权,选择共同货币?"他是考虑了共同货币的优势(比如较低的交易成本)和劣势(比如某一区域国家在"不对称冲击"需要降低实际工资时,维持就业的问题)才提出了这一问题。他发现,在一个由一系列区域国家组成的最优货币区内,某一具体区域国家经历扰动时,劳动的高度流动足以保证充分就业。让人奇怪的是,我们已知欧洲是一个劳动流动不充分的市场,蒙代尔却一直是欧洲货币联盟(EMU)的有力支持者。对许多经济学家来说,欧洲货币联盟计划就是一场"赌博"(Obstfeld,1997;Feldstein,1997)。尽管称蒙代尔为欧元之父不确,但他接受他"可能"是"几位教父之一"的说法(*Guardian*,1999年10月14日)。

除了上文谈到的三大贡献之外,蒙代尔还对宏观经济理论和贸易理论作出了其他重要贡献,其中包括"蒙代尔-托宾效应",即高通货膨胀率会引致人们减少实际现金余额,更多投资于真实资本资产(见 Mundell,1963a;Tobin,1965)。还有一种观点,即即使国际贸易受到贸易壁垒的约束,要素流动也趋向于均等商品价格(Mundell,1957)。

20世纪70年代,蒙代尔对削减税收的热情(见 Mundel,1971b)帮助建立了供给经济学。这一分析方法强调的是政策组合,即用货币纪律控制通货膨胀,再结合降低的税收和调整改革来促进就业和增长。另外,蒙代尔还在关于国际金融体制的未来的争论中,起了重要作用(见 Mundell,1972)。近年来,他一直在从事国际货币体制历史的研究(见 Mundell,2000)。

布赖恩·斯诺登　霍华德·R.文(安佳译)

参见:

Balance Payments: Monetary Approach; Bretton Woods; Crowding Out; Euro; European Monetary Union; Fixed Exchange Rate System; Flexible Exchange Rate System; IS-LM Model: Closed Economy; IS-LM Model: Open Economy; Nobel Prize in Economics; Optimum Currency Area; Supply-side Economics.

参考文献:

Dornbusch, R. (2000),"Robert A. Mundell's Nobel Memorial Prize", *Scandinavian Journal of Economics*, 102, June, pp. 199-210.

Feldstein, M. (1997),"The Political Economy of the European Economic and Monetary Union: Political Sources of an Economic Liability", *Journal of Economic Perspecttves*, 11, Fall, pp. 23-42.

Fleming, J. M. (1962),"Domestic Financial Policies under Fixed and Floating Exchange Rates", *IMF Staff Papers*, November, pp. 369-79.

Mundell, R. A. (1957),"International Trade and Factor Mobility", *American Economic Review*, 47, June, pp. 321-35.

Mundell, R. A. (1960),"The Monetary Dynamics of International Adjustment under

Fixed and Flexible Exchange Rates", *Quarterly Journal of Economics*, 84, May, pp. 227 - 57.

Mundell, R. A. (1961), "A Theory of Optimum Currency Areas", *American Economic Review*, 51, November, pp. 509 - 17.

Mundell, R. A. (1962), "The Appropriate Use of Monetary and Fiscal Policy for Internal and External Stability", *IMF Staff Papers*, March, pp. 70 - 79.

Mundell, R. A. (1963a), "Inflation and Real Interest", *Journal of Political Economy*, 71, June, pp. 280 - 83.

Mundell, R. A. (1963b), "Capital Mobility and Stabilisation Policy under Fixed and Flexible Exchange Rates", *Canadian Journal of Economics and Political Science*, 29, November, pp. 475 - 85.

Mundell, R. A. (1968), *International Economics*, New York: Macmillan.

Mundell, R. A. (1971a), *Monetary Theory: Interest, Inflation and Growth in the World Economy*, Pacific Palisades, CA: Goodyear.

Mundell, R. A. (1971 b), "The Dollar and the Policy Mix", *Essays in International Finance*, no. 85, Princeton, NJ: Princeton University Press.

Mundell, R. A. (1972), "The Future of the International Financial System", A. Acheson, J. Chant and M. Prachowny (eds), *Bretton Woods Revisited*, Toronto: University of Toronto Press, pp. 91 - 104.

Mundell, R. A. (2000), "A Reconsideration of the Twentieth Century", *American Economic Review*, 90, June, pp. 327 - 40.

Obstfeld, M. (1997), "Europe's Gamble", *Brookings Papers on Economic Activity*, no. 2, pp. 241 - 317.

Rose, A. K. (2000), "A Review of Some of the Economic Contributions of Robert A. Mundell, Winner of the 1999 Nobel Memorial Prize in Economics", *Scandinavian Journal of Economics*, 102, June, pp. 211 - 22.

Tobin, J. (1965), "Money and Economic Growth", *Econometrica*, 33, October, pp. 671 - 84.

282. 蒙代尔-弗莱明模型 Mundell-Fleming Model

见：

IS - LM Model；Open Economy；Mundell，Robert A.

283. 约翰·F. 穆思 Muth，John F.

约翰·F. 穆思 1930 年生于美国伊利诺伊州芝加哥，1952 年从华盛顿大学获得学士学位，从卡内基-梅隆大学获得硕士学位（1954）和博士学位（1962）。他的主要学术职位包括：卡内基-梅隆大学高级研究员、助教和副教授（1956—1964）；密歇根州立大学管理学教授（1964—1969）；印第安纳大学经营管理学教授（1964—1994）。自 1994 年起，他一直担任印第安纳大学经营管理学荣誉教授。他以研究预期模型，特别是他的重要论文《理性预期和价格变动理论》（载《经济计量学》，29，1961 年 7 月）而知名。

参见：

Rational Expectations.

284. 非加速通货膨胀失业率 NAIRU

通货膨胀稳定时的失业率，非加速通货膨胀失业率。

参见：

Natural Rate of Unemployment.

285. 国家经济研究局 National Bureau of Economic Research

美国国家经济研究局创立于 1920 年，是一个民间的、非盈利性、非党派性的研究机构,其宗旨是"通过在公共政策制定者、商业执业人员和学术界发展和传播公正的经济研究,促使公众对经济运行有更深的理解"。它的出版物包括《美国国家经济研究局宏观经济年鉴》。美国国家经济研究局进行的早期研究主要集中于宏观经济,包括西蒙·库兹涅茨对发展国民收入核算体系所作的开拓性研究;威斯利·米切尔对经济周期所作的研究;米尔顿·弗里德曼对消费函数理论所作的研究;以及米尔顿·弗里德曼和安娜·施瓦茨对货币和经济周期所作的研究。目前,该局主要进行四个方面的实证研究:开发新统计测量法,估算经济行为的数量模型,评估公共政策对美国经济的影响,以及估计其他政策建议的影响。美国国家经济研究局的总部设在马萨诸塞州的坎布里奇,该局的局长和首席执行官是马丁·费尔德斯坦。读者如欲了解更多信息,请登录国家经济研究局的官方网站 $http://www.nber.org/$。

参见:

Feldstein Martin; Friedman, Milton; Kuznets, Simon S.; Mitchell, Wesley C.; Schwartz, Anna J.

286. 国民收入 National Income

一国常住居民提供商品生产和服务而形成的收入。

287. 自然失业率 Natural Rate of Unemployment

"自然失业率"这一术语指与稳定的通货膨胀率保持一致的失业水平。实际上,自然失业率是唯一会与稳定的通胀率保持一致的失业水平。我们最好用其价格公式中附加预期的菲利普斯曲线来表示:

$$\pi_t = \alpha + \beta(\mu_t - \mu^*) + \gamma E\pi \quad \beta < 0, \gamma = 1, \quad (1)$$

其中,π 代表实际通胀率,$E\pi$ 代表预期通胀率。μ_t 代表实际失业率,而 μ^* 则代表与产出能力相关的失业水平,这就是弗里德曼所说的自然失业率(Friedman, 1968)。

实际失业率与自然失业率之间的差距反映了需求过剩的程度,这种差距可以从产出的角度描述。于是就得出了等价公式:

$$\pi_t = \alpha + \beta(y_t - y^*) + \gamma E\pi \quad \beta > 0, \gamma = 1, \tag{1a}$$

其中,y_t 代表实际产出量,y^* 代表产出能力。

值得注意的是,为了便于说明,这些菲利普斯曲线公式忽略了除国内需求之外的生产力的变化和影响。但引入这些因素不会显著改变该模型的预期。

假定 $\gamma = 1$,把等式(1)进行移项便得出:

$$\pi_t - E\pi = \alpha + \beta(\mu_t - \mu^*) \tag{2}$$

均衡则需要预期通胀率等于实际通胀率,否则经济行为人就会改变他们的行为方式。因而,(2)式表明,只有在 $\mu = \mu^*$ 时才处于均衡状态;也就是说,实际失业率要等于自然失业率才处于均衡状态。这里要强调的是,自然失业率指的是某种积极失业率,是指工人在主动放弃工作或被解雇后寻找另一份工作的时间内,处于失业状态。

政府当局试图将失业保持在低于自然失业率的做法,会导致"加速"通货膨胀。该过程如图1所示,为了便于说明,这里使用了线性菲利普斯曲线,注意每条短期菲利普斯曲线都对应着不同的预期通胀率。自然失业率用 UN 表示。我们从自然失业率和预期零通货膨胀率开始分析,任何将永久性失业率降低到 A 点的尝试都将引起短期菲利普斯曲线持续性向上移动。首先,由于总需求的非预期性扩张,会导致失业从 UN 点下降到 A 点,而整个曲线也将上移至 $SRPC2$(预期通货膨胀率$=OB$);其次,如果政府想把失业率水平保持在 A 点,那么,菲利普斯曲线将会再一次上移到 $SRPC3$(预期通货膨胀率$=OC$)。当失业率处于自然失业率水平(即 A 点)以下的时候,通货膨胀率将会有继续上升的趋势(即从 OB 到 OC,然后依此类推);只有当失业回复到自然失业率水平的时候,通货膨胀率的上升趋势才会停止。因此从长期来看,当失业处于自然失业率水平的时候,菲利普斯曲线是垂直的。反之,当失业水平高于自然失业率时,通货膨胀率将会下降。该过程解释了自然失业率的更为通俗的替代术语:非加速通货膨胀失业率(NAIRU)。

认识到自然失业率不是永远不变的很重要。自然失业率取决于经济体的结构特征,尤其取决于劳动市场。一般影响包括,生产率的增长和劳动函数中供给和需求的所有决定因素,诸如失业救济金、最低工资以及工会的力量等等。引用弗里德曼(Friedman,1968)的话就是:"正是[失业]水平奠定了瓦尔拉斯一般均衡理论的基础。"

自然失业率假说的政策规定微不足道。政府当局想通过需求管理政策使实际失业率永久性地低于自然失业率,同时又不让通货膨胀持续上升,这是不可能的。

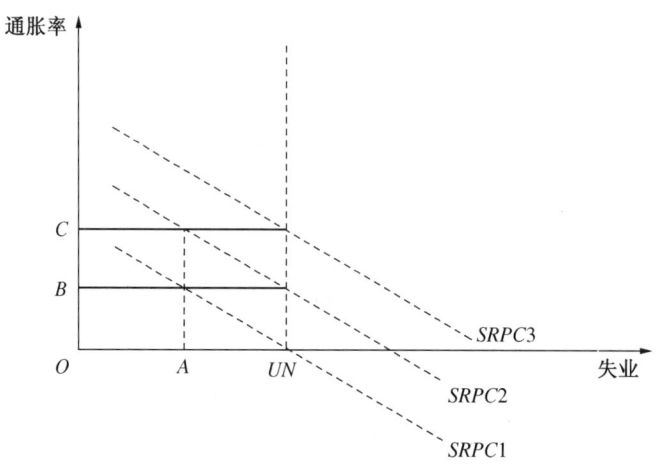

图1 附加预期的菲利普斯曲线和自然失业率

与之相反,如果政府想降低通货膨胀率,就必须暂时把失业率提高到自然失业率以上。也有人可能会反对需求管理政策把实际失业水平保持在自然失业率之上或接近自然失业率。该建议的问题在于,这样的经济微调需要在除去经济体其他结构的影响下,对自然失业率作出相当准确的判断。大多数国家所作的判断表明,我们缺乏所需要的这种准确度。举例来说,斯泰格(Staiger et al.,1997a)估计美国的自然失业率在置信度为95%的置信区间(5.1%-7.7%)内,将达到6.2%。没有失业率和通货膨胀率长期交替证据以及缺乏对自然失业率水平的认知,本质上不会阻止政府干预经济。只要降低自然失业率的供给政策是指向自然失业率的决定因素的,那么该政策就是可行的。

政府宏观经济政策的观点是批判性地建立在当前的实际失业率不会影响自然失业率的假设基础上的。这种假设本身就有争议,因为较低的当前失业率同时也可能通过"滞后"的过程(见 Ball,1999)改变自然失业率。因此,试图通过提高失业率,使其高于自然失业率水平来消除通货膨胀,同时也会提高自然失业率水平,以至于给经济留下永久的伤痕(见 Mankiw,2001,第48页)。

自然失业率假说巩固了"古典二分法"以及长期内货币中性的观点。这不是什么新观点,休谟(Hume,1752)说过:"我个人认为,只有在货币获得和价格上升之间的间隔阶段或中间状态,金银数量的增加才会有益于工业。"弗里德曼则从威克塞尔的自然利率概念推演并正式提出了自然失业率概念。

约翰·L.汤普森(夏雨仙译)

参见：

Classical Dichotomy; Expectations-augmented Phillips Curve; Hysteresis; Okun's Law; Phillips Curve; Supply-side Economics.

参考文献：

Ball, L. (1999), "Aggregate Demand and Long-Run Unemployment", *Brookings Papers on Economic Activity*, pp. 189 – 251.

Cross, R. (ed.) (1995), *The Natural Rate of Unemployment: Reflections on 25 Years of the Hypothesis*, Cambridge: Cambridge University Press.

Friedman, M. (1968), "The Role of Monetary Policy", *American Economic Review*, 58, March, pp. 1 – 17.

Gordon, R. J. (1997), "The Time-Varying NAIRU and Its Implications for Economic Policy", *Journal of Economic Perspectives*, II, Winter, pp. 11 – 32.

Hume, D. (1752), "Of Money", reproduced in K. A. Chrystal (ed.), (1990), *Monetarism*, vol. 1, Aldershot, UK and Brookfield, US: Edward Elgar, p. 8.

Mankiw, N. G. (2001), "The Inexorable and Mysterious Trade-Off between Inflation and Unemployment", *Economic Journal*, III, May, pp. 45 – 61.

Staiger, D., J. H. Stock and M. W. Watson (1997a), "How Precise are the Estimates of the Natural Rate of Unemployment?" in C. D. Romer and D. H. Romer (eds), *Reducing Inflation: Motivation and Strategy*, Chicago: University of Chicago Press, pp. 195 – 246.

Staiger, D., J. H. Stock and M. W. Watson (1997b), "The NAIRU, Unemployment and Monetary Policy", *Journal of Economic Perspectives*, II, Winter, pp. 33 – 49.

288. 新古典增长模型 Neoclassical Growth Model

新古典经济增长模型是以供给为主导的模型。其基本假设是劳动的失业率和资本固定不变。事实上，二者当然不是不变的，但是通过对受制于相当狭小范畴内的高级经济中的失业和生产能力利用率的观察，该假设已经得到部分证明。在该模型应用的 25—50 年间，总产出的变化自始至终都可以在很大程度上度量潜在产出的增长，但只略微反映出有效需求的变动，极少数时间除外。

一旦这一假设成立，总量模型的演进就可以径直发展了。在开始阶段，模型经济有大量来自过去的投资和折旧的存量资本，以及由人口统计和习惯所决定的劳动供给(将劳动看成供给无弹性是一种无害的简化,模型也可以计入正的实际工资供给弹性,但并没有什么重要意义,而且会使说明复杂化)。当前的技术把资本品和劳动的供给转变成总产出(或潜在产出)。正常的市场机制决定了产出在当前消费和总投资之间的分配。再考虑到折旧和人口增长会导致资本品和劳动力在下一阶段的储存,模型可以重新启动了。

"正常市场机制"这种直白表达涵盖了多种多样的经济过程,一极是假设,经济描绘的是一个永生的有预见性居民的无限视域的计划,该计划仅仅受制于当前和未来的技术及身份,并按规定的消费路径最大化一个附加时间效用函数。在有利的假设条件下,这一过程可以分散为完全竞争市场。另一极则是,可以根据武断的规则将经济定为中央计划经济。在这两个极端之间的是商品和要素市场的完全竞争和不完全竞争的各种组合,以及从实证看多少有些貌似可信的资本品和劳动供给函数以及大致反映了家庭消费行为的消费或储蓄函数。相同的制度假设将推导出要素价格:实际工资率和资本租金率。最常用的假设是已经很普及的完全竞争假设。基本假设一直认为,消费和投资会增加潜在的产出,也就是说,储蓄和投资按照固定和不变的效用水平,从根本上就是相等的。

按照这种一般性解释,从新古典增长模型中得出的主要结论有:(1)根据合理的储蓄—投资函数,如果不变技术显示的是劳动和资本的不变规模报酬,而单个要素所获得的回报递减,那么每一条路径都会趋向一个稳定状态,即产出、资本存量和就业会以同样的比率实现指数性增长;(2)因此,长期增长率由人口决定,稳定的生产率(每人的单位产出)是个常数;(3)投资率的永久性增长仅能带来暂时的增长率,却能永久提高产出的水平;(4)由于技术进步是具体的"劳动扩张"型进步,所以,结论(1)必须修改为:在最终的稳定状态,按同一比率增长的产出和资本,等于劳动力增长率和劳动扩张型技术进步的总和,因此,稳定的劳动生产率和人均收入的增长,是通过技术进步实现的;(5)由于劳动扩张型技术进步,结论(3)依然正确;(6)模型也包括递增或递减的规模报酬,但只有可变规模报酬采用劳动力深化的特殊形式,才能保持稳定状态;(7)由于递增(或递减)的规模报酬,所以每个工人的稳定性产出上升(或下降),所以结论(3)成立(见 Solow,2000,2001)。

该模型已经在几个不同方向上得到了扩展。或许最重要的是引入人力资本作为第三种生产要素,并将人力资本当成物质资本使用(见 Mankiw *et al.*,1992),但这并不会改变基本的结论。其他扩展还包括对两个(或更多)不同生产物品(比方说,消费品和投资品,或者农产品和工业品)的认可;可再生或不可再生自然资源的引入,以及扩展为两个或多个增长和贸易的经济体。特别要提到的是阿罗提出的"边干边学"模型(Arrow,1962),该模型假设,技术水平不是外生的,而是由总投资积累决定的,但是其他结论还停留在新古典模型的范畴内,而且与上文所描述的结论相类似。阿罗模型就是所谓的"内生增长模型",它与新古典模型有了较大背离,所以不再满足上文的结论(3)(见 Barro and Sala-i-Martin,1995;Jones,1998,Valdés,1999)。

新古典增长模型的主要缺陷在于,缺少一个设计完善的总需求方。除了投资率的外生变化对模型经济的路径有影响外,这一缺陷还产生了将增长模型与短期或中期宏观经济波动分开的效果。这一特征主要是因为缺乏一个独立的投资函数,这一点也使储蓄和投资事先就存在不一致。

创建增长模型和短期宏观经济学之间的有机联系的一种方式,就是引入劳动$(1-u)$和资本$(1-v)$的利用率,这样就可以对潜在产出$Y_p=F(K,L,t)$和当前产出$Y=F[(1-v)K,(1-u)L,t]$作出区分,其中,F是前面提到的具有标准属性的生产函数。短期均衡可以用 IS-LM 或者其他任意适当的、可以由$Y=Y(M,F,Y_p)$,$r=r(M,F,Y_p)$,$I=I(M,F,Y_p)$来解决问题的总需求模型来表述,其中,M和F是货币政策和财政政策走向的指示器。引入Y_p是因为消费和投资可能由Y/Y_p所决定。如果I被理解为净投资,则实现增长需要$dK/dt=I$。与以前一样,尽管就业$[=(1-u)L]$是内生的,最简单的是把$L=L(t)$看作外生的和指数性的。如果$u=v=0$,那么$Y=Y_p=C+dK/dt+$折旧,这就是最简单的新古典增长模型。

模型建构具有争论的部分主要集中在$r(t)$及其与根据$F(.,.,.)$计算出的资本边际产出的关系、价格水平的决定(短期模型中)以及u与v的关系。需要注意的是,如果用$S(Y,Y_p)$来表示总储蓄的话,那么每个t都有$I=S$,但是Y并不必然等同于Y_p。

新古典增长模型另一个明显不足见前述。在稳定状态下,人均收入增长率只是由劳动扩张型的技术进步率所决定。因此如果$Y_p(t)=F[K(t),A(t)L(t)]$,那么,Y_p的长期增长率就是A和L增长率的和。因为$A(t)$和$L(t)$一样,是外生的,所以该模型是把一个重要结果看成了外生的。但是这并不完全正确,正如早期的"边干边学"所表明的那样。然而,通常的政策工具对稳定状态增长率并没有影响,尽管政策工具会对长期趋势水平产生影响。人们做了很多努力,比如让行为人的经济动机决策结果$A(t)$明确化,但其他方面仍然保持在新古典模型架构内,以此来扩展新古典模型(见 Romer,1990;Aghion and Howitt,1998)。

所有这些努力都有局限性,即这些努力都取决于决定性的线性假设,因此基础并不坚实。总之,要求按 $dA/dt=G(A,X)$ 关系增加 $A(t)$,其中,X 是回应经济刺激(潜在的政策)的变化水平。如果 $G(A,X)$ 采用 $Ag(X)$ 的形式,那么 A(以及 Y_p)的增长率就由式中的 X 决定,但是,如果 G 对于 A 的弹性略高或略低,那么,该模型就不能传达出内生的稳定增长率。

同样的公式显示了所谓的"规模效应"。令 g 为 X 的增函数。更好的经济(比方说,有更多人口的经济)应该能够实现更大的 X 值,无论 X 是多少,都会有更快的增长。但是,这并不适用于较大经济体较快增长的情况。为了解决这一难题,现在人们已经提出了一些合理的方案,但也还有更大的难题留待解决。

罗伯特·L.索洛(安佳译)

参见:

Endogenous Growth Theory

参考文献:

Aghion, P. and P. Howitt (1998), *Endogenous Growth Theory*, Cambridge, MA: MIT Press.

Arrow, K. J. (1962), "The Economic Implications of Learning by Doing", *Review of Economic Studies*, 29, June, pp. 155–73.

Barro, R. J. and X. Sala-i-Martin (1995), *Economic Growth*, New York: McGraw-Hill.

Jones, C. I. (1998), *Introduction to Economic Growth*, New York: W. W. Norton.

Mankiw, N. G., D. Romer and D. N. Well (1992), "A Contribution to the Empirics of Economic Growth," *Quarterly Journal of Economics*, 107, May, pp. 407–37.

Romer, P. M. (1990), "Endogenous Technological Change", *Journal of Political Economy*, 98, October, pp. 871–102.

Solow, R. M. (2000), *Growth Theory: An Exposition*, 2nd edn, Oxford: Oxford University Press.

Solow, R. M. (2001), *Landmark Papers in Economic Growth*, Cheltenham, UK and Northampton, MA, USA: Edward Elgar.

Valdés, B. (1999), *Economic Growth: Theory Empirics and Policy*, Cheltenham, UK and Northampton, MA, USA: Edward Elgar.

289. 新古典综合 Neoclassical Synthesis

新古典综合是萨缪尔森(Samuelson,1955,第 vi 页,第 212 页)提出的一个术语,它表示的是流行于 20 世纪 40 年代至 70 年代早期整个经济学主流学派的专业共识。它由两个部分组成:J.M.凯恩斯在 1936 年出版的《就业、利息和货币通论》一书的主要创新是什么,以及这一创新与既存的新古典经济模型框架调和的程度。一般说来,它假设,除非受到"凯恩斯主义"刚性的阻碍,否则遭受通货紧缩冲击的分散市场经济会及时做出调整来达到充分就业均衡,正确的宏观经济政策意义重大。

取得专业共识是一个相当大的进步,新古典综合的时代见证了在理论经济学和应用经济学方面的主要进步。同时,新古典综合也正好与罕见的经济繁荣期——充分就业、空前的高增长和低通货的黄金时代同时发生。这使人们开始相信,宏观经济时代已经来临。

但是,对凯恩斯来说,新古典综合所暗含的内容更加复杂。一方面,凯恩斯学派经济学的标准理解是和成功的经济管理联系在一起的。另一方面,更为深刻的是,它集中体现了凯恩斯革命的失败。凯恩斯试图提出一个与现实世界相关的理论,在这一现实世界中,经济行为人在不确定条件下做出关于消费、投资和货币需求方面的决策,同时,已确定的有效需求水平将会反过来决定产出和就业。由于充分就业均衡被视为由新古典经济假设操纵的有限情况,因此在约束条件下,经济将向均衡移动并交替发展。为了保证更多的一般原理为人们所接受,凯恩斯一直强调他与传统背离的观点,并因为公开提出争议性的言论而受到人们的批评。较为讽刺的是,新古典综合确认了传统理论的有效性,但把凯恩斯学派经济学看作是一种特殊情况,尽管凯恩斯学派经济学对不完全调整之现实世界的政策制定非常适用(见 Fletcher,1987,第 17—19 页,第 25—26 页,第 29—36 页,第 58—67 页)。

问题来自于凯恩斯本人,他不仅在自己的理论体系中保留了新古典要素(注定会吸引模仿者的新理论与旧理论的调和),而且还用尚没有成为现代经济分析观点的形式阐述了他高度复杂的思想。因此人们不可避免地更关注那些已经试验的部分,而不关注未经试验的部分。

1937 年希克斯进行了最初且最著名的一次理论调和的努力。他想使凯恩斯对马歇尔理论基础的背离程度达到最小,"流动性陷阱"这一特殊情况除外(流动性陷阱是指绝对流动性偏好会阻止利率下降到充分就业水平)。希克斯称之为"凯恩斯先生的特殊理论"(Hicks,1937,第 141 页)。

希克斯抓住了凯恩斯理论的核心机制,提出了有名的 IS-LL 模型,之后,汉森(Hansen,1949,第 5 章)又将其修正为一代代经济学学生所熟悉的 IS-LM 模型。这是一个天才的简化,模型仅有两条经由货币、投资和储蓄而与利率和收入相关的均衡曲线,但因为排除了其典型特征,所以削弱了凯恩斯学派经济学的力量。希克斯受凯恩斯原则的启发,明确强调总需求,所以他也假设货币工资给定,这样实际变量和货币变量之间不存在区别。希克斯的贡献也宣告了《通论》数学化的开始(见 Skidelsky,1992,第 16 章,第 610—624 页)。

希克斯的公式获得了凯恩斯的基本赞同,但凯恩斯在同年出版的文章中(Keynes,1937)还是强调了 IS-LL 模型所忽略的一些特征。特别是文章中对不确定性经济意义的强调激发了后凯恩斯学派对新古典综合作出的反应(见 Davidson,1972,第 1—2 章,Harcourt,1987b)。但是,对于正统的经济学家来说,重要的遗漏点并不在此一处。莫迪利亚尼在一篇有影响的文章中(Modigliani,1944),通过增加竞争性劳动市场、货币工资和价格等因素,从两个方面发展了一般均衡理论,从而补充了希克斯的分析。在实际经济方面,劳动市场的供给在充分就业时调整到一般均衡的真实工资和产出水平。在货币需求方面,IS-LL 模型决定了名义收入和利率。实际工资和名义工资之比决定了价格水平,价格水平与货币工资给定了均衡实际工资。

凯恩斯学派的未充分就业均衡仅会在存在流动性陷阱而阻碍调整的情况下出现。这种情况会阻碍名义收入扩张到充分就业水平,并形成刚性货币工资。给定货币工资水平,假设在达到充分就业之前,劳动供给完全弹性,在固定货币工资条件下,货币变量决定实际价值,因此一旦总需求、名义收入和价格水平决定下来,就业的实际水平也就清楚了。因此,凯恩斯学派的未充分就业对正统经济学家来说是一个完全可接受的理由(工资刚性),除了绝对流动性偏好的特殊情况。

帕廷金(Patinkin,1948,1956)对凯恩斯的理论给出了不同的解释。一方面,非充分就业均衡概念由于逻辑上不可能而不被考虑。根据劳动供给曲线,充分就业均衡会在现行实际工资点上实现。如果在现行实际工资条件下,劳动供给过多,劳动就会偏离供给曲线,就会出现非充分就业的非均衡状态。也就是说,凯恩斯学派的非自愿失业是一种非均衡现象。无论工资和价格是刚性或者弹性,都会出现这种情况。另一方面,帕廷金通过凯恩斯学派总需求不足的概念,解释了在缺乏刚性的条件下,失业是如何持续的。尽管工资-价格通货膨胀最终会间接或直接地通过实际余额效应来矫正非均衡,但这一过程可能延长,尤其是给定了预期的反向效应,所以,凯恩斯学派的政策手段,尤其是多种公共工程手段,有一个合理使用的范围。

为经济管理提供的可能性形成了新古典综合的研究项目,而且由弗里德曼、莫迪利亚尼、乔根森和托宾等人提出的对行为函数、消费、投资和货币需求等方面的研究,也有了长足进步(见 Blanchard,1987,第 635 页及参考文献)。当重点转向由克莱因和戈德伯格(Klein and Goldberger,1955)演绎发展出来的诸如大规模宏观经济计量模型的构建,以及与莫迪利亚尼(见 Beaud and Dostaler,1997,第 5 章)相关的 MPS 模型时,上述理论成了更复杂框架中的要件。这项研究经历了 20 世纪 50 年代和 60 年代,这一时期可以视为库恩意义上的常规科学时代。

新古典综合是一些不相容体系的不稳定联盟,而且总是准备对凯恩斯的内在不当之处提出批评(见 Chick,1983;Clark,1988,第 12—13 章,Togati,1998)。最明显的批评就是莱琼霍夫德(Leijionhufvud,1968)在克洛尔(Clower,1965)工作的基础上,对凯恩斯学派经济学和他所认为的"凯恩斯经济学"之间引人注目的差别的推断。因为他采用的是瓦尔拉斯一般均衡模型,且把失业理解为非均衡现象,所以,他的贡献的最终意义存在争议。

一个更为严峻的挑战是该理论无法对经济现实进行解释。首先,战后经济繁荣能够在多大程度上归功于宏观经济管理政策,以及世界贸易的增长和合适的经济环境在多大程度上出自战后重建,都还存疑。同时,简单的需求管理模型的不足,以及模型太过依赖于理论(Shaw,1988,第 28—47 页),也是人们日益关注之处。对此最引人注目的说明是被认为与 IS-LM 模型没有关系的菲利普斯曲线(Phillips,1958)被急切地用作推动充分就业且不存在难以接受的通货膨胀的手段,因而与 IS-LM 模型没有关系。但菲利普斯曲线不是理论而是统计关系,因此无法解决 20 世纪 70 年代的滞胀问题。在随后的宏观经济学危机中,新古典综合让位给了似乎更能解释当代现象的货币主义者和理性预期模型(见 Friedman,1971;Lucas,1980)。

戈登·弗莱彻(安佳译)

参见:

IS - LM Model; Closed Economy; Keynes, John Maynard; Keynesian Economics;

Keynesian Economics: Reappraisals of; Macroeconometric Models; Phillips Curve; Post Keynesian Economics;Real Balanced Effect.

参考文献:

Beaud, M. and G. Dostaler (1997), *Economic Thought since Keynes*, London and New York: Routledge.

Blanchard, O. J. (1987), "Neoclassical Synthesis" in J. Eatwell, M. Milgate and P. Newman (eds) *The New Palgrave: A Dictionary of Economics*, vol. 3, London and Basingstoke: The Macmillan Press, pp. 634-6.

Chick, V. (1983), *Macroeconomics after Keynes: A Reconsideration of the General Theory*, Deddington: Philip Allan.

Clarke, P. (1988), *The Keynesian Revolution in the Making 1924-1936*, Oxford: Clarendon Press.

Clower, R. W. (1965), "The Keynesian Counter-Revolution: A Theoretical Appraisal" in F. H. Hahn and F. Brechling (eds), *The Theory of Interest Rates*, London: Macmillan.

Davidson, P. (1972), *Money and the Real World*, London and Basingstoke: The Macmillan Press.

Fletcher, G. A. (1987), *The Keynesian Revolution and Its Critics: Issues of Theory and Policy for the Monetary Production Economy*, Basingstoke and London: Macmillan.

Friedman, M. (1971), *A Theoretical Framework for Monetary Analysis*. New York: National Bureau of Economic Research.

Greenaway, D., M. Bleaney and I. M. T Stewart (eds) (1991), *Companion to Contemporary Economic Thought*, London: Routledge.

Hansen, A. (1949), *Monetary Theory and Fiscal Policy*, New York: McGraw-Hill.

Harcourt, G. C. (1987a), "Bastard Keynesianism", in J. Eatwell, M. Milgate and P. Newman (eds), *The New Palgrave: A Dietionary of Economics*, vol. 1, London and Basingstoke: The Macmillan Press, pp. 204-4.

Harcourt, G. C. (1987b), "Post-Keynesian Economics", in J. Eatwell, M. Milgate and P. Newman (eds), *The New Palgrave: A Dictionary of Economics*, vol. 3, London and Basingstoke: The Macmillan Press, pp. 924-8.

Hicks, J. (1937), "Mr Keynes and the 'Classics', A Suggested Interpretation", *Econometrica*, 5, April, pp. 147-59.

Hillard, J. (ed.), (1988). *J. M. Keynes in Retrospect: The Legacy of the Keynesian Revolution*, Aldershot, UK and Brookfield, US: Edward Elgar.

Keynes, J. M. (1936), *The General Theory of Employmem, Interest and Money*, London: Macmillan.

Keynes J. M. (1937), "The General Theory of Employment", *Quarterly Journal of Economics*, 51, February, pp. 209 – 23.

Klein, L. R. and A. S. Goldberger (1955), *An Econometric Model of the United States: 1929 – 52*, New York: John Wiley.

Leijonhufvud, A. (1968), *On Keynesian Economics and the Economics of Keynes: A Study of Monetary Theory*, New York: Oxford University Press.

Lucas, R. E. Jr (1980), "Methods and Problems in Business Cycle Theory", *Journal of Money, Credit and Banking*, 12, November, pp. 696 – 715.

Modigliani, F. (1944), "Liquidity Preference and the Theory of Interest and Money", *Econometrica*, 12, January, pp. 45 – 88.

Patinkin, D. (1948), "Price Flexibility and Full Employment", *American Economic Revue*, 38, September, pp. 543 – 64.

Patinkin, D. (1956), *Money Interest and Prices*, New York: Harper & Row.

Phillips, A. W. (1958), "The Relation between Unemployment and the Rate of Change of Money Wage Rates in the United Kingdom, 1861 – 1957", *Economica*, 25, November pp. 283 – 99.

Samuelson, P. (1955), *Economics*, 3rd edn, New York: McGraw-Hill.

Shaw, G. K. (1988), *Keynesian Economics: The Permanent Revolution*. Aldershot, UK and Brookfield, US: Edward Elgar.

Skidelsky, R. (1992), *John Maynard Keynes: The Economist as Saviour 1920 –1937*, London: Macmillan.

Togati, T. D. (1978), *Keynes and the Neoclassical Synthesis: Einsteinian versus Newtonian Macroeconomics*, London: Routledge.

Young, W. (1987), *Interpreting Mr. Keynes: The IS – LM Enigma*, Cambridge: Polity Press.

290. 净资本流动 Net Capital Flows

一国的净资本流动是指从世界上其他国家和地区向该国流入的资本减去该国

向世界上其他国家和地区流出的资本。当该国的资本流出大于资本流入时,该国会出现净资本流出,当该国的资本流入大于资本流出时,该国会出现净资本流入。

291. 净出口 Net Exports

一国的净出口指该国商品和服务的出口减去该国商品和服务的进口;净出口也被称作贸易余额。

参见:

Trade Balanced.

292. 货币中性 Neutrality of Money

关于货币对所谓"实体"经济而言是否是中性的问题,或者换句话说,货币是否只是蒙在实体经济上的一层面纱的问题,是在过去二百五十年的经济学讨论中,不断讨论的问题之一。然而,"中性"这个词却起源于晚近。表面上看,最早是威克塞尔用中性这个词来描述当市场利率与自然率相等时的情形,自然率即在交换经济中的利率(Wicksell,1898,第 93 页;1936,第 102 页)。威克塞尔实际上讨论的不是货币中性而是利息中性。但是,由于在威克塞尔描述的情形中,货币只是一层面纱,所以,从这个意义上说,威克塞尔的观点中也隐约带有货币中性的意思。库普曼斯(Koopmans,1933,第 228 页注 1)告诉我们,"货币中性"这个词是由德国经济学家波尔特凯维兹(L. von Bortkiewicz)在 1919 年提出的。到了 20 世纪 20 年代末,这个词差不多成了德国货币经济学家的一个常用词汇(另参见 Fase,1992)。20 世纪 30 年代早期,"货币中性"这个词通过哈耶克(Hayek,1967)和库普曼斯(Koopmans,1933;见 Klausinger,1989;Patinkin and Steiger,1989)的著作而被普遍接受。然而,"货币中性"这个词的意思有时候有些混淆,它曾被用来表示以下一些不同的概念:

1. 当经济像交换经济那样运行的情况下,货币只是蒙在经济上的一层面纱的情形;

2. 货币领域对经济没有干扰时的情形,即在任何时候货币都能达到均衡;

3. 中性只是一个比较静态意义上的概念,即货币数量理论;
4. 超中性,即"实体"经济与通货膨胀率无关的现象。

如果货币只是一层面纱,则货币经济的运行与物物交换经济的运行十分相似。商品和服务按照相对价格交换和按照数量交换并无不同。库普曼斯(Koopmans, 1933,第230页)和哈耶克(Hayek,1967,第130页)强调,这里的货币中性并不是针对实际经济的情况,而只是用来作为研究使用货币后是否会引起经济变动的一种标准。他们谈到的物物交换经济是理想经济。这个理论的问题在于,如果交换经济是理想经济,则货币的使用本身没有理由,因而货币的使用似乎无用。相对于不使用货币来说,使用货币并没有什么不同真是让人难以置信;用萨缪尔森(Samuelson,1968)的妙语,这就是数量中性。

库普曼斯、哈耶克及其瑞典前辈威克塞尔还有戴维森,事实上研究的是在没有超额货币供给或者需求时,经济是如何自运行的情况;也就是说,他们研究的是货币均衡的情形(关于戴维森,见 Myrdal,1933,第436—438页以及 Thomas,1935)。这与萨伊等式或萨伊定律所说的均衡情形是相同的。威克塞尔、戴维森和哈耶克把交易方程的一项或是几项的组合恒定不变视为货币均衡的条件。然而,库普曼斯指出,情况不一定是这样,因为这种情况取决于实际经济部门发生的事情。在一个静态经济中,当货币达到均衡时,M,V,P 和 T 当然不变。戴维森指出,当生产力提高时,威克塞尔的不变 P 不再保持。这就相当于自然利率的上升。当价格水平下降,而实际利率上升时,维持货币均衡就需要 M 不变。戴维森在评论威克塞尔(Wicksell,1898)时进一步完善了自己的观点。威克塞尔对一种所谓的"纯信用"经济进行了分析,纯信用经济是一种没有基础货币的经济,在这种经济中,所有货币都是通过银行的信用创造而产生的。当市场利率低于自然率时,银行可以通过扩大信用来增加货币量。因此戴维森说,当生产力提高时,就需要 M 不变,P 下降。

哈耶克并没有费心考虑货币是如何创造的这一问题,他只希望知道,维持货币均衡到底需要多少货币。他意识到,当生产过程的一体化程度发生变化时,例如,当纺纱部门和织布部门分成两个独立的工厂时,会对现金余额的需求产生影响。这种变化意味着货币的周转率会发生改变,任何类似的变化都要求货币供给做出相应调整才能达到萨伊均衡。哈耶克货币中性的条件是 MV 不变(Hayek,1967,第121,123页)。这里,V 被定义为收入的货币周转率,而不是交易周转速度。库普曼斯最后希望知道,当商品的供给情况发生改变时,会导致什么后果。例如,在一个有 A,B 和 C 三种产品的经济中,当产品 A 的供给由于收成不好而变少时,交易方程的一项或是几项的组合恒定不变不能确保货币均衡。如果对于商品 A 的需求是无弹性的，A 的价格就会上涨。B 和 C 产品的生产者们在购买 A 上所花的钱要比他们在购买彼此的产品上所花的钱要多。此时的货币均衡只有在 A 的生产者们立即增加在产品 B 和 C 上的开销时才能达到。货币均衡此时要求，当 T 或者 y 下降而 P 上涨时，MV 增加（Koopmans，1933，第 298—303 页；参见 De Jong，1973）。

在这一领域持另一派观点的是货币数量论。货币数量论认为，中性只是一个比较静态意义的概念。这就是萨缪尔森将其称为"数量中性"的原因。大卫·休谟在对货币数量论首次全面的分析中，展现出货币供给的增加是如何使支出增加的，其首要的结果就是导致就业的上升（Hume，1955[1752]）。在从一种均衡状态过渡到另外一种状态时，价格是逐渐上涨的，而货币数量明显能够对经济实体部门产生影响。然而，在后来对货币数量论的数学表述中，用二分法把经济实体部门和货币部门分开了，数量和相对价格由实体部门决定，价格水平和货币价格由货币部门决定（例如，Walras，1965，第 315—324 页；Divisia，1962，第 169 页）。用一般均衡体制来描述的经济，说明了所有市场的均衡条件。这种二分法意味着，需求和供给仅仅是包括相对价格在内的真实变量的函数。如果在相对价格为某个值时经济达到均衡，那么，不管绝对价格如何成比例变动，该均衡状态都不会受到影响。虽然从数学角度看，因为未知数的个数等于独立方程的个数，方程组可能无懈可击，但它缺乏把个别价格与货币供给联系起来的经济机制。

帕廷金（Patinkin，1965，第 75 页，175 页）总结道，在一般均衡模型中，仅当商品的超额需求函数中含有实际货币余额这个自变量时，才能决定价格水平。这样，将货币动力传导到实体部门的经济机制就建立起来了：当货币供给增加时，实际货币余额也增长较快。实际货币余额的增加会刺激需求，此时货币的推动力会起作用，并导致价格上涨。在近年的研究中，尤其是在新古典经济学的研究中，由未预期到货币冲击引发的货币供给变化的真实影响，从一开始就被经济行为人错当成实际冲击（参见 Lucas，1996）。另外，由于货币供给的变化几乎立即会引起价格上升，但由于理性经济行为人会预期到新的均衡价格，所以，虽然有竞争，经济行为人也会被迫按上升价格进行交易。此时，从一种均衡向另一种均衡的过渡期将接近于零。

帕廷金用一个数学表达式说明了休谟所认为的在货币数量论意义上货币可能是中性的观点，即数量中性只是一个比较静态意义上的概念。货币供给的变化会引出另一个新的价格水平，在新的均衡情形下，货币数量和相对价格将回归它们原来的价值。这种情况与交换经济无涉。但是,就像帕廷金的数学表达式一样,一个货币经济的一般均衡数学模型,一直存在一个天生的缺陷。价格决定过程如瓦尔拉斯的反复探索机制一样,没有任何摩擦。换句话说,货币经济的交易机制与交换经济的机制并没有什么不同,因此,使用货币也没有造成什么实质上的区别。我们也很难证明在该模型中使用货币的有效性。对货币数量论只是进行文字上的描述,如休谟的理论,则没有这个缺陷,因为他们并没有事先假定一个探索价格机制。

在从一个均衡状态向另一个均衡状态过渡的过程中,实际变量会受到货币推动的影响,因此我们很容易想到,新的均衡和原来的均衡应当会有不同。新的货币一般不会像免费的礼物一样,按照当前现金持有者所拥有的货币数量成比例分配,就像弗里德曼(Friedman,1969,第 4 页)所设想的,从天上的直升机往下撒钞票。货币是通过政府的通货膨胀财政支出,或是通过非银行部门的国际收支盈余,或是通过人们向银行借款,而进入经济体系的。就像理查德·坎蒂隆(Cantillon,1964,第 212—223 页)解释的那样,如果人们是为了消费而借款,就会使利率上涨,但是如果商人收到了国外净支付,则他们手里所持的现金余额就会增多,此时商人可能会把他们的一部分钱借出去,这个过程将会导致利率降低。利率的变化可能会造成持续的影响。比如说,当利率降低并最终使总投资增加时,经济结构可能会发生变化。当相对价格的结构发生变化,并使支出结构变化时,也会发生同样的情况(出于一个谨慎的分析,即货币供给或者货币需求的改变会传达给整个经济,在这个过程中相对价格会发生变化,参见 Keynes,1971,第 17 章)。一般来说,在比较静态分析中,如果货币完全中性,必须满足以下的一系列条件:

1. 价格富有弹性;

2. 不存在货币幻觉,所以人们不会把价格水平的上升和相对价格的上升相混淆;

3. 新增加的货币将根据经济行为人现在所持有的货币量呈比例地分配;

4. 不存在不稳定价格预期,因为价格上升会助长对未来通货膨胀的恐惧,因此会引起对预防通货膨胀损失的保值资产,如房地产、珠宝和外国资产的哄抢;

5. 基础货币与货币总供给的比率不会发生变化,如果变化,则意味着银行货币和总货币量有所不同,因此银行实际贷款量会发生变化,最终使利率变动;

6. 不存在诸如公开市场买卖这样的政策,例如,增加货币供给和提高价格水平会使大众更加穷困;因为这会导致高额储蓄,也会导致利率降低;

7. 不存在名义债务,但是存在实际债务;

8. 货币像纯粹的白银或黄金那样，是法定货币。货币供给的变化以及随后出现的价格水平的变化，意味着白银或黄金的相对价格会改变，同时其他所有商品和劳务的相对价格也将改变。

当然，严格意义上的中性在现实世界中可能永远无法达到。对于现实世界发展的评价，譬如说古典学者李嘉图，他对于中性的评价采用的是一种较为宽松的标准。他的中性涉及产出水平，而不是产出构成（Humphrey，1991）。要达到这种意义上的中性，有以下要求：经济行为人发现自己的真实财产由于自己所持有的名义固定资产的实际价值增加（由于经济行为人所持有的名义固定资产的实际价值增加，比那些从天而降的货币的平均增长幅度要大，或者发生了通货紧缩）或者自己所持有的名义固定负债减少（由于发生了通货膨胀）而相应增加，此时他们支出的增加刚好可以被那些发现自己的真实财产由于新货币分配不均，或者因价格水平改变而减少的经济行为人支出的减少相抵消。当然，这里所提到的中性，不管是严格意义上的中性，还是宽松意义上的中性，都与凯恩斯在《通论》中所提到的中性相去甚远。在正常状态下，在资源尚未充分利用时，货币供给的改变几乎不可能不对经济的实际变量产生影响，除非该经济体系正遭遇流动性陷阱。

即使货币供给的变化是中性的，货币增长率的变化也不必是中性的。如果连货币增长率的变化也是中性的，则我们可以称之为超中性。当然，此时我们又回到了数量中性的情况。不同的通货膨胀率对应着不同的货币供给增长率。只要货币不收取利息，或者至少利率与通货膨胀率不同步，货币就会对经济产生实际影响。例如，人们在面对较高的通货膨胀率时，会减少实际所持的现金余额，并更多地投资于其他资产，比方说购买普通股。这样，投资率会上升。这个现象被称作托宾效应或蒙代尔-托宾效应，是以用货币增长模型来描述这种现象的创始者的名字命名的（Mundell，1963；Tobin，1965）。这类模型存在的一个基本问题是，它描述的是一个单一经济，在这个经济内，经济行为人之间的交易不起任何作用，而且在该经济中，我们无法为使用货币提供合理的解释。这就意味着，这种研究忽视了高通货膨胀造成的对经济中支付体系效率的损害（Orphanides and Solow，1990）。

20世纪30年代，一些主要的经济学者认为，货币中性就是货币均衡的维持，这就意味着，经济系统能够免于受到由货币领域产生的冲击。然而，库普曼斯指出，在经济受到来自实体部门的冲击时，没有一种政策建议是从中性的角度提出的。如果我们从一个需求和供给函数基本保持不变的稳定经济，或者戴维森式的恒稳态增长的经济，向熊彼特的经济世界移动，货币均衡概念将失去意义。在划时代巨著《经济发展理论》(1961)中,熊彼特指出,货币创造是一个由于企业家行为而处于改革进程中的经济的重要部分。银行信贷允许企业家将生产要素从其他的使用途径中转移出来,并因而实现创新(同上,第106页;Trautwein,2000)。然而,货币数量的中性问题在于,它对宏观经济政策到底有多大的实际重要性。如果货币不是中性的,广义上的经济行为不会受到影响,或者,如果一种均衡状态向另一种均衡状态的过渡期很长,货币政策便可以用来解决失业问题。

严格意义上的货币中性几乎不可能成立。然而,倘若只是从货币供给的变化并不会影响总产出这个意义上说,货币中性是有可能成立的。如果我们不是以年为考虑单位,而是以十年为考虑单位的话,我们可以容易地发现,货币数量论所描述的现象与经济实际相差并不太大。但是没有证据表明,价格比率和产出的构成不会受到影响。如果我们用较长时间研究经济中的一切,尤其是技术时,我们很难证明或者反驳说,货币是有影响的。恶性通货膨胀的情形给研究短期内货币数量论的正确性提供了很好的案例,但此时分配效应是主要的,而财富的分配,均衡时的数量以及价格比率,都很难回到通货膨胀前的水平。相较于货币数量论的实证研究,对于超中性的实证研究可谓寥寥无几。长期中是否存在超中性,似乎缺乏有力的理论支持(对于实证研究的概述,见 Bullard,1999)。

汉斯·维瑟(夏雨仙译)

参见:

Classical Dichotomy; Equation of Exchange; Hume, David; New Classical Economics; Quantity Theory of Money; Say's Law; Schumpeter, Joseph A.; Velocity of Circulation; Wicksell, Knut.

参考文献:

Bullard, J. (1999), "Testing Long-Run Monetary Neutrality Propositions: Lessons from the Recent Research", *Review*, Federal Reserve Bank of St. Louis, 81, November/December, pp. 57–77.

Cantillon, R. (1964). *Essai sur la Nature du Commerce en General*, ed. H. Higgs, with an English translation, New York: Kelley; first published in this edn. 1931, originally published 1755, London: Fletcher Gyles.

De Jong, F. J. (1973), *Developments of Monetary Theory in the Netherlands*, Rotterdam: Rotterdam University Press.

Divisia, F. (1962), *Traitement Econometrique de la Monnaie, l' Interèt l' Emploi*, Paris: Dunod Fase, M. M. G. (1992), "A Century of Monetary Thought in the Netherlands", in J. van Daal and A. Heertje(eds), *Economic Thought in the Netherlands: 1650 - 1950*, Aldershot, UK and Brookfield, US: Edward Elgar.

Friedman, M. (1969), "The Optimum Quantity of Money", *The Optimum Quantity of Money and Other Essays*, London: Macmillan.

Hayek, F. A. (1967), *Prices and Production*, 2nd edn, London: Routledge & Kegan Paul; first published 1931.

Hume, D. (1955), "Of Money", *Writings on Economics*, ed. E. Rotwein, Edinburgh: Nelson; first published in D. Hume (1752), *Political Discourses*, Edinburgh.

Humphrey, T. M. (1991), "Nonneutrality of Money in Classical Monetary Thought", *Economic Review*, Federal Reserve Bank of Richmond. 77, March/April, pp. 3 - 15.

Keynes, J. M. (1971), *A Treatise on Money*, London: Macmillan; first published 1930.

Klausinger, H. (1989), "On the History of Neutral Money", in D. A. Walker (ed.), *Perspectives on the History of Economic Thought*, vol. II, Aldershot, UK and Brookfield, US: Edward Elgar.

Koopmans, J. G. (1933), "Zum Problem des 'Neutralen' Geldes", in F. A. Hayek (ed.), *Beiträge zur Geldtheorie*, Vienna: Julius Springer.

Lucas, R. E. Jr (1996), "Nooel Lecture: Monetary Neutrality", *Journal of Political Economy*, 104, February, pp. 661 - 82.

Mundell, R. A. (1963), "Inflation and Real Interest", *Journal of Political Economy*, 71, June, pp. 280 - 83.

Myrdal, G. (1933), "Der Gleichgewichtsbegriff als Instrument der geldtheoretischen Analyse", in F. A. Hayek (ed.), *Beiträge zur Geldtheorle*, Vienna: Julius Springer.

Orphanides, A. and R. M. Solow (1990), "Money, Inflation and Growth", in B. M. Friedman and EH. Hahn (eds), *Handbook of Monetary Economics*, vol. I, Amsterdam: North Holland.

Patinkin, D. (1965), *Money, Interest and Prices*, 2nd edn. New York: Harper&Row.

Patinkin, D. and O. Steiger (1989), "In Search of the 'Veil of Money' and the 'Neutrality of Money': A Note on the Origin of Terms", *Scandinavian Journal of Economics*, 91, March, pp. 131 - 46.

Samuelson, P. A. (1968), "What Classical and Neo-Classical Monetary Theory Really Was", *Canadian Journal of Economics*, 1, pp. 1 - 15; reprinted in R. W. Clower (ed.) 1969, *Monetary Theory*, Harmondsworth: Penguin.

Schumpeter, J. A. (1961), *The Theory of Economic Development*, Oxford: Oxford UniversityPress; first published 1934 by Harvard University Press as a translation of *Theorie der wirtsehaftlichen Entwicklung*, 1911.

Thomas, B. (1935), "The Monetary Doctrines of Professor Davidson", *Economic Journal*, 45, March, pp. 36–50.

Tobin, J. (1965), "Money and Economic Growth", *Econometrica*, 33, October, pp. 671–84.

Trautwein, H.-M. (2000), "The Credit View, Old and New", *Journal of Economic Surveys*, 14, April, pp. 155–89.

Walras, M. E. L. (1965), *Elements of Pure Economics*, London: George Allen & Unwin, translation by W. Jaffé of the Edition Definitive of *Eléments d'économie politique pure*, 1926.

Wicksell, K. (1898), *Geldzins und Güterpreise*. Jena: Gustav Fischer.

Wicksell, K. (1936), *Interest and Prices*, translation of Wicksell (1898); repr. (1965), New York: Kelley.

293. 新古典经济学 New Classical Economics

20世纪70年代,由货币主义发展而来的宏观经济学新古典分析方法取代了货币主义,成为凯恩斯学派经济学的主要竞争对象。尽管它融合了货币主义的元素(比如货币主义者对通货膨胀的解释),但它仍然被视为源于正统货币主义思想的独立学派(见 Hoover,1984;Laidler,1986)。作为一种处于支配地位的美国思想学派(至少在最初),新古典理论发展的第一阶段与一些人的研究工作,尤其是与小罗伯特·E. 卢卡斯、托马斯·萨金特、罗伯特·巴罗、爱德华·普雷斯科特以及尼尔·华莱士的研究工作相一致。

该方法的基础在于三个主要假设条件的成立。第一个假设是在微观经济学中与约翰·穆思研究相关的理性预期假说。穆思在他的代表作(Muth,1961)中提出:"预期是指他们所知的对未来事件的预测,与相关的经济理论的预测相同。"这一假设的重要含义在于,"前瞻性"理性经济行为人不会因时间的变动而出现系统性预期错误。第二个假设是,新古典模型遵循瓦尔拉斯均衡,其中,对所有在任何时点可观测的产出都被视为"市场出清"产出。该假设转而暗示了完全工资和价格弹性。假设市场持续出清,所有贸易获利都得到了充分利用,效用实现最大。第三个假设是,新古典模型融合了基于二分法正统微观经济假设的总供给假设,即反映工人和企业最优化行为的理性决策以及依据相对价格的工人的劳动供给和企业的产出(见 Lucas and Rapping,1969;Lucas,1972,1973)。

总供给取决于相对价格的假设对新古典解释产出和就业波动尤为重要。在新古典分析中,未预期到的货币冲击引起了(合理形成的)价格预期的错误,并使产出和就业偏离长期(完全信息)均衡(自然)水平。这些错误是工人和企业没有掌握完全信息的结果,因此才错把物价变化当作相对价格的变化,并通过改变劳动和产出的供给来作出相应调整(见 Lucas,1975,1977,1981,1987,1996)。在新古典均衡经济周期理论中,经济行为人对他们获取的价格信息进行了最优反应,所以市场持续出清。

在新古典模型中,理性预期、市场持续出清和总供给假设理论的整合,产生了五个颇有争议的政策含意。第一,所谓"政策无效性"(Sargent and Wallace,1975,1976)的含意为,只有货币当局采取的随机或武断的货币政策,才具备短期真实效应,原因是,理性的经济行为人无法对这些政策进行预期。假设这些行为只会增加产出和就业以自然水平为基础的变动,增加经济的不确定性,这个提法提出了一种与偏好规则相对立的自主政策激进主义的观点。

第二,与凯恩斯主义和货币主义不同,新古典分析意指,只要所公布的货币紧缩政策被认为具有可信度,那么,理性的经济行为人将会立即降低他们的通货膨胀预期,从而使当局不需要采取任何没有痛苦的反通货膨胀的手段。

第三,芬恩·基德兰德和爱德华·普雷斯科特(Kydland and Prescott,1977)在颇具影响的文章中关于动态时间不一致的理论,提出了另一种观点,即货币政策通过规则实施,而不是通过相机抉择实施。他们的分析以菲利普斯曲线中通胀与失业的交替为例证,阐述了在政策具有可信度,并且行为人会降低自己的通货膨胀预期的条件下,货币当局在公布了削减通胀的货币紧缩政策之后,如何具有隐藏或违背之前所宣布的政策动机,为暂时降低失业而实施扩张性货币政策。在这种具有相机变化货币政策力度并具有欺骗动机的情况下,所宣布政策的可信度大为减弱。因此,该分析意味着,如果货币当局不具有相机抉择的权力,而且对政策的可信度以及政策制定者的威信之重要性具有深刻认识,经济状况可能会有改善。

第四,与罗伯特·巴罗的研究(Barro,1974)相关的是,备受争议的李嘉图债务等价定理限制了以税收变化作为稳定调节的政策工具的作用。根据李嘉图定理,公债性质的税收削减不会使消费水平受到影响,因为私人部门会完全预期到政府需要用未来应纳税金来偿还利息并赎回债务。

最后,按照经济计量政策评估的"卢卡斯批评",卢卡斯(Lucas,1976)损害了人们对传统的凯恩斯学派宏观经济模型能准确预测由政策变化导致的宏观经济主要变量的结果的信心。因为模型中的参数会因经济行为人根据新的政策环境自发调整自己的预期和行为而发生变化。

具有讽刺意味的是,当新古典对现代宏观经济模型的发展产生了重大的方法论影响时(见Lucas,1980),就见证了20世纪80年代初期用"货币突发性"均衡来解释经济周期的终结。这在很大程度上是因为要将经济周期——假设是由不完全信息引致——的规模和长度与经济行为人可以较低成本轻易获得总价格水平和货币供给数据这一事实协调起来的问题(Tobin,1980)。另外,早期的实证研究尤其是罗伯特·巴罗的研究(Barro,1977,1978),似乎都支持政策无效性这一提法。接下来,弗里德里克·米什金(Mishkin,1982)和罗伯特·戈登(Gordon,1982)的研究证明,无论是未预期到的还是预期到的货币政策,都能影响产出和就业。20世纪80年代早期一些重大事件,都对新古典分析法提出了批评,因为新古典分析认为,1981—1982年美国和1980—1981年英国的经济不景气的程度与沃尔克/里根和撒切尔夫人"宣称的"抑制通货膨胀的货币政策有关。由于这些发展,"关于信息有限性在货币政策影响现实社会的产出中起核心作用的观点半途而废"(Chari,1998)。

尽管第一阶段的新古典宏观经济学从此销声匿迹,但是第一阶段的理论为20世纪80年代第二阶段的发展播下了种子。第二阶段的均衡理论由芬恩·基德兰德和爱德华·普雷斯科特根据约翰·朗和查尔斯·普罗瑟(Long and Plosser,1983)的理论在1982年首次提出,就是后来的真实经济周期理论。宏观经济学真实经济周期理论的代表人物和杰出贡献者包括爱德华·普雷斯科特、芬恩·基德兰德、查尔斯·普罗瑟、约翰·朗、罗伯特·金和罗伯特·巴罗。该方法的支持者将经济波动视为主要是由持续真实市场(供给方)冲击引起,而不是未预期到的货币(需求方)的冲击所致。这种真实冲击强调技术进步的较大随机波动所导致的相对价格波动,以及经济行为人通过改变自己的劳动供给和消费而作出的最佳反应。

也许该方法最受争议的特点是将产出和就业波动视为真实技术对总产出函数冲击的帕累托效率反应。这意味着,人们所观察到的产出波动是自然产出率的波动,并没有偏离平稳确定的趋势。因此,政府不应通过稳定政策来抑制这些波动,这不仅是因为政府的这些努力未必能达到预期结果,而且因为在降低这些不稳定性的同时会降低社会福利水平(Prescott,1986)。真实经济周期理论家们的"大胆猜想"是，在经济周期的每个阶段，即繁荣期和衰退期，都是均衡的表现。"衰退再现了不受人们欢迎、人们不愿面对但又无法避免的强制约束力；但是，有了这些约束力，市场行为更有效率，而且，人们可以成功地实现条件允许情况下的最优产出……经济周期的每个阶段都是帕累托有效均衡"（Hartley et al.，1998）。

显然，真实经济周期不仅备受争议，而且受到许多批评（例如，见 Summers，1986；Mankiw，1989）。我们可以举一个例子，即对经济衰退中一国生产能力恶化的本质——引发衰退的负面技术冲击是什么的重要批评（见 Mankiw，1989）。尽管批评很多，真实经济周期理论家们还是为现代宏观经济学作出了重要而持久的贡献。首先，真实经济周期理论颠覆了传统的分析方法，在传统的分析方法中，使用完全不同的分析工具对增长和波动进行分析。直到 20 世纪 80 年代初期，被凯恩斯主义、货币主义和新古典经济学接受的传统智慧还是将产出的波动解释为由总需求冲击所引起的、围绕长期上升趋势的短期波动。通过经济增长和波动理论的融合，真实经济周期方法不可逆转地改变了当代经济周期理论研究的方向，同时有助于宏观经济学家将目光重又聚焦到经济的供给方。

其次，真实经济周期的研究突出了极有必要整合进宏观经济分析的跨时和动态的特征。任何重要的宏观经济变量，诸如消费、储蓄、劳动供给和投资都具有跨时特征。再次，受基德兰德和普雷斯科特（Kydland and Prescott，1982）的启示，真实经济周期理论家并没有试图让模型像传统的经济计量模型那样，能够进行测试，他们提出一种调整方法，利用这种方法，根据宏观经济变量与实际经济行为的比较，得出模型的模拟结果（受随机冲击影响之时）。这样，真实经济周期理论家提出了一种与定量"一般均衡"动态模型有关的新的研究方法。

最后，有意思的是，新古典思想在主流宏观经济学教材中引用极广，而多数编写这些教材的经济学家却不认为自己是新古典经济学家。诸如理性预期、政策无效性、时间不一致性、政府信用、声誉、李嘉图等价和（货币和真实的）均衡经济周期等很多问题的讨论，都能在近期出版的当代中级宏观经济学教课书中找到。与经济学中的大多数"变革"一样，新古典经济学也有一些过头的说法。尽管如此，由于主要的新古典经济学家的杰出贡献，凯恩斯学派宏观经济学家从萨缪尔森的说法中了解到，"相比于那些同意你观点的人，你从那些批判你观点的智者身上可以学到更多。水无论如何也不会涨过它的源头"（Samuelson，1996，第 1680 页）。由于新古典学派的贡献，宏观经济学在 20 世纪 70 年代成了"最富争议"的学科（见 Woodford，2000），按照布兰查德（Blanchard，2000）的说法，今天的宏观经济学研究前沿,非常奇怪地没有了思想体系。按照相同的思路,古德弗伦德和金(Goodfriend and King,1998)提出,宏观经济学正朝着包容了新古典和新凯恩斯学派元素的"新新古典综合"发展。

布莱恩·斯诺登 霍华德·R. 文(安佳译)

参见:

Bussiness Cycles: New Classical Approach; Bussiness Cycles: Real Bussiness Cycle Approach; Calibration; Credibility and Reputation; Inflation: Costs of Reducing; Keynesian Economics; Lucas Critique; Lucas, Robert E. Jr.; Macroeconometric Models; Monetarism; Natural Rate of Unemployment; New Neoclassical Synthesis; Policy Ineffectiveness Proposition; Rational Expectations; Ricardian Equivalence; Rules Versus Discretion; Schools of Thought in Macroeconomics; Time Inconsistency.

参考文献:

Long, J. B. and C. I. Plosser (1983),"Real Business Cycles", *Journal of Political Economy*, 91, February, pp. 39–69.

Lucas, R. E. Jr (1972),"Expectations and the Neutrality of Money", *Journal of Economic Theory*, 4, April, pp. 103–24.

Lucas, R. E. Jr (1973),"Some International Evidence on Output-Inflation Tradeoffs", *American Economic Review*, 63, June, pp. 326–34.

Lucas, R. E. Jr (1975),"An Equilibrium Model of the Business Cycle", *Journal of Political Economy*, 83, December, pp. 1113–44.

Lucas, R. E. Jr (1976),"Econometric Policy Evaluation: A Critique", in K. Brunner and A. H. Meltzer (eds), *The Phillips Curve and Labour Markets*, Amsterdam: North-Holland.

Lucas, R. E. Jr (1977),"Understanding Business Cycles", in K. Brunner and A. H. Meltzer (eds), *Stabilisation of the Domestic and International Economy*, Carnegie Rochester Conference Series in Public Policy, Amsterdam: North-Holland.

Lucas, R. E. Jr (1980),"Methods and Problems in Business Cycle Theory", *Journal of Money, Credit and Banking*, 12, November, pp. 696–717.

Lucas, R. E. Jr (1981), *Studies in Business Cycle Theory*, Oxford: Basil Blackwell.

Lucas, R. E. Jr (1987), *Models of Business Cycles*, Oxford: Basil Blackwell.

Lucas, R. E. Jr (1996),"Nobel Lecture: Monetary Neutrality", *Journal of Political Economy*, 104, August, pp. 661–82.

Lucas, RE. Jr and L. A. Rapping (1969),"Real Wages, Employment and Inflation",

Journal of Political Economy, 77, September/October, pp. 721 – 54.

Mankiw, N. G. (1989), "Real Business Cycles: A New Keynesian Perspective", *Journal of Economic Perspectives*, 3, Summer, pp. 79 – 90.

Mishkin, F. S. (1982), "Does. Anticipated Monetary Policy Matter? An Econometric Investigation", *Journal of Political Economy*, 90, February, pp. 22 – 51.

Muth, J. (1961), "Rational Expectations and the Theory of Price Movements", *Econometrica*, 39, July, pp. 315 – 35.

Prescott, E. C. (1986), "Theory Ahead of Business Cycle Measurement", *Federal Reserve Bank of Minneapolis Quarterly Review*, Fall, pp. 9 – 22.

Samuelson, P. A. (1996), "Gottfried Haberler (1900 – 1995)", *Economic Journal*, 106, November, pp. 1679 – 87.

Sargent, T. J. and N. Wallace (1975), "Rational Expectations, the Optimal Monetary Instrument and the Optimal Money Supply Rule", *Journal of Polittcal Economy*, 83, April, pp. 241 – 54.

Sargent, T. J. and N. Wallace (1976), "Rational Expectations and the Theory of Economic Policy", *Journal of Monetary Economics*, 2, April, pp. 169 – 83.

Snowdon, B. and H. R. Vane (1999), *Conversations With Leading Economists: Interpreting Modern Macroeconomics*, Cheltenham, UK and Northampton, MA, USA: Edward Elgar.

Snowdon, B., H. R. Vane and P. Wynarczyk (1994), *A Modern Guide to Macroeconomics: An Introduction to Competing Schools of Thought*, Aldershot, UK and Brookfield, US: Edward Elgar.

Summers, L. H. (1986), "Some Sceptical Observations on Real Business Cycle Theory", *Federal Reserve Bank of Minneapolis Quarterly Review*, Fall, pp. 23 – 7.

Tobin, J. (1980), "Are New Classical Models Plausible Enough to Guide Policy?", *Journal of Money, Credit and Banking*, 12, November, pp. 788 – 99.

Woodford, M. (2000), "Revolution and Evolution in Twentieth-Century Macroeconomics", in P. Gifford (ed.), *Frontiers of the Mind in the Twenty-First Century*, Cambridge, MA: Harvard University Press.

Barro, R. J. (1974), "Are Government Bonds Net Wealth?", *Journal of Political Economy*, 82, November/December, pp. 1095 – 117.

Barro, R. J. (1977), "Unanticipated Money Growth and Unemployment in the United States", *American Economic Review*, 67, March, pp. 101 – 15.

Barro, R. J. (1978), "Unanticipated Money, Output, and the Price Level in the United States", *Journal of Political Economy*, 86, August, pp. 549–80.

Blanchard, O. (2000), "What Do We Know About Macroeconomics that Fisher and Wicksell Did Not?", *Quarterly Journal of Economics*, 115, November, pp. 1375–411.

Chari, V. (1998), "Nobel Laureate Robert E. Lucas, Jr: Architect of Modern Macroeconomics, *Journal of Economic Perspectives*, 12, Winter, pp. 171–86.

Goodfriend, M. and R. G. King (1998), "The New Neoclassical Synthesis and the Role of Monetary Policy", *NBER Macroeconomics Annual*, pp. 231–95.

Gordon, R. J. (1982), "Price Inertia and Policy Ineffectiveness in the United States, 1890–1980", *Journal of Political Economy*, 90, December, pp. 1087–1117.

Hartley, J. E., K. D. Hoover and K. D. Salyer (eds) (1998), *Real Business Cycles: A Reader*, London: Routledge.

Hoover, K. D. (1984), "Two Types of Monetarism", *Journal of Economic Literature*, 22, March, pp. 58–76.

Hoover, K. D. (1988), *The New Classical Macroeconomics: A Sceptical Inquiry*, Oxford: Basil Blackwell.

Hoover, K. D. (ed.)(1992), *The New Classical Macroeconomics*, Aldershot, UK and Brookfield, US: Edward Elgar.

Kydland, F. E. and E. C. Prescott (1977), "Rules Rather than Discretion: The inconsistency of Optimal Plans", *Journal of Political Economy*, 85, June, pp. 473–91.

Kydland, F. E. and E. C. Prescott (1982), "Time to Build and Aggregate Fluctuations", *Econometrica*, 50, November, pp. 1345–70.

Laidler, D. E. W. (1986), "The New Classical Contribution to Macroeconomics", *Banca Nazionale Del Lavoro Review*, 156, March, pp. 27–55.

294. 新经济 New Economy

18世纪中叶,由英国兴起的经济活动的大转变就是众所周知的"第一次产业革命"。这次"革命"以科学技术的发展为基础,科学技术的进步为蒸汽动力的发明和锻铁生产奠定了基础。由于这些发明应用于经济中的制造业、运输业、通信业、农业和建筑部门,而出现了"一种新型通用技术",所以,这些发明促进了生产的机械化。到了 19 世纪末期，一系列新的意义重大的发明将经济带入了"第二次产业革命"，这次革命以内燃机、电气技术、钢铁、塑料和石化产品的发明为基础。20 世纪 90 年代末期，有些人提出，计算机和信息技术通过不断提高美国生产力的潜在增长率正改变美国的经济。根据艾伦·布林德和珍妮特·耶伦的说法（《惊人的十年》，世纪基础出版社，2001），生产力的增长在"1996—1999 年间比 1991—1995 年间提高了 100%"。

假设收入分配给定，长期内，实际工资增长主要由生产力增长决定，因此生产力增长的永久性跳升将会对生活水平产生极大的长期影响。过去几年中，经济学家一直在讨论，美国在 1995 年后出现的较高生产力增长是否揭示了"新经济"的到来。有时，关于"新经济"的讨论还包括对美国在 20 世纪 90 年代所取得的低失业和低通胀之"金发经济"的宏观经济表现的讨论（见 R. J. 戈登：《金发经济的基础：供给冲击和随时间变化的非加速通货膨胀失业率》，载《布鲁金斯经济活动论文集刊》，2，1998 年；R. J. 戈登：《始于 1870 年的美国经济增长：一场大潮？》载《美国经济评论》，89，1999 年 5 月；R. J. 戈登：《如今的新经济比得上过去的伟大发明吗？》，载《经济展望杂志》，14，2000 年秋；K. 斯特龙：《新经济确实存在吗？》，载《挑战》，1999 年 7—8 月；D. W. 乔根森、D. K. 斯特龙：《提升速度极限：信息时代的美国经济增长》，载《布鲁金斯经济活动论文集刊》，1，2000 年；D. W. 乔根森：《信息技术和美国经济》，载《美国经济评论》，91，2001 年 3 月；S. B. 沃德米：《我们拥有新经济吗？》，载《英格兰银行季度报告》，2001 年冬）。

尽管微电子和计算机知识的出现和传播似乎构成了"第三次产业革命"，但戈登（Gordon,1999）认为："相比于当今的电子和互联网时代，19 世纪末 20 世纪初的发明对生产力的创造发挥了更为基础的作用……我们现在看到的大多数成就都属于第二级。"还可以参见乔根森（Jorgenson,2000）、斯特龙（Stiroh,2001）以及 M. 阿布拉莫维茨和 P. 戴维（Abrammovitz and David,2001）所作的另一种评价："两个世纪以来美国宏观经济的增长：从丰富资源的开采到知识带动的发展"，载《斯坦福经济政策研究所讨论稿》，第 01—05 期。

295. 新凯恩斯学派经济学 New Keynesian Economics

新凯恩斯学派经济学是在与新古典宏观经济学的竞争中发展起来的。与新古典主义(NC$_S$)一样,新凯恩斯学派(NK$_S$)的宏观经济体系是在对个体工资、价格和预期形成进行了明确规定的微观基础上发展起来的。与新古典相同的是,这些微观基础也是基于对个人最优化行为的假定。尽管有这些相似性,新凯恩斯学派经济学还是创建了一种宏观经济的分析方法,复兴了凯恩斯学派的观点,为政府行为提供了支持。

这样说对丰富多彩的新凯恩斯学派思想有些不公,其实这里存在一个至关重要的区别:新凯恩斯学派意识到了一些新古典主义没有意识到的信息问题。本条目以下部分将清楚阐述,在市场经济中,这些问题怎样为政府行为创造出一个稳定较低失业水平的机会(见 Gordon,1990;更详细的评论,可见 Hargreaves Heap, 1995)。

新古典假设经济行为人是价格接受者,价格会导致市场出清,新凯恩斯学派认为,经济行为人是价格制定者,市场是无法出清的。有很多因素会将市场转换成不完全竞争的微观基础,其中一个就是信息不可能免费获得。例如,在一个价格信息不能免费获取的市场上,每个人都面临不同的搜索成本,所以不会不约而同地抛弃一家谨慎抬价的公司。因此,这家公司面临一条向下倾斜的需求曲线,而且有价格制定的自主权。

如果一家企业缺乏其工人付出了多少努力的信息,则这家企业会根据市场出清价格来制定工资,即使劳动市场在其他方面是完全竞争的。这是因为,至少存在偷懒的工人被抓住并被开除的可能性,所以为了创造偷懒的成本,企业会相对于其他企业提高自己的工资,从而对缺乏这种信息做出反应。当然,一旦所有企业都这样做,相对工资就不会改变。但是,当每家企业都抬高工资水平时,平均工资水平就超出了市场出清所能承受的价格,而且,当这一切发生时,增加工资水平的压力因为有被解雇的非自愿失业的可能性而减退,所以就有了反对偷懒的能力。这就是有效工资论的一种说法(见 Shapiro and Stiglitz,1984;另见 Akerlof,1982)。

市场微观基础向不完全竞争的转换是极为重要的,至少在两个方面极为重要。首先,当总需求冲击使得一般物价水平的调节变得缓慢而复杂,无法瞬间完成时,它改变了所有企业变动价格的动机。试想一个通货紧缩的货币冲击,这种冲击需要对所有价格进行相同比例的调整才能恢复初始阶段实际价值的均衡。如果每家企业的需求都减少了,那接下来会发生什么呢?

如果企业是价格接受者,而且每个企业的需求曲线根据市场价格都具有无限弹性,则问题很容易回答:任何一家企业只能根据市场价格,随着不断下降的市场价格来改变自己的价格,否则他们将失去客户。比较来看,当一家企业面临一条收缩的、向下倾斜的需求曲线时,我们不能同样地说:不降低价格也不会失去所有消费者。因为改变价格总是要产生某些成本(例如菜单成本),因此,我们不能假定,从瞬时价格调整获得的收益一定大于没有调整的收益(见 Mankiw,1985)。

一般来说,从调整而产生的获利大小不仅取决于冲击幅度的大小,而且取决于其他公司的行为(因为当其他公司降低价格后,那些未做出反应的公司的需求曲线就会收缩)。因此,公司做出是否调整的决定(以及之后的一般物价水平)将依赖于公司如何解决这样一个多方合作协调的问题(见 Blanchard and Kiyotaki,1987)。这也不是影响一般价格水平如何对冲击作出反应的唯一策略难题。假设公司不能准确了解他们的个体需求曲线已经受到影响,所以也不知道价格变化可能影响他们的销售,那么,在其他公司变动价格后,为了看看他们的销售是如何随之变化的,这种延迟价格变动的方式可能有些潜在的优势。当然,如果所有公司都必须同时调整价格,那么,所有公司都不能因为不想调整失败而等待其他公司的调整。换句话说,如果公司间的价格调整是错开的,每家公司都可以在调整自己价格之前学习其他公司的经验。但尽管如此,只要这种错列安排处于均衡状态,则一般价格水平将会逐渐适应冲击(见 Ball and Cecchetti,1988)。

简而言之,与完全竞争条件不同,在不完全竞争条件下,价格不能立即调整至均衡,我们有几种理由支持这一观点。价格发生调整的过程也许会持续很久,同时,产量下降和失业率上升也会使调整的负担增大。在这种情况下,人们自然会想知道,首先利用一种明智的总需求操作来平衡货币冲击是否一定是最好的处理办法(见 Buiter,1980;Clarida et al.,1999)。

转换到不完全竞争的第二个重要影响关系到长期宏观经济的均衡状态(即,价格被完全调整后的状态):这就是长期均衡的无效性。上面提到的有效工资模型对这种可能性(均衡状态下非自愿失业的存在)给出了说明,当然还存在其他的解释。我们现在着重从两个方面谈谈如何要求政府用新的方法来改善经济状况。

一个方面是分散式劳资谈判制度(每个公司面对单一的但是各不相同的工会)和集中式劳资谈判制度(所有公司面对同一工会)的比较。我们可以考虑在这两种制度下,推动工资上涨(以及失去工作)的可见成本。在分散式制度下,失业是一个缓和过程,因为工人到处都可以找到工作,即使找不到,也能领到失业救济金。在集中式制度下,失业工人没有其他去处,增加失业救济金也要支付高额的税收。实际上,分散式制度具有外部性,所以斗争来的可见工资局部成本低于真实社会成本,因此,在其他条件相同时,工资水平总是相对较高(见 Calmfors and Driffil, 1988)。

第二个方面源于经济学中的交易博弈模型(见 Diamond, 1982; Cooper and John, 1988)。假设每个公司都将生产的产品拿到市场上与生产其他产品的公司进行交易。每家公司都要在进入市场前计划好产品的产量。他们的决定实质上取决于他们是否期望能够交易他们的产品。如果每家公司期望其他公司提高产量,那么市场将供给充足,交易机会会相应增大,因此会使每家企业都提高产量。相反,如果期望其他公司降低投放市场的产量,交易机会则会缩小,每家公司都将降低产量。显然,这种经济中至少存在两种理性预期均衡:一种是每家企业都希望其他公司降低产量,这样每家公司都会降低产量;另一种是每家企业都预期其他公司提高产量,所以每家公司都会提高产量。

这就是新凯恩斯学派文献(参见 Bhaskar, 1990; Geanakopolos and Polemarchakis, 1986)中,众多多重均衡例证中的一个,与此同时也提出了经济体如何选择均衡的问题。如果认识得当,就为政府将经济转向有效均衡留下了余地。然而这个问题并不容易解决,因为这里的任务是要理解和影响预期的方式。尽管这里存在一种非常有意思的可能性,即新凯恩斯学派(正如之前谈到的劳资谈判制度)会更加重视经济中制度对均衡选择的影响。简言之,新凯恩斯学派可能会更偏向于制度,就像对预期的控制使新古典主义提出了中央银行独立制度一样(例如, Barro and Gordon, 1983)。

我们已经强调了在新凯恩斯学派分析中信息问题的作用,信息问题与凯恩斯本人对不确定性的关注相关,也与他的早期解释者所关注的问题相关(例如, Leijonhufvud, 1968)。然而,凯恩斯雄辩滔滔地讨论的未来的不确定性(一种占据了历史时间、与后凯恩斯学派经济学主题接近的经济),并不是新凯恩斯学派讨论的关于不确定性的方向。关于未来认识上的不确定性,仍然在新凯恩斯学派解释经济会遭受未预期到的波动影响之原因的分析中发挥作用,但并不是主要作用。与这里提到的例证相反,新凯恩斯学派关注的是与相互独立的其他人的策略行为相关的不确定性。当然,这就是凯恩斯有关金融市场行为的著名的选美比赛的讨论,事实上,这一观点如今已经占据新凯恩斯学派宏观经济学的核心地位。

肖恩・P.哈格里夫斯・希普(安佳译)

参见:

Efficiency Wage Theory; Menu Costs; New Classical Economics; Shirking Model.

参考文献:

Akerlof, G. (1982),"Labour Contracts as Partial Gift Exchange", *Quarterly Journal of Economics*, 97, November, pp. 543 – 69.

Ball, L. and S. Cecchetti (1988),"Imperfect Information and Staggered Price Setting", *American Economic Review*, 78, December, pp. 999 – 1018.

Barro, R. and D. Gordon (1983),"Rules, Discretion and Reputation in a Model of Monetary Policy", *Journal of Monetary Economics*, 12, July, pp. 101 – 21.

Bhaskar, V. (1990),"Wage Relativitics and the Natural Range of Unemployment". *Economic Journal*, 100, Supplement, pp. 60 – 66.

Blanchard, O and N. Kiyotaki (1987),"Monopolistic Competition and the Effects of Aggregate Demand", *American Economic Review*, 77, September, pp. 647 – 66.

Buiter, W. (1980),"The Macroeconomics of Dr Pangloss: A Critical Survey of the New Classical Macroeconomics", *Economic Journal* 90, March, pp. 34 – 50.

Calmfors, L. and J. Driffill (1988),"Centralisation of Wage Bargaining and Economic Performance", *Economic Policy*, 6, pp. 13 – 61.

Clarida, R, J. Gali and M. Gertler (1999),"The Science of Monetary Policy: A New Keynesian Perspective", *Journal of Economic Literature*, XXXVII, December, pp. 1661 – 1707.

Cooper, R. and A. John (1988),"Coordinating Coordination Failures in Keynesian Models", *Quarterly Journal of Economics*, 103, August, pp. 441 – 63.

Diamond, P. (1982),"Aggregate Demand Management in Search Equilibrium", *Journal of Political Economy*, 90, October, pp. 881 – 94.

Geanakopolos, J. and H. Polemarchakis (1986), "Walrasian Indeterminacy and Keynesian Macroeconomics", *Review of Economic Studies*, 53, October, pp. 755 – 79.

Gordon, R. (1990),"What is the New-Keynesian Economics?", *Journal of Economic Literature*, XXVIII, September, pp. 1115 – 71.

Hargreaves Heap, S. (1995), *The New Keynesian Macroeconomics*, Aldershot, UK and Brookfield, US: Edward Elgar.

Leijonhufvud, A. (1968), *On Keynesian Economics and the Economics of Keynes*, London: Oxford University Press.

Mankiw, N. G. (1985),"Small Menu Costs and Large Business Cycles: A Macroeconomic Model of Monopoly", *Quarterly Journal of Economics*, 100, May, pp. 529 – 37.

Shapiro, C. and J. Stiglitz (1984),"Equillbrium Unemployment as a Discipline Device", *American Economic Review*, 74, June, pp. 433 – 44.

296. 新新古典综合 New Neoclassical Synthesis

现代宏观经济学发展过程中的一个主题就是"不断发展的古典主义—凯恩斯学派的争论"。古典学派经济学家和凯恩斯主导的主流经济学家思想的综合,起码延续到 20 世纪 70 年代初。从第二次世界大战到 20 世纪 70 年代早期,宏观经济学的标准教科书主要依赖约翰·希克斯对《通论》的解释,以及莫迪利亚尼、帕廷金和托宾等经济学家的修正。保罗·萨缪尔森的畅销教科书使凯恩斯学派的和古典学派的思想综合广为流行,并为广大读者和学生所接受。萨缪尔森本人又在 1955 年的《经济学》第 3 版中引入了"新古典综合"的概念。由 IS‑LM 模型和 AD‑AS 框架表示的古典学派和凯恩斯学派的思想综合,代表了 20 世纪 70 年代之前的一致观点,并且是宏观经济学教科书和专业研讨中的标准分析方法。

在宏观经济学思想统一期间,经济学家之间的分歧自然不如之前激烈,在文献中也不太看得见。然而,20 世纪 70 年代和 80 年代,经济学家之间出现了激烈争论。尤其是,这种情况是"新古典"革命在宏观经济学领域引起争论和主流凯恩斯学派予以回应的结果。20 世纪 80 年代,宏观经济学的混乱在真实经济周期理论家和所谓"新凯恩斯学派"群体之间的不一致性最为明显(见 B. 斯诺登、H. R. 文和 P. 温纳齐克,《现代宏观经济学指南:各思想流派比较研究导论》,爱德华·埃尔加出版社,1994;H. R. 文(编)《宏观经济学读本》,卢特里奇出版社,1997)。尽管如此,根据马文·古德福伦德和罗伯特·金的观点(《新新古典综合与货币政策的作用》,载《国家经济研究局宏观经济学年鉴》,1998),过去十年学术界的趋势是现代宏观经济学朝着"新新古典综合"方向演进(参见 O. 布兰查德:《什么是我们知道而费雪和威克塞尔不知道的宏观经济学理论》,载《经济学季刊》,115,2000 年 11 月)。

新的综合"继承了结合凯恩斯学派和古典学派元素的老学派的精神"。我们可以看一下新综合中的重要因素,这些因素包含了跨时最优、理性预期、商品市场和信用市场的不完全竞争,以及名义刚性和成本高昂的价格调整。古德福伦德和金在分析中推断出新新古典综合理论中关于货币政策的几个重要结论。首先,货币政策在短期具有实际效应。其次,通货膨胀与实际经济不存在长期交替关系。再次,通货膨胀负面影响很大,消除通货膨胀具有重要意义。最后,政策行为的信用对于货币政策实施效果至关重要。古德福伦德和金认为,这些结论为那些以通货膨胀目标为名义之锚的货币政策,指明了道路。

参见:

Credibility and Reputation; Inflation: Costs of; Inflation Targeting; Monetary Policy: Role of; Newclassical Synthesis; New Classical Economics.

297. 新政治宏观经济学 New Political Macroeconomics

新政治宏观经济学使用经济学的概念和分析工具来检验民主制度下政治和经济的相互作用,强调政策选择,以及政策如何有效影响经济结果。在这种分析中,假定政府不扮演社会计划人的角色,并最大化社会福利函数。相反,利益的冲突和权力的行使导致宏观经济政策的结果是一部分人获益,另一部分人受损。具有政治偏好的执政党的追求,包括连续执政的愿望,都受到流行的政治现实的影响。因此,政府被视为内生于政治经济体系。

关于政府行为是维护某个特殊集团利益的说法,在早期作品中亦有提及,著名的有卡列茨基(Kalecki,1943)的政治经济周期理论。卡列斯基假定,(a)政策和政策循环机制扎根于阶级矛盾之中;(b)无论什么政党执政,商业和食利者的利益控制着政治体系。新政治宏观经济学赋予政府更积极的职能。新政治宏观经济学的这一思想始于20世纪70年代中期,当时同时出现了两种思想。诺德豪斯(Nordhaus,1975)为其政策选择模型起名"政治经济周期"模型,在该模型中,政府最初关心的是换届选举。诺德豪斯以通货膨胀率和失业交替为例,假设失业为很多家庭带来了比通货膨胀率更严重的后果。因此,当大选临近时,政府就会以降低失业率为选举手段,通过一次经济循环来争取最大化选票;等到大选结束,通货膨胀的效应又反过来提高了失业率。这种机会主义行为是所有政治集团的普遍做法。希布斯(Hibbs,1977)提出的党派理论认为,政治集团的目标是通过执行政策来使其主要的支持者获益。按照这个观点,其收入主要依靠工资的社会经济下层阶级,相比于通货膨胀带给他的后果,更不易承受失业带给他的后果,所以他们是中间偏左的政党。上层阶级掌握了大量的金融资产,通货膨胀为其带来的是巨大的贬值压力;他们代表的是中间偏右的集团,这一集团为了保持低通货膨胀率可以忍受高失业率。当其他情况相同时,政策的转变反映了政府变动时,政策选择偏好的变化。

由于政府的政策选择会因机会主义动机和意识形态动机发生变化,因此两种方法都有见地。弗雷和施奈德(Frey and Schneider,1978)提出了一个模型,在该模型中,为应付支持度的下降,政府将其行为由意识形态转向机会主义。但由于理性预期理论和它的政策无效性命题的提出,该领域没能继续发展下去,暂时出现了中断。或是由于预期本身就基于信息掌握不充分,又或者由于政策具有突然性,所以十年后第二代模型融合了理性预期,并且允许政策在短期对实际变量产生作用。库克尔曼和梅尔泽(Cukierman and Meltzer,1986)以及罗戈夫和塞伯特(Rogoff and Sibert,1988)提出了加入理性预期的机会主义模型。在模型中,信息不对称使得政府能够创建政治经济周期;而且只有"有能力的"政府才能在换届选举前繁荣经济,因此才能确保下届连任。不同于诺德豪斯的模型,这一模型不存在选举前的经济不景气;理性预期确保了实际效应的暂时性,紧缩银根才能用来抑制通货膨胀。在多期(multi-period)的、与指数无关的名义工资合同系统中,阿莱西纳(Alesina,1987)在理性的党派理论中使用了不确定性选举,所以他的体系具有多重期、无指数及名义合同工资特点,这就为政策效应提供了突发的必要性。该模型预测,左派政府统治下较低的失业率和较高的增长率是短期的,并不像希布斯提到的具有长久持续的效应。正如希布斯所说,如果假设劳动反复接受这种工资合同,就会出现理论上的不一致性。

政策选择模型内涵了理性预期也产生了一些问题。正如我们看到的,能够产生暂时政策有效性的假设容易使人受骗。但也许更重要的是要注意到,在新政治宏观经济学中强调的政治冲突不仅包括利益冲突,而且也包括有关经济如何运行的观点的冲突。理性预期完全排除了第二种冲突,而本条目中提出的正是这种冲突的应用问题。

其他研究显然考虑了伴随改革的失败和延误引致社会达不到最佳政策效果的非理性行为。这一解释包括涉及改革利益分配的不确定性政策选择(Fernandez and Rodrik,1991;Rodrik,1996),以及由于希望降低改革的负担而引起的冲突(Drazen and Grilli,1993)。不同社会部门中的权力分配是政策实施效果达不到最佳的最终原因。加雷特(Garrett,1998)利用机会主义和意识形态的模型来考察由于全球化的不断推进而变化的企业、政府与劳动者之间的权力关系。这些地方都让人坚信,这一领域基本关注的是利益的不同和冲突。

新政治宏观经济理论的最新扩展比不上实证检验的发展。此外,该领域的实证工作常犯的错误是,它忽视了对经济变量现值的影响,而只注意经济变量的过去值和执政党的影响(例见 Alesina *et al.*,1997)。其内含的假设是,政党的偏好唯一决定实施哪项政策，没有注意到政策常常会产生反向效果，或遭遇制度上的壁垒而使政策实施受限。简言之，无论是机会主义还是意识形态模型，都考虑了政治力量和政策偏好，但都忽略了约束条件。在失业和通货膨胀情况下，如果假设至少存在一条短期可利用的菲利普斯曲线，那么，这些约束条件决定了失业和通货膨胀的交替，即，菲利普斯曲线的位置。第二个约束条件是当前的经济状态。不管哪个政党执政，不利的经济条件总是会限制政策选择；但不包括对此进行解释的变量。这一缺点使很多实证研究忽略了对这些决定政策约束条件的变量进行研究。

德拉曾(Drazen,2000,第5章)讨论了法律、社会规范和其他制度，并准确地将它们定义为对政策选择的约束条件。改进的阐释包括作为衡量政治和经济约束条件标准的制度和其他变量，以及一个比普遍使用的简单的虚变量更为灵敏的衡量权力的变量。尽管许多制度变量在一段时期内都不会有所变化，但跨国研究可以产生有用的见解，作为对某国进行深度研究的第一步。例如，康沃尔(Cornwall,1999)为16个经合组织经济体估算了递减的失业方程$U=U(V_1,V_2)$。矢量V_1得自政治偏好函数，V_2得自菲利普斯曲线，该曲线描绘了一系列可能的失业和通货膨胀后果。有效政治偏好用中间偏左的投票数量比例衡量。这个比例越高，对通货膨胀的容忍程度越大，对低失业的偏好越强；简单的左—右虚变量不能反映这种程度等级。制度同样也能影响政策选择，例如对于通货膨胀的厌恶；其衡量指标包括了中央银行独立性和货币联盟的成员数。菲利普斯曲线的位置在一定程度上受产业冲突的影响，所以，可以用罢工规模和经济条件，例如国际需求来衡量。这些对权力、制度变化和经济条件的度量确保了偏好和约束的并存。这个方程在统计上的重大意义是估算了"二战"后不同国家间失业的差异，同时也对党派行为提供了有力支持。新政治宏观经济学理论的实证研究将从这种方法中获益。

新政治宏观经济学为有价值的研究提供了极大的机会。其价值来自于它对真实经济以及驱动政策选择和结果的政治机制的考虑，这种考虑促使这一新理论的实证研究意义尤深。对分配问题、公共物品、国际问题和经济转型以及这里讨论的问题都有研究的德拉曾(Drazen,2000)，勾画了在这个领域应用实证研究的宽广空间。斯诺登和文(Snowdon and Vane,1999)对过去25年的研究作了回顾。本条目只是简要介绍了冰山一角，并有选择地提到了该领域出现的一些可能性和其中的一些缺陷。

温迪·康沃尔(安佳译)

参见：

Alesina, Alberto; Bussiness Cycles: Political Bussiness Cycle Approach; Central Bank Independence; Globalization; Kalecki, Michal; Phillips Curve; Policy Ineffectiveness Proposition; Rational Expectation.

参考文献：

Alesina, A. (1987), "Macroeconomic Policy in a Two-Party System as a Repeated Game", *Quarterly Journal of Economics*, 102, August, pp. 651 – 78.

Alesina, A., N. Roubini and G. Cohen (1997), *Political Cycles and the Macroeconomy*, Cambridge, MA: MIT Press.

Cornwall, W. (1999), "The Institutional Determinants of Unemployment", in M. Setterfield (ed.), *The Political Economy of Growth Employment and Inflation*, London: Macmillan.

Cukierman, A. and A. Meltzer (1986), "A Positive Theory of Discretionary Policy, the Cost of Democratic Government, and the Benefits of a Constitution", *Economic Inquiry*, 24, July, pp. 367 – 88.

Drazen, A. (2000), *Political Economy in Macroeconomics*, Princeton, NJ: Princeton University Press.

Drazen, A. and V. Grilli (1993), "The Benefit of Crises for Economic Reforms", *American Economic Review*, 83, June, pp. 538 – 607.

Fernandez, R. and D. Rodrik (1991), "Resistance to Reform: Status Quo Bias in the Presence of Individual Specific Uncertainty", *American Economic Review*, 81, December, pp. 1146 – 55.

Frcy, B. S. and F. Schneider (1978), "A Politico-Economic Model of the United Kingdom", *Economic Journal*, 88, June, pp. 243 – 53.

Garrett, G. (1998), *Partisan Politics in the Global Economy*, Cambridge: Cambridge University Press.

Hibbs, D. (1977), "Political Parties and Macroeconomic Policy", *American Political Science Review*, 71, December, pp. 1467 – 87.

Hibbs, D. (1992), "Partisan Theory after Fifteen Years", *European Journal of Political Economy*, 8, October, pp. 361 – 73.

Hibbs, D. (1994), "The Partisan Model of Macroeconomic Cycles: More Theory and Evidence for the United States", *Economics and Politics*, 6, March, pp. 1 – 24.

Kalecki, M. (1943), "Political Aspects of Full Employment", reprinted in M. Kalecki (1971), *Selected Essays on the Dynamics of the Capitalist Economy*, Cambridge: Cambridge University Press.

Nordhaus, W. (1975),"The Political Business Cycle", *Review of Economic Studies*, 42, April, pp. 169 - 90.

Rodrik, D. (1996),"Understanding Economic Policy Reform", *Journal of Economic Literature*, 34, March, pp. 9 - 41.

Rogoff, K. and A. Sibert (1988),"Elections and Macroeconomic Policy Cycles", *Review of Economic Studies*, 55, January, pp. 1 - 16.

Saint-Paul, G. (2000),"The 'New Political Economy': Recent Books by Drazen and by Persson and Tabellini", *Journal of Economic Literature*, 38, December, pp. 915 - 25.

Snowdon, B. and H. R. Vane (1999),"The New Political Macroeconomics: An Interview with Alberto Alesina", *American Economist*, 43, Spring, pp. 19 - 34.

298. 诺贝尔经济学奖 Nobel Prize in Economics

享有盛誉的"纪念阿尔弗雷德·诺贝尔瑞典中央银行(瑞典银行)经济学奖"于1969年第一次颁奖,该奖尤以诺贝尔经济学奖之名著称。诺贝尔经济学奖由瑞典皇家科学院每年颁发一次,评选标准同其他五项自1901年开始颁发的诺贝尔奖(化学奖、文学奖、医学/生理学奖、和平奖、物理学奖)相同。诺贝尔经济学奖授予"在本学科有特殊发现或突破,以及在这些方面有影响的人",该奖包括一枚金质奖章,获奖证书以及奖金若干(近年来奖金是100万美元)。到目前为止,诺贝尔经济学奖单独或联合颁给了在以下研究领域作出了卓越贡献的学者:微观经济学、宏观经济学、经济计量学、金融经济学、货币经济学、国际经济学、经济增长、经济发展、公共部门经济学以及经济史。到2002年为止,60%的诺贝尔经济学奖都颁给了美国公民,反映出美国自1969年以来在开拓性经济研究中的领先地位(该奖不颁发给逝者)。

追溯起来,诺贝尔奖获得者来自世界上最著名的大学是不足为奇的。这些著名大学包括芝加哥大学(9次)、哈佛大学(4次)、剑桥大学(4次)、加州大学伯克利分校(4次)、麻省理工学院(3次)、哥伦比亚大学(3次)、斯坦福大学(3次)、普林斯顿大学(2次)以及耶鲁大学(2次)。在宏观经济学方面被授予诺贝尔奖并作出了卓越贡献的经济学家包括(按字母顺序排列):乔治·阿克洛夫、米尔顿·弗里德曼、拉格纳·弗里施、弗·冯·哈耶克、约翰·希克斯、劳伦斯·克莱因、西蒙·库兹涅茨、阿瑟·刘易斯、小罗伯特·卢卡斯、詹姆斯·米德、弗兰科·莫迪利亚尼、罗伯特·蒙代尔、保罗·萨缪尔森、罗伯特·索洛、约瑟夫·斯蒂格利茨、理查德·斯通、扬·丁伯根、詹姆斯·托宾（见本书相关的个人条目）。读者如欲了解更多信息，请登录诺贝尔基金会的官方网站（$http://www.nobel.se$）。

299. 名义汇率 Nominal Exchange Rate

在一国境内，购买一单位该国货币所需交换的外国货币单位的数量；或用一国货币衡量的另一国货币的价格。

300. 名义国内生产总值 Nominal GDP

按当前市场价格计算的一国在一定时间内生产的总产出的价值，也称为现价国内生产总值。

参见：Gross Domestic Product.

301. 名义利率 Nominal Interest Rate

用没有经过通货膨胀调整的现行价格衡量的名义或市场利率。

302. 名义刚性 Nominal Rigidity

名义价格和名义工资是否能被假定为具有短暂的刚性是宏观经济学的一个基本问题。本词条将对名义刚性存在的证据进行回顾，对名义刚性的解释进行讨论，对名义刚性的存在进行评价并为进一步研究指明方向。

如果试图首先给名义刚性下一个定义，它应该是指，当市场上对于商品 X 存在过度供给或者过度需求的时候，商品 X 的名义价格仍然保持不变。如果要下一个更好的定义，则应该要认识到，对多数商品来说，价格并不是由一个并不具体的市场决定,而是由制定价格的经济行为人决定的。假定价格制定者根据他的外部经济环境,决定设定的"最优"或者是期望的实际价格是 p^*/P,这里,p^* 是最优名义价格,P 是相关价格指数的现值(不受价格制定者控制);再假定 p^* 也是现行价格。根据鲍尔和罗默的理论(Ball and Romer,1990),p^*/P 在面对经济冲击时没有及时进行调整就表明了实际刚性的存在,经济中实际刚性的程度则由 p^*/P 的变化决定。名义刚性意味着现有名义价格没能作出调整。很显然,实际刚性并不一定意味着名义刚性,反之,名义刚性也并不一定意味着实际刚性。区分名义刚性和实际刚性非常重要,其主要原因有如下两点:第一,名义刚性对于货币的非中性至关重要,而实际刚性不是这样。第二,对名义刚性的解释也往往与对实际刚性的解释不同。

名义刚性存在的依据

第一,有一些调查可以作为证据。在美国,有布林德(Blinder,1994)以及布林德等人(Blinder et al.,1998)根据大量调查所作的报告;在英国,有霍尔等人(Hall et al.,2000)所作的调查。这些证据表明,许多商品的价格很少进行调整。布林德也试图对 12 种不同价格刚性的解释进行评估。然而必须指出的是,所有这些研究都没有对名义价格刚性和实际价格刚性加以区分,而在由布林德检验的理论中,有些理论实际上是实际刚性理论。

第二,有些证据是基于货币非中性理论。有证据表明,货币的调整在短期内(例如,在 6 个月或者两年的时间里)对产出和就业有影响。这些证据包括弗里德曼和施瓦茨(Friedman and Schwartz,1963)的"叙事"分析法,以及罗默夫妇(Romer and Romer,1989)所作的修正。更多的则是基于统计学和经济计量的正式测试(例如,克里斯蒂亚诺等人[Christiano et al.,1999]审查了这些证据,并得出结论:"紧缩性货币政策冲击之后……总产出、就业、利润及货币总额下降了"[同上,第 69 页])。价格黏性模型并不只是对短期货币非中性进行的可能的解释,而且可能是最有说服力的解释。

第三,有的研究使用了单个交易价格数据:"很多产业具有高度的价格刚性。价格……在很多年里保持不变……非常普遍"(Carlton,1986,第 636 页)。

第四,波特巴等人(Poterba et al.,1986)做了一个巧妙的测试,测试是基于从直接税向间接税变动所带来的影响。

第五,来自于开放宏观经济学的证据:"对于任何随意查看过国际数据的人而言……名义价格刚性不重要的观点得不到数据支持"(Obstfeld and Rogoff,1996,

第606页)。名义汇率和实际汇率之间的显著关联性,是对名义价格刚性的解释。

最后,许多研究(例如 Nickell and Quintini,2001)都使用分组数据来研究名义工资变化的分布情况。"峰值"为零的存在意味着某种程度上的名义刚性;然而,另一种结论是,工人们的名义工资确实有所减少,这就意味着,名义工资刚性的度比较适中。

对名义刚性的各种解释

对实际工资和价格刚性的解释很多;其中包括有效工资理论、内部人—外部人理论、隐性契约、不完全竞争和消费者市场理论。然而,这些理论中都没有对名义刚性的解释,对名义刚性的解释都将在本节中回顾。

菜单成本

当一种商品的价格发生变化时,会出现菜单成本;菜单成本包括对商品重新贴上标签的成本,将目录重新印制的成本等。有人会说菜单成本太小,所以不能用来解释货币变化带来的巨大影响。这里有很多回应这一说法的观点。第一,曼昆等人(Mankiw,1985)提出,菜单成本虽小,但能对经济造成很大的影响。阿克洛夫和耶伦(Akerlof and Yellen,1985)提出了一个相关的观点:在形形色色的模型中,对于单一的价格制定者来说,价格偏离最优价格的成本可能很小。当最优价格发生变化时,只有一个很小的菜单成本,或者略微偏离合理价格,价格制定者都不会调整价格。然而,对于整个经济而言,这一成本要远远大于对于个体经济行为人而言的成本。

第二,调整价格的成本实际上可能并不小。利维等人(Levy et al.,1997)所作的研究就试图对美国的一些大型超市的菜单成本进行评测,他们得出的结论是:菜单成本占收入的 0.7%——虽然这个数目并不很大,但就整体而言,也不是小数目。这个研究测算出的调整价格的成本,是指纠正价格变化后不可避免会出现的误差的成本。

第三,有的学者,特别是鲍尔和罗默(Ball and Romer,1990)曾经指出,对于实际刚性而言,微小的菜单成本可能有着更大的重要性。

第四,对于有的价格,诸如由法律确定的最低工资,菜单成本确实可能会很高。

最后,价格之间存在着相关性:价格可能是在成本之上加价定出的,所以一个部门的名义刚性可能会恶化其他部门的名义刚性。

不完全信息

一家公司可能并不知道在发生经济冲击的时候,自己商品的最优名义价格会如何变化。相关信息的获取既缓慢又昂贵。出于这个原因,公司通常会审查一下一定时期以内(比方说一年以内)的定价决策,同时也不会经常地调整价格。

价格频繁变动的副作用

如果一家公司频繁变动自己的商品价格,消费者就会调整自己的购买行为,例如,如果消费者预期价格会上涨,则会在当期相应地增加自己的购买量。这对于公司来说代价很大;例如,零售商可能需要增加他的存货持有量,而且/或者由于处理订单的成本,他希望订单能够相当平稳地变动。

价格制定者之间的相互依存关系

假如一个勾结性的寡头垄断产业生产一种同质产品,该企业受到需求不足的冲击,这种情况可能会迫使各厂商降低自己的最佳名义(以及实际)价格。如果其他公司都不降低自己的产品价格,每家公司也都不会降低自己的产品价格,最终,该产品的价格就不会降低。我们可以将这种情形描述为协调失败。布林德的研究相当支持这个解释。凯恩斯(Keynes,1936,第 14 页)在解答工人们在失业期间不同意降低(名义)工资的问题时也给出了类似的解释:所有工人有可能因为价格上涨而都同意降低他们的实际工资,但没有任何单个团体的工人会接受只单独降低他们的工资,因为如果他们接受了,就意味着他们的实际工资相对于别的工人来说降低了。

价格已定时,特定交换媒介的特性

这里打算对下列影响进行分析:交换媒介虽然具有高度可分性,但不能具有无限可分性。在英国,价格的表示单位(便士)必须是整数。所以,即使最优价格一直在变化,实际价格可能受到必须是整数这个要求的限制而保持不变——我们一般都希望价格在一定时期内保持不变,然后再跳升到一个新的水平。同样,消费者出于某些原因可能喜欢某些价格(比如 9.99 英镑)——有可能是因为这些价格容易被记住,也许是因为这些价格有特殊性,或许是因为这些价格有心理上的吸引力。有的价格结构可以让零售商节约所需的找零。有人可能会说这样的成本和收益都非常小;然而我们可以使用在有人说菜单成本是很小时的反驳方法来进行反驳。譬如,一个零售商在一定范围内,有可能对价格的高低并非特别在意。这些因素可以用来解释零售商最终是如何定价的。

名义刚性存在的含意以及未来研究的方向

布兰查德和清泷信宏(Blanchard and Kiyotaki,1987)强调说,在一个标准宏观经济模型中引入不完全竞争,本质上并不会破坏货币中性。因为对于非中性来说,必须要加入诸如菜单成本这样的扭曲性元素。此时，公司面临的总需求增加可能会导致在价格不变的基础上增加产出。不完全竞争意味着，价格高于边际成本，所以，一个公司在现行价格下也愿意提供额外的供给，在某种具体条件下，这种情况可能会导致菜单成本，并且导致价格上涨到它的最优水平。显而易见，在不完全竞争框架下，必须分析价格黏性。

对许多菜单成本模型的一个批评是，这些模型是静态模型；名义刚性价格不会永远保持不变，因此必须研究价格为什么以及如何变动。当然，更具动态的菜单成本模型是能让人满意的，但是它并不容易提出，而且从这种动态菜单成本模型中推导出的结论通常都只在该模型中有效。例如，卡普林和斯普尔博（Caplin and Spulber,1987）提出了一个当存在菜单成本和不完全竞争时，货币仍然是中性的例子，但这个例子似乎并不具有普遍性。

错叠价格和/或工资设定模型（可见泰勒的评论，Taylor,1999），给研究提出了一个有希望的方向。在该模型框架中，工资设定者选择将名义工资在一定的时间里（也许是一年）维持在一定水平上，同时他也意识到，其他工资设定者也会在该段时间内将工资维持在一定水平上。事实上，工资的变化并不是同时发生的，这就引起了工资的惰性，如果制定价格者在调整价格时不愿意将实际工资改变太多，就会出现一定程度的名义惰性。按照最优原则决定的工资制定和消费者行为及企业行为的思路发展起来的模型似乎是可取的，这类模型勾勒了一个更加令人满意、统一的宏观经济学，综合了凯恩斯学派经济学和真实经济周期理论的观点。然而，这样的模型遇到的一个问题是，它们无法解决货币冲击的持续性问题（Ascari,2000; Chari et al.,2000）。

将这种方法扩展到开放经济的宏观经济学似乎也有很大的可行性。奥伯斯菲尔德和罗戈夫（Obstfeld and Rogoff,2000）在一篇重要的论文中，提出了一个包含不完全竞争、暂时价格刚性以及跨时优化的开放宏观经济模型，这篇论文引出了大量的研究论著，见莱恩的综述（Lane,2001）。最初的奥伯斯菲尔德—罗戈夫模型里的动态价格很不成熟；这也可能是他们模型的主要缺点，如果加上更合理的工资及价格行为，模型就应该比较可取了。然而，在开放经济中所面临的进一步问题是，到底是用外国货币表示的商品价格还是用本国货币表示的商品价格具有刚性。因为如果汇率发生变化，这两者都不具有刚性。奥伯斯菲尔德和罗戈夫（Obstfeld and Rogoff,2000）就价格刚性的市场定价理论提出了一个具有说服力的假设，并将其引入当前的一些开放宏观经济模型中。

结论

总之,我们可以说,在经济中存在多种名义价格刚性和工资刚性,但什么才是对于这种刚性的最佳解释,目前尚无定论。也许我们回顾过的所有这些解释至少都有一点道理。我们也要指出,我们不应该仅仅将外生价格或工资刚性的假设引入一个标准的宏观经济模型。我们有必要对一定时期里名义价格的刚性以及如何进行调整作些解释,我们也需考虑这一调整机制对宏观经济的含意。显然,在理论的宏观经济学领域,还大有可为。

约翰·芬德(夏雨仙译)

参见:

Menu Costs;New Keynesian Economics;Real Rigidity.

参考文献:

Akerlof, G. A. and J. L. Yellen (1985),"A Near-Rational Model of the Business Cycle, with Wage and Price Inertia", *Quarterly Journal of Economics*, 100, Supplement, pp. 823-38.

Ascari, G. (2000),"Optimising Agents, Staggered Wages and Persistence in the Real Effects of Money Shocks", *Economic Journal*, 110, July, pp. 664-86.

Ball, L. and D. Romer (1990),"Real Rigidities and the Nonneutrality of Money", *Review of Economic Studies*, 57, April, pp. 183-203.

Blanchard, O. J. and N. Kiyotaki (1987),"Monopolistic Competition and the Effects of Aggregate Demand", *American Economic Review*, 77, September, pp. 647-66.

Blinder, A. S. (1994),"On Sticky Prices: Academic Theories Meet the Real World", in G. Mankiw (ed.), *Monetary Policy*, Chicago and London: University of Chicago Press.

Blinder, A. S., E. Canetti, D. Lebow and J. Rudd (1998), *Asking about Prices: A New Approach to Understanding Price Stickiness*, New York: Russell Sage Foundation.

Caplin, A. S. and D. F. Spulber (1987),"Menu Costs and the Neutrality of Money", *Quarterly Journal of Economics*, 102, November, pp. 703-25.

Carlton, D. W. (1986),"The Rigidity of Prices", *American Economic Review*, 76, September, pp. 637-58.

Chari, V., P. Kchoe and E. McGrattan (2000), "Sticky Price Models of the Business Cycle: Can the Contract Multiplier Solve the Persistence Problem?", *Econometrica*, 68, September, pp. 1151-79.

Christiano, L. J., M. Eichenbaum and C. Evans (1999),"Monetary Policy Shocks:

What have we Learned and to what End?", in J. B. Taylor and M. Woodford (eds). *Handbook of Macroeconomics*, vol. Ⅰ A, Amsterdam: North-Holland.

Friedman, M. and A. J. Schwartz (1963), *A Monetary History of the United States, 1867 – 1960*, Princeton: Princeton University Press.

Hall, S., M. Walsh and A. Yates (2000),"Are UK Companies Prices Sticky?" *Oxford Economic Papers*, 52, pp. 425 – 46.

Keynes, J. M. (1936), *The General Theory of Employment, Interest and Money*, London: Macmillan.

Lane, P. (2001),"The New Open Economy Macroeconomics: A Survey", *Journal of International Economics*, 54, August, pp. 235 – 66.

Levy, D., M. Bergen, S. Dutta and R. Venable (1997),"The Magnitude of Menu Costs: Direct Evidence from Large U. S. Supermarket Chains", *Quarterly Journal of Economics*, 112, August, pp. 791 – 825.

Mankiw, N. G. (1985),"Small Menu Costs and Large Business Cycles: A Macroeconomic Model of Monopoly", *Quarterly Journal of Economics*, 100, May, pp. 529 – 39.

Nickell, S. and G. Quintini (2001),"Nominal Wage Rigidity and the Rate of Inflation". Centre for Economic Performance Discussion Paper no. 489, March.

Obstfeld, M. and K. Rogoff (1996), *Foundations of International Macroeconomics*, Cambridge, MA: MIT Press.

Obstfeld, M. and K. Rogoff (2000),"New Directions for Stochastic Open Economy Models", *Journal of International Economics*, 50, February, pp. 117 – 53.

Poterba, J., J. Rotemberg and L. Summers (1986),"A Tax-Based Test for Nominal Rigidities", *American Economic Review*, 76, September, pp. 659 – 75.

Romer, C. D. and D. H. Romer (1989),"Does Monetary Policy Matter? A New Test in the Spirit of Friedman and Schwartz", *NBER Macroeconomics Annual*, 4, pp. 121 – 70.

Taylor, J. B. (1999),"Staggered Price and Wage Setting in Macroeconomics", in J. B. Taylor and M. Woodford (eds), *Handbook of Macroeconomics*, vol. Ⅰ B, Amsterdam: North-Holland.

303. 北美自由贸易协定 North American Free Trade Agreement

由美国、加拿大和墨西哥于1993年签订的自由贸易协定。该协定规定,在15

年内,取消三国之间所有的关税和非关税贸易壁垒。

304. 阿瑟·M. 奥肯 Okun, Arthur M. (1928—1980)

阿瑟·M. 奥肯1928年生于美国新泽西州泽西城,从哥伦比亚大学获得学士学位(1949)和博士学位(1956)。他的主要学术职位包括:耶鲁大学经济学教员(1952—1956)、助教(1956—1960)、副教授(1960),从1963年起任教授。1961—1962年间,他任经济顾问委员会(CEA)经济学家班子成员,后任顾问委员会顾问(1964—1968)。1968—1969年出任经济顾问委员会主席。1969年,他加入布鲁金斯研究所任高级研究员;1972年他与人合编《布鲁金斯研究所经济活动论文集刊》,并担任副主编直至1980年逝世。他最著名的工作是经济顾问委员会的预测,并以失业与实际国民生产总值和潜在国民生产总值之间的差额的实证关系,即广为人知的奥肯定律而知名。他的名著有:《繁荣的政治经济学》(布鲁金斯研究所,1970);《平等与效率:大权衡》(布鲁金斯研究所,1975);《价格与数量:宏观经济分析》(布鲁金斯研究所,1981);《制定政策的经济学》(与J. A. 佩奇曼合编,麻省理工学院出版社,1983)。他最具影响的论文是:《潜在国民生产总值:其度量和意义》(载美国统计学会《商业和经济统计学部会刊》,1962)。

参见:

Brookings Institution; Council of Economic Advisers; Okun's Law.

305. 奥肯定律 Okun's Law

由阿瑟·奥肯(Okun,1928—1980)于1961—1962年担任肯尼迪总统经济顾问委员会委员时提出的一项经验法则(见A. M. 奥肯:"潜在国民生产总值:其度量和意义",载《商业和经济统计学部会刊》,美国统计学会,1962)。经过估算,"二战"后的时期,与美国经济的潜在国民生产总值(经济生产力的计量标准)对应的失业率是4%,所以,奥肯定律指出,平均来说,当失业率在4%的水平上每上升1%时,真实国民生产总值相对于潜在国民生产总值将下降3%。因此,"以劳动力的百分比进行度量,失业的下降将以更大比例影响产出"(Okun,1962)。

直到20世纪70年代中后期,作为一项估计真实国民生产总值的减少与失业率的增加之间关系的经验法则,奥肯定律虽然不成熟,但非常准确。有些经济学家(例如,凯恩斯主义者)现在仍然应用这个经验法则(虽然他们已经将奥肯定律原有的3∶1的比率修正到2∶1的水平),而其他经济学家(例如,真实经济周期理论家)则对奥肯定律提出了质疑。他们认为,国民生产总值的波动是自然(倾向)产出率的波动,而不是真实国民生产总值相对于潜在国民生产总值的变动。

参见:

Bussiness Cycles: Real Bussiness Cycles Approach; Council of Economic Advisers; Okun, Arthur M.

306. 开放经济的三难选择 Open Economy Trilemma

开放的自由资本市场迫使政府面对奥伯斯菲尔德和泰勒(Obstfeld and Taylor,1998)所谓"开放经济的三难选择"或"矛盾三角";即"一国政府不可能在实施固定汇率制度、开放的资本市场的同时,还采用面向国内经济目标的货币政策这三个目标"(Obstfeld,1998)。无论何时,政府都只能实现这三个目标中的两个。如果一国政府选择了使用货币政策工具来实现国内宏观经济目标,那么,该国政府要么放弃资本自由流动的承诺,要么允许将本国原来的固定汇率改为浮动汇率。另一方面,如果一国政府决意让资本自由流动并维持汇率稳定,那么,就必须舍弃用货币政策工具来实现国内经济目标。而如果要同时实现国内的经济目标和维持汇率稳定,就只能控制资本的流动。表1总结了在不同货币制度下怎样解决开放经济的三难选择这个问题。

在一个资本流动的世界里,许多经济学家曾就采用"软钉住汇率制度"的危险性提出过警告,就像费希尔(Fischer,2001)已经指出的那样,在应对三难选择这个问题时,整个世界在选择采用何种汇率机制的问题上似乎走向了两极分化(一极是通过加入货币同盟或者美元化而采用硬钉住汇率制,而另一极是向浮动汇率制转变)。(见 S. 费希尔:《汇率机制:两极化的观点是正确的吗?》,载《经济展望杂志》,15,2001 年春;M. 奥伯斯菲尔德:《全球资本市场:恩惠还是威胁?》,载《经济展望杂志》,12,1998 年秋季;M. 奥伯斯菲尔德和 A. 泰勒:《作为分水岭的大萧条:长期中的国际资本流动》,载 M. 博尔多、C. 戈丁和 E. 怀特(编),《决定性时刻:大萧条和20世纪美国经济》,芝加哥大学出版社,1998;M. 奥伯斯菲尔德和 A. 泰勒:《资本市场的全球化》,载 M. 博尔多、A. 泰勒和 J. G. 威廉姆森(编),《历史视野中的全球化》,芝加哥大学出版社,2001。)

表1 三难悖论及资本流动的主要形态

时期	解决三难悖论:国家所选择的牺牲			备注
	激进政策	资本流动	固定汇率	
金本位制	大多数	很小	很少(有危机)	广泛一致
战时(脱离了金本位制)	很少	有些	大多数	资本管制(如拉丁美洲)
布雷顿森林体系	没有(?)	大多数	很少(有危机)	广泛一致
浮动汇率制	很少	些微增加	普遍增加	有些一致性;货币局除外

资料来源: Obstfeld and Taylor(2001)。

参见:

Fixed Exchange Rate System; Flexible Exchange Rate System.

307. 公开市场操作 Open Market Operations

一国中央银行为了增加或减少货币供给,买进或者卖出政府债券的行为。

308. 最优货币区 Optimum Currency Area

"没有一种对所有国家或在任何时间都能适用的货币制度"(Jeffrey Frankel, 1999a)。

1999年,罗伯特·蒙代尔"由于对在不同汇率机制下的货币政策和财政政策的分析,以及对最优货币区的分析"而荣获诺贝尔经济学奖。蒙代尔(Mundell, 1961a)对于"最优货币区理论"(OCA)的贡献,基于他早期对国际经济学的研究(Mundell, 1957, 1960, 1961b),以及为该领域的后续研究建立的一个框架。蒙代尔关于最优货币区问题的论文发表于1961年,此后数年间,这篇论文被许多著名经济学者参阅并给予详细的评述,在谈及一般的汇率安排问题尤其是欧洲货币联盟问题时,这篇文章总会被提及。对这些问题的研究既有理论性的,也有实证性的(例见 Mckinnon,1963;Johnson,1971;Krauss,1973;Mundell,1973a,1994,1997a;Tavlas,1993;Eichengreen,1998;Frankel and Rose,1998,2002;De Grauwe,2000;Alesina and Barro,2001,2002;Mckinnon,2001)。

如果我们要就最优货币区的问题进行讨论,我们应该知道,一般而言,经济一体化(如下面的表1所示)有不同的形式。货币同盟以各成员国使用单一货币为形式,要求各成员国都朝着完全经济一体化的方向迈进,并且各成员国执行统一的货币政策。

表1 经济一体化的各种形式

一体化的形式	成员国间自由贸易	共同的对外关税	要素自由流动	协调的经济政策	统一的经济政策
自由贸易区	*				
关税同盟	*	*			
共同市场	*	*	*		
经济同盟	*	*	*	*	
完全经济一体化	*	*	*	*	*

资料来源:Balassa,1973 和 Hitiris,1998。

我们应该知道,现实中各个国家的货币安排有多种可能,而对于使用单一货币的完全货币同盟而言,货币安排则只有一种。弗兰克尔(Frankel,1999a)区分了9种不同形式的汇率制度。从弹性最小的汇率安排到弹性最大的汇率安排,依次是:(a)单一货币同盟(包括"美元化"制度);(b)货币局制度,例如2001年危机以前的阿根廷;(c)"真正固定的"汇率制度,例如钉住美元;(d)可调整钉住制度,例如,布雷顿森林体系;(e)爬行钉住制度;(f)钉住一篮子货币制度;(g)目标区或目标带制度,例如,欧洲经济共同体/欧盟的欧洲汇率机制;(h)有管理或"肮脏浮动";(i)自由浮动,例如,最接近于自由浮动的美国汇率制度。弗兰克尔指出:"时下比较流行的观点是各个国家倾向于走极端",即要么选择加入一个货币联盟(或真正固定的汇率制度),要么选择采用自由浮动制度(见 Eichengreen,1999;Fischer,2001)。造成各国在汇率制度上走极端的原因就在于所谓"开放经济的三难选择"、"不可能三角"或"一体化三难困境"(见 Obstfeld,1998;Frankel,1999a,1999b;Summers,1999)。这种"三难困境"是指任何一个国家都会遇到的一个难题,即希望能够同时实现汇率稳定、货币独立以及完全的金融一体化即自由资本流动三个目标。在给定的时间里,一国可以同时实现以上任意两个目标,但不可能同时实现这三个目标。随着金融一体化向全球的扩张,更多国家倾向于通过选择真正固定的汇率制度或货币联盟(即放弃货币独立)而获得货币稳定,或者干脆选择纯粹的浮动汇率(即放弃汇率的稳定性)。根据现代最优货币区理论,国家就汇率安排问题作出抉择时有一个指导标准,在国家对采用特定的汇率机制,尤其是加入货币同盟的成本和收益进行评估时,这种标准非常重要。到目前为止(2002年3月),欧盟主要成员国(15个中的12个)已经加入以欧元为基础的货币同盟。这就提出了一个非常重要的问题:欧盟是一个最优货币区吗?(见 De Grauwe and Vanhaverbeke,1993。)

早期对最优货币区的研究提出了当一些特定的国家在考虑组成货币同盟或者采用固定汇率制时需要考虑的相关问题。根据塔夫拉斯(Tavlas,1993)的观点,这些国家打算采用单一货币联盟,或者采用单一货币的货币同盟或者使用各自货币时,主要的汇率安排形式有:(a)资本以及商品和劳务交易的完全自由;(b)对外汇完全不加控制;(c)恒定不变的固定平价汇率;(d)消除汇率的波动幅度。然而,在开始实施这些安排之前,以下的因素都需要仔细考虑,因为这些因素都会对一国加入一个单一货币体制的成本和收益产生影响。这些因素包括:一国经济的大小和开放程度;劳动力和其他要素的流动程度;价格和工资的弹性;经济的多样化和金融市场的一体化程度;货币同盟国之间的财政一体化程度;以及商品市场的一体化水平。

对于共同货币(最优货币区)的最优地理范围这个问题的传统看法是,这个区域应该"既不能小到有可能将本国货币钉住邻国的货币,也不能大到有可能分裂成几个使用不同货币的亚区域"(Frankel,1999a)。换句话说,参与国经济的规模应该适度。最优货币区也受到贸易开放程度的影响,因为随着经济一体化程度的加深,采用固定汇率带来的利益增加,而采用弹性汇率带来的优势减少。同样,对于有高通货膨胀倾向的经济而言,固定汇率制有可能提供一个可信赖的名义锚,从而成功地减少和稳定与相机抉择政策相联系的通货膨胀倾向(当然是通过将本国货币钉住一个有着坚决反通货膨胀名声的国家的货币)。对开放程度更大的经济体而言,固定汇率货币区也是一种较好的选择,因为如果国内的价格和工资随着名义汇率的贬值而上升,那么名义汇率的贬值可能不会使一国的实际竞争力增强。

正如蒙代尔清楚地认识到而且早期学者曾论述过的那样(见 Meade,1957;Skitovsky,1958),劳动力的流动程度对一个货币同盟的成功至关重要。蒙代尔(Mundell,1961a)在一篇影响深远的论文中提出了这样一个问题:"一个货币区的适当范围是多大?"他认为,一个最优货币区是"区域性的"。因此,关于欧洲货币联盟的"西欧能否被简单地认为是一个区域,这完全是一个实证问题"。正如蒙代尔(同上)所说:"对于一个共同货币而言,关键的因素在于该货币区内是否存在很高程度的要素自由流动。如果整个世界可以按照要素流动的国家和要素不流动的国家来划分区域的话,则每个区域都应该使用一种不同的货币,且这种货币会受其他所有货币的影响。"

区域间劳动力的高度流动,商品市场的一体化以及价格和工资的灵活性,将会大大降低通过汇率调整来解决失业和通货膨胀的需求,这种失业和通货膨胀是由于不同区域之间所遭受的经济冲击不同而带来的(Gros,1996)。因为拥有不同经济结构的国家极有可能受到不同经济冲击的打击,所以成员国之间的商品市场一体化的程度及多样化的程度非常重要。假如一些国家组成了一个区域性的货币同盟,这些国家又遭到了相同的经济冲击,但劳动力及其他生产要素在这些国家之间可以自由流动,那么这些国家有可能从使用单一货币中获益,结果,这些国家间会形成单一的货币当局。通过财政政策将繁荣从繁荣区域传递给萧条区域,局域之间金融的高度一体化同样有助于减少经济冲击所带来的负效应,正如美国货币同盟所做过的那样。尽管美国早在1788年就建立了货币同盟,但根据罗克夫(Rockoff,2000)的看法:"直到20世纪30年代,包括南方在内的所有这些区域,才可以说组成了最优货币区。"欧洲则希望能用比美国短得多的时间来形成最优货币区!

出于这些考虑,早期关于最优货币区的文章分析了一个国家加入一个货币同盟的潜在成本以及收益。对于任何一个加入货币同盟的国家而言,其主要成本就是丧失本国的货币自主权:当本国采用固定的汇率或者使用共同货币时,一国的中央银行就失去了操控货币政策的能力。然而,根据塔夫拉斯(Tavlas,1993)和德格罗韦(De Grauwe,2000)的讨论,稳定的长期菲利普斯曲线的消亡以及当代根据弗里德曼的自然率假说所达成的共识,都意味着独立的货币当局并不能在任何情况下在长期中影响像失业这样的实际变量。

采用单一货币最大的收益就是能消除汇率风险,对于一个规避风险的商人来说,汇率风险相当于交易成本,消除汇率风险也就减少了获取信息的成本,同时增加了价格的透明度。降低风险和不确定性可以鼓励投资,从而促进经济增长。根据塔夫拉斯(Tavlas,1993)的理论,其他从成本降低中获得的收益包括扩大了外汇市场,消除了区域内的投机资本流动,并通过外汇储备库而降低了持有外汇储备的需求。政策制定者在考虑一个货币区的构成时,需要将采用单一货币所带来的收益以及减少政策自主权所带来的后果进行比较,减少政策自主权意味着失去了过去可以通过使用汇率及货币政策作为工具来对抗经济冲击的影响的能力。当所受到的经济冲击为本区域所特有时,这种能力的丧失所耗费的成本会更大。采用成本—收益分析法,一国只有在加入一个货币同盟给本国所带来的收益大于成本时,才考虑成为货币同盟的成员国,当然我们也应该注意到,政治目的往往高于经济考虑(见 Feldstein,1997a)。

除了以上因素,蒙代尔(Mundell,1997a)还列出了会导致一个国家选择不加入一个固定汇率区或不成为一个货币同盟成员国的一些情况。例如,一个国家可能希望本国的通货膨胀率与货币区其他成员国的通货膨胀率不同;一个国家可能并不愿意放弃本国的货币政策,而且还想将汇率作为就业政策的工具;一个国家可能希望通过货币扩张(一种通货膨胀税)来为政府支出筹集资金;一个国家的政府可能是腐败的政府,并且希望掩盖这个事实;一个国家可能并不愿意丧失国家的(政治上的)独立性;一个国家可能希望在发生战争的时候保持本国的货币独立性;一个国家可能希望保护本国的资料/统计数据的机密;一个国家可能害怕从其他国家来的移民。出于种种这样或者那样的理由,一个国家可能选择不加入一个货币同盟。另一方面,一个国家可能会出于以下目的选择加入一个货币同盟:为了从该货币区的低通货膨胀率中获益;为了降低同其主要伙伴进行贸易时的交易成本;为了消除印刷和持有一种独立的国家货币所需要的成本;为了形成一种自动调节机制;为了改变货币和财政当局的相机抉择政策,以及为了促进一个拥有经济实力的、可以和美国抗衡的集团的建立。

尽管蒙代尔早期的分析成了一些货币同盟的怀疑者的理论武器,但是他现在认为,在很多情况下,一个国家通过加入一个货币同盟所能获得的收益要大于成本(见 Mundell,1973a,1973b)。蒙代尔(Mundell,1997a,第 2 页)为了解释他的学术见解,他在一篇著名的文章(Mundell,1961a)中说:"要提出一些证据,证明当货币区是区域性的时候,弹性汇率制能发挥最大作用的基本观点是正确的。"然而,到了 20 世纪 60 年代末,他越来越对在很多情况下将弹性汇率作为调节机制持怀疑态度,并且开始考察在固定汇率下调节机制的有效性。蒙代尔同时也认识到了选择固定汇率安排的一些例外情况。这些例外情况包括:当国家因为使用了太多由银行体系提供的资金而背负巨额赤字,从而非常不稳定的情况;以及,像美国这样非常大的国家,采用固定汇率制是否现实的问题。

近年来,对最优货币区理论的关注日益增加,这主要是因为有关欧洲货币联盟的讨论和欧元的使用而引起的(见 Feldstein,1997a,1997b;Obstfeld,1997;Wyplosz,1997;Allsopp and Vines et al.,1998;Frankel,1999a,1999b;Mundell,1999,2000;McKinnon,2001,2002)。尤其是当人们把对欧洲货币联盟的经济成本以及收益的考虑与最优货币区理论相联系的时候,大家对国际经济学中该领域的热情无疑被重新调动起来了。在欧洲货币联盟的文献中,关于打算参与该货币同盟的成员国之间的相互关系问题被着重提出,包括:第一,多大程度上的经济冲击对于欧洲货币联盟的各成员国来说是相同的。欧洲委员会认为,随着"单一市场"的完成,一体化程度将会加深,受到不同经济冲击的可能性也会降低。因此,如果各成员国拥有相似的经济结构,生产类似的产品,经济多样化程度相当,那么对运用汇率调节作为在欧盟各成员国之间恢复均衡的手段的需求将会大大减少(见 Frankel and Rose,1998,2002)。如果欧洲货币联盟各成员国之间的经济周期紧密相连,那么就有可能形成一种由欧洲中央银行掌控,对所有成员国都适用的货币政策。然而,克鲁格曼(Krugman,1991)指出,在规模经济极为重要的时期,一体化程度的加深将导致更集中的区域性经济活动(也见 Kenen,1969)。因此,对特定部门的冲击(以汽车制造业为例)将会成为对特定国家的不对称冲击(见 De Grauwe,2000)。第二,欧洲货币联盟各成员国相对相同的经济制度在多大程度上允许资本和劳动力跨国境的自由流动。欧洲货币联盟各成员国越是允许生产要素自由流动,这些国家越容易适应经济冲击。第三,各成员国政府之间就优先实行由欧洲货币联盟制定的经济政策达成共识也很重要,如优先达到价格的稳定以及财政政策的协调等(见 Eijffinger and Haan,2000)。

然而,就像在关于最优货币区的文献里所提到的,欧洲货币联盟在多大程度上符合一个最优货币区特征的问题仍然广受争议。乍看起来,许多实证研究似乎主要因为以下两点而对质疑欧洲货币联盟、认为它不是一个最优货币区的观点呈支持态度。第一,近些年来,欧洲货币联盟的成员国经常遭遇频繁且巨大的冲击。一个广为人知的案例是德国的统一。第二,遍及欧洲的长期存在的高失业率说明了欧洲货币联盟经济中的劳动市场流动性非常小,因此当出现经济风波时调整得非常慢(Feldstein,1997a,1997b)。由于欧洲货币联盟要成为一个最优货币区还有很长的路要走,所以有些怀疑论者指出,共同货币政策的实施有可能会对某些成员国带来损害。例如,麦金农(McKinnon,2001)认为,欧洲货币联盟的这12个成员国没有像美国的50个州那样,符合最优货币区的典型标准。

不过,欧洲的贸易一体化和劳动力的流动正在逐渐增强,各成员国的国家经济周期的相关性也在增大。因此,对欧洲货币联盟持乐观态度的人希望,随着时间的推移,欧洲国家会发展到符合使用共同货币的标准。同时,在将来,欧元、美元和日元相互之间仍然应该自由浮动。此外,越来越多的学者认为,在整个世界日趋全球化的今天,美元继续扮演的媒介货币的角色不可能会被欧元在扩大的货币区里所扮演的角色所取代。

最后,最近由阿莱西纳和巴罗(Alesina and Barro,2001,2002)以及阿莱西纳和斯波莱尔(Alesina and Spolare,2002)所作的研究,将注意力放在了世界上日益增加的国家数量上:1947年是76个,2001年是193个。这就导致了流通中货币数量的大幅度增长。除非把一个国家定义为一个最优货币区,"要不就是在1947年货币太少,要不就是现今货币太多"。阿莱西纳和巴罗指出,现在货币肯定是太多了,因为"国际市场持续的一体化意味着最优的货币数量应该递减"。他们总结说:"在由一些小而高度一体化的国家组成的世界里,低而稳定的通货膨胀的益处非常大,我们应该可以观察到一个国家一种货币这种特征的崩溃,世界正向一个只拥有相对较少货币的世界变动。"

迪莱克·德米尔巴斯(夏雨仙译)

参见:

Bretton Woods; Euro; European Central Bank; European Monetary Union; European Union; Exchange Rate Mechanism; Fixed Exchange Rate System; Flexible Exchange Rate System; Mundell, Robert A. ; Nobel Prize in Economics; Open Economy Trilemma.

参考文献:

Alesina, A. and R. J. Barro (eds) (2001), *Currency Unions*, Cambridge, MA: MIT Press.

Alesina, A. and R. J. Barro (2002),"Currency Unions", *Quarterly Journal of Economics*, 117, May, pp. 409 – 36.

Alesina, A. and E. Spolare (2002), *The Size of Nations*, Cambridge, MA: MIT Press.

Allsopp, C. and D. Vines et al. (1998.),"Symposium: Macroeconomic Policy After EMU", *Oxford Review of Economic Policy*, 14, Autumn, pp. 1 – 167.

Balassa, B. (1973), *The Theory of Economic Integration*, London: George Allen & Unwin. De Grauwe, P. (2000), *Economics of Monetary Union*, Oxford: Oxford University Press.

De Grauwe, P. and W. Vanhaverbeke (1993), "Is Europe an Optimum Currency Area? Evidence From Regional Data", in P. R. Masson and M. P. Taylor (eds), *Policy Issues in the Operation of Currency Unions*, Cambridge: Cambridge University Press.

Dornbusch, R. (2000), *Keys to Prosperity: Free Markets, Sound Money and a Bit of Luck*, Cambridge, MA: MIT Press.

Eichengreen, B. (1998), *European Monetary Unification: Theory Practice and Analysis*, Cambridge, MA: MIT Press.

Eichengreen, B. (1999), "Kicking the Habit: Moving from Pegged Rates to Greater Exchange Rate Flexibility", *Economic Journal*, 109, March, pp. 1–14.

Eijflinger, C. W. and J. De Haan (2000), *European Monetary and Fiscal Policy*, Oxford: Oxford University Press.

Feldstein, M. (1997a), "The Political Economy of the European Economic and Monetary Union: Political Sources of an Economic Liability", *Journal of Economic Perspectives*, 11, Fall, pp. 23–42.

Feldstein, M. (1997b), "EMU and International Conflict", *Foreign Affairs*, 76, November/December, pp. 60–73.

Fischer, S. (2001), "Exchange Rate Regimes: Is the Bi-Polar View Correct?", *Journal of Economic Perspectives*, 15, Spring, pp. 3–24.

Frankel, J. (1999a). "No Single Currency Regime is Right for all Countries or at all Times", *Essays in International Finance*, no. 215, Princeton, NJ: Princeton University Press.

Frankel, J. (1999b), "The New International Financial Architecture: Exchange Rate Regimes and Financial Integration", *Policy Brief*, no. 51, June, Washington, DC: Brookings Institution.

Frankel, J. and A. Rose (1998), "The Endogeneity of the Optimal Currency Area Criteria", *Economic Journal*, 108, July, pp. 1009–25.

Frankel, J. and A. Rose (2002), "An Estimate of the Effect of Common Currencies on Trade and Income", *Quarterly Journal of Economics*, 117, May, pp. 437–66.

Gros, D. (1996), "A Reconsideration of the Optimum Currency Area Approach: The Role of External Shocks and Labour Mobility", *National Institute Economic Review*, October, pp. 108–17.

Hitiris, T. (1998), *European Union Economics*, 4th edn, London: Prentice Hall Europe.

Johnson, H. G. (1971),"Problems of European Monetary Union", *Journal of World Trade Law*, 5, August, pp. 377–87; reprinted in H. G. Johnson (1972), *Further Essays in Monetary Economics*, London: George Allen & Unwin.

Kenen, P. (1969),"The Theory of Optimum Currency Areas: An Eclectic View", in R. Mundell and A. Swoboda(eds), *Monetary Problems of the International Economy*, Chicago: University of Chicago Press.

Krauss, M. B. (1973), *The Economics of Integration: A Book of Readings*, London: George Allen&Unwin.

Krugman. P. (1991), *Geography and Trade*, Cambridge, MA: MIT Press.

McKinnon, R. I. (1963),"Optimum Currency Areas", *American Economic Review*, 53, September, pp. 717–24.

McKinnon, R. I. (2001),"Optimum Currency Areas and the European Experience", October, (http://www.stanford.edu/~mckinnon/), pp. 1–20.

McKinnon, R. I. (forthcoming),"Mundell, the Euro, and Optimum Currency Areas", in T. Courchene (ed.), *Essays in Honor of Robert Mundell*.

Meade, J. E. (1957),"The Balance-of-Payments Problems of a Free Trade Area", *Economic Journal*. 67, September, pp. 379–96.

Mundell, R. A. (1957),"Transport Costs in International Trade Theory", *Canadian Journal of Economics and Political Science*, 23, August, pp. 331–48.

Mundell, R. A. (1960),"The Monetary Dynamics of International Adjustment Under Fixed and Flexible Exchange Rates", *Quarterly Journal of Economics*, 84, May, pp. 227–57.

Mundell, R. A. (1961a),"A Theory of Optimum Currency Areas", *American Economic Review*, 51, November, pp. 657–65.

Mundell, R. A. (1961b),"The International Disequilibrium System", *Kyklos*, 14, pp. 154–72.

Mundell, R. A. (1973a),"Uncommon Arguments for Common Currencies", in H. G. Johnson and A. K. Swoboda (eds), *The Economics of Common Currencies*, London: Allen & Unwin.

Mundell, R. A. (1973b),"A Plan for a European Currency", in H. G Johnson and A. K. Swoboda (eds), *The Economics of Common Currencies*, London: Allen and Unwin.

Mundell, R. A. (1994),"The European Monetary System 50 years after Bretton Woods: A Comparison Between Two Systems" (http://www.columbia edu/cu/economics).

Mundell, R. A. (1997a),"Optimum Currency Areas" (http://www.columbia.edu/cu/economics).

Mundell, R. A. (1997b),"The International Monetary System in the 21st Century: Could Gold Make a Comeback?"(http://www.columbia.edu/cu/economics).

Mundell, R. A. (1999),"The Euro and the Stability of the International Monetary System" (http://www.columbia.edu/cu/economics).

Mundell, R. (2000),"A Reconsideration of the Twentieth Century", *American Economic Review*, 90, June, pp. 327-40.

Obstfeld, M. (1997),"Europe's Gamble", *Brookings Papers on Economic Activity*, no. 2, pp. 241-317.

Obstfeld, M. (1998),"The Global Capital Market: Benefactor or Menace?", *Journal of Economic Perspectives*, 12, Fall, pp. 9-30.

Rockoff, H. (2000),"The History of the US as a Monetary Union", *NBER Working Paper*, Historic Paper, no. 124, April.

Scitovsky, T. (1958), *Economic Theory and Western European Integration*, London: George Allen & Unwin.

Summers, L. H. (1999),"Reflections on Managed Global Integration", *Journal of Economic Perspectives*, 13, Spring, pp. 3-18.

Tavias, G. S. (1993),"The Theory of Optimum Currency Areas Revisited", *Finance and Development*, 30, June, pp. 32-5.

Wyplosz, C. (1997),"EMU: Why and How It Might Happen", *Journal of Economic Perspectives*, 11, Fall, pp. 3-22.

309. 经济合作与发展组织 Organization for Economic Cooperation and Development

经济合作与发展组织(1961年替代了欧洲经济合作组织)是政府间组织,总部设在巴黎,该组织为促进主要工业国家的经济增长、跨国贸易扩展并向发展中国家提供必要的国外援助,提供了一个政策论坛。欲知更多详情,请登录该组织官方网站(http://www.oecd.org/)。

310. 石油输出国组织 Organization of Petroleum-exporting Countries

石油输出国组织成立于 1960 年。现有成员国中,有五个是创始国,即伊朗、伊拉克、科威特、沙特阿拉伯和委内瑞拉。其他成员国有:阿尔及利亚、印度尼西亚、利比亚、尼日利亚、卡塔尔和阿拉伯联合酋长国。石油输出国组织成员国生产世界石油产量的大约 40%,石油储量占世界储量的 77% 强。该组织寻求在石油输出组织成员国间就产量和价格进行协作和谈判。有些经济学家认为,20 世纪 70 年代(1973—1974 年和 1979 年)石油输出国组织造成的两次石油冲击,是该时期经济滞胀的主要根源。

参见:

Stagflation.

311. 外部时滞 Outside Lag

政策变化的实施与政策变化开始影响经济之间的时滞。因为政策变化对经济的影响将随时间的变化而溢出,所以,外部时滞是一种分摊的时滞。外部时滞的长度取决于影响因素的数量,其中包括是财政政策的变动还是货币政策的变动;政策发生变动时的经济状况;以及私人部门对政策变化的反应方式。

312. 外在货币 Outside Money

作为公共部门直接债务的货币(比如私人部门流通的货币)以及/或基于公共部门的负债(比如,与银行现金储备或中央银行储备相匹配的银行存款)。与内在货币不同,外在货币不与私人部门的债务相抵消。

参见:

Inside Money.

313. 消极政策规则 Passive Policy Rule

对某种政策行为预先规定的规则,这一规则与现行经济环境相关。如果针对消极政策规则给出例子,那就是不管经济状况如何,货币供给的增长目标先已设定,比如说,定为年增长率3%。

参见:

Rules versus Discretion.

314. 堂·帕廷金 Patinkin, Don(1922—1995)

堂·帕廷金1922年生于美国伊利诺伊州芝加哥,从芝加哥大学获得学士学位(1943)、硕士学位(1945)和博士学位(1947)。他的主要学术职位包括:芝加哥大学助教(1947—1948);伊利诺伊大学副教授(1948—1949);耶路撒冷希伯来大学讲师(1949—1952)、副教授(1952—1956)和教授(1956—1995)。1956—1972年,他担任以色列莫里斯·法克经济研究所所长;1974年,担任经济计量学会会长。他以研究货币和宏观经济理论而闻名,尤其以在一般均衡模型中为宏观经济学给定了微观基础从而整合了真实经济理论与货币理论而闻名。他还对凯恩斯货币理论的发展作出过贡献。他的名著有:《货币、利息和价格:货币论和价值论的整合》(罗·佩特森出版公司,1956);《货币经济学研究》(哈珀和罗出版公司,1972);《凯恩斯货币思想及其发展研究》(杜克大学出版社,1976);《凯恩斯、剑桥和〈通论〉:与〈通论〉的发展有关的批评和讨论进程》(与J. C. 莱斯合编,多伦多大学出版社,1978);《论芝加哥传统与遵循芝加哥传统》(杜克大学出版社,1981);《〈通论〉的前身及关于凯恩斯的其他论文》(芝加哥大学出版社,1982)。他最具影响的论文有:《价格弹性和充分就业》(载《美国经济评论》,38,1948年9月);《芝加哥传统、货币数量论和弗里德曼》(载《货币、信贷和银行业杂志》,1,1969年2月);以及《关于〈通论〉的种种解释》(载《货币经济学杂志》,26,1990年11月)。

参见:

Econometric Society; Keynesian economics; Keynesian Economics: Reappraisals of; Real

Balance Effect.

315. 顶峰 Peak

跟随经济周期扩张阶段而来的波峰拐点,在这一点上,总体经济活动停止增长,并随之开始下滑。

参见:

Business Cycle.

316. 永久收入假说 Permanent Income Hypothesis

早在20世纪50年代,就有人提出了两种既类似、又有显著区别的消费理论:永久收入假说和生命周期假说。我们可以将这两种理论视为为获取所有实证证据支持而对绝对收入假说失灵的回应。

永久收入假说(PIH)的提出要归功于米尔顿·弗里德曼。该理论从提出到形成,花了几年时间。几经周折之后,在一本名为《消费函数理论》(ATCF)(Friedman,1957)的书中向世人揭示。在该书前言中,弗里德曼告诉读者,这一理论的形成经过了很多人的努力,他特别指出,他的夫人罗丝·弗里德曼,以及多萝西·布雷迪和玛格丽特·里德都作出了贡献。

严格说来,永久收入假说是基于个体行为的微观经济学理论。弗里德曼在该书第二章的分析就是以欧文·费雪(Fisher,1907,1930)的储蓄理论为基础。由于财富的约束,消费者在长期内以最大化效用为目的而计划自己的消费。要解释约束性最优问题,则当期消费只能取决于财富和利率。与绝对收入假说相反,根据永久收入假说,当前收入的变化只能通过改变财富的方式来影响当前消费。注意:在弗里德曼的分析中,财富不仅包括非人力财富(如金融资产和所有权),也包括人力财富,即当前和未来劳动收入的贴现额。

在《消费函数理论》的第10页和第11页,弗里德曼介绍并定义了永久收入的概念。永久收入被定义为:"在保持财富完整的情况下,消费单位所能(或相信其所能)消费的量"(《消费函数理论》,第10页)。假定生命无限,则永久收入可以用来解释居民财富的年金值。从数学上说，永久收入可以表述为：
$$y_{pt} = iW_t$$
方程中，y_p 和 W 分别表示永久收入和财富。下标 t 意味着与本期变量相关的值，i 则表示利率，利率被假设为一定时间内的固定值。因此，永久收入可被视为居民从持有的人力财富和非人力财富中得到的利息收入。

给定上述永久收入和财富的关系，跨时效用最大化问题可以用消费函数解出结果：
$$c_{pt} = f(y_{pt}/i, i)$$
这里，c_{pt} 代表个人计划在当期消费的服务的价值，可参考弗里德曼永久性消费（《消费函数理论》，第 11 页）。在上面的方程中，永久性消费取决于两个变量，即永久收入和利率。因此，消费函数可以表示为：
$$c_{pt} = g(y_{pt}, i)$$
如果我们再假设动态效用函数的财产具有相似性，那么更具体地说，c_{pt} 和 y_{pt} 之间存在一定的比例关系，根据数学计算，有：
$$c_{pt} = k y_{pt}$$
其中，$0 < k < 1$。

影响比例参数 k 的因素有：利率、偏好、消费单位的年龄和构成，以及收入的不确定性。事实上，k 也取决于非人力财富与永久收入之比，因为根据理解，非人力因素比人力因素有更多的实质性保障。非常重要的是，k 与永久收入并不具有相关性。在条件相同的情况下，永久收入的平均消费倾向对富人和穷人都相同。

给定影响 k 的因素，c_{pt} 和 y_{pt} 的比例关系可表示为：
$$c_{pt} = k(i, z, u) y_{pt}$$
方程中，z 表示非人力财富与永久收入之比，u 代表效用因素的混合变量。

上面这个方程描述了单个消费单位的永久性消费。为了能使用同样的方程来描述群体消费行为，必须将同样的函数关系应用于群体的所有成员。这里也必须假设，消费单位根据永久收入的分布与消费单位根据 i, z 和 u 的分配没有相关性。弗里德曼（《消费函数理论》，第 19 页）承认，这种假设明显有错。然而，他还是坚持认为，i, z 和 u 之间的相互依赖和 y_{pt} 的分布对总体来说并不重要。即使存在相互依赖性，他也坚持认为这一比例关系是一个有用的近似值。

测试永久收入的有用性还存在一个问题。即上文提到的比例关系只是涉及理论结论。为了用实证数据来比较永久收入的预测结果，还必须证明这些概念性变

量与可获得数据之变量的必然联系。弗里德曼最终将可测得收入或绝对可支配收入分解成永久性部分和暂时性部分，即

$$y_t = y_{pt} + y_{Tt}$$

这里 y 和 y_T 分别表示可测得收入和暂时性收入。永久收入的实证定义是指消费者的正常收入或预期收入。相反，暂时性收入是指偶然得到的收入。

弗里德曼同样把可测得消费或实际消费看成由永久性因素和暂时性因素组成：

$$c_t = c_{pt} + c_{Tt}$$

这里，c 和 c_T 分别表示可测得消费和暂时性消费。

应该注意，在永久收入假说中，消费被定义为得自当前和过去购买消费品的服务流。永久性消费和暂时性消费可以分别用来解释有计划消费和无计划消费。

由弗里德曼构建的 y_t 和 c_t 两个定义方程都无法使永久收入得到测试。个中原因是，两个方程都引入了两个未知数，即暂时性成分 y_{Tt} 和 c_{Tt}，为了使永久收入不与可观测数据相矛盾，弗里德曼还假设了暂时性收入和暂时性消费的概率分布。他特别给定暂时性部分与永久性部分不具有相关性。

$$\rho(y_{Tt}, y_{pt}) = 0 \text{ 和 } \rho(c_{Tt}, C_{pt}) = 0$$

这里，ρ 表示与圆括号中两个变量相一致的相关系数。

弗里德曼也假设暂时性收入部分与暂时性消费部分的不相关性：

$$\rho(y_{Tt}, c_{Tt}) = 0$$

（这里请注意：随着弗里德曼理论的问世，各种各样带有具体目的的研究都在对永久性收入这一部分的有效性进行测试。博德金[Bodkin,1959]使用调查数据来进行研究。伯德和博德金[Bird and Bodkin,1965]、克莱宁[Kreinin,1961]以及阿特菲尔德[Attfield,1976]也对获得的证据进行了综合处理。）

与绝对收入假说相比，永久收入假说有两个令人满意的特点，即它能根据可测得的消费和绝对收入——即所谓"特定事实"——的关系，解释各种实证数据。根据预算研究和短期时间序列数据，消费与收入之间不具有比例关系，但长期时间序列数据却表明这两个变量具有一定的比例关系。

以下是消费和绝对收入之间具体的线性随机关系。

$$c = \alpha + by + u$$

这里，α 和 b 是方程的参数，u 代表扰动项。所有变量都是当期变量。为方便起见，删掉了下标时间。

如果弗里德曼的永久收入假说具备有效性,那么,$a=0, b=k, u=c_T-ky_T$。给定扰动项的组成并回忆这个定义 $y=y_p+y_T$,那么,扰动项与消费函数中的回归项并不是零相关。具体说:

$$\text{Cov.}(u,y) = -k[\text{var.}(y_T)]$$

u 和 y 之间的非零相关是普通最小二乘法的估算量与消费方程的参数出现偏差和不一致性的结果,可以表述如下:

$$\text{Plim.}(b^*) = k[\text{var.}(y_P)/\text{var.}(y)]$$

以及

$$\text{Plim.}(a^*) = k[1-\text{var.}(y_P)/\text{var.}(y)]\mu_y p$$

在以上方程中,b^* 和 a^* 分别代表普通最小二乘法的估算量 b 和 a,$\mu_y p$ 则是永久收入的均值。为了得到这一结果,我们还必须假设,暂时性收入部分和暂时性消费部分的每一预期值都等于 0。

这一结果表明,在这种情况下,至少在可测得收入中的某些变量可以归为暂时性收入的一个变量,普通最小二乘法的估算量为 b^*,取决于向下的偏差,而普通最小二乘法的估算量 a^*,则取决于向上的偏差。对这两个估算量来说,暂时性收入对可测得收入的变量贡献越大,偏差就越严重。另外,偏差也是大小样本的特征。

因此,预算研究的发现,即不同的收入群体具有不同的平均消费倾向值,就可以用暂时性收入对可测得收入的贡献进行解释。更具体的是,可以这样认为,相对较低的平均消费倾向只与高收入群体相关,由此导致正的暂时性收入效应超过了负的暂时性收入效应。相对较高的平均消费倾向只与低收入群体相关,所以导致负的暂时性收入效应强于正的暂时性收入效应(更详细的解释请见《消费函数理论》,第 34—36 页)。

使用永久收入假说,我们可以通过根据可测得收入的运动来解释的几次经济周期过程,或是长期中由永久收入的运动决定的经济周期过程,观察到大致稳定的消费与收入的比率值。相反,在一个单独的经济周期内,长期的变化极少与收入的波动具有相关性。短期内,暂时性收入对绝对收入变量所作的贡献,造成普通最小二乘法对边际消费的估算小于长期中的估算,也使截距的估算大于 0。

在《消费函数理论》中,弗里德曼使用截距数据(第 4 章)和时间序列数据(第 5 章)进行了实证分析。在时间序列数据分析中,弗里德曼估算了永久收入假说的消费函数:

$$c_t = ky_{pt} + c_{Tt}$$

分析使用的是美国的年度数据。

假定暂时性消费可以看成传统的随机扰动项,弗里德曼面临的主要问题就是永久收入的度量。为了完成度量问题,弗里德曼做了一个隐含假设,即使用可接受的预期机制来形成对永久收入的估算。然而,由于卢卡斯(Lucas,1976)对经济计量政策的批评,经济研究者对假定理性预期一直存在偏爱。自20世纪70年代末期开始,大量研究都在思考和测试将永久收入假说与理性预期加以结合的意义。比如,霍尔(Hall,1978)、弗莱文(Flavin,1981)以及坎贝尔和迪顿(Campbell and Deaton,1989)。

罗伯特·霍尔(Hall,1978)在一篇重要论文中阐述了将永久收入假说与理性预期加以结合的结果,即消费行为符合随机过程

$$c_t = \beta_0 + \beta_1 c_{t-1} + \varepsilon_t$$

在这个方程中,ε_t代表时间$t-j(j \geqslant 1)$中可获得的所有信息正向相交属性的误差项。给定这一误差属性,与回归法一样,就可以在上述方程中加上时滞变量,用直线测试方法来测试理性预期-永久收入假说(REPIH),并检验其重要性。霍尔本人使用的就是这种排除测试法,戴利和哈德吉马提欧(Daly and Hadjimatheou,1981)、戴维森和亨德利(Davison and Hendry,1981)、卡丁顿(Cuddington,1982)、查特吉(Chatterji,1983)、约翰逊(Johnson,1983)以及高斯登和惠特菲尔德就(Gausden and Whitfield,2000)也在研究中使用了这一方法。

将理性预期与永久收入假说结合后,永久收入假说的另一含意为,消费只与收入中的未预期变化相关。已预期到的收入的任何变化都不对消费产生影响。因此,为了测试理性预期-永久收入假说的有用性而采用的方法,就要将消费与收入放入一个模型。这样又需要研究消费对当前收入变化的敏感性,是否是对当期收入变化内含的所有新信息的过度敏感。在所有研究者中,比尔森(Bilson,1980)、弗莱文(Flavin,1981)和米尔鲍尔(Muellbauer,1983)做过这种过度敏感测试。

将永久收入假说与理性预期假说结合在一起还有一种重要的政策含义。因为政策的变化比如降低个人收入基本税率,就会对消费产生重大影响,但这样做必须满足两个条件。第一,政策变化必须被消费者察觉,才会对他们的可支配收入产生永久性效应。第二,政策变化不能被人预期到。另外,消费对政策调整的反应应该发生在政策宣布之时,而不能发生在政策实施之时。

一般来说,从排除测试和过度敏感测试得到的结果,已经否认了理性预期-永久收入假说的正确性。对理论与实证证据出现矛盾所做的流行解释,包括流动性

约束以及对未来不确定性所做的预防性储蓄。米尔鲍尔（Muellbauer,1994）讨论过这些情况和可能导致理性预期-永久收入假说与数据相悖的其他因素。

罗伯特·高斯登（安佳译）

参见：

Absolute Income Hypothesis; Adaptive Expectations; Friedman, Milton; Life Cycle Hypothesis; Rational Expectations.

参考文献：

Attfield, C. L. F. (1976), "Estimation of the Structural Parameters in a Permanent Income Model", *Economica*, 43, August, pp. 247 - 54.

Bilson, J. F. O. (1980), "The Rational Expectations Approach to the Consumption Function, A Multi-Country Study", *European Economic Review*, 13, pp. 273 - 99.

Bird, R. C. and R. G. Bodkin (1965), "The National Service Life-Insurance Dividend of 1950 and Consumption: A Further Test of the 'Strict' Permanent-Income Hypothesis", *Journal of Political Economy*, 73, October, pp. 499 - 515.

Bodkin, R. (1959), "Windfall Income and Consumption", *American Economic Review*, 49, Septembec, pp. 602 - 14.

Campbell, J. and A. Deaton (1989), "Why is Consumption So Smooth?", *Review of Economic Studies*, 56, July, pp. 357 - 73.

Chatterji, M. (1983), "On Forecasting UK Consumption", *Applied Economics*, 15, June, pp. 417 - 23.

Cuddington, J. T. (1982), "Canadian Evidence on the Permanent Income-Rational Expectations Hypothesis", *Canadian Journal of Economics*, 15, pp. 331 - 5.

Daly, V. and G. Hadjimatheou (1981), "Stochastic Implications of the Life Cycle-Permanent Income Hypothesis: Evidence for the UK Economy", *Journal of Political Economy*, 89, June, pp. 596 - 9.

Davidson, J. E. H. and D. F. Hendry (1981), "Interpreting Econometric Evidence: The Behaviour of Consumers" Expenditure in the UK, *European Economic Review*, 16, pp. 177 - 92.

Fisher, I. (1907), *The Rate of Interest*, New York: Macmillan.

Fisher, I. (1930), *The Theory of Interest*, New York: Macmillan.

Flavin, M. (1981), "The Adjustment of Consumption to Changing Expectations about Future Income", *Journal of Political Economy*, 89, October, pp. 974 - 1009.

Friedman, M. (1957), *A Theory of the Consumption Function*, Princeton: Princeton

University Press.

Gausden, R. and I. A. Whitfield (2000), "Testing the Stochastic Implications of the Life Cycle-Permanent Income Hypothesis Using UK Regional Time-Series Data", *Applied Economics*, 32, August. pp. 1299-1310.

Hall, R. E. (1978), "Stochastic Implications of the Life Cycle-Permanent Income Hypothesis: Theory and Evidence", *Journal of Political Economy*, 86, December, pp. 971-87.

Johnson, P. (1983), "Life-Cycle Consumption under Rational Expectations: Some Australian Evidence", *Economic Record*, 59, December, pp. 345-50.

Kreinin, M. E. (1961), "Windfall Income and Consumption-Additional Evidence", *American Economic Review*, 51, June. pp. 388-90.

Lucas, R. E., Jr (1976), "Econometric Policy Evaluation: A Critique, in K. Brunner and A. H. Meltzer (eds), *The Phillips Curve and Labor Markets*, Carnegie-Rochester Conference Series on Public Policy 1, Amsterdam: North-Holland.

Muelibauer, J. (1983), "Surprises in the Consumption Function", *Economic Journal*, 93, Supplement, pp. 34-50.

Muellbauer, J. (1994), "The Assessment: Consumer Expenditure", *Oxford Review of Economic Policy*, 10. pp. 1-41.

317. 埃德蒙·S. 费尔普斯 Phelps, Edmund S.

埃德蒙·S. 费尔普斯1933年生于美国伊利诺伊州埃文斯顿,1955年从阿姆赫斯特学院获得学士学位,后从耶鲁大学获得硕士学位(1957)和博士学位(1959)。他的主要学术职位包括：耶鲁大学助教(1960—1962);麻省理工学院客座副教授(1962—1963);耶鲁大学副教授(1963—1966);宾夕法尼亚大学经济学教授(1966—1971);哥伦比亚大学教授(1971—1978);纽约大学教授(1978—1979);以及哥伦比亚大学教授(1979—1982)。1982年以后,他一直担任哥伦比亚大学麦维凯政治经济学教授。他以研究自然失业率、宏观经济学的微观基础,以及对新凯恩斯学派发展的重大影响而著称。他的名著有:《就业与通货膨胀理论的微观经济学基础》(W. W. 诺顿出版公司,1970);《通货膨胀政策与失业理论:货币计划的成本收益分析法》(W. W. 诺顿出版公司,1972);《宏观经济学理论研究:就业与通货膨胀》(学术出版社,1979);《宏观经济思想的七大流派》(牛津大学出版社,1990);《结构型下降:失业、利息和资产的现代均衡理论》(哈佛大学出版社,1994)。他最具影响的论文有:《菲利普斯曲线、通货膨胀预期和因时变动的最适失业率》(载《经济学》,34,1967 年 8 月);《货币工资动态和劳动市场均衡》(载《政治经济学杂志》,76,1968 年 8 月);《理性预期条件下货币政策的稳定能力》(与 J. B. 泰勒合撰,载《政治经济学杂志》,85,1977 年 2 月);《结构性繁荣的背后》(载《美国经济评论》,89,1999 年 5 月)。

参见:

Expectations-augmented Philips Curve; Natural Rate of Unemployment; New Keynesian Economics.

318. 菲利普斯曲线 Phillips Curve

菲利普斯曲线意在表明通货膨胀与失业之间的交替关系。四十多年来,该曲线一直是宏观经济政策争论的核心,也是资本主义政治经济学中高度敏感的问题。尤其对凯恩斯(1936,第 376 页)称之为食利者阶层的人,即那些已经累积了大量金融资源的人来说,通货膨胀非常讨厌。因此,任何减少失业而可能"带来"较高通货膨胀的建议,都会遭到强烈反对。但在 20 世纪最后 25 年理论与政策制定的"保守革命"(Smithin,1990)之后,这种抵制才在最近获得了成功,反对者的立场才具有了影响力。也就是说,从长期角度看,低通货膨胀才是高增长和低失业的先决条件。但支持这一观点的实际证据非常少(Barro,1995;Temple,2000)。

最初的菲利普斯曲线是菲利普斯(1958)引证 1861—1957 年英国的货币工资与失业的实证关系而提出的。正如亨弗莱(Humphrey,1993)所指出的,菲利普斯并不是第一位提出这一以他的名字命名的关系之人。提出这一关系的最著名人物有费雪(1926),如果再往前追溯,还有其他古典学者,如约翰·劳(John Law)、大卫·休谟和亨利·桑顿(Henry Thornton)等人。

紧跟菲利普斯之后,既然假定了工资上涨与价格上升之间的紧密关系,随之就出现了价格上涨/失业交替的思想。这一概念后来为利普西(Lipsey,1960)及萨缪尔森和索洛(Samuelson and Solow,1960)等人接受,并以自己的杰出贡献使之得以普及。因此,20 世纪 60 年代,人们广泛相信,通货膨胀与失业之间存在永久而稳定的反向交替关系,人们可以利用这一关系达到某种政策目的。也就是说,人们可以使用货币政策或财政政策,以高通货膨胀为代价,永久地降低失业。反之亦然。因此,每一社会都必须评估通货膨胀与失业之间的相对成本,选择出两者之间的最优组合。这一时期,菲利普斯曲线填补了"正统"凯恩斯学派模型的供给方空白(Snowdon et al.,1994),这也是使曲线很快成功的原因。

然而,菲利普斯曲线不久就在学术圈和政策制定者那里受到了指责。指责主要有两个方面,一个是理论上的,一个是实证上的。首先,根据最初提出的菲利普斯曲线,该曲线从逻辑上与新古典经济学的一个最基本概念相矛盾,即经济决策应该基于实际量值(经调整的通货膨胀),而不是基于名义量值。这一问题由费尔普斯(Phelps,1967)和弗里德曼(Friedman,1968)在两篇极具影响的文章中提出。第二,20世纪70年代,由于这十年中实际经济领域出现"滞胀",所以最初菲利普斯曲线提出的交替关系好像有误。实际情况是,通货膨胀和失业这两个方面都有增长。这里值得指出的是,在理论性挑战提出之后,实证的不足又有了好转,实证给了理论支持,而且明显具有决定性作用。

这样,在20世纪70年代,相信通货膨胀与失业之间存在永久性替代关系的信念衰落了。人们认为,只要通货膨胀预期发生变化,短期菲利普斯曲线即附加预期的菲利普斯曲线会整体移位。在20世纪70年代末期以及整个80年代,主流宏观经济学模型中所有设定的通货膨胀与失业的交替,明显都是短期的。长期中,所有的通货膨胀率都被认为与自然失业率相同,自然失业率后来又被称为NAIRU(非加速通货膨胀失业率),长期菲利普斯曲线(LRPC)则被假设为垂直形。这种一般性架构改变了对通货膨胀—失业的相对成本的一致评价。就算人们认识到,按照常规,反通货膨胀的效应将是经济衰退,但如果预期到低通货膨胀是长期的,衰退就会是暂时的。人们还可能认识到,相对于利益而言,成本也不是过于沉重。人们也可能怀疑那些遭受"痛苦"之人(那些容易失去工作的人)并不是那些最终"获利"之人(那些在钱上称心如意的人最为典型)。但有人对此有曲解,也有人提出了反对意见(Romer and Romer,1999)。在任何情况下,认为20世纪80年代初和90年代初许多领域中由政策引发的衰退是由信奉这一观点的货币当局使用政策蓄意引发的,一点都不过分。

至于1979—1982年的"货币主义实验"(Smithin,1990),甚至卢卡斯(Lucas,1972)、萨金特和华莱士(Sargent and wallace,1975)以及巴罗(Barro,1976)这些提出理性预期政策不相关性观点的学者都确信,只要中央银行的行为预先宣布并且

"具有可信度",某些经济学家实施的通货紧缩政策就没有任何短期效应。因此,任何反通货膨胀的政策都不会承担任何成本。然而 20 世纪 80 年代初期的情况显然没有证实这种极端观点。

与大约 20 年前产生的传统智慧相反,晚近以来发生的事情在某种程度上又复兴了通货膨胀/失业交替发生的看法。如果这种复兴不是在教科书上,至少也出现在了现实政治中。经验似乎表明,衰退时期的痛苦对反通货膨胀的要求非常严格,所以有人提出比"短期"这一表述更长的持续时间。从这方面讲,自 20 世纪 80 年代中期以来,讨论得更多的是滞后概念(hysteresis,借用物理学术语)(Blanchard and Summers,1986;Wyplosz,1987;Setterfield,1993;Ball,1999)。这方面提出的说法认为,诸如失业率或实际国内生产总值水平这类经济变量的时间路径,主要取决于它自身过去的历史。比如说,衰退时期失业的工人,其失去的工作技术以及经验,都会反过来从社会福利以及感情上对他们产生影响。因此他们可能不太容易"受雇"。同样,如果一家工业企业在衰退期间关闭了一个车间,一旦重新开业,该车间可能不会像原来那么有效率。所以,假定政策引发的衰退不会留下什么永久性创伤,可能不太合理。但认识到滞后问题以及路径依赖,并不能从数量上精确地将通货膨胀与失业的交替恢复到最初菲利普斯曲线表明的状态。然而,它却有助于消除货币政策的真实效应可以安然地加以忽略的想法,即使对货币与经济的关系有十分正统的理解也是这样。

相反的观点,即长期菲利普斯曲线即使不是垂直的,也具有正斜率的观点,一直很有影响(这就是说,通货膨胀与增长的长期关系为负,至少通货膨胀率为正)。这一观点最初由弗里德曼(Friedman,1972)在他的诺贝尔奖获奖词中提出,理论支持则出现于一些关于"预提现金"的文献(Stockman,1981),这些文献视通货膨胀为向经济活动征税。那些主张降低或消除通货膨胀的人,比如豪伊特(Howitt,1990)也非正式地使用相同的观点。不过,公正地说,为这一观点提供的证据根本比不上最初由菲利普斯积累的证据。再者,正如先由麦金农和史密斯恩(Mackinon and Smithin,1993),后由卡姆(Kam,2000)所指出的,设计一个具有长期菲利普斯曲线的模型向另一个方向探索,倒直截了当,从新古典"微观基础"的观点看,这种做法同样也很"严格"(但请参见对这种方法论的批评,Smithin,2001)。负斜率的长期菲利普斯曲线是蒙代尔—托宾效应(Mundell,1963;Tobin,1965)的复兴,意思是在消除了偏向"真实资本"的金融资产持有情况或早期古典经济学的强制储蓄的条件下,通货膨胀才能刺激经济增长(Hayek,1932)。

向学生介绍菲利普斯曲线时,一个有益的修辞技巧就是(略带讽刺地)向学生指出,职业经济学家在讨论这一问题的时候,似乎也忘记了"经济学基础"课的教训。在课堂上,所有人都奇怪地发现,有时候,价格的上升与产出的增长一致(因为需求扩张),但在产出下降的时候,价格也可能上升(因为供给减少)。经济学基础的教学大纲也涵盖会影响这些基本关系的类似于报酬递增和不完全竞争的内容。现代主流的宏观经济学理论想通过自然失业率、产出和利率,通过主张就业与产出最终由供给方决定而排除这些观点。但是,就经济结果而言,需求与供给的相对重要性实际上是宏观经济学争论的中心议题,这一争论不会因为这个或那个学派在某一当口的风行而得以解决。反之,我们可以认为,任何包含通货膨胀与经济增长在内的综合理论都可以令人信服地解释高通胀的高增长,低通胀的低增长,高通胀的低增长以及低通胀的高增长(Smithin, 1997)。所有这些情况在任何时间和地点都有可能出现。

约翰·史密斯恩(安佳译)

参见:

Expectations-augmented Philips Curve; Hysteresis; Inflation: Costs of; Inflation: Costs of Reducing; NAIRU; Natural Rate of Unemployment.

参考文献:

Abel, A. (1985), "Dynamic Behavior of Capital Accumulation in a Cash-In-Advance Model", *Journal of Monetary Economics*, 16, July, pp. 55 – 71.

Ball. L. (1999), "Aggregate Demand and Long-Term Unemployment", *Brookings Papers on Economic Activity*, 2, pp. 189 – 236.

Barro, R. (1976), "Rational Expectations and the Role of Monetary Policy". *Journal of Monetary Economics*, 2, pp. 1 – 32.

Barro, R. (1995), "Inflation and Economic Growth", *Bank of England Quarterly Bulletin*, May, pp. 39 – 52.

Blanchard, O. J. and L. Summers (1986). "Hysteresis and the European Unemployment Problem", in S. Fischer (ed.). *NBER Macroeconomics Annual*, Cambridge, MA: MIT Press Fisher, 1. (1926). "A Statistical Relation Between Unemployment and Price Changes", *International Labour Review*, 13, June, pp. 85 – 92.

Friedman, M. (1968), "The Role of Monetary Policy", *American Economic Review*, 58, March, pp. 1 – 17.

Friedman. M. (1977), "Inflation and Unemployment", *Journal of Political Economy*,

85, June, pp. 451 - 72.

Hayek, F. A. (1932),"A Note on the Development of the Doctrine of Forced Saving", *Quarterly Journal of Economics*, 47, pp. 123 - 33.

Howitt, P. (1990),"Zero Inflation as a Long-Term Target", in R. G. Lipsey (ed.), *Zero Inflation: The Goal of Price Stability*, Toronto: C. D. Howe Institute.

Humphrey, T. M. (1993), *Money, Banking and Inflation: Essays in the History of Economic Thought*, Aldershot, UK and Brookfield, US: Edward Elgar.

Kam, A. E. (2000),"Three Essays on Endogenous Time Preference, Monetary Non-Superneutrality and the Mundell-Tobin Effect", unpublished Ph. D thesis, York University, Toronto.

Keynes, J. M. (1936), *The General Theory of Employment. Interest and Money*, London: Macmillan.

Lipsey, R. G. (1960),"The Relation Between Unemployment and the Rate of Change of Money Wages in the UK, 1862 - 1957: A Further Analysis", *Economica*, 27, February, pp. 1 - 32.

Lucas, R. E. Jr (1972),"Expectations and the Neutrality of Money", *Journal of Economic Theory*, 4, April, pp. 103 - 24.

MacKinnon, K. T. and J. Smithin (1993),"An Interest Rate Peg. Inflation and Output", *Journal of Macroeconomics*,15, Fall, pp. 769 - 85.

Mundell, R. (1963),"Inflation and Real Interest", *Journal of Political Economy*, 71, June, pp. 280 - 83.

Phelps, E. J. (1967),"Phillips Curves, Expectations of Inflation and Optimal Inflation Over Time", *Economica*, 34, August, pp. 254 - 81.

Phillips, A. W. (1958),"The Relation Between Unemployment and the Rate of Change of Money Wages in the United Kingdom, 1861 - 1957", *Economica*, 25, November, pp. 283 - 99.

Romer, C. D. and D. H. Romer (1999),"Monetary Policy and the Well-Being of the Poor", *Federal Reserve Bank of Kansas City Economic Review*, 84, Q1, pp. 21 - 49.

Samuelson, P. A. and R. Solow (1960),"Analytical Aspects of Anti-Inflation Policy", *American Economic Review*, 50, May pp. 177 - 94.

Sargent, T. J. and N. Wallace (1975). "Rational Expectations, the Optimal Monetary Policy Instrument, and the Optimal Money Supply Rule", *Journal of Political Economy*, 83, April, pp. 241 - 54.

Setterfield, M. (1993),"Towards a Long-Run Theory of Effective Demand: Modelling Macroeconomic Systems with Hysteresis", *Journal of Post Keynesian Economics*, 15, Spring, pp. 347 – 64.

Smithin, J. (1990), *Macroeconomics after Thatcher and Reagan: The Conservative Policy Revolution in Retrospect*, Aldershot, UK and Brookfield, US: Edward Elgar.

Smithin, J. (1997),"An Alternative Monetary Model of Inflation and Growth". *Review of Political Economy*, 9, October, pp. 395 – 409.

Smithin, J. (2001),"Macroeconomic Theory, (Critical) Realism and Capitalism", in P. A. Lewis (ed.), *Transforming Economics: Perspectives on the Critical Realist Project*, London: Routledge.

Snowdon, B., H. R. Vane and P. Wynarczyk (1994), *A Modern Guide to Macroeconomics: An Introduction to Competing Schools of Thought*, Aldershot. UK and Brookfield, US: Edward Elgar.

Stockman, A. C. (1981),"Anticipated Inflation and the Capital Stock in a Cash-In-Advance Economy", *Journal of Monetary Economics*, 8, November, pp. 387 – 93.

Temple, J. (2000),"Inflation and Growth: Stories Short and Tall", *Journal of Economic Surveys*, 14, pp. 395 – 426.

Tobin, J. (1965),"Money and Economic Growth", *Econometrica*, 33, October, pp. 671 – 84.

Wyplosz, C. (1987),"Comment", in R. Layard and L. Calmfors (eds), *The Fight Against Unemployment*, Cambridge, MA: MIT Press.

319. A. 威廉·H. 菲利普斯 Phillips, A. William H.

A. 威廉·H. 菲利普斯1914年生于新西兰丹尼维克的特雷宏加,从伦敦大学获得理学士学位(1949)和博士学位(1952)。他的主要学术职位包括:伦敦经济学院经济学和统计学图克讲座教授(1958—1967);国立澳大利亚大学社会科学研究院经济学教授(1967—1970)。他以研究失业水平与货币工资变动率的关系,即通常所说的菲利普斯曲线,以及最优控制理论而著称。他最具影响的论文有:《经济动态学中的机制模型》(载《经济学》,17,1950年8月);《封闭经济中的稳定政策》(载《经济学杂志》,64,1954年6月);《1861—1957年英国失业水平与货币工资变动率的关系》(载《经济学》,25,1958 年 11 月);《增长经济中的失业、货币和价格》(载《经济学》,28,1961 年 11 月);《失业、通货膨胀和增长》(载《经济学》,29,1962 年 2 月)。如果对菲利普斯的贡献感兴趣,请参见 R. 利森编《A. W. H. 菲利普斯:当代展望论文集》(剑桥大学出版社,1999)和 R. 利森"[陆军]帝国勋章获得者 A. W. H. 菲利普斯"(载《经济学杂志》,104,1994 年 5 月)。

见:

Phillips Curve.

320. 庇古效应 Pigou Effect

见:

Real Balance Effect.

321. 阿瑟·C. 庇古 Pigou, Arthur C.(1877—1959)

阿瑟·C. 庇古 1877 年生于英国怀特岛赖德,1900 年从剑桥大学获得硕士学位。他的主要学术职位包括:剑桥大学国王学院讲师(1901)、研究员(1902)和政治经济学教授(1908—1943)。庇古因为是最后一位伟大的古典经济学家而闻名,他最初是凯恩斯革命的坚定反对者,捍卫古典学派。后来推动发展了真实余额效应,或称庇古效应。他的名著有:《失业》(霍尔特出版公司,1914);《产业波动》(麦克米伦出版公司,1927);《失业理论》(麦克米伦出版公司,1933)。他最具影响的论文有:《J. M. 凯恩斯先生的〈通论〉》(载《经济学》,3,1936 年 5 月);《古典静态》(载《经济学杂志》,53,1943 年 12 月);《稳定条件下的经济进步》(载《经济学》,14,1947 年 8 月)。

参见:

Classical Model; Keynesian Economics; Real Balance Effect.

322. 政策无效性命题 Policy Ineffective Proposition

政策无效性命题最早出现于詹姆斯·萨金特和尼尔·华莱士（Sargent and Wallace）于20世纪70年代中期发表的两篇极具影响的论文：《理性预期、最适货币工具与最适货币供给规则》（载《政治经济学杂志》，83，1975年4月）和《理性预期与经济政策理论》（载《货币经济学杂志》，2，1976年4月）。根据新古典政策无效性命题，只有未预期到的货币政策变化才能影响真实变量，而且只能短期影响真实变量。预期到的货币政策变化不会有效，所以对产出和就业没有影响。这一命题可以阐述如下。

假设货币供给由货币当局按照某种"已知"规则决定，比如说，货币当局遵守某种货币规则，设定货币年增长率为固定的6%。在货币当局追求系统的货币政策的情况下，由于货币当局的行为可以被理性的经济行为人预期到，所以货币当局的行为哪怕在短期内也不能对产出和就业产生影响。在形成通货膨胀预期时，经济行为人的预期也会包括对货币供给扩张6%的效应的预期。结果是，货币规则的（6%）组成部分对真实变量没有影响。如果货币供给实际每年增长8%，货币扩张（2%）的非系统性（未预期到）组成部分，会使收入和产出暂时高于自然水平，原因就是通货膨胀预期错误。另外，货币当局也可能让货币供给由反馈规则决定。但由已知的反馈规则引起的货币增长率的变化也会被经济行为人预期到，所以也会使反馈规则无效。只有背离已知的货币规则（比如货币当局犯下的政策错误或者未预期到的政策调整），也就是未预期到的货币政策，才能影响产出，但也只能在短期内产生影响。

政策无效性命题，即未预期到的货币冲击才具有真实产出效应的命题，一直是许多实证研究的主题。早期研究中比较突出的有罗伯特·巴罗的两篇论文《未预期的货币增长与美国的失业》（载《美国经济评论》，67，1977年3月）和《未预期货币、美国的产出和价格水平》（载《政治经济学杂志》，86，1978年8月），似乎支持这一命题。但其他研究，比如最出名的弗里德里克·米什金的研究《预期到的货币政策有用吗？一个经济计量学分析》（载《政治经济学杂志》，90，1982年2月）以及罗伯特·戈登的研究《1890—1980年美国的价格惯性与政策无效性》（载《政治经济学杂志》，90，1982年12月），却找到证据证明，未预期到的货币政策和预期到的货币政策,都对收入和产出产生影响。

参见:

Feedback Rule; New Classical Economics; Rational Expectations; Sargent, Thomas J.; Wallace, Neil.

323. 后凯恩斯学派经济学 Post Keynesian Economics

凯恩斯在《就业、利息和货币通论》中向"经济学家同行"指出:

> 古典理论的假设条件只适用于特殊情况,不适用于一般情况……另外,古典学派所假设的特殊情况的特征,不会在我们实际生活的经济社会中出现,因此,如果我们试图将古典理论应用于我们所经历的经验事实,其学说会产生误导,并产生灾难性后果。(Keynes,1936,第3页)

凯恩斯相信,他能从逻辑上阐明,在我们为一个具有现实世界特征的经济建构模型时,"萨伊定律……不是与总需求和总供给函数相关的真实定律"(同上,第26页)。一旦我们用理论来反映"我们所经历的经验事实,或应用于经验事实,我们实施的政策只能是错误的政策"。

凯恩斯将那些基于萨伊定律构建理论逻辑的经济学家,比拟为居住在非欧几里得世界中的欧几里得几何学家:

> 那些人发现,他们看到的显然是平行的直线却常常相交,于是他们指责说线条没有画直——这是他们解决矛盾的唯一方法。但事实上,除了推翻平行线的假设条件,或建立一个非欧几里得几何学,没有别的办法。今天的经济学就要做类似的事情。(同上,第16页)

按照凯恩斯的思路,后凯恩斯学派认可了凯恩斯的分析所抛弃的古典理论的原理,以发展一个更为一般的、可以解释企业家经济的就业、利息和货币通论。推翻一种原理,就是拒绝认可衷心信仰的"普遍真理"。因此,凯恩斯的经济学革命实际上是反对正统观念认为的普遍真理。凯恩斯的目的在于,否定正统理论的某些基本原理,为一个与萨伊定律无关、却与我们生活于其中的现实世界有更紧密联系的模型,提出一种更一般的逻辑基础。遗憾的是,自凯恩斯之后,主流宏观经济学家出于精确性和结论唯一性的技术方法论目的,以适用性和精确性为代价,重新引入了凯恩斯在半个世纪前就已经抛弃的更为复杂的原理。因此,所谓"凯恩斯学派革命"几乎立刻就被萨缪尔森(1947)的《经济分析基础》带上了错误的轨道。萨缪尔森在书中对他所称的"新古典综合凯恩斯主义"的微观基础作了铺陈。他的这些微观基础利用了更不容易觉察的基于萨伊定律的相同的古典原理。萨缪尔森基于微观基础的古典原理已经成了现代主流理论的基础。货币主义、新古典经济学、新古典综合(或旧)凯恩斯主义以及新凯恩斯主义,都以这些凯恩斯奋力抛弃的"普遍真理"为基础,重新构建了自己的宏观理论。

后凯恩斯学派经济学则试图重新复兴凯恩斯的革命性分析。后凯恩斯学派并没有依赖于具有上述正统经济学思想流派逻辑基础的严谨的原理,而是创建了一个以货币为中介、市场为导向的企业家经济模型。后凯恩斯学派抛弃的主要古典原理有:(1)总体替代原理;(2)货币中性原理;(3)一种各态历经经济体系的正统假设。(各态历经原理是理性预期假说随机模型的基础,有序原理为预期效用理论中非随机模型的主观可能分析提供了基础。)

凯恩斯认为,只有在抛弃了古典原理之后,才能按照现实世界的特征来建构模型。第一,货币在短期和长期中都非常重要。这就是说,货币从来就不是中性的。因此,货币与流动性总是对现实政策产生影响。尽管弗里德曼使用了"货币很重要"的格言,但弗里德曼仍然信奉中性货币原理,并且不让货币对他的长期分析结果产生影响(Friedman,1974)。

第二,经济制度是按历法从无可挽回的过去移向不可确定的未来。在凯恩斯的不确定性概念中,经济决策人"知道",过去的经济情况不会为计算未来经济结果的概率提供合理的基础(见 Davidson,1982—1983)。凯恩斯(1973)说:"我使用[不确定性]这一术语的意思是……没有什么科学基础可赖以形成任何可计算概率。我们就是不清楚。"不确定性的含义违反了各态历经经济制度的正统假设。

在一个随机的世界中,为了预测未来的结果,人们必须从未来提取样本,但这是做不到的,所以古典经济学家求助于各态历经定理,从而认可从过去提取的样本等同于从未来提取的样本。这样,在一个各态历经体系中,经济行为人就可以通过研究过去的数据合理地预测未来。换句话说,各态历经原理意味着,人们可以通过对过去概率分布的计算,合理地预期未来。未来成了过去事件的统计学影子。

第三,在一个不能根据主观或客观概率分析的科学基础对未来进行预测的企业家经济中,人们已经将货币作为耗时生产和交换过程的工具,发展出一种远期契约制度(见 Davison,1980)。货币工资契约是这种契约的普遍存在形式。现代生产就是基于货币工资契约组织起来的经济。

第四,非自愿失业,而不是充分就业,才是自由放任市场导向的普遍结果。在货币生产经济中,总体替代原理并不适用于储蓄者是选择使用流动性资产还是选择使用非流动性资产作为储备购买力的手段。

总体替代原理

总体替代原理是正统经济学的支柱。它假设,任何一个商品都可以由其他商品替代。这一原理意味着,如果商品 x 的需求上升,商品 x 的价格将会上涨,从而导致过多的需求转向现在相对便宜的替代品 y。如果一位经济学家否定这一"普遍真理",实际上就是革命的异端。与中世纪的宗教裁判所时代一样,当今主流经济学的主要大本营已经摧毁了所有的非信仰者——当然不是将他们烧死在火刑柱上,而是将他们圈在主流专业杂志之外。但是,依赖于"利息和货币基本属性"(Keynes,1936,第 17 章)的凯恩斯《通论》的分析,却因反对这一适用于流动性资产(包括货币)和工业产品关系的普遍现象的总体替代原理,推进了这一异端邪说。

凯恩斯所指出的与货币(以及其他所有流动性资产,即在一个有组织市场中容易转换成货币的资产)相关的基本属性是:

1. 相对于工业产品而言,所有流动性资产包括货币的生产弹性(大约)为零。换句话说,私人部门的劳动就业,不能用来生产具有流动性储备价值的耐用品。

2. 货币(以及其他所有流动性资产)和生产品(具有较高生产弹性的物品)的替代弹性(大约)为零。换句话说,总体替代原理并不能适用于货币与具有潜在流动性储备价值的生产品之间的替代性。

第一个基本属性,即生产的零弹性,可视为意指货币不可能伸手就有。如果货币伸手就有(就是说,如果货币具有较高的生产弹性),那么现在失业的工人就可以雇佣来大量生产货币。只要货币的边际效用超过了伸手拿取货币的边际负效用,失业工人就可以找到工作,充分就业就能实现。如果货币与其他流动性资产具有不可生产性,如果人们用当前收入少购买而多储蓄,以不可生产性流动资产形式存在的资产,就会减少对工人生产生产性物品的需求,而这种流动性需求的增加并不会增加对工人伸手获取流动性的需求。或者如哈恩所说"只要除了再生产资产外还有储蓄品的闲置地",萨伊定律就不具有可应用性(Hahn,1977,第 31 页)。"任何非再生产资产的存在,都为在就业诱导需求和非就业诱导需求之间的选择留有余地"(同上)。

储蓄者对非生产性资产的需求的增加,会提升非生产性资产的价格。如果总体替代原理具有可应用性,非生产性资产的价格上升会引起储蓄者在自己的财富持有中用再生产耐用资产替代非生产性资产。结果,非生产性资产将不再是储蓄的"闲置地"(Davidson,1972,1977,1980)。价值储蓄需求将涌入生产性产品市场,振兴就业机会。因此,无所不在的总体替代性原理确保了萨伊定律的复兴,并否定了非自愿失业的逻辑可能性。如果总体替代原理因为不具有普遍适用性而被否定,增加的总储蓄由于没有同时引起对工业品自动消费的增加,就会引发非自愿失业。除非假设总体替代性可以适用,否则,非生产性资产与生产性资产相对市场价格的变化就不能消除失业。

要从跨时角度推翻总体替代性原理确实带有异端之意。这一推翻改变了我们看问题的整体视角,即"理性"储蓄或"最优"储蓄到底是什么含义,人们为什么储蓄,或者他们将现在的储蓄用于未来的目的是什么?希克斯(Hicks,1979)指出,凯恩斯所说的是,收入要分成当前消费和为不确定的未来所作的含糊的准备。希克斯还提出了数学假设,即"在未来某一不同时间里的有计划的花费与效用无关[并且是总替代品]……我觉得不能接受这一假设……正常的情况是,它们[一个连续时间内的消费计划]之间有很强的依附性"(同上,第76—77页)。实际上,丹齐格等(Danziger et al.,1982—1983)指出,老年人的消费行为和储蓄行为的数据,与消费计划的跨时总替代概念不合,却是生命周期模型和叠代模型暗含的前提假设,这些模型是主流经济学理论中的基本模型,并极为盛行。

由于没有总体替代性原理,收入效应(比如凯恩斯乘数)占据了主导地位,并击溃了所有假设性新古典替代效应。因此,如果总体替代性原理不适用于用于流动性非生产品和非流动性生产品之间的储蓄决策,那么,经由弹性价格机制的相对价格变化,就不能用做许多新古典大夫治疗现实中经常发生的经济疾病的万能灵药。

货币中性原理

货币中性原理是指,货币是一层面纱,因此,所有的经济决策都只取决于实际经济现象和相对价格。货币并不重要,货币不能影响就业和真实产出。反对货币中性这一观点并不需要假设经济行为人具有货币幻觉(见 Keynes,1973,第411页)。它只是意味着货币在短期和长期中都很重要,或者,如凯恩斯所说:

我希望理论能够……研究一种货币在其中起到自己的作用并影响人的动机和决策的经济,而且货币是短期内的重要影响因素,这样,如果不了解第一种和最后一种货币行为,在长期或短期内都无法对经济过程进行预测。这是我们在谈到货币经济时必须指明之处。(同上,第108—109页)

还有任何事情比这更具创新意义吗?在"货币的生产理论"一文中(我强调"货币"一词),凯恩斯尤为反对中性原理。只要我们承认,货币是一种真实现象,货币非常重要,那么,正统经济学的分析就没有了价值,也不能证明所有的市场出清就是充分弹性价格制度的必然结果。阿罗和哈恩(Arrow and Hahn,1971,第356—357页)指出:

契约使用的条款非常重要,如果货币是构成契约的商品,那么,用货币计量的商品价格就具有非常重要的意义。如果我们考虑的经济没有过去或未来,情况就不是这样……如果要撰写一个严谨的货币理论,契约是用货币来构成的这一事实将非常重要。

另外,按照阿罗和哈恩(Arrow and Hahn,同上,第361页)的说法,如果一个有着过去和不确定未来的按历法演进的经济是用货币来构成契约(因此货币影响现实决策),那么,所有现存的定理都会受到损坏。货币契约的存在——一个凯恩斯生活于其中而我们仍然生活于其中的世界——意味着,在长期和短期中,永远都不存在任何理性预期均衡,以及/或者一般均衡市场出清价格向量。

各态历经推定

多数正统主流经济学家都普遍患上了我们称之为古典经济学家毛病的疾病。这种病就是这些经济学家都想让人视自己为研究"硬科学"的一流科学家,不想让人看成研究不准确的"社会学"和"政治学"的学术界"二等公民"。这些经济学家错把精确(不是准确)当成"真"科学的特征,宁愿要精确而不要准确。精确表达的含义为"严格到细枝末节"。另一方面,准确意味着"所获得的结果是否符合数据和事实"。比如说,你打电话给水暖工,叫他来修理你家管道系统中的应急管道,他回话说:他在12分钟内准时到。他的回答非常精确,但实施起来与事实并不相符。如果他说,他会在天黑前赶到,虽然他说得并不精确,但他说得准确。

多数经济学家宁要精确的错,也不要不精确的对或准。各态历经经济体系的推定则允许经济学家的研究像"硬科学"的研究一样,即相对于时间来说,数据都是同质的。在这种各态历经世界里,时间序列认知的观察数据(即历史数据)相对于产生这一认知的随机过程的概率分布来说,是非常有用的信息。相同的数据也为任何时点,比如今天的普遍认知提供了信息。这些观察数据也是未来事件概率分布的可靠信息。因此,通过对过去出现的各态历经过程进行统计学研究,就可以根据统计的可信度对现在和未来事件进行预测(Davidson,1982—1983)。在不存在各态历经的世界里,要根据现存数据计算未来结果的概率,根本没有科学的基础。

凯恩斯(Keynes,1936,第149—150页)反对这一观点,即过去的数据可以为重要的未来经济事件提供可靠信息。在一个非各态历经世界——我们的经济世界——里,未来根本不能进行可靠的预测,因此,流动性非常重要。一个人用货币或其他流动性资产进行存储,就是节制今天对资源的需求。这样,储蓄者利用今天的储蓄,就能延迟不确定的未来。流动性就是改天进行决策的自由。如果流动性非常重要,货币就永远不是中性,萨伊定律和瓦尔拉斯定律都没有意义。后凯恩斯主义者相信,在这样的世界里,凯恩斯的创新性分析才是解释现实世界现象的适用理论。

主流经济学理论并没有遵循凯恩斯的创新性逻辑分析去发展阿罗和哈恩所称的"严谨的货币理论",用以分析一个以货币构成的契约,并从无可挽回的过去向不确定的、非各态历经的未来前进的经济。后凯恩斯学派经济学则遵循凯恩斯的分析,接过了这一发展严谨的货币理论的任务。

一些政策含义

人们怎么解释国际金融市场的波动性,因而怎么选择与这些市场有关的政策立场,取决于人们明里暗里用来解释市场导向的企业家经济中金融市场作用的经济理论的含义。现在有两大金融市场理论:(1) 古典有效市场理论(EMT);(2) 凯恩斯的流动性偏好理论(LPT)。每种理论都有自己不同的政策处方。有效市场理论认为,今天的国际金融流动体系缺少一位可以降低某些短期紧张压力的流动性修理工。流动性偏好理论的拥护者则相信,当今的体系有一些结构性缺陷。因此,需要一位建筑师在更为稳固的基础上构建新的国际金融体系。

有效市场理论是传统经济学智慧的基础。有效市场理论的符咒是:"市场最清楚"如何优化配置稀缺的资本资源,并促进最大化经济增长。有效市场理论观点可以用美国财政部长萨默斯的话进行简单概括:"[金融市场]基本的社会职能,就是分散风险,引导稀缺资本的投资,加工和传播由众多交易人拥有的信息……价格总是基本反映价值……有效市场的逻辑令人信服"(Summers and Summers,1989,第166页)。

相反,凯恩斯流动性偏好理论的逻辑表明,金融市场的主要功能就是提供无效流动性。(流动性市场需要秩序。)如果凯恩斯的有序金融市场流动性偏好理论具有相关性,真实世界的国际资本市场无论长期或短期都不会失灵,但这一结果已由古典有效市场理论提出。

彼得·L.伯恩斯坦(Bernstein,1996)是畅销书《与诸神对着干》的作者,该书专门讨论风险管理、概率论与金融市场。伯恩斯坦指出,是流动性偏好理论而不是有效市场理论,才是与我们生活在其中的世界相关的理论。他说:"有效市场假说的致命缺陷在于,天下没有[有效]均衡价格……除非均衡价格存在并为人所知,否则市场永远不可能有效"(Bernstein,1999;着重号是原有的,还可参见 Bernstein,1998)。换句话说,按照伯恩斯坦的观点,有效市场理论不适用于现实世界的金融市场。

如果有效市场理论不适用于现实世界,那么,重建某种程度的国际资本流动规则,将其作为产生21世纪全球经济发展黄金时代的必要条件而非充分条件,就有重要意义。但是,自20世纪70年代以来,有效市场理论引人入胜的逻辑已经为各国废除战后国际金融市场普遍存在的规制,提出了合理化建议。金融市场自由化的理由是,相较于第二次世界大战和1973年的经验,即世界上绝大多数国家,包括美国,都在实施国际资本流动管制的情况,金融市场自由化可以降低资本成本,提高产出的增长率和生产率,提供更多的就业机会。

但数据并不支持有效市场理论对金融自由化的阐述。自1973年以来,世界经济急剧放缓。1973年后的资本市场自由化时期并没有实现有效市场理论宣称会实现的事情(见 Davidson,2000),而且,有效市场理论推荐的修理解决方法(比如更加透明、统一的破产法、托宾税以及货币局制度等),都没能解决日益增加的全球流动性问题。唯有类似于凯恩斯布雷顿森林计划那种结构解决方式,才有这种可能。

保罗·戴维森(安佳译)

参见:

Davidson, Paul; Involuntary Unemployment in Keynes's *General Theory*; Keynes, John Maynard; Keynesian Economics; Neoclassical Synthesis; Neutrality of Money; Say's Law; Weintraub, Sidney.

参考文献:

Arrow, K. J. and F. H. Hahn(1971), *General Competitive Analysis*, San Francisco:

Holden-Day.

Bernstein, P. L. (1996), *Against the Gods*, New York: Wiley.

Bernstein, P. L. (1998), "Stock Market Risk in a Post Keynesian World", *Journal of Post Keynesian Economics*, 21, pp. 15 – 24.

Bernstein, P. L. (1999), "The Efficient Market Offers Hope to Active Management", *Journal of Applied Corporate Finance*, 12, pp. 129 – 36.

Danziger, S., J. Van der Gaag, E. Smolensky and M. K. Taussig (1982 – 3), "The Life Cycle Hypothesis and Consumption Behaviour of the Elderly", *Journal of Post Keynesian Economics*, 5, pp. 208 – 27.

Davidson, P. (1972), *Money and the Real World*, London: Macmillan.

Davidson, P. (1977), "Money and General Equilibrium", *Economie Appliquee*, 30. pp. 541 – 63.

Davidson, P. (1980), "The Dual Nature of the Keynesian Revolution", *Journal of Post Keynesian Economics*, 2, pp. 291 – 307.

Davidson, P. (1982 – 3), "Rational Expectations: A Fallacious Foundation for Studying Crucial Decision Making Processes", *Journal of Post Keynesian Economics*, 5, pp. 182 – 98.

Davidson, P. (2000), "Is a Plumber or a New Financial Architect Needed to End Global International Liquidity Problems", *World Development*, 28, June, pp. 1117 – 31.

Friedman. M. (1974), "A Theoretical Framework for Monetary Analysis", in R. J. Gordon (ed.), *Milton Friedman's Monetary Framework: A Debate with his Critics*, Chicago: University of Chicago Press.

Hahn, F. H. (1977), "Keynesian Economics and General Equilibrium Theory: Reflections on Some Current Debates", in G. C. Harcourt (ed.), *The Microfoundations of Macroeconomics*, London: Macmillan.

Hicks, J. R. (1979), *Causality in Economics*, New York: Basic Books.

Keynes, J. M. (1936), *The General Theory of Employment, Interest and Money*, New York: Harcourt.

Keynes, J. M. (1973), "The General Theory", *Quarterly Journal of Economics*, 1937; reprinted in D. Moggridge (ed.), *The Collected Writings of John Maynard Keynes*, London: Macmillan, all references are to the reprint.

Samuelson, P. A. (1947), *Foundations of Economic Analysis*, Cambridge, MA: Harvard University Press.

Summers, L. H. and V. P. Summers (1989), "When Financial Markets Work Too Well: A Cautious Case for a Securities Transactions Tax", *Journal of Financial Services*, 3, pp. 163-88.

324. 潜在产出 Potential Output

给定一个经济体的要素禀赋,在不会引发通货膨胀的条件下,可能生产的最大产出,也可以认为是充分就业产出或自然产出水平。

325. 预防性余额 Precautionary Balances

个人为预防意外支出而持有的货币。

参见:

Demand for Money: Keynesian approach.

326. 爱德华·C. 普雷斯科特 Prescott, Edward C.

爱德华·C. 普雷斯科特1940年生于美国纽约州的格伦斯福尔斯,1962年从斯沃思摩尔学院获得学士学位,1967年从凯斯理工学院获得理科硕士(运筹学)和从卡内基—梅隆大学获得博士学位。他的主要学术职位包括:宾夕法尼亚大学经济学助教(1966—1971);卡内基-梅隆大学助教(1971—1972)、副教授(1972—1975)和经济学教授(1975—1980)。1980年起,他一直担任明尼苏达大学经济学教授。他以对各种背景下理性预期的应用研究以及对随机动态的一般均衡理论的发展(尤其是率先倡导处理经济波动的真实经济周期)而闻名。他的名著有:《经济动态学中的递推方法》(与小卢卡斯和N.L.斯托基合著,哈佛大学出版社,1989);以及《致富的障碍》(与S.L.帕伦特合著,麻省理工学院出版社,2000)。他最具影响力的论文有:《不确定性条件下的投资》(与小卢卡斯合撰,载《经济计量学》,39,1971年9月);《规则而非相机抉择:最优计划的不一致性》(与F.E.基德兰德合撰,载

《政治经济学杂志》,85,1977年6月);《资本形成的时间和过度波动》(与 F. E. 基德兰德合撰,载《经济计量学》,50,1982年11月);《经济周期:事实和货币神话》(与 F. E. 基德兰德合撰,载《明尼阿波利斯联邦储备银行季评》,14,1990年春季号);《有关经济周期一般均衡分析的经济计量学》(与 F. E. 基德兰德合撰,载《斯堪的纳维亚经济学杂志》,93,1991);《经济周期理论中的时间和就业变量》(与 F. E. 基德兰德合撰,载《经济学理论》,1,1991年1月);《计算机实验:一种经济计量学工具》(与 F. E. 基德兰德合撰,载《经济展望杂志》,10,1996年冬季号);《繁荣和萧条》(载《美国经济评论》,92,2002年5月)。

参见:

Business Cycles: Real Business Cycle Approach; Rational Expectations; Time Inconsistency.

327. 现值 Present Value

用当前价值表示的未来的收入流或成本流的价值。

328. 价格指数 Price Index

根据一个特定基年的同种商品和服务的价格,用以衡量一系列商品和服务平均价格水平的指标。

329. 同向循环变量 Procyclical Variable

在经济周期中与总体经济活动向同一方向发展的变量(比如就业)。

参见:

Business Cycles: Stylized Facts.

330. 生产力下降 Productivity Slowdown

增长计算研究表明,美国(和其他地区)在20世纪60年代后期或70年代早期的生产力增长有所下降。这次生产力下降引起了极大关注,因为它意味着实际工资增长率的下降(假设劳动在国内生产总值中占有一个不变份额)。虽然经济学家们不能肯定引起生产力下降的原因,但他们也提出了各种各样的解释(参见Griliches,Jorgensen,Olson and Boskinz发表在《经济展望杂志》1988年秋季号上的文章《有关生产力增长下降的讨论》)。这些解释包括:资本投入增长放慢,劳动投入减少,1973年和1979年两次欧佩克石油价格冲击后的高能源价格的影响,人文和法律环境变化带来的负效用,技术创新减缓,以及计量标准的错误(见E. F. 丹尼森,《1929—1982年美国经济增长趋势》,布鲁金斯研究所,1985;M. N. 贝利和R. J. 戈登,《生产力下降、计量标准问题、计算机能力的增强》,载《布鲁金斯经济活动论文集刊》,第2辑,1988)。

20世纪90年代后期,随着生产力增长的强劲复苏,美国对于生产力下降的关注逐渐消退。在与"信息技术革命"相关的主要产业经济中,生产力的加速发展引发了对"新经济"的出现与日俱增的思考(见M. Abramovitz and P. David,《美国两个世纪的宏观经济增长:从资源大量开采到知识引领发展》,载《斯坦福经济政策研究讨论稿》,第01—05号,2001)。

参见:

Growth Accounting; New Economy.

331. 公共部门借款条件 Public Sector Borrowing Requirement

公共部门支出超过其收入部分的数额。

332. 购买力平价理论 Purchasing Power Parity Theory

正如购买力平价理论之名所表述的,购买力平价(PPP)理论最严格的形式表明,任何货币都具有相同的购买力,或者实际价值。因此,如果像1900年那样,1英镑可以买到4.86美元,根据购买力平价理论,1英镑在英国能够购买的商品和在美国用4.86美元能买到的商品数量完全相同。购买力平价理论的另一种表述方法是,在按规定的汇率换算之后,所有货币表示的价格水平都一样。

大家都知道,购买力平价理论的这种表述方式不准确。一个原因是间接税:在丹麦买新车比在欧洲其他国家买车价格要高,因为丹麦的税比较高。另一个原因是交通费和贸易壁垒,交通费和贸易壁垒阻碍了同种商品在不同地方以不同价格销售所产生的套利行为。

在现代经济学中,购买力平价理论已经被宽泛的均衡实际汇率概念所取代,均衡实际汇率被定义为相对于外国价格,并与国际收支平衡保持一致的国内价格水平(国际收支平衡是指与长期内"正常"资本流动相一致的经常账户余额水平)。尤其有两个问题引起了很多争论。

一个是均衡实际汇率(RERs)在国与国之间是否会有不同的问题。实际数据非常明显地显示出了差别。在人均国内生产总值较高、资本/劳动比较高、贸易和非贸易部门之间的劳动生产力差距较大的国家,价格也有较大差异(Bergstrand,1991)。克莱格(Clague,1986)也指出,在发展中国家,价格水平与煤炭生产和旅游业在产出中的比重有很密切的关系。自巴拉萨(Balassa,1964)的观点提出后,人们也认识到,各国之间贸易部门的生产力比非贸易部门生产力的差距要大,这种差距会使富裕国家的非贸易部门产品价格相对高一些,因为相对工资成本反应了国际贸易均衡,而国际贸易收支只由贸易部门决定。特别是在发展中国家,贸易保护程度对均衡实际汇率的影响非常大。进口管制越多,均衡实际汇率越高。

另一个是均衡实际汇率在长期中能否达于均衡的问题(如果能,需要多长时间)。经济学理论肯定地认为,实际汇率最终一定达到均衡,但是实证数据对此进行的证明出现了一些问题。一方面,均衡实际汇率不是一成不变,因为有太多变量在影响它,比如贸易保护程度,世界相对价格变动等;而统计测试几乎都假定它是不变的,否则由测试得出的假说只会是反均衡和均衡路径两种理论的结合。支持购买力平价的基本证据出于这样一个事实,名义汇率平均值差不多总是按通货膨胀率向右移动,换句话说,有较高通胀倾向的货币会有贬值的趋势。实际上,1973年后这段时期,经合组织成员国与发生过严重通货膨胀的国家都有这种经历。

现代经济计量学认为,实际汇率是否均衡与货币是固定汇率还是非固定汇率是同一个问题。固定汇率的标准测试,比如迪基—富勒的测算就认为,自1973年实施浮动汇率以来,经合组织国家实际汇率对美元浮动毫无意义,尽管14种欧洲货币中有4种对德国马克浮动之无效性为0.05(Bleaney and Leybourne,1998,表1)。由于迪基—富勒的测算(以及其他一些测算)作用有限,所以研究者试图扩大样本,要么试图回溯历史分析长期数据(比如,Lothian and Taylor,1996),要么汇总单个汇率为一个有代表性的综合(比如Oh,1996)。这两种情况都对汇率固定的无效性给予较强的支持。

然而,这两种研究也遭到了批评。很明显,钉住汇率和浮动汇率的波动幅度截然不同。恩格尔(Engel,2000)认为,忽略这个问题会导致对浮动汇率无效性的虚假否定。在综合数据的测算中,如果忽略了汇率之间的相互关系也会导致这些问题(O'Connell,1998),虽然阿布夫和乔里恩(Abuaf and Jorion,1990)以及布利尼和利伯恩(Bleaney and Leybourne,1998)的研究在修正了这些影响之后都支持汇率的固定性。布利尼和利伯恩认为,如果实际汇率真能固定,自回归模型会比没有样本的随机测量要好,但这不适用于对美元的实际汇率。然后,他们又做了一个随机单位根测算,这次测算的自回归参数没有固定,而是采用了变量(使用了均值)。这个随机单位根可在浮动(可能是突发的)与固定之间进行转换。这些作者指出,如果实际汇率按照一个随机单位根运行,整体单位根测算中就会出现对无效性的虚假否定。这些(针对固定单位根的无效性)用随机单位根做的测算,以0.10的值否定了所有17个(除了3个之外)对美元的实际汇率的无效性,这说明,随机单位根模型具有实证价值。

最近,很多作者又提出了一种有意思的观点,他们认为,实际汇率在达到一定的均衡范围时,会呈现出近似随机游走行为,在这一范围之外则呈现极强的均值回归现象。如果这种假设成立,由于所有样本都是在近似随机游走行为范围内取得观察数据,所以标准单位根测算没法否定无效性。从事这项研究的有:布利尼和迈曾(Bleaney and Mizen,1996)、迈克尔等人(Machael et al.,1997)和索利斯等人(Sollis et al.,2002)。布利尼和迈曾(Bleaney and Mizen,1996)求助于弗兰克尔和弗罗特(Frankel and Froot,1986)关于外汇市场中"基要主义"和"宪章派"之间张力的说法,对模型进行了测试,模型的均值回归率是均值差的立方。迈克尔等人(1997)用非线性方法研究了交易成本,并使用了平滑转换自回归(STAR)模型。(之后)索利斯等人又采用这个模型验证了美元升值贬值时,对美元汇率的不对称效应。汇率在美元被低估时会比美元高估时更容易回归均值。这些结果很大程度上在1980—1986年的美元泡沫中得到了反映。

虽然这些非线性测试总的来看更偏向于固定汇率,但还是应该谨慎。这种非线性模型对已经存在汇率泡沫的情况进行测算很有用处;模型会估计出均值开始与特定的泡沫相匹配的那个点。但如果出现了第二次泡沫,第二次泡沫的强度必须与第一次泡沫的强度相当,才能与估算的模型一致,因此,人们必须考虑这一可能性,即非线性模型的良好表现,是对数据进行技术性处理的例证。

迈克尔·布利尼(安佳译)

参见:

Fixed Exchange Rate System; Flexible Exchange Rate System.

参考文献:

Abuaf, N. and P. Jorion (1990), "Purchasing Power Parity in the Long Run", *Journal of Finance*, 45, March, pp. 157 – 74.

Balassa, B. (1964), "The Purchasing Power Parity Doctrine: A Reappraisal", *Journal of Political Economy*, 72, December, pp. 584 – 96.

Bergstrand, J. H. (1991), "Structural Determinants of Real Exchange Rates and National Price Levels: Some Empirical Evidence", *American Economic Review*, 81, March, pp. 325 – 34.

Bleaney, M. F. and S. J. Leybourne (1998), "Real Exchange Rate Dynamics under the Current Float: A Re-examination", *School of Economics Discussion Paper* no. 98/9, University of Nottingham (forthcoming, *Manchester School*).

Bleaney, M. F. and P. D. Mizen (1996), "Nonlinearities in Exchange Rate Dynamics: Evidence from Five Currencies, 1973 – 94", *The Economic Record*, 72, March, pp. 36 – 45.

Clague, C. (1986), "Determinants of the National Price Level: Some Empirical Results", *Review of Economics and Statistics*, 68, May, pp. 321 – 3.

Engel, C. (2000), "Long-Run PPP May Not Hold After All", *Journal of International Economics*, 51, August, pp. 243 – 73.

Frankel, J. A. and K. A. Froot (1986), "Understanding the US Dollar in the Eighties: The Expectations of Chartists and Fundamentalists", *Economic Record*, 62, Supplement, pp. 24 – 38.

Lothian, J. and M. P. Taylor (1996), "Real Exchange Rate Behaviour: The Recent Float from the Perspective of the Past Two Centuries", *Journal of Political Economy*, 104, June, pp. 488 – 510.

Michael, P., R. Nobay and D. A. Peel (1997), "Transactions Costs and Nonlinear Adjustment in Real Exchange Rates: An Empirical Investigation", *Journal of Political Economy*, 105, August, pp. 862 – 79.

O'Connell, P. G. J. (1998), "The Overvaluation of Purchasing Power Parity", *Journal of International Economics*, 44, February, pp. 1 – 19.

Oh, K.-Y. (1996), "Purchasing Power Parity and Unit Root Tests Using Panel Data", *Journal of International Money and Finance*, 15, June, pp. 405 – 18.

Sollis, R., S. J. Leybourne and P. Newbold (forthcoming). "Tests for Symmetric and Asymmetric Nonlinear Mean Reversion in Real Exchange Rates", *Journal of Money, Credit and Banking*.

333. 货币数量论 Quantity Theory of Money

货币数量论这一术语直到19世纪末才开始广泛使用,但与其相关的思想由来已久。这一思想在16世纪作为对中美和南美流入的金银所引发的货币扰乱的反应而发展起来(Grice-Hutchinson,1978),并由大卫·休谟(1752)对其进行了经典表述。

货币数量论源于交易方程,方程表明整个经济中货币支出量与货币收入量必须相等。根据现代的说法,在方程的收入形式中,收入等于名义国民收入,即实际收入乘以价格水平(PY),支出则设定为货币数量(M)乘以收入的流通速度(V),即货币循环速度。V则是货币数量与货币收入之比,所以:

$$MV = PY,$$

根据这一会计恒等式并加上经验的、因而可以驳斥的变量关系假设,就产生了货币数量论。这些表述在细节上会有不同,但大都包括以下内容:V不仅是调节交易方程两边变量的比,还是一个宏观经济结构参数;虽然V和Y因时间不同而有不同,因而会引起P的变动,但Y的变化主要由M的变化决定;最后,价格对货币数量变化的反馈作用小到可以忽略不计。

新古典经济学总试图解释经济行为人最大化产出的行为，早在 1871 年，阿尔弗雷德·马歇尔根据经济行为人意愿持有的货币存量中各变量的相互作用，重新构建了货币数量论。正如威克塞尔(Wicksell,1898)所指出的，这种重新表述的关键在于，流通速度的倒数就是货币流通的频率，所以货币数量论可以写成：

$$Ms = Md = kPY,$$

其中，k 就是 $1/V$。这就是剑桥学派的货币数量论(Pigou,1917)。在费雪(Fisher,1911)的表述中，用交易量而不是产出量来衡量对货币的需求，其中，交易速度是指货币周转的实际频率，初看起来这个表述更为有用，更接近真实世界的现象。但是，由于没有基本理论来区分这两种分析方法(Laidler,1991)，所以，与测算交易量和货币周转量相关的问题，再加上马歇尔选择理论的优势，使费雪的表述让位于货币数量论的主导性表述。

剑桥版货币数量论的关键参数是 k。即使是该理论的早期支持者也认为，k 是一个潜在变量，因为最大化行为的经济行为人会在持有货币的用途和不以其他方式持有财富而放弃的回报间进行权衡，所以，这是一种选择的结果。但是，更准确的说法是，这种选择还要考虑投资组合的配置，这样，边际成本和收益的估算才是实质问题，是一个痛苦而缓慢的发展过程。直到凯恩斯在《货币论》(1930)中提出了"流动性偏好"理论之后，根据这一思路的系统表述才引起人们的广泛关注(Patinkin,1974)。因此，当米尔顿·弗里德曼(1956)对货币数量论作了货币需求理论的重新阐述，并使货币需求与持有货币的机会成本之反向关系在货币需求理论中扮演重要角色，人们马上认为，他的理论研究事实上是遵循凯恩斯的货币理论，而不是早期货币数量理论的传统。

因为货币数量论早于凯恩斯的《通论》，所以有时人们认为货币数量论是古典经济学的必要前提，但实际并非如此。在古典价值理论受生产成本价值理论支配，世界仍在使用可兑现货币的时候，盛行的是长期价格水平由贵金属的边际生产成本决定的理论。19 世纪 70 年代以后，货币数量论才勉强与这种观点共存，被认为与不可兑换纸币这种特殊情况有关，或者洞悉了可兑换货币条件下的短期调整机制(Laidler,1991)。即使这样，它也不是没有受到挑战。随着商业银行的发展，商业银行的负债成了货币，从价格和/或名义收入到货币的因果关系，而不是货币数量理论的因果关系，成了主要发展方向。而如何根据实证目的定义货币的严肃问题也被提了出来。

这些观点可以追溯到 18 世纪，人们常常将其视为银行学派的学说，是围绕英国罗伯特·皮尔爵士①《1844年英国银行特许法》的争论而由一群经济学家提出的理论。在最近的争论中,他们又增加了与后凯恩斯学派经济学有紧密关系的内在货币概念。银行学派学说的一些内容近些年来已成为最有实际意义的观点,比如银行制度变化对货币存量标准以及对货币数量论的实证意义的影响。

货币数量论对经济思想的影响在1870年到第一次世界大战爆发这段时间达到顶峰(Laidler,1991)。在这一时期,生产成本价值理论和银行学派的理论在货币领域越走越近,但很快就被边际效用理论以及供需分析所取代。货币数量论成了新古典经济学中价格水平的支配理论,但在19世纪80年代到90年代,由于与美国复本位主义者和通胀主义者威廉·詹宁斯·布莱恩联系在一起,其名声也受到一定程度的影响。

与此同时,货币数量论也成为经济周期理论的起点,经济周期理论把经济周期现象解释成主要由货币量的波动引起。但是,即使是货币数量论最忠实的支持者,比如费雪(Fisher,1911),也认为在一个周期中,货币和价格之间的相互影响,与价格水平的波动从而引起银行存款量的变动,以及进一步重新影响价格相关。尽管这些周期理论始于货币数量论,但对它们的理解超出了货币数量论。货币数量论阐明了从价格到货币的重要的反向因果关系,所以也是一个关于货币和价格长期相互影响的理论,而不是更一般的货币在经济系统中起什么作用的问题。米尔顿·弗里德曼(Friedman,1987)后来把货币数量论应用于更一般的宏观经济分析,分析中所包括的预期通货膨胀与名义利率的费雪效应、自然失业率以及货币周期波动理论,都可以追溯到费雪(Fisher,1911)和拉尔夫·霍特里(Hawtrey,1913)的理论。

"一战"后不久,宏观经济中最严重的问题就是通货膨胀和国际货币体系的不稳定性。凯恩斯的《论货币改革》(1923)提出了一些政策措施,这些措施被认为是诠释剑桥学派货币数量理论的最杰出作品。但是,作为一种价格理论,货币数量论几乎没有谈到产出不足和高失业率的问题,而这两个问题在两次大战期间一直比较严重,所以货币数量论在20世纪中叶后失去了影响力。

货币数量论影响力的降低还有一些理论原因。克努特·威克塞尔(Wicksell,1898)在早期银行学派的研究上下了很大功夫,他将银行存款作为交易手段,并用来对货币体系进行分析。这里的核心问题是,银行愿意贷款并因此创造信用和货

---

① Robert Peel(1788—1850),英国首相,现代保守党创始人。——译注

币的"货币"利率,与威克塞尔常常(却不总是)定义为充分就业下使储蓄和投资相等的经济的"自然"利率的相互影响。在其他人看来,这种分析方法会把货币经济的重点从货币数量对价格的影响,转向利率对储蓄和投资,以至对实际经济活动水平的影响。这个新的重点,即"威克塞尔关联"(Leijonhufvud,1881)在两次世界大战之间引领了货币理论的发展,并在凯恩斯《就业、利息和货币通论》出版的1936年达到了顶峰(Laidler,1999)。

战后几年高失业率得到缓解,20世纪60年代又出现严重的通货膨胀,其后就产生了我们已经提到过的米尔顿·弗里德曼的学说,货币数量论作为后来所谓"货币学派"的一个部分,重新受到了极大关注。货币数量论与货币学派的这种联系使人们普遍认为这种理论与"保守"的经济政策相关,但该理论在19世纪后期美国激进民粹主义的核心地位显示,它的政治联系要比经济联系复杂得多。另外还有两点在这里也要提一下。第一,从实证上看,货币数量论在充分就业经济中更为适用,所以那些相信市场经济会在市场中发挥作用的人,会比那些认为经济很有可能长期停滞的人,更相信货币数量论的应用性。第二,剑桥学派的货币数量论把通胀看成持有货币的税赋,是政府在用传统方法不能为自己的开支融资时所采取的措施(Keyness,1923;Bailey,1956)。从这个角度说,货币数量论对那些更倾向于政府在经济生活中起较小作用的人,有明显的吸引力。

20世纪的最后25年,新古典学派逐渐取代货币学派,成为最正统的宏观经济学理论,而货币数量论中关于货币量和价格水平长期均衡的观点,以及从货币到价格水平的因果关系,仍然有广泛的支持。但是,它也受到了自己阵营中所谓货币后备理论的挑战,比如托马斯·萨金特、尼尔·华莱士等人(Wallace,1988)。正如现代后凯恩斯学派理论一样,这种分析方法也以19世纪的银行学派学说为其根基,所以货币数量理论从历史延续到现在,仍然有很大的讨论空间。

大卫·莱德勒(安佳译)

参见:

Classical Economics; Demand for Money: Friedman's Approach; Demand for Money: Keynesian Approach; Equation of Exchange; Fisher Effect; Monetarism; Money Supply: Endogenous or Exogenous?; Natural Rate of Unemployment; New Classical Economics; Post Keynesian Economics; Velocity of Circulation; Wicksell, Knut.

参考文献:

Bailey, M. J. (1956), "The Welfare Costs of Inflationary Finance", *Journal of Politi-*

cal Economy, 64, February, pp. 93-110.

Fisher I. (1911), *The Purchasing Power of Money*, New York: Macmillan.

Friedman M. (1956), "The Quantity Theory of Money, a Restatement", in M. Friedman (ed.), *Studies in the Quantity Theory of Money*, Chicago: University of Chicago Press.

Friedman, M. (1987), "Quantity Theory of Money", in J. Eatwell, M. Milgate and P. Newman (eds), *The New Palgrave, a Dictionary of Economics*, London: Macmillan.

Grice-Hutchinson, M. (1978), *Early Economic Thought in Spain 1172-1740*, London: George Allen&Unwin.

Hawtrey, R. G. (1913), *Good and Bad Trade*, London: Constable.

Hume, D. (1752), "Of Money", "Of Interest" and "Of the Balance of Trade", *in Essays Moral, Political and Literary*, reprinted London: Oxford University Press, 1963.

Keynes, J. M. (1923), *A Tract on Monetary Reform*, London: Macmillan.

Keynes, J. M. (1930), *A Treatise on Money*, 2 vols, London: Macmillan.

Keynes, J. M. (1936), *The General Theory of Employment, Interest and Money*, London: Macmillan.

Laidler, D. (1991), *The Golden Age of the Quantity Theory*, Hemel Hempstead: Philip Allan.

Laidler, D. (1999), *Fabricating the Keynesian Revobution*, Cambridge: Cambridge University Press.

Leijonhufvud, A. (1981), "The Wicksell Connection", *Information and Coordination*, London: Oxford University Press.

Marshall, A. (1871), "Money", in J. Whittaker (ed.) (1975) *The Early Economic Writings of Alfred Marshall*, 2 vols, London: Macmillan.

Patinkin, D. (1974), "Keynesian Monetary Theory and the Cambridge School", in H. G. Johnson and A. R. Nobay (eds), *Issues in Monetary Economics*, London: Oxford University Press.

Pigou, A. C. (1917), "The Value of Money", *Quarterly Journal of Economics*, reprinted in F. W. Lutz and L. W. Mints (eds) (1954), *Readings in Monetary Economics*, Homewood, IL: Richard Irwin, for the AEA.

Wallace, N(1988), "A Suggestion for Oversimplifying the Theory of Money", *Conference Papers, Supplement to the Economic Journal*, 98, March, pp. 25-36.

Wicksell, K. (1898), *Interest and Prices*, tr. R. Kahn (1936), for the Royal Economic Society, London: Macmillan.

334. 随机游走 Random Walk

一个因时间变化而发生不可预期变化的变量的变动轨迹。

335. 理性预期 Rational Expectations

在很多领域,对一个变量的预期对经济行为有重要的决定意义。这样的例子很多,这里只举三个例子,比如消费函数、真实利率和菲利普斯曲线。经济行为人形成预期的方式,也对经济关系的检测具有重要作用。预期形成有两种主要的假说,即适应性预期和理性预期,我们将分别加以讨论。

理性预期假说的概念由穆思(Muth,1961)首次提出,他认为,经济行为人按照经济理论形成自己的预期。这个理论由沃特斯(Walters,1971)作了进一步说明,他提出了"一致性预期"这一术语,理由是,这种预期与相关的经济理论一致。理性预期假说由卢卡斯(Lucas,1972)首次引入正式的宏观经济分析。

理性预期假说假设,经济行为人可以有效地使用相关信息,所以在某一时点,

$$Y_t = EY_t + \varepsilon_t \tag{1}$$

这里,EY_t 是预先形成的 Y 在时间 t 的预期值,Y_t 是 Y 在时间 t 的实际值,ε_t 则是随机误差。

ε 的条件非常重要。因为虽然单个 ε 值可能会很大,但它的均值为 0。也就是说,"平均来说"预测是正确的,这就与基于适应性预期假设的预测形成了对比,因为随着时间的推移,适应性预期的变量会出现极大的而且递增的误差。而且,误差项 ε_t 和形成预期时的所有已知变量没有关系,特别是与它本身的滞后值没有关系。后一个条件意味着,Y 的理性预期是对 Y 最好的预测,而且在作出预测之后,也不会因为知道了其他信息而对预测有所改进。要注意的是,与适应性预期模型纯属回溯式相比,理性预期假说是前瞻性预测。

等式(1)蕴含两个假设:

1. 经济行为人知道产生 Y 的真实模型;比如,在预期通货膨胀情况下,他们会

知道相关模型的结构,比如与通货膨胀解释变量相关的参数的大小。

2. 第二个假设是理性预期假说要求所有经济行为人获得同样的信息集,这样才有可能讨论预期。如果经济行为分成不同的群体,比如金融市场上的不同群体,群体中的每个成员都要获得相同的信息集,这样才有可能研究群体的预期。这种预期的存在对研究理性预期模型非常必要。但这些正式模型不在本文讨论范围,有兴趣的读者可参见霍尔登等人(Holden et al.,1985)。

上述假设和条件非常严格,对其最严厉的批评是说,经济行为人被假设为知道真实模型,所以许多经济模型本身就存在很多矛盾——希勒(Shiller,1978)就批评过理性预期假说。事实上,大众中的许多人(也许是大部分人)不具备产生理性预期所应具有的经济理论知识。有一种反驳观点认为,大众是通过媒体获取预测信息,而不是自己去收集信息。尽管如此,大众还是需要区分不同机构给出的不同数据,因为(a)预测肯定会有相当宽泛的变动差,(b)没有一家预测机构能够持续作出"最佳"预测,可参见霍尔登和汤普森(Holden and Thompson,1997)有关用英国经济计量学模型进行预测的证据。

菲吉和皮尔斯(Feige and Pearce,1976)对纯粹的理性预期和经济上的理性预期作了很有用的区分。两者的区别建立在对处理信息所产生的成本的认识上。所以,我们可以预期,当收集新信息的边际成本达到与改进预测的精确性之边际收益相等时,这一点就是经济行为人收集新信息的均衡点。这种观点承认理性经济行为人具有接受较大预测误差的可能性。

因为预期是个体行为人的内部事情,所以我们很难直接测试经济行为人形成自己预期假说的方式。但有项调查基于误差项,即等式(1)中的 ε_t 的属性,对预期结果的理性程度进行了直接检测。霍尔登等人(Holden et al.,1985)的结论是,"总体来说,对预期的调查并不支持理性预期假说"。

采用理性预期假说可以得出一系列重要的建议主张:第一,稳定性政策的无效性。理性预期假说是"新古典经济学"的一根支柱,而新古典经济学认为,只有在政策没有被预期到时,政策才会有效,因为非政府部门可以预测政策,从而采取行动避免这项政策所带来的结果。举一个例子,工人们会要求增加工资来抵消扩张性财政和货币政策将会带来的通货膨胀。由菲利普斯曲线可知,这种观点意指,在短期和长期内,菲利普斯曲线都是垂直的。但这种说法只适用于简单的均衡模型,因为货币(或财政)政策会影响动态模型中包括失业在内的实际变量,也就是说,持续的和完全的市场出清不会发生。因此,总体来看,这种说法并不正确。但这种主张仍需要修正,因为在官方掌握的信息比其他经济行为人掌握的信息要好的条件下,宏观经济稳定政策可以影响就业。换句话说,稳定性政策实际上可能有效,但我们也应认识到,如果预期是基于理性预期假说而形成,公众对政策变动的反应就会加速。重要的是,对未预期到或预期到的政策调整的区分,如果政策调整具有可信度,则对这种政策的预期将影响公众的行为。

第二,"卢卡斯批评"是根据理性预期假说形成的预期提出的。第三是有效市场假说(EMH),有效市场假说认为,在有效市场中,价格可以瞬间反应所有可获得的信息。显然,有效市场假说是理性预期假说的一部分。金融市场可能也是"理性"的,因为(a)金融市场的支配者是那些其报酬完全(或至少部分)取决于他们经营利润的专家,(b)市场具有持续性。尽管如此,对各种金融市场有效性的实证研究结果对此仍有争议。

关于理性预期假说我们能得出什么结论呢?下面是相关的几点:

1. 虽然该假说是前瞻性预期,但对信息的判断非常重要。所以,应该把预期看做逐渐接近于理性预期假说。

2. 这一假说使经济学家开始考虑,如何让经济行为人了解这种模型的结构,以及如何形成预期。这一点非常重要,因为这样才能说明理性预期假说的价值好于稳定政策有效性的价值。

约翰·L.汤普森(安佳译)

参见:

Adaptive Expectations;Credibility and Reputation;Lucas critique;Policy Ineffectiveness Proposition.

参考文献:

Feige, E. L. and D. K. Pearce (1976),"Economically Rational Expectations: Are Innovations in the Rate of Inflation Independent of Innovations in Measures of Monetary and Fiscal Policy?", *Journal of Political Economy*, 84, June, pp. 499-522.

Holden, K. and J. L. Thompson (1997),"Combining Forecasts. Encompassing and the Properties of UK Macroeconomic Forecasts", *Applied Economics*, 29, November, pp. 1447-58.

Holden, K., D. A. Peel and J. L. Thompson (1985), *Expectations: Theory and Evidence*, Basingstoke: Macmillan.

Lucas, R. E. Jr (1972),"Expectations and the Neutrality of Money", *Journal of Economic Theory*, 4, April, pp. 103-24.

Muth, J. F. (1961),"Rational Expectations and the Theory of Price Movements", *Econometrica*, 29, July pp. 313 – 35.

Shiller, R. J. (1978),"Rational Expectations and the Dynamic Structure of Macroeconomic Models: A Critical Review", *Journal of Monetary Economics*, 4, January, pp. 1-44.

Walters, A. A. (1971),"Consistent Expectations, Distributed Lags and the Quantity Theory", *Economic Journal*, 81, June, pp. 273 – 81.

336. 里根经济学 Reaganomics

用来说明里根政府(1981—1988)所实施的经济政策的一个术语,这种政策的目标是刺激美国经济的供给方。20世纪80年代,美国的供给经济学重在研究鼓励工作效率、储蓄、投资和风险承担。其政策包括降低税收、减少政府对商业的管制,以及减少市场运行中的政府干预。

参见:

Laffer Curve;Supply-side Economics.

337. 真实余额效应 Real Balance Effect

真实余额效应或者庇古效应(或称庇古—哈伯勒—斯托夫斯基效应)是指财富变动的冲击对消费总支出中实际货币余额变动的影响。较低的价格水平(或者增加的名义货币量)会增加真实货币余额,使消费者更加富裕,从而引导人们增加消费,所以储蓄和财富/收入比有反向关系(Pigou,1943,1947;Patinkin,1948)。凯恩斯效应是指实际货币供给变动对利率从而对投资产生的影响(Keynes,1936;Patinkin,[1956]1965)。由于凯恩斯效应,在一个非充分就业的经济中,较低的价格会增加真实货币余额(M/P),并使希克斯IS - LM模型中的 LM 曲线右移,导致货币供给和货币需求在较低利率水平(因为最初的超额货币供给推高了债券价格)和较高收入水平处恢复均衡。这就是在封闭经济中,与价格水平和实际产出相关的总需求(AD)曲线向下倾斜的原因。如果价格和名义工资具有充分弹性(总供给曲线垂直),向下倾斜的 AD 曲线说明,在一次负需求冲击之后,较低价格可以使经济重新恢复到充分就业。

但在一个严重萧条的经济中,凯恩斯效应可能完全失灵。对价格急速下降的预期会使经济出现流动性陷阱,在这里,名义利率不能降到零以下水平,或者略高于零的水平(费希尔·布莱克的货币陷阱是这个现象的另一个名字)。随着名义利率止步于零水平处,进一步出现的通货紧缩就会推动实际利率上涨,并减少实际投资,从而使经济进一步离开充分就业。庇古(Pigou,1943)认为,理论上,即使存在流动性陷阱,较低的价格水平总能使经济恢复充分就业,因为财富效应会使持有货币和政府债券的实际价值增加,从而增加消费。实际上,比起削减工资和降低价格,庇古更愿意用公共工程来对付萧条,所以他认为,实际余额效应只是一个抽象的理论。

米恰尔·卡列茨基(Klecki,1944)指出,银行创造的信贷大部分又作为银行存款回到了银行,所以较低的价格会增加银行存款和贷款的实际价值。这种"内部货币"并不是净私人财富的一部分(参见 Gurley and Shaw,1960),与作为货币基础(流通中的通货与中央银行持有的储备之和)的"外部货币"不同。只有净私人财富才与实际余额对消费的影响有关。佩塞克和萨文(Pesek and Saving,1967)认为,由于内部货币履行的是实际交易,所以,交易的资本还原值也应算做净财富的一部分。

在早期关于罗伯森草案(1926)的通信(见 Presley,1986)中,凯恩斯阐述过对真实余额效应的理解,他并不认同庇古的理论。在有关卡列茨基对庇古的评论的编者通讯中(发表于 Patinkin,1982),凯恩斯和卡列茨基认为,由于债券由纳税人付款购买,所以,政府债券不是净私人财富的一部分(因此与实际余额效应无关)(见 Dimand,1991)。债券中立或李嘉图等价的思想,再加上排除了内部货币的净财富,就把真实余额效应限制在非常小的资产范围内。这一点与真实余额效应在实证上没有什么意义的观点一致(比如,Mayer,1959)。尽管如此,真实余额效应还是使许多宏观经济学家(从哈伯勒、庇古和帕廷金开始)相信,至少在理论上和长期中,只要价格可以灵活变动,经济就可以自我调节,所以他们认为,凯恩斯学派经济学是古典经济学的特例,它只是增加了名义刚性而已。

詹姆斯·托宾(Tobin,1980)反对这一观点,他利用费雪(1933)提出并由凯恩斯具体阐述的债务—通缩过程,说明内部债务实际价值发生变动的效应不会汰除,而会与庇古效应反向变动,而且,由于内部债务多于外部货币,庇古效应可能无效。当一个经济中有大量固定名义价值的内部债务时,未预期到的通货紧缩就会增加破产和违约的风险。未预期到的通货紧缩通过内部债务实际价值的增加,把债务人的财富转移到了债权人身上,这里预先假设债务人比债权人有更高的消费倾向,所以才成为债务人。由于减少了持有货币的机会成本,也就增加了对真实货币余额的需求,增加了实际利率上涨的压力(如果名义利率已经降到或者已经接近零水平,这种压力会更大),从而减少投资。通货紧缩的这一系列效应被认为对庇古效应有决定性影响。考虑到所有这些影响,真实余额效应不能保证经济在给定工资和价格弹性的情况下,自我进行调整,也不能保证工资和价格的更大灵活性会使经济更加稳定。价格下降的预期会推迟人们的消费和投资,使失业问题严重。20世纪30年代早期,工资和价格下降了20%到30%,但也没能遏制住大萧条。

帕廷金(Patinkin,[1956]1965)在对古典经济学和新古典经济学相对价格和一般价格水平决定的"无效二分法"的批评中强调了真实余额效应。他发现,许多早期的经济学家把对商品的需求说成是相对价格函数,而不是真实货币余额函数,这就意味着,所有商品价格同比例变动不会影响货币量。决定一般价格水平的货币市场就从决定货币量和相对价格的方程组中分离了出来。由于均衡取决于真实余额效应,所以帕廷金反对"无效二分法"使一般价格水平不确定的做法。如果价格低于均衡水平,提高价格的机制是,在人们发现真实余额太多时,就会增加他们对商品、服务和资产的需求。在"有效二分法"中,所有价格和货币量的同比例变动不会使货币数量发生变动,货币余额只出现在商品需求函数中。这样,真实余额效应在一般均衡理论中才有了一席之地。

罗伯特·W.戴曼德(安佳译)

参见:

IS-LM Model; Closed Economy; Keynesian Economics; Liquidity Trap; Ricardian Equivalence; Tobin, James.

参考文献:

Black, F. (1987), *Business Cycles and Equilibrium*, New York and Oxford: Basil Blackwell, Dimand, R. W. (1991), "Keynes, Kalecki, Ricardian Equivalence and the Real Balance Effect", *Bulletin of Economic Research*, 43, June, pp. 289–92.

Fisher, 1. (1933), "The Debt-Deflation Theory of Great Depressions", *Econometrica*, 1, October, pp. 337–57.

Gurley, J. G. and E. S. Shaw (1960), *Money in a Theory of Finance*, Washington, DC: Brookings Institution.

Haberler, G. (1941), *Prosperity and Depression*, 3rd edn, Geneva: League of Nations.

Haberler, G. (1952), "The Pigou Effect Once More", *Journal of Political Economy*, 60, April, pp. 240 – 46.

Kalecki, M. (1944), "Professor Pigou on 'The Classical Stationary State': A Comment", *Economic Journal*, 54, February, pp. 131 – 2.

Keynes, J. M. (1931), "An Economic Analysis of Unemployment", in Q Wright (ed.), *Unemployment as a World Problem*, Chicago: University of Chicago Press, pp. 1 – 42.

Keynes, J. M. (1936), *The General Theory of Employment, Interest and Money*, London: Macmillan.

Mayer, T. (1959), "The Empirical Significance of the Real Balance Effect", *Quarterly Journal of Economics*, 73, May, pp. 275 – 91.

Melitz, J. (1967), "Pigou and the 'Pigou Effect': Rendez-vous with the Author", *Southern Economic Journal*, 43, October, pp. 268 – 79.

Patinkin, D. (1948), "Price Flexibility and Full Employment", *American Economic Review*, 38, September, pp. 543 – 64.

Patinkin, D. ([1956] 1965), *Money, Interest and Prices*, 2nd edn, New York: Harper & Row.

Patinkin, D. (1982), *Anticipations of the General Theory? And Other Essays on Keynes*, Chicago: University of Chicago Press.

Pesek, B. P., and T. S. Saving (1967), *Money, Wealth and Economic Theory*, New York: Macmillan.

Pigou, A. C. (1943), "The Classical Stationary State", *Economic Journal*, 53, December, pp. 343 – 51.

Pigou, A. C. (1947), "Economic Progress in a Stable Environment", *Economica*, 14, August, pp. 180 – 88.

Presley, J. R. (1986), "J. M. Keynes and the Real Balance Effect", *Manchester School of Economic and Social Studies*, 54, March, pp. 22 – 30.

Robertson, D. H. (1926), *Banking Policy and the Price Level*, London: P. S. King & Son.

Scitovsky, T. (1941), "Capital Accumulation. Employment and Price Rigidity", *Review of Economic Studies*, 8, February, pp. 69 – 88.

Tobin, J. (1980), *Asset Accumulation and Economic Activity*, Chicago: University of

Chicago Press.

338. 真实经济周期模型 Real Business Cycle Model

真实经济周期模型认为,总产出和就业的波动主要是由经济中长期的实际(供给方面)冲击引发的。实际冲击包括会导致理性经济行为人对技术进步过程中较大随机波动引发的相对价格变动的最优反应。产出中的波动被视为自然产出率的波动,而不是产出对平稳的确定趋势的偏离。真实经济周期模型的稳定政策之所以不起作用,是因为政府减少波动的努力未必能达到他们希望的目标,而且因为稳定政策还会降低福利,扭曲企业和工人根据最优原则而选择的产出和就业量。

参见:

Business Cycles; Real Business Cycle Approach; Kydland, Finn E.; Prescott, Edward C.

339. 实际汇率 Real Exchange Rate

一国商品与另一国同种商品交换的比率,也是贸易条件。

340. 实际国内生产总值 Real GDP

根据预先确定的基年价格衡量的国内生产总值的价值,也称为不变价格国内生产总值。

参见:

Gross Domestic Product.

341. 实际利率 Real Interest Rate

"真实"的实际利率(或者事后的实际利率)等于名义(或市场)利率减去通货膨

胀率,而"预期的"实际利率(或事前的实际利率)则是名义利率减去"预期的"通货膨胀率。真实的和预期的实际利率只有在通货膨胀率被完全预期到的情况下才会相等。

参见:

Anticipated Inflation; *Ex ante*, *Ex post*.

342. 真实货币余额 Real Money Balance

货币供给除以价格水平(M/P)。

343. 实际刚性 Real Rigidity

实际刚性的概念在整个经济思想史中一直起着重要作用。尤其是,实际刚性对没有调整到均衡价值的实际工资作出了解释。

"刚性"是指某件事情的变动比它应当变动或在正常情况下会产生的变动要小。刚性可以是实际刚性,也可以是名义刚性。如果刚性是实际刚性,那么这里的"某件事情"就是实际变量,价格比率就是一个典型。最常见的例证是实际工资(名义工资与名义价格之比)。这可以与名义刚性相比较,名义刚性中的价格或工资水平是不变的。

那么,一个变量的变动比其应当变动的要小是什么意思呢? 这就需要用一些标准均衡作比较。比如,我们可以完全竞争市场均衡为例。外生参数的变化意味着需求和/或供给的变动,并进一步影响实际变量的变动。我们以劳动市场为例,能源价格的上涨将导致劳动力需求向内移动,劳动力需求向内移动使我们预期到,实际工资会从 W 下降到 W^1,均衡点则从 A 移动到 B,如图 1。如果实际工资的变动小于图中所示的变动,我们就可以说,市场表现出某种实际工资刚性。在一个极端形式中,如果需求量下降完全不影响实际工资,那么这就是完全实际工资刚性。在这种情况下,实际工资仍然处于 W,均衡点则从 A 变动到 C。

但是,在一个均衡价格具有充分弹性的模型中,由于模型的某些特征,模型中也会存在实际刚性。例如,即使在一个竞争性市场中,如果劳动供给是"水平的",

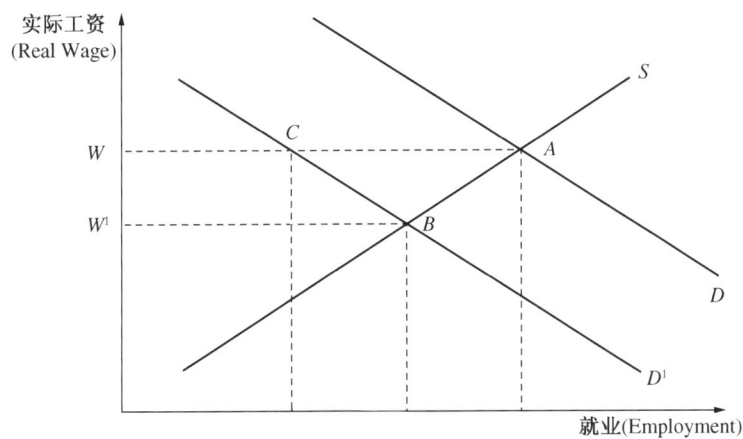

图 1　劳动需求的下降

实际工资就会固定:也就是说,所有劳动市场的参与者都会有一个固定的保留工资。在这种情况下,劳动市场的实际工资会比具有向上倾斜劳动供给曲线的"正常"情况下的实际工资的变动要小。

引发实际刚性的一种可能原因是指数化:指数化建立了与价格指数相关的名义变量。实际上,完全指数化会导致完全实际刚性。比如,法定最低工资和失业补偿金会与价格水平挂钩,所以实际值是固定的。如果均衡工资与这些变量相关,那么,它们的指数化会导致工资变动就像工资与自己挂钩那样变动。有(高)通货膨胀的时候,契约工资也许会与价格水平(通胀率)挂钩,以避免仅仅因为通胀而重新协商工资水平。

相对价格或者实际工资的刚性常常意味着量更具可变性。在完全刚性实际工资情况下,需求变动会导致就业大幅减少,这个减少会比竞争条件下实际工资减少要多。图1描述的劳动市场中,在存在刚性实际工资(A-C)条件下,就业会比实际工资调整到新的均衡点(A-B)所引发的就业降低要多。所以,实际刚性非常重要,因为与弹性实际工资相比,它们会引致更大的量的变动。而且,由于就业水平下降之后,市场中不再存在竞争性均衡,就会出现非自愿失业(比现有雇用人数更多的人愿意在现有工资水平下工作)。在 C 点,劳动供给仍然处于初始水平 A;因为只是劳动需求下降,所以不是所有愿意以工资 W 水平工作的劳动者都能工作。A-C 的水平距离衡量的是非自愿失业水平。因此实际刚性会偏离标准均衡水平,进而导出不同的福利结果和对此的解释。而且,实际刚性还可以用来解释无法达成均衡的原因。

也许实际工资刚性最重要的理论就是有效工资模型。有效工资模型有很多形式。最简单的形式是罗伯特·索洛(Solow,1979)提出的模型。设一个工人投入工作努力程度随实际工资率增长而增长,w:

$$e = e(w).$$

产出取决于雇佣工人的数量 N,以及他们的努力程度:

$$Y = f[N. e(w)],$$

因此企业选择 w 来实现利润最大化:

$$Y[N. e(w)] - N. w,$$

一阶条件是:

$$Y'e - w = 0, Y'Ne' - N = 0,$$

从上面第一个等式我们可以得出,有效劳动的边际产量等于有效工资的倒数 w/e:

$$Y' = w/e,$$

代之以第二个等式,两边都除以 N,得:

$$\frac{w}{e}\frac{de}{dw} = 1.$$

这说明,在工作努力程度对实际工资弹性为 1 的时候,工资达到均衡。这里还需对一个重要之处加以说明,这个条件决定了独立于劳动市场状况——比如劳动供给的实际工资(虽然我们假设,劳动需求不会超过供给)。如果有效工资高于竞争性工资,就会出现非自愿失业。

有效工资理论有几个不同的版本,最著名的也许就是沙皮罗和斯蒂格利茨(Shapiro and Stiglitz,1984)的怠工模型。在怠工模型中,为了加强对工人的管理,雇主会支付有效工资来保证工人不会偷懒:高于现行工资水平的工资意味着工人如果怠工并被解雇,会失去更多。其他有效工资模型还有离职模型(Stiglitz,1974)、逆向选择模型(Weiss,1980)和社会学模型(Akerlof,1984)。

其他一些与有效工资理论相关的实际工资刚性理论还有内部人—外部人模型(Lindbeck and Snower,1988)。这一分析方法强调内部人的力量,内部人是指相对于那些正在寻找工作的外部人而言的已经受雇的人。内部人的市场力量取决于雇佣和解雇成本,以及内部人放弃合作的威胁。

同时,实际刚性的概念也很重要,大多数学者选择强调名义刚性作为理解失业和经济波动的关键概念。这种观点可以追溯到凯恩斯在《通论》中关于名义刚性的讨论,在最近的新凯恩斯学派理论中也有这种说法(见 Dixon,2000,第 4—5 章)。

对名义刚性的关注源于对实际产出需求的名义变动之效用的关注(比如货币的非中性)。实际刚性不要求货币非中性,而且可以用来解释失业,以及没有重要名义效应时的相关效应。

实际刚性的概念与名义刚性的概念没有直接关系。虽然两种价格有固定比率,但并不能固定它们各自的水平。比如,实际工资是 W/P 之比:如果这个比固定在某个值,我们也无法据此知道 W 或者 P 的水平。

但是,名义刚性和实际刚性之间也会相互影响。如果存在实际刚性,一个变量的名义刚性可能会影响其他名义价格或工资(相关讨论可见 Ball and Romer,1990;Dixon,1994)。如果 $W/P=w$,又名义工资固定,那么,名义价格 $P=W/w$ 也固定。比如,如果有效工资钉住了实际工资,菜单成本钉住了名义价格,名义工资也就确定下来。名义刚性与实际刚性相互影响的另一个例子是开放经济模型中的实际工资抵抗(Dornbusch,1980,第4章)。设价格水平取决于贸易品和非贸易品价格,如果贸易品的价格固定(因为汇率固定),实际工资刚性就会钉住名义工资和可贸易商品的名义价格。

休·狄克逊(安佳译)

参见:

Efficiency Wage Theory;Insider-Outsider Theory;Keynes's *General Theory*;New Keynesian Economics;Nominal Rigidity.

参考文献:

Akerlof,G. (1984),"Gift Exchange and Efficiency Wage Theories:Four Views",*American Economic Review*,74,May,pp. 79–83.

Ball,L. and D. Romer (1990),"Real Rigidities and the Non-Neutrality of Money",*Review of Economic Studies*,57,April,pp. 183–203.

Dixon,H. (1994),"Macroeconomic Price and Quantity Responses with Heterogeneous Product Markets",*Oxford Economic Papers*,46,July,pp. 385–402.

Dixon,H. (2000),*Surfing Economics:Essays for the Enquiring Economist*,London:Palgrave.

Dornbusch,R. (1980),*Open Economy Macroeconomics*,New York:Basic Books.

Lindbeck,A. and D. Snower (1988),*The Insider-Outsider Theory of Employment and Unemployment*,Cambridge. MA:MIT Press.

Shapiro,C. and J. E. Stiglitz (1984),"Equilibrium Unemployment as a Worker Disciplining Device",*American Economic Review*,74,June,pp. 433–44.

Solow, R. M. (1979),"Another Possible Source of Wage Stickiness", *Journal of Macroeconomics*, 1, Winter, pp. 79-82.

Stiglitz, J. E. (1974),"Wage Determination in LDCs: The Labour Turnover Model", *Quarterly Journal of Economics*, 88, May, pp. 194-227.

Weiss, A (1980),"Job Queues and Layoffs in Labour Markets with Flexible Wages", *Journal of Political Economy*, 88, June, pp. 526-38.

344. 实际工资 Real Wage

货币工资除以价格指数;或货币工资可以购买的商品和服务的量。

参见:

Price Index.

345. 萧条 Recession

一年中至少两个季度实际国内生产总值连续下滑则定义为萧条。在经济周期分析中,这一术语通常用来描述低于增长率趋势的产出增长率的下滑。

参见:

Real GDP.

346. 认识时滞 Recognition Lag

经济出现波动和冲击,当局意识到波动并采取有效措施之间的时滞,也被称为察觉时滞。

参见:

Inside lag.

347. 相对收入假说 Relative Income Hypothesis

相对收入假说由詹姆斯·杜伊森伯里作了发展完善（《收入、储蓄和消费者行为理论》，哈佛大学出版社，1949），是早期对消费者行为理论的重要贡献。

杜伊森伯里的分析基于两个假说。第一，在某一时间，效用函数是社会地决定的；也就是说，是由人们之间的相互依存来决定的。这可以通过研究当时民众中有代表性的人来解释。在不同收入的群体中，都存在一些"已知的"习惯生活标准。收入低于标准的家庭，通过花费更多的收入，以与大家保持一致（也就是说，他们"要同邻居的生活一样"），所以，他们的平均消费倾向要高于标准水平，反之亦然：这就是所谓"示范效应"。第二，同一个体在不同时间的效用函数也相互影响。比如，一个家庭在一段时间内收入会有增加，他们也会进行调整以形成新的消费模式。在习惯了新的更高水平的消费后，即使这个家庭的收入回到了原先的水平，他们也不会使用原先的消费模式了：这就是所谓"棘轮效应"。

杜伊森伯里通过各种实证研究来调和彼此矛盾的证据。早期对于消费—收入关系的实证研究（对民众中有代表性的人的预算研究以及短期总体时间序列研究）表明，根据凯恩斯的绝对收入假说，边际消费倾向（MPC）低于平均消费倾向（APC），平均消费倾向随着收入增加而下降。然而，根据西蒙·库兹涅茨（《1869年以来的国民生产》，国家经济研究局，1946）采用长期时间序列数据所做的实证研究，在长期内，平均消费倾向并没有发生很大变化，而且消费—收入关系可以用经由原点出发、斜率约为 0.9 的直线表示（就是说，$MPC=APC$）。

相对收入假说怎么调和有代表性的和长期时间序列数据之间彼此矛盾的证据呢？正如我们之前提到的，一个家庭的平均消费倾向，部分由收入分配中的相对收入决定。"示范效应"解释了截面研究中出现不同收入水平的家庭平均消费倾向不同的原因。一段时间后，如果所有收入都翻一倍，家庭的平均消费倾向仍然不会变动。长期内，如果随着国民收入的增加，所有收入仍保持不变，平均消费倾向也不会变动。换句话说，一段时间后，有代表性的消费函数会向上移动，并引起平均消费倾向不变的长期消费函数的上升。

接下来，我们考虑相对收入假说如何调和短期和长期内时间序列数据彼此矛盾的证据。如我们之前所说，家庭消费部分是当前收入相对于过去时间内最高收入的函数。"棘轮效应"可以解释短期消费函数(根据平均消费倾向不同)和长期消费函数(用经由原点的直线表示)。一段时间后,随着国民收入的增加,家庭开始追逐更高水平的消费。如果收入在长期内稳定增长,平均消费倾向就会保持不变。但是,国民收入水平会出现明显的波动。经济衰退时,随着收入的减少,家庭为保持原有的生活水平,会减少家庭消费,但消费的减少要小于收入减少的程度。所以,短期内,平均消费倾向会随收入减少而增加。

尽管杜伊森伯里的理论建立在相互影响的效用函数上,而且这一理论有一定的洞察力,但现在已经被永久收入假说和生命周期假说所替代。

参见:

Absolute Income Hypothesis; Duesenberry, James S. ; Life Cycle Hypothesis; Permanent Income Hypothesis.

348. 替代率 Replacement Ratio

支付给未就业人群的全部补助(如失业补助)与就业人群平均税后(净)收入的比率。

349. 代理人模型 Representative Agent Model

在宏观经济模型中,利用代理人作为经济中互相影响的不同个体集合之代表,在摒弃凯恩斯学派总收入与总支出分析的努力中,日渐流行。弗里德曼在早期的消费研究中,就使用过代理人分析法,而没有管那些可怕的总收入总支出问题。代理人分析最早出现在"最优货币数量"(1969)一文中。实际上,如果否定了凯恩斯学派的收入—支出范畴,就没有其他分析方法了。给代理人分析冠以"微观基础"是后来的文饰。值得指出的是,弗里德曼在"微观基础"成为一个主要问题之前,就开始使用代理理论了。

现在人们广泛认识到有关"宏观经济学的微观基础"的争论的结果,即宏观经济学只有从家庭和企业这些作为"经济行为人"的微观单位开始研究,才能更好地发展。罗伊·温特劳布(Weintraub,1979,第 161 页)关于"微观基础"的研究明确表示,哪些要素才适合用来构建宏观经济学的基础,仍然是个悬而未决的问题。

根据胡佛(Hoover,1988)的说法,在库尔诺(Cournot,[1938]1927,第127页)的启发下,弗里德曼正在努力构建"一种分析具体经济问题的方法"(见 Friedman,1955,第904页)。因此,弗里德曼遵循库尔诺和马歇尔的思想,对变量的第一层级的影响进行了研究。胡佛据此认为,弗里德曼是一个马歇尔主义者,这其实也证明了代理人的作用。这些话听起来好像有理,但是马歇尔方法却有赖于其他条件不变的假设,在这种假设前提下,所有的东西都锁定在其他条件不变的场地中(Dore,1985)。马歇尔的代表性企业只在短期分析中有效。但是,胡佛已正确地表明,弗里德曼的分析具有长期性:1867—1975年,或者说大约108年!所以,马歇尔方法对弗里德曼的研究是否有用,还值得推敲(Negishi,1985,第14章)。

不用进行详细的考虑,我们就可以发现,弗里德曼关注的主要是那些在操作上就具有某种能够预测成功可能性的东西,所以,我们很难说这是纯粹的方法论问题。弗里德曼对代理人的使用并不是因为他对马歇尔方法的认同,而是因为他不同意凯恩斯的收入和支出分类法,正如他之前就不赞成凯恩斯的消费函数,所以提出了玄妙的、难以观察的永久收入概念(Dore,1993)。宏观经济学的新古典学派采用弗里德曼的代理人方法,作为回应卢卡斯批评的唯一正确的方法论,他们认为,使用供求函数来作政策决定会产生偏畸性结果,因为这类函数都没有考虑到预期的作用。卢卡斯批评的主旨是,有必要研究供求函数中的深层次变量,研究偏好和技术这些基本参数。要做到这一点,最好使用代理人作为分析的工具。所以,新古典模式的所有模型(比如真实经济周期模型)都依赖于这一工具。这就是说,因为这些模型都有他们专门称谓的、合适的"微观基础",所以都优于凯恩斯学派的模型。

很多新凯恩斯主义者也承认,就算在模型中采用了代理人模型作为分析工具,也应该在适当的微观基础上阐述凯恩斯学派的结论。比如,新凯恩斯学派经济周期理论通过名义刚性解释货币非中性,这里,刚性源自最优化或者接近于理性的行为。实证研究则支持不完全竞争和市场力量的框架结构(见Dore,1993,第7章,综述)。因此,价格决定是内生的,不需要求助于那些通过无成本方式达到均衡价格的虚幻的瓦尔拉斯学派拍卖者。

新凯恩斯学派模型依赖于在微观层次上证明价格刚性的存在,这就意味着,总体宏观层次极具价格刚性。这有根据吗?微观描述可以解释经济周期这个总量现象吗?虽然我们试图对微观经济学和宏观经济学之间的关系进行总体考虑,但在这里不可能做到。但是也不能完全逃避这个问题：为了避开（总体）凯恩斯学派的支出范畴，弗里德曼采用代理人作为分析起点，并由此开始了分析。虽然代理人或方法论个人主义有悖古典传统，但人们还是认为，弗里德曼这样做是为了恢复古典的货币数量论传统，所以，这种做法是新古典经济学的发明（当然方法论个人主义的影响在其他社会科学中也可以见到）。

但是在希克斯模式中，也有并不遵循老派凯恩斯主义的新凯恩斯和"其他凯恩斯"主义者。像彼得·戴蒙德、罗伯特·索洛和塔卡什·奈吉什这些凯恩斯主义者已经明确否定了把瓦尔拉斯式竞争型拍卖者作为宏观分析的"基础"（例如，见 Solow,1998）。但在新凯恩斯学派的分析中，代理人理论仍在使用。不过，总量单位的特性仅仅反映了个体单位的特性这种说法，事实上可能是一种谬误。加勒森和詹森(Garretsen and Janssen,1989)、贝尔托拉和卡巴勒罗(Bertola and Caballero,1990)、卡巴勒罗(Caballero,1992)各自在欧洲和北美对这种谬误作过研究。关于这个问题的一篇重要评论，见柯曼(Kirman,1992)，参见本条目给出的相关资料。当然，读者也许愿意了解一些哈特利(Hartley,1997)及杰莱加蒂和柯曼(Gellegati and Kirman,1999)的研究。

在回到这个问题之前，也许有必要界定一下上述说法的谬误。安杰利斯的《哲学词典》(1981,第 97 页)对其定义为：

> (a)一个整体中每一部分都为真，那么，这个整体也为真，或者(b)一个整体中的一部分为真，那么，整体本身也必然为真。例如："一组人当中每个成员（或者一些成员）已婚，那么，这个组中会有（一定会有）一位妻子。"仅仅通过一部分拥有某一种特征而推断一个集合有这个特征，是因为错误地将整体中的个体当成了整体。

所以，根据微观单位的行为（价格刚性或企业过剩能力，以及次优行为）而产生的一系列主张，对总体分析没有意义。因此，按照卡普林和斯普伯(Caplin and Spulber,1987)的说法，因企业菜单成本而存在的价格刚性，与总体价格弹性完全相同。从这个观点来看，新凯恩斯学派文献中的经济总周期显然是因总体价格刚性造成的，而价格刚性又取决于企业的菜单成本。但是，正是代理人架构使这一主张出现谬误：只要一个企业没有调整价格，所有的企业都被假设没有调整价格。于是，阿克洛夫和耶伦(Akerlof and Yellen,1985)认为，这就是总体刚性的基础，而总体刚性又导致了货币非中性。一旦我们抛弃代理人模型,并考虑到企业的分布,总体刚性也就不存在了。

菜单成本为定价增加了整数限制;如果利润最大化价格是 S,菜单成本是 z,那么,$S-z=s$,s 就是企业把价格提升到 S 的起点。这就是所谓(S,s)定价策略(Barro,1972;Sheshinski and Weiss,1977,1983)。在一个与(S,s)定价模型相似的模型中,卡巴勒罗(Caballero,1992)分析了代理人模型中几种谬误的产生原因。他认为,这些谬误之所以会产生,是因为直接的微观经济观点没有考虑概率论对行为并不完全同步的大批企业的共同行为施加的严格限制条件。

卡巴勒罗(Caballero,1992)用的是非凸起调整成本,其出发点是避免企业作出平缓而连续的调整。这些调整成本也是价格变动的成本(菜单成本),雇用和解雇劳动的成本,以及某一既定企业冲击(称为"特定冲击")而调整资本存量的成本,或是对所有企业共同冲击而产生的调整成本。

首先,假设所有企业有相同的调整成本,而且他们面临的冲击也具有完全相关性。那么,无论什么不对称微观经济现象(比如企业价格刚性),都会演变成总体经济现象(总体价格水平刚性)。然而,这里是说,每一家企业的所有情况都完全相同。但事实上,这里只有一家企业。其次,假设企业面临的冲击并不具有完全相关性。卡巴勒罗认为,可以构建一个任何微观经济不对称都会在宏观上消失的范本。而且,在存在特定冲击的情况下,任何微观不对称都不会在总体数据上显现。同样,根据作者的蒙特卡洛实验,微观经济不对称并不能转为总体不对称,即使总体上确实存在不对称,也不一定就是微观经济不对称的结果。

假设企业以不同速度不同方向调整他们的生产要素或价格,这就是不对称。调整速度较慢的因素会花较长时间作出调整。但在对各种冲击作出反应时,总体上表现出的不对称要小于个体企业表现出的不对称。

卡巴勒罗的结论很清楚:企业的不对称价格政策并不意味着总体层面的不对称;总体价格水平的不对称不一定是企业不对称的结果。同样,企业不对称调整成本不一定意味着资本存量和就业水平对各种冲击作出不对称反应。不这样想就是认可谬误。

认为新古典和新凯恩斯主义都是使用"一般均衡方法"是错误的看法。在阿罗-德布鲁一般均衡中,并没有要求效用函数要有特殊函数形式;这就是阿罗—德布鲁模型的完美之处:只要满足了基本假设(比如边际效用递减等),具有不同效用函数的所有经济行为人的行为都相同。通过最优化所有商品的给定价格,以及给定要素禀赋,再减去最初的要素禀赋(供给),就可以得到表现为超额需求函数的需求函数。

相比之下,在代理人模型中,我们有必要从效用函数的特定函数形式着手,特殊函数形式可能是新古典经济模型中的柯布—道格拉斯函数,或者是对消费者代理人产生不变需求弹性函数的某些变量(Rotemberg,1987)。也就是说,对一个消费者和所有消费者都一样。但如果函数相同,他们为什么要交易呢? 在阿罗—德布鲁模型中,消费者之间发生贸易是因为他们有不同的偏好和不同的要素禀赋。

在新凯恩斯学派代理人模型中,需求函数不是阿罗—德布鲁类型,因为阿罗—德布鲁需求函数是同质的,货币在其中不起作用。但是代理人需求函数是相对价格和实际货币供给的函数。所以阿罗—德布鲁需求函数的同质性不成立。

由于这些原因,将代理人模型描述为"一般均衡"分析方法是一种错误。我们的结论是,所有采用代理人框架的模型都存在严重缺陷。

穆罕默德 H. I. 多尔(安佳译)

参见:

Friedman, Milton; Menu costs; New Classical Economics; New Keynesian Economics.

参考文献:

Akerlof, G. and J. Yellen (1985), "A Near-Rational Model of the Business Cycle, with Wage and Price Inertia", *Quarterly Journal of Economics*, 100, Supplement, pp. 823-38; reprinted in N. G. Mankiw and D. Romer (eds) (1991), vol. 1.

Angeles, P. A. (1981), *Dictionary of Philosophy*, New York: Harper&Row.

Barro, R. J. (1972), "A Theory of Monopolistic Price Adjustment", *Review of Economic Studies*, 39, January, pp. 17-26.

Bertola, G. and R. J. Caballero (1990), "Kinked Adjustment Costs and Aggregate Dynamics", *NBER Macroeconomics Annmual*, pp. 237-88; also Columbia Department of Economics Working Paper, 465.

Caballero, R. J. (1992), "A Fallacy of Composition", *American Economic Review*, 82, December, pp. 1279-92; also National Bureau of Economic Research Working Paper Series no. 3735, 1991.

Caplin, A. S. and D. F. Spulber (1987), "Menu Costs and the Neutrality of Money", *Quarterly Journal of Economics*, 102, November, pp. 703-25; reprinted in N. G. Mankiw and D. Romer (eds) (1991), vol. 1.

Cournot, A. A. ([1938] 1927), *Researches into the Mathematical Principles of the*

Theory of Wealth, trans, Nathaniel T. Bacon, New York: Macmillan.

Dore, M. H. I. (1985),"The Concept of Equilibrium", *Journal of Post Keynesian Economics*, Ⅲ, Winter, pp. 193-206.

Dore, M. H. I. (1993), *The Macroeconomics of Business Cycles: A Comparative Evaluation*, New York: Basil Blackwell; Japanese translation published by Bunka Shobou Hakubunsha, Tokyo, 1995.

Friedman, M. (1955),"Leon Walras and his Economic System: A Review Article", *American Economic Review*, 45, December, pp. 900-909.

Friedman, M. (1969), *Optimal Quanfity of Money and Other Essays*, London: Macmillan.

Garretsen, H. and M. C. W. Janssen (1989),"Two Fallacies of Composition in a Keynesian OLG model", *University of Groningen Research Memorandum*, no. 317.

Gellegati, M. and A. Kirman (eds) (1999), *Beyond The Representative Agent*, Cheltenham, UK and Northampton, MA: Edward Elgar.

Hartley, J. E. (1997), *The Representative Agent In Macroeconomics*, Frontiers of Political Economy Series, 10, London and New York: Routledge.

Hoover, K. D. (1988), *The New Classical Macroeconomics*, Oxford: Basil Black well.

Kirman, A. (1992),"Whom or What Does the Representative Individual Represent?", *Journal of Economic Perspectives*, 6, Spring, pp. 117-36.

Mankiw, N. G. and D. Romer (eds) (1991), *New Keynesian Economics*, Cambridge, MA: MIT Press.

Negishi, T. (1985), *Economic Theories in a non-WalrasianTradition*, Cambridge: Cambridge University Press.

Rotemberg, J. (1987),"The New Keynesian Microeconomic Foundations", *NBER Macroeconomics Annual*, pp. 69-104.

Sheshinski, E. and Y. Weiss (1977),"Inflation and Costs of Price Adjustment", *Review of Economic Studies*, 44, June, pp. 287-303.

Sheshinski, E. and Y. Weiss (1983),"Optimum Pricing Policy under Stochastic Inflation", *Review of Economic Studies*, 50, July, pp. 513-29.

Solow, R. M. (1998), *Monopolistic Competition and Macroeconomic Theory*, Cambridge: Cambridge University Press.

Weintraub, E. R. (1979), *Microfoundations: The Compatibility of Microeconomics and Macroeconomics*, Cambridge: Cambridge University Press.

350. 声誉 Reputation

见：

Credibility and Reputation。

351. 升值 Revaluation

在固定汇率条件下，一种货币价值相对于另一种货币价值审慎上升，即为货币升值。

参见：

Fixed Exchange Rate System。

352. 李嘉图等价 Ricardian Equivalence

李嘉图等价也称为债务中性或财政幻觉缺乏。李嘉图等价认为，政府用当前税收为支出埋单或用未来税收为支出埋单，没有区别。政府债券的市场价值等于利息的贴现值和交给未来纳税人的债券本金。如果纳税人是风险规避者，并能使自己的跨时收益最大化（如欧文·费雪的两时期消费模型、米尔顿·弗里德曼的永久收入假说或者弗兰科·莫迪利亚尼的消费生命周期理论提到的一样），他们在预期未来会有税收支出的情况下，通过储蓄来平均各期的消费水平。这样，一个给定的当期政府支出额，会使私人消费量同量减少，不管纳税人是当期交税还是预期到政府借贷中的未来税收，而作了同量的储蓄。李嘉图等价认为，未偿还的政府债务存量的增加，并不能增加私人财富，因为拥有政府债券的公众也会意识到，政府会通过未来征税抵消这些负债。

罗伯特·巴罗（Barro,1974,1989）指出，李嘉图等价的财政政策含义是，在标准的宏观经济模型中，政府支出的增加只有通过预算平衡的乘数效应，才能使 IS 曲线移动，如果是通过借钱支出，那么，不管如何融资，税收削减或转移支付的增加,都不会产生效应。"二战"期间,J. M. 凯恩斯(Keynes,1980,第320页)提出:"免税政策只能在一段不确定的短时间内,对人们的消费产生非常有限的作用。"债务中性的说法说明,任何赤字财政减税政策都一样无效。巴罗的债务中性对凯恩斯关于衰退时的赤字财政和繁荣时的盈余财政这类反周期财政政策提出了挑战。由于债务中性,所以,只有总支出中的政府支出水平才非常重要,无论赤字还是盈余都没有关系。由于高利率对私人投资会产生挤出效应,所以,政府支出的债务融资不会比税收融资有效。

在巴罗(Barro,1974)提出了债务中性定理之后,詹姆斯·布坎南(Buchanan,1976)指出,巴罗的提法在大卫·李嘉图的文章中可以找到,这样就出现了"李嘉图等价"的说法。但是,杰拉德·奥德里斯科尔(O'Driscoll,1977)指出,李嘉图并不认为真实世界存在债务中性,他认为纳税人不会有这样的远见,他们会觉得政府是在借款,而不是在征税,政府借款会使他们的净财富增加,所以他们会增加消费。戴曼德和韦斯特(Dimand and West,1989)指出,李嘉图同时代的德斯塔特·德·特雷西在1817年用英文发表的文章中已经出现了类似债务中性的说法,但这一说法则是从更早的一篇未刊法文手稿翻译过来的。

债务中性说也降低了真实余额效应的影响力,庇古提出真实余额效应是为了说明,即使存在流动性陷阱,降低工资和价格也有助于恢复充分就业。卡列茨基在1944年的一封信(发表于Patinkin,1982)中对庇古作了评价,米恰尔·卡列茨基说:"如果[国家]债券的利息要靠税收来支付,债券就不会影响总的可支配收入。"凯恩斯的回答是:"假设债务利息是用税收来支付,它就不会影响公众财富,所以我认为,实际上庇古完全依赖于黄金价值的增长"(见Dimand,1991;Tobin,1980)。

如果消费者对自己的未来收入不确定(无论是收入不确定还是寿命不确定),债务中性就不可能成立。结论会因为不确定性效果的不同而不同。布坎南认为,错误的信号会导致消费者低估未来纳税责任,巴罗则假设,风险规避消费者会高估未来的税赋,所以会作预防性储蓄。巴罗的债务中性说假设税收为定额税,而且,用来偿还债务的未来税收由那些从减税政策中获益的纳税人支付。导致债务中性不成立的一种可能是,纳税人只有有限的生命,在减税后他们会选择更多的消费,他们不会操心后代的税收负担。如果消费者对后代的福利足够关心,而且有很强的遗产动机,这种永续存在的家庭会对后人的税收负担予以考虑,所以他们会对储蓄和消费进行分配,好像后代的税收负担是他们自己的负担一样,在这种情况下,债务中性可以成立(见Weil,1987)。

消费者在面对比储蓄利率高的借款利率时,会出现流动性约束的情况,这样,他们的跨时消费可能性曲线就会在当前可支配收入处弯折。如果这个消费者的最高无差异曲线与消费可能性曲线在弯折处相切,那么,消费者的消费支出就只与当前的可支配收入相关,正如简单凯恩斯消费函数一样,债务中性也不成立(见 Hayashi,1987)。由于信贷市场的不完全性,如果政府可以按比个人贷款利率更低的利率借款,那么,让政府按他们自己预期的未来收入借款,而不是他们自己去借款,公众会更加富裕,所以债务中性也会失灵。德拉曾(Drazen,1978)指出,如果政府允许逃避遗产税,政府债务的跨时效应可能有所增长。

考虑到消费者面临的不确定性、流动性约束、有限的生命以及政府借款的低利率,人们认为,李嘉图等价不可能严格成立。约翰·J. 希特(1993)的实证研究对李嘉图等价作为一种估算是否成立作了考证,尤其对李嘉图是否比传统的凯恩斯学派观点,即政府债券会对消费产生正的财富效应,而且政府支出的债券融资比政府支出的税收融资具有更大的乘数效应的观点,是否具有更好的近似性,进行了检验。研究结果表明,由于政府债券对任何相关变量都没有明显的影响,所以,李嘉图等价与传统模型相比,是一种较好的估算(有些研究发现,政府债券和利率之间负相关,但这与模型不相符)。早些时候,对政府债券的消费效应的研究得出了一些矛盾的结论,但是经济计量学家对度量、规范、差分、同时性以及预期的分析进行了探讨,最后得到的结论与他们预期的结论,即与李嘉图等价相拟合。与实证研究的结论相比,教科书仍然在讲授减税和转移支付的乘数效应,有些书中,将公共债券价值变动的实际余额效应,作为一个特别题目带入了李嘉图等价。

罗伯特·W. 戴曼德(安佳译)

参见:

Balanced Budget Multiplier; Crowding Out; Fiscal Policy: Role of; IS‐LM Model; Closed Economy; Real Balance Effect.

参考文献:

Barro, R. J. (1974),"Are Government Bonds Net Wealth?", *Journal of Political Economy*, 82, December, pp. 1095‐1117.

Barro, R. J. (1989),"The Ricardian Approach to Budget Deficits", *Journal of Economic Perspectives*, 3, Spring, pp. 37‐54.

Buchanan, J. M. (1976),"Barro on the Ricardian Equivalence Theorem", *Journal of Political Economy*, 84, April, pp. 337‐42.

Churchman, N. (1997),"David Ricardo on Public Debt", PhD dissertation, University of Toronto.

Destutt de Tracy, A. C. L. (1817), *A Treatise on Political Economy*, translation revised and corrected by T. Jefferson, Georgetown, DC: Joseph Milligan.

Dimand, R. W. (1991),"Keynes, Kalecki, Ricardian Equivalence and the Real Balance Effects", *Bulletin of Economic Research*, 43, July, pp. 289 – 92.

Dimand, R. W. and E. G. West (1989),"Destutt de Tracy: A French Precursor of the Virginia School of Public Finance", *History of Economics Society Bulletin*, 11, Fall, pp. 210 – 15.

Drazen, A. (1978),"Government Debt, Human Capital and Bequests in a Lifecycle Model", *Journal of Political Economy*, 86, June, pp. 505 – 16.

Hayashi, F. (1987),"Tests for Liquidity Constraints: A Critical Survey and Some New Observationss", in T. Bewley (ed.), *Advances in Econometrics, Fifth World Congress*, vol. 2, Cambridge: Cambridge University Press.

Keynes, J. M. (1980), *Collected Writings*, Volume XXVII, ed. D. E. Moggridge, London: Macmillan, and New York: Cambridge University Press, for the Royal Economic Society.

O'Driscoll, G. P. (1977),"The Ricardian Nonequivalence Theorem", *Journal of Political Economy*, 85, February, pp. 207 – 10.

Patinkin, D. (1982), *Amicipations of the General Theory? And Other Essays on Keynes*, Chicago: University of Chicago Press.

Ricardo, D. (1817), *On the Principles of Political Economy and Taxation*, London, reprinted in P. Sraffa with M. H. Dobb (eds) (1951), *The Works and Correspondence of David Ricardo*, Cambridge: Cambridge University Press for the Royal Economic Society.

Seater, J. J. (1993),"Ricardian Equivalence", *Journal of Economic Literature*, 31, March, pp. 142 – 90.

Tobin, J. (1980), *Asset Accumulation and Economic Activity*, Chicago: University of Chicago Press.

Weil, P. (1987),"Love Thy Children: Reflections on the Barro Debt Neutrality Theorem", *Journal of Monetary Economics*, 19, June, pp. 377 – 91.

353. 琼·罗宾逊 Robinson, Joan(1903—1983)

琼·罗宾逊1903年生于英国萨里郡坎布里,1925年从剑桥大学获得硕士学位。她的主要学术职位包括：剑桥大学助理讲师(1931—1937),讲师(1949—1965)和经济学教授(1965—1971)。她以研究不完全竞争、捍卫并推进凯恩斯经济学以及资本积累和经济增长理论而著称。她在资本积累和经济增长研究中,用动态观点扩展了凯恩斯的短期分析,为后凯恩斯经济学提供了基础。她的名著有:《不完全竞争经济学》(麦克米伦出版公司,1933);《就业理论论文集》(麦克米伦出版公司,1937)、《就业理论导论》(麦克米伦出版公司,1937)、《利率理论及其他论文集》(麦克米伦出版公司,1952);《资本积累论》(麦克米伦出版公司,1956);《经济增长理论论集》(麦克米伦出版公司,1962)。

参见:

Keynes's *General Theory*;Keynesian Economics;Post Keynesian Economics.

354. 保罗·M. 罗默 Romer, Paul M.

保罗·M. 罗默1955年生于美国科罗拉多州丹佛市,1973年从芝加哥大学获得理学士(数学)学位,1983年获得博士学位。他的主要学术职位包括:罗切斯特大学助教(1982—1988);芝加哥大学教授(1988—1990);加州大学伯克利分校教授(1990—1996)。自1996年起,他一直担任斯坦福大学商学院教授。他以对经济增长领域的出色贡献而闻名,他的贡献促进了经济增长分析的振兴,尤其是内生增长模型的发展,后者强调了驱动经济增长的观念的重要性。他最具影响的论文有:《收益递增和长期增长》(载《政治经济学杂志》,94,1986年10月);《基于专业化导致的收益递增的增长》(载《美国经济评论》,77,1987年5月);《内生技术进步》(载《政治经济学杂志》,98,1990年10月);《经济发展中的观念差距和目标差距》(载《货币经济学杂志》,32,1993年12月);《内生增长的起源》(载《经济展望杂志》,8,1994年冬季号)。

参见:

Endogenous Growth Theory.

355. 沃尔特·W. 罗斯托 Rostow, Walt W.

沃尔特·W. 罗斯托1916年生于美国纽约市,从耶鲁大学获得学士学位

(1936)和博士学位(1940)。他的主要学术职位包括：牛津大学美国史教授(1946—1947)；欧洲经济委员会执行秘书助理(1947—1949)；剑桥大学美国史教授(1949—1950)；麻省理工学院经济史教授(1951—1961)；政策计划委员会主席和美国国务院顾问(1961—1966)；美国总统国家安全事务特别助理(1966—1969)。自1969年起，他一直担任奥斯汀得克萨斯大学政治经济学雷克斯·G.巴克荣誉讲座教授。他以对增长和发展、特别是对传统社会经济增长的五阶段分析、经济起飞的前提条件、经济起飞以及大众高消费时代的分析而出名。他的名著有：《19世纪英国经济论文集》(克拉伦顿出版社，1948)；《经济增长的过程》(W.W.诺顿出版公司，1952)；《经济增长的阶段：一个非共产党的宣言》(剑桥大学出版社，1960)；《一切是如何发生的：现代经济的起源》(麦格劳-希尔出版公司，1975)；《穷人越来越富，富人越来越穷：关于马歇尔式长期论文集》(得克萨斯大学出版社，1980)；《从大卫·休谟至今的经济增长理论》(牛津大学出版社，1990)。

356. 粗调 Rough Turning

一个用来描述偶然使用财政政策和货币政策来回应产量和就业过度偏离充分就业或自然水平的术语，也称为糙调。

参见：

Aggregate Demand Management; Discretionary Policy; Fine Turning.

357. 皇家经济学学会 Royal Economic Society

皇家经济学学会成立于1890年。最初名为英国经济学学会，1902年因被授予皇家特许权而更名为皇家经济学学会。学会的宗旨是"推动在学术生活、政府服务、金融、产业和公共事务中对经济科学的研究"。其出版物中最负盛名的是《经济学杂志》(1891年创刊)。该杂志被誉为经济学领域的头牌杂志之一。杂志原为季刊，1991年改为双月刊。皇家经济学学会拥有3000名个人会员，其中60%是外国人。读者要想了解更多的信息，请登录其官方网站(*http://www.res.org.uk/*)。

358. 规则与相机抉择 Rules versus Discretion

"开明的相机抉择就是规则",布林德(Blinder,1998)如是说。现代稳定性政策因20世纪30年代大萧条对世界经济的毁灭性效应而出现,并在20世纪下半叶逐渐形成并完善。人们一般承认,正是大萧条促使凯恩斯写出了《就业、利息和货币通论》(1936),这本书催生了宏观经济学的研究课题。凯恩斯主要考虑的是20世纪30年代的大规模失业问题。这反映出他对大范围的市场失灵会导致资本主义解体的思考,所以,他想寻求另一种由政府管理经济的解决办法。凯恩斯为扩大政府作用进行了辩解,认为这是"避免整个现存经济形式解体的唯一实用手段,是个人进取精神成功实现的条件"(同上,第380页)。他所考虑的这一结果就是他的分析方法之"稳健保守"的含义。

对于凯恩斯宏观经济学来说,"二战"结束以后的头25年是平静美好的时光。凯恩斯革命激发了对国民收入计算技术的研究,以及对可用以实施相机抉择反周期稳定政策思想的概念框架的研究。一开始,稳定经济的任务相对而言似乎较为容易,如果经济向萧条发展,当局就可以实施扩张性财政政策和货币政策,对私人消费的下降作出反应。相反,在价格上涨的繁荣条件下,当局可以使用紧缩性财政政策和货币政策。尽管还存在一些异议(最有名的是米尔顿·弗里德曼和哈耶克),但直到20世纪70年代初,正统凯恩斯主义关于需要和实施稳定性政策的观点(新古典综合),主宰了经济学家在稳定性政策上的看法。这种看法由下列关键要素构成:

1. 赞同在长期内,可以用正统的新古典一般均衡理论来解释市场出清以及价格水平和量的关系,认可在长期内,市场体系可以自动达于均衡。

2. 赞同在短期内,体系内的各种刚性阻碍了典型的工业市场经济可以接受的足够快的速度向"充分就业"的回归。

3. 一般赞同,为了稳定占据主导地位的自由企业经济,为了减少因总体不稳定而产生的经济成本和人力资源成本,政府要在总需求管理中起到合乎法律规范的积极作用。

许多人根据战后凯恩斯—古典派的争论作出结论说,虽然古典经济学家好像赢得了思想战,但凯恩斯和凯恩斯学派却赢得了政策战。比如说,人们已经逐渐认可,政府应该采用职能财政原则,在一个经济周期内平衡自己的预算,而不是不顾经济状况,在周期的每一个阶段都维持预算平衡(大萧条之前,美国政府和其他政府都趋向于在战争期间借钱,在和平时期有盈余时再还钱)。今天,只有极少数经济学家还在支持任何形式的要求政府持续平衡预算的严格财政规则。

1945—1970年,这些一般性原则代表的是"新经济学"主流观点。美国最著名的凯恩斯学派经济学家詹姆斯·托宾根据他所称的"双体制模型"(two-regime),解释了战后的普遍看法,"有时候,经济处于古典情况,在这种条件下,市场自动出清,经济提供的是有限的供给……有时候,经济又处于凯恩斯情况,在这种条件下,对实际产出的约束就是总需求支出……这种情况虽然并不总是存在,但多数时间内都是这种情况,所以,要有与消除社会浪费相关的需求增长政策"(见 Snowdon and Vane,1999)。早期凯恩斯主义被视为"财政主义",在弗里德曼和托宾之间,也就财政政策和货币政策对名义变量和真实变量的影响,有过激烈争论。凯恩斯主义与货币主义论战的最重要问题,就是不同意使用最有效的总需求管理来限制因为不稳定而出现的社会和经济耗费,以及是否需要政府使用反周期政策对经济进行"微调"(见 Snowdon et al.,1994;Hammond,1996)。

弗里德曼是最早对积极相机抉择政策进行批评的人,也是最早关注实施这种政策的某些现实问题的人。他早在1948年就指出:"控制周期的方案被发展成好像除此之外没有其他的对象了,好像引发周期性波动的因素没有任何差别。"他还将人们的注意力引向了时滞问题,按他的说法,时滞十之八九"是强化而不是缓和周期性波动"。弗里德曼还区分出三种时滞:认识时滞、行动时滞和影响时滞。这些内部时滞和外部时滞由于延迟了政策行为的作用,所以等同于"额外的随机扰动"。货币政策的实施相对较快,货币政策效应属于长期的可变外部时滞。在类似美国这种政治体制的国家中,相机抉择财政调整实际上不可能很快得到实施。另外,公共选择理论也说过,结构性赤字以及它破坏国民储蓄并因此影响长期增长的效应,将会是民主国家实施相机抉择财政政策的结果(见 Buchanan and Wagner,1977)。在民主国家中,政治家在拥有自行决定权时也会蓄意创造不稳定性,因为正如政治经济周期的文献所说,政治家可能会为了政治利益而冒险操纵经济(Alesina et al.,1997)。

尽管由克莱因、戈德伯格、莫迪利亚尼等人进行的理论和实证研究有助于用于预测的综合联立方程宏观经济计量模型的发展,但许多经济学家依然不相信这种预测能克服由时滞和政治约束引发的问题。弗里德曼的结论是,在一个不确定性世界中，政府不具有实施微调形式相机抉择政策所需要的知识和信息，所以他主张，货币当局应采用消极货币规则，即按照预先确定的某种规定比率（$k\%$），决定具体货币总量的增加（Friedman，1960，1968，1972）。弗里德曼（1960）认为，这样的规则可以大大促进稳定性，"有的不确定性和不稳定性会依然存在"，因为"不确定性和不稳定性是进步和变化过程中的必然产物，它们是硬币的一面，硬币的另一面则是自由"。德朗（Delong，1997a）也认为："很难说'相机抉择'财政政策在战后的美国经济中起到了稳定作用。"然而，人们一般认为，自动稳定器在缓和经济冲击中有重要作用。

20世纪60年代末，尤其是弗里德曼（1968）和费尔普斯（Phelps，1967，1968）极具影响的文章发表后，所有研究都开始更为关注对内生预期宏观经济现象的理解。20世纪70年代，"和平时期的严重通货膨胀"，加上经济衰退和失业的上升，对那些受"大萧条影响"，信奉使用扩张性需求管理就可以维持高水平经济活动的政策制定者，是一个极大的冲击（见Delong，1997a，1997b）。正统凯恩斯主义者所坚持认为的，通过使用相机抉择总需求管理，就可以永久实现相对较低水平的失业之说法，首先受到弗里德曼的挑战，20世纪50年代和60年代，弗里德曼发动了一场针对积极财政政策的货币主义反革命，随后，整个70年代，罗伯特·卢卡斯又发起了新古典批评。

毋庸置疑，弗里德曼阐述的在一个动态的、不确定性世界中，实施相机抉择稳定政策的复杂性，影响了整整一代卓越的宏观经济学家，其中最著名的就是罗伯特·卢卡斯。卢卡斯坦白承认他的知识受惠于他的老师（Snowdon and Vane，1999）。另外，约翰·泰勒（Taylor，1992）称之为20世纪70年代"大通胀"的历史，似乎也证明了货币主义者的洞见都被主流宏观经济模型所吸纳（Mayer，1997）。根据德朗（Delong，2000）的看法，货币主义者的重要思想，现在已经是宏观经济学主流思想的重要部分，这些思想有：自然失业率假说，作为运动趋势而不是低于可能运动偏差的波动分析，承认在正常情况下，对稳定而言，货币政策是比财政政策"更强劲且又有用的工具"，并在以规制为基础的框架内，对宏观经济政策的思考，承认稳定政策获得成功的有限可能性。

罗伯特·卢卡斯的研究以弗里德曼和费尔普斯提出的思想为基础，再将穆思（Muth，1961）的理性预期假说引入宏观经济学，对宏观经济学的理论研究和实证研究产生了重要意义。尤其是，因为引入了理性预期，所以，标准的凯恩斯主义模型无法再散布自己的传统结论。不久，凯恩斯学派主流经济学家已经清楚，新古典批评比货币主义的挑战更为强劲，也更具毁灭性。1972—1976年间，卢卡斯撰写并发表了一系列文章,建立了宏观经济学理性预期—均衡分析方法的分析基础(Lucas,1972,1973,1976)。这些文章对20世纪70年代的宏观经济学研究方法,对宏观经济学随后的研究方向,产生了重大影响。

20世纪70年代和80年代初期,新古典货币模型强化了弗里德曼以规则为基础研究宏观经济政策的说法。一旦经济行为人具有理性预期,政策制定者就不能忽视政策规制与理性行为人的相互影响。由于经济行为人的预期取决于诸多因素,其中包括由政府颁布的经济政策,所以,政策制定者在设计政策策略时,必须对这一相互影响予以考虑(Hoover,1995;Fischer,1990)。遵循卢卡斯批评(Lucas,1976)的思路,卢卡斯和萨金特(Lucas and Sargent,1978)的结论是,凯恩斯学派宏观经济计量模型"已经无力为货币政策、财政政策和其他政策的形成,提供可靠的指导"。再者,理性预期架构内的政策制定成了政策制定者和经济行为人之间的策略博弈。芬恩·基德兰德和爱德华·普雷斯科特(Kydland and Prescott,1977)撰写的有重大影响的论文,提出了宏观经济调节的时间不一致思想。论文揭示了相机抉择政策是如何导致"通货膨胀偏差"的。按照基德兰德和普雷斯科特的分析架构,在相机抉择货币政策条件下,由于政策制定者总有骗人的想法,所以,不可能实现通货膨胀与失业的最佳结合。为了获取政策可信度,货币当局也需要有规则约束。然而,实施弗里德曼 k% 货币增长率规则的想法(坚定的货币主义),非常依赖于稳定的货币周转率。但在20世纪80年代,观测到的不稳定周转率让中央银行"怀疑作为指示物的货币总量"(Delong,2000)。由于货币周转率不稳定,所以,多数中央银行将利率作为主要的货币政策工具(Blinder,1998)。

近年来,宏观经济学中日渐重要的一个看法是,较低的和稳定的通货膨胀有助于市场经济的成长、稳定和有效性(Taylor,1996,1998a,1998b)。经济学家普遍认为,通货膨胀具有真实经济成本,未预测到的通货膨胀更是如此。而小于20%的通货膨胀率对经济增长率的影响可能较小。重要的是要记住,在一个相对较短的历史时期,增长率的较小变动会对生活水平产生极大影响(Snowdon,2002)。如果经济学家一致认为,通货膨胀正在损害经济福利,那么,经济学家就仍然要决定如何对通货膨胀进行最佳控制。因为人们现在都承认,货币政策的主要长期目标就是控制通货膨胀和创造适当的稳定价格,而预期内生于政策变化,所以,经济学家的任务非常清楚,为了达成这一目标,要确定需采用何种恰当的货币制度。货币制度以名义锚的使用为其特征。米什金(Mishkin,1999)将名义锚定义为"对本币价值的约束",或更宽泛地说,是"对有助于削弱时间不一致性问题的相机抉择政策的约束"。近年来，越来越多的国家开始采用通货膨胀目标为自己的名义锚，并结合更大的中央银行独立性（见 Bernank and Mishkin,1997;Bernank et al.,1999）。然而，伯南克等人坚持认为，应将通货膨胀目标看成货币政策制定的广义架构，即"有约束的相机抉择"，而不是看成古典意义上的严格规则。但正如泰勒所说，为了达成通货膨胀目标，政策制定者需要一组改变政策工具的程序才能回应经济冲击。因此，我们才想到将政策规则作为一种按一致的和可预测方式对可得到的信息进行最佳利用的系统决策过程。其中一个规制就是广为人知的、描述了从艾伦·格林斯潘时代开始直到 1992 年的美联储货币政策的"泰勒规制"。泰勒（Taylor,1993）认为，货币政策的简单规制为：

$$r = r^* + \pi + 0.5(\pi - \pi^*) + 0.5(y) \tag{1}$$

这里，r 是联邦基金利率，r^* 是均衡真实联邦基金利率，π 是现在与以前三个季度的平均通货膨胀率，π^* 是通货膨胀目标，y 是产出缺口，也就是说，真实国内生产总值减潜在国内生产总值。对泰勒规制的重要批评认为，泰勒规制是回溯性的。拉尔斯·斯文森（Svennson,1997a,1997b）讨论了作为前瞻性分析方法的"通货膨胀预报目标"的情况。克拉里达等人（Clarida et al.,1999,2000）在近期的两篇文章中指出了他们考虑的经济学家应该从货币政策行为中吸取的教训。经济学家在这一领域中的研究，显示出最优政策的某些有用的一般性原理。克拉里达等人将自己的分析方法认同为新凯恩斯学派分析方法，因为在他们的模型中，名义价格刚性使货币政策在短期内对真实变量产生了非中性效应，因此，产出和通货膨胀具有正向短期关系（即菲利普斯曲线），而预期真实利率与产出负相关（IS 函数）。克拉里达等人（2000）在对 1960—1996 年美国货币政策的分析中指出，1979 年之前和之后的货币政策行为，存在"巨大差别"。两个时期的重要差别是联邦储备委员会对预期通货膨胀反应的强度和速度。在威廉·M. 马丁、G. 威廉·米勒和阿瑟·伯恩斯分别担任主席期间，美联储"非常迁就"通货膨胀。相反，在保罗·沃尔克和艾伦·格林斯潘主政期间，联邦储备委员会更积极地"趋向于控制通货膨胀"。

克拉里达等人（2000）用下面这个基准政策反应函数对调查进行了探讨：

$$r_t^* = r^* + \beta[E(\pi_{t,k} \mid \Omega_t) - \pi^*] + \gamma E[y_{t,q} \mid \Omega_t] \tag{2}$$

这里，r_t^* 是联邦基金（FF）规定的名义利率，$\pi_{t,k}$ 是 t 期到 $t+k$ 期的通货膨胀率，π^* 是通货膨胀目标，$y_{t,q}$ 表示 t 期到 $t+q$ 期的实际国内生产总值和国内生产总值指标之间的均差（产生缺口），E 是预期运算元，Ω_t 是利率既定期间政策制定者所能掌握的信息集，r^* 是 π 和 y 处于目标水平时的"期望"联邦基金名义利率。对于具有二次损失函数的中央银行来说,即拥有因通货膨胀偏差而上升的具体成本和偏离目标产出的产出偏差,这种形式的政策反应函数(规则)非常适合用新凯恩斯主义进行解释。方程(2)是前瞻性的,所以与泰勒规制不同。在泰勒规制条件下,联邦储备委员会是对滞后产出和通货膨胀作出反应,而方程(2)则指出,联邦储备委员会是根据它对未来通货膨胀和产出缺口的预期设定联邦储备基金利率。泰勒规制实际上是方程(2)的"特例",它的滞后通货膨胀和产出缺口,为预测未来通货膨胀提供了充分的信息。在方程(2)条件下,政策制定者也可以就经济的未来途径对各种可选择信息进行考虑。

根据克拉里达等人(2000)的说法,1979 年之后的货币政策行为与之前的沃尔克低通胀与从紧货币政策相比,有了明显的改变。20 世纪 80 年代多数时间内,实际利率为正。美联储货币政策的明显变化成功地降低了通货膨胀,尽管其带来的通货紧缩使美国经受了自大萧条以来的最严重衰退。失业率从 1979 年第二季度的 5.7% 上升到 1982 年第四季度的 10.7%。毫无疑问,过去 20 年所经历的低通货膨胀在很大程度上应归功于美联储和世界其他央行所采取的反通货膨胀的货币政策立场。

迄今为止,如詹姆斯·托宾(Tobin,1996)、罗伯特·索洛(Solow,1998)以及艾伦·布林德(Blinder,1998)等经济学家,仍然不相信在以规制为基础的框架内实施稳定货币政策的可取性、可能性和必要性,因为在现实中盛行的是相机抉择。而约翰·泰勒则相信,自 20 世纪 80 年代以来,改善颇多的美国经济表现主要是因为更好地实施了具有透明度、系统性和可信度的货币政策(Taylor,1999;2000a,2000b,2001。如欲了解货币政策规制的详情,请登录约翰·泰勒的网页:$http://www.stanford.edu/\sim johntayl/$)。

布莱恩·斯诺登　霍华德·R. 文(安佳译)

参见:

Aggregate Demand management; Automatic Stabilizers; Central Bank Independence; Discretionary Policy; Federal Funds Rate; Federal Reserve System; Fine Tuning; Fiscal Policy: Role of; Great Depression; Great Inflation; Inflation Targeting; Inside Lag; Keynesian Economics; Lucas Critique; Monetary Policy: Role of; New Classical Economics; Outside Lag; Rational Expectations; Time Inconsistency.

参考文献:

Alesina, A. and N. Roubini, with G. D. Cohen (1997), *Political Cycles and the Mac-*

roeconomy: *Theory and Evidence*, Cambridge, MA: MIT Press.

　　Bernanke, B. S. and F. S. Mishkin (1997), "Inflation Targeting: A New Framework for Monetary Policy", *Journal of Economic Perspectives*, 11, Spring, pp. 97 – 116.

　　Bernanke, B. S., T. Laubach, F. S. Mishkin and A. S. Posen (1999), *Inflation Targeting: Lessons from the International Experience*, Princeton, NJ: Princeton University Press.

　　Blinder, A. S. (1998), *Central Banking in Theory and Practice*, Cambridge, MA: MIT Press.

　　Buchanan, J. and R. Wagner (1977), *Democracy in Deficit: The Political Legacy of Lord Keynes*, New York: Academic Press.

　　Clarida, R., J. Gali and M. Gertler (1999), "The Science of Monetary Policy: A New Keynesian Perspectile", *Journal of Economic Literature*, 37, December, pp. 1661 – 1734.

　　Clarida, R., J. Gali and M. Gertler (2000), "Monetary Policy Rules and Macroeconomic Stability: Some Evidence and Some Theory, *Quarterly Journal of Economics*, 115, February, pp. 147 – 80.

　　DeLong, J. B. (1997a), "America's Fiscal Policy in the Shadow of the Great Depression", in M. Bordo, C. Goldin and E. White (eds), *The Defining Moment: The Great Depression and the American Economy in the Twentieth Century*, Chicago: University of Chicago Press.

　　DeLong, J. B. (1997b), "America's Only Peacetime Inflation: The 1970s", in C. Romer and D. Romer (eds), *Reducing Inflation: Motivation and Strategy*, Chicago: University of Chicago Press.

　　DeLong, J. B. (2000), "The Triumph of Monetarism?", *Journal of Economic Perspectives*, 14, Winter, pp. 83 – 94.

　　Fischer, S. (1990), "Rules versus Discretion", in B. Friedman and F. Hahn (eds), *Handbook of Monetary Economics*, Amsterdam: Elsevier.

　　Friedman, M. (1948), "A Monetary Framework for Economic Stability", *American Economic Review*, 38, June, pp. 245 – 64.

　　Friedman, M. (1960), *A Program for Monetary Stability*, New York: Fordham University Press.

　　Friedman, M. (1968), "The Role of Monetary Policy, *American Economic Review*, 58, March, pp. 1 – 17.

　　Friedman, M. (1972), "Have Monetary and Fiscal Policies Failed?", *American Economic Review, 62, May, pp. 11-18.

Hammond, D. (1996), *Theory and Measurement: Causality Issues in Milton Friedman's Monetary Economics*, Cambridge: Cambridge University Press.

Hoover, K. D. (ed.) (1995), *Macroeconometrics: Developments, Tensions and Prospects*, Boston, MA: Kluwer Academic Publishers.

Keynes, J. M. (1936), *The General Theory of Employment, Interest and Money*, London: Macmillan.

Kydland, F. E. and E. C. Prescott (1977), "Rules Rather Than Discretion: The Inconsistency of Optimal Plans", *Journal of Political Economy*, 85, June, pp. 473-92.

Lucas, R. E. Jr (1972), "Expectations and the Neutrality of Money", *Journal of Economic Theory*, 4, April, pp. 103-24.

Lucas, R. E. Jr (1973), "Some International Evidence on Output-Inflation Tradeoffs", *American Economic Review*, 63, June, pp. 326-34.

Lucas, R. E. Jr (1976), "Econometric Policy Evaluation: A Critique", in K. Brunner and A. H. Meltzer (eds), *The Phillips Curve and Labour Markets*, Amsterdam: North Holland.

Lucas, R. E. Jr and T. J. Sargent (1978), "After Keynesian Macroeconomics", *After the Phillips Curve: Persistence of High Inflation and High Unemployment*, Boston, MA: Federal Reserve Bank of Boston.

Mayer, T. (1997), "What Remains of the Monetarist Counter-Revolution?", in B. Snowdon and H. R. Vane (eds), *Reflections on the Development of Modern Macroeconomics*, Cheltenham, UK and Lyme, US: Edward Elgar.

Mishkin, F. S. (1999). "International Experiences with Different Monetary Regimes", *Journal of Monetary Economics*, 43, June, pp. 579-606.

Muth, J. F. (1961), "Rational Expectations and the Theory of Price Movements", *Econometrica*, 29, July, pp. 315-35.

Phelps, E. S. (1967), "Phillips Curves, Expectations of Inflation and Optimal Unemployment Over Time", *Economica*, 34, August, pp. 254-81.

Phelps, E. S. (1968), "Money Wage Dynamics and Labour Market Equilibrium", *Journal of Political Economy*, 76. August, pp. 678-711.

Snowdon, B. (2002), *Conversations on Growth, Stability and Trade: An Historical Perspective*, Cheltenham, UK and Northampton, MA, USA: Edward Elgar.

Snowdon, B. and H. R. Vane (1999), *Conversations With Leading Economists: Inter-

preting Modern Macroeconomics, Cheltenham, UK and Northampton, MA, USA: Edward Elgar.

Snowdon, B., H. R. Vane and P. Wynarczyk (1994), *A Modern Guide to Macroeconomics: An Introduction to Competing Schools of Thought*, Aldershot, UK and Brookfield, US: Edward Elgar.

Solow, R. M. (1998),"How Cautious Must the Fed Be?", in R. M. Solow and J. B. Taylor, *Inflation, Unemployment and Monetary Policy*, Cambridge, MA: MIT Press.

Solow, R. M. (1999),"Interview with Robert Solow", in B. Snowdon and H. R. Vane, *Conversations with Leading Economists: Interprering Modern Macroeconomics*, Cheltenham, UK and Northampton, MA, USA: Edward Elgar.

Svensson, L. (1997a),"Optimal Inflation Targets, 'Conservative' Central Banks, and Linear Inflation Contracts", *American Economic Review*, 87, March, pp. 98 – 114.

Svensson, L. (1997b),"Inflation Forecast Targeting: Implementing and Monitoring Inflation Targets", *European Economic Review*, 41, June, pp. 1111 – 46.

Svensson, L. (1999),"Inflation Targeting as a Monetary Policy Rule", *Journal of Monetary Economics*, 43, pp. 607 – 54.

Taylor, J. (1992),"The Great Inflation, the Great Disinflation, and Policies for Future Price Stability", in A. Blundell-Wignall (ed.), *Inflation, Disinflation and Monetary Policy*, Sydney: Ambassador Press.

Taylor, J. B. (1993),"Discretion Versus Policy Rules in Practice", *Carnegie Rochester Conference Series on Public Policy*, Amsterdam: North-Holland.

Taylor, J. B. (1996),"Stabilisation Policy and Long-Term Growth", in R. Landau, T. Taylor and G. Wright (eds), *The Mosaic of Economic Growth*, Stanford: Stanford University Press.

Taylor, J. B. (1998a),"Monetary Policy Guidelines for Employment and Inflation Stability", in R. M. Solow and J. B. Taylor, *Inflation, Unemployment and Monetary Policy*, Cambridge, MA: MIT Press.

Taylor, J. B. (1998b),"Monetary Policy and the Long Boom", *Federal Reserve Bank of St. Louis Review*, November/December, pp. 3 – 11.

Taylor, J. B. (1999),"A Historical Analysis of Monetary Policy Rules", in J. B. Taylor (ed.), *Monetary Policy Rules*, Chicago: University of Chicago Press.

Taylor, J. B. (2000a),"Reassessing Discretionary Fiscal Policy", *Journal of Economic Perspectives*, 14, Summer, pp. 21 – 36.

Taylor, J. B. (2000b), "Teaching Modern Macroeconomics at the Principles Level", *American Economic Review*, 90, May, pp. 90 – 94.

Taylor, J. B. (2001), *Economics*, 3rd edn., New York: Houghton Mifflin.

Tobin, J. (1996). *Full Employment and Growth: Further Keynesian Essays on Policy*, Cheltenham, UK and Brookfield, US: Edward Elgar.

359. 牺牲率 Sacrifice Ratio

为了将通货膨胀率降低1%而牺牲或损失的年产出(真实国内生产总值)的百分点数。

参见:

Inflation: Cost of Reducing.

360. 保罗·A. 萨缪尔森 Samuelson, Paul A. (1915—2009)

保罗·A. 萨缪尔森于1970年荣获诺贝尔经济学奖,瑞典科学院在颁奖词中称:"[萨缪尔森]在提高经济理论的一般分析方法上所作的贡献,超过了当代其他任何经济学家。"这一表述对萨缪尔森在经济学所有领域所做的研究工作进行了总结。然而,我们这里只限于介绍他在宏观经济学领域的贡献,即便如此,这个领域仍然非常广阔,我们只能略表一二。

萨缪尔森生于1915年,在芝加哥大学读完本科。1941年从哈佛大学获得博士学位,随后去麻省理工学院执教终身。1986年起,他一直担任麻省理工学院经济学荣誉教授。他是荣获诺贝尔经济学奖的第一位美国人,此外,他还获得许多职位和荣誉,包括美国经济学学会(AEA)颁发的约翰·贝茨·克拉克奖(1947)、经济计量学会会长(1951)、美国经济学学会会长(1961)、国际经济学会会长(1965—1968)。

萨缪尔森对宏观经济政策决策的贡献包括担任国家资源计划委员会、美国财政部、联邦储备委员会的顾问。他还是约翰·F. 肯尼迪总统的主要顾问,并主持了1961年专门调查委员会撰写的影响广泛的报告《美国经济现状》。而且,萨缪尔森的教科书《经济学》的影响远超出了学术界。五十多年来,这部从 1948 年开始出版,至 2001 年已经发行了 17 版(1985 年后该书与威廉·D. 诺德豪斯合著)的经典教科书,把数以百万计的学生引入宏观经济理论和政策问题领域。萨缪尔森以"新古典综合"而名声大噪,新古典综合是指将古典经济学理论的许多真知灼见,应用于实施货币政策和财政政策以维持高就业的经济,并首次引入《经济学》第 3 版(1955,第 vi 页)。在一部导论性的教科书中有这样一种极具影响的贡献,是非同寻常的。

萨缪尔森在他的杰出专著《经济分析基础》出版之前,就对宏观经济学作出了第一个贡献。按照萨缪尔森本人在该书第 1 版前言中的说法:"[1941 年提交给哈佛大学大卫·A. 威尔斯奖委员会的]多数材料若干年前就已经有了,而且,在 1937 年已经构思并写成初稿",但第二次世界大战使得该书推迟到 1947 年才得以出版。《经济分析基础》的第二篇包含的三章内容有助于在总体上革新经济学和宏观经济学,尤其是在:

1. "均衡的稳定性:比较静态学和动态学",第 9 章("对凯恩斯体系的分析"一节);
2. "均衡的稳定性:线性系统和非线性系统",第 10 章;
3. "动态理论的若干基本内容",第 11 章("经济周期的本质"一节)。

《经济分析基础》中这具有开拓性的三章激励了所有经济学家,特别是宏观经济学家去分析经济事件所披露的事实。

大约 35 年后的 1983 年,《经济分析基础》的增订版补充了"关于货币需求的一个注释",这一注释原是初版第 5 章的一节(1983 年的增订版第 496—503 页包含了这一补充)。萨缪尔森增订本的结论极为重要:"因此,不论极端货币主义过分简单化的理论如何,新古典理论提出了货币流通速度如何随利率变化而变化的理论。"

现在再来看萨缪尔森的学术论文。我们先估计萨缪尔森发表的有关宏观经济学论文的篇数,然后挑选出六个有代表性的贡献进行简要的评述。

我们的估计是根据《保罗·A. 萨缪尔森学术论文集》(第 1 卷至第 5 卷,涵盖萨缪尔森 1986 年前的论文;另有包含更多宏观经济学贡献的上百篇论文收集在《论文集》的第 6 卷和第 7 卷)。因为萨缪尔森的许多论文可以按照多个主题进行归类,各卷的编辑把他发表的论文按主题编排,但这种编排不免有些武断。当然,这些主题本身是一个编辑判断问题。

我们对符合广义"宏观经济学"的主题进行了归类,表 1 是萨缪尔森就每一个主题已发表论文的篇数。表 1 中包括在五卷本《保罗·A. 萨缪尔森学术论文集》的

388篇论文中的66篇论文,约占总数的17%。虽然萨缪尔森今天仍然勤于著述,但我们至少对截至1986年发表的宏观经济学论文的绝对篇数和相对篇数,有一个大致的估计。然而,正如我们所看到的,他对宏观经济学的一些最重要的贡献尚未列入表1。

表1 《保罗·A.萨缪尔森学术论文集》中宏观经济学论文估计篇数

主 题	第一、二卷（1966）	第三卷（1972）	第四卷（1977）	第五卷（1986）
收入决定的动态学和静态学	10	3	n.a.	n.a.
公共支出纯理论	3	4	n.a.	n.a.
财政政策与货币政策原理	11	5	n.a.	n.a.
货币和通货膨胀理论	n.a.	n.a.	4	n.a.
关于当前经济问题的讲稿和散论	n.a.	n.a.	6	n.a.
当前的经济学和政策	n.a.	n.a.	n.a.	20

注:"n.a."表示这一类主题未包括在相应的卷中。

我们现在从《保罗·A.萨缪尔森学术论文集》中选出6篇论文,以证明萨缪尔森对宏观经济学的贡献具有非凡的深度和广度:

1.《乘数分析和加速原理的相互作用》(载《经济学和统计学评论》,1939年5月)。这篇论文使萨缪尔森在中级宏观经济学读者中声名鹊起,而且在汉森、哈罗德、卡尔多、戈德温和希克斯等许多人的经济周期研究中起了一定作用。

2.《对真实国民收入的评估》(载《牛津经济学论文集》,1950年)。萨缪尔森在这篇文章中对"我们能从国民收入总账户中对经济福利有什么了解?"这一问题作了严谨而精彩的回答。

3.《具有或不具有货币发明的消费信贷模型》(载《政治经济学杂志》,1958年)。在这篇文章中,萨缪尔森提出了一个理论上非常严谨的利率决定和货币作用的模型,在这一过程中,他还引入了已经成为现代宏观经济学基本工具的叠代模型。

4.《反通货膨胀政策分析》(与罗伯特·索洛合撰,载《美国经济评论》,1960年)。萨缪尔森与索洛在这篇文章中第一次使用美国数据,对菲利普斯曲线进行了检验,并由此引发了对通货膨胀与失业率短期和长期交替关系的新论战。

5.《预期价格随机波动的证明》(载《工业管理评论》,1965)。在这篇晦涩难读的论文中,萨缪尔森第一次证明,竞争均衡价格序列是鞅序列(公平博弈),并因此建立了一个最重要的理性预期模型(包括构成"现代宏观经济学"组成部分的资产定价模型和随机增长模型)。虽然这篇论文的内容已经成了金融学的内容,但金融学和金融经济学却没有对主流经济学产生重大影响,虽然最终会产生重大影响。

(注:鞅是一个随机过程,其中,$E[|\tilde{P}_n|] < \infty$ 和 $E[\tilde{P}_{n+1} | P_0, P_1 \cdots, P_n] = P_n$,具有 0 漂移的随机游走是鞅的特例)。

6.《古典与新古典货币理论的实质》(载《加拿大经济学杂志》,1968)。萨缪尔森在这篇论文中推导出一个让人信服的货币数量论所必需的方程和同质特性,由此解决了几个世纪来的一个难题。

上述选集中的主题分类揭示了萨缪尔森研究工作的重大意义,不同编辑为《学术论文集》所选的篇目可参见表 2。上面所选的 6 篇论文只有 3 篇可以列入表 1。这一事实说明,将任何具体的文章分类为"宏观经济学"的难度。更重要的是,萨缪尔森诸多贡献之重要,已经到了足以成为多学科之基础的程度。

由于篇幅有限,我们只能作个简单概括,但我们也意识到,其他人也可以无可厚非地作出截然不同的选择,我们把萨缪尔森对宏观经济学的一些主要贡献罗列如下。他

1. 为动态经济学模型提供了第一个严谨的基础;
2. 为解释国民收入账户奠定了理论基础;
3. 为主流经济学引入了"新古典综合"(在《经济学》第 3 版,1955)和菲利普斯曲线(在《经济学》第 5 版,1961);
4. 为货币作用阐明了逻辑基础;
5. 第一个证明了理性预期革命所基于的主要定理。

表 2　6 篇论文的主题分类:其中用粗体字标出的 3 篇论文已经列在表 1 中

文　章	章/卷	主题分类
"乘数分析与加速原理的相互作用"	82(2)	收入决定的动态学和静态学
"对真实国民收入的评估"	77(2)	福利经济学
"具有或不具有货币发明的消费信贷模型"	21(1)	资本纯理论与增长
"反通货膨胀政策分析"	102(2)	**财政政策与货币政策原理**
"预期价格随机波动的证明"	198(3)	**资产组合选择,股权定价以及投机市场理论**
"古典与新古典货币理论的实质"	176(3)	**财政政策与货币政策原理**

这确实是让人惊叹的目录，人们不仅敬畏萨缪尔森对宏观经济学不可估量的贡献，也敬畏他对经济学所有领域的贡献。1996 年，美国总统将国家科学奖章授予萨缪尔森，表彰他"将近 60 年对经济科学的重要贡献，尤其是对一般均衡理论和宏观经济学，以及对经济学教育的贡献"。

感谢斯蒂芬·A. 罗斯和罗伯特·M. 索洛对草稿的评论，以及保罗·A. 萨缪尔森对倒数第二稿的纠正。

埃德温·伯迈斯特（安佳译）

参见：

American Economic Association; Econometric Society; John Bates Clark Medal; Keynesian Cross; Multiplier-Accelerator Model; Neoclassical Synthesis; Nobel Prize in Economics; Phillips Curve.

参考文献：

Samuelson, P. A. (1947), *Foundations of Economic Analysis*, Cambridge, MA: Harvard University Press.

Samuelson, P. A. (1948), *Economics: An Introductory Analysis*, 1st edn, New York: McGraw-Hill Book Company.

Samuelson, P. A. (1955), *Economics: An Introductory Analysis*, 3rd edn, New York: McGraw-Hill Book Company.

Samuelson, P. A. (1961), *Economics: An Introductory Analysis*, 5th edn, New York: McGraw-Hill Book Company.

Samuelson, P. A. (1966), *Collected Scientific Papers of Paul A. Samuelson*, vols 1 and 2, ed. Joseph E. Stiglitz, Cambridge, MA: MIT Press.

Samuelson, P. A. (1972), *Collected Scientific Papers of Paul A. Samuelson*, vol 3, ed. Robert A. Merton, Cambridge, MA: MIT Press.

Samuelson, P. A. (1977), *Collected Scientific Papers of Paul A. Samuelson*, vol 4, ed. Hiroaki Nagatani and Kate Crowley, Cambridge, MA: MIT Press.

Samuelson, P. A. (1983), *Foundations of Economic Analysis*, Enlarged Edition, Cambridge, MA: Harvard University Press.

Samuelson, P. A. (1986), *Collected Scientific Papers of Paul A. Samuelson*, vol 5, ed. Kate Crowley, Cambridge, MA: MIT Press.

Samuelson, P. A. and W. D. Nordhaus (2001), *Economics*, 17th edn, New York: McGraw-Hill Book Company.

361. 托马斯·J. 萨金特 Sargent, Thomas J.

托马斯·J. 萨金特 1943 年生于美国加州帕萨德纳，1964 年从加州大学伯克利分校获得学士学位，1968 年从哈佛大学获得博士学位。他的主要学术职位包括：宾夕法尼亚大学副教授（1970—1971）；明尼苏达大学副教授（1971—1975）和教授（1975—1987）。自 1987 年起，他一直担任斯坦福大学胡佛研究所高级研究员。他以研究理性预期假说的意义，特别是政策无效命题而著称。他与小罗伯特·卢卡斯一起，发展了宏观经济学的新古典方法。他最有名的著作有：《理性预期与经济计量实践》（与 R. E. 小卢卡斯合编，明尼苏达大学出版社，1981）；《宏观经济学理论》（学术出版社，第 2 版，1987）；《动态宏观经济学理论》（哈佛大学出版社，1987）；《理性预期和通货膨胀》（哈珀科林斯出版公司，第 2 版，1993）；《克服美国通货膨胀》（普林斯顿大学出版社，1999）；《回归的宏观经济学理论》（与 L. 莱琼奎维斯特合著，麻省理工学院出版社，2000）；《小变化的大问题》（与 F. 维尔德合著，普林斯顿大学出版社，2002）。他最具影响的论文有：《理性预期、真实利率和自然失业率》（载《布鲁金斯经济活动论文集刊》，1973）；《理性预期、最佳货币工具和最优货币供应规则》（与 N. 华莱士合撰，载《政治经济学杂志》，83，1975 年 4 月）；《美国的古典宏观经济计量模型》（载《政治经济学杂志》，84，1976 年 4 月）；《理性预期与经济政策的理论》（与 N. 华莱士合撰，载《货币经济学杂志》，2，1976 年）；《凯恩斯学派宏观经济学之后》（与 R. E. 小卢卡斯合撰，载《波士顿联邦储备银行》，1978 年）；《一些令人不快的货币主义算术》（与 N. 华莱士合撰，载《明尼阿波利斯联邦储备银行季评》，1981 年秋季号）；《欧洲失业悖论》（与 L. 莱琼奎维斯特合撰，载《政治经济学杂志》，106，1998 年 6 月）；《鲁棒控制与模型的不确定性》（与 L. 汉森合撰，载《美国经济评论》，91，2001 年 5 月）。

参见：

New Economics; Policy Ineffectiveness Proposition; Rational Expectations.

362. 萨伊定律 Say's Law

萨伊定律通常是英语国家的经济学家使用的术语，它指代的内容相当于法语经济学著作里的 la loi des débouchés[市场法则]。对这一法则的其他简单表述包括:"供给自动创造需求"、"用商品购买商品"、"总体过多生产的不可能性"。

对这一定律的现代解释,主要出自奥斯卡·兰格和堂·帕廷金(见 Becker and Baumol,1952),主要从下面三个命题进行区别:

1. 瓦尔拉斯定律认为,如果在一个经济体中有 n 个市场,那么,$\sum_{i=1}^{n} p_i(x_i^d - x_i^s) \equiv 0$,其中 p_i 表示第 i 种商品的价格,x_i^d 表示第 i 种商品的需求量;x_i^s 表示第 i 种商品的供给量。如果第 n 种商品是货币,则满足 $\sum_{i=1}^{n-1} p_i(x_i^d - x_i^s) \equiv m^s - m^d$,其中,$m^s$ 表示货币的供给,m^d 表示货币的需求,这种情况本质上恒等(identity)。

2. 萨伊等价认为,$\sum_{i=1}^{n-1} p_i(x_i^d - x_i^s) \equiv m^s - m^d \equiv 0$,该关系式适用于货币纯粹是物物交换经济中的记账单位的情况,这种情况表明,由于经济中不可能存在超额货币供给,所以商品(而不是货币)的总需求,必须总是均等于总供给。

3. 萨伊均等指,经济在均衡状态下,满足 $\sum_{i=1}^{n-1} p_i(x_i^d - x_i^s) \equiv m^s - m^d \equiv 0$,这就意味着,当经济处于失衡时,人们会试图增加或者减少他们的货币持有量,因此商品的总需求未必一定等于总供给。这就留下一个问题:什么样的机制可以带来均衡,而这种机制又在多大程度上有效。

对萨伊定律的这种理解引出了一长串争论。19 世纪初期,詹姆斯·劳德代尔、西斯蒙第和马尔萨斯提出,商品总体过剩的情况有可能存在。而萨伊、詹姆斯·穆勒、约翰·斯图尔特·穆勒和大卫·李嘉图则用市场规律证明,总体供过于求是不可能发生的。由于商品生产存在不平衡,所以,一旦不平衡出现,将使萧条更加恶化。例如,在农业收成不好的年头,尤其容易发生工业经济危机。因为农业收成不好意味着消费农产品要花更多的钱,所以,会导致对工业品的需求下降。19 世纪末 20 世纪初,古典经济学的正统理论受到卡尔·马克思和一些消费不足主义的经济学家(例如大家熟悉的杰出经济学家约翰·A.霍布森、威廉·特鲁芬特·福斯特、沃迪尔·卡钦斯)的质疑,他们都认为,消费不足会诱发经济衰退。20 世纪,这一争议再次激化,原因是约翰·梅纳德·凯恩斯出版了他的经济学著作《通论》(Keynes,1936)。在这本书中,凯恩斯推翻了萨伊定律,并恢复了消费不足传统。凯恩斯认为,萨伊定律等同于"经济永远都处于充分就业状态"(同上书,第 26 页),这与凯恩斯所谓"古典经济学"产生了矛盾,导致许多经济学家试图解释凯恩斯学说与"古典"经济学的差异。尤其是奥斯卡·兰格和堂·帕廷金,他们试图利用瓦尔拉斯的多元市场均衡体系去解释本条目开头所描述的萨伊定律。

很长一段时间以来,人们对萨伊定律的理解各不相同。这种不同包括各各不同的观点和主张,而这些观点和主张的关系本身总不是很明确。在18世纪的经济学著作中就可以找到这些理论的成分,其中以亚当·斯密和重农学派的著作最为显著(见Thweatt,1979)。例如,斯密认为储蓄形成消费,这种说法可以解读为含有某种形式的萨伊定律之意。然而,斯密也认为国际贸易是处理过剩商品的一个途径。这一点用萨伊定律解释不通。萨伊和詹姆斯·穆勒(由于提出了一些见解而形成了个人独立的观点)的一些经济学观点就是以斯密的某些观点为理论依据。萨伊定律本身并不十分准确,詹姆斯·穆勒对之加以简化,从而形成了我们上述的萨伊等价。他认为,除非人们想用钱投资,否则没人会存钱(就是说储蓄为0),他同时还认为:

> 一种商品只要被生产出来,自然而然就会出现消费该商品的市场;不管在任何时间,任何国家,任何增量商品被生产出来,都会有相应的对该商品的额外消费能力在同一时间出现。因此,任何一个国家,无论在资本市场还是商品市场,都不可能存在过度积存的情况(Mill[1808],见引于Thweatt,1980,第468页)。

萨伊直到他的《政治经济学概论》第2版(1814)才用这一方式表达了这一定律,但他仍然对这种说法进行了修正。

对于所有经济学家来说,萨伊定律是一个关于经济增长的主张而非关于经济周期和市场出清的陈述。人们习惯于认为,消费能力会自动随生产能力的提高而提高。有一个事实说明了这种观点的重要性,即哪怕是那些认为存在总体过剩可能性的人,如马尔萨斯,也认为储蓄会自动产生投资。他们从不担心由于储蓄而导致的生产积压,因为他们认为这只是一个暂时的现象。甚至像后来那些持消费不足观点的经济学家,如霍布森,也认为储蓄等同于投资。

一般说来,古典经济学家认为,萨伊等价在货币经济中并不成立。约翰·斯图尔特·穆勒(Mill,1844)对此做了清楚的阐述。他认为,在一个物物交换的经济中,永远不可能出现产品过剩:因为根据物物交换的定义,生产者提供了一定价值的产品就一定要求同等价值的回报。然而,货币的存在使买和卖这两个过程可以分离。如果有人想持有货币,那么,他完全有可能卖掉商品后却推迟自己的消费。结果当然就是商品的总需求不足。用现代术语来说,J. S. 穆勒认同萨伊均等。他在讨论经济增长和资本积累时,提出供给创造需求:不可能存在持续性的总需求不足;另一方面,从一个经济循环周期来讲,也可能存在需求不足的现象。由于人们会选择延迟消费,选择持有货币而不是消费,所以,尽管他们有能力消费,也会出现所有商品过剩的经济萧条。

约翰·斯图尔特·穆勒的这种观点,即人们有消费能力却不愿意消费的观点,削弱了萨伊定律的根基。新古典经济学家如马歇尔夫妇(Marshall and Marshall, 1879)理解穆勒的这种说法,但为了反驳消费不足派的观点,他们贬低了存钱的意义。结果是凯恩斯把萨伊定律归结为古典经济学的特征之一,而把他自己提出的一些观点视为对古典经济学的突破。然而,如果将他的理论与马尔萨斯和劳德代尔在关于总体过剩的争论中的观点进行比较(Keynes,1936,第358—359页),凯恩斯忽视了他们之间存在的巨大理论差异。

罗杰·E.贝克豪斯(安佳译)

参见:

Classical Economics; Keynes's *General Theory*.

参考文献:

Baumol, W. J. (1977), "Say's (at Least) Eight Laws, or What Say and James Mill May Really Have Meant", *Economica*, 44, May, pp. 145 – 61.

Baumol, W. J. (1999), "Say's Law", *Journal of Economic Perspectives*, 13, Winter, pp. 195 – 204.

Becker, G. S. and W. J. Baumol (1952), "The Classical Monetary Theory: The Outcome of the Discussion", *Economica*, 19, November, pp. 355 – 76.

Beraud, A. (1992), "Ricardo, Malthus, Say et les controverses de la 'seconde génération'", in A. Beraud and G. Faccarello (eds), *Nouvelle histoire de la pensée économique*, Vol. 1: *Des Scolastiques aux Classiques*, Paris: Editions la Découverte, pp. 365 – 508.

Blaug, M. (ed.) (1991), *Pioneers in Economics*, Vol. 15: *Jean-Baptiste Say (1776 – 1832)*, Aldershot, UK and Brookfield, US: Edward Elgar.

Hutchison, T. W. (1978), *On Revolutions and Progress in Economic Knowledge*, Cambridge: Cambridge University Press.

Jonsson, P. O. (1997), "On Gluts, Effective Demand and the Meaning of Say's Law", *Eastern Economic Journal*, 20, Spring, pp. 203 – 18.

Keynes, J. M. (1936), *The General Theory of Employment, Interest and Money*,

London：Macmillan.

Marshall，A. and M. P. Marshall（1879），*The Economics of Industry*. London：Macmillan.

Mill，J. S.（1844），*Essays on Some Unsettled Questions of Political Economy*，London：John W. Parker；reprinted Bristol：Thoemmes Press，1992.

O'Brien，D. P.（1975），*The Classical Economists*，Oxford：Clarendon Press.

Say，J.-B.（1971），*A Treatise on Political Economy*，New York：Augustus Kelley，trans，C. R. Prinsep.

Sowell，T.（1972），*Say's Law：An Historical Analysis*，Princeton：Princeton University Press.

Thweatt，W. O.（1979），"Early Formulators of Say's Law"，*Quarterly Review of Economics and Business*，19，Winter，pp. 79-96.

Thweatt，W. O.（1980），"Baumol and James Mill on 'Say's' Law of Markets"，*Economica*，47，November，pp. 467-9.

363. 宏观经济思想流派 Schools of Thought in Macroeconomics

宏观经济学各种观点间的差异比之微观经济学各种观点间的差距要大很多。

由于宏观经济学是经济周期理论和货币理论长期传统的结晶，并由于凯恩斯（1936）将凯恩斯经济学（提出了为防止因总需求不足产生失业的政府干预功能）与古典经济学（被凯恩斯讽刺为是受到萨伊定律——供给自动创造需求的影响）作了区分。所以，宏观经济学家按其贡献一直分成不同流派。由于宏观经济学家常常汲取百家之精华，所以，一度有预言说，在过去的半个世纪中宏观经济学各学派间的差异已经消失（例如 Solow et al.，1997；Solow，2000），但是对总体经济的不同分析方法还会存在（Phelps，1990；Vercelli and Dimitri，1992）。

凯恩斯学派经济学在学术研究和政策分析方面的统治地位在"二战"后保持了25年之久。这种统治地位主要以如下形式存在，即保罗·萨缪尔森综合凯恩斯学派宏观经济学与新古典微观经济学的"新古典综合"教科书（例如，罗伯特·索洛为凯恩斯学派的短期分析方法和新古典经济学的长期经济增长理论作出了贡献）。凯恩斯交叉曲线以及与之相应的乘数分析法，现在仍然是初级经济学课本的重点部分,而强调总需求由国民收入决定的 IS-LM 曲线及菲利普斯曲线,无论在开放经济还是封闭经济中,都是中级宏观经济学课本的基础部分。20 世纪 70 年代早期同时发生的通货膨胀和失业,对简单的凯恩斯交叉曲线及初级经济学课本中的总供给/总需求模型提出了质疑,因为该模型认为,面对失业可以刺激需求(实际产出与潜在产出之间的衰退缺口),面对通货膨胀则紧缩需求。尽管卢卡斯批评(认为政府政策的改变,会导致宏观经济变量的数量结构关系的变化)使美国的凯恩斯学派,如劳伦斯·克莱因所倡导的大规模联立方程宏观经济计量模型的受支持程度大大降低,但是林克计划①仍然将各国模型综合为世界模型(Hickman and Klein, 1998)。

基于前凯恩斯学派货币数量论传统的货币主义,是弗里德曼及其芝加哥大学的学生(Friedman, 1956)以及卡尔·布伦纳和艾伦·梅尔泽发展起来的。与凯恩斯主义相反,货币主义强调的是政策规则而不是相机抉择,强调的是通货膨胀的社会成本而不是失业的社会成本,强调的是货币政策而不是财政政策,认为政府政策失效而非不稳定的个人投资是造成经济不稳定的原因。弗里德曼在芝加哥大学的同事哈里·约翰逊和罗伯特·蒙代尔及其学生,把货币分析方法扩展到了国际收支和汇率领域。在这一领域为学术研究作出最突出贡献的是弗里德曼和施瓦茨(1963),他们证明了货币政策的改变对短期内产出波动的影响,并用 20 世纪 30 年代大萧条的数据予以充分证实(凯恩斯经济学派则把大萧条看成货币政策无效的证明)。弗里德曼(Friedman, 1968)和埃德蒙·费尔普斯认为,对于任何一个被正确预期的通货膨胀来说,都有一个与之相应的自然失业率(人们自愿用于找工作、享受闲暇以及用于家庭生产的时间),以及人们从预测误差吸取的教训(适应性预期)。任何高于或低于自然失业率的失业率都是由于人们暂时误认为货币政策冲击会改变其工资购买力的结果。中央银行家对自然率的假说尤其感兴趣,因为这样他们就可以采用不变的货币增长规则,使他们的政策具有透明度,从而逃避应付失业不力的责任。

要规则而不要相机抉择,以及货币主义所强调的控制通货膨胀,比固定货币增长规则更受欢迎。这种政策规则在英国、加拿大、美国被采用,但之后又被取消。取消的原因是出现了古德哈特定律:将任何特定货币总量作为目标时,都会诱发

---

① Project LINK, 1968 年,克莱因在宾夕法尼亚大学建立的旨在研究各经济体相互依赖的研究项目。——译注

改变货币量与其他货币变量及名义收入的关系的金融创新(DeLong,2000)。同样,一个更加普遍的观点认为,将预期作为模型的内生因素要优于适应性预期假说,因为这种假说意味着消费者总可能作出错误的预期,虽然错误可能越来越小,但往往会给经济带来令人不快的武断因素,比如对价格水平的适应性预期(与欧文·费雪相关)就与对通货膨胀率的适应性预期(Friedman,1968)或者通货膨胀率变动率的适应性预期不一致。因此,新古典经济学家如罗伯特·卢卡斯(Lucas,1981),采用理性预期(经济行为人不犯系统性错误)取代适应性预期,同时又将弗里德曼的自然率假说作为一个变量(托宾称新古典经济学为货币主义的原因)。然而,有些货币主义者在对经济现象进行解释时,仍然不愿接受短期的、宽泛的理性预期(无成本且快速收集和处理相关信息),比如说,在解释利率结构时,理性预期是否优于适应性预期,至今仍是经济学家争论的话题。

依据新古典经济学关于货币的一连串误解,由于任何系统政策可被经济行为人充分预期,所以任何系统的总需求政策都不可能产生实际效应(Lucas and Sargent,1981;Hoover,1992),向上倾斜的总供给曲线只能产生于不可预期的随机需求冲击(卢卡斯的"突发性"供给函数)。米什金(Mishkin,1983)对理性和中性假说进行了联合测试,他发现的证据与卢卡斯总供给函数相反,预期总需求具有真实效应,也很难用名义冲击一旦为人所知就没有实际效应来解释持续的产出波动。

与凯恩斯主义和货币主义武断的总函数不同,新古典经济学强调由于理性行为人最优化行为导致的微观经济学基础的一致性(尽管弗里德曼的永久收入假说、莫迪利亚尼的消费生命周期假说、乔根森的投资理论和阿莱、鲍莫尔及托宾的货币需求理论都从不同方面提供了最优微观经济基础),然而,格韦克(Geweke,1985)和科尔曼(Kirman,1992)指出,很多新古典经济学模型也同样通过代理人假说(析离了经济行为人的多样性,并要求均衡时没有交易)随心所欲地对微观经济学基础进行推导。法默(Farmer,1999)和盖内里(Guesnerie,2001)指出,由于结果是自促成或太阳黑子引发(指影响预期的不相干变量),所以理性预期模型中的均衡路径并不唯一。新古典经济学考虑的是预期的内生性和一致的、最优化微观经济学基础(如卢卡斯批评表述的那样)有助于改善宏观经济学模型和宏观经济学理论,但并不足以建立政策无效性理论或均衡路径的唯一性。

相对于新古典经济学,真实经济周期理论(Plosser,1989)认为,产出和就业的波动是因为技术冲击,技术冲击改变了总供给和劳动的边际产出(劳动需求曲线)。这就意味着,真实工资顺周期模型比之凯恩斯(1936,第2章)的真实工资反周期模型和卢卡斯(Lacas,1981)的货币错觉模型,在数据上没有更多的可观测性。为了重现由总供给和劳动需求冲击所引起的可观测就业的变化,就需要假设劳动供给比之劳动经济学家通常所估测的更富弹性。真实经济周期理论家的分析常常依靠标准,而不是估算,所以,常被批评为理论先于测度(Mankiw,1989)。与之相关的方法见于费尔普斯的《结构性萧条》(1994),该书用模型论证了自然失业率的变化。

保罗·罗默、卢卡斯、巴罗和萨拉-伊-马丁(1994)以及阿吉翁和豪伊特(1998)的内生经济增长理论与真实经济周期理论有密切关系,它强调的是随机趋势而不是规则的波动,更为关注研发及人力资本的形成。阿吉翁和豪伊特强调熊彼特的"创造性破坏"。由于新技术降低了现有技术中内含的物质与人力资本价值,所以,除了格罗斯曼和赫尔普曼(Grossman and Helpman,1991)之外,内生经济增长理论并没有像凯恩斯主义和货币主义经济学那样扩展到开放经济领域。理查德·尼尔森(Nelson,1996)指出,"新增长理论"的因素并非全都是新的,他还强调指出,系统阐述一般均衡理论原则的文献对非均衡过程增长的实证理解非常有限,因此也限制了对制度框架的思考。

新凯恩斯学派经济学(Mankiw and Romer,1991;Mankiw et al.,1993)与新古典经济的观点一样,都注重要有明确的微观经济学基础,但新凯恩斯学派经济学认为,凯恩斯主义关于需求冲击使经济在帕累托均衡之间移动,关于政府稳定政策的范围的讨论,只能依据不完全竞争市场。新凯恩斯学派经济学引人注目的部分是它在没有假定经济行为人非理性的条件下,用信息不对称和菜单成本来解释名义刚性。新凯恩斯学派经济学的这一特征在很大程度上是继承了用一般均衡模型检验名义刚性重要性的欧洲传统(Malinvaud,1997;Benassy,1986;Drèze,1991)。有些勇敢的学者试图通过调查工资和价格的设定者来搞明白为什么工资和价格有黏性(Blinder et al.,1997;Bewley,2000)。索洛(Solow,1990)则把劳动市场作为一个社会机构进行研究,想看看能否对解释工资刚性有所帮助。新凯恩斯学派经济学的另一个提法认为,工资上涨以及价格弹性可能造成经济不稳定(也是"老牌凯恩斯主义者"詹姆斯·托宾的一个论题,见引于 Mankiw et al.,1993)。拉塞尔·科珀(Cooper,1998)用战略互补的博弈论分析,回答了劳动市场不能出清的原因。

后凯恩斯学派经济学吸取了凯恩斯在剑桥大学的继承者琼·罗宾逊、理查德·卡恩和尼古拉斯·卡尔多的贡献,认为新古典综合和新凯恩斯学派经济学忽视了凯恩斯对重要的不确定性和货币供给内生性的深刻见解,也忽略了较凯恩斯年轻的同代经济学家米恰尔·卡列茨基对收入分配、有效需求、定价及政治经济周期的研究(见 Hewitson,1995,对后凯恩斯学派货币经济学的综述)。由于处在主流之外并采用自觉批评的做法,所以,后凯恩斯学派经济学的影响小于新古典经济学或新凯恩斯学派经济学。或许,后凯恩斯学派经济学最有创建性的贡献是依据海曼·明斯基对金融体系脆弱性的研究而作出的(Fazzari and Papadimitriou,1992),这一贡献采用的是与后来的詹姆斯·托宾相同的、吸取凯恩斯和费雪见解的方法。由于与基于卡列茨基研究的后凯恩斯学派经济学有相互重叠性,所以,马克思主义经济学派(Zarembka,1999)采用的是更偏离主流经济学的方法,其中法国规制学派是宏观经济学最有活力的一支。在政治范围的另一端,奥地利学派经济周期理论家复兴了米塞斯和哈耶克关于经济波动的思想,将经济波动视为企业创新和发明的非均衡过程。

由于新古典综合吸取了各个分析流派的有益观点,萨缪尔森的新古典综合预示了宏观经济学学派的消失,但宏观经济学各种流派林立,相较于微观经济学,还是非常明显的。

罗伯特·W.戴曼德(安佳译)

参见:

Adaptive Expectations; AD-AS Model; Balance of Payments: Keynesian Approach; Balance of Payments: Monetary Approach; Business Cycle: Austrian Approach; Business Cycles: Keynesian Approach; Business Cycles: Monetarist Approach; Business Cycles: New Classical Approach; Business Cycle: Political Business Cycle Approach; Business Cycles: Real Business Cycle Approach; Classical Economic; Demand for Money: Friedman's Approach; Demand for Money: Keynesian Approach; Endogenous Growth Theory; Exchange Rate Determination: Monetary Approach; Friedman, Milton; Great Depression; IS-LM Model; Keynes, John Maynard; Keynesian Cross; Keynesian Economics; Life Cycle Hypothesis; Lucas Critique; Lucas, Robert E. Jr; Macroeconometric Model; Marxian Macroeconomics: An Overview; Marxian Macroeconomics: Some Key Relationships; Modigliani, Franco; Monetarism; Multiplier; Natural Rate of Unemployment; Neoclassical Growth Model; Neoclassical Synthesis; New Classical Economics; New Keynesian Economics; New Political Macroeconomics; Nominal Rigidity; Permanent Income Hypothesis; Phillips Curve; Police Ineffectiveness Proposition; Post Keynesian Economics; Quantity Theory of Money; Rational Expectation; Real Rigidity; Representative Agent Model; Rules versus Discretion; Samuelson, Paul A.; Solow, Robert M.; Supply-side Economics; Tobin, James.

参考文献：

Aghion, P. and P. Howitt (1998), *Endogenous Growth Theory*, Cambridge, MA: MIT Press.

Barro, R. J. and X. Sala-i-Martin (19.94), *Economic Growth*, New York: McGraw-Hill.

Benassy, J.-P. (1986), *Macroeconomics: An Introduction to the Non-Walrasian Approach*, Orlando, FL: Academic Press.

Bewley, T. (2000), *Why Wages Don't Fall During a Recession*, Cambridge, MA: Harvard University Press.

Blinder, A. S., E. Canetti, D. Lebow and J. Rudd (1997), *Price Stickiness in the United States: A Survey Approach*, New York: Russell Sage Foundation.

Cooper, R. W. (1998), *Coordination Games: Complementarities and Macroeconomics*, Cambridge, UK: Cambridge University Press.

DeLong, J. B. (2000),"The Triumph of Monetarism?", *Journal of Economic Perspectives*, 14, Winter, pp. 83–94.

Drèze, J. H. (1991), *Underemployment Equilibria: Essays in Theory, Econometrics and Policy*, Cambridge: Cambridge University Press.

Eisner, R. (1994), *The Misunderstood Economy: What Counts and How to Count It*, Boston: Harvard Business School Press.

Farmer, R. E. A. (1999), *Macroeconomics of Self-Fulfilling Prophecies*, 2nd edn, Cambridge, MA: MIT Press.

Fazzari, S. and D. B. Papadimitriou (eds) (1992), *Financial Conditions and Macroeconomic Performance: Essays in Honor of Hyman P. Minsky*, Armonk, NY: M. E. Sharpe.

Friedman, M. (ed.)(1956), *Studies in the Quantity Theory of Money*, Chicago: University of Chicago Press.

Friedman, M. (1968),"The Role of Monetary Policy", *American Economic Review*, 58, March, pp. 1—17, also in Snowdon and Vane (eds) (1997).

Friedman, M. and A. J. Schwartz (1963), *A Monetary History of the United States, 1867—1960*, Princeton, NJ: Princeton University Press for National Bureau of Economic Research.

Geweke, J. (1985),"Macroeconometric Modeling and the Theory of Representative Agents", *American Economic Review*, 75, May, pp. 206—10.

Grossman, G. and E. Helpman (1991), *Innovation and Growth in the World Economy*, Cambridge, MA: MIT Press.

Guesnerie, R. (2001), *Assessing Rational Expectations: Sunspot Multiplicity and Economic Fluctuations*, Cambridge, MA: MIT Press.

Hewitson, G. (1995),"Post Keynesian Monetary Theory: Some Issues", *Journal of Economic Surveys*, 9, September, pp. 285—310.

Hickman, B. G. and L. R. Klein (eds) (1998), *LINK Proceedings 1991, 1992: Selected Papers From Meetings in Moscow, 1991, and Ankara, 1992*, River Edge, NJ: World Scientific.

Honkapohja, S. (ed.)(1989),"90th. Anniversary Symposium: Whither Macroeconomics?", *Scandinavian Journal of Economics*, 91, June, pp. 207—516.

Hoover, K. D. (ed.)(1992), *The New Classical Macroeconomics*, 3 vols, Aldershot, UK, and Brookfield, US: Edward Elgar.

Keynes, J. M. (1936), *The General Theory of Employment, Interest and Money*, London: Macmillan.

Kirman, A. P. (1992),"Whom or What Does the Representative Individual Represent?", *Journal of Economic Perspectives*, 6, Spring, pp. 117—36.

Lucas, R. E. Jr (1981), *Studies in Business Cycle Theory*, Cambridge, MA: MIT Press.

Lucas, R. E. Jr and T. J. Sargent(eds)(1981), *Rational Expectations and Econometric Practice*, 2 vols, Minneapolis: University of Minnesota Press.

Malinvaud, E. (1977), *The Theory of Unemployment Reconsidered*, Oxford: Basil Blackwell.

Mankiw, N. G. (1989),"Real Business Cycles: A New Keynesian Perspective", *Journal of Economic Perspectives*, 3, Summer, pp. 79—90; also in Snowdon and Vane (eds) (1997).

Mankiw, N. G. and D. Romer (eds) (1991), *New Keynesian Economics*, 2 vols, Cambridge, MA: MIT Press.

Mankiw, N. G., D. Romer, B. Greenwald, J. Stiglitz, J. Tobin and R. G. King (1993), "Symposium: Keynesian Economics Today", *Journal of Economic Perspectives*, 7, Winter, pp. 3—82: Greenwald and Stiglitz and Tobin, also in Snowdon and Vane (eds) (1997).

Mishkin, F. S. (1983), *A Rational Expectations Approach to Macroeconometrics:*

Testing Policy Ineffectiveness and Efficient-Markets Models, Chicago: University of Chicago Press.

Nelson, R. R. (1996), *The Sources of Economic Growth*, Cambridge, MA: Harvard University Press.

Phelps, E. S. (1990), *Seven Schools of Macroeconomic Thought*, Oxford: Clarendon Press.

Phelps, E. S, (1994), *Structural Slumps: The Modern Equilibrium Theory of Unemployment, Interest and Assets*, Cambridge, MA: Harvard University Press.

Plosser, C. I. (1989), "Understanding Real Business Cycles", *Journal of Economic Perspectives*, 3, Summer, pp. 51—77; also in Snowdon and Vane (eds) (1997).

Snowdon, B. and H. R. Vane (eds) (1997), *A Macroeconomics Reader*, London and New York: Routledge.

Solow, R. M. (1990), *The Labor Market as a Social Institution*, Cambridge, MA: Blackwell.

Solow, R. M. (2000), "Toward a Macroeconomics of the Medium-Run", *Journal of Economic Perspectives*, 14, Winter, pp. 151—8.

Solow, R. M., J. B. Taylor, M. Eichenbaum, A. S. Blinder and O. Blanchard (1997) "Is There a Core of Practical Macroeconomics We Should All Believe In?", *American Economic Review: Papers and Proceedings*, 87, May, pp. 230—46.

Taylor, J. B. and M. Woodford (eds) (1999), *Handbook of Macroeconomics*, 3 vols, Amsterdam: Elsevier/North-Holland.

Vercelli, A. and N. Dimitri (eds) (1992), *Macroeconomics: A Survey of Research Strategies*, Oxford: Oxford University Press.

Zarembka, P. (ed.) (1999), *Economic Theory of Capitalism and Its Crises*, vol. 17 of *Research in Political Economy*, Amsterdam: Elsevier/North-Holland.

364. 约瑟夫·A. 熊彼特 Schumpeter, Joseph A. (1883—1950)

约瑟夫·A. 熊彼特1883年生于奥匈帝国,今捷克共和国的特热什季,1906年从维也纳大学获得法学博士学位。他的主要学术职位包括：捷尔诺维奇大学讲师

(1909—1911);格拉兹大学政治经济学教授(1911—1918);奥地利财政部长(1919—1920);比尔德曼银行董事会主席(1920—1924);波恩大学经济学教授(1925—1932);哈佛大学教授(1932—1950)。1949年,他成为第一位当选美国经济学学会会长的非美人士。他以对经济周期、经济发展的研究而闻名。在经济周期方面,他区分了不同的经济周期类型及其形成的原因;在经济发展方面,他特别关注企业家精神和创新在资本主义的长期发展和兴盛中的重要性。他的名著有《经济发展理论》(1912年初版,哈佛大学出版社,1954年再版);《经济周期:对资本主义过程的一个理论的、历史的和统计的分析》(麦格劳—希尔出版公司,1939);《资本主义、社会主义与民主》(哈珀出版公司,1942);《经济分析史》(牛津大学出版社,1954)。

参见:

American Economic Association.

365. 安娜·J. 施瓦茨 Schwartz, Anna J.

安娜·J. 施瓦茨1915年生于美国纽约市,1934年从博纳尔学院获得学士学位,从哥伦比亚大学获得硕士学位(1935)和博士学位(1964)。她的主要学术职位包括:哥伦比亚大学社会科学研究会实习研究员(1936—1941);美国黄金委员会职员主管(1981—1982)。自1941年起,她一直担任国家经济研究局的实习研究员。她以和米尔顿·弗里德曼合作研究货币和经济周期以及货币政策而知名。她的主要著作有:《美国货币史,1867—1960》(与米尔顿·弗里德曼合著,普林斯顿大学出版社,1963);《美国货币统计》(与米尔顿·弗里德曼合著,哥伦比亚大学出版社,1970);《美国和英国的货币趋势:其收入、价格和利率的关系,1867—1975》(与米尔顿·弗里德曼合著,芝加哥大学出版社,1982)。她最具影响的论文有:《货币和经济周期》(与米尔顿·弗里德曼合撰,载《经济学和统计学评论》,45,1963年2月);《对1929—1933年大萧条的理解》(载K.布伦纳编《反思大萧条》,马丁努斯·尼基霍夫出版公司,1981)。

参见:

Business Cycles: Monetarist Approach; Friedman, Milton; National Bureau of Economic Research.

366. 求职性失业 Search Unemployment

见：

Frictional Unemployment.

367. 季节性失业 Seasonal Unemployment

在某些产业领域,最明显的是在农业、建筑业和旅游业,由于劳动供给或需求的季节性波动而导致的失业。

368. 铸币税 Seigniorage

见：

Inflation Tax.

369. 乔治·L.S.沙克尔 Shackle,George L.S.(1903—1992)

乔治·L.S.沙克尔1903年生于英国剑桥,从伦敦大学获得学士学位(1931)和博士学位(1937)。他的主要学术职位包括:温斯顿·丘吉尔召集的战时统计研究委员会成员(1939—1945);内阁办公厅经济部成员(1945—1950);利兹大学讲师(1950—1951);利物浦大学经济科学布伦纳讲座教授(1951—1969)。他以研究预期和不确定性在决策中的作用而知名。他最主要的著作有:《预期、投资和收入》(牛津大学出版社,1938,1968);《经济学中的预期》(剑桥大学出版社,1949,1952);《经济学中的时间》(诺斯—荷兰出版公司,1958);《经济理论纲要》(剑桥大学出版社,1965);《理论的全盛年代:1926—1939年经济思想中的创新和传统》(剑桥大学出版社,1967);《认识学和经济学》(剑桥大学出版社,1972);《凯恩斯学派的百态纷呈》(爱丁堡大学出版社,1974)。

370. 怠工模型 Shirking Model

怠工模型认为,在很多职业中,工人对自己如何履行职责有某种程度的决定权,因此,某些工人就有可能偷懒或怠工。监管者很难察觉这种行为,或者要花大力气才能察觉,在以团队工作为特征的工作场所,情况更是如此。解雇的威胁也无法起到有效的威慑作用,因为工人在劳动市场上很快就能找到报酬相同的工作。然而,如果一家企业给付的工资超过一般工资水平,或者,如果经济中存在失业,工人就没有了怠工的动力,因为如果他们被当场抓住,就会被解雇,这样,他们的收入就会减少,或者,他们无法在别处找到工作。换句话说,如果企业给付了一个超出市场出清实际工资的有效工资,企业就能防止工人偷懒,并提高工人的劳动生产力。有效工资不仅是一种惩戒手段,而且可以让企业降低监管工人的成本。

参见:

Efficiency Wage Theory.

371. 皮鞋成本 Shoe Leather Costs

在持有货币余额的过程中,经过一段时间后出现的成本。由于货币余额(票据和硬币)没有利息,所以,一旦通货膨胀上升,持有现金的机会成本也会增加。因此,人们在需要交易时,会更加频繁地往来于银行和金融机构,以提取现金。

参见:

Inflation: Costs of.

372. 短期菲利普斯曲线 Short-run Phillips Curve

在给定的预期通货膨胀水平下存在的通货膨胀与失业的关系。

参见:

Expectation-augmented Phillips Curve.

373. 衰退 Slump

产出从开始下降到贴近经济周期底部走平之前的急剧收缩时期。

参见：

Business Cycle.

374. 罗伯特·M. 索洛 Solow, Robert M.

1987年，罗伯特·M. 索洛成为第十五位荣获诺贝尔经济学奖的美国人（第三位获奖的麻省理工学院教师）。瑞典皇家科学院在颁奖词中说："索洛因为对经济增长理论的贡献而获奖"（Prescott，1988）。近年来，索洛更愿意强调他是因对总体经济学的贡献而获此殊荣。布劳格在《经济学名人录》（1999，第1050页）的"索洛"条下引述道："甚至我对非再生性资源经济学的研究，也是因为我极想知道，资源渐渐稀缺到何种程度，就会成为经济增长的拖累。"

索洛作为宏观经济学家的声誉，最初来自于他的增长经济学，他以增长和资本理论为研究起点，再采用抽象的均衡概念作为经济动力的分析工具，他和其他经济学家一起，极富成效地将这种分析方法应用于凯恩斯宏观动态经济学、可耗竭资源经济学以及城市经济学和劳动经济学。他的朋友和以前的学生对索洛之于宏观经济学的贡献以及他所作贡献的重要意义作了很多描述，其中迪克西特（Dixit，1990，第17页）在一篇文章中运用了现在描述经济学家的标准修辞："有多少教授会去更换一盏点亮着的灯？答案是没有几位。因为教授不会去更换灯泡。他们习惯使用在做研究生时就拧开的灯泡，一旦灯泡炸了，他们就只能坐在黑暗中。正如保罗·萨缪尔森（第一位获得诺贝尔经济学奖的美国人和麻省理工学院教授）所说，索洛是改变这一规则的一个例外。他一生都在为自己和其他教授制作新的灯泡。而且，他的灯泡持续很长时间。"

由于拥有如此广泛的兴趣和影响，索洛是一位少见的经济学家，而且很难将他归类，难以归类的原因或许在于他与许多诺贝尔奖得主不同，他一直抗拒让他谈论生活哲学的意图，因为他担心经济学中的个人崇拜，真正严谨的经济学研究的稀缺价值,以及经济学思想"转为空谈"的趋向(Solow,1989,1992,1995,2000a)。

生平

索洛于1924年生于纽约的布鲁克林,是第二代移民。索洛本人承认是"大萧条经济学家的孩子",但他1940年进入哈佛大学时并没有打算学习经济学,更遑论成为经济学家了。与那个时代的许多人一样,他的本科学业因战争而中断,他认为,这是对他的成长有重大影响的三个事件之一。其他两件事情是他进入经济顾问委员会(1961—1962)以及自1950年成为麻省理工学院经济学系的一员。他是在获得哈佛大学学士学位(1947)、硕士学位(1949)和博士学位(1951)后进入麻省理工学院的,他的论文主题是收入分配模型。最初,他在麻省理工学院任统计学助教,1958年成为经济学正教授,1973年,成为校聘教授。除了诺贝尔奖以外,他所获得的荣誉有:大卫·A. 威尔斯奖(1951年,授予其未刊的博士论文)、约翰·贝茨·克拉克奖(1961)、经济计量学会会长(1964)、美国经济学学会会长(1979)、美国艺术与科学学院院士和不列颠学院院士,以及访问学者和数不清的荣誉学位。他还在波士顿联邦储备银行任职5年,先是任董事,后任董事会主席。但他在经济顾问委员会(CEA)的经历——正如他所说,日常政策咨询不是他的比较优势。

增长和资本

诺贝尔奖颁奖词中列举了他的三篇论文(Solow,1956,1957,1960)。第一篇建立了增长模型。第二篇对不同生产要素对增长的贡献进行了实证估算。第三篇则在前两篇的基础上形成,并很快(与Kendrick,1961;Dension,1962一起)成为增长计算或增长来源分析方法,该方法一直沿用至今,实际上也成为真正的条件趋同假说的行业测试方法。

索洛(1956)的文章是哈罗德—多马模型的第一种新古典说法。由于假定总生产函数规模报酬不变,且两种投入具有正的要素替代弹性,因此,相对而言,每一种投入都呈现规模报酬递减,将上述总生产函数与不变储蓄率结合,就是经济的简单一般均衡模型。这一模型为进一步的理论探讨和实证检验提供了丰富的思想,该模型显示可对美国经济增长的基本特征进行大略解释时,开启了一个完整的研究领域,而这一架构不久也被经济学家视为公共财产。对美国经济增长的研究又有了姊妹篇(Solow,1957),索洛估算出,(在1909年和1949年间)美国人均产出增长的7/8,是因为技术系数的变化(后来命名为索洛剩余),只有1/8是通过人均固定资本的增长达成。与此同时,索洛还与多尔夫曼和萨缪尔森合作,开始对最优增长进行讨论,并对学术界最新发展进行阐述(Dorfman *et al.*,1958;Solow,1970,

2000b;后出版新的中级教材,其中反映了他自 20 世纪 50 年代开始对增长理论开创性研究的进展)。20 世纪 60 年代的后续研究是提出历史增长模型(vintage growth model),他在这一模型中对资本理论作出了重要贡献(Solow,1963)。当然,他也因此卷入了(与萨缪尔森一起针对琼·罗宾逊和卡尔多)无益的剑桥资本论战。这场论战是他的一个转型,因为他已同时对宏观经济学和政策产生了兴趣。

宏观经济学和政策

以萨缪尔森和索洛(Samuelson and Solow,1960)的研究为开端,即使这项研究没有发明,至少也培育了"菲利普斯曲线",而且还首次检验了美国的数据,索洛在关于凯恩斯学派稳定政策的论战中作出了贡献。自索洛的威克塞尔讲座(Solow,1964)之后,在出清劳动市场时的市场力量失灵,就成了他考虑失业问题的中心。而他在与斯蒂格利茨的合作(Solow and Stiglitz,1968)中,预期到了后来在就业与产出中的许多短期动态分析观点。然而,正是这一点使他在最为著名的宏观经济学论文(Blinder and Solow,1974)中,对理解政府债券规模对需求的挤出效应作出了重要贡献。

索洛自认为是折中的凯恩斯主义者。在曾经参与的资本论战中,他最初是针对货币主义为凯恩斯主义辩护(尽管他从来没有使用时尚的时间水流变量),后来又针对新古典经济学为凯恩斯主义辩护。他在美国经济学学会会长就职演说中讲的是失业理论(Solow,1980)。这一演说有两个方面较为重要。一是强烈支持劳动市场失衡时的凯恩斯主义分析方法,二是反对发展里根—撒切尔执政期间的保守主义宏观经济政策。无论走到哪里,他都强烈反对"自然率"分析,尤其在他将劳动市场作为社会机构进行研究时,更是如此(Solow,1990;Solow and Taylor,1998)。他的这些兴趣由于加入了对克林顿政府福利削减的福利改革政策的批评而更加广泛(Solow and Gutmann,1998)。最后,新凯恩斯主义也成了他怀疑的目标:"依我看……是个大杂烩。它的初衷和所采用的手段都还可以,但有时候它选择的那些用来论证的特殊事例似乎有些不着调,没法负起加在它们身上的重担"(Solow,1995,第 198 页)。但索洛的论文(1979)对新凯恩斯主义有效工资理论作出了重要贡献,而且影响深远。

从索洛剩余到索洛悖论

尽管索洛表示,"与经济增长理论相关的学习可以看做(实际上也是)我所接受的宏观经济学教育的不可缺少的部分"(1995,第 193 页),但他之于经济增长理论就像凯恩斯之于宏观经济理论和政策。从 20 世纪 60 年代经济增长理论的黄金时期一直到对内生经济增长理论及新千年伊始的"新经济"的主张,正是索洛的理论贡献及他对宏观经济学中千奇百怪观点的质疑,使他的研究具有特殊意义。具有讽刺意味的是,他的研究激发了关于增长计算(现在是条件收敛)如此之多的讨论,但当他面对由忽略的变量和可能存在相反的因果关系造成的风险时,他对这些讨论的价值持极大的保留态度。同样具有讽刺意味的是他脱口而出的话,即"你随处可见当今是一个电脑时代,但在生产力统计学中除外"。这些话在20世纪依据信息和通信技术的生产力大规模投资(以及之前对这些技术的作用不甚了解而产生的对度量误差的某些修正)而造成美国经济最可观且最持久的上扬经济周期时,提高了索洛悖论的地位。(欲知对索洛悖论的评价,见 Triplett,1999。)当然,正如索洛率先承认的,经济学还不是一门科学,但是应该立志使之成为一门科学。

罗杰·米德尔顿(安佳译)

参见:

American Economic Association; Council of Economic Adviser; Econometric Society; Growth Accounting; John Bates Clark Medal; Keynesian Economics; Neoclassical Growth Model; Nobel Prize in Economics.

参考文献:

Blaug, M. (ed.) (1999), *Who's Who in Economics*, 3rd edn, Cheltenham, UK and Northampton, MA, USA: Edward Elgar.

Blinder, A. S. and R. M. Solow (1974), "Analytical Foundations of Fiscal Policy", in A. S. Blinder et al. (eds), *The Economics of Public Finance*, Washington, DC: Brookings Institution.

Denison, E.F. (1962), *The Sources of Economic Growth in the United States and the Alternatives Before Us*, New York: Committee for Economic Development.

Dixit, A. (1990), "Growth Theory after Thirty Years", in P. Diamond (ed.), *Growth/Productivity/Unemployment: Essays to Celebrate Bob Solow's Birthday*, Cambridge, MA: MIT Press.

Dorfman, R., P. A. Samuelson and R. M. Solow (1958), *Linear Programming and Economic Analysis*, New York: McGraw-Hill.

Kendrick, J. W. (1961), *Productivity Trends in the United States*, Princeton, NJ: Princeton University Press.

Prescott, E. C. (1988), "Robert M. Solow's Neoclassical Growth Model: An Influential Contribution to Economics", *Scandinavian Journal of Economics*, 90,

March, pp. 7–12.

Samuelson, P. A. and R. M. Solow (1960),"Analytical Aspects of Anti-Inflation Policy", *American Economic Review*, 50, May, pp. 177–94.

Solow, R. M. (1956),"A Contribution to the Theory of Economic Growth", *Quarterly Journal of Economics*, 70, February, pp. 65–94.

Solow, R. M. (1957),"Technical Change and the Aggregate Production Function", *Review of Economics and Statistics*, 39, August, pp. 312–20.

Solow, R. M. (1960),"Investment and Technical Progress", in K. J. Arrow *et al.* (eds), *Mathematical Methods in the Social Sciences*, Stanford, CA: Stanford University Press.

Solow, R. M. (1963), *Capital Theory and the Rate of Return*, Amsterdam: North-Holland.

Solow, R. M. (1964), *The Nature and Sources of Unemployment in the United States*, Stockholm: Almqvist and Wicksell.

Solow, R. M. (1970), *Growth Theory: An Exposition*, Oxford: Clarendon Press.

Solow, R. M. (1979), "Another Possible Source of Wage Stickiness", *Journal of Macroeconomics*, *1*, Winter, pp. 79–82.

Solow, R. M. (1980), "On Theories of Unemployment", *American Economic Review*, 70, March, pp. 1–10.

Solow, R. M. (1987),"We'd Better Watch Out", *New York Times*, Book Review section, 12 July, p. 36.

Solow, R. M. (1989),"How Economic Ideas Turn to Mush", in D. C. Colander and A. W. Coats (eds), *The Spread of Economic Ideas*, Cambridge: Cambridge University Press.

Solow, R. M. (1990), *The Labour Market as a Social Institution*, Oxford: Basil Blackwell.

Solow, R. M. (1992),"Notes on Coping", in M. Szenberg (ed.), *Eminent Economists: Their Life Philosophies*, Cambridge: Cambridge University Press.

Solow, R. M. (1995),"My Evolution as an Economist", in W. Breit and R. W. Spencer (eds), *Lives of the Laureates: Thirteen Nobel Economists*, 3rd edn, Cambridge, MA: MIT Press.

Solow, R. M. (2000a),"Three Nobel Laureates on the State of Economics", *Challenge*, 43, January-February, pp. 6–13.

Solow, R. M. (2000b), *Growth Theory: An Exposition*, 2nd edn, Oxford: Oxford University Press.

Solow, R. M. and A. Gutmann (eds) (1998), *Work and Welfare*, Princeton, NJ: Princeton University Press.

Solow, R. M. and J. E. Stiglitz (1968),"Output, Employment and Wages in the Short Run", *Quarterly Journal of Economics*, 82, November, pp. 537–60.

Solow, R. M. and J. B. Taylor (1998), *Inflation, Unemployment and Monetary Policy*, Cambridge, MA: MIT Press.

Triplett, J. E. (1999),"The Solow Productivity Paradox: What do Computers do to Productivity?", *Canadian Journal of Economics*, 32, April, pp. 309–34.

375. 投机性余额 Speculative Balances

由于人们对以其他形式(比如债券)持有财富的回报不确定,而选择的作为财富储存的货币。

参见:

Demand for Money: Keynesian Approach.

376. 投机泡沫 Speculative Bubbles

当一笔财产的价格变化不能反映其基本价值的变化时,就会产生投机泡沫。其中,基本价值指对这笔资产未来预期回报的贴现值。金德尔伯格(Kindleberger,1996)曾指出,经济史中充满投机泡沫的案例,我们这里只指出其中的几例：17世纪荷兰的郁金香泡沫(郁金香狂);18世纪的南海泡沫;1929年和1987年骇人听闻的股市危机,以及1997—1998年的东南亚金融危机。

凯恩斯是现代经济学家中最早分析股票市场投机行为的经济学家之一。他认为,金融市场在提供流动性的同时,其不确定性也危害了人们的理性选择。因此,专业投机者根本就不愿意通过对金融资产的回报进行预测来赚取利润,而是热衷于误导人们,并预测公众的看法。此外,在存在不确定性的情况下,业余投机者对其所持有财产的可能收益的判断也不确定,因此,他们在形成自己的判断时,倾向于参照别人的预测。这就意味着,在存在不确定性的情况下,公众信心不足会使股市变得捉摸不定,敏感且脆弱。任何从众心理和习惯做法都会导致资产价格的变化。凯恩斯认为,投机行为虽然是金融市场的副产品,但可以给资本主义经济带来一些好处:在一些冒险性行业里若投机被运用得恰如其分,股票市场就会井然有序;但若投机变得混乱不堪,不确定性就会愈加增强。凯恩斯认为,金融市场对固定资产投资、就业和失业都有至关重要的影响。他关于投机的真实效应的学说后来被明斯基(Minsky,1982)、托宾(Tobin,1969)、戴维森(Davidson,1972/1978,1998)、卡尔多(Kaldor,1939)及其他经济学家加以发展。什莱弗(Shleifer,2000)在21世纪又为凯恩斯思想加了一笔。他指出,主流金融学著作中的标准假设前提,即理性预期假说和有效市场假说,对现代金融市场作用有限。

凯恩斯之后,许多经济学家试图将投机行为解释为理性现象。例如,加伯(Garber,1989,1990)及弗勒德和加伯(Flood and Garber,1980)就对这种思想进行了批判:即投机泡沫是真正的投机行为引起的,他们认为,资产价格的变化恰好反映了资产基本价值的变化,然而,对理性投机行为的这些辩护都令人难以置信,因为用基本价值的变化来理解资产价格瞬间巨大的波动似乎不太可能。布兰查德和沃森(Blanchard and Watson,1982)对投机行为的分析使人们将投机行为辩护为理性现象的说法,有了一定的可信度,而布兰查德和沃森勾画的是在一个理性世界中可能出现投机泡沫的环境。为投机行为辩护有一定难度,因为严谨的有效市场假说认为,资产价格充分反映了所有可得的信息,因而为其基本价值的评估提供了一个公正的标准。但这种分析似乎忽视了"理性泡沫"的存在。然而给定理性预期并从弱有效市场假说(即不存在套利机会)开始分析,布兰查德和沃森指出:一系列可能的均衡路径都有可能,但只有一条均衡路径是按资产基本价值的轨迹运动,因此,布兰查德和沃森的结论是:大部分理性路径与资产基本价值的变化相背离。

换句话说,布兰查德和沃森认为,有许多投机途径反映的是理性预期而不是套利。这是因为,在股票市场上,理性投机者意识到,赚钱有两条途径:第一,可以从例如股息这样的财产中获得收益,第二,通过对资本收益的预期获益。在现实的资本市场上,后者似乎占主导地位。如果存在一个资本市场,该市场在任何时候的流动性都很好,那么,理性行为人就会通过权衡泡沫是正在壮大还是正在破裂而作出正确的决策。如果当前的泡沫是短期且资产的价格波动没有偏离其基本价值太远,他们就会作出判断,投机活动进一步持续的可能性极大;相反,如果泡沫持续时间久而且过大,他们就会认为,离泡沫破裂的日子不远了。因此,即使一个理性行为人知道一笔资产的价格已经远远偏离其价值,但如果他们预期泡沫还有可能上升,则他们将继续持有这笔资产。

托波尔(Topol,1991)放宽了布兰查德和沃森模型中的限制,他描绘了一个人们具有"有限理性"的情形。信息约束意味着,人们将不仅仅局限于自己对资产基本价值的判断,相反,他们会将自己的评价以及反映其他行为人评价的信息放在一起考虑。这就是信息不对称世界中的理性,因为其他人可能拥有更好的资产价值的私人信息。这种模仿行为意味着,资产价格的变化有传染性,投资者往往有模仿行为。托波尔指出,在不确定性递增的情况下,人们在确定资产价格时,更易受他人影响,他们对资产的"有效价格"——即基本价值的判断,在不确定性越来越高的情况下,越来越没有自信。在较有把握的情况下,人们宁愿相信自己的判断而不受别人对资产价格判断的影响。在信息完全对称及不存在不确定性因素的情况下,人们没有必要考虑别人的行为,投机泡沫会自动消失。因此托波尔认为,投机活动之所以会有传播机制,其主要原因在于人们决策时的相互模仿。

布兰查德和沃森的分析给人们展示了一个典型的理性行为人的世界,而托波尔却是在有限理性这一条件下对投机行为进行分析。人们不可能拥有相同的信息,因此需要在做决策时相互效仿。凯恩斯、托波尔及布兰查德和沃森对投机活动分析的一个主要区别,就是对人们行为的描述。在一个信息对称和完全理性的世界里,托波尔的模型可转化为布兰查德和沃森模型。相反,在一个局部不确定的世界里,托波尔模型和凯恩斯的分析有很多共同点。

对投机行为也有了很多实证分析,如尼尔(Neal,1996)、加伯(Garber,1989,1990)、什莱弗和萨默斯(Shleifer and Summers,1990)、怀特(White,1990)、弗勒德和霍德里克(Flood and Hodrick,1990)。然而,就像上文所述,对投机泡沫进行理论解释的范围很宽泛。投机泡沫涵盖的行为范围很广——从严格的理性行为到完全非理性行为。因此,我们很难确定哪个理论相对而言更有效。因为要想判断(起码用基本的统计工具)人们沉迷于投机活动时是否理性,基本没有可能。鉴于此,有些研究者采用问卷调查的方式(如 Shiller,1990),或者用历史分析方法(如 Baddeley and McCombie,2001)对投机泡沫进行分析。

米歇尔·巴德利(安佳译)

参见:

Financial Instability;Rational Expectations.

参考文献:

Baddeley, M. and J. McCombie (2001), "An Historical Perspective on Speculative Bubbles: Tulipmania and the South Sea Bubble", *What Global Economic Crisis?*, London: Palgrave, pp. 219–43.

Blanchard, O. J. and M. W. Watson (1982), "Bubbles, Rational Expectations and Financial Markets", in P. Wachtel (ed.), *Crises in Economic and Financial Structure*, Lexington: Heath, pp. 295–315.

Brunnermeier, M. K. (2001), *Asset Pricing under Asymmetric Information*, Oxford: Oxford University Press.

Davidson, P. (1972, 1978), *Money and the Real World*, London: Macmillan.

Davidson, P. (1998), "Post Keynesian Employment Analysis and the Macroeconomics of OECD Unemployment", *Economic Journal*, 108, May, pp. 817–31.

Flood, R. P. and R. J. Garber (1980), *Speculative Bubbles, Speculative Attacks and Policy Switching*, Cambridge, MA: MIT Press.

Flood, R. P. and R. J. Hodrick (1990), "On Testing for Speculative Bubbles", *Journal of Economic perspectives*, 4, Spring, pp. 85–101.

Garber, P. M. (1989), "Tulipmania", *Journal of Political Economy*, 97, June, pp. 535–60.

Garber, P. M. (1990), "Famous First Bubbles", *Journal of Economic Perspectives*, 4, Spring, pp. 35–53.

Kaldor, N. (1939), "Speculation and Economic Stability", *Review of Economic Studies*, 7, October, pp. 1–27.

Keynes, J. M. (1936), *The General Theory of Employment, Interest and Money*, London: Macmillan.

Keynes, J. M. (1937), "The General Theory of Employment", *Quarterly Journal of Economics*, 51, February, pp. 209–23.

Kindleberger, C. P. (1996), *Manias, Panics and Crashes*, New York: John Wiley.

Minsky, H. P. (1982), *Can "It" Happen Again? Essays on Instability and Finance*, Armonk, NY: M. E. Sharpe.

Neal, L. D. (1996), "How the South Sea Bubble was Blown Up and Burst: A New Look at Old Data", in E. N. White (ed.) *Stock Market Crashes and Speculative Manias*, Cheltenham, UK and Brookfield, US: Edward Elgar, pp. 154–77.

Shiller, R. J. (1990), "Speculative Prices and Popular Models", *Journal of Economic Perspectives*, 4. Spring, pp. 55–65.

Shiller, R. J. (2000), *Irrational Exuberance*, Princeton: Princeton University Press.

Shleifer, A. (2000), *Inefficient Markets—An Introduction to Behavioural Finance*, Oxford: Oxford University Press.

Shleifer, A. and L. Summers (1990), "The Noise Trader Approach to Finance", *Journal of Economic Perspectives*, 4, Spring, pp. 19–33.

Smith, B. M. (2001), *Towards Rational Exuberance the Evolution of the Modern Stock Market*, New York: Farrar Straus Giroux.

Tobin, J. (1969), "A General Equilibrium Approach to Monetary Theory", *Journal of Money, Credit and Banking*, 1, February, pp. 15–29.

Topol, R. (1991), "Bubbles and Volatility of Stock Prices: Effect of Mimetic Contagion", *Economic Journal*, 101, July, pp. 786–800.

White, E. N. (1990), "The Stock Market Boom and Crash of 1929 Revisited", *Journal of Economic Perspectives*, 4, Spring, pp. 67–83.

377. 稳定政策 Stabilization Policy

指那种为了消除总体经济活动中短期经济波动严重影响而采取的政策。

参见:

Aggregate Demand Management; Business Cycle.

378. 滞胀 Stagflation

人们通常认为,1950—1973年是资本主义发展的黄金时期。在此期间,世界上主要资本主义国家的经济增长率都达到历史最高水平,同时出现的是低通货膨胀率和低失业率(见 A. 麦迪逊:《世界经济:千年展望》,经济合作与发展组织,2001)。回想起来,在这段令人瞩目的时期,同时实现宏观经济三大目标的成就随着20世纪60年代末日渐上升的通货膨胀而告一段落。截至1973—1975年,通货膨胀上升成为一个普遍现象。然而,不仅通货膨胀在上升,失业也越来越严重。除此之外,20世纪70年代还出现了生产率急速下滑,美国尤为突出。这种高失业率、缓慢增长及高通货膨胀率同时并存的局面,就是众所周知的"滞胀"(是由停滞[*Stagnation*]和通货膨胀[*Inflation*]合成的新词)。表1显示了1973—1983年的情况。

表1   1950—1998年发达资本主义国家失业和通货膨胀情况

	失业水平(占劳动力比重)				消费者价格指数变化(年均增长水平)			
	1950—1973	1974—1983	1984—1993	1994—1998	1950—1973	1973—1983	1983—1993	1994—1998
比利时	3.0	8.2	8.8	9.7	2.9	8.1	3.1	1.8
芬兰	1.7	4.7	6.9	14.2	5.6	10.5	4.6	1.0
法国	2.0	5.7	10.0	12.1	5.0	11.2	3.7	1.5
德国	2.5	4.1	6.2	9.0	2.7	4.9	2.4	1.7
意大利	5.5	7.2	9.3	11.9	3.9	16.7	6.4	3.5
荷兰	22	7.3	7.3	5.9	4.1	6.5	1.8	2.2
挪威	1.9	2.1	4.1	4.6	4.8	9.7	5.1	2.0
瑞典	1.8	2.3	3.4	9.2	4.7	10.2	6.4	1.5
英国	2.8	7.0	9.7	8.0	4.6	13.5	5.2	3.0
爱尔兰	n.a.	8.8	15.6	11.2	4.3	15.7	3.8	2.1
西班牙	2.9	9.1	19.4	21.8	4.6	16.4	6.9	3.4
西欧平均水平	**2.6**	**6.0**	**9.2**	**10.7**	**4.3**	**11.2**	**4.5**	**2.2**
澳大利亚	2.1	5.9	8.5	8.6	4.6	11.3	5.6	2.0
加拿大	4.7	8.1	9.7	9.4	2.8	9.4	4.0	1.3
美国	4.6	7.4	6.7	5.3	2.7	8.2	3.8	2.4
平均水平	**3.8**	**7.1**	**8.3**	**7.8**	**3.4**	**9.6**	**4.5**	**1.9**
日本	1.6	2.1	2.3	3.4	5.2	7.6	1.7	0.6

资料来源:A. Maddison(2001),*The World Economy*:*A Millennial Perspective*,Paris:OECD,Table 3—8.

从1950—1998年的世界经济看,我们可以发现,在"资本主义发展的黄金时期",平均来说失业率和通货膨胀率都很低。1983/1984—1993年这段时间通胀得到控制,但失业率在许多国家尤其是在西欧仍居高不下,经济学家把这种高失业率归于滞后效应或不同劳动市场的刚性作用或者两者的共同作用。在最近的这段时期,即1994—1998年,通胀水平极低,但失业率在西欧各国仍然很高——在美国却有所下降。但只有1973—1983年,我们确实看到了高失业率和高通胀率并存的局面,即滞胀的情况。

对于20世纪70年代"和平时期的大通胀"的产生途径的解释,可谓五花八门。其中有政策失效(Tobin,1987)、欧佩克石油供应冲击(Blinder,1979)以及使用了错误的政策目标模型(Taylor,1997;Mayer,1997)。布拉德福德·德朗(Delong,1997)认为,"和平时期的大通胀"是他所谓"大萧条阴影"的必然恶果。那些生活在"大萧条阴影"下的政治家,千方百计想把20世纪60年代的失业率控制到最低。20世纪70年代对造成滞胀的供给冲击、过度需求和政策选择之相对重要性的讨伐,现在仍是主要争论点(见 A. S. 布林德,《经济政策和大滞胀》,学术出版社,1979;J. 康沃尔(编),《滞胀之后:另一种经济衰退》,巴兹尔·布莱克威尔出版公司,1984;M. 布鲁诺和 J. 萨克斯,《全球滞胀的经济学》,哈佛大学出版社,1985;J. 托宾,《繁荣的政策:凯恩斯方式论文集》,P. M. 杰克逊编,惠特希夫出版公司,1987;J. B. 德朗,《20世纪70年代美国仅有的和平时期通货膨胀》,载 C. D. 罗默和 D. 罗默(编),《降低通货膨胀:动机和策略》,芝加哥大学出版社,1997;《J. B. 泰勒的评论》,载 C. D. 罗默和 D. 罗默(1997);T. 迈耶,《美国货币政策和大通胀》,爱德华·埃尔加出版社,1999;R. 巴斯基和 L. 基利恩,《真的是石油引发了大滞胀?》《国家经济研究局宏观经济学年鉴》,2001)。

参见:

Golden Age Growth;Hysteresis;Productivity Slowdown.

379. 交错工资契约 Staggered Wage Contracts

由于劳动合约有不同的到期日,所以存在工资契约前后交错或重叠的情况。因此,不同的工人会在不同时间进行工资调整,不能同步。当一部分人的劳动合约临近到期而需要续约时,另一部分人的劳动合约可能还需要一段时间才会到期。

380. 稳定增长 Steady State Growth

在新古典经济学关于经济增长的理论中,稳定状态是指经济处于长期均衡状态下的平衡增长方式。1956年,索洛证明,在技术水平不变的情况下,经济最终会实现稳定状态。在这种状态下,产出、消费及人均资本拥有量都不变(R. M. 索洛:

"对经济增长理论的一个贡献",载《经济学季刊》,70,1956年2月)。在基本的新古典经济增长理论框架下,单个工人的产出量($y=Y/L$)必然取决于单个工人的资本量($k=K/L$)。资本积累按照方程式(1)进行,"方程式(1)则是索洛模型的基本微分方程":

$$\Delta k = sf(k)-(n+\delta)k \tag{1}$$

其中 Δk 表示每个工人资本投入量的变化;s 为存款利率,$sf(k)$ 是每个工人的储蓄(投资)水平,n 指人口(劳动力)增长率,δ 指资本存量的贬值率,$(n+\delta)k$ 表示为了保证资本-劳动之比不变,每个工人的"投资要求"。这样,索洛模型中的稳定状态可用方程式(2)表示:

$$sf(k^*)-(n+\delta)k^* = 0 \tag{2}$$

在这种稳定均衡状态下,单个工人的产出(y^*)和单个工人拥有的资本(k^*)不变,且所有经济,无论其初始情况如何,都会最终达到各自的稳定状态。在这种稳定状态下,尽管因为没有技术进步,单个工人的产出没有增长,但因为人口(即劳动投入)以每年 n% 的速度增长。所以,总产出(Y)却在增加。保证单个产出和资本-劳动之比不变,Y 和 K 都必须和人口保持同步增长。存款利率(s)、贬值率(δ)及人口增长率 n 中任何一个发生变化都会导致稳定状态的改变:例如,储蓄率的上升会导致稳定状态下单个工人产出水平及资本—劳动比的上升,尽管这种作用对工人的产出增长率的影响不会持久。"稳定状态的黄金准则"告诉我们,根据单个工人的资本水平可以求出单个工人消费的最大值。一旦在索洛模型中加入技术创新对生产的影响,稳定状态下单个工人的产出及资本将会与技术进步同比增长(见 C.I.琼斯,《经济增长导论》,第 2 版,W.W.诺顿出版公司,2001)。

尽管在稳定状态下不存在技术进步,单个工人产出保持不变,索洛(Solow,2000)还是强调,多数情况下,政策——即虽然不能使经济发展速度达到其长期发展的最佳速率,却可以使经济发展速度在其原有水平上提高 2 或 3 个百分点的政策——才能真正促进经济发展(见 R.M.索洛,《增长理论:一种解说》,第 2 版,牛津大学出版社,2000)。

参见:

Neoclassical Growth Model.

381. 冲销 Sterilization

冲销指通过抵消政策调整或者中和国际收支顺差或逆差对国内货币供给的负面影响。在固定汇率制度下,货币当局承诺按固定价格买进和卖出外汇。在国际收支盈余的情况下,居民将用外币换取本币。因此,如果其他条件不变——国际收支盈余会导致居民所持本币数量的增加,本币的供给就会增加;如果国际收支出现赤字,则会出现相反的情况。公开市场操作是货币当局用来冲销国际收支盈余或赤字对国内货币供给影响的一种方式。在国际收支盈余的情况下,中央银行应该卖出债券给本国居民以减少他们所持有的本币量,从而冲抵国际收支盈余的货币效应。相反,如果国际收支赤字,中央银行为了防止居民本币持有的下降及货币供给的减少,必须向居民买入债券。尽管货币当局可以实施这种冲抵政策,但这只是权宜之计。通过对比可以发现,在弹性汇率体系下,汇率会根据国际收支状况自动作出调整,并实现国际收支平衡,而且不会对国内货币供给产生任何负面影响。

参见:

Fixed Exchange Rate System.

382. 约瑟夫·E. 斯蒂格利茨 Stiglitz, Joseph E.

约瑟夫·E. 斯蒂格利茨 1943 年生于美国印第安纳州加里,1964 年从阿默赫斯特学院获得学士学位,1966 年从麻省理工学院获得博士学位。他的主要学术职位包括:麻省理工学院助教(1966—1967);耶鲁大学副教授(1967—1970)和教授(1970—1974);斯坦福大学教授(1974—1976);牛津大学教授(1976—1979);普林斯顿大学教授(1979—1988);斯坦福大学教授(1988—2001);2001 年以后,他一直担任哥伦比亚大学教授。1997—1999 年,他担任华盛顿世界银行首席经济学家和主管经济发展的高级副行长。他还是《经济展望杂志》的创刊编辑,《美国经济评论》联合主编(1968—1976);《经济研究评论》的联合主编(1968—1976);《公共经济学杂志》副主编(1980—1983)以及《经济理论杂志》的副主编(1968—1973)。1979年,他获得美国经济学学会颁发的克拉克奖。他曾任美国经济顾问委员会的成员

(1993—1995)和主席(1995—1997)。2001年,他和乔治·阿克洛夫、迈克尔·斯彭斯一道,因为"用非对称信息对市场的分析"而荣获诺贝尔经济学奖。他以对市场不完全性,特别是对不完全信息和不确定性经济后果的研究,以及作为新凯恩斯经济学派的领军人物之一而闻名。他的名著有:《社会主义向何处去?》(麻省理工学院出版社,1994)。他最具影响的论文有:《论信息有效市场之不可能性》(与 S.J. 格罗斯曼合撰,载《美国经济评论》,70,1980年6月);《不完备信息市场中的信贷配额》(与 A. 韦斯合撰,载《美国经济评论》,71,1981年6月);《作为惩戒工人手段的均衡失业》(与 C. 夏皮罗合撰,载《美国经济评论》,74,1984年6月);《凯恩斯学派、新凯恩斯学派和新古典经济学》(与 B.C. 格林沃德合撰,载《牛津经济学论文集刊》,32,1987年3月);《对另一种宏观经济理论的检验》(与 B.C. 格林沃德合撰,载《布鲁金斯经济活动论文集刊》,1988);《金融市场的不完全与经济周期》(与 B.C. 格林沃德合撰,载《经济学季刊》,108,1993年2月);《自然率假说再反思》(载《经济展望杂志》,11,1997年冬季号)。

参见:

American Economic Association;Council of Economic Advisers;John Bates Clark Medal;New Keynesian Economics;Nobel Prize in Economics.

383. J. 理查德·N. 斯通 Stone,J. Richard N. (1913—1991)

J. 理查德·N. 斯通1913年生于英国伦敦,从剑桥大学获得学士学位(1935)、硕士学位(1938)。他的主要学术职位包括:英国战时内阁中央统计办公室(1940—1945);剑桥大学应用经济学系主任(1945—1955);剑桥大学金融与会计学 P. D. 利克讲座教授(1955—1980)。他的许多职位和荣誉包括:经济计量学会会长(1955)和皇家经济学学会会长(1978—1980);1978年封爵。1984年荣获诺贝尔经济学奖。他以对国民收入计算的开拓性研究和发展、对消费需求的分析、对英国经济分类模型的建构而知名。他的名著有:《国民收入和支出》(与 J.E. 米德合著,牛津大学出版社,1944);《1920—1938年英国消费者支出和行为的测量》(与 D.A. 罗等人合著,剑桥大学出版社,第1卷,1954;第2卷,1966);《国民账户的数量和价格指数》(经合组织,1956);《经济增长的计算模型》(与 A. 布朗合著,查普曼和霍尔出版公司,1962);他最具影响的论文有:《消费的边际倾向和乘数》(与 W.M. 斯通合撰,载《经济研究评论》,6,1938年10月);《国民收入和相关总量的定义和测量》(载《国民收入的测量和国民账户的建构》,联合国,1947);《线性支出体系和需求分析》(载《经济学杂志》,64,1954年9月);《社会账户》(载《应用经济计量学杂志》,1,1985年1—3月)。

参见:

Econometric Society;Nobel Prize in Economics;Royal Economic Society.

384. 结构性预算平衡 Structural Budget Balance

见:

Full Employment Budget Balance.

385. 结构性失业 Structural Unemployment

指由于技能或者现有工作空缺与现有的技能或失业岗位搭配不当而引起的失业;通常也叫错配失业。

386. 劳伦斯·H. 萨默斯 Summers, Lawrence H.

劳伦斯·H.萨默斯1954年生于美国康涅狄格州纽黑文,1975年从麻省理工学院获得学士学位,1982年从哈佛大学获得博士学位。他的主要学术职位包括:麻省理工学院助教和副教授(1979—1982);哈佛大学经济学教授(自1983年起);世界银行主管经济发展的副行长和首席经济学家(1991—1993);财政部主管国际事务的副部长(1993—1995);财政部副部长(1995—1999);1999年晋升为财政部部长。从2001年1月到7月,他担任布鲁金斯研究所经济学、全球化和管理的阿瑟·奥肯杰出研究员,此后他一直担任哈佛大学校长。1993年,萨默斯教授获得大名鼎鼎的约翰·贝茨·克拉克奖。他以研究宏观经济学、财政、税收、劳动经济学和发展经济学而知名。他的名著有:《理解失业》(麻省理工学院出版社,1990)。

他最具影响的论文有:《对真实经济周期理论的若干质疑》(载《明尼阿波利斯联邦储备银行季评》,10,1986年秋季号);《滞后和欧洲失业问题》(与 O. 布兰查德合撰,载《国家经济研究局宏观经济学年鉴》,1986);《价格弹性有稳定性吗?》(与 B. 德朗合撰,载《美国经济评论》,76,1986 年 12 月);《亨利·福特支付有效工资了吗?》(与 D. 拉夫合撰,载《劳动经济学杂志》,5,1987 年 10 月);《宏观经济政策有多重要?》(与 B. 德朗合撰,载《布鲁金斯研究所经济活动论文集刊》,1988);《均衡投资和经济增长:纳克索斯是怎样做强的?》(与 B. 德朗合撰,《布鲁金斯研究所经济活动论文集刊》,1992);《中央银行独立性与宏观经济表现》(与 A. 阿莱西纳合撰,载《货币、信贷和银行业杂志》,25,1993 年 5 月);《反思有组织的全球一体化》(载《经济展望杂志》,13,1999 年春季号);《国际金融危机:原因、预防和治理》(载《美国经济评论》,90,2000 年 5 月)。

参见:

Brookings Institution;John Bates Clark Medal;World Bank.

387. 供给经济学 Supply-side Economics

现代宏观经济学思想的一个显著特征就是它的理性预期,理性预期意味着,由于重叠合约或调整成本的作用,经济最终会以某种速度达到"自然率"(即均衡)。因此研究这一状态下的产出和失业率至关重要。这就是供给经济学。

关于供给经济学的许多文献都着重阐述生产率和增长,而忽视了在欧洲国家极其严重的失业这一重要问题。由于失业问题的社会性,它并不仅仅是失业人数这么简单:政治家通常会特别致力于解决失业问题,显而易见选民们肯定对失业问题最为敏感。但遗憾的是,政治家解决失业问题往往只想治标,不想治本。较著名的措施有:"工作分享"、减少应就业人口数(如提前退休政策以及规定妇女做全职家庭主妇的政策等)、减少工作时间,甚至是降低生产增长率和新技术的使用。就像我们在下文将要讨论的那样,他们之所以会采取上述政策,根本原因是社会保障机制的建立提升了劳动力成本,而对这一问题最有效的补救措施——解除对劳动市场的管制(如缩减或取消一些保障),对政治家毫无吸引力。他们反而倾向于那些他们认为可以缓和失业问题负面影响的社会政策。因此,在 20 世纪 90 年代末,较低应就业人数和较少工作时间与较高失业率并存的现象在德国、法国、意大利很普遍。例如在意大利,应就业人数比例和美国一样,如果其他方面都没有变化,失业率大概为30%左右。事实也证明,同战后初期相比,这些国家在20世纪80、90年代的经济发展经历了一个相对缓慢的增长期。这说明这些国家的经济增长率也受到这种政策的抑制。

可见,失业导致了抑制就业和生产力增长的政策的产生。那么,我们的讨论从失业问题开始。然后我们还要讨论政府的最佳规模,最后讨论经济增长是怎么一回事。

失业

我们在这一节将集中谈论自然失业率,在谈论这个问题的时候,我们不是讨论失业的周期性,因为对后者的研究要以经济周期模型为知识背景。自然失业率是每个经济周期最终趋于均衡状态时的失业率。弗里德曼(Friedman,1968)在他的美国经济学学会会长就职演说中指出,这种均衡被"瓦尔拉斯真实需求和供给"体系排除在局外。直到更晚些时,宏观经济学家才开始用模型进行分析。弗里德曼和费尔普斯(Friedman and Phelps,1970)及其他能有效运用自然失业率学说的经济学家一直认为,自然失业率是一个固定值。直到20世纪80年代早期,由于英国的自然失业率上升到10%以上并且还没有任何要缓和的迹象,自然失业率模型才开始处理变化的自然率。在这方面率先作出尝试的是明福德(Minford,1983),他采用古典劳动供给理论,并增加了永久失业救济的新想法:劳动者因为总可以领到失业救济金而没有动力去找工作(这一现象在欧洲甚为突出)。结果为了保证真实工资水平不低于失业救济金,劳动供给曲线只好不断倾斜,而这样做又导致了"真实工资刚性"。这就与布鲁诺和萨克斯(Bruno and Sachs,1985)在描述1973—1974年石油危机时所说的一样。同时还要注意,失业救济也可以用来解释实际工资和失业的周期性现象。真实工资是顺周期的,因此在经济繁荣阶段,真实工资上升,人们选择工作而不会领救济;在经济下滑阶段,人们选择领取救济而不工作。

用这种方法,劳动的名义边际产出就可以与扭曲的劳动供给相互作用,并产生均衡失业。而失业救济将随劳动生产率的提高而提高,从而导致更严重的失业,原因是人们在这种情况下会自愿选择失业,因为拿失业救济更划算。他们的这种失业其实是可以找到工作但却不想工作。因此,在通常的调查中,这些人被认为有劳动意愿(如果工资水平合适的话,但我们在评估的时候通常不把这部分人算在内),有些政府也会把这部分人当做失业人口,因为他们会领取失业救济金。但不管怎样,失业问题被认为是社会不满的主要原因。

劳动市场模型要受到工会力量、各种税收、雇主和雇员所交纳的保险金（实际上欧洲大部分税收都来自这里）等各种因素的影响。一旦将这些因素放入一个开放经济的一般均衡体系，我们就可以得到自然产出水平、真实工资水平、真实汇率水平以及就业和失业情况。后来有关这方面的讨论与日俱增；英国的莱亚德和尼克尔（Layard and Nickell, 1985）测试了一个类似的模型，比恩等人（Bean et al., 1986）试图把这个模型扩展到在20世纪80、90年代末期经历英国式失业率上升的其他国家。事实表明，每个国家的社会救济机制都有很多自己的特点，而这些特点往往使自然失业率模型的有效性变得复杂。然而，大量的实证研究，包括横向研究（迈克尔·伯达于1988年第一个通过研究欧洲各国间福利政策的不同，揭示了长期失业救济的重要影响）和纵向研究（莱亚德等人于1991年对这个问题作了大量研究）似乎都证明了这样一个机制，即正是这些社会保障政策，尤其是失业救济金发放期的长度及取得救济金的难易程度，是解释欧洲持续高失业率的依据。到20世纪90年代末，经济学界普遍认为，劳动市场弹性是降低均衡失业率的关键（见Siebert, 1997；Ljungqvist and Sargent, 1998），这一观点在经合组织的报告中也有所体现。

关于失业的大量传统文献都强调人们寻找工作的行为（Lancaster, 1979; Nickell, 1979）。在没有永久性失业救济的情况下，这种行为比较有意思；根据通常的最优寻找方式，人们寻找工作有一个平均时间，所以，可以建立一个工作与工作之间人口稳定流动的模型。这就会产生一个由这部分人找工作时间长短所决定的均衡失业率。如，如果每年都有20%的劳动力自愿离开自己的工作岗位，用大约三个月的时间找自己喜欢的工作，这样就会造成5%的失业率（$0.2 \times 0.25 = 0.05$）。我们可以把这叫做"摩擦性失业率"。然而，并不能用这种方法来解释20世纪80年代末90年代初在欧洲出现的长时间的高失业率，但可以用上述模型来解释较高的自然失业率，因为在此模型中，不能用任何有意义的方式，将长期失业解释为"寻找"。

因此，调动人们就业积极性的首要政策就是使劳动市场富有弹性。

最优政府职能

显然政府要提供一些有用的服务。这些服务（如法律、行政命令及基础设施）可以以私人的方式提供，但事实上若以公共服务的方式提供会更为有效。因为，对于"公共物品"来说，由政府提供可以比私人提供减少重复性，也可以比私人提供节省交易成本和避免低效利用。然而，政府提供这些服务也会有成本：必须要征收一定量的税来弥补公共服务。尽管定额税可能不会有什么扭曲效应，但事实上征税不受欢迎,所以,实际上政府不愿将税率提得过高(20世纪80年代末,英国政府引入"人头税"替代了导致撒切尔政府下台的财产税,后来,政府又因支持有限财产税而取消了人头税)。

我们可以根据劳动市场和生产函数建立一个公共支出双面效应的模型:公共支出可以提高劳动生产率,但同时造成了劳动供给的混乱。对作为国内生产总值一部分的政府支出双面效应进行概括的最有用方式,就是拉弗曲线。该曲线表明,税收是税率的函数(税收等于公共支出)。在低支出水平上,税率较低,税收的边际扭曲成本也很低(根据标准的消费者剩余公式,税收随税率的升高而升高),而这时政府支出的边际收益却很高。由于支出的增加和税收扭曲成本的无效性,税收收益相对于税率也很高。但随着支出和税率的提高,相关的收益就会减少,政府支出的边际收益会下降,而税收的边际扭曲成本却会相应上升。最优税率和最优政府规模出现于较高税收的边际收益和边际成本的交点。当支出达到这一点,我们就会得到一个最大化税率,在这一点上,税率进一步上升不会带来任何额外的收入,因此就没有额外的政府支出。然而,无论出于何种动机,没有任何政府会理性地在这一点上运行。

其实这只是一个理想化模式,现实中我们依然找不到一个最佳税率点。如果将非洲一些穷国和其他一些经济基础薄弱的地方忽略不计,余下的国家大致可以分为三类:低税率的亚洲新兴市场国家(大约为20%左右),这些国家有很好的基础,但在社会保险如失业救济、公共卫生保障及社会福利方面却提供相对有限的服务。还有一类是实施中等税率的纯英国模式国家(35%—40%),这些国家的政府提供相当广泛的福利服务和社会保障。第三种是实行较高税率的欧洲模式国家(大约50%左右),这些国家的政府提供相当广泛的社会保障。对于第三种模式来说,就像我们在上文讨论过的那样,最大的问题在于优厚的社会保障会扭曲劳动供给,此外,对于那些纳税等级较高的纳税人来说,较高的税率无疑会影响纳税人的工作积极性。美国(Lindsey,1987a,1987b;Feldstein,1995)和英国(Minford and Ashton,1991)的证据表明,高收入者的工作时间对边际税率的提高极为敏感,所以,如果使他们置于拉弗曲线的反方,较高的税收收入极有可能下降(这还没包括免税避税和移民的影响)。毫无疑问,一定程度的社会保障可以使工人在工作选择及工作地点的选择上更有灵活性(例如,像在意大利那样,没有失业救济金加上强势工会使效益不好的企业想停产都很困难)。然而在一个较富有的社会,大部分人都愿意缴纳较高而不是基本的医疗保险、养老金和教育费用。如果国家只提供一些基本保障，就可以把税率降到英国模式和亚洲模式之间的某一点上。例如，英国曾对其养老保险金作了上述调整，受到了民众的极大欢迎。如果这种调整在政治上可以被接受，那么，政府提供服务的减少和相应的私人服务的增加，将使税收的扭曲效应对经济的影响要小一些。

增长

供给方政策原则上也包括经济增长政策。古典经济学家总是强调政府政策提供基本服务的好处，例如：政府通过制定法律和行政命令给经济发展带来的好处，而不是干预市场运行。然而，古典经济学家并未真正研究政府的运行机制。直到最近，经济增长理论才把那些经济增长的模棱两可的原因（如技术进步和人口增长）看做经济增长的外生变量。更近的时候，"经济增长的内生变量"才试图对上述模棱两可的触发经济增长的机制进行讨论。

人们可以指出三个起先导作用的经济增长机制，尽管这里应该指出，实证检验方法已大大落后于经济理论的发展（部分原因是要鉴定这个领域中如此多的不同运行机制极为困难，而且所有这些机制无论因果，都与增长相关）。因此对此问题我们仍然是纸上谈兵。

第一个机制是规模递增增长函数（Romer，1986）。假设人们同意规模报酬不变基本符合逻辑，即 ——如果把每一种生产要素的投入量都加倍，那么原则上产出就会加倍，因为你所做的一切就像在复制——把各要素的投入量按相同的比例加倍，那么产出也必然加倍。然而，事实上并非每一种投入要素在生产函数中都起作用，总存在一些要素不参与生产（例如一些不用付费的"公共"资源，因为在任何情况下它们总是存在）。同时，随着生产规模的变化，生产的性质也发生了改变。例如，因为一些未经开垦的地方土地资源是免费的，随着人口大量涌入，土地开发到一定限度时，就会产生规模报酬递增。对于所有的新技术来说，也会发生同样的情况（Mansfield，1968）；因为技术都遵循生产力S形曲线。在生产力的早期阶段，生产率的增长缓慢，原因是新技术在生产中的运用还不是很充分，人们对它的了解少，运用也少。随着越来越多的人参与学习它的使用，生产率就会骤然猛增；最终，当所有生产者都掌握了该技术的使用，生产率的增长就会减缓。

上述观点巩固了收益递增生产函数的理论基础——容易表现为技术取决于产出规模。假定劳动的存量是外生的，那么随着资本存量的增加，生产者所获得的收益也增加。

第二个主要途径是将技术塑造成一种一个行业凭自身（研发部门）积累的知

识;例如,参见罗默(Romer,1990)、阿吉翁和豪伊特(Aghion and Howitt,1992)、格罗斯曼和赫尔普曼(Grossman and Helpman,1991)。

第三也是关系最密切的一个途径包括生产函数中发挥作用的人力资本(劳动力所拥有的技能,而不是单纯的技术知识)(Lucas,1988)。我们可以把人力资本当成像物质资本那样的投资必需品,储蓄起来使其增加(这种情况下的人力资本不是指那些有记录的金融储蓄,而是指无创造性闲置资源的"创造性"替代),在此情况下,模型的行为实质上相当于索洛模型的行为;但是因为它低估了有利于人力资本的"纯劳动力"的贡献,意味着储蓄对经济增长有很大影响,因此也就更容易解释不同国家之间经济增长的差异(Romer,1996,s.3.11)。或者我们也可以把人力资本归因于边干边学,所以人力资本随着产出水平的提高而提高(更确切地说是随着产出经验的积累而增加)。由于收益递增,所以,我们也可以认为这是技术水平随生产规模的扩大而提高的原因。

这些模型的普遍意义在于,由于个体经济行为人的不协调,所以,经济活动中的"增长因素",如知识、人力资本、聚集以及能使收益增加的其他来源,都可能存在巨大的外部性。

假设私人决策在某种程度上可以协调,情况将会有所不同。政府协调就是一种协调方式。但由于政府协调涉及对新技术的应用及投资收益的详细了解,除了基础建设这类合作策略的基本因素外,政府协调不会成为主要的选择。坦率地说,只要愿意摆脱(垄断规制),政府的任何协调都有可能发挥作用。也许合作得以出现的主要原因是产业内的共同风险。有许多这种发生在竞争者之间的合作例子(例如,航空业中合作开发网上订票系统,电信业中合作开发新一代的移动电话或手提电脑)。我们也不应该低估流行的合作,如今就有许多合作是通过网络完成的。

在这种情况下,政府的作用和我们刚才所考虑的外部性不同。这里,政府没有需要消耗任何资源的商业活动,因为不存在可以由私人部门或政府合作进行经营的"外部"机会。在这种情况下,政府规制、税收及其他干预将会阻止私人部门争取任何可得到的机会。用一种不加掩饰的说法,这种情况下不存在开发新技术的大量诱因,私人部门会比在税收高、政府管制严格的情况下冒更大的风险,投资更多的资源。帕伦特和普雷斯科特(Parente and Prescott,1999)得出一个有意思的结论,正是某种不受干预的X因素才能对增长的特定事实作出合理解释。

由于家庭在很大程度上都是根据个人利益而采取分散的决策,因此对于他们来说,要使外部性内部化的机会非常有限,而社会机构和政策框架对解决这一问题发挥了重要作用。大量事实证明,社会机构是随着时间的发展进化的,而不是社会选择的直接目标(Sugden,1986)。它们要么是自发的社会作用,要么是某种政治过程的结果,有利于供给经济的制度建设的成败,是一个政治经济问题,现在我们转向这个问题。

供给的政治经济

有关支持或阻碍资本主义经济发展的社会制度的产生或发展,有大量文献。诺斯(North,1981)在其巨著中详细分析了低地国家和英国的第一次工业革命。莱尔(Lal,1998)则追溯得更远,他指出,在教皇的基督教王国庇护下,欧洲民族国家间的竞争如何为资本主义提供了安全基础。曼库尔·奥尔森(Olson,1965,1982)在《集体行动的逻辑》和《国家的兴衰》这两本重要著作中提出了一个机制,通过这个机制,既得利益群体可以妨碍大众利益(在第二本书中,他指出利益团体随国家的发展而日益强大,因为交际网和威慑力都需要很长时间才能形成和确立)。其实,他们可以对在某些问题上有极强利益相关性的成员实施规章制度,而一般大众几乎没有个人动机去弄清他们自己的利益是如何受到这些群体行为的损害的。因此,对于政治家来说,动员人们支持改革不仅成本极大,而且极具不确定性。但是,这些群体可以出于个人目的或者政治目的给出酬金,以推进他们自己的事项——这就是我们熟知的"寻租",在寻租活动中,现有的租金只是从一方转到了另一方,而不是通过生产活动得到增加。这一观点引出了大量的应用研究项目(见 St. Paul,1996,关于欧洲各国修定解雇章程的困难以及 Tullock *et al*.,2000,关于美国工作的一项调查)。

尽管有既得利益集团的反对,仍然有很多供给经济改革的例证。三次涉及面很广的改革是,20世纪80年代和90年代英国的撒切尔保守党改革,美国20世纪70年代卡特的撤销管制及20世纪80年代里根政府的税收改革,让政治家看到了利用公众舆论建立联盟来支持改革的可能性。

因此,在既得利益集团和支持大众利益的公众舆论之间存在一种张力。要建立一个反映这种张力的模型还是有迹可循的,比如,我们可以考虑总体经济繁荣引发的日益增加的干预(更多的福利、税收和规制)的轨迹。美国有名的经济大萧条引起了罗斯福的新政干预和保护主义的出现。20世纪80年代,欧洲大陆失业人口的增加也引起了对劳动市场越来越多的规制(例如,减少工作时间),但也引起了失业的进一步恶化。同时我们还注意到,危机和极差的经济表现可能引起改革,原因在于选民会暂停他们的正常选举方式。因为对于政治家来说,在此情况下他们使经济重回正常发展状态所获得的收益,远比寻租所获得的租金多。

这种选举方式告诉我们一种模式,即根据总体经济表现,比如失业,来改变均衡政治格局。我们不妨假设,一个低失业率(良好表现),并且流动选民大部分是不考虑失业问题的"资本家"的情况(因为经济发展的前景使他们作出持有非人力资本的决定,这样可以减少持有人力资本所带来的风险);也可以考虑高失业率但不很严重,且选民多为高度关注失业问题的工人的情况(人力资本的风险提高,非人力资本持有贬值);如果失业极为严重,他们就会从正常选举方式转向关注如何使公众利益最大化。假如我们聚焦在典型的供给方问题上,像失业救济的水平和持续时间的长短(从头到尾都很慷慨):那么,最初失业率升高到某个决定性水平时,就会激起民众对更高救济的需求;但是,随着失业率的攀升,公众利益要素会成为经济发展的一种束缚,从而最终导致选民要求改革,并因此降低福利水平。当然,我们可以认为相同的机制也会作用于其他供给方政策。例如,当失业救济因中等失业水平而上升时,税率也会上升,但一旦发生危机,税率也会降低。因此对规制的需求可以折射出对福利水平的需求。如果把这一点与上述失业模型结合起来,我们就可以建立一个政治均衡模型。在该模型中,在经济不景气时会把供给方的损失作为首要考虑的因素,而需求会引发"恶性周期",但经济不景气会使既得利益者将自己的狭隘目的放在一旁,从而提出激进的改革。这样的改革之后,能否出现一个失业率充分降低、救济减少的良性周期,主要取决于经济改革的激进程度。这里所讨论的就是一个良好的宏观管理在支持供给方政策时的关键作用,正如差的供给方政策可能对通货膨胀宏观政策增加压力一样。这两种经济政策通过政治经济有了一种密切的联系,这些联系可能产生出一个或好或坏的经济发展周期。所以说好的宏观"需求"政策可能与好的供给政策紧密相关——任何一方的好与坏都会相互强化。

帕特里克·明福德(安佳译)

参见:

Endogenous Growth Theory; Laffer Curve; Natural Rate of Unemployment; Neoclassical Growth Model.

参考文献:

Aghion, P. and P. Howitt (1992). "A Model of Growth through Creative Destruction", *Econometrica*, 60, March, pp. 323-51.

Bean, C., R. Layard and S. Nickell (1986),"The Rise in Unemployment: A Multi-Country Study", in C. Bean, R. Layard and S. Nickell (eds), *The Rise in Unemployment*, Oxford: Basil Blackwell.

Bruno, M. and J. D. Sachs (1985), *The Economics of Worldwide Stagflation*, Oxford: Basil Blackwell.

Burda, M. (1988), "Wait Unemployment in Europe", *Economic Policy*, 7, October, pp. 391-416.

Feldstein, M. (1995),"The Effect of Marginal Tax Rates on Taxable Income: A Panel Study of the 1986 Tax Reform Act", *Journal of Political Economy*, 103, June, pp. 551-72.

Friedman, M. (1968),"The Role of Monetary Policy", *American Economic Review*, 58, March, pp. 1-17.

Grossman, G. M. and E. Helpman (1991), *Innovation and Growth in the Global Economy*, Cambridge, MA: MIT Press.

Lal, D. (1998), *Unintended Consequences: The Impact of Factor Endowments, Culture and Politics on Long-Run Economic Performance*, Cambridge, MA: MIT Press.

Lancaster, T. (1979), "Econometric Models for the Duration of Unemployment", *Econometrica*, 47, July, pp. 939-56.

Layard, R. and S. Nickell (1985),"The Causes of British Unemployment", *National Institute Economic Review*, February, pp. 62-85.

Layard, R., S. Nickell and R. Jackman (1991), *Unemployment, Macroeconomic Performance and the Labour Market*, Oxford: Oxford University Press.

Lindsey, L. B. (1987a), "Capital Gains Rates, Realizations and Revenues", in M. Feldstein(ed.), *The Effects of Taxation on Capital Accumulation*, Chicago: University of Chicago Press, for NBER.

Lindsey, L. B. (1987b),"Individual Taxpayer Response to Tax Cuts, 1982-4: with Implications for the Revenue Maximising Tax Rates", *Journal of Public Economics*, 33, pp. 173-206.

Ljungqvist, L. and T. J. Sargent (1998),"The European Unemployment Dilemma", *Journal of Political Economy*, 106, June, pp. 514-50.

Lucas, R. E. Jr (1988),"On the Mechanics of Economic Development", *Journal of Monetary Economics*, 22, July, pp. 3-42.

Mansfield, E. (1968), *The Economics of Technological Change*, New York: W. W.

Norton.

Minford, A. P. L. (1983),"Labour Market Equilibrium in an Open Economy", *Oxford Economic Papers*, Supplement, pp. 207 – 44.

Minford, A. P. L. and P. Ashton (1991),"The Poverty Trap and the Laffer Curve: What can the GHS Tell Us?", *Oxford Economic Papers*, pp. 245 – 79.

Nickell, S. J. (1979),"The Effect of Unemployment and Related Benefits on the Duration of Unemployment", *Economic Journal*, 89, March, pp. 39 – 49.

North, D. C. (1981), *Structure and Change in Economic History*, New York: W. W. Norton.

Olson, M. (1965), *The Logic of Collective Action*, Cambridge, MA: Harvard University Press.

Olson, M. (1982), *The Rise and Decline of Nations: Economic Growth, Stagflation and Social Rigidities*, Newhaven, CT: Yale University Press.

Parente, S. L. and E. C. Prescott (1999),"Monopoly Rights: A Barrier to Riches", *American Economic Review*, 89, December, pp. 1216 – 33.

Phelps, E. S. (1970),"The New Microeconomics in Employment and Inflation Theory", in E. S. Phelps *et al.* (eds), *Microeconomic Foundations of Employment and Inflation Theory*, New York: W. W. Norton.

Romer, D. H. (1996), *Advanced Macroeconomics*, 1st edn, New York: McGraw-Hill.

Romer, P. M. (1986),"Increasing Returns and Long Run Growth", *Journal of Political Economy*, 94, October. pp. 1002 – 37.

Romer, P. M. (1990), "Endogenous Technological Change", *Journal of Political Economy*, 98, October, S71 – 102.

Sgiebert, H. (1997),"Labour Market Rigidities: At the Root of Unemployment in Europe", *Journal of Economic Perspectives*, 11, Summer, pp. 37 – 54.

St. Paul, G. (1996),"Exploring the Political Economy of Labour Market Institutions", *Economic Policy*, 23, pp. 265 – 300.

Sugden, R. (1986), *The Economics of Rights, Co-operation and Welfare*, Oxford: Basil Blackwell.

Tullock, G., A. Seldon and G. L. Brady (2000), *Government: Whose Obedient Servant? A Primer in Public Choice*, London: Institute of Economic Affairs.

388. 约翰·B. 泰勒 Taylor, John B.

约翰·B. 泰勒1946年生于美国纽约扬克斯,1968年从普林斯顿大学获得学士学位,1973年从斯坦福大学获得博士学位。他的主要学术职位包括:哥伦比亚大学助教(1973—1977)、副教授(1977—1979)和经济学教授(1979—1980);普林斯顿大学经济学和公共事务教授(1980—1984)。自1984年以后,他一直担任斯坦福大学经济学玛丽和罗伯特·雷蒙德讲座教授。他曾任美国总统经济顾问委员会高级经济学家(1976—1977)和委员会成员(1989—1991)。自2001年起他一直担任财政部主管国际事务的副部长。1985年到1989年间,他担任《美国经济评论》联合主编,《经济计量学》副主编(1981—1984),《货币经济学杂志》副主编(1978—1983)。他以研究交错工资设定理性预期模型的发展、实施经济政策的货币政策规则设计以及国际政策协同而闻名。他的名著有:《世界经济的宏观经济政策》(W. W. 诺顿出版公司,1993);《宏观经济学》(与R. E. 霍尔合著,第5版,W. W. 诺顿出版公司,1997);《通货膨胀、失业和货币政策》(与R. M. 索洛合著,麻省理工学院出版社,1998);《货币政策规则》(编著,芝加哥大学出版社,1999);《宏观经济学手册》(与M. 伍德福德合著,诺斯—荷兰出版公司,1999)。他最具影响的论文有:《向理性预期转变的货币政策》(载《政治经济学杂志》,83,1975年10月);《理性预期条件下货币政策的稳定力量》(与E. S. 费尔普斯合撰,载《政治经济学杂志》,85,1977年2月);《宏观模型中的交错工资设定》(载《美国经济评论》,69,1979年5月);《理性预期宏观经济模型的估算和控制》(载《经济计量学》,47,1979年9月);《信用的建立:一个理性预期的视角》(载《美国经济评论》,72,1982年5月);《实践中的相机抉择与政策规则》(载《卡内基—罗切斯特公共政策会议论文集》,10,1993);《实用宏观经济学的核心》(载《美国经济评论》,87,1997年5月);《对相机抉择财政政策的重估》(载《经济展望杂志》,14,2000年夏季号)。

参见:

Council of Economic Advisers;Rational Expectations;Rules versus Discretion;Taylor's Rules.

389. 泰勒规则 Taylor's Rules

由斯坦福大学的约翰·B.泰勒(在1992年11月的卡内基—罗切斯特会议上)所提出的规则。中央银行为保持较低且稳定的通货膨胀率,并避免产出和就业的过度波动而遵循的规则。规则设定的联邦基金利率(银行间借贷储备金的利率)为:

联邦基金利率 = 通货膨胀率 + 2 + 0.5(真实国内生产总值与真实国内生产总值趋势的偏离百分比) + 0.5(通货膨胀率 - 2)。

根据该规则,当通货膨胀率超过2%的通货膨胀目标,或者真实国内生产总值水平高于预期水平时,联邦基金利率应该上升。如果通货膨胀率与目标率(2%)相同,且真实国内生产总值也与目标(预期目标)相同,则联邦基金利率为4%,也就是说,实际的联邦基金利率为2%。简言之,如果货币当局遵循该原则,则在通货膨胀率或者实际国内生产总值都高于目标值时,就应该提升短期名义利率水平,反之亦然。有意思的是,泰勒原则与过去15—20年里联邦储备委员会的行为极其相似。此外,尽管联邦储备委员会没有一个正式而明确的通货膨胀目标,但大多数观察者认为,联邦基金委员会的隐含通货膨胀目标在1%—2%之间。

参见:

Federal Reserve System; Inflation Targeting; Rules versus Discretion.

390. 彼得·特明 Temin, Peter

彼得·特明1937年生于美国宾夕法尼亚州费城,1959年从斯沃思莫尔学院获得学士学位,1964年从麻省理工学院获得博士学位。他的主要学术职位包括:麻省理工学院助教(1965—1967)和副教授(1967—1970)。自1970年起,他一直担任麻省理工学院经济学教授。他以研究大萧条的影响而著称。他的名著有:《19世纪美国经济增长的原因》(麦克米伦出版公司,1975);《货币力量引发了大萧条吗?》(W.W.诺顿出版公司,1976);《大萧条的教训》(麻省理工学院出版社,1989)。他最具影响的论文有:《一场严重通货紧缩的终结》(与B.A.威格莫尔合撰,载《经济史探索》,27,1990 年 10 月);《大萧条的传播》(载《经济展望杂志》,7,1993 年春季号);《金本位制和大萧条》(与 B. 艾肯格林合撰,载《当代欧洲史》,2000 年 7 月)。

参见:

Great Depression.

391. 利率期限结构 Term Structure of Interest Rates

指不同到期日的债券之收益与到期日之间的关系,即我们所熟悉的收益曲线。我们通常所见的收益曲线都是向上倾斜,且短期资产的收益较低,长期资产的收益较高。试图对利率期限结构进行解释的理论包括:预期理论、市场偏好聚集地理论以及市场细分理论。预期理论的实质是:长期利率水平为当前已知利率水平及未来预期利率水平和短期利率水平三者的几何平均数;利率期限结构取决于未来预期利率。例如,该理论预期,如果短期利率预期未来会有上升,那么收益曲线会向上倾斜。市场偏好聚集地理论则承认,借贷双方有不同的市场偏好聚集地,借方更偏好长期,这样可以确保资金的安全。相反,贷方更偏好短期,因为万一存在现金短缺,他们能更容易地清理贷款。强调借贷双方的不同偏好是出于如下事实:由于长期证券价值比短期证券价值波动更大,对于贷方来说有着较大的风险,因此,贷款人的长期贷款容易产生资本损失这种较大风险,需要有到期之前的兑换保证。该理论指出,借方会要求且贷方也愿意为长期贷款支付高于短期贷款的风险溢价。风险溢价的存在确保了收益曲线向上倾斜的正常形态。只有当预期短期收益下降并与风险溢价相抵消时,收益曲线才会向下倾斜。最后,市场细分理论是指,不同到期日的证券市场可以进行细分。由于市场之间不可替代,收益曲线的形状反映了不同市场的供需状况。长期利率较短期利率高,反映出在长期市场上需求较多而供给较少,反之亦然。

见:

Real Exchange Rate.

392. 贸易条件 Terms of Trade

见：

Real Exchange Rate.

393. 撒切尔主义 Thatcherism

用来表述 1970—1990 年间英国撒切尔政府所采取的经济和政治哲学的一个术语。撒切尔政府认为，他们改善整体经济表现的权力是有严格限制的，比如在降低通货膨胀时，就只能创造一个可以维持产出和就业增长的局面。这一经济政策力求达到两个主要目标（第一是逐步降低货币供给增长率以及公共部门借款条件；第二是削减边际收入税率以鼓励人们工作，并进行工会改革以推动更大的工资弹性、工作实践以及私有化改革，以使商品和服务市场功能更为有效），其实质是自由市场制度下最小化政府干预的"非干预主义"政治哲学。

394. 宏观经济学理论和度量的作用 Theory and Measurement in Macroeconomics：Role of

在过去的一个世纪里，经济学家参与了一场无休止的辩论，辩论的主题是经济周期研究中理论和度量的作用，这场辩论使现代宏观经济学的理论和研究方法的发展日渐成形。辩论的中心议题是，在宏观经济的发展过程中，实证的归纳还是理论的演绎在宏观建模过程中起主导作用。尽管今天越来越多的人认为，两种方法缺一不可，但实际上，有时是实证归纳有时是理论演绎主宰着宏观经济学的研究方法。

韦斯利·克莱尔·米切尔和国家经济研究局的实证研究方法

理论和度量的辩论起源于韦斯利·克莱尔·米切尔对经济周期的分析，米切尔在 20 世纪 20 年代到 40 年代在国家经济研究局任职时，最早采用实证分析方法对经济周期行为进行分析,为现代宏观经济理论奠定了实证基础。米切尔把经济学想象成"定量科学",在这门科学中,要通过观察和度量而提出理论假说,不能只是简单地进行证明或者检验。尽管米切尔因为严谨的实证研究方法而赢得了同事们的尊重,但是他所提倡的定量分析方法在 20 世纪 20 年代仍然与当时的主流经济学家的方法格格不入。越来越多的经济学家认为,先进行统计估算和测试,再建立理论模型的方法,是推进宏观经济学发展的关键,米切尔所提倡的归纳和实证方法无益于宏观经济学。

米切尔之所以认为在研究经济学时要遵循实证观察和分析的原则,是因为在 20 世纪初期,还没有一个占主导地位的经济周期波动理论。米切尔一生重在收集、度量和分析大量的经济数据,希望能据此发现一些实际规律来支持或反驳当时对经济周期行为的不同解释,进而推动经济周期理论的全面发展。观察和度量在理论分析发展中的主要作用,始终贯穿于米切尔的研究,而且这种归纳—实证方法成为米切尔一生研究的特征,并成为 1920 年到 1945 年米切尔领导下的国家经济研究局的特征。

研究的结果是收集了数百个经济学时间序列数据并对美国和国际经济的经济周期行为进行了分类,提出了经济周期分析中新的统计方法,使米切尔(和他以前的学生阿瑟·F. 伯恩斯)揭示了一系列"特定的经济周期事实";他根据这些特定事实,构建了"经济周期"的正式定义。伯恩斯、米切尔以及他们的同事在国家经济研究局出版的《度量经济周期》(Burns and Mitchell,1946)一书中,将经济周期的研究工作推向高潮,这本书概述了他们研究经济周期时所采用的主要方法,并对美国经济的经济周期行为进行了全面的实证分析。

不要理论的度量与考尔斯委员会

伯恩斯和米切尔的《度量经济周期》立即遭到了恰林·库普曼斯(Koopmans,1947)的批评,库普曼斯评论伯恩斯和米切尔的研究方法为"不要理论的度量"。他把伯恩斯和米切尔的实证方法论比做"开普勒时期"的天文学,缺少解释被观察行为的成因所必需的演绎逻辑,因此,他认为伯恩斯和米切尔的研究方法逊于考尔斯委员会提出的经济计量学的理论—统计分析法,考尔斯委员会是一个研究机构,该机构起初设在科罗拉多斯普林斯,后移往芝加哥大学。

考尔斯委员会的研究活动在 1948—1954 年间由库普曼斯领导,该组织主张经济学研究应采用单一的演绎方法——即利用经济学理论构建"结构性"经济计量学模型,模型的参数可以用统计理论进行估算和检验。1948 年米切尔过世后,米切尔在国家经济研究局的同事卢特里奇·维宁(Vining, 1949, 1951)与库普曼斯进行了一系列交锋,针对库普曼斯尖酸刻薄的攻击为米切尔的实证方法论辩护,他指出,考尔斯委员会推崇的演绎方法因忽视了简单观察的优点而"给经济研究套上了囚衣"。

然而,在实证经济学家(以米切尔为首的国家经济研究局为代表)和经济计量学家(以逐渐壮大的考尔斯委员会为代表)之间发生的争论随着库普曼斯和维宁的交锋而很快结束。国家经济研究局仍奉行由米切尔所提出的实证分析方法之时,从20世纪50年代初期就重点发展大规模结构性宏观经济计量模型的考尔斯委员会的分析方法,主宰了宏观经济学的研究。这些模型的形态结构植根于凯恩斯学派经济理论,凯恩斯学派经济理论为该模型的许多方程提供了理论支撑。弗兰克和伊尔玛·埃德尔曼(Frank and Adelman, 1959)则为这些大规模的凯恩斯学派结构模型提供了重要的实证支持,他们率先指出,这些模型可以定性和定量地模仿美国经济的周期性特征。20世纪60年代,这些大规模宏观经济计量模型成功地预测了美国政策变化的结果,从而使考尔斯委员会的宏观经济模型得到了更多的支持。经济学家和政策决策者广泛使用这些大规模经济计量模型对国民经济进行预测,对财政政策和货币政策变化的效应进行分析。

受到抨击的宏观经济计量学的模型建构

然而,到20世纪70年代初,形成考尔斯委员会研究方法主体的凯恩斯学派宏观经济计量模型,从理论到实证都遭到了质疑。从实证上看,同一个模型在20世纪60年代预测极其准确,到了70年代却预测不准。其中的关键是,作为这些模型特征的通货膨胀和失业的交替关系,出现了明显的反向变化,原有的通货膨胀和失业的交替关系意味着,扩张性财政政策和货币政策可以以较高通货膨胀为代价来降低失业率。然而,20世纪70年代,通货膨胀率和失业率在大多数工业化国家同时骤然升高,使经济学家开始重新审视模型的理论基础。

卢卡斯(Lucas, 1976)是第一个对这些模型存在的理论缺陷进行讨论的人,也是第一个对凯恩斯模型参数如何因预期未来政策变化而变化进行阐述的人。卢卡斯认为,这些参数的不稳定性使基于这些模型的有意义的政策分析,基本不可能进行。此外,西姆斯(Sims, 1980)也因为用于这些模型的统计假设前提的"不可信约束"而对考尔斯委员会的结构模型法大加批评,他指出,这些特别的约束尽管从统计上讲较为合适,但与基于理性决策行为的经济学理论却并不一致。

这些尖刻的理论批评再加上20世纪70年代考尔斯宏观经济计量学模型的预

测失灵,使一些经济学家放弃了传统的凯恩斯结构模型法而开始寻找其他建模策略。这种理论上的混乱局面在20世纪80年代激发出两种截然不同的回应,一种重在提出"与理论无关"的经济周期行为的统计模型,另一种则重在构建详尽无遗且内部一致的经济周期理论模型。

再谈有关不要理论的度量的争论

在缺少占主导地位的经济周期理论的情况下,克里斯托弗·西姆斯将注意力放在了小型的宏观经济统计模型的发展上(向量自回归模型),这种小型统计模型可以被用来概括经济周期行为,并分析宏观经济政策的结果。这些模型无论从结构还是从用途上,都不同于考尔斯类型的结构模型。西姆斯开发出一种可以用来描绘模型经济变量对随机冲击或政策干预进行动态反应的小型简化模型,这种模型不同于仅限于估算和检验的基于经济理论的大规模模型。西姆斯的经济周期分析的统计方法体现了米切尔的定量研究精神,但同时又与米切尔使用的正规统计手段不同。然而西姆斯和米切尔都认为,严谨的统计工作再加上一点经济学理论,就能为提出和检验一系列经济周期行为的理论提供极有价值的洞见。整个20世纪80年代,越来越多的人开始使用西姆斯提出的简化统计模型,因此这一模型在宏观经济学实证研究和政策分析中得到了广泛应用。

与米切尔一样,西姆斯也因实践"与理论无关的经济学"而广受批评,因为,这种方法不同于当时主流的经济计量分析方法。支持考尔斯委员会传统的经济计量研究方法的考利和勒鲁瓦(Cooley and LeRoy, 1985)附和库普曼斯的观点,也认为经济理论对西姆斯统计模型生成的动态行为所作的有意义的结构性解释不仅有益,而且必要。西姆斯极力主张他所倡导的相对"非结构"模型不仅更符合现代宏观经济学理论,而且在揭示经济数据的经验规律时,比考尔斯委员会提出的极其严格的结构模型更为有用。

理论与度量的相互依存性

在西姆斯提出经济周期行为统计模型的同时,还有新古典经济学家如托马斯·萨金特、罗伯特·卢卡斯、芬恩·基德兰德以及普雷斯科特,他们用基于微观经济学基础和理性预期理论发展起来的一般均衡理论模型,对凯恩斯学派宏观经济计量模型进行了批评。其结果是"真实经济周期"模型的出现。这种模型能够模仿观察到的经济周期行为的许多特质。与考尔斯委员会的宏观经济计量模型不同,后者的结构关系与理论基础缺乏一致性,而真实经济周期模型在发展过程中遵循的首要宗旨为"推导出理论的数量含义"。这一宗旨是通过模拟模型变动的均衡规律，以及对比实际经济的估算结果数据的样本分布来完成的。

真实经济周期模型也受到批评，批评主要来自西姆斯(Sims,1996)，他认为，那些"让数据说话"的非约束性统计模型，相对而言，比理论性的一般均衡模型或考尔斯型宏观经济计量模型都更可能推动宏观经济学的发展。西姆斯的批评源于他的科学方法观，根据他的科学方法观，经济学的最终目的是不断发展更为有效的"简化"或概括真实世界数据并使信息损失最小化的方法。西姆斯认为，纯理论的一般均衡模型或约束性结构模型，都无法获得有实际意义的结果。他认为，大部分的研究成果来源于包含极少量理论制约的统计模型。

理论与度量的交锋还在继续，但似乎越来越多的人已经认识到两者之间的相互依存性，"结构性"向量自回归模型的发展恰好证明了这一点，这一模型把西姆斯方法中的统计性质和经济理论的识别性约束结合起来；越来越多的人也认为，意图确定经验规律的研究必须包括对理论模型的考虑。胡佛(Hoover,1994)把经济学比做在推动科学知识发展的过程中理论与观测相互补充的天文学。与天文学家的望远镜一样，"经济计量学的计算是经济学家的望远镜"，而经济理论则为如何对准镜头提供准则。经济理论决定有多少数据可获允通过经济计量学家的镜头，而简单观察则对可能被约束条件过于严格的理论过滤器所忽略了的理论进行修正。在过去的一个世纪中，宏观经济学领域的理论与实证之争实质上是围绕应对理论镜头限制多少展开的，类似于米切尔的统计经济学家偏好广角镜头，这种镜头可以容纳尽可能多的观察物，而像库普曼斯那样的经济计量学家则推崇一种窄得多的镜头。近年来，宏观经济学家渐趋支持一种中间观点，这种观点认为，理论和观察相互作用才能更好地聚焦被观察的宏观经济行为。我们从理论和实践的交锋中不断获得的启示是，两者互为支持，两者都为经济学的发展作出了重要贡献。

斯科特·西姆金斯(安佳译)

参见：

Burns, Arthur F.; Business Cycles: Real Business Cycle Approach; Business Cycles: Stylized Facts; Cowles Commission; Macroeconometric Models; Mitchell, Wesley C.; National Bureau of Economic Research; Vector Autogressions.

参考文献：

Adelman, F. and I. Adelman (1959),"The Dynamic Properties of the Klein-Goldberger Model", *Econometrica*, 27, October, pp. 596–625.

Backus, D. K. and P. J. Kehoe (1992),"International Evidence on the Historical Properties of Business Cycles", *American Economic Review*, 82, September, pp. 864–88.

Biddle, J. E. (1998), "Wesley Clair Mitchell", in J. B. Davis, D. W. Hands, and U. Mäki (eds), *The Handbook of Economic Methodology*, Cheltenham, UK and Lyme, US: Edward Elgar.

Burns, A. F. and W. C. Mitchell (1946), *Measuring Business Cycles*, New York: National Bureau of Economic Research.

Christ, C. (1994), "The Cowles Commission's Contributions to Econometrics at Chicago, 1939–1955", *Journal of Economic Literature*, 32, March, pp. 30–59.

Cooley, T. F. and S. F. LeRoy (1985), "Atheoretical Macroeconometrics: A Critique", *Journal of Monetary Economics*, 16, November, pp. 283–308.

Fabricant, S. (1984), *Toward a Firmer Basis of Economic Policy: The Founding of the National Bureau of Economic Research*, Cambridge, MA: National Bureau of Economic Research.

Friedman, M. (1950), "Wesley C. Mitchell as an Economic Theorist", *Journal of Political Economy*, 58, December, pp. 465–93.

Ginzberg, E. (1997), "Wesley Clair Mitchell", *History of Political Economy*, 29, Fall, pp. 371–90.

Hansen, A. H. (1949), "Wesley Mitchell, Social Scientist and Social Counselor", *Review of Economics and Statistics*, 31, November, pp. 245–55.

Hoover, K. D. (1994), "Econometrics as Observation: The Lucas Critique and the Nature of Econometric Inference", *Journal of Economic Methodology*, 1, June, pp. 65–80.

Koopmans, T. C. (1947), "Measurement Without Theory", *Review of Economics and Statistics*, 29, August, pp. 161–72.

Koopmans, T. C. (1949), "Koopmans on the Choice of Variables to be Studied and the Methods of Measurement: A Reply", *Review of Economics and Statistics*, 31, May, pp. 86–91.

Lucas, R. E., Jr (1976), "Econometric Policy Evaluation: A Critique", in K. Brunner and A. H. Meltzer (eds), *The Phillips Curve and Labor Markets*, Carnegie-Rochester Conference Series on Public Policy, 1, Amsterdam: North-Holland.

Mills, F. C. (1928), "The Present Status and Future Prospects of Quantitative Economics", Round Table Discussion, *American Economic Review*, 18, March, pp. 28–45.

Mills, F. C. (1949), "Wesley Clair Mitchell, 1874–1948", *American Economic Review*, 39, June, pp. 730–42.

Mitchell, W. C. (1913), *Business Cycles*, Berkeley: University of California Press.

Mitchell, W. C. (1927), *Business Cycles: The Problem and its Setting*, New York: National Bureau of Economic Research.

Mitchell, W. C. (1951), *What Happens During Business Cycles: A Progress Report*, New York: National Bureau of Economic Research.

Schumpeter, J. A. (1950), "Wesley Clair Mitchell (1874-1948)", *Quarterly Journal of Economics*, 64, February, pp. 139-55.

Sims, C. A. (1980), "Macroeconomics and Reality", *Econometrica*, 48, January, pp. 1-48.

Sims, C. A. (1996), "Macroeconomics and Methodology", *Journal of Economic Perspectives*, 10, Winter, pp. 105-20.

Vining, R. (1949), "Koopmans on the Choice of Variables to be Studied and the Methods of Measurement", *Review of Economics and Statistics*, 31, May, pp. 77-86.

Vining, R. (1951), "Economic Theory and Quantitative Research: A Broad Interpretation of the Mitchell Position", *American Economic Review*, 41, May, pp. 106-18.

Working, H. (1927), "The Use of the Quantitative Method in the Study of Economic Theory", *American Economic Review*, 17, March, pp. 18-25.

395. 时间不一致 Time Inconsistency

时间不一致问题发生在如下情形：某个主要参与者（如决策制定者）被其他人（如个体行为人）认为缺乏履行先前承诺的动机或诚意。这样，这些承诺就会缺乏可信度，其他行为人对这种缺乏可信度的情形的反应，会产生一个结果，即每个人都认为先前的说法不可取，而且都确信应该规避。

通常，政策制定者都会以一种特殊方式作出一项承诺，如果私人部门行为人相信这一承诺（即承诺是可信的），如果承诺有信用，那么，私人部门对其作出的反应将会导致一系列"好的"结果。但是，如果个体行为人预期政策决策者会信守诺言，但政策决策者出于自己的私利，不再维护自己的诺言，这时就会出现食言的风险，个体行为人就会因此而遭受损失。然而，因为个体行为人是理性的，如果他们预料决策者有食言的动机，那么，他们就会不相信他并进而采取相应的措施。这一结果是一个次佳的结果，如果决策者的诺言可信，此结果可以避免：因为决策者缺乏可信度,每个人都会受到损失。

基本的时间不一致问题是一个非常普遍的现象:例如,在投资和对储蓄征税时就有可能发生这一问题,为了鼓励国内投资和吸引国内储蓄,政府会承诺不对这两者征税,但是一旦有了投资或储蓄,政府又会试图征税;当涉及专利政策时,也可能发生这种问题,为了鼓励发明,政府可能承诺对专利进行保护,但是一旦发明完成并可以使用了,政府就想撤销对该专利的保护。

大家最熟悉的例子出现在宏观经济政策领域,宏观经济政策领域之所以会出现这种现象是因为中央银行不能提前建立自己的可信度:这种情况我们可以参考基德兰德和普雷斯科特(Kydland and Prescott,1997)以及巴罗和戈登(Barro and Gordon,1983a,1983b)的讨论,下面我们用图1来说明这个问题。

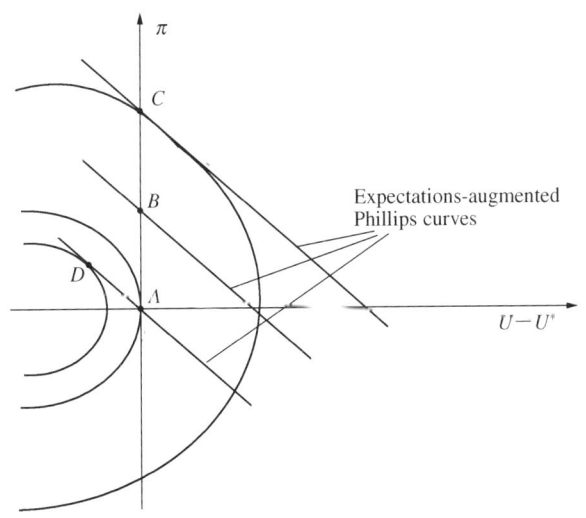

图1 最佳货币政策的时间不一致

假设货币当局的目标函数是把通货膨胀(π)看做"经济状况不佳"的一种表现,把失业率(U)偏离自然失业率(U^*)看成另一种不佳的表现。直线表示附加预期菲利普斯曲线,且是中央银行的无差异曲线。中央银行希望随着时间的推移最大化其目标函数,但又面对附加预期的菲利普斯曲线,而这一预期是理性形成的。比如说,A点是中央银行建造永久零通胀及维持自然失业率的社会最佳点。问题是,A点并非中央银行的最佳长期产出点,因为在此点,中央银行的边际成本和通货膨胀的收益并不相等。如果经济处于A点,中央银行会制造"突发的"通货膨胀,使经过A点的无差异曲线移动,从而达到更高的无差异曲线(D点)。然而,理性的公众会预期到中央银行的这番作为,因此社会最佳点 A 不可能成为经济的长期均衡点。实际上,假如中央银行有相机抉择权,长期的均衡点一定是央行的边际成本和通货膨胀收益相等的点,比如说 C 点,在 C 点,通胀率高于社会最佳零通胀率。我们可以通过绘制中央银行无差异曲线和附加预期的菲利普斯曲线对此进行证明。这里还要注意,均衡点一定在纵轴上,且失业率不偏离自然失业率,这样我们可以看到,在均衡点 C,菲利普斯曲线与中央银行无差异曲线相切。

中央银行实现社会最佳结果失败的原因在于中央银行的相机抉择。不妨想象一下,如果中央银行承诺要达到社会最佳点 A,而公众也相信中央银行会这样做,公众的预期通货膨胀率将为零,但央行却没有实现零通货膨胀率的动机。因此,就会出现通货膨胀,而公众的预期也不会实现。理性的公众将因此不再相信央行的零通货膨胀承诺,或者,与其说不相信中央银行反映自身利益的通胀率,不如说太相信所有中央银行的通胀率(像中央银行的无差异曲线反映的那样)。中央银行的问题是,它无法在需要理性的私人部门对通货膨胀形成下降预期时,预先承诺自己的可信度。中央银行改变未来政策的能力——即它的相机抉择——瓦解了公众对它的可信度,在缺乏可信度的情况下,中央银行永远也实现不了社会最佳结果。

央行解决该问题的一个方法就是努力建立一个良好表现的声誉。如果央行承诺低通胀率并且也这样做了,那么当它承诺未来的低通胀率的时候,公众就会理性地相信它的承诺。央行因此就获得更多的可信度,通货膨胀预期也会因此而下降(相反,如果央行表现不好,它就会失掉可信度,通货膨胀预期就会再次上升)。因此,央行的声誉非常重要,因为这样可以提高它的可信度,也为其将来的良好表现提供保证。现在我们来分析一下处于中间结果的 B 点,B 点位于社会最佳点 A 点和稍早时候阐述的相机抉择点 C 点之间。央行的信誉越好,它的可信度越高,公众对通货膨胀的预期就越低——因此,良好声誉把均衡点从 B 点推向社会的最佳点,离开了相机抉择点(或者零声誉)。虽则良好声誉可以使最终结果移至社会最佳点,但实际上不可能得到这一结果,因为总会有些意想不到的事情会使中央银行决定用自己的良好声誉来捞些好处,或是进行"欺骗"。因此,为良好表现建立良好声誉可以部分解决、但不能完全解决时间不一致问题。

因为声誉明显随时间的进展而发展,所以声誉均衡也会有一定的周期。设想经济是在这样一个位置上起步,在此位置上,央行有实现低通货膨胀的良好声誉(因此,B 点离 A 点相对较近)。因为低通胀率是可信的,人们会按相对低的利率购买政府债券,他们希望支付相对较低的成本。所以他们在某种程度上将自己暴露于通货膨胀之中,这就使央行具有实施突发性通货膨胀将他们套住的诱惑。在某一点上,央行屈从于这一诱惑,因此通货膨胀上升。由于中央银行的良好声誉降低,通货膨胀预期就会上升,均衡点就会由 B 点上升到零声誉点 C 点。这样,央行又发现自己处于一个高通货膨胀均衡。一段时间后,央行又决定再次严肃对待通货膨胀,所以通货膨胀又开始下降。当然,通过这次行为,央行声誉下降,很少有人会相信它了,但如果央行坚持认真对待通货膨胀,随着时间的推移,央行又会重新获得货币政策从紧的声誉。通货膨胀预期因此又会下降,央行又重新树立起良好形象。最终,央行的声誉多少会重新恢复,经济又会回到其初始状态。这时,央行又有了缓慢提升通货膨胀的诱惑。在某一点上,中央银行再次屈从于这种诱惑,这一过程再次开始。

因此我们便得到这样一个循环过程:中央银行开始于一个良好声誉,然后,这种良好声誉被宽松的货币政策耗尽,央行又开始悔过,通胀再次降低,央行慢慢重新树立声誉;一切又重新开始。利率、失业及其他宏观经济变量也都随通胀率循环。由于这种循环是中央银行的可信度以及央行对自己声誉难以察觉的考虑(或不考虑)而引发的,个体行为人无法轻易预测到这些变量的运动。因此,这种循环是破坏性的,其破坏性不仅是因为这些变量的运动,更是因为这些运动的不可预见性,而且其变化方式也无规律可循。

大量相机抉择货币政策的历史证据多半与这些预测相一致。在大多数国家,货币政策就像是无顾忌的一夜狂欢之后体验无节制行为恶果的过程,暂时的努力会降低通货膨胀。正如廷伯莱克在总结美国货币政策史时说的那样:

> 货币存量与价格水平波动就像一个不知悔改的酒鬼对杯中物的犹疑。在一阵货币沉醉之后,开始了抽泣和哭号,然后咬牙跺脚地开始紧缩货币。接下来会出现理性的思考:"高利率有损于脆弱的经济复苏"……"我们需要宽松的货币政策——"(读者在这里可以提出自己最心仪的替罪羊政策如"货币主义")。一阵喘息之后,酒瘾还会再犯。(Timberlake,1986,第 753 页)

相机抉择货币政策的支持者会说,早在 20 世纪 90 年代初这种情况就发生了改变:他们会说,中央银行已经吸取了教训,通货膨胀已被消除。不可否认,中央银行近几年的表现良好,但是时间将最终告诉我们货币的时间不一致问题是否真正解决,而时间不一致理论确定地认为,这个问题没有解决。关于谁来看守(货币)

的看守人问题的讨论,虽然停止了一段时间,但从未真正消失。

凯文·多德(安佳译)

参见:

Credibility and Reputation; Expectations-augmented Phillips Curve; Natural Rate of Unemployment; Rational Expectations.

参考文献:

Barro, R. J. and D. B. Gordon (1983a),"Rules, Discretion and Reputation in a Model of Monetary Policy", *Journal of Monetary Economics*, 12, July, pp. 101–21.

Barro, R. J. and D. B. Gordon (1983b),"A Positive Theory of Monetary Policy in a Natural Rate Model", *Journal of Political Economy*, 91, August, pp. 589–610.

Kydland, F. E. and E. C. Prescott (1977),"Rules Rather than Discretion: The Inconsistency of Optimal Plans", *Journal of Political Economy*, 85, June, pp. 473–91.

Timberlake, R. H. Jr (1986),"Institutional Evolution of Federal Reserve Hegemony", *Cato Journal*, 5, Winter, pp. 743–63.

396. 扬·丁伯根 Tinbergen, Jan(1903—1994)

扬·丁伯根1903年生于荷兰海牙,1929年从莱顿大学获得物理学博士学位。他的主要学术职位包括:荷兰中央统计局统计员(1929—1945);海牙荷兰中央计划局局长(1944—1955);哈佛大学客座教授(1956—1957);荷兰经济学院教授(1957—1973);莱顿大学教授(1973—1975)。他的许多职位和荣誉还包括,多个发展中国家政府顾问及世界银行的顾问;1969年,他因为对经济计量学的贡献而与拉格纳·弗里施分享第一届诺贝尔经济学奖。他以对经济计量模型的开拓性研究,特别是对经济周期的宏观经济学模型和经济政策理论的研究而闻名,他在经济政策研究中,阐明了政策目标与政策工具的数目应该相等。他的名著有:《经济周期理论的统计检验》(两卷,国际联盟,1939);《1870—1914年英国的经济周期》(诺斯—荷兰出版公司,1951);《经济政策理论》(诺斯—荷兰出版公司,1952);《经济政策的集中化和分散化》(诺斯—荷兰出版公司,1954);《经济政策:原理和设计》(诺斯—荷兰出版公司,1956);《发展的计划》(麦格劳—希尔出版公司,1967)。

参见:

Nobel Prize in economics.

397. 詹姆斯·托宾 James Tobin(1918—2002)

詹姆斯·托宾自称为老派凯恩斯主义宏观经济学家,一贯倡导积极的宏观经济政策。从凯恩斯主义在美国传播起,他就投身于凯恩斯经济学研究。他本科就读于哈佛大学,那时,凯恩斯主义经济学刚刚引进哈佛,哈佛的研究生和年轻教授们推动了凯恩斯学派经济学的进一步发展。随后,他又在研究生学习期间继续凯恩斯经济学的研究。毕业之后,他成为耶鲁大学教授,在耶鲁,他与阿瑟·奥肯一道创立了著名的耶鲁宏观经济学派,这一学派在20世纪60年代主宰了宏观经济学分析方法。

终其一生,托宾矢志不渝地坚持一贯的宏观经济理论和政策的分析方法。这一方法的核心是扩展的IS-LM曲线理论分析,以及用收入政策进行补充的反周期财政政策与货币政策。本条目主要讨论:第一,托宾的生平;第二,他的政策贡献;第三,他的理论贡献。最后的结论是对他的精神遗产及他的现代发展观的讨论。

生平

詹姆斯·托宾1918年出生于伊利诺伊州香槟市。他凭奖学金进入哈佛大学,并于1939年和1940年分别获得学士学位和硕士学位。1942—1946年,他进入美国海军,之后又回到哈佛,1947年从哈佛大学获得博士学位。1950年,他执教于耶鲁大学,在他的整个执教生涯中,他一直任耶鲁大学经济学斯特林讲座教授。1955—1961年和1964—1965年间,任考尔斯基金会理事,1961—1962年任肯尼迪总统经济顾问委员会成员。

托宾因其工作获得了许多荣誉,其中最为荣耀的是他在1981年因为对金融市场以及金融市场与消费决策、就业、生产及价格间的关系的研究(见 Purvis,1982)而荣获诺贝尔奖。实际上他在1955年就获得过约翰·贝茨·克拉克奖,该奖由美国经济学学会颁发给40岁以下最出色的经济学家。另一个不太为人所知但确实更让人感觉新奇的荣誉是,他在海军预备役服役时认识的小说家赫尔曼·沃克,在撰写小说《凯恩号哗变》时,以托宾为原形,写出了托比(Tobit)这个人物。小说中的托比是一个高智商海军军官,能出色完成任何任务,且人品无可挑剔。所有认识托宾的人都认为,小说家对他的描绘非常准确。

政策观点及贡献

将托宾的政策观描述为自由激进主义再恰当不过了。托宾的激进主义政策立场根植于他一以贯之的世界观；这是一种实用主义的观点，这种观点认为，市场虽然并不总是、但有时候要与私人决策协调才能运行，虽然不是总能协调到最佳，但一旦失灵，政府就必须加以干预。与这种世界观相一致的宏观政策就是托宾以政策为中心的实用主义方法，即将货币政策和财政政策的作用发挥到极致（见 Tobin，1987a，1996a）。这一方法的理论基础就是新古典综合，即托宾和保罗·萨缪尔森一起作出重要贡献、且在 20 世纪 60 年代主宰整个宏观经济学领域的理论。

20 世纪 60 年代，另一受人追捧的理论是货币主义理论，托宾和弗里德曼经常因为政策选择和理论观点而意见相左。托宾与弗里德曼的著名争论，多是关于货币在宏观经济政策中的重要性（见 Tobin，1981）。托宾认为，货币对凯恩斯学派经济学极为重要，有关货币和通货膨胀的实证证据与很多理论都是一致的，绝非像弗里德曼说的那样，仅与货币主义理论一致。

托宾是使凯恩斯学派经济学走出低谷的领军人物，他把凯恩斯学派经济学构建成一种在任何时候都适用的普遍原理。他认为自己的政策观是一种综合观——兼具新古典主义与凯恩斯政策之长。在一次访谈（Colander，1999）中，他精当地总结了他的政策观点：

> 有时候，经济的最大特点就是处于或接近或可能在充分就业之上。在那种情况下，新古典经济学的机会成本逻辑比较适用。然而在其他时间，对经济的最佳描述并非是一个完全竞争市场状况，而是存在普遍的供给过剩（尤其在劳动市场）的情况。既然这样，就有可能使用货币政策和财政政策增加总需求和总产出，但这并不意味着机会成本的计算已不适用，这只不过是改变了计算的性质而已。宏观的计算则包括如何扩展经济。因为在供给过多的情况下，有多种不同的途径可以实现充分就业，可以采用福利分析来选择一种合适的途径。例如，如果你想在恢复充分就业的同时实现经济的长远发展，你可能会采用货币扩张政策而不是财政扩张政策。

这种政策主张在今天并非特别新奇，但在他首次提出这种主张时，的确新奇。新古典综合政策不同于许多早期凯恩斯学派经济学，新古典综合认为，货币政策和财政政策都有不可替代的作用，而早期凯恩斯学派仅强调财政政策是唯一可行的方法，而且早期凯恩斯学派从不认为新古典的经济理论具有可行性。

托宾指出，在实施财政政策之初，因为失业的损失要远远大于通货膨胀的损失，所以为追求高实际产出，可以让经济另辟蹊径，因此我们不用过度担心通货膨胀。一旦经济发生通货膨胀，正确的决策就是引进收入政策，比如说收入税政策，就可以维持高就业率。

在国际上，托宾因为提出并发展了后来广为人知的托宾税（Tobin, 1996b）而名声显赫。托宾税是指对货币即期交易征收的国际统一税，税率与交易规模成正比。其实质是阻止外汇市场的短期资本流进流出，这一税收可以抵消从短期变动的利率差中所获取的大部分收益。

理论观及贡献

托宾对经济学的理论贡献应该从他还在读大学本科时算起。当时他写了一篇论货币工资对就业的影响的文章，该文发表在 1941 年的《经济学季刊》上，并受到广泛赞扬。在那篇文章中，托宾批评了凯恩斯把实际经济部门与金融部门相联系的方法。他去耶鲁大学执教后，仍在推动这一观点的发展。

将托宾的理论研究贯穿在一起，并对凯恩斯经济学具有意义的思想是，理论必须与现实世界相结合，理论必须阐明政策。对托宾来说，理论和政策必须紧密结合。而理论和政策的结合则要求我们将货币和金融市场整合到凯恩斯学派体系中去。托宾将投资组合原理和流动性偏好原理整合进凯恩斯模型，从而实现了这一要求（Tobin, 1958）。这些理论描述了在一个一般均衡环境中，单个家庭和公司如何决定他们的资产组合。

投资组合理论将风险与风险偏好融入货币理论。解释了为什么即使毫无收益，人们也宁愿将钱持在手中的原因。之所以将钱持在手中，是因为这样可以避免持有股票和债券的风险。投资组合理论认为，金融部门应该与消费决策、就业、生产及价格等变动联系在一起，这样才可以产生一系列传递机制，通过该机制，货币政策才能作用于经济。正是有了投资组合理论，才有了现代金融理论的产生，所以托宾的"分离定理"被认为是现代金融的基本定理。

《货币理论的一般均衡方法》（1969）是托宾理论框架的完整概括。在这篇文章中，他建立了一个完整的资产均衡模型，并把这一模型与投资流相联系。该模型提出的 Q 比率——公司资本的市场价值与其置换成本之比（通常被称为托宾 Q 比率）——是模型的关键决定变量。当股票价格高于投资置换成本时，投资股票就有利可图，那么投资股票的人就会越多。在他的其他著作中（Tobin, 1963），托宾还解释了货币政策如何通过对通货膨胀的作用而影响利率,并进而影响经济增长率的。

托宾因为对宏观经济学理论的贡献而声名大噪的同时,也对经济计量学的发展作出了重要贡献。尤其是他研究出一个与有限变量或截断因变量相关的估算的经济计量关系的托比法(Tobit method,托宾根据沃克小说人物命名。Tobin,1987b)。

结论

托宾是现代宏观经济学的中流砥柱之一。尽管如此,他并没有沉迷于已经发展起来的现代经济学方法,也没有沉迷于他在自己研究中已经使用过的方法。他遗留下来的主要是理论而非政策,他的大部分理论成果已成为现代宏观经济学及金融理论的核心。但他所提倡的政策却没有这样幸运。由于托宾将理论和政策看成不可分割的两个部分,所以这就提出了一个难题。有意思的是,他用大部分时间反对的人——弗里德曼的命运却截然不同。弗里德曼在理论上的马歇尔分析方法大部分已经被人们抛弃,但弗里德曼的政策建议在21世纪初期仍是经济学的核心。

当有人问起他对经济周期理论的看法时,托宾半开玩笑地说:"它只是个敌人而已。"他对新凯恩斯学派经济学也有相似的负面观点。当问起他对新凯恩斯主义的看法时,他回答说:"我不敢确定新凯恩斯学派经济学的含义,如果它意味着类似曼昆那样的人,那我并不认同他们是凯恩斯学派。我认为他们没有解释非自愿失业或市场出清的失灵。任何将曼昆称为凯恩斯学派的说法都是错误的。"对现代宏观经济学的这些观点来源于托宾的下列看法:政策和理论是相关的,凯恩斯理论为积极的货币政策和财政政策提供了基础。现代新凯恩斯主义很少关注政策,因此,托宾强调自己与他们的不同,并自称为老派凯恩斯主义者(Tobin,1993),一点都不奇怪。

戴维·C.克兰德(安佳译)

参见:

Council of Economic Advisers; Cowles Commission; Incomes Policy; John Bates Clark Medal; Keynesian Economics; Monetarism; Neoclassical Synthesis; New Keynesian Economics; Noble Prize in Economics; Okun, Arthur M.

参考文献:

Colander, D. (1999),"Conversations with James Tobin and Robert Shiller on the 'Yale Tradition'", *Macroeconomic Dynamics*, 3, March, pp. 116-43.

Purvis, D. D. (1982), "James Tobin's Contributions to Economics", *Scandinavian Journal of Economics*, 84, January, pp. 61 – 88.

Tobin, J. (1941), "A Note on the Money Wage Problem", *Quarterly Journal of Economics*, 50, May, pp. 508 – 16.

Tobin, J. (1958), "Liquidity Preference as Behaviour towards Risk", *Review of Economic Studies*, 25, February, pp. 65 – 86.

Tobin, J. (1963), "Money and Economic Growth", *Econometrica*, 33, October, pp. 671 – 84.

Tobin, J. (1969), "A General Equilibrium Approach to Monetary Theory", *Journal of Money, Credit and Banking*, 1, February, pp. 15 – 29.

Tobin, J. (1981), "The Monetarist Counter-Revolution: An Appraisal", *Economic Journal*, 91, March, pp. 29 – 42.

Tobin, J. (1987a), *Policies For Prosperity: Essays in a Keynesian Mode*, Brighton: Wheatsheaf.

Tobin, J. (1987b), *Essays in Economics*, Cambridge, MA: MIT Press.

Tobin, J. (1993), "Price Flexibility and Output Stability: An Old Keynesian View", *Journal of Economic Perspectives*, 7, Winter, pp. 45 – 65.

Tobin, J. (1996a), *Full Employment and Growth: Further Keynesian Essays on Policy*, Cheltenham, UK and Brookfield, US: Edward Elgar.

Tobin, J. (1996b), *The Tobin Tax: Coping with Financial Volatility: Prologue*, New York and Oxford: Oxford University Press, pp. ix – xviii.

398. 托宾 Q Tobin's Q

资本存量的市场价值与其置换成本的比例。

399. 贸易余额 Trade Balance

指出口货物和服务的收入与进口货物和服务的支出之间的差额；也就是净出口额。进口大于出口,就会发生贸易赤字(即负贸易余额)。出口大于进口,则出现贸易盈余(即正贸易余额)。

400. 工会密度 Trade Union Density

已加入工会的劳动力百分比。

401. 交易余额 Transaction Balance

为了给正常而有计划的商品和服务的买卖提供资金而由个人持有的货币。

参见：

Demand for Money; Keynesian Approach.

402. 暂时性收入 Transitory Income

指人们预期在未来不能继续获得的收入；是当前(可度量)收入与永久收入或名义收入的差额。例如，一个工人可能在某一年获得了未预期到的奖金，却没理由相信在来年他或她仍将获得这一意外收益。

参见：

Permanent Income Hypothesis.

403. 低谷 Trough

一个伴随经济周期的紧缩阶段而来的较低的拐点。在这一点上，总体经济活动停止下降，并逐渐开始上升。

参见：

Business Cycle.

404. 未预期的通货膨胀 Unanticipated Inflation

实际通货膨胀率与预期通货膨胀率之差,也叫不完全预期通货膨胀。例如,如果经济行为人预期未来某一时期(如一年)通胀率为6%,但实际上这段时期的通胀率为8%,那么,未预期的通货膨胀率就为2%。关于如何为经济行为人形成自己的预期建立模型,目前仍然存在争论。

参见:
Adaptive Expectation;Anticipated Inflation;Inflation:Costs of; Rational Expectations.

405. 失业群体 Unemployed

指那些可以就业,但实际上在寻找工作又找不到工作的群体。失业群体是用时点进行度量。失业水平是否随时间发生变化,取决于流进或流出"失业群体"的劳动人数。进入失业群体的主要有六种人,其中四种为:先前有工作,后来因为裁减冗员而失业,所以他们只是暂时失业;或者自愿离开了现有的工作。其他两种失业包括新来者(例如,先前并不是找工作大军中的一员,像学校毕业生)以及再来者(如那些先前只在家里做家务现在也积极找工作的人)。与之相对的是三种流出失业群体的人:先前失业但又找到新工作的人,一段时间失业后又重新回到原来工作岗位的失业者,以及那些不再属于劳动力范畴的失业者(如退休人员)。关于失业的原因和解决失业的措施现在还存在着很多争论。

参见:
Demand-deficient Unemployment;Frictional Unemployment;Full Employment;Involuntary Unemployment in Keynes's *General Theory*; Involuntary Unemployment in Keynesian Economics;Seasonal Unemployment;Structural Unemployment.

406. 失业率 Unemployment Rate

已失业劳动力的比例。

407. 向量自回归 Vector Autoregressions

向量自回归(VARs)是一种简单的时间序列模型,在此模型中,由于每个变量都取决于其本身的过去值以及所有其他变量的过去值,所以,出现在每一个方程中的变量都是内生变量。向量自回归之所以如此吸引经济学家,是因为它们在说明和估算时的简单性。向量自回归是简化的方程,用来进行预测最是简便适用。

下面是关于两个变量经济增长(y)和通货膨胀(x)的简单例子。

$$y_t = \alpha_1 + \beta_1 y_{t-1} + \beta_2 y_{t-2} + \delta_1 x_{t-1} + \delta_2 x_{t-2} + u_{1t} \tag{1}$$

$$x_t = \alpha_2 + \Phi_1 y_{t-1} + \varphi_2 y_{t-2} + \gamma_1 x_{t-1} + \gamma x_{t-2} + u_{2t} \tag{2}$$

式中,每个变量有两个滞后算子,每个等式中有 5 个未知参数。更通俗地说,如果有 k 个变量和最多 M 个滞后算子,每个方程中就会有($kM+1$)个未知参数。因为,式(1)和式(2)右边的变量相同,所以估算等式的最好方法就是普通最小二乘法。

向量自回归的由来

现在主要有三种建立向量自回归模型的方法:第一,泽尔纳和帕姆(Zellner and Palm,1974)建立的动态联立经济计量模型:

$$A(L)Y + B(L)X = C(L)E, \tag{3}$$

其中,A(L)、B(L)和 C(L)是用滞后算子表示的多项式矩阵,L、Y 和 X 分别为内生和外生向量变量,E 是白噪声残差向量。现在,如果外生变量的路径可由一个自回归移动平均(ARMA)过程代表,且各函数颠倒,则 X 可用移动平均过程替代。那么式(3)可写成:

$$J(L)Y = E, \tag{4}$$

在这里,J(L)是滞后算子的多项式项数。这是一个向量自回归模型,模型中,虽然已经忽略了结构模型中 A、B 和 C 定义中的隐含约束条件,但原则上也可使用。

第二种向量自回归模型建模方法出自鲍克斯和詹金斯(Box and Jenkins,1970)的研究。他们提出的是单变量的自回归移动平均模型(ARMA)。自回归移动平均模型的多变量叠代就是向量自回归移动平均(或 VARMA)模型,可表示如下:

$$\Phi(L)Y_t = \theta(L)\varepsilon_t \tag{5}$$

如果 $\theta(L)$ 不可变,那么 Y 就由向量自回归表述。

第三种方法来自西姆斯(Sims,1980)的研究,西姆斯认为,把经济理论的约束前提强加于结构性模型（对于识别模型是必须的）是不可信的，也无法让人理解。首先，他反对在用一个方程来"解释"方程中包含的几个内生变量时，采用人为的所谓标准。其次，他批评那种"一次使用一个方程"的宏观经济计量模型的规范程序，他认为这种程序中强塞进了适用于局部均衡模型的约束条件，而且常常会引出意想不到的系统性错误。同样，模型将政策变量看成为外生的，但事实上它们至少是部分内生的。第三就是怎样处理预期变量的问题。人们当前的行为取决于对未来变量值的预期，而未来变量值又可能受到当前所获得的信息的影响。因此，这一体系中的任一变量都可能影响预期，这一点又引出了识别问题。

为了解决对传统建模方法的批评，西姆斯提出可以对无约束简化形式进行估算，在此模型中，每一个现有的内生变量都是该系统中所有变量的间隔值的函数，这就是无约束的向量自回归模型。

西姆斯并没有论述所有的变量是如何选择的，但是从宏观经济学知识中我们知道，作为一个国民经济的宏观经济学模型，适合的变量有国民收入、消费、价格以及失业。除此以外还可以包括其他有争议的变量如货币和信用，虽然关于它们的重要性还存在一些争议。

格兰杰因果检验

因为所有的变量都要求是内生变量，所以可用格兰杰（Granger，1969）因果检验法来检验某一变量是否应该包括在内。对两个变量 x_t 和 y_t 来说，检验要求每一变量都需对过去值进行二元回归，就像在上面的等式(1)和(2)中那样，但为了产生随机扰动，应该确定最大滞后期有多长。下面使用标准约束 F 检验进行说明。如果 $\delta_1 = \delta_2 = 0$，那么，x 的过去值并不能帮助预测 y 的现值。因此，x 和 y 并不存在格兰杰因果关系。也就是说，y 相对于 x 来说是外生变量。同样，如果 $\delta_1 = \delta_2 = 0$，y 与 x 也不存在格兰杰因果关系，则 x 相对于 y 来说是外生变量。那些没有发现外生性的变量将包含在 VAR 模型中。通常，选择的滞后长度 L 很有些随意而定，但西姆斯提出，可以用似然比例检验来决定 L 值是否缩短。

贝叶斯向量自回归

无约束向量自回归建模过程中的一个问题就是模型中包含了大量的变量（因此就有一些未知参数）。利特尔曼（Litterman，1986a，1986b）报告说，抽样检验可以获得很好的结果，但是一旦用于预测，预测的结果极其糟糕。原因是多重共线性使系数的估算缺乏准确性。多恩等人（Doan et al.，1984）采用了贝叶斯方法，根据这一方法，预测者预先就对参数值有自己的看法，但使用数据来修正自己的看法。这就是贝叶斯向量自回归(或 BVAR)模型。

一开始,每一变量都按漂移随机游走建模,例如:
$$y_t = y_{t-1} + c + \varepsilon_t,$$
其中,c 是一个常数,ε 是一个白噪声干扰项,所有其他滞后变量的系数设定为零均值,但有一个假设为随着滞后长度的增加而减小的非零方差。如果存在极强的影响,就可以用少量的参数来说明数据从零系数变化到非零系数的概率。贝叶斯方法的另一面是,每期都要用卡尔曼滤波器(见 Doan and Litterman,1988)对参数重新估算。西姆斯则用创新性分析检验了向量自回归的特性(见 Holden,1995)。

定态序列与共整合测试

到目前为止,我们的讨论假设所有变量(或变量差)都是弱式定态或共变数定态。这要求每一个变量都有一个固定均值,一个固定有限方差和固定协方差。但定态变量为零阶自积,如果通过一阶差分,变量能转为定态,我们就认为它是一阶自积。但无论一个变量是定态变量还是一阶自积,我们都可以用迪基-富勒测试(Dickey-Fuller,1979)或菲利普斯-佩隆测试进行检验(见 Phillips,1987)。

更一般地说,恩格尔和格兰杰(Engle and Granger,1987)分析了两个或更多相关变量的特征,其中每个变量都是有定态整合的一阶自积。因此这些变量可视为共整合。共整合对于经济建模和预测的含义还需进一步研究。第一,如果方程中的变量不能共整合,那么由于误差项是非定态的,可能对其间的关系作了错误解释,至少很难保证参数估算的可信度。第二,恩格尔和格兰杰已经证明,如果 x 和 y 都为一阶自积,都有固定均值并可共整合,那么,就可能存在纠错数据生成机制或纠错模型,形式如下:

$$\Delta y_t = -\rho_1 u_{t-1} + lagged(\Delta y, \Delta x) + d(L)\varepsilon_{1t} \qquad (6)$$
$$\Delta x_t = -\rho_2 u_{t-1} + lagged(\Delta y, \Delta x) + d(L)\varepsilon_{2t}$$

其中
$$u_t = y_t - \beta x_t \qquad (7)$$

Δ 指一阶差分算子。在这里,$d(L)$ 是滞后算子 L 的有限多项式,ε_i 是白噪声误差过程,且

$$|\rho_1| + |\rho_2| \neq 0 \qquad (8)$$

通过对均衡条件,即式(6)中的差分项为零及滑落至 u_t 等于零的条件的考虑,有助于我们对式(6)的理解。也就是说,均衡时,y 与 x 成比例。由于 u 是零均值定态,是在 t 期部分得到纠正的 $t-1$ 期的均衡偏差,所以等式(7)中的 u 可以度量均衡值

的偏差。这样,具有经济学含义的纠错机制为结构性模型和时间序列模型架起了桥梁。对于预测来说,纠错机制的重要性在于,它意味着,如果变量水平可以共整合,模型只能包括一阶变量就是一种错误设定。比如说,如果在向量自回归模型中代入一阶差分数据,就有可能出现这种情况。

肯·霍尔登(安佳译)

参见:

Forecasting;Macroeconometric Models.

参考文献:

Box, G. E. P. and G. M. Jenkins (1970), *Time-Series Analysis: Forecasting and Control*, San Francisco: Holden-Day.

Dickey, D. A. and W. A. Fuller (1979),"Distribution of the Estimators for Autoregressive Time Series with a Unit Root", *Journal of the American Statistical Association*, 74, June, pp. 427 – 31.

Doan, T. A. and R. B. Litterman (1988), *User's Manual for RATS*. Evanston: VAR Econometrics.

Doan, T. A., R. B. Litterman and C. A. Sims (1984),"Forecasting and Conditional Projection Using Realistic Prior Distributions", *Econometric Reviews*, 3, pp. 1 – 100.

Engle, R. F. and C. W. J. Granger (1987), "Cointegration and Error Correction: Representation, Estimation and Testing", *Econometrica*, 55, March, pp. 251 – 76.

Granger, C. W. J. (1969),"Investigating Causal Relations by Econometric Models and Cross-Spectral Methods", *Econometrica*, 37, July, pp. 424 – 38.

Holden, K. (1995),"Vector Autoregression Modelling and Forecasting", *Journal of Forecasting*, 14, May, pp. 159 – 66.

Litterman, R. B. (1986a),"A Statistical Approach to Economic Forecasting", *Journal of Business and Economic Statistics*, 4, January, pp. 1 – 4.

Litterman, R. B. (1986b),"Forecasting with Bayesian Vector Autoregressions- Five Years of Experience", *Journal of Business and Economic Statistics*, 4, January, pp. 25 – 38.

Phillips, P. C. B. (1987),"Time Series Regression with Unit Roots", *Econometrica*, 55, March pp. 277 – 302.

Sims, C. A. (1980),"Macroeconomics and Reality", *Econometrica*, 48, January, pp. 1 – 48.

Zellner, A. and F. Palm (1974),"Time Series Analysis and Simultaneous Equation Econometric Models", *Journal of Econometrics*, 2, pp. 17-54.

408. 货币流通速度 Velocity of Circulation

经济学中指货币换手或者循环的速度。在交易方程 $MV=PT$ 中,货币数量(M)乘以交易流通速度(V),必须等于所有交易量的平均价格(P)乘以所完成的交易额(T)。将等式变形,得到 $V=PT/M$,所以交易的货币流通速度等于货币换手媒介所有交易的平均数(包括最终交易和中间交易)。在欧文·费雪的货币数量交易方程中,交易流通速度被认为与 M、P 和 T 无关,只取决于制度安排。相反,在剑桥学派的现金余额中,$MV=Py$,M 是货币量,P 是最终产出的平均价格,y 是实际收入(即最终产出),V 则是收入的货币流通速度。

参见:

Equation of Exchange; Quantity Theory of Money.

409. 尼尔·华莱士 Wallace, Neil

尼尔·华莱士1939年生于美国纽约市,1960年从哥伦比亚大学获得学士学位,1964年从芝加哥大学获得博士学位。他的主要学术职位有:明尼苏达大学经济学教授(1969—1994);迈阿密大学货币与银行学巴内特·班克斯讲座教授(1994—1997)。自1997年起,他一直担任宾夕法尼亚州立大学经济学教授。他以和 T.J. 萨金特一起研究政策无效性而知名。他最具影响的论文有:《理性预期、最优货币工具和最优货币供应原则》(与萨金特合撰,载《政治经济学杂志》,83,1975年4月);《理性预期和经济政策理论》(载《货币经济学杂志》,2,1976年4月)。

参见:

Policy Ineffective Proposition.

410. 西德尼·温特劳布 Weintraub, Sidney(1914—1983)

西德尼·温特劳布1914年生于美国纽约市,1941年从纽约大学获得博士学位。他的主要学术职位包括：宾夕法尼亚大学经济学教授(1952—1981)。1978年,他(与保罗·戴维森一道)创办并主编了《后凯恩斯学派经济学杂志》。他以对后凯恩斯学派经济学的重要贡献,以及支持20世纪70年代为解决滞胀问题而引入收入税政策而闻名。他的名著有：《收入和就业分析》(皮特曼出版社,1951);《价格水平、产出、收入分配和经济增长通论》(奇尔顿出版社,1959);《经典凯恩斯主义、货币理论与价格水平》(奇尔顿出版社,1961),《凯恩斯学派的就业、增长和收入分配理论》(奇尔顿出版社,1966);《资本主义的通货膨胀和失业危机：超越货币主义和凯恩斯主义》(艾迪生—威斯利出版公司,1978);《我们的滞胀病：终结通货膨胀和失业》(Quorum Books,1981)。他最具影响的论文有：《阻止通货膨胀的收入政策》(载《劳埃德银行评论》,99,1971年1月);《收入税政策》(与 H. C. 沃利克合撰,载《经济问题杂志》,5,1971年6月);《货币的起因与影响》(与 P. 戴维森合撰,载《经济学杂志》,83,1973年12月)。

参见：

Post Keynesian Economics; Stagflation; Income Policy.

411. 克努特·威克塞尔 Wicksell, Knut(1851—1926)

克努特·威克塞尔1851年生于瑞典斯德哥尔摩,从乌普萨拉大学获得数学和物理学学士学位(1872),以及数学博士学位(1885)。他的主要学术职位包括：乌普萨拉大学助教(1899);隆德大学副教授(1900)和教授(1903—1917)。他以研究货币理论,特别是自然利率或实际利率与市场利率之间的关系而闻名,他认为,这解释了经济扩张和收缩的累积性过程和自发过程。他的名著有：《利率与价格》(1898,麦克米伦出版公司重印本,1936);《政治经济学讲义：第2卷,货币》(1906,卢特里奇和基根·保罗出版社,1935)。

参见：

Loanable Funds Theory.

412. 世界银行 World Bank

1944年7月,来自45个国家的代表齐聚美国新罕布什尔州的布雷顿森林,讨论主要国际机构的战后重建问题,目的是方便国际合作以及改善被灾难性事件和两次世界大战之间由于经济管理不善而造成的严重恶果所影响的世界经济的稳定性(约翰·梅纳德·凯恩斯在布雷顿森林会议上引人注目的表现可参见 R. 斯基德尔斯基:《约翰·梅纳德·凯恩斯:为英国而战》,伦敦麦克米伦出版公司,2000)。事后看来,那场始于 1914 年 8 月的"大战"似乎在 1945 年 4 月落下帷幕。幸运的是,到 1945 年,人们吸取了 1919 年及两次世界大战间的经验教训,但是人类及自然界都付出了无法想象的代价。在经济大萧条和世界大战之后,人们亲眼见证了世界经济的严重衰退,这种衰退主要表现在:国际贸易和资本流动的减少,以及在 1914 年以前就日趋明显的全球化趋势的戛然而止。

在布雷顿森林会议上,各国所面临的首要任务,是要为建立一些有助于将国际经济拉入正轨的国际机构制定一个框架。在这次会议上,一共产生了三个新的国际机构——国际货币基金组织(IMF)、关税及贸易总协定(GATT)以及国际复兴和开发银行(IBRD),后者其实就是人们非常熟悉的世界银行($http://www.worldbank.org/$)。世界银行的建立是为了给联合国的成员国政府提供贷款(这种贷款是有条件的),以促进这些国家的经济发展。人们认为,世界银行的这一任务实际上是对国际货币基金组织作用的补充。国际货币基金组织的作用主要是通过为那些经历国际收支困难的成员国提供短期财政援助来监督并稳定国际金融体系。关税及贸易总协定的任务则是通过鼓励和帮助降低贸易壁垒,来推动贸易自由化。1995 年,关税及贸易总协定更名为世界贸易组织(WTO)(见 $http://www.wto.org/$)。

世界银行的主要作用是在发达国家的私人资本市场借入资金,以为发展中国家的发展项目提供优惠的长期贷款。对于许多无法进入私人资本市场的发展中国家来说,世界银行实际上是除了国外直接投资和互惠资本流动之外的唯一长期外部资本来源。然而,世界银行还有另外一个重要作用,那就是通过每年发表的《世界经济发展报告》,为各国经济发展提供信息。例如,世界银行作为一个世界性组织机构在各国经济发展过程中所发挥的作用,已受到越来越多的认同(见《为市场建立机构》,世界银行,2002)。在世界银行工作并为世界经济发展作出了不可磨灭贡献的有影响的资深经济学家包括:霍利斯·钱纳里(1972—1982)、安妮·克鲁格(1982—1986)、斯坦利·费希尔(1988—1990)、迈克尔·布鲁诺(1989—1996)、劳伦斯·萨默斯(1991—1993)、约瑟夫·斯蒂格利茨(1997—1999),以及尼古拉斯·斯特恩(2000—2003)。[1]

尽管世界银行一直以来也受到很多批评(例如,其结构性调整战略及贷款条件),但是,它在解决全球市场萎靡及为那些机构和政策体制阻碍其经济发展的国家提供知识和经济的援助方面,继续发挥着重要作用(见 M. 加文和 D. 罗德里克:《从历史的观点看世界银行》,载《美国经济评论》,85,1995 年 5 月;A. O. 克鲁格:《世界银行和国际货币基金组织向何处去?》载《经济学文献杂志》,36,1998 年 12 月;C. 吉尔伯特等:《世界银行的定位》,载《经济学杂志》,109,1999 年 11 月;C. 吉尔伯特和 D. 瓦因斯:《世界银行:政策和结构》,剑桥大学出版社,1999;J. 斯蒂格利茨:《千禧年的世界银行》,载《经济学杂志》,109,1999 年 11 月;B. 斯诺登:《重新定义国家的作用:约瑟夫·斯蒂格利茨论建立一个后华盛顿共识》,载《世界经济学》,2,2001 年 7—9 月)。

参见:

Bretton Woods; General Agreement on Tariffs and Trade; International Monetary Fund; World Trade Organization.

413. 世界贸易组织 World Trade Organization

该组织建立于 1995 年,通过乌拉圭回合谈判(1986—1994)而建立的世界贸易组织取代了原有的关税及贸易总协定。世界贸易组织的总部设在瑞士的日内瓦。它有 130 多个成员国,其成员国间的贸易占全球贸易量的 90% 以上,该国际组织的主要目标是"促进贸易在平稳、自由、公平和可预测的条件下进行"。为了实现这一目标,它规定:所有成员国都要实施经过成员国立法机构签署并批准的多边贸易协议;为贸易谈判提供一个公共论坛;解决贸易争端;监督各国的贸易政策;通过提供技术援助及培训为发展中国家的贸易政策问题提供帮助;以及与其他国际组织开展合作。读者如果想得到更多相关信息,请登录世界贸易组织的官方网站(http://www.wto.org/)。

参见:

General Agreement on Tariffs and Trade.

---

[1] 2008 年 6 月,中国经济学家林毅夫就任世界银行首席经济学家兼高级副行长。——译注

414. 收益曲线 Yield Curve

见：

Term Structure of Interest Rates.

图书在版编目(CIP)数据

宏观经济学百科词典 /(英)布赖恩·斯诺登,(英)霍华德·R.文编;安佳等译.—南京:江苏人民出版社,2018.11
书名原文:An Encyclopedia of Macroeconomics
ISBN 978-7-214-22872-7

Ⅰ.宏… Ⅱ.①布…②霍…③安… Ⅲ.宏观经济学—词典 Ⅳ.F015-61

中国版本图书馆 CIP 数据核字(2018)第 273274 号

AN ENCYCLOPEDIA OF MACROECONOMICS by BRAIN SNOWDON & HOWARD R. VANE

Copyright © 2002 by Edward Elgar Publishing Ltd. All rights reserved.
This edition was published by arrangement with Edward Elgar Publishing Ltd.
Simplified Chinese edition copyright © 2018 by Jiangsu People's Publishing House.
All rights reserved.
江苏省版权局著作权合同登记号:图字 10-2018-405 号

书　　　名	宏观经济学百科词典
编　　　者	[英]布赖恩·斯诺登　霍华德·R.文
译　　　者	安　佳　等
译　校　者	王振华　安　佳　李业慧
责 任 编 辑	朱晓莹　刘　焱　周晓阳　蒋卫国
责 任 监 制	王列丹
出 版 发 行	江苏人民出版社
出版社地址	南京市湖南路 1 号 A 楼,邮编:210009
出版社网址	http://www.jspph.com
照　　　排	南京紫藤制版印务中心
印　刷　者	江苏凤凰通达印刷有限公司
开　　　本	718×1000 毫米　1/16
印　　　张	45　插页 1
字　　　数	780 千字
版　　　次	2019 年 1 月第 1 版　2019 年 1 月第 1 次印刷
标 准 书 号	ISBN 978-7-214-22872-7
定　　　价	128.00 元

(江苏人民出版社图书凡印装错误可向本社调换)